国际工程管理系列丛书
INTERNATIONAL CONSTRUCTION PROJECT MANAGEMENT SERIES

# 国际工程合同与合同管理
INTERNATIONAL CONSTRUCTION PROJECT CONTRACT AND CONTRACT MANAGEMENT

（第二版）

何伯森　主　编
吕文学　副主编

中国建筑工业出版社

图书在版编目（CIP）数据

国际工程合同与合同管理/何伯森主编.—2 版.—北京：
中国建筑工业出版社，2010
（国际工程管理系列丛书）
ISBN 978 - 7 - 112 - 11715 - 4

Ⅰ.国… Ⅱ.何… Ⅲ.对外承包 - 承包工程 - 经济合同 - 管理 Ⅳ.F752.68

中国版本图书馆 CIP 数据核字（2010）第 000793 号

本书介绍了在国际上通用的和近年来新发展的十几种项目管理模式和合同类型、国际合同法的基本原理；比较详细地介绍了世界银行贷款项目的工程采购、货物采购和咨询服务的标准文本；全面而系统地介绍了 FIDIC 的七个合同条件，特别是 FIDIC "新红皮书"（2006 年多边银行协调版）和 2008 年新出版的 FIDIC "金皮书"；还介绍了英国和美国常用的新合同范本；较详细地介绍了国际工程中常用的联营体合同、租赁合同、劳务合同、技术转让合同和代理协议。最后从业主和承包商各方的角度，全面地讨论了各方的合同管理，包括风险管理和索赔管理，并讨论了国际上合同管理中"双赢""伙伴关系"、"团队精神"等新的理念。

本书可供项目业主方、各对外工程承包公司、咨询公司、准备招标文件、签订合同和进行合同管理时参阅，并可作为项目业主方管理人员工程公司经理、项目经理、合同管理人员、物资管理人员、咨询监理人员、相关法律工作者和财会人员等的学习资料，也可作为高等院校工程管理及相关专业的专业课教材和研究生教材。

\* \* \*

责任编辑：朱首明　牛　松
责任设计：赵明霞
责任校对：赵　颖

国际工程管理系列丛书
## 国际工程合同与合同管理
（第二版）

何伯森　主　编
吕文学　副主编

\*

中国建筑工业出版社出版、发行（北京西郊百万庄）
各地新华书店、建筑书店经销
北京嘉泰利德公司制版
北京同文印刷有限责任公司印刷

\*

开本：787×1092 毫米　1/16　印张：38¾　字数：966 千字
2010 年 6 月第二版　2016 年 12 月第十四次印刷
定价：78.00 元
ISBN 978 - 7 - 112 - 11715 - 4
（18972）

**版权所有　翻印必究**
如有印装质量问题，可寄本社退换
（邮政编码 100037）

# 国际工程管理系列丛书第三届编写委员会成员名单

**主任委员**
  陈  健——商务部副部长

**副主任委员**（按姓氏笔画排列）
  刁春和——中国对外承包工程商会会长
  王雪青——天津大学管理与经济学部工程管理系主任，教授
    （常务副主任）
  李志群——商务部对外经济合作司司长
  林  坤——中国国际经济合作学会副会长兼秘书长
  林达贤——中国国际经济合作学会常务副会长
  胡兆庆——中国国际经济合作学会会长
  施何求——中国国际咨询协会会长
  廖建成——商务部援外司司长

**顾问**
  何伯森——天津大学管理与经济学部教授
  钱武云——中国土木工程集团有限公司原总经理

**委员**（按姓氏笔画排列）
  王  勃——中国港湾工程有限公司副总经理
  王伍仁——中国建筑股份有限公司总工程师
  王守清  清华大学建设管理系常务副主任，教授
  王京春——中国路桥工程有限责任公司副总经理
  方远明——中国海外工程有限责任公司总经理
  田  威——中信建设集团有限责任公司副董事长
  吕文学——天津大学管理与经济学部工程管理系副教授
  朱首明——中国建筑工业出版社编审
  任  宏——重庆大学建设管理与房地产学院院长，教授

李启明——东南大学建设管理与房地产系主任，教授
何晓阳——中国国际工程咨询公司培训中心主任，高级工程师
汪世宏——中国寰球工程公司总经理
张守健——哈尔滨工业大学教授
袁　立——中国土木工程集团有限公司总经理
黄如宝——同济大学经济管理学院教授
崔立中——中国水利电力对外公司总会计师

**秘书**

刘俊颖——天津大学管理与经济学部工程管理系副教授，博士
牛　松——中国建筑工业出版社编辑

# 国际工程管理教学丛书第二届编写委员会成员名单

**主任委员**

何晓卫——对外贸易经济合作部部长助理

**副主任委员**（按姓氏笔画排列）

王奎礼——对外贸易经济合作部人事教育司副司长
王雪青——天津大学管理学院工程管理系主任，教授（常务副主任委员）
刘风泰——教育部高等教育司副司长
张文敏——中国国际经济合作学会副会长兼秘书长
李荣民——中国对外承包工程商会会长
邱德亚——对外贸易经济合作部对外援助司司长
陈　健——对外贸易经济合作部国外经济合作司司长
姚　兵——建设部原总工程师，中国土木工程学会常务副理事长
徐鹏飞——中国国际工程咨询协会会长
郭宏儒——中国国际经济合作学会会长
傅自应——对外贸易经济合作部计划财务司司长

**顾问**（按姓氏笔画排列）

王西陶——中国国际经济合作学会原会长
朱传礼——原国家教育委员会高等教育司原副司长
何伯森——天津大学管理工程系原系主任，教授
陈永才——对外贸易经济合作部国外经济合作司原司长，中国对外承包工程商会原会长，中国国际工程咨询协会原会长

**委员**（按姓氏笔画排列）

于俊年——对外经济贸易大学国际经济贸易学院教授
王伍仁——中国建筑工程总公司审计与监事局局长、教授级高工
王奎礼——对外贸易经济合作部人事教育司副司长

王雪青——天津大学管理学院工程管理系系主任，教授
任　宏——重庆大学建设管理与房地产学院院长，教授
刘允延——北京建筑工程学院管理工程系副教授
刘风泰——教育部高等教育司副司长
朱宏亮——清华大学土木水利学院建设管理系教授，律师
朱象清——中国建筑工业出版社原总编辑，编审
汤礼智——中国冶金建设总公司原副总经理、总工程师，教授级高工
吴　燕——教育部高等教育司财经政法与管理教育处调研员
张文敏——中国国际经济合作学会副会长兼秘书长
张守健——哈尔滨工业大学管理学院教授
张鸿文——中国港湾建设（集团）总公司海外事业部副总经理，高工
李启明——东南大学土木工程学院教授
李荣民——中国对外承包工程商会会长
邱德亚——对外贸易经济合作部对外援助司司长
陆大同——中国土木工程公司原总工程师，教授级高工
陈　健——对外贸易经济合作部国外经济合作司司长
陈建国——同济大学经济管理学院工程管理系系主任，副教授
范运林——天津大学管理学院，教授
姚　兵——建设部原总工程师，中国土木工程学会常务副理事长
赵　琦——建设部人事教育司高教处处长，工程师
徐鹏飞——中国国际工程咨询协会会长
郭宏儒——中国国际经济合作学会会长
梁　鑑——中国水利电力对外公司原副总经理，教授级高工
傅自应——对外贸易经济合作部计划财务司司长
雷胜强——中国交远国际经济技术合作公司，高工
潘　文——中国公路桥梁建设总公司原总工程师，教授级高工
戴庆高——中国国际工程咨询公司原培训部主任

**秘书**（按姓氏笔画排列）
吕文学——天津大学管理学院工程管理系副教授
朱首明——中国建筑工业出版社编审

# 国际工程管理教学丛书第一届编写委员会成员名单

**主任委员**
  王西陶  中国国际经济合作学会会长

**副主任委员**（按姓氏笔画排列）
  朱传礼  国家教育委员会高等教育司副司长
  陈永才  对外贸易经济合作部国外经济合作司原司长
       中国对外承包工程商会会长
       中国国际工程咨询协会会长
  何伯森  天津大学管理工程系原系主任，教授（常务副主任委员）
  姚　兵  建设部建筑业司、建设监理司司长
  施何求  对外贸易经济合作部国外经济合作司司长

**委员**（按姓氏笔画排列）
  于俊年  对外经济贸易大学国际经济合作系主任，教授
  王世文  中国水利电力对外公司原副总经理，教授级高工
  王伍仁  中国建筑工程总公司海外业务部副总经理，高工
  王西陶  中国国际经济合作学会会长
  王硕豪  中国水利电力对外公司总经理，高级会计师，国家级专家
  王燕民  中国建筑工程总公司培训中心副主任，高工
  刘允延  北京建筑工程学院土木系副教授
  汤礼智  中国冶金建设总公司原副总经理、总工程师，教授级高工
  朱传礼  国家教育委员会高等教育司副司长
  朱宏亮  清华大学土木工程系教授，律师
  朱象清  中国建筑工业出版社总编辑，编审
  陆大同  中国土木工程公司原总工程师，教授级高工
  杜　训  全国高等学校建筑与房地产管理学科专业指导委员会副主任，
       东南大学教授

陈永才　对外贸易经济合作部国外经济合作司原司长
　　　　中国对外承包工程商会会长
　　　　中国国际工程咨询协会会长
何伯森　天津大学管理工程系原系主任，教授
吴　燕　国家教育委员会高等教育司综合改革处副处长
张守健　哈尔滨建筑大学管理工程系教授
张远林　重庆建筑大学副校长，副教授
张鸿文　中国港湾建设总公司海外本部综合部副主任，高工
范运林　天津大学管理学院国际工程管理系主任，教授
姚　兵　建设部建筑业司、建设监理司司长
赵　琦　建设部人事教育劳动司高教处副处长，工程师
黄如宝　上海城市建设学院国际工程营造与估价系副教授，博士
梁　鑑　中国水利电力对外公司原副总经理，教授级高工
程　坚　对外贸易经济合作部人事教育劳动司学校教育处副处长
雷胜强　中国交远国际经济技术合作公司工程、劳务部经理，高工
潘　文　中国公路桥梁建设总公司原总工程师，教授级高工
戴庆高　中国国际工程咨询公司培训中心主任，高级经济师

**秘书**（按姓氏笔画排列）
吕文学　天津大学管理学院国际工程管理系讲师
朱首明　中国建筑工业出版社副编审
李长燕　天津大学管理学院国际工程管理系副系主任，副教授
董继峰　中国对外承包工程商会对外联络处国际商务师

# 修订版序

商务部副部长　陈　健

对外承包工程与设计咨询，是伴随着改革开放而发展起来的新兴事业。三十余年来，此项事业从无到有，从小到大，已成为我国实施"走出去"战略的重要内容。特别是近年来，我国企业积极参与国际工程领域的竞争与合作，国际竞争力不断提高，影响力日益增强，已成为国际工程市场上的一支重要力量。

为适应我国对外承包工程与设计咨询快速发展对通晓国际工程管理理论、熟悉国际工程管理惯例的复合型人才的需求，1996～2001年间，有关商会、协会和高校共同组织编写并出版了《国际工程管理教学丛书》（共20本）。该丛书全面系统地阐述了国际工程管理的理论与实际，填补了当时我国国际工程管理学科建设没有系统化教材的空白，对我国有关大学的教学工作和相关企业的人才培养起到了重要作用，受到行业的好评和国家相关部门的表扬。为使该套丛书内容更加丰富完善，更能适应国际工程市场的最新发展变化，编委会再次组织力量对《丛书》进行了修订。修订后的《国际工程管理系列丛书》，既保留了原《丛书》中的大部分经典专著，又收录了国际工程管理领域的新著；既吸收了最新的国际工程管理研究成果，又总结阐述了我国企业多年实践的经验教训，相信能为国际工程管理领域的研究人员和从业人员提供有益参考。

在此，我谨祝《国际工程管理系列丛书》越办越好，不断有更新更好的著作推出。

2010年4月

# 序

对外贸易经济合作部部长 吴 仪

欣闻由有关部委的单位、学会、商会、高校和对外公司组成的编委会编写的"国际工程管理教学丛书"即将出版，我很高兴向广大读者推荐这套教学丛书。这套教学丛书体例完整、内容丰富，相信它的出版能对国际工程咨询和承包的教学、研究、学习与实务工作有所裨益。

对外承包工程与劳务合作是我国对外经济贸易事业的重要组成部分。改革开放以来，这项事业从无到有、从小到大，有了很大发展。特别是近些年贯彻"一业为主，多种经营"和"实业化、集团化、国际化"的方针以来，我国相当一部分从事国际工程承包与劳务合作的公司在国际市场上站稳了脚跟，对外承包工程与劳务合作步入了良性循环的发展轨道。截止到 1995 年底，我国从事国际工程承包、劳务合作和国际工程咨询的公司已有 578 家，先后在 157 个国家和地区开展业务，累计签订合同金额达 500.6 亿美元，完成营业额 321.4 亿美元，派出劳务人员共计 110.4 万人次。在亚洲与非洲市场，我国承包公司已成为一支有较强竞争能力的队伍，部分公司陆续获得一些大型、超大型项目的总包权，承揽项目的技术含量不断提高。1995 年，我国有 23 家公司被列入美国《工程新闻记录》杂志评出的国际最大 225 家承包商，并有 2 家设计院首次被列入国际最大 200 家咨询公司。但是，从我国现代化建设和对外经济贸易发展的需要来看，对外承包工程的发展尚显不足。一是总体实力还不太强，在融资能力、管理水平、技术水平、企业规模、市场占有率等方面，与国际大承包商相比有明显的差距。如，1995 年入选国际最大 225 家承包商行列的 23 家中国公司的总营业额为 30.07 亿美元，仅占这 225 家最大承包商总营业额的 3.25%；二是我国的承包市场过分集中于亚非地区，不利于我国国际工程咨询和承包事业的长远发展；三是国际工程承包和劳务市场竞争日趋激烈，对咨询公司、承包公司的技术水平、管理水平提出了更高的要求，而我国一些大公司的内部运行机制尚不适应国际市场激烈竞争的要求。

商业竞争说到底是人才竞争，国际工程咨询和承包行业也不例外。只有下大力气,培养出更多的优秀人才,特别是外向型、复合型、开拓型管理人才,才能从根本上提高我国公司的素质和竞争力。为此,我们既要对现有从事国际工程承包工作的人员继续进行教育和提高,也要抓紧培养这方面的后备力量。经国家教委批准,1993年,天津大学首先设立了国际工程管理专业,目前已有近10所高校采用不同形式培养国际工程管理人才,但该领域始终没有一套比较系统的教材。令人高兴的是,最近由该编委会组织编写的这套"国际工程管理教学丛书"填补了这一空白。这套教学丛书总结了我国十几年国际工程承包的经验,反映了该领域的国际最新管理水平,内容丰富,系统性强,适应面广。

我相信,这套教学丛书的出版将对我国国际工程管理人才的培养起到重要的促进作用。有了雄厚的人才基础,我国国际工程承包事业必将日新月异,更快地发展。

1996年6月

# 第二版前言

1999 年,《国际工程合同与合同管理》(以下简称《国工合同》)(第一版)问世,迄今已经 10 年了。期间我国的国际工程承包和咨询事业有了飞速的发展:1999 年我国公司对外工程承包合同额仅为 147 亿美元,2008 年在国际金融危机的不利形势下,我国对外承包工程合同额仍在快速上升,达到 1046 亿美元,完成营业额达 566 亿美元;我国承揽和实施 EPC 交钥匙等大型或超大型项目的数量和能力也有了很大的提高;同时还培养并形成了一支技术水平高、管理能力强的国际工程人才队伍。

近十年来《国工合同》(第一版)先后十几次印刷,印数达到 16900 余册,说明这本书还是受到各个对外公司和从事国际工程合同管理的朋友欢迎的。遗憾的是,这本第二版似乎出版得太晚了,一方面我一直在等世界银行采用 FIDIC《新红皮书》的最新范本;另一方面,有关国际组织和各个学会近两年都在更新老范本和出版新范本。在《国工合同》(第二版)中将上述各组织到 2008 年年底前出版的新范本都包含在本书中了,这也算是对这本第二版迟迟未能付梓对读者的一种补偿吧。

《国工合同》(第二版)基本保留了第一版各章的格式,但是在内容上做了较多的增补和改写,各章内容改写的特点如下:

**第 1 章　绪论**　比较详细地介绍和讨论了七类 11 种国际上近年来通用和新发展的项目管理模式,包括"设计-建造-运营"(DBO)、伙伴关系、公共设施与社会服务私营化等模式,并讨论了各种模式的风险,还介绍了参与国际上各种项目管理模式中的 13 种角色和国际工程合同类型。

**第 2 章　国际合同法基本原理**　除了原有合同的订立、履行、转让、终止等基本原理外,还着重介绍了在国际上解决合同争议的各类替代方法(ADR)。

**第 3 章　西方国家及我国香港地区的工程采购方法**　介绍了英国、美国、日本、法国及我国香港地区工程采购方式的新发展。

**第 4 章　世界银行贷款项目的工程采购合同**　重点介绍了世行"工程采购标准招标文件"(2007 年版)中三大部分九节的内容。

**第 5 章　世界银行贷款项目的货物采购合同**　重点介绍了世行"货物采购标准招标文件"(2007 年版)的内容。

**第 6 章　国际工程项目咨询服务采购**　拓展了第一版的内容,增加了咨询工程师的选择方式和多种咨询服务合同类型,比较详细地介绍了世界银行的工程咨询合同标准格式(计时支付,合同额超过 20 万美元)以及 FIDIC《委托人/咨询工程师标准服务协议书》(2006 年第四版)。

**第 7 章  FIDIC 的各类合同条件**　重点介绍了 FIDIC1999 年出版的《新红皮书》（并对比介绍了"2006 年多边银行协调版"）、《新黄皮书》、《银皮书》以及 2008 年 9 月新出版的《设计、建造与运营项目合同条件》（金皮书）。考虑到《红皮书》（1987 年第四版，1992 年修订版）及其《分包合同》目前在国际工程市场上仍有一定数量的项目在使用，所以仍保留在第二版中。

**第 8 章  英国和美国常用的合同范本**　分别对英国和美国常用的合同范本和范本制定机构做了全面的介绍，重点介绍了《新工程合同》（NEC）（2005 年第三版），以及 AIA A201《施工合同通用条件》（2007 年版）。

**第 9 章  国际工程相关的部分合同**　重点改写了联营体合同，增加了国际工程中常用的"合同式联营体协议范本"。

**第 10 章  国际工程项目的合同管理**　参照国际上近年来合同管理新的理念和规定，对业主方、承包商方的合同管理，以及对项目实施阶段合同各方的关系做了较大幅度的补充和改写。

本书力求做到国际工程项目中的用词和词组译文的一致，但是考虑到一些特定范本的翻译习惯用语，如 Consultant 一词，一般均译为咨询工程师，但在世界银行的咨询服务范本中译文版本中译为咨询顾问，本书保留了两种译法，并作了说明，类似情况在各章中分别说明。本书力求用简明通顺的中文介绍各种国际上的范本，但为了便于读者对照研究相关的英文原版时方便，所以在编写序号时有时使用英文原版的序号，类似情况在各章中也分别说明。

本书主编何伯森，副主编吕文学，各章的作者如下：第 1、4、6、10 章和第 7 章的第 1~4 节，何伯森；第 7 章的第 5 节，何伯森、康立秋；第 2 章，李长燕；第 3 章，廖美薇（英国拉夫堡大学土木建筑工程系）；第 5 章，鹿丽宁；第 8 章，卢欢庆（美国东卡罗莱纳大学工程管理系）；第 9 章，吕文学。除在括号中注明单位者外，其余作者单位均为天津大学管理学院。全书由何伯森统稿。

在编写本书过程中，得到世界银行中国办事处何京蓉女士、刘振图先生，以及张水波、刘俊颖等教师的热心帮助，以及学生志愿者翟晓峰、杨菲、陈禄轩、孙晓丹、邓芊里、李倩、张万秋、赵虎、李国君、曹春光、黄亚江、王竹琳、刘涧、王宁、郭晓威、高源、张博楠、李德祯等同学的热情协助，在此一并表示衷心的感谢。

《国工合同》（第二版）的编写，历时两年多，期间一直在努力学习和研究国际上有关工程合同和合同管理的文献和书籍，力图将最新的信息和理念介绍给从事国际工程合同管理的同仁们，虽经多次易稿，但书中不妥以至错误之处难免，热诚欢迎读者多提宝贵指正意见，以便再版时改进。谢谢。

何伯森
天津大学
E-mail：hebstju@hotmail.com

# 第一版前言

自 1979 年我国公司开拓国际工程市场至今，已有近二十年的历史了。在西方各大公司垄断的这个大市场中，我国公司披荆斩棘、奋勇开拓，取得了巨大的成绩。1995 年以来，每年都有 20 多家对外公司进入 225 家大承包商的行列，我国的工程咨询公司也开始步入国际工程咨询市场。但和发达国家公司相比，我们的差距还很大。主要的原因之一是缺少国际工程管理人才，特别是缺少一大批能够开拓国际工程市场的企业家，缺少一大批善于投标得到项目而又能管好工程、取得良好经济效益的项目经理和一大批精于国际工程合同管理的专家。

合同管理是项目管理的核心。无论业主、承包商，或是从事咨询、监理工作的工程师，不熟悉掌握合同，不会运用合同是绝对管不好项目的。目前我们国内有一些涉外工程，常常面对外国承包商的大量索赔，主要原因之一就是我们作为业主方不会编制合同文件，不会在项目实施过程中管理合同。我们去国外承包工程，往往工程质量和进度管理都能令业主满意，但合同款和索赔款却都迟迟要不回来，项目不能盈利，主要的问题也在于对合同的理解不深和管理不当。外国工程师说"合同是圣经"，意思是说"合同一字值千金"，这很值得我们深思。

学习研究国际上各类有代表性的、权威性的合同文件，寻找其中的规律性，洞察合同条款中隐含的深层次的含意，从而才能在国际工程承包和咨询过程中灵活运用合同，做到能依据合同保护自己的权益。努力培养一批我国的国际工程合同管理专家，这是摆在我们每一个对外公司领导和每一位正在和将要从事国际工程事业的人员面前的极为重要的任务。

本书写作的基本构思是介绍国际上最通用、影响最大的各种合同范本，包括应用最广泛的几种合同条件。国际上编制的各种合同文本程序和文字都十分严谨，但往往语句很不好读，我们试图在本书中用比较简练的语言，使读者花费较少的时间，能够学习掌握这些文本的基本内容。在有关各章中，基本上采用英文文本的原有顺序，注明条款编号，以便读者在学习完本书后能更容易、更方便地去理解和应用正式的合同文本。

书中共介绍了十几种项目管理模式、八类合同文本和六种合同条件，信息量十分丰富。

全书共分十章。第 1 章的内容为国际上传统的和近年来流行的一些项目管理模式以及合同模式。第 3 章对这些模式在西方各国以及我国香港地区的应用情况和特点作了介绍。第 2 章讲述了国际合同法的基本原理。世界银行的各类采购模式是国际上最为通用的传统采购模式，也是在国际上（包括中国）的各类世界银行贷款项目必须采用的模式，我们在国外和国内经常会遇到，因此在4、5、6三章重点介绍了世界银行贷款项目的工程采购、货物采购和咨询服务的标准文本以及财政部相应的范本。本书还对国际上最通行的三类（六种）合同条件作了较详细的介绍：第7章介绍了FIDIC的"红皮书"、"分包合同条件"、"橘皮书"和"白皮书"；第8章介绍了在英联邦国家和过去的英殖民地国家影响很大的英国土木工程学会的ICE合同条件以及在美洲广泛应用的美国建筑师协会的AIA合同条件。学习研究了这三类合同条件就可以对在世界各地遇到的合同条件的基本思路、操作程序和如何合理分担风险有一个全面的了解。在国际工程中，围绕主合同，还需要签订一系列的其他合同，能否很好地签订和实施这些合同必将影响主合同的实施，第9章中介绍了联营体合同、劳务合同、租赁合同、技术转让合同以及代理协议。最后一章全面地讨论了国际工程的合同管理问题，分别从业主和承包商各自的角度论述了在合同管理中各方的主要职责，包括各层次的监理工程师的职责，比较详细地讨论了各方的风险管理和索赔管理。最后讨论了工程合同中争端产生的原因，对"团队精神"和"伙伴关系"的理解以及各方应该如何正确地对待产生的矛盾和解决争端。

本书由何伯森主编，各章的作者如下：第1、4、7、10章，何伯森；第2章，李长燕；第3章，廖美薇（香港大学房地产与建设系）；第5章，鹿丽宁；第6章，常军红（财政部世界银行司）；第8章，卢欢庆；第9章，吕文学。除在括号中注明单位者外，其余作者单位均为天津大学管理学院。第3章原稿为英文，由李丹（中国冶金建设集团）翻译。

在编写本书过程中，承蒙潘文、雷胜强、王伍仁等同志提供宝贵的参考资料；还得到洪柔嘉、张水波、孔德泉、王辉、刘雯、蔡耿谦等同志的大力支持与帮助，在此一并表示衷心的感谢。

从编写大纲、收集资料到全书完稿，历时近3年，除去平日的教学科研工作之外，一直在努力学习和研究国际上有关工程合同和合同管理的最新资料，力图向从事国际工程合同管理的同志们奉献一本有一定实用价值的书。但这只是笔者们的主观愿望，能不能达到这个目的，还要等待读者的评价。热诚欢迎大家多提宝贵意见，以便再版时改进。谢谢。

# 目 录

### 第1章 绪论 … 1
第1节 国际工程 … 1
第2节 国际上工程项目建设的一般程序 … 5
第3节 国际工程项目建设的各参与方 … 9
第4节 国际上工程项目的管理模式 … 15
第5节 国际工程合同的形式和类别 … 47

### 第2章 国际合同法基本原理 … 54
第1节 合同与合同法 … 54
第2节 合同的订立及效力 … 58
第3节 合同的履行与违约补救 … 71
第4节 合同的转让及终止 … 80
第5节 合同争议的解决 … 83

### 第3章 西方国家及我国香港地区的工程采购方法 … 103
第1节 引言 … 103
第2节 英国的建筑采购 … 106
第3节 我国香港地区的建筑采购 … 119
第4节 美国的建筑采购 … 121
第5节 日本的建筑采购 … 127
第6节 法国的建筑采购 … 130

### 第4章 世界银行贷款项目的工程采购合同 … 137
第1节 概述 … 137
第2节 资格审查 … 144
第3节 世界银行贷款项目工程采购标准招标文件 … 149
第4节 工程采购招标文件中的几个问题 … 177
第5节 开标、评标、决标 … 184

# 第 5 章　世界银行贷款项目的货物采购合同　188
　第 1 节　货物采购概述　188
　第 2 节　世行贷款项目货物采购招标文件　190
　第 3 节　我国利用世行贷款项目货物采购方法　207

# 第 6 章　国际工程项目咨询服务采购　218
　第 1 节　概述　218
　第 2 节　咨询工程师的选择　219
　第 3 节　咨询服务合同　225
　第 4 节　世界银行的工程咨询合同　229
　第 5 节　FIDIC 的咨询服务合同　250

# 第 7 章　FIDIC 的各类合同条件　260
　第 1 节　国际咨询工程师联合会（FIDIC）简介　260
　第 2 节　FIDIC《施工合同条件》　265
　第 3 节　FIDIC《生产设备与设计—建造合同条件》　318
　第 4 节　FIDIC《设计采购施工（EPC）/交钥匙项目合同条件》　338
　第 5 节　FIDIC《设计，建造及运营项目合同条件》　362
　第 6 节　FIDIC《土木工程施工合同条件》　412
　第 7 节　FIDIC《土木工程施工分包合同条件》　432

# 第 8 章　英国与美国常用的合同范本　445
　第 1 节　英国常用的合同范本及制定机构　445
　第 2 节　NEC 系列合同范本及条款分析　447
　第 3 节　美国常用的合同范本及制定机构　466
　第 4 节　AIA 系列合同范本及条款分析　470

# 第 9 章　国际工程相关的部分合同　497
　第 1 节　联营体协议书　497
　第 2 节　租赁合同　515
　第 3 节　国际劳务合同　527
　第 4 节　国际工程技术转让合同　535
　第 5 节　代理协议　541

## 第10章 国际工程项目的合同管理 547
### 第1节 合同管理概论 547
### 第2节 业主方的合同管理 549
### 第3节 承包商的合同管理 572
### 第4节 项目实施阶段合同有关各方的关系 593

## 主要参考书目 601

# 第 1 章 绪论

> 本章介绍了国际工程的定义、概念和特点、国际工程合同的特点、国际工程的建设程序和项目建设的各参与方。比较详细地介绍了国际上工程项目的七类 11 种管理模式,并分析了各种模式的优缺点和一些模式相关各方的风险。最后介绍了三类 14 种国际工程合同的类型、特点和适用条件。

## 第 1 节 国际工程

### 一、国际工程的概念和特点

(一) 国际工程的概念和内容

国际工程就是一个工程项目的策划、咨询、融资、采购、承包、管理以及培训等各个阶段和不同工作内容的参与者来自不止一个国家,并且按照国际上通用的工程项目管理理念和方式进行管理的工程。

根据这个定义,我们可以从两个方面去更广义地理解国际工程的概念和内容:

1. 国际工程包含国内和国外两个市场

国际工程既包括我国公司去海外参与投资和实施的各项工程,又包括国际组织和国外的公司到中国来投资和实施的工程。我国目前是一个开放的市场,加入世界贸易组织(WTO)之后,工程项目市场会更加对外开放,在国内也会遇到大量国内习惯称之为"涉外工程"的国际工程。所以我们研究国际工程不仅是走向海外的需要,也是适应入世、加快我国建筑行业与国际接轨的步伐、巩固和占领国内市场的需要。

国际工程市场总体上是一个持续稳定发展的市场：国际工程市场遍布五大洲，虽然某个地区和某些国家的政治形势和经济形势不一定十分稳定，但就全球来说，国际工程市场总体来说是稳定的和持续发展的。从事国际工程的公司必须加强调查研究，善于分析市场形势，捕捉市场信息，不断适应市场变化形势，"脚踏两只船（国际市场和国内市场）"，才能立于不败之地。

2. 国际工程包括咨询和承包两个领域

国际上一般将工程项目分为咨询和承包两个领域。

（1）国际工程咨询：包括对工程项目前期的投资机会研究、预可行性研究、可行性研究、项目评估、勘测、设计、招标文件编制、监理、管理、后评价等。它是以高水平的智力劳动为主的行业，一般都是为建设单位——业主一方服务的，也可应承包商聘请为其进行施工管理、成本管理等，但不得在一个工程项目中同时为合同双方服务。

（2）国际工程承包：包括对工程项目进行投标、施工、设备采购及安装调试、分包、提供劳务等。按照业主的要求，有时也做施工详图设计和部分永久工程的设计。

目前国际上的工程项目，出现了许多新的模式，如将"设计—建造"统一交由一家公司去实施的模式；又如"EPC/交钥匙工程"模式，即将咨询的大部分内容和施工、设备采购安装一并发包；还有根据工程项目全生命周期的理念将一个工程项目的设计、施工和运营交由一家承包商实施；此外还有管理承包等多种模式，均将在本章第3节中介绍。

综上所述，国际工程涵盖着一个广阔的领域，各国际组织、国际金融机构投资的项目，各国政府、各咨询公司和工程承包公司等在本国以外地区参与投资和建设的工程的总和，就组成了全世界的国际工程。各个行业、各种专业必然都会涉及国际工程。

（二）项目、工程项目、国际工程项目的特点

1. 项目的特点

项目（Project）是指在一定约束条件下，具有特定目标的一次性任务。如一次会议、一个科研课题、一个工程项目的修建等均是一个项目。项目活动不同于一般商品的批量生产，必须兼具下列四个特点：

（1）一次性：指一个项目都有其明确的起点和终点，达到项目的目的时，该项目即告结束，即项目是在有限的时间段内存在的。

（2）唯一性：又叫单件性或不可重复性，是指任何项目的任务内容、完成过程、完成的组织和最终成果不会完全相同。

（3）目标的明确性：一个项目必定有其特定的目标要求（如进度目标、质量目标、成本目标等），达到此目标要求才算是完成项目。

（4）实施条件的约束性：完成一个项目必然受多种实施条件的约束，包括资源条

件和人为条件的约束，如资金条件、自然条件、法律条件的约束等。

2. 工程项目的特点

工程项目（Construction Project）是指在一定的条件约束下，以形成固定资产为目标的一次性事业，也可以说是为了特定目标而进行的投资建设活动。工程项目远比一般项目复杂，除了具有一般项目的四个特点外，还具有以下十个特点：

（1）投资巨大：一个工程项目的投资金额少则几百万元，多则若干亿元。能否做好工程项目的管理对于资金的合理利用和投资效益的回收影响重大。

（2）技术水平要求高：任何工程项目的特定目标必然是对应一个或几个专业，科技含量大，不同专业（如房建、化工、电力、通信等）的技术要求有很大差别，因而对参与单位和人员的专业技术知识和水平要求高。

（3）复杂程度高：从组织实施方面看，参与单位众多，因而项目管理工作必然复杂，对跨行业、跨地区的工程项目尤为复杂；从技术方面看，每个工程项目往往都会采用不同的和新的技术、工艺和材料。

（4）整体性强：一个工程项目，当规划设计确定之后，就是一个不可分割的整体，各个子项目紧密相关，各个部位必须结合在一起才能发挥项目的功能。

（5）建设周期长：每个工程项目的建设周期都很长，少则数月，多则十年以上，在这样长的时间内，将对项目管理班子的管理水平提出很高的要求。

（6）不确定性因素多，风险大，容易产生争议：一个工程项目由于建设周期长、参与方多、受外界自然环境影响大、技术复杂等因素影响，各类风险发生的可能性都很大，很容易引起争议。

（7）不可逆转性：工程项目的各个部位是一个有机结合的整体，对建设程序有严格的要求，一旦开始实施，一般均不可逆转，如果在工程开工后对方案做大的变动，必然会造成很大的经济损失。因此，必须事先认真做好规划和决策。

（8）产品地点的固定性：工程产品必然是固定在某一个地点的，一方面选址十分重要，另一方面当工程开工后，工程的实施将会受到该地点的自然条件、社会条件等诸多条件的影响。

（9）生产要素的流动性：一个工程项目的参与者众多，涉及许多不同性质的单位（如设计、施工、监理、供应商、运营商等），而各单位往往只参与一个阶段或一项工作，各单位的人员也是流动的，这就加大了项目管理的难度。

（10）当地政府的管理和干预：一个工程固定在某个地点，而且往往会对地区的政治、经济、社会产生重要影响，因而必然会受到当地政府有关部门的管理和干预，这就对工程项目管理提出了更高的要求。

3. 国际工程项目的特点

国际工程项目（International Construction Project）是更为复杂的工程项目，除具有上述工程项目的特点之外，还具有以下特点：

（1）跨多个学科的系统工程：国际工程项目管理是一个在国际上不断发展和创新的学科，由于要按照国际惯例进行管理，因而从事国际工程的人员不但要求掌握某一个或几个专业领域的技术知识，还要求掌握涉及国际领域的法律、合同、金融、外贸、保险、财会等多方面的其他专业的知识。从工程项目准备到项目实施、运行和维护，整个管理过程十分复杂，因而国际工程是跨多个学科的，对人才素质有很高要求的复杂的系统工程。

（2）跨国的经济活动：国际工程是一项跨国的经济活动，涉及不同的国家，不同的民族，不同的政治、经济、文化和宗教背景，不同参与单位的经济利益，因而合同中各方不容易相互理解，常常产生矛盾和争议。

（3）严格的合同管理：由于国际工程往往有不止一个国家的单位参与，不可能依靠行政管理的方法，而必须采用国际上多年来业已形成惯例的、行之有效的一整套合同管理方法。即为订好合同，要求花费比较多的时间做好招标文件的准备、招标、投标、评标和谈判签约等工作，从而在实施阶段严格按照合同进行项目管理打下一个良好的基础。

（4）风险与利润并存：国际工程是一个充满风险的事业，比国内工程风险大得多，每年国际上都有一批工程公司倒闭。一项国际工程如果订好合同、管理得当将会获得一定的利润，但如果不会管理风险，则可能遭受重大的损失。因此一个公司要能在国际工程市场中竞争并生存，就需要努力提高公司和成员的素质。

（5）发达国家垄断市场：国际工程市场是从西方发达国家许多年前到国外去投资、咨询和承包开始的，他们凭借雄厚的资本、先进的技术、高水平的管理和多年的经验，占有绝大部分国际工程市场，我们要想进入这个市场，拿到国际工程项目，就需要付出加倍的努力。

## 二、国际工程合同管理的特点

### （一）国际工程合同

国际工程合同是指不同国家的平等主体的自然人、法人、其他组织之间为了实现在某个工程项目的特定目的而签订的设立、变更和终止相互民事权利和义务的协议。

由于国际工程是跨国的经济活动，因而国际工程合同远比国内的一般合同复杂。

### （二）国际工程合同管理的特点

1. 国际工程的合同管理是工程项目管理的核心。国际工程合同从编制招标文件、招投标、谈判、修改、签订到实施，各个环节都十分重要。合同有关各方对任一个环节都不能粗心大意。只有订立一个好的合同才能保证项目的顺利实施。

2. 国际工程合同文件内容全面而详尽。一般一份合同文件包括合同协议书、中标函、投标书、合同条件、技术规范、图纸、资料表（含工程量表等）及合同数据表等多个文件。编制合同文件时,各部分的论述都力求详尽具体,并注意尽可能减少各个文件之间出现的歧义和矛盾,以便在实施中减少争议。

3. 国际上已有多种合同范本。国际工程咨询和承包在国际上已有上百年历史,经过不断地总结经验,在国际上已经有了一批比较完善的合同范本,而且每经过一段时间的实践和总结,相关组织就会对这些范本进行修订和完善,我们应不断地学习研究这些新的范本,以掌握国际上的最新动态。

4. 认真分析研究每个工程项目合同的特点。"项目"本身就是一次性、不重复的活动,国际工程项目由于处于不同的国家和地区,不同的工程类型、不同的资金条件、不同的合同模式、不同的业主和咨询工程师、不同的承包商、分包商和供应商,因而可以说每个项目都是很不相同的。研究国际工程合同管理时,既要研究其共性,更要认真研究其特性。

5. 国际工程合同范本中体现了及时调解争议的理念。近10年来,各国际组织及一些发达国家的学会新编制的合同范本中,一方面考虑到合理分担风险,另一方面,一般不提倡凡有争议就提交仲裁或诉讼,而都增加了"争议审查委员会(DRB)"、"争议评判委员会(DAB)"、"争议委员会(DB)"或"评判人"、"调解人"等角色,以便将争议及时通过调解解决,有利于项目的顺利实施。

6. 国际工程合同制定时间长,而实施时间更长。一个合同的实施期短则1~2年,长则数十年(如BOT/PPP项目、DBO项目)。因而合同中的任一方都必须十分重视合同的订立和实施,依靠合同来保护自己的权益。

7. 国际工程项目包括多个合同。一个国际工程项目往往是一个综合性的商务活动,实施一个工程除主合同外,还需要签订多个相关的合同,如融资贷款合同,各类货物采购合同,分包合同,劳务合同,联营体合同,技术转让合同,设备租赁合同,项目运行合同等等,这些合同均是围绕主合同,为主合同服务的,但每一个合同的订立和管理都必然会影响到主合同的实施。

综上所述,我们可以看出合同的制定和管理是搞好国际工程项目的关键,工程项目管理包括进度、质量、造价等方面的管理,而这些管理均是以合同规定和合同管理的要求为依据的。项目任一方都应配备得力人员认真研究合同,管好、用好合同。每一个企业都应尽早地主动培养一批高水平的合同专家,以满足在日益对外开放的国内市场和走向国际市场实施国际工程项目时的需要。

## 第2节 国际上工程项目建设的一般程序

### 一、概述

管理是一门科学,又是一门学科。科学必定要在实践中发展和进步。工程项目管理比一般的项目管理复杂得多，它必然也要在各国的工程建设实践中逐步地发展、创新和完善。

本章中讨论的"工程项目"的一般含义包括从建设某一特定有形资产的初步构思，一直到业主对竣工的工程最终验收、运营及后评价这一过程中的全部阶段。

当项目通过可行性研究和评估、立项之后，就需要确定项目的实施策略，包括决定项目执行时拟采用的模式，甚至项目完工后的运营模式，并由之决定参与项目各方所扮演的角色，在合同中的职责和权限，权利和义务以及风险的分担等。

项目的业主方是市场的主导方和决策方。项目立项之后，下一步最重要的决策之一即是选定工程项目的管理模式（以下称项目管理模式）。这个问题将在本章第4节详细地介绍和讨论各种项目管理模式、其优缺点及各方风险之后，再进行讨论。

面对我国已经入世的新局面，一方面国内市场逐步国际化，外资的进入步伐在加快。对外资项目或合资项目的业主而言，一般他们会选择在自己国家行之有效的，熟悉的项目管理模式。我国的各类公司不论是参与合资的业主方，还是咨询、监理或承包商，也都应该主动提高自己的水平去适应这个形势。另一方面，我国企业"走出去"的步伐也在加快，出国去投资建厂、提供咨询服务或是承包工程的条件比入世前更好，可以享受更多的"国民待遇"，我们应努力使我国的对外承包工程的市场多元化，逐步开拓发达国家市场，这就更要求我们了解、熟悉和掌握国际上的多种工程项目管理模式和项目管理要求。总之，要积极学习、研究、借鉴国际惯例，才能提高我国企业的项目管理水平，适应入世之后国内外市场形势变化的新要求。

## 二、国际上工程项目建设的一般程序

各国的工程项目建设程序，政府的和私人的项目都各不相同，但大型工程项目一般均包括如下阶段，如图1-1所示。

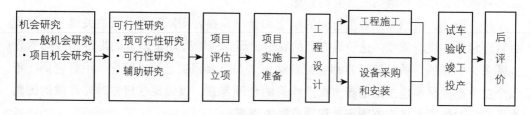

图1-1 工程项目建设程序和阶段的划分

### （一）机会研究（Opportunity Study）

有时也称投资机会研究，是进行可行性研究之前的预备性调研，是花费较短的时间（约1~2个月）和较少的经费（约占总投资1‰~2‰），将项目设想变成初步的项目投资建议。机会研究的重点是做投资环境分析，对建设投资和生产成本进行估算，其精确度在±30%左右。机会研究又分为一般机会研究（鉴定某一地区或部门的投资机会）和特定项目的机会研究。

### （二）可行性研究

包括以下内容：

1. 预可行性研究（Pre-feasibility Study）

也称初步可行性研究。目的是对机会研究阶段提出的项目方案通过技术和经济分析做出鉴别和估价，判断投资建议是否可行，项目是否有必要进行详细的可行性研究。一般预可行性研究需花费2~3个月，费用约占总投资的1.25‰~2.5‰，投资估算精确度在±20%左右。

2. 可行性研究（Feasibility Study）

也称详细可行性研究。是对预可行性研究确定的项目方案进行全面深入的技术经济论证，为投资决策提供全面扎实的基础。它调查的范围更广泛，数据更准确。其主要内容是对各种可能的拟建方案和建成投产后的经济、社会、环境效益进行技术经济分析、预测和论证，以确定项目建设的可行性，并在可行的情况下提出最佳建设方案及建设地点的建议，作为决策及设计的依据。

可行性研究报告是业主投资决策、筹措资金和申请贷款的依据，是下一步编制设计文件的依据。投资估算精确度在±10%左右。

3. 辅助研究（Auxiliary Study）

辅助研究不是一个阶段，而是大型投资项目在可行性研究阶段中进行的专题研究，如市场、原材料供应、项目规模、设备选择等专题。辅助研究可以在可行性研究工作之前或与之同时进行。

### （三）项目评估（Project Appraisal）

当完成可行性研究报告之后，一般都要委托另一家咨询公司对可研报告进行评估，重点是可研报告的真实性和可靠性。不同的业主对评估的内容可能有不同的要求，如政府部门可能侧重项目的国民经济效益，而私营企业则更注重项目的财务效益，商业银行则要注重还贷能力的评估。一般项目评估包括以下内容：项目目标、资源、项目实施条件（包括组织机构）、效果以及项目的效益（包括生产规模、财务和国民经济评价）。项目评估对投资估算的精确度也在±10%左右。

根据评估报告，业主才能最后确定某个项目是否立项及立项后将开始的各项准备工作，并确定项目投资目标、项目规模、投资额度及建设地点。

### （四）项目实施准备（Pre-construction Stage）

包括确定项目实施模式，组建项目实施机构，筹集资金，确定项目进度要求，办理各种审批手续和工程设计等。

在设计工作开始后的一段时间，由咨询设计单位协助业主进行工程施工招标（包括招标文件准备、资格预审、招标、评标等）、谈判和签订合同等工作。

（五）工程设计

它是项目实施准备的一项重要内容，在国外一般包括三个阶段：

1. 概念设计（Conceptual Design）

也叫规划设计或方案设计。主要包括项目的设计依据，基础资料，工程总体布置，主要建筑物和设备选型，环保措施，技术经济分析，价格估算和方案比较、评价。

2. 基本设计（Basic Design）

即初步设计，根据对概念设计的审查意见和要求编制，应就已确定的方案进行深入的分析和计算，对图纸和技术要求进一步深入研究和细化。以房建项目为例，单个建筑物应包括：建设场地的总平面图，不重复的各层平面图、立面图、主要剖面图、结构构件布置图，主体结构，装饰工程和其他设备，项目的概算及技术经济指标。

3. 详细设计（Detailed Design）

即施工详图设计，这部分设计在国外多半由承包商负责设计，由监理工程师批准即可用于施工。

国外有时只做初步设计即开始招标，签订合同后施工详图交给承包商做，目的是早开工，早投产。

（六）工程施工与设备采购安装

工程施工与设备采购安装是在实施阶段同时进行的工作，一般都通过招标到市场上去采购，所以世行、亚行文件均称之为工程采购（Procurement of Works）及货物采购（Procurement of Goods）。有时可以由一家总承包商同时承担这两项工作，有时由业主分开招标，由供应商负责设备的供货、安装和调试。

（七）试车竣工验收及投产

试车（Commissioning）包括两个阶段：承包商及其分包商进行工程调试和业主方的试运行。在合同文件中应将所有的试车要求（包括检查、测试、维护和运行等）均包含在相应的条款和规范中。

工程调试的目的是检验安装的设备功能是否达到设计和规范要求。承包商应将每一个部位和全部系统的工程调试时间均包含在整个工程进度表中，即要在合同规定的竣工时间内完成调试，在工程移交时提交实际竣工图、试车检验报告和操作维修手册，包括健康、安全和环保（HSE）的应急措施，还应提交相应的计算机软件和CAD培训课件等。

业主方试运行的目的是确保工程按计划安装和运行。此工作由业主方人员实施，需要时请咨询专家协助。理想的情况是及时地组建试运行班子参与设计过程以便将试运行要求写入设计文件。业主试运行后正式交付使用。

### (八) 项目后评价

项目后评价（Project Post-Evaluation）是世界银行贷款项目生命周期中的最后一个阶段，在英国叫竣工后评价（Post-Completion Review），项目后评价是在项目正式投产一年后，按照严格的程序对项目执行全过程进行认真的回顾，总结经验和教训，供下一个新项目实施参考。

后评价的内容一般包括过程评价（立项、实施和项目实施过程中的管理等）、效益评价（财务评价、国民经济评价）、影响评价（经济影响、环境影响和社会影响）、可持续性评价和综合评价。凡世行贷款项目都是在项目竣工投产一年后，由世行派专家对项目进行后评价。

## 第3节 国际工程项目建设的各参与方

下面介绍在国际上工程项目的各类管理模式中的有关参与方。这里要强调的是，并不是每种模式都需要下列全部角色，而是依据各国的惯例，特别是业主方的需要而定的。

### 一、业主（Owner）

业主是工程项目的提出者、组织论证立项者、投资等重要事项的决策者、资金筹集者和项目实施的总体组织者，也是项目的产权所有者，并负责项目生产、经营和偿还贷款。一般情况下，业主方既是产权所有者也是项目的使用者，但在房地产或一些商业开发性项目中则在项目竣工前后通过出售转移产权，或租赁给用户使用。

按项目投资来源不同，业主机构可以是公共部门，也可以是私营企业。

公共部门的投资一般包括：中央政府或地方政府投资的新建或改建的基础设施项目、公益型项目（如学校、医院等）、国有企业，有时也有住宅项目。

私营企业的投资一般包括：自用型（如自用住宅、商场、厂房等）；投资型和物业经营型。有时候二者又结合在一起，如投资住宅加物业管理。近年来对一些运行中较有把握回收投资的项目，正在发展由私人负责融资，或由"公私伙伴关系"负责融资和管理的建造模式（详见下文）。业主的性质影响到项目实施的各个方面，许多国家制定了专门的规定以约束公共部门业主的行为，尤其是在工程采购方面，相对而言，私营企业业主在决策时有更多的自由。

英文中 Employer（雇主），Client（委托人），Promoter（发起人，创办人）在工程合同中均可理解为业主。房地产开发阶段的业主称为开发商（Developer），房屋售出后"业主"为房屋产权所有人。

## 二、业主代表（Owner's Representative）

业主代表指由业主方正式授权任命的代表，并在业主授权范围内代表业主行使对工程项目进行控制的权力并履行相应的义务。

业主与业主代表是委托与被委托的合同关系，业主以书面形式将业主代表的批准及授权范围通知承包方，业主代表的任何上述权力均被认为已从业主处得到批准。业主代表根据与业主签订的服务协议成为业主的受托人，在工程建设过程中对承包商实施监督和管理，以期圆满地完成业主对所建工程拟订的"业主的要求"。"业主的要求"的内容除涉及工程的目标、范围以及应达到的设计和技术标准外，还包括业主根据合同所作的任何变更。业主代表对工程的任何控制行为都是在履行"业主的要求"。

业主代表一般具有合同中规定的业主的全部权力（除终止合同外），但无权修改合同，也无权解除承包商的任何责任。为了圆满完成业主委托的工作，业主代表应具备较丰富的经验和管理能力。业主代表可以由业主内部的专业雇员担任，也可以是一家由业主指定的独立的咨询工程公司。

## 三、项目经理（Project Manager）

在国外，一般"项目经理"指为业主方管理项目的负责人而不是指承包商现场施工的项目经理。项目经理的主要任务是自始至终对一个项目负责，项目经理一般从可研阶段就开始被任命了，项目经理可以决定项目的实施方式，其工作范围可包括从项目前期开始直到工程移交的全过程，甚至可延伸到工程项目及其设施的管理阶段。项目经理前期的工作主要是替业主管理相关事宜，并提出咨询意见，可能包括项目任务书的编制、预算控制、法律与行政障碍的排除、土地资金的筹集，一旦施工合同签订后，一般可研阶段的项目经理就自然被业主任命为施工阶段的项目经理。

业主可以从自己机构内部中任命或从外部聘用项目经理。如果一个项目经理有足够的能力，他甚至可以被同时任命为几个项目的项目经理。项目经理的权力很大，他基本具有项目管理过程中所需要的管理权和决策权。除一些特别情况（如大额索赔的最终批准）外，业主不应限制项目经理的权力，以保证管理过程的效率。但项目经理应与业主方保持密切的沟通，以使项目经理的各种措施和工作方法能反映业主的总体策略。

在这里要特别强调的是，一般如果业主方从自己机构内委派或聘用业主代表时，他就不用再单独任命项目经理了，因为许多类似的职责有一个角色即可胜任。

## 四、工程师（Engineer）

在国外，这个角色的全称为"咨询工程师"，工程师指的是为委托人提供有偿的技术和/或管理服务，对某一工程项目实施全方位的监督、检查和协调工作的专业工程师。

工程师提供的服务内容很广泛，可以涉及各自专长的不同专业性工作，一般包括：项目的投资机会研究、可行性研究、项目评估、工程各阶段的设计、招标文件的编制、施工阶段的工程监理、竣工验收、试车、培训、项目后评价以及各类专题咨询。

工程师在施工阶段的监理职责一般包括合同管理、进度管理、投资管理、质量管理、职业健康安全及环境管理（HSE）、信息管理和对各方面工作进行协调等若干方面。他们在业主的委托合同授权范围内通过签发指令的手段来监督承包商，从业主立场来监理项目，但并不对施工过程、施工方法、施工安全进行具体的管理。从承包商角度看来，工程师发出的指令都应被认为已经获得了业主的批准。但工程师的任何批准、校核、证明、同意、检查、检验、指示、通知、建议、要求、试验或类似行为均不解除承包商在合同中的责任。工程师只是某一个工程建造过程中的监督和检查者，他的批准等行为只是临时认可承包商完成的工作量或允许其进行下一道工序，只是保证这个"工程产品"的建造过程符合合同规定的要求以及良好的惯例，而承包商才是承诺向业主方最终提供合格工程的一方。

回顾FIDIC合同近些年来的不同版本，工程师这一角色的定位也在发生着一些变化，例如在FIDIC"新红皮书"中：

（一）"业主的人员"（Employer's Personnel）的定义中明确了"工程师、工程师助理以及工程师和业主的其他职员、工人和其他雇员"都属于业主的人员，而不再强调工程师是独立的第三方。

（二）在要求工程师对某一事项做决定时，不再强调"公正"（Impartiality），即公正无偏，但仍要求"公平"（Fair），即公平合理。

（三）工程师以往"准仲裁员"的部分功能逐渐被由合同双方聘任的"争议委员会"（Dispute Board，DB）所取代。但在工程实施过程中，工程师仍应作为双方争议的第一调解人。

工程师是项目建设过程中非常重要的角色，其管理水平、经验和信誉等对工程的实施影响很大。因此，业主应该根据"基于质量选择"（QBS）的咨询服务采购理念来选择最合适的工程师。

### 五、建筑师（Architect）

建筑师是指按照相关文件（如AIA合同）明确规定的拥有建筑师专业注册资格的个人或实体。AIA合同文件中提到的建筑师既是工程项目的设计者，又是合同条件（A201）中规定的受业主委托的项目管理负责人，但在美国的工程项目中，建筑师的首要职责是工程设计任务。

在美国传统项目管理模式中建筑师也承担一部分施工监督的职责，在合同规定的范围内代表业主行事，这种职责仅限于对承包商各种申报资料的审批，其审批责任也主要是与工程设计相关的部分，比如材料替换等。此外建筑师也到现场进行视察（Observation）和检查，但并不深入地介入施工过程中具体的工程项目管理事宜。

在国外对建筑师/工程师的职业道德和行为准则都有很高的要求，此类准则通常由相应的协会颁布。主要包括：

- 为委托人服务——建筑师/工程师应使用其专业才能，根据委托人的需求，通过自己的努力工作建立信誉和专业形象；
- 努力提高专业水平——建筑师/工程师应努力提高其专业水平以便为委托人提供高质量的服务，不应该接受自己不熟悉或不了解的专业的委托服务；
- 公平的态度——建筑师/工程师作为独立的社会力量，应按照合同条款的规定和证据，尽量公平、客观地作出判断和提出解决问题的意见；
- 保持独立——建筑师/工程师在接受工程项目的业主委托时，只能接受业主支付的酬金，不得与承包商、制造商、供应商有合伙和经济关系；
- 禁止不正当竞争——建筑师/工程师不得通过不合理地降低咨询费来与同行竞争，不应故意或无意损害同行的声誉，不得直接或间接取代某一特定工作中已任命的其他咨询工程师的位置；
- 保密——建筑师/工程师必须注意对接受委托的工作中获得的资料保密。

建筑师/工程师虽然本身就是专业人员，是专家，但是由于在工程的咨询工作中涉及的知识领域十分广阔，因而建筑师/工程师在工作中也常常要雇用其他的咨询专家作为顾问（如图1-2所示），以弥补自己知识的不足。

## 六、CM经理（Construction Manager）

CM经理是建筑工程管理模式（Construction Management Approach，以下用CM模式），即CM模式中的关键性角色，必须由精明强干，既懂工程技术和经济，又懂管理的人来担任。CM经理与业主是合同关系，其负责工程的监督、协调及管理工作。在施工阶段的主要任务是定期与承包商会晤，对成本、质量和进度进行监督，并预测和监控成本及进度的变化。根据CM模式的不同，CM经理有代理型CM经理和风险型CM经理两种，业主可以根据项目的具体情况加以选用。

（一）代理型CM经理。当项目采用代理型CM模式时，CM经理为业主提供咨询和代理服务，替业主管理项目。CM经理可以只提供项目某一阶段的服务，亦可提供全过程的服务。

（二）风险型CM经理。当项目采用风险型CM模式时，CM经理在开发和设计阶段相当于业主的顾问，在施工阶段则担任总承包商的角色。

综上可知，在代理型CM模式中，CM经理与专业承包商（Trade Contractor）是监督和管理关系；而在风险型CM模式中，CM经理与专业承包商之间是合同关系。

CM 经理在开发设计阶段的主要职责包括：向业主和建筑师/工程师就建筑结构类型和构件的选用提供咨询；对整个项目的进程作出安排，包括完成招标文件的时间，招标所需的时间，工程开工的时间，施工期间重要阶段的里程碑等；编写项目预算，并随设计的变化而变更预算；准备招标文件，邀请招标，选择合格的投标者；分析投标书，并提出授标建议。

CM 经理在施工阶段的主要职责包括：检查工程和设备安装是否符合图纸的要求，监督工程质量；协调各个承包商的工作；审核及签发支付申请；如果建筑师认为某部分工作不符合设计要求，只有在通知 CM 经理后，才能拒收。CM 经理也有权力和责任直接拒收不合格的工作，提出变更的建议，供建筑师和业主考虑。

## 七、工料测量师（Quantity Surveyor，QS）

工料测量师是英国和其他英联邦国家以及我国香港地区对工程经济管理人员的称谓，在美国叫造价工程师（Cost Engineer）或成本咨询工程师（Cost Consultant），在日本叫建筑测量师（Building Surveyor）。

工料测量师的主要任务是为委托人（大多数是业主，也可以是承包商）进行工程造价管理，协助委托人将工程成本控制在预定目标之内。工料测量师既可以受雇于业主，协助业主编制工程的成本计划，建议采用的合同类型，在招标阶段编制工程量表及计算标底，在工程实施阶段进行支付控制，以及编制竣工决算报表；也可以受雇于承包商，为承包商估算工程量，计算投标报价或在工程实施阶段进行造价管理。

在 2000 年，英国皇家特许测量师学会（RICS）总部经过仔细的研究，决定将 QS 的工作范围扩大到 16 个专业科目（Faculty），包括：古董和艺术品、建造测量、商业财产、施工、争议解决、环境、设施管理、地质、管理咨询、矿产和废弃物管理、计划及开发、厂房和机械、项目管理、住房资产、乡村、估价。但每一位特许 QS 最多可以参加 4 个专业科目。由此可以看出，国外的学会组织一方面积极拓宽其成员的市场服务专业范围，另一方面又进行合理限制，以保证其成员能够提供真正高水平的专业化服务。

## 八、监理者（Supervisor）

监理者只在国外的少数合同范本中出现，如英国 ICE 编制的"新工程合同条件"《工程施工合同》（ECC），他的工作任务主要是进行施工过程当中的质量管理，并协助业主方的项目经理做一些必要的合同管理工作。

FIDIC 和 AIA 反对用 supervision 这个词来界定"工程师"或"建筑师"的工作。

监理者的工作类似我国目前监理工程师所从事的施工阶段的质量管理工作。

澳大利亚标准 AS 4000（1997）《通用合同条件》中有监督者（Superintendent）这一角色，其职责与 FIDIC"新红皮书"中的"工程师"差不多。

### 九、管理承包商（Project Management Contractor）

项目管理承包（Project Management Contracting，PMC）是近些年发展的一种项目管理模式，是由业主通过招标的方式聘请一家有实力的项目管理承包商（公司或联营体），对项目的全过程进行集成化的管理。因此，在PMC模式中，管理承包商是为业主实施项目管理工作中最重要的服务角色。

一般来讲，管理承包商所承担的工作范围因项目管理承包模式的具体合同内容不同而有所不同。但通常来讲，管理承包商的一般职责是与业主的专业咨询顾问（如设计承包商、工程师、测量师）进行密切合作，通过对施工承包商的科学管理，对工程进行计划、管理、协调和控制。

### 十、承包商（Contractor）与总承包商

承包商通常指承担工程项目施工及设备采购的公司、个人或几个公司的联营体。如果业主将一个工程分为若干独立的合同（Separate Contract），并分别与几个承包商签订，则凡直接与业主签订承包合同的都叫承包商。

总承包商通常指与业主签订合同将整个工程或其中一个阶段的工作全部承包下来的公司或几个公司的联营体。我国业内及有关政府文件习惯用这个词，但在国外一般不用，而是具体指明工程项目所采用的管理模式。笔者认为，总承包商大体包含以下五类：施工总承包商、设计－建造总承包商、EPC/交钥匙总承包商、设计建造及运营总承包商、管理总承包商。在下一节中结合项目的管理模式我们将对各类模式进行深入的讨论。

在国外还有一种大型的工程公司（Engineering Company），一般指可以提供从投资前咨询、设计到设备采购、施工等贯穿项目建设全过程总承包服务的公司。这种公司多半拥有自己的设计部门，规模较大，技术先进，在特殊项目中，这类大型公司甚至可以提供融资服务或管理服务。

### 十一、分包商（Subcontractor）

分包商是指那些直接与承包商签订合同，分包一部分承包商与业主所签订合同中的任务的公司。业主和工程师不直接管理分包商，他们对分包商的工作有要求时，一般通过承包商处理。

在国外数量上占优势的是大批小承包商和专业承包商。在大工程中，专业承包商和小承包商一般都是分包商的角色。专业承包商在某些领域内有特长，如擅长基础工程、钢结构工程等，因而在成本、质量、工期控制以及专利技术等方面具有优势。在英国，大多数小公司人数在15人以下，而占总数不足1%的大公司却承包了工程总量的70%。宏观看来，大小并存、专业分工的局面有利于提高工程项目建设的效率。

指定分包商（Nominated Subcontractor）是业主方在招标文件中或在开工后指定

的分包商或供应商,指定分包商仍应与承包商签订分包合同。

广义的分包商还包括供应商与设计分包商。

### 十二、供应商(Supplier)

供应商是指为工程实施提供生产设备、材料和施工机械的公司和个人。一般供应商不参与工程的施工,但是有一些设备供应商由于设备安装要求比较高,专业性强,往往既承担供货,又承担安装和调试工作,如电梯、大型发电机组等。

供应商既可以与业主直接签订供货合同,也可以直接与承包商或分包商签订供货合同,视合同中的具体规定而定。

### 十三、评判人(Adjudicator)

评判人,是指在工程实施过程中一个由双方聘请的独立的专家小组,其作用是对合同双方发生的争议进行调解。评判人的形式有多种,例如 NEC 系列合同范本中的评判人,FIDIC1999 年系列合同范本中的争议评判委员会 DAB(Dispute Adjudication Board, DAB)成员,世界银行标准招标文件中的争议评审委员会(Dispute Review Board, DRB)、2005 年版本中的争议委员会(Dispute Board, DB)或一人争议评审专家(Dispute Review Expert, DRE)等。

虽然评判人在近年来国际上编制的大部分的合同范本之中使用了不同的措辞,但是他们的本质及工作内容却都大致相同。评判人应该是对合同当事人之间的施工合同中所包括的工作熟悉的人,他应该能够准确理解合同当事双方的观点(在某些协议下,合同当事方可以要求评判人定期考察工地以便他了解工程进展情况和合同的执行情况)。评判人的公正行事对于整个评判制度是至关重要的。

评判人在认真审查合同双方提出的争议后,应随即就该问题做出公正的评判。他所做出的一切决定必须遵循合同当事双方之间的施工合同及相关法律、法规中规定的任何程序。

评判人的职责仅限于争议发生时的争议处理,并且他们所做出的评判属于调解性质,如果一方不同意,可以按相关程序规定将争议提交仲裁,因此该评判意见没有最终的法律约束力。但是引入评判人,使之按照评判程序解决工程实施过程中出现的争议必将有利于工程的良好管理和顺利进行。

以上介绍的是工程项目实施的主要参与方,不同的合同类型、不同的项目管理模式有不同的参与方,但即使是同一个参与方(如建筑师),也可能在不同合同类型和不同的工程项目阶段中,承担不同的职责,在下一节中将详细讨论。

## 第4节 国际上工程项目的管理模式

一个工程项目在前期策划和可行性研究阶段,即应研究采用何种策略才能达到项目的目标，这取决于项目的性质和复杂程度、融资渠道、项目的生命周期费用、业主方的管理能力以及外界的政治和经济环境等。而确定项目策略的一个重要内容即确定工程项目的管理模式。

工程项目的管理模式是指一个工程项目建设的基本组织模式以及在完成项目过程中各参与方所扮演的角色及其合同关系，在某些模式下，还要规定项目完成后的运行方式。确定了项目的管理模式才能决定项目的采购方式和招标方式。由于它确定了工程项目管理的总体框架，项目参与各方的职责、义务和风险分担，因而在很大程度上决定了项目的合同管理方式以及建设速度、工程质量和造价，所以它对业主和项目的成功都很关键。

工程咨询方也应了解和熟悉国际上通用的和新发展起来的项目管理模式，才有可能为业主选择项目管理模式当好顾问，在项目实施过程中协助业主做好项目管理。

承包商方必须熟悉了解各类项目管理模式，才能在建筑市场中处于主动，若项目涉及分包，不少项目管理模式也可用于分包工程。

在国际上，各个国家、各个国际组织、学会、协会以及专家学者对工程项目的管理模式分类不尽相同，以下是笔者结合自己的研究和体会，从工程项目的合同关系与组织管理关系的角度，分别介绍国际上比较成熟和一些新发展的七类11种工程项目的管理模式。

## 一、国际上工程项目的管理模式及其优缺点

### （一）传统的（Traditional）项目管理模式

传统的项目管理模式也叫"设计—招标投标—建造"（Design—Bid—Build，DBB）模式或通用模式，这种项目管理模式在国际上最为通用，世行、亚行贷款项目和采用FIDIC《施工合同条件》（1999年第一版）的项目均采用这种模式。我国目前采用的"招标投标制"，"建设监理制"，"合同管理制"基本上是参照世行、亚行和FIDIC的这种传统模式。这种模式的组织形式如图1-2所示。

这种模式由业主委托建筑师/咨询工程师（以下用工程师）进行前期的可行性研究等工作，待项目评估立项后再进行设计，编制施工招标文件，设计基本完成后协助业主通过招标选择承包商。业主和承包商签订工程施工合同，由承包商与分包商和供应商单独订立分包及设备材料的供应合同并组织实施。业主单位一般指派业主代表（可由本单位选派，或从其他公司聘用）与咨询方和承包商联系，负责有关的项目管理工作，由于投资控制对业主方很重要，所以有时业主指定工料测量师作为业主代表监督设计和施工，而在施工阶段的有关管理工作一般授权建筑师/工程师（在我国是监理工程师）进行。在国外常常是做设计的建筑师/工程师在施工阶段继续担任监理，这有利于检查设计要求，此时建筑师/工程师与业主签订委托服务合同，按照业主方和承包商的合同中规定的工程师的职责和权限进行项目管理。

FIDIC施工合同条件（1999年第一版）（新红皮书）即适用于传统模式。

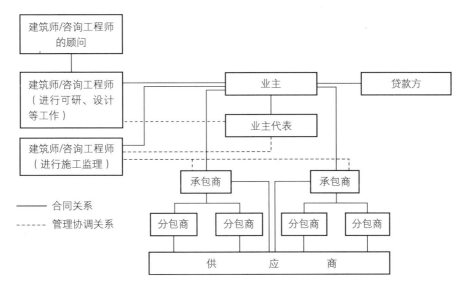

图 1-2 国际上传统项目管理模式的组织形式

图 1-2 是多个主合同（Main Contract）由业主向不同承包商发包的形式。这种多个主合同单独发包（Multiprime Contracting）的方式可节省下施工总承包商的管理费，但往往产生协调困难问题，导致众多的纠纷，加大业主代表的协调工作量，因而有时业主将几个项目发包给一个施工总承包商，或采用 CM 模式（见后文）。

以下对各种模式的优缺点分析，均是从业主方的视角而言的。

该模式的优点：

- 由于这种模式长期地、广泛地在世界各地采用，因而管理方法成熟，各方对有关程序都很熟悉；
- 业主可自由选择咨询设计人员，可控制设计要求，施工阶段也比较容易提出设计变更；
- 可自由选择监理人员监理工程；
- 可采用各方均熟悉的标准合同文本，双方均明确自身应承担的风险，有利于合同管理和风险管理。

该模式的缺点：

- 项目设计—招标投标—建造的周期较长，以致推识投产时间，不利于业主资金周转；
- 建筑师/工程师对项目的施工工期不易控制；
- 管理和协调工作较复杂，业主管理费较高，前期投入较高；
- 对工程总造价不易控制，特别在设计过程中对"可施工性"（constructability）考虑不够时，容易产生变更，从而引起较多的索赔；
- 出现质量事故时，设计和施工双方容易互相推诿责任。

传统模式下项目实施阶段双方的风险：

1. 业主方（国内工程）

(1) 资金不到位；

(2) 未做好开工前有关准备工作；

(3) 招标文件拟定得不好；

(4) 业主方管理水平低；

(5) 监理工程师不称职；

(6) 由于（4）、(5)，因而工期、投资和质量达不到要求；

(7) 设计变更频繁；

(8) 承包商水平低，不能保证工期和质量；

(9) 业主方供应设备和材料的风险；

(10) 承包商、供货商的索赔；

(11) 通货膨胀；

(12) 不可抗力。

2. 承包商方（国内工程）

(1) 投标时未进行风险分析；

(2) 投标时报价过低；

(3) 内部管理水平低；

(4) 业主资金未到位，支付能力差；

(5) 监理工程师的拖延和刁难；

(6) 分包商的风险：如拖期、质量、索赔等；

(7) 供货商的风险：设备材料供应不及时、不合格、缺配件等；

(8) 通货膨胀；

(9) 没收保函；

(10) 带资承包风险；

(11) 技术风险：技术规范、水文、气象、地质等。

## （二）设计—建造（Design–Build）模式

1. 通用的设计—建造（Design–Build）模式

通用的设计—建造（Design-Build，D/B）模式是一种简练的工程项目的管理模式，其组织形式见图1-3。

在这种模式下业主方首先聘请一家专业咨询公司为其研究拟建项目的基本要求，在招标文件中明确项目完整的工作范围，在项目原则确定之后，业主只需选定一家公司对项目的设计/施工进行总承包。这种模式在投标时和订合同时通常以总价合同为基础，但允许价格调整，也允许某些部分采用单价合同。D/B总承包商对整个项目的成本负责，总承包商可以利用本公司的设计和施工力量完成一部分工作，也可以招标选

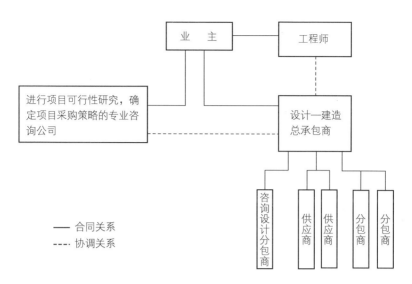

图1-3 设计—建造模式的组织形式

择设计或施工分包商。

业主方聘用工程师（FIDIC《新黄皮书》）或业主代表（美国 AIA 合同条件）进行项目管理，管理的内容除了对施工进行监理外，对设计也要管理，包括对承包商设计人员资质的审查，对承包商设计文件和设计图纸的审查，按"业主的要求"中的规定检查、审核或批准承包商的文件，参与讨论设计等。

显然，在通用的 D/B 模式中，承包商对整个工程承担大部分责任和风险，此种模式可用于房屋建筑和大、中型土木、机械、电力等项目。

FIDIC《生产设备与设计/建造合同条件》（1999年第一版）（新黄皮书）即适用于这种模式。

该模式的主要优点是：

- 由单个承包商对整个项目负责，有利于在项目设计阶段预先考虑施工因素，避免了设计和施工的矛盾，可减少由于设计错误引起的变更以及对设计文件解释引发的争议；
- 在选定 D/B 承包商时，把设计方案的优劣作为主要的评标因素，从而可保证业主得到高质量的工程设计；
- 在项目初期选定项目组成员，连续性好，项目责任单一；
- 总价包干（但可调价），业主可得到早期的成本保证；
- 可对分包采用阶段发包方式，缩短了工期，项目可以提早投产，业主能节约费用，减少利息及价格上涨的影响。

该模式的主要缺点是：

- 业主无法参与设计人员（单位）的选择；
- 业主对最终设计和细节（如在建筑美学方面）的控制能力降低；

- 由于造价包干,可能影响设计和施工质量。

通用的设计—建造模式下业主的风险:

(1) 专业咨询公司对项目前期的可行性研究不深入,立项不正确;
(2) 工程师(或业主代表)不称职;
(3) 业主不能自如地控制设计;
(4) 报价可能较高;
(5) 通货膨胀;
(6) 不可抗力。

通用的设计—建造模式下承包商的风险:

(1) 业主资金不到位;
(2) 投标报价过低;
(3) 总承包商的管理能力差;
(4) 设计风险:错误、返工、变更等;
(5) 承包商的设计单位和施工单位能力不协调;
(6) 工程师(或业主代表)的拖延或刁难;
(7) 供应商的风险:不及时、不合格、索赔等;
(8) 施工中的技术风险。

2. 设计—管理模式(Design-Manage)

设计—管理模式通常是指由同一实体向业主提供设计,并进行施工管理服务的工程项目的管理模式。业主只签订一份既包括设计也包括管理服务在内的合同,设计公司与管理机构为同一实体,此实体也可以是设计机构与施工管理企业的联营体。

设计—管理模式可以通过两种形式实施(图1-4):

形式一是业主与设计—管理公司和施工总承包商分别签订合同,由设计–管理公司负责设计并对项目实施进行管理;

形式二是业主只与设计—管理公司签订合同,再由该公司分别与各个单独的分包商和供应商签订分包合同,由他们负责施工和供货。

设计—管理模式可看作是下文所述的CM与通用的设计—建造两种模式相结合的产物。

该模式的优点是:

- 可对总承包商或分包商采用阶段发包方式以加快工程进度。
- 设计—管理公司的设计能力相对较强,能充分发挥其在设计方面的长项。

该模式的缺点是:

- 由于设计—管理公司往往对工程项目管理能力较差,因此可能不善于管理施工承包商,特别是在形式二的情况下,要管理好众多的分包商和供应商,对设计—管理公司的项目管理能力提出了更高的要求。

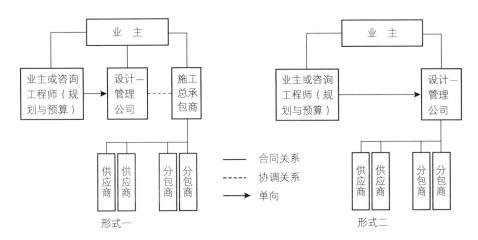

图 1-4 设计—管理模式的两种组织形式

设计—管理模式下业主方的风险：

(1) 设计—管理公司选择不当；

(2) 业主一般不与施工承包商直接接触，对项目的直接控制力较差；

(3) 设计及施工工作可能不完全符合业主要求，因此业主方还需要加强宏观监管。

设计—管理模式（形式一）施工承包商的风险：

(1) 实际操作中可能面临来自业主和设计－管理公司双重甚至矛盾的指令；

(2) 业主资金不到位；

(3) 由分包商、供货商导致的工程拖期和工程质量问题；

(4) 分包商、供应商的费用索赔；

(5) 来自设计—管理公司的不符合施工技术条件的设计方案和要求。

3. 更替型合同模式（Novation Contract，NC）

更替型合同模式即业主在项目实施初期委托某一咨询设计公司进行项目的初步设计（一般做到方案设计或更多），当这一部分工作完成（根据不同类型的建筑物，可能达到全部设计要求的30%~80%）时，业主可开始招标选择承包商，承包商与业主签约时的内容，除施工外，还包括承担全部未完成的设计工作，并规定承包商必须与原咨询设计公司签订设计合同，完成剩下的一部分设计。此时，咨询设计公司成为承包商的设计分包商，对承包商负责，由承包商对设计进行支付。这种新的项目管理模式可看作是传统模式与设计—建造模式的巧妙结合。

该模式的主要优点：

- 既可以保证业主对项目的总体要求，又可以保持设计工作的连贯性；
- 可以在施工详图设计阶段吸收承包商的施工经验，提高设计的"可施工性"，并有利于加快工程进度、提高施工质量；
- 可减少施工中设计的变更；

- 由承包商更多地承担这一实施期的风险管理，为业主方减轻了风险；
- 后一阶段由承包商承担了全部设计建造责任，合同管理也较易操作。

该模式的缺点和注意事项：

- 业主方必须在前期对项目有一个周到的考虑，因为设计合同转移后，变更就会比较困难；
- 在签订新合同时，要仔细研究新旧设计合同更替过程中的责任和风险的重新分配，以尽量减少以后的纠纷。

NC 模式各方关系见图 1-5。

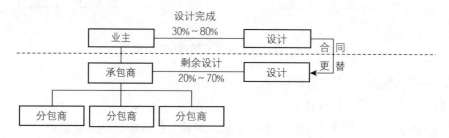

图 1-5　更替型项目管理模式的组织形式

更替型项目管理模式下业主方的风险：

（1）业主方风险基本上与传统模式相同；

（2）要特别注意在合同更替时的设计责任和风险的重新分配。

更替型项目管理模式下承包商的风险：

（1）承包商承担的风险基本上与传统模式相同；

（2）要特别注意在合同更替时的设计责任和风险的重新分配；

（3）承包商承担后一阶段的设计风险，包括设计变更以及其他方面的责任。

## （三）设计—采购—施工/交钥匙（EPC Turnkey）模式

设计—采购—施工（Engineer-Procure-Construct，EPC）/交钥匙（Turnkey）项目的管理模式，合同各方关系见图 1-6。

EPC/交钥匙模式即承包商向业主提供包括设计、施工、设备采购、安装和调试直至竣工移交的全套服务，有时还包括融资方案的建议。EPC/交钥匙总承包商的工作范围大致包括：

- 设计（Engineer）：应包括"业主的要求"中列明的设计工作，如项目可行性研究，配套公用工程设计，辅助工程设施的设计以及结构/建筑设计的设计计算书和图纸等。
- 采购（Procure）：可能包括获得项目或施工期的融资，购买土地，购买包括在工艺设计中的各类工艺、专利产品以及设备和材料等。

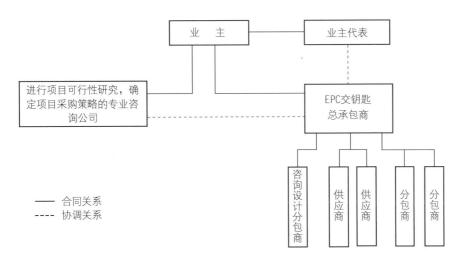

图 1-6　EPC 交钥匙项目管理模式的组织形式

- 施工（Construct）：由总承包商负责全面的项目施工管理，如施工方法，安全管理，费用控制，进度管理，设备安装调试以及工作协调等。

这种模式与前面所述的通用的设计—建造模式类似，但承包商往往承担了更大的责任和风险，由业主代表对项目进行直接的较宏观的管理，不再设置工程师。EPC/交钥匙主要应用于以大型装置或工艺过程为主要核心技术的工业建设领域，如通常包括大量非标准设备的大型石化、化工、橡胶、冶金、制药、能源等项目，这些项目共同的特点即工艺设备的采购与安装和工艺的设计紧密相关，成为投资建设的最重要、最关键的过程。

从风险承担方面来看，FIDIC 对通用的 DB 与 EPC/交钥匙作了区分。EPC/交钥匙是总价包干项目，一般不允许调价，风险主要由承包商承担。在 EPC/交钥匙合同条件中规定，承包商不但对自己的设计负责，甚至要对"业主的要求"中的某些错误负责，同时还要承担发生最频繁的"外部自然力的作用"这一风险，因而一般 EPC/交钥匙项目的报价较高，但应允许投标人对资料和数据进行调研和核实。在招标投标过程中，投标人和业主就技术问题和商务条件进行讨论并将达成的协议写入备忘录或补充文件，这些文件成为合同的组成部分，其优先权高于合同条件、业主的要求和承包商的投标书。

FIDIC《设计—采购—施工（EPC）/交钥匙合同条件》（1999 年第一版）（银皮书）即适用于这种模式。

该模式的优点：

- 由单个承包商对项目的设计、采购、施工全面负责，项目责任单一，简化了合同组织关系，有利于业主管理；
- EPC/交钥匙项目属于总价包干（不可调价），因此业主的投资成本在早期即可得到明确；

- 可以采用阶段发包方式以缩短工程工期;
- 能够较好地将工艺的设计与设备的采购及安装紧密结合起来,有利于项目综合效益的提升;
- 业主方承担的风险较小。

该模式的缺点:

- 能够承担 EPC/交钥匙大型项目的承包商数量较少;
- 承包商承担的风险较大,因此工程项目的效益、质量完全取决于 EPC/交钥匙项目承包商的经验及水平;
- 工程的造价可能较高。

EPC/Turnkey 模式下业主与承包商的风险与 D/B 模式基本相同,但在 EPC/Turnkey 模式下,承包商承担了更大的风险。

## (四) 设计、建造及运营(DBO)模式

设计、建造及运营(DBO)模式是一种新的项目管理模式,其各方关系见图 1-7。

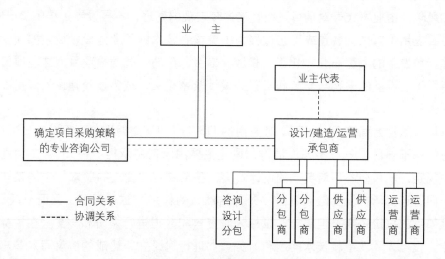

图 1-7 DBO 模式的组织形式

在 DBO 模式下,业主进行项目的融资和招标,由一家承包商(可以是联营体)负责项目的设计、施工以及一定时期或长期的运营和维护工作。其主要事件流程见图 1-8。

图 1-8 的相关术语在 FIDIC《设计、建造及运营项目合同条件》(Conditions of Contract for Design, Build and Operate Projects)(2008 年第一版)(金皮书)中定义如下:

- D-B 期,即设计—建造期(Design-Build Period):指从开工日期到试运行证书中规定的日期为止的期间。
- 运营服务期(Operation Service Period):指从试运行证书中规定的开始日期,

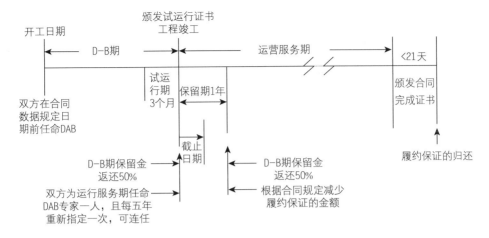

**图 1-8　DBO 模式主要事件流程图**

到合同完成证书规定的日期的期间。

- 保留期（Retention Period）：指试运行证书中规定的日期后的一年，用于完成扫尾工作。相当于"新黄皮书"中的缺陷通知期。
- 截止日期（Cut-Off Date）：指设计—建造竣工时间之后的一个日期（也包含批准的延期之后的该日期），通常在合同数据中规定。承包商必须在该日期前完成设计—建造工作并开始运营项目，否则，可视为承包商违约，业主有权终止合同。

在 DBO 项目运营服务期（"金皮书"规定为 20 年，也可根据业主的需要而定）内，业主向承包商支付运营管理费用和提供运营所需原材料等，承包商仅负责按照业主的要求按时保质地完成设计、施工和运营工作。业主负责按时向承包商付款，但运营的收益归业主。

在 DBO 模式下，承包商不仅负责项目的设计和建造，而且负责在项目建成后提供持续性的运营服务，这将鼓励承包商在进行设计时同时考虑项目的建造费用和运营费用，采用工程项目全生命周期费用管理的理念，以实现全生命周期费用最小的目标。

FIDIC《设计、施工及运营项目合同条件》（金皮书）即是为这种模式编写的。

该模式的优点：

- 在选定 DBO 总承包商时，可综合考察投标人的设计、建造和运营服务方案，以保证业主得到高质量的设计；
- 设计–施工–运营一体化，减少各方矛盾，加快速度；
- 由于总价包干，减少了业主方资金透支风险；
- 质量更有保证，承包商会选用高质量的设施来换取低的运营和维修费用；
- 综合体现项目全生命周期成本管理的理念。

该模式的缺点：

- 业主方负责融资,既要考虑到设计、建造和运营期的支付,又要合理测算运营期的收入,对于整个项目的融资策划有很高的要求;
- 需要承包商具备高水平的设计能力、施工技术和丰富的运营管理经验;如果承包商是联营体,则联营体本身的管理水平和协作会影响到项目的成败;
- DBO 是总价合同,在设计、施工和一个很长的运营期中,不采用调价公式将会招致许多不可预见的风险和矛盾。

DBO 模式下业主的风险:

(1) 专业咨询公司对项目前期的可行性研究不深入,立项不正确;
(2) 在"业主要求"中对设计有关因素的要求存在错误和遗漏;
(3) 选择的 DBO 总承包商缺乏组织此类项目的经验;
(4) 因是总价合同,又无调价公式,报价可能较高;
(5) 业主代表不称职;
(6) 运营服务期间,业主方未能及时、保质地供应原材料;
(7) 通货膨胀;
(8) 不可抗力。

DBO 模式下承包商的风险:

(1) 业主资金不到位;
(2) 整个项目实施期太长,很难提交一个比较合理的投标报价;
(3) 总承包商的管理能力差;
(4) 设计风险:错误、返工、变更等;
(5) 施工中的技术风险;
(6) 承包商的设计单位和施工单位的水平和能力不协调;
(7) 业主代表的拖延或刁难;
(8) 设备供应商的风险:供应不及时、质量不合格、索赔等。

## (五) 项目管理型承包模式

### 1. 项目管理承包(Project Management Contracting,PMC)

PMC 是指由业主通过招标的方式聘请一家有实力的项目管理承包商(公司或公司联营体),对项目的全过程进行集成化的管理,见图 1-9,PMC 在国外也常称作管理承包(Management Contracting,MC)。这种模式下,管理承包商须与业主签订合同,并与业主的专业咨询顾问(如建筑师、工程师、测量师等)进行密切合作,对工程进行计划、管理、协调和控制。由各施工承包商具体负责工程的实施,包括施工、设备采购以及对分包商的管理。施工承包商一般只与管理承包商签订合同,而不和业主签订合同,管理承包商可采用阶段发包方式选择施工承包商,但选定的施工承包商须经业主批准。

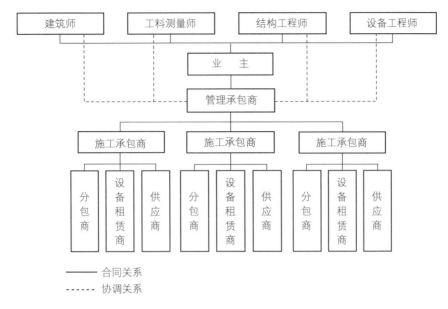

图 1-9 项目管理承包模式的组织形式

管理承包商和施工承包商的合同可以采用单价合同、总价包干合同或成本补偿合同，但需得到业主的批准。在支付时，业主方要审查管理承包商对施工承包商的支付申请。业主以咨询工程师（一般为工料测量师）提出的项目成本为基础，要求管理承包商在管理施工项目时控制成本，如果成本超出双方约定的百分比（如5%），则适当减扣管理酬金以促使管理承包商控制成本。

对于管理承包商，英国合同审定联合会（JCT）推出的管理合同的标准范本中将其工作分为两个阶段：施工前阶段和施工阶段。在施工前阶段，管理承包商的主要职责是：项目的规划和计划安排，费用估算，并帮助业主的项目专业队伍（Professional Team）编制招标文件，谈判，评标以及签订施工合同。在施工阶段，管理承包商的工作除了前面所说的计划安排、费用估算等，主要是对施工承包商进行监督管理和保持项目实施过程中的各类文件记录，使项目快速、经济、保质地完成。从这个规定中可以看出，JCT 管理合同侧重的是对于施工承包商的选择与管理。

英国土木工程师学会（ICE）对于 PMC 模式同样推出了管理承包合同的范本，不同的是它较为侧重对设计承包商和施工承包商的统筹兼顾。其中规定，管理承包商应管理它的工程设计、施工和安装工作。它应按照"工程信息"（合同文件的一部分，相当于"工程范围"）中的规定，将设计、施工和安装工作分包出去；"工程信息"中没有规定的，管理承包商可以分包出去，也可以自己去做。也就是说，业主可以根据自己的意愿，在"工程信息"中具体而灵活地规定管理承包商的工作。

以上两个合同范本从项目管理模式的角度分析了管理承包商工作的一般流程，此外，相对其他为业主服务的人员，管理承包商还具有以下几点特征：

(1) 通常来讲，采用 PMC 模式运作的项目具有规模大、技术含量高的特点，因此管理承包商需要对设计和施工交叉部分进行周密计划和严格控制，在设计阶段需要考虑到具体的施工方法，对各个施工合同的工作范围进行仔细的划分并为其规定一个明确和可操作的计划，给出各个"工作包"的实施顺序，让设计队伍理解并遵循其开展工作。

(2) PMC 项目的组织结构十分复杂，一般来讲管理承包商需要管理和协调好众多施工承包商、合同界面以及若干个设计单位，充分利用自身在这方面的经验和专业水平为业主提供高质量的服务。

(3) 管理承包商应保证工程项目具有较高的设计规划和施工规划水平，并且处理好设计变更，体现出其在设计、施工统筹安排方面的优越性及灵活性。

管理承包商的角色实质上具有业主咨询顾问的性质，因此无论 JCT 管理合同还是 ICE 管理合同，在涉及管理承包商承担的职责时，使用的措辞为"管理"、"组织"、"安排"、"协助"、"准备"、"协调"、"联络"等。这些措辞与"保证"、"承诺"等措辞所带来的责任有着明显的差别。因此，相比设计方及施工方，管理承包商与业主的合同条件较为宽松，适宜于发挥其管理的专业职能。

业主向管理承包商的支付采用酬金加成本补偿方式，在英国，其管理酬金约为项目成本的 2% ~6%，如果管理承包商管理项目前期，其管理酬金一般为包干。

该模式的主要优点是：

- 可充分发挥管理承包商在项目管理方面的专业技能，统一协调和管理项目的设计与施工，减少矛盾；
- 管理承包商负责管理整个施工前的阶段和施工阶段，因此有利于减少设计变更；
- 可方便地采用阶段发包，有利于缩短工期；
- 一般管理承包商承担的风险较低，有利于激励其在项目管理中的积极性和主观能动性，充分发挥其专业特长，为业主管好项目。

该模式的主要缺点是：

- 业主与施工承包商没有合同关系，因而控制施工难度较大；
- 与传统模式相比，增加了一个管理层，增加了一笔管理费，但如果找到高水平的管理承包商，则可以从管理中获得效益；
- 管理承包商与设计单位之间的目标差异可能影响相互间的协调关系。

一般采用该模式的业主常常是多个大公司组成的联营体，投资开发大型国际项目，需要从商业银行或出口信贷机构取得国际贷款，而如果业主因其自身资产负债无法取得融资担保，则需要选用有良好信誉的管理承包商以获得国际贷款；当业主本身的资源和能力无法完成项目时，也需要寻求高水平的管理承包商。

PMC 模式下业主方的风险：

(1) 承诺的贷款和资金不到位；

(2) 咨询公司可行性研究不深入，立项不正确；

(3) 对设计要求的控制能力较差；

(4) 承包商水平不高，无法保证质量和工期；

(5) 业主方提供材料、设备不及时或质量不合格；

(6) 通货膨胀和立法变更；

(7) 不可抗力。

PMC 模式下承包商的风险：

(1) 投标时报价过低；

(2) 业主资金不到位，支付能力差；

(3) 承包商管理水平低，导致分包商、供货商的索赔；

(4) 分包商、供货商的质量不合格和工期拖延。

2. 项目管理（Project Management，PM）

如今许多工程日益复杂，特别是当一个业主在同一时间内有多个工程处于不同实施阶段时，所需执行的多种职能超出了建筑师以往主要承担的设计、联络和检查的范围，这就需要由一家项目管理公司派出具有丰富工程项目管理经验的项目经理（及其团队）对一个工程项目进行全过程的管理服务。

项目经理的主要任务是自始至终对一个项目负责，按照业主与项目管理公司所签订的服务合同内容，在合同实施阶段负责协调建筑师、工料测量师、结构工程师、设备工程师和施工总承包商的工作，使之分阶段地有序进行，在适当的时候引入指定分包商，以使业主委托的工作顺利实施。

这种模式提供的项目管理服务通常包括项目前期的咨询以及实施期间的管理服务，它虽然与 PMC 模式类似，但是项目管理公司不与承包商订立合同，而只是管理协调关系。这种模式服务的范围可能更广，因而也可以叫做项目管理一体化模式。

从本质上来说，这种模式是属于管理型的模式，而不是风险承包型的模式。

该模式的主要优点是：

- 由项目经理代替业主管理所委托的工作，往往由项目建设一开始就对项目全过程进行管理，这样可以充分发挥项目经理在这方面的经验和优势，有一个统一的管理思路；
- 当业主同时具有多个项目时，可以避免由本单位派出的项目管理人员因缺乏经验而导致的失误和损失；
- 业主可以比较方便地提出必要的设计和施工方面的变更；
- 业主可以对投资、进度和质量控制得较好，有利于控制承包商的索赔。

该模式的主要缺点是：

- 项目经理的选择至关重要，如果选择不好，容易招致大的失误。

由项目经理负责的项目管理模式的组织形式见图1-10。

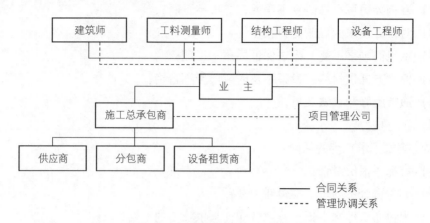

图1-10 项目管理模式的组织形式

项目管理模式的风险：

双方风险与传统模式相似，业主方要聘请高水平的项目经理代替传统模式下的业主代表和监理工程师。

3. 建筑工程管理模式（Construction Management Approach，以下简称CM模式）

建筑工程管理模式又称阶段发包方式（Phased Construction Method）或快速轨道方式（Fast Track Method），最先在美国产生，是在国外较为流行的一种合同管理模式。这种模式采用的是"边设计、边发包、边施工"的阶段性发包方式，与设计图纸全部完成之后才进行招标的传统的连续建设模式（Sequential Construction Approach）不同，其特点是：

由业主委托的CM方式项目负责人（Construction Manager，以下简称CM经理）与建筑师组成一个联合小组，共同负责组织和管理工程的规划、设计和施工。在项目的总体规划、布局和设计时，要考虑到控制项目的总投资，在主体设计方案确定后，完成一部分工程的设计，即对这一部分工程进行招标，发包给一家承包商施工，由业主直接与承包商签订施工承包合同。

传统的连续建设模式的招标发包方式与阶段发包方式的比较见图1-11。

阶段发包方式的优点：

- 可以缩短工程从规划、设计到竣工的周期，整个工程可以提前投产，节约投资，减少投资风险，较早地取得收益；
- CM经理早期即介入设计管理，因而设计者可听取CM经理的建议，预先考虑施工因素，以改进设计的可施工性，还可运用价值工程改进设计，以节省投资；
- 设计一部分，竞争性招标一部分，并及时施工，因而设计变更较少。

这种方式的缺点：

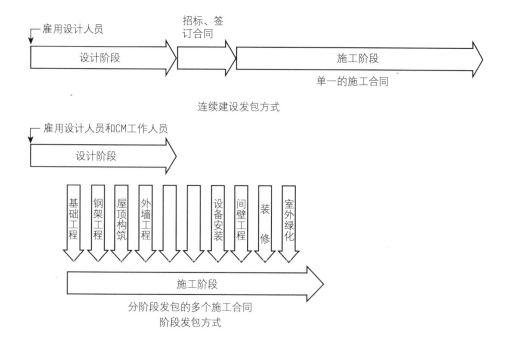

图1-11 连续建设发包方式和阶段发包方式对比图

- 分项招标可能导致承包费用较高,因而要做好分析比较,研究项目分项的多少,充分发挥专业分包商的专长;
- 业主方在项目完成前对项目总造价心中无数。

需要注意的一点是,该模式中要求挑选精明强干、懂管理、懂经济又懂工程技术的人才来担任 CM 经理。CM 经理与业主为合同关系,他负责工程的监督、协调及管理工作,在施工阶段的主要任务是定期与承包商会晤,对成本、质量和进度进行监督,并预测和监控成本和进度的变化。

CM 模式可以有多种方式,下面介绍常用的两种形式,见图1-12。

(1) 代理型 CM 模式("Agency"CM)。采用这种形式时,CM 经理是业主的咨询和代理,替业主管理项目,按照项目规模、服务范围和时间长短收取服务费,一般采用固定酬金加管理费,其报酬一般按项目总成本的 1%~3% 计算。业主在各施工阶段和承包商签订工程施工合同。

该形式的优点是:

- 业主可自由选定做设计的建筑师/工程师;
- 在招标前可确定完整的工作范围和项目原则;
- 完善的管理与技术支持。

该形式的缺点是:

- 在明确整个项目的成本之前,投入较大;
- 索赔与变更的费用可能较高,业主方投资风险很大;

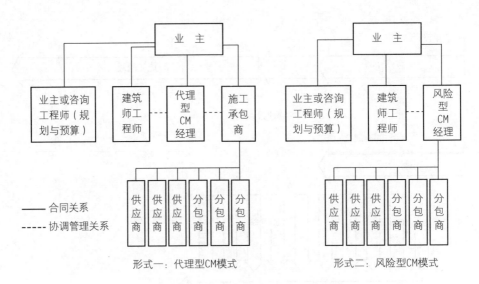

图 1-12 CM 模式的两种组织形式

- 由于分阶段招标，CM 经理不可能对进度和成本作出保证。

代理型 CM 模式业主方的风险：

1) 项目前期策划失误；
2) CM 经理选择失误；
3) 设计风险；
4) 项目进度控制风险（如某一子项目拖期）；
5) 造价风险（含索赔）。

(2) 风险型 CM 模式（"At-Risk" CM）。采用这种形式，CM 经理在开发和设计阶段相当于业主的顾问，在施工阶段担任总承包商的角色，一般业主要求 CM 经理提出保证最高价格（Guaranteed Maximum Price，GMP）以保证业主的投资控制。如最后结算超过 GMP，由 CM 经理的公司赔偿；如果低于 GMP，节约的投资归业主，但可按约定给予 CM 经理公司一定比例的奖励性提成。这里的 GMP 包括工程的预算总成本（包括工程的直接成本、间接成本）和 CM 经理的酬金（包含管理费、风险费、利润、税金等），但不包括业主方的不可预见费、管理费、设计费、土地费、拆迁费和其他业主自行采购、发包的工作的费用等。总的来说，相对于代理型 CM 模式，风险型 CM 经理的服务费率要高一些，一般在项目总成本的 4%~7% 左右。这种形式在英国也被称为管理承包（Management Contracting），以区别于前一种方式。

其优点除代理型 CM 模式的优点外，还有：

- 业主方对总投资心中有数；
- 可在项目初期选定项目组的成员；
- 可提前开工提前竣工，业主的投资风险较小。

缺点是：

- GMP 中包含设计和投标的不确定因素；
- 可供选择的高水平的能承担风险的 CM 公司较少；
- 在确定 GMP 时，特别是其中 CM 经理的风险费时，业主方和 CM 公司意见不容易统一。

风险型 CM 模式业主方的风险：

1）项目前期策划失误；
2）能承担风险的高水平 CM 公司不易选择；
3）设计风险；
4）项目进度控制风险（如某一子项目拖期）；
5）保证最大工程费用（GMP）过高。

CM 模式承包商的风险

代理型 CM 模式和风险型 CM 模式承包商的风险与传统模式基本相同。

综上所述，在代理型 CM 模式中，CM 经理与专业承包商是工作沟通协调关系；而在风险型 CM 模式中，CM 经理与专业承包商之间是合同关系，由于 CM 经理承担了更多的风险，因此业主应给予其额外的报酬。

能够进行风险型管理的 CM 公司通常是从过去的大型工程公司演化而来的。来自咨询设计公司的 CM 经理则往往只能承担代理型 CM。目前为了适应市场的要求，许多工程公司已形成独立的机构，能够进行任何一种形式的建筑工程管理。

（六）公共设施及社会服务私营化模式

最近二十多年，在国际上，引导利用私人资本或由私营企业融资来提供传统上由政府提供资金的公共设施和社会公益服务的项目日益增多，笔者在这里将这一类项目统称为"公共设施及社会服务私营化模式"。这类项目在实施方式上不断革新，在理念上也在不断总结、完善与提高。

自 1984 年土耳其总理 Targut Ozal 提出了建造—运营—移交（Build-Operate-Transfer，BOT）方式，并在全世界许多国家和地区采用以来，BOT 模式发展很快，已演变出多种引申模式。

1992 年，英国提出了私人主导融资（Private Finance Initiative，PFI）。到 20 世纪 90 年代末，英国政府总结 20 世纪 80 年代初私有化政策和早期 PFI 项目在实践中的经验教训，推动建立公私伙伴关系（Public-Private-Partnership，PPP）。与此同时，很多国际组织与其他国家也在着手研究和推进 PPP 的发展，如联合国培训研究院、多边发展银行（包括世界银行和亚洲开发银行等）、欧盟委员会、美国 PPP 国家委员会、加拿大 PPP 国家委员会、日本政府经济贸易与工业部的研究会等，各家对 PPP 的理解不尽相同，但在利用公私双方优势互补，提供公共设施和社会服务方面存在共识。

英国在推行以 PFI/PPP 方式融资与管理的公共设施及社会服务私营化方面，运作得非常成功。

1980年英国认真检讨了政府公共部门采购和公共服务方面的问题，包括大型项目超预算、工程拖期以及政府资金不足等，致使许多公共建筑年久失修，公共服务质量低下，而英国北海油气田采用私营企业经营管理和融资的模式，效果则很好，这使政府认识到，利用私营企业的资金、经营理念和技术力量为本应由政府承担的公益事业服务是一种好的方式。

通过几年的实践，政府感到应设立专门的机构来组织管理和协调PPP事宜。2000年，英国设立了英国伙伴关系（Partnerships U. K，PUK）公司，英国政府占49%股份，私营企业占51%股份。PUK公司专门服务于PPP项目，推进PPP模式的发展，与私营企业保持稳定的联系，为政府节约投资，根据实际情况采用多种形式实现PPP，并使PPP项目保值增值。政府对PPP项目的建设和经营全过程进行监管，并在相关领域制定或修订了法律。

根据统计调研资料，在英国的公共项目中，2001年，采用传统方式承发包的项目，73%超合同价格，70%拖期；而在2003年，采用PPP方式的项目，仅有22%超合同价格，24%延期。截至2006年3月，英国境内的PFI/PPP项目累计签约749个，合同价值达484.12亿英镑。至2005年，英国共有450个项目（包括一批BOT项目）已投入运营。

可以认为，PPP涵盖了包括PFI在内的多种类型的公私合作方式，同时又以PFI类型最为成熟，在建设项目领域最为常见，本书中以PFI为代表介绍PPP模式，并谓之PFI/PPP。在此对PFI/PPP不作过多理论上的探讨，主要从实践角度对这一模式作一简要说明。PFI/PPP主要采用BOT或其引申方式作为基本实施方式，但在做法和理念上加以扩展、深化和提高。鉴于此，下文首先介绍BOT的操作方法。

1. BOT

（1）BOT的实施及典型结构

BOT也可称为"特许经营权"（Concession）方式，它是指某一财团或若干投资人作为项目的发起人，从一个国家的中央或地方政府获得某项基础设施的特许建造经营权，然后由此类发起人联合其他各方组建股份制的项目公司，负责整个项目的融资、设计、建造和运营。在整个特许期内，项目公司通过项目的运营获得利润，有时地方政府考虑到运营收费（如过桥费）不能太高，可能给项目公司一些优惠条件（如将一片土地给项目公司开发经营），以便项目公司降低其运营收费标准。项目公司以运营和经营所得利润偿还债务以及向股东分红。在特许期届满时，整个项目由项目公司无偿或以极低的名义价格移交给东道国地方政府。BOT方式中的各参与方还包括地方政府、各类金融机构、运营公司、保险公司等，他们都为项目的成功实施承担各自的职责。BOT方式的典型结构框架见图1-13。

（2）BOT的融资特点

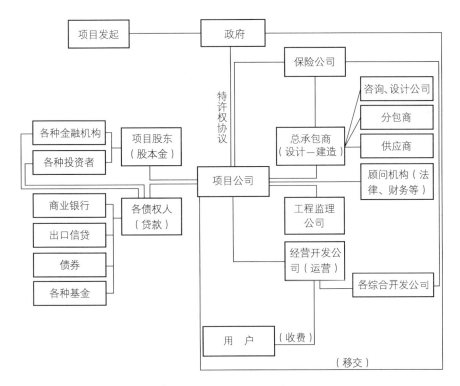

图 1-13　BOT 典型结构框架图

BOT 是一种有限追索权的项目融资（Limited-recourse Project Financing）方式，贷款人只承担有限的责任和义务，债权人只能对项目发起人（项目公司）在一个规定的范围、时间和金额上实现追索，即只能以项目自身的资产和运行时的现金流作为偿还贷款的来源，而不能追索到项目以外或相关担保以外的资产，如项目发起人所在的母公司的资产。

（3）BOT 的各类引申方式

目前在世界上许多国家都在广泛研究和采用 BOT 方式，我国的建设项目投资渠道愈加多元化，利用 BOT 建设的项目也逐渐增多。项目发起人既有外资企业、民营企业，也有国有企业，甚至地方政府也参与投资，日益显现出这种融资及项目管理方式的优越性。各国在 BOT 方式实践的基础上，又发展了多种引申的方式，如：

- BOOT（Build-Own-Operate-Transfer）建造—拥有—运营—移交
- BOO（Build-Own-Operate）建造—拥有—运营
- BLT（Build-Lease-Transfer）建造—租赁—移交
- BT（Build-Transfer）建造—移交
- BTO（Build-Transfer-Operate）建造—移交—运营
- DOT（Develop-Operate-Transfer）开发—运营—移交
- DBO（Design-Build-Operate）设计—建造—运营

- DBFO（Design-Build-Finance-Operate）设计—建造—融资—运营
- PUO（Procure-Upgrade-Operate）购买—更新—运营
- ROT（Rehabilitate-Operate-Transfer）改建—运营—移交
- ROO（Rehabilitate-Own-Operate）改建—拥有—运营
- TOT（Transfer-Operate-Transfer）移交—运营—移交

(4) BOT 方式的优缺点

1) BOT 方式的优点：

- 能够减少政府直接投资的财务负担，避免了政府的债务风险；
- 使急需建设而政府又无力投资的基础设施项目提前建成发挥作用，有利于满足社会和公众的需要，加速生产力的发展；
- BOT 项目由外国的公司承担时，能够带来先进的技术和管理经验等，有利于本国承包商的成长。

2) BOT 方式的缺点：

- 采用 BOT 承建的项目规模大，投资额高，建设和经营期限长，涉及各方的风险因素繁多复杂，在建造和经营的全过程中，各方均应做好风险防范和管理；
- 涉及的参与方较多，合同关系十分复杂，需要很高的项目管理水平；
- 项目收益的不确定性较大，政府在立项前需要做好充分的前期可研及准备工作；
- BOT 项目的收入一般为当地货币，须兑换成外汇汇入投资人所在国账户。对外汇储备较少的国家，如果项目公司的成员大多来自国外，项目建成后会有大量外汇流出；
- 有时项目公司运营服务收费太高，可能会引起产品或服务的最终用户的不满，甚至诱发社会问题。

(5) BOT 方式的风险

1) 东道国中央或地方政府通常承担的风险，主要包括：

- 国家政治风险：政府应对强制收购、法律变更进行必要的补偿；
- 国家商业风险：如通货膨胀，税率变化；
- 运行期间建设平行项目的风险及项目需求用量不足的风险：如车流量、用电量等；
- 不可抗力风险等。

2) 项目公司通常承担的风险，主要包括：

- 施工和竣工风险；
- 运营风险：含运营和维护；
- 供应风险：运行期间的原材料供应，供应服务的质量和价格；
- 货币和利率风险等。

3）其他参与方各自承担的风险。

2. PFI/PPP

（1）PFI/PPP 的含义

PFI/PPP 指利用私人或私营企业资金、人员、技术和管理优势，向社会提供长期优质的公共产品和社会服务。

PFI/PPP 不同于私有化，公共部门作为服务的主要购买者，或作为项目实施的法定控制者，扮演着重要角色，以保证公共利益的最终实现；PFI 也有别于买断经营，买断经营方式中私人部门受政府的制约很少，是比较完全的市场行为；与公共项目传统的发包承包相比，PFI 中私营部门还要负责融资和经营。

（2）PFI/PPP 的实施和典型操作程序

在英国，PFI/PPP 项目大多采用 DBFO 的方式，政府不再是公共设施的长期所有者，而主要是使用者。通常，政府提出拟建公共设施和拟获得服务的明确标准，由私营部门负责项目的融资、建造和运营。

根据英国的实践，PFI 大体上可以分为三类：

1）私营部门经济上自立的项目（Free-standing Projects）

公共部门从规划的角度确定对项目的要求，并向私营部门授予特许经营权。私营部门完全依赖向使用者的收费回收投资、赚取利润。项目最终是否移交政府取决于是采用 BOT 还是 BOO 方式。

2）合资经营（Joint Ventures）

公共部门和私营部门共同出资、分担成本，其中公共部门的出资方式可以包括提供特许贷款（Concessionary Loans）、参股、固定资产入股等，或上述方式的结合。私方伙伴通过竞争方式产生，对项目拥有主导控制权。双方的风险分担机制应提前明确，并遵守风险与收益对等原则。项目的成本回收和利润创造仍然依赖向使用者的收费来实现。

3）向公共部门出售服务（Services Sold to the Public Sector）

由私营部门融资、建成项目并提供服务，费用补偿（包括成本和利润）依靠向公共部门的收费。此处公共部门指政府和/或使用单位（如学校、监狱等），按一定比例交纳费用。

公共部门可以直接购买或租用私营部门提供的产品和服务，也可以联营，或授予特许经营权使私营部门通过特许期的现金收入收回投资。可见，PFI/PPP 在实施过程中，融资、运营的风险主要由私营部门承担，这能够极大地激发私营部门发挥建造运营管理的优势的积极性，鼓励其提高效率、改进管理、应用先进技术，有利于保证资金价值的增长和提供优质服务。同时，英国 PFI/PPP 项目的实践经验也表明：风险在公私部门之间的分担必须合理，不可一味地向私方转移过多风险。

英国财政部针对 PFI/PPP 项目编制了公共部门操作程序指南，如图 1-14 所示。

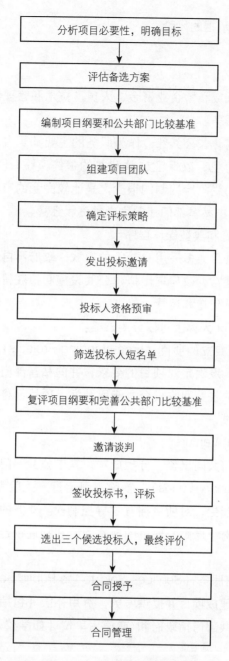

图1-14 PFI/PPP的典型操作程序

(3) PFI/PPP的应用领域

经过近十几年的发展，PFI/PPP模式已可拓展应用到许多领域，如：
- **交通领域**：如道路、桥梁、轻轨、地铁等；
- **教育领域**：如学生宿舍、学校修缮等；
- **能源领域**：如热电站、核电站、水电站、风力电站等；
- **医疗卫生领域**：如新建医院、医疗卫生设施等；

- 公检法领域：如监狱、法院、警察局等；
- 国防工程领域：如营房、军事院校、坦克运输车等；
- 其他领域：如水工程（海水淡化、水净化等）、消防站、政府办公楼等。

3. BOT、PFI/PPP 比较分析

（1）共性

1）为了满足日益发展的公共项目建设和为社会公众提供服务的需要，而采取由私营企业来负责或承担大部分项目融资的方式。

2）政府提供政策支持，但不直接参与或少量参与该类项目的管理工作。此处的项目管理是指项目的全过程（由可行性研究开始到项目建成、运营、维护）。项目的主要阶段交由私营企业来承担。

3）在这类项目中"项目融资"均指"有限追索权"的项目融资，甚至无追索权的项目融资。而非广义的有 100% 追索权的"为项目融资"。

（2）特性

1）从 BOT 到 PFI/PPP，应用领域逐步扩大：BOT 一般适用于营利性公共设施项目，以便通过运营期的收费来偿还债务资金，而 PFI/PPP 为私营资本进入非营利性公共设施项目开辟了更广阔的途径，政府通过长期租用协议或建成后使用期的补贴等方式予以有力的支持。

2）对私营企业方的角色定位愈加灵活：BOT 的"项目公司"本身一般均具有开发实施和运营项目的能力，项目建成后项目公司自己运营并盈利以还贷；PFI 公司本身不一定具备项目开发能力，可以聘请社会化的专业公司进行项目管理，项目建成后由私营企业提供给有关单位（如学校）使用，由物业公司负责管理和运营，之后由政府和该使用单位共同向私营企业缴纳使用费。即 PFI/PPP 更强调私营资本进入公共领域，项目建设和运营的具体实施方式可以采用包括 BOT、BOO、BOOT、DBFO 在内的多种方式。

3）从应用对象角度，就目前而言，BOT 项目很大一部分是发达国家与发展中国家之间的合作，发达国家提供资金、技术和管理服务，发展中国家政府给予支持，授予特许经营权，并以不同方式作为回报；PFI/PPP 更多应用于私人资本较为发达国家的公共部门与私营部门之间的合作，利用私营部门的资金、经营理念和技术力量为本应由政府承担的公用事业设施建设或社会服务。

总之，BOT、PFI/PPP 在非传统的一体化工程管理模式的基础上，增加了私营部门融资，实现了资源在项目全生命周期的优化配置。

### （七）伙伴关系模式

1. 伙伴关系模式的概念

伙伴关系（Partnering）是指参与一个项目的各方之间的关系。美国建筑业协会对于伙伴关系给出的定义是:"伙伴关系是在两个或两个以上的组织之间为了获取特定的商业利益,充分利用各方资源而做出的一种相互承诺。参与项目的各方共同组建一个工作团队(Team),通过工作团队的运作来确保各方的共同目标和利益得到实现。"

英国国家经济发展委员会也对伙伴关系下了定义:"伙伴关系是在双方或者更多的组织之间,通过所有参与方最大的努力,为了达到特定目标的一种长期的义务和承诺。"

伙伴关系模式就是以伙伴关系理念为基础,业主与参建各方在相互信任、资源共享的基础上,通过签订伙伴关系协议做出承诺和组建工作团队,在兼顾各方利益的条件下,明确团队的共同目标,建立完善的协调和沟通机制,实现风险合理分担和争议友好解决的一种项目管理模式。建立伙伴关系项目管理模式必须具备六项要素,即:

(1)在双方自愿基础上的承诺;
(2)明确的角色和责任;
(3)共同分担风险;
(4)充分的沟通与反馈;
(5)评价履约行为的客观方法;
(6)公平的奖惩机制。

2. 伙伴关系模式的发展沿革

这种模式最先是总结了日本工业(如汽车业)的非契约合作关系。1988年美国军方在建设亚拉巴马州的政府公共项目 William Bacon Olive 大坝工程中首次应用 Partnering 模式并取得成功。之后,该模式在美国的公共项目和私人投资项目中均有成功的应用。美国总承包商会(AGC)于1999年1月和美国军方工程兵团联合召开了"伙伴合同模式研讨会",AGC 发布了新千年伙伴合同模式计划,要推动这种模式在美国各地使用。美国建筑业协会(CII)还为这种模式的应用编写了规范。1994年7月英国环境部、建筑业联合会等资助莱瑟姆(Latham)爵士进行该项研究,其研究报告《组建项目团队》中指出:应该从项目组织入手根本改变项目各方之间传统的对立关系。1998年7月,英国政府的建筑业特别工作组发表了《建筑业反思》的报告,提出应将伙伴关系管理模式引入建筑业。香港房屋委员会于2000年起草了一份旨在改善项目各方关系,提高建房质量,采用伙伴关系的工程项目的管理模式的文件。在2002年香港有关部门还按照伙伴关系的思路起草了高速公路项目管理的文件。如上所述可以看出国际上许多国家和地区都在研究和推行这种新的工程项目的管理模式。

国外学者 Douglas D. Gnansberg 等对 Partnering 模式的应用效果进行了研究,分别对合同金额达21亿美元的408个工程项目进行了调研、统计和分析,其中一半实行 Partnering 模式,一半不实行 Partnering 模式。他们设计了10个对比指标(如总成本增长比率,每单变更平均成本,工期缩短或拖后,误期项目与总项目之比率等),对于500万美元以下的小项目,Partnering 优势不明显,但对于500万以上至4000万美元的项目，全部 10 项对比指标，Partnering 均优于非 Partnering 项目。

3. 伙伴关系模式的实施方式

伙伴关系是一个宏观而宽广的理念，根据目标和实施方式的差异，伙伴关系可分为战略型和项目型两大类型，前者侧重建立长久的或多项目的合作关系，而后者则是针对某个具体项目而言的。上面介绍 PPP 模式时，主要是指战略型，当然在实施时也落实到项目上。而作为一种项目型的伙伴关系管理模式则有两种不同的实施方式，一种为采用现有的项目管理模式（如传统模式，设计—建造模式等），但引入伙伴关系的理念和管理方法，也可以叫做"非合同化"的伙伴关系模式；另一种则逐步发展为采用伙伴关系理念的合同，如 NEC 和 PPC2000。现简介如下：

(1) 非合同化的伙伴关系管理模式：以香港建筑业的应用为例。

在我国香港地区，伙伴关系的实施大部分由业主发起。不同业主对伙伴关系的应用时机和使用程序都有所不同，但是基本框架是一致的，比如都包括选择参与方，召开伙伴关系讨论会，实施与总结等步骤。一般来说，私人工程业主对伙伴关系的应用程序比较灵活自由，而公共工程的业主，即政府机构，则期望建立一个规范化的程序并推广使用。

伙伴关系的实施程序可以按工程项目实施周期的各阶段来描述，见图 1-15。

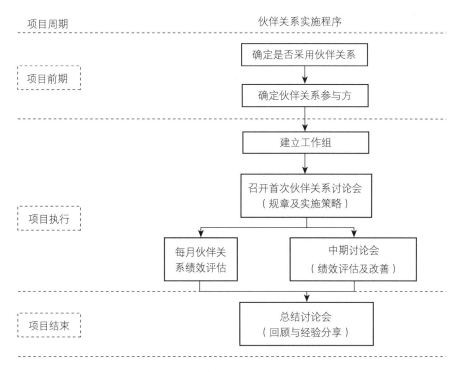

图 1-15 香港地区采用伙伴关系实施程序

1) 项目前期

项目前期，是指工程开工以前的阶段。这一时期是伙伴关系的准备阶段，涉及确定是否采用伙伴关系以及确定伙伴关系的参与方等决策。

伙伴关系的实施程序可以按工程项目实施周期的各阶段来描述：

一旦决定采用伙伴关系管理模式，发起人需要确认伙伴关系的参与方。参与方可能包括业主、承包商、设计方、咨询公司和主要分包商，有时还涉及其他项目受益方。伙伴关系主要参与方的选择应较早策划。例如，香港地铁公司在对承包商进行资格预审中，就考虑他们有没有伙伴关系经验。而其他参与方的确定，一般在业主与承包商签订工程合约之后。

由于现阶段香港项目中主要采用的是非合同化的伙伴关系管理模式，所以业主和承包商签订的工程合约与一般项目相似。在付款策略上，某些项目采用了适当的激励机制，如果工程结算成本少于目标成本，则给予承包商一定奖励，否则会有罚款。

2）项目执行

项目执行阶段，是指工程开工之后至工程竣工之前的这段时间。项目执行的过程，正是伙伴关系正式实施的期间。由于业主和承包商签订的工程合约与一般项目相似，实施伙伴关系的项目中，各方仍按照合约规定的职责和义务进行传统的进度、成本和质量控制等管理工作。伙伴关系的实施是在执行这些工作的过程中进行的。

一旦伙伴关系参与方正式明确，发起人需要着手筹建伙伴关系工作小组和第一次伙伴讨论会。工作小组由各参与方派人组成，人数从20人到50人不等。第一次讨论会的主要目的在于建立团队精神，讨论伙伴关系的目标和实施策略。

通过第一次讨论会，项目各方将建立伙伴关系规章，以及形成执行计划和问题处理程序等重要文件。其中，伙伴关系规章通常会列明伙伴关系将要达成的具体目标，比如项目取得盈利，保证项目质量并满足业主要求，成员之间充分及公开的交流等等。其文件长度一般不会超过一页。规章作为一种合作象征，通过所有参与方的签署行为、展示于所有参与方的办公室等方式，体现了各方的相互信任和对履行伙伴关系的承诺。

实施伙伴关系的工程项目中采用了一种全新的问题处理程序，希望尽快有效地解决工程中出现的冲突和纠纷。其中的核心文件是事务处理阶梯表，表中按现场操作人员、中层管理员及高层管理员等层次列明了各参与方的负责人员和处理时限。如果问题在低层的处理时限里没有及时解决，将会提交到上一级处理，直至问题处理完毕。此外，在香港环境运输及工务局下的许多工程项目中采用了自愿裁决和冲突解决专家等替代争议解决方案，以便更有效地解决纠纷。实施伙伴关系的项目则因为伙伴关系各参与方增强相互沟通及合作的宗旨，更有利于替代争议解决方案的执行。

第一次讨论会结束时，需要确定中期讨论会的时间安排。这些中期讨论会主要讨论当前阶段伙伴关系实施的绩效评估，分析现存问题以及制定改善措施。

为了更有效地达成伙伴关系的宗旨和使命，项目各方一般每个月对伙伴关系实施的情况进行打分评价（比如1分为很不满意，5分为很满意）。打分的指标包括伙伴关系规章中的各项目标以及相关的项目绩效指标。评价表将由各方伙伴关系的负责人进行汇总讨论，并针对不满意的指标提出相应的提升措施。

3）项目结束

这一阶段是伙伴关系的总结阶段。最后一次伙伴关系讨论会一般在临近工程竣工或竣工后举行，以回顾伙伴关系实施情况并分享各自的经验。

(2) 采用伙伴关系理念合同的管理模式

1）ICE 的"工程施工合同"（ECC）

ICE 组织了专家工作组，经过几年努力，研究制订了一套全新的合同范本，即 1993 年 3 月出版的新工程合同（New Engineering Contract，NEC），并于 1995 年出版了第二版，更名为"工程施工合同"（Engineering and Construction Contract，ECC）。

NEC 最新版是 2005 年 7 月出版的第三版，简称为 NEC3。新版 NEC 在明显的位置说明，该文件得到了英国政府商务部（Office of Government Commerce，OGC）的支持，推荐在英国所有的公共项目上使用新版的 NEC3。在 NEC3 中，合同双方仍需按照"主要选项条款"中的某一个合同支付模式来签订一个合同。

关于 NEC3 合同内容的介绍，详见第 3 章，这里只简单介绍其中有关伙伴关系的理念和做法，其主要特点如下：

- 合同核心条款规定，工作原则是合同参与各方在工作中应相互信任相互合作。
- 风险由合同双方合理分担，并鼓励双方以共同预测的方式来降低风险的发生率。
- 在工作程序中引入了"早期警告程序"用以防范风险。合同明确业主的 6 大类风险和承包商的风险以及可补偿事件的处理方法。任一方觉察到有影响工期、成本和质量的问题时，均有权要求对方参加"早期警告"会议，以提出建议、采取措施，共同努力来防范和处理风险，以避免或减少损失。
- 引入了评判人（Adjudicator）制度，评判人由双方共同指定，如果承包商与项目经理或监理人产生争议，均可提交评判人评判，由他对争议提出评判意见，如有一方不同意，在工程完工后再提交仲裁或诉讼。

在 NEC 合同的"次要选项条款"中，X12 是为了引进"伙伴关系"而专门拟定的。在合同该选项中明文规定，项目参与各方之间应建立一种多方"伙伴关系"，旨在促进工程项目上的多方合作。达成伙伴关系的各方包括合同的双方以及与项目有关的其他各方。但合同各方之间仍然需要签订传统意义上的双方合同。该选项要求各方在履行各方之间的基本合同规定的义务的同时，还应承担 X12 选项所规定的义务。

同时该选项还明确规定了各方的关键考核指标（Key Performance Indicator，KPI）以及各方在完成考核指标以后，将根据本条款的规定得到奖金。

如果由于伙伴关系中的某一方的过失而造成了损失，各方亦应通过各方之间存在的双方合同来解决。X12 选项并未对此作出规定。对于违反 X12 选项规定一方的最终惩罚是将来不再给违约方达成伙伴关系的机会。

2）ACA 的 PPC2000

2000 年，英国咨询建筑师协会（Association of Consulting Architects，ACA）出版了"ACA 项目伙伴关系合同标准文本"（The ACA Standard Form of Contract for Project Partnering，PPC2000），这是世界上第一份以项目伙伴关系命名的标准合同文本，把在项目中建立伙伴关系的理念以合同的形式固定下来，促进了伙伴关系管理模式的进一步完善和发展。这一标准合同文本的面世和应用为在建设项目中应用伙伴关系管理模式奠定了合同基础。

根据伙伴关系管理模式的理念，PPC2000 比一般合同的时间跨度长，它的内容跨越了项目建设的全过程，从概念设计的形成，贯穿整个设计、施工阶段，直至工程竣工。这样，项目各方从项目初期开始就形成伙伴关系并就项目的发展进行充分协作，十分有利于项目的顺利进行。PPC2000 还对工程各参与方（包括业主、承包商、设计团队、项目伙伴关系指导顾问等）进行了详细的分类和说明，明确了各参与方在项目中的角色定位及其相应的义务和权利，从而避免分工不明确或互相推脱责任的情况发生。"ACA 项目伙伴关系合同标准文本"的详细介绍见第 3 章。

PPC2000 正文部分共有 28 条，197 款，下面简单介绍部分条款的主要内容：

a. 项目与伙伴关系团队成员：伙伴关系团队成员包括业主方、承包方以及业主代表、咨询顾问、专业承包商等，还规定了各成员的权利、职责和义务。

项目伙伴指导顾问（Partnering Advisor）由各方协商后委任，以第三方独立身份对项目各方面的工作进行指导和提出建议，包括解决项目中的矛盾与争议。

b. 伙伴关系文件与伙伴关系目标：伙伴关系文件包括伙伴关系协议、伙伴关系条款、伙伴关系进度安排、项目任务书、价格构成体系等。根据伙伴关系文件拟定伙伴关系目标，如减少资本投入和全生命周期成本、缩减工期、减少事故、提高生产率等。

c. 沟通与组织：规定了核心工作组成员及其职责，核心工作组会议及决议方式，伙伴关系团队会议与决议等。核心工作组由各方选派代表组成，在互相信任、有效承诺和资源共享的基础上，通过定期会晤等方式，在项目团队中建立一个良好的沟通各方意见的渠道以及一个完整的减少、管理和分担风险的机制。

d. 项目设计、施工、供应等工作的安排：包括各阶段的设计要求、现场开工与施工、质量、健康、安全与环境（QHSE）、工程进度与变更、供应链等。但在各个项目实施环节中强调的是各个项目伙伴之间要遵循项目伙伴关系协议、项目任务书等项目伙伴关系文件。重要内容（如设计方案）均应提交核心小组和业主批准。此外，还强调各方均应保证不侵犯任何知识产权。

e. 价格与激励措施：对项目所有方面的价格（包括承包商的利润，总部管理费和现场管理费等），均按照条款规定协商和确定。对不可预见费，当承包商通知业主后，只有在伙伴关系团队成员逐项审查并将有关建议提交业主批准后，才被纳入价格。

伙伴关系团队成员提出建议经业主同意并由核心小组推荐实施后节约的价值，按规定的共享激励措施安排。

f. 风险管理：业主代表应按伙伴关系文件或核心工作组的规定，组织项目团队成员做好项目风险管理，包括识别风险、消除和减少风险、合理分担风险、对风险投保以及估算相应费用等。

除伙伴关系条款及开工协议中另行规定者外，承包商应对由开工到竣工期间与项目、现场以及自己的专业分包商相关的风险负责，并详细规定了在哪些情况下承包商有权获得合理的工期延长。

当出现对项目有不利影响或有威胁的事件时，任何项目团队成员均应尽快提出防范措施并通知其他成员，业主代表一般应在五日内召开核心工作组会议研究处理。

条款中应包括有关各类（如项目和现场、第三方、职业责任和产品责任、环境风险、隐性缺陷等）保险的相关规定和要求。

g. 支付：条款中详细规定了咨询顾问和承包商的支付规定、计价和价格调整的内容、有关拖延支付的利息等。

h. 争议的解决：伙伴关系团队成员对发生的任何争议均应通知其他成员和业主代表。涉及争议的成员应自行寻求解决方案，必要时可请伙伴关系指导顾问给予咨询。如果未能解决分歧，业主代表应召开核心工作组会议并要求与分歧有关的团队成员协商解决分歧。如果仍未能解决，则可按条款规定请调解人调解或裁决人裁决，如争议任一方不接受调解或裁决意见，则可提交仲裁或诉讼。

i. 其他条款（如有关违约终止的相关规定等）及五个附录。

## 二、合理选择工程项目的管理模式

### （一）业主方在确定工程项目的管理模式时应考虑的主要因素

项目管理模式选定的恰当与否将会直接影响到项目的质量、投产时间和效益。故业主方应熟悉各类项目管理模式的特点，为作出正确的决策奠定基础。业主方在确定项目管理模式时应考虑的主要因素包括：

- 法律、行政法规、部门法规以及项目所在地的法规与规章和当地政府的要求；
- 资金来源：融资有关各方对项目的特殊要求；
- 项目管理经验：业主方以及拟聘用的咨询（监理）单位或管理单位对某种模式的管理经验是否适合该项目，有无标准的合同范本；
- 项目的复杂性和对项目的进度、质量等方面的要求：如工期延误可能造成的后果；
- 建设市场情况：在市场上能否找到合格的管理和实施单位（如工程咨询公司、项目管理公司、总承包商、承包商、专业分包商等）。

## （二）一个项目可以选择多种项目管理模式

当业主方的项目管理能力比较强时，也可以将一个工程建设项目划分为几个部分，分别采用不同的项目管理模式。

图1-16即为英国的一个民用机场建设项目采用的三种项目管理模式。

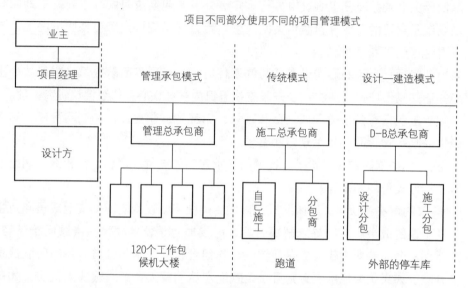

**图1-16  英国一个民用机场建设项目采用的三种项目管理模式**
（此图选自 李世蓉 邓铁军 主编《工程建设项目管理》）

工程项目的管理模式均由业主方选定，但总承包商也可选用一些他需要的项目管理模式，例如设计－建造总承包商可以选用CM模式来向有特长的专业承包商发包一部分工程，自己充当"代理型CM经理"角色，而留下一部分工程自己施工。另外，工程咨询方也应充分了解和熟悉国际上通用的和新发展的项目管理模式，这样才有可能为业主选择项目管理模式当好顾问，在项目实施过程中协助业主方做好项目管理工作。

随着我国的入世和对建筑业保护期的结束，一方面投入建筑业的外资将会有所增加，另一方面外国咨询公司也将更多地进入中国市场。了解、熟悉更多的国际上通用的及新发展的工程项目管理模式对我国的业主方、咨询设计单位和监理公司都很重要，这样不仅会有利于我国咨询设计单位和监理公司更多地占领国内市场；也有利于业主更好地利用外资，我国的咨询设计单位和监理公司与国外公司更好地合作，学习他们的经验并培养人才；同时还有利于这些公司走向国外市场。总之，我们应该积极研究和学习国际惯例，以便为我国建设事业的可持续发展作出更大的贡献。

# 第5节　国际工程合同的形式和类别

国际工程合同的形式和类别非常之多，有许多分类方法，如：按工作内容分类可分为工程咨询服务合同（包含勘察合同、设计合同、监理合同等）、工程施工合同、货物采购合同（包含各类机械设备采购、材料采购等）、安装合同、装修合同等。

按承包范围分类可分为设计—建造合同、EPC/交钥匙合同、施工总承包合同、分包合同、劳务合同、项目管理承包（PMC）合同、CM合同等。

本节主要介绍按支付方式进行的合同分类，一般分为总价合同、单价合同和成本补偿合同三大类，下面对这三类合同进行比较详细的介绍和讨论。

## 一、总价合同（Lump Sum Contract）

总价合同有时称为约定总价合同（Stipulated Sum Contracts），或称包干合同。这种合同一般要求投标人按照招标文件要求报一个总价，在这个价格下完成合同规定的全部工作内容。

总价合同一般有以下六种方式。

### （一）固定总价合同（Firm Lump Sum Contract）

承包商的报价以业主方的详细设计图纸及计算为基础，并考虑到一些费用的上升因素，如图纸及工程要求不变动则总价固定，但当施工中图纸或工程质量要求有变更，或工期要求提前，则总价也应改变。这种合同适用于对工程项目要求十分明确的项目。这种总价合同承包商将承担全部风险，将为许多不可预见的因素付出代价，因此一般报价较高。

### （二）调价总价合同（Escalation Lump Sum Contract）

在报价及签订合同时，以招标文件的要求及当时的物价计算总价的合同。但在合同条款中双方商定：如果在执行合同中由于通货膨胀引起工料成本增加达到某一限度时，合同总价应相应调整。这种合同业主承担了通货膨胀这一不可预见的费用因素（Unpredictable Cost Elements）的风险，承包商承担其他风险。一般工期较长时，可采用这种形式的合同。

### （三）固定工程量总价合同（Lump Sum on Firm Bill of Quantities Contract）

即业主要求投标人在投标时按单价合同办法分别填报业主方编制的工程量表中各分项工程的单价，从而计算出工程总价，据之签订合同。原定工程项目全部完成后，根据合同总价付款给承包商。工期较长的大中型工程也可以分阶段付款,但要在签订合同时说明。如果改变设计或增加新项目,则用合同中已确定的单价来计算新的工程量和调整总价,这种方式适用于工程量变化不大的项目。

这种方式对业主有利,一是可以了解投标人投标时的总价是如何计算得来的,便于业主审查投标价,特别是对投标人过度的不平衡报价,可以在合同谈判时压价;二是在物价上涨情况下,增加新项目时可利用已确定的单价。

（四）附费率表的总价合同（Lump Sum Price with Schedule of Rates）

与上一种相似,只是当业主方没有力量或来不及编制工程量表时,可规定由投标人编制工程量表并填入费率,以之计算总价及签订合同。适用于较大的,可能有变更及分阶段付款的合同。

（五）管理费总价合同（Management Fee Lump Sum Contract）

业主雇用某一公司的管理专家对发包合同的工程项目进行管理和协调。由业主付给一笔总的管理费用。

采用这种合同时要明确具体工作范围。

（六）目标合同（Target Contract）

目标合同也是一种总价合同,在签订合同时,对承包商设定了一定的成本和工期目标以及完成这些目标的奖励,但根据招标文件的不同要求,又可分为两种类型:

1. 带分项工程表的目标合同（Target contract with activity schedule）

这类目标合同由承包商提交分项工程表,并对其准确性负责,承包商根据分项工程表在投标时提交一个总价,经过谈判,与业主签订总价目标合同。

2. 带工程量清单的目标合同（Target contract with bill of quantities）

这类目标合同由业主提出工程量清单,并对其准确性负责。承包商根据工程量清单在投标时提交一个总价,经过谈判,与业主签订总价目标合同。

承包商的投标总价将成为合同的"目标成本"（Target Cost）。如果发生费用超支或节约,业主与承包商将按照合同事先规定的方式进行分摊。这样合同双方都会致力于降低项目成本。

对于各种总价合同,在投标时投标人必须报出各子项工程价格,在合同执行过程中,对很小的单项工程,在完工后一次支付;对较大的工程则按施工过程的里程碑（Milestone）分阶段支付或按完成的工程量百分比支付。

总价合同的适用范围一般包括两类工程:一类是在房屋建筑工程（包括住宅和楼宇）中使用,在这类工程中,招标时要求全面而详细地准备好设计图纸,一般要求做到施工详图;还应准备详细的规范和说明,以便投标人能详细地计算工程量;工程技术不太复杂，风险不太大，工期不太长，一般在 1~2 年以内，同时要给予承包商各种方便。此类工程对业主来说由于设计花费时间长，有时和施工期相同，因而开工期晚，开工后的变更容易带来索赔，而且在设计过程中也难以吸收承包商的建议，但是对控制投资和工期比较方便，总的风险较小。对承包商来说，由于总价固定，如果在订合同时不能争取到一些合理的承诺（如物价波动、地基条件恶劣时如何处理等），则风险比较大，投标时应考虑足够的风险费。但承包商对整个工程的组织管理有很大的控制权，因而可以通过高效率的组织管理和节约成本来获取更多的利润。

另一类是一些大型工程，包括设计—建造、EPC/交钥匙项目或设计，建造和运营项目。这时业主可以比较早地将有关工作一并总包给一个承包商，这时总承包商则承担着更大的责任与风险。

## 二、单价合同（Unit Price Contract，Schedule of Rate Contract）

当准备发包的工程项目的内容和设计指标一时不能十分确定，或是工程量不能准确确定时，则以采用单价合同形式为宜。

单价合同又分为以下三种形式：

### （一）估计工程量单价合同（Bill of Approximate Quantities Contract）

业主在准备此类合同的招标文件时，委托咨询设计单位按分部分项工程列出工程量表并填入估算的工程量，承包商投标时在工程量表中填入各项的单价，据之计算出总价作为投标报价之用。但在每月结账时，以实际完成的工程量结算。在工程全部完成时以竣工图和某些只能现场测量的工程量为依据最终结算工程的总价格。

有的合同规定，当某一分项工程的实际工程量与招标文件上的工程量相差一定百分比（一般为 ±15% 到 ±30%）时，双方可以讨论改变单价，但单价调整的方法和比例最好在订合同时即写明，以免以后发生纠纷。

### （二）纯单价合同（Straight Unit Price Contract）

在设计单位还来不及提供施工详图，或虽有施工图但由于某些原因不能比较准确地估算工程量时采用这种合同。招标文件只向投标人给出各分项工程内的工作项目一览表、工程范围及必要的说明，而不提供工程量。承包商只要给出表中各项目的单价即可，将来施工时按实际工程量计算。有时也可由业主一方在招标文件中列出单价，而投标一方提出修正意见，双方磋商后确定最后的承包单价。

在英国、法国等国家，对于工程量不确定的土木工程，也经常采用工程量复测合同（Measurement Contracts），这种形式也是一种纯单价合同，其特点是：只由单价构成合同内容的一部分，关于单价的谈判确定方法，若议标，双方需协商一致确定单价；若是竞争性招标，通常就按公布的合同费率一览表，作出高于或低于它的百分比报价。这种合同的签订和现场开工可以在设计全部完成之前开始。

### （三）单价与子项包干混合式合同（Unit Price Contract with Lump SumItems）

以估计工程量单价合同为基础，但对其中某些不易计算工程量的分项工程（如施工导流、小型设备购置与安装调试）则采用包干办法，而对能用某种单位计算工程量的，均要求报单价，按实际完成工程量及工程量表中的单价结算。这种方式在很多大中型土木工程中都普遍采用。

对业主方而言，单价合同的主要优点是可以减少招标准备工作，缩短招标准备时间，可鼓励承包商通过提高工效等手段从成本节约中提高利润，业主只按工程量表的项目开支，可减少意外开支，只需对少量遗漏的项目在执行合同过程中再报价，结算程序比较简单，但业主方存在的风险也在于工程的总造价一直到工程结束前都是个未知数，特别是当设计师对工程量的估算偏低，或是遇到了一个有经验的善于运用不平衡报价的承包商时，风险就会更大，因而设计师比较正确地估算工程量和减少项目实施中的变更可为业主避免大量的风险。对承包商而言，这种合同避免了总价合同中的许多风险因素，比总价合同风险小。

## 三、成本补偿合同（Cost Reimbursement Contract，Cost Plus Fee Contract，CPF）

成本补偿合同也称成本加酬金合同，简称CPF合同，即业主向承包商支付实际工程成本中的直接费（一般包括人工、材料及机械设备费），并按事先协议好的某一种方式支付管理费及利润的一种合同方式。对工程内容及其技术经济指标尚未完全确定而又急于上马的工程，如旧建筑物维修、翻新的项目，完全崭新的项目，或是临时增加的不易计算工程量的项目（如抢险工作）以及施工风险很大的项目可采用这种合同。其缺点是发包单位对工程总造价不易控制，而承包商在施工中也不注意精打细算。因为有的合同形式是按照一定比例提取管理费及利润，往往成本越高，管理费及利润也越高。

成本补偿合同有多种形式，现介绍部分形式如下：

### （一）成本加固定费用合同（Cost Plus Fixed Fee Contract）

根据双方讨论同意的工程规模、估计工期、技术要求、工作性质及复杂性、所涉及的风险等来考虑确定一笔固定数目的报酬金额作为管理费及利润。对人工、材料、机械台班费等直接成本则实报实销。如果设计变更或增加新项目，当直接费用超过原定估算成本的10%左右时，固定的报酬金额也要增加。在工程总成本一开始估计不准，可能变化较大的情况下，可采用此合同形式，有时可分几个阶段谈判付给固定报酬。这种方式虽不能鼓励承包商关心降低成本，但为了尽快得到酬金，承包商会关心缩短工期。有时也可在固定费用之外根据工程质量、工期和节约成本等因素，给承包商另加奖金，以鼓励承包商积极工作。

### （二）成本加定比费用合同（Cost Plus Percentage Fee Contract）

工程成本中的直接费加一定比例的报酬费，报酬部分的比例在签订合同时由双方确定。

这种方式的报酬费随成本加大而增加，不利于缩短工期和降低成本。一般在工程初期很难描述工作范围和性质，或工期急迫，无法按常规编制招标文件招标时采用，在国外，除特殊情况外，一般公共项目不采用此形式。

### （三）成本加奖金合同（Cost Plus Incentive Fee Contract）

奖金是根据报价书中成本概算指标制定的。合同中对这个概算指标规定了一个"底点"（Floor）（约为工程成本概算的60%~75%）和一个"顶点"（Ceiling）（约为工程成本概算的110%~135%）。承包商在概算指标的"顶点"之下完成工程则可得到奖金，超过"顶点"则要对超出部分支付罚款。如果成本控制在"底点"之下，则可加大酬金值或酬金百分比。采用这种方式通常规定，当实际成本超过"顶点"对承包商罚款时，最大罚款限额不得超过原先议定的最高酬金值。

当招标前设计图纸、规范等准备不充分，不能据以确定合同价格，而仅能制定一个概算指标时，可采用这种形式。

### （四）成本加保证最大酬金合同（Cost Plus Guaranteed Maximum Contract）

即成本加固定奖金合同。订合同时，双方协商一个保证最大酬金额，施工过程中及完工后，业主偿付给承包商花费在工程中的直接成本（包含人工、材料等）和一定比例的管理费及利润。但最大限度不得超过成本加保证最大酬金。如实施过程中工程范围或设计有较大变更，双方可协商新的保证最大酬金。这种合同适用于设计已达到一定深度，工作范围已明确的工程。

### （五）最大成本加费用合同（Maximum Cost Plus Fee Contract，MCPF）

这种方式是在工程成本总价合同基础上加上固定酬金费用的方式，即当设计深度已达到可以报总价的深度，投标人报一个工程成本总价，再报一个固定的酬金（包括各项管理费、风险费和利润）。合同规定，若实际成本超过合同中的工程成本总价，由承包商承担所有的额外费用；若是承包商在实际施工中节约了工程成本，节约的部分由业主和承包商分享（其比例可以是业主75%，承包商25%或其他双方约定的比例),在订合同时要确定节约分成比例。

在本章第 4 节中介绍的风险型 CM 模式的保证最高价格(Guaranteed Maximum Price,GMP)即为此种支付方式。

(六)工时及材料补偿合同(Time and Material Reimbursement Contract)

用一个综合的工时费率(包括基本工资、保险、纳税、工具、监督管理、现场及办公室各项开支以及利润等),来计算支付人员费用,材料则以实际支付材料费为准支付费用。

这种形式一般用于招标聘请专家或管理代理人等。

在签订成本补偿合同时,业主和承包商应该注意以下问题:

(1) 必须有一个明确的如何向承包商支付酬金的条款,包括支付时间和金额百分比。如果发生变更或其他变化,酬金支付规定应相应调整。

虽然已有了一些 CPF 合同的范本,但在每个项目的合同中列出"可补偿的费用"(reimbursable cost)的准确定义对业主和承包商双方都是至关重要的。因为有一些 CPF 合同中"可补偿的费用"甚至包括了各项管理费及设计的费用,此时承包商投标时的酬金仅仅考虑利润就可以了。

(2) 应列出工程费用清单,要规定一整套详细的与工地现场有关的数据记录、信息存储甚至记账的格式和方法,以便对工地实际发生的人工、机时和材料消耗等数据认真而及时地记录,防止事后在数据统计上的不一致和纠纷。业主一方不仅在支付时,并且在税收、保险等方面也需要这些数据。

(3) 应在承包商和业主之间建立起相互信任的关系,有时在合同中往往写上这一条。因为即使业主雇用专职现场监理,也很难详细准确地核查每一项应支付的成本。这种合作形式下,承包商的酬金已有保证,他就应该高效而经济地实施工程,工作中仅使用必要的人员和机械,以诚实的态度实事求是地记录申报每天的人工、机械和材料,并以竞争性的价格去采购材料,而业主方则应及时地提供资料和进行支付。

CPF 合同对业主而言,最大的优点是能在设计资料不完整时使工程早开工,并且可采用 CM 模式,完成阶段设计后阶段发包,从而使项目早日完工,节约时间和尽早收回投资。但业主要承担很大的风险,业主不能在项目早期知道最后的总成本,因而可能最终支付很高的合同价格。为了减少风险,可采用 MCPF 合同方式。

CPF 合同对承包商而言,其优点是可获得比较有保证的酬金,风险较小;而主要缺点是合同的不确定性,由于设计未完成,不知道合同的终止时间,有时很难计划安排其他的工程。

一项工程招标前,选用恰当的合同方式是建设单位制定发包策略及发包计划的一个重要组成部分。招标一般不属于设计的一个阶段,它仅仅作为设计完成后或与设计平行进行的一项专门工作,这项工作主要是复核工程计划和技术规范,进行全面施工规划，进行工程估价和编制招标文件。招标文件一般由业主委托咨询公司或设计单位编制。

采用何种合同支付方式往往与设计的阶段和深度分不开。如果设计只做到概念设计阶段，则只能采用成本补偿合同方式招标和实施。如果设计进行到基本设计阶段，则有可能采用单价合同。如果设计进行到详细设计阶段则可采用总价合同或单价合同。

## 思考题

1. 国际工程的定义和范畴是什么？有什么特点？
2. 国际工程合同管理有哪些特点？
3. 国际工程的建设程序如何划分？
4. 试分析比较传统的项目管理模式、设计－建造模式、EPC/交钥匙模式、DBO模式和项目管理型承包模式的优缺点和应用条件。
5. 试分析公共设施与服务私营化模式（BOT/PFI/PPP）的理念和实施方式。
6. 试分析伙伴关系模式的理念和实施方式。
7. 试比较分析按工程支付方式分类的三大类15种合同的特点和适用条件。
8. 签订"成本补偿合同"时，合同双方应该注意哪些问题？

# 第 2 章　国际合同法基本原理

> 学习和掌握有关合同法方面的知识,是进行国际工程合同管理的基础。而在合同方面的立法,各国有许多差异。本章结合一些有代表性国家的合同法和我国合同法的规定,介绍了合同的概念、合同的订立、合同的履行、合同的转让与终止等内容,并对合同争议解决的多种方式作了较为详细的讨论。

## 第 1 节　合同与合同法

### 一、合同概述

#### (一) 合同的定义和特征

合同是现代社会进行各种交易活动的基本法律形式,它通过对当事人的权利义务作出约定,达到维护并保障交易顺利进行的目的。从民法学上讲,一般意义的合同,泛指一切确立当事人之间权利义务关系的协议,因此,合同包括物权合同、债权合同和身份合同等。

世界各国对合同所作的定义各不相同。比如,法国《民法典》规定:"合同是一人或者数人对另一人或者数人承担给付某物、做或者不做某事的义务的一种合意。"这里所谓合意就是指当事人之间意思表示一致,即只有当事人之间意思表示一致,合同方可成立。美国《合同法重述》中对合同作出的定义为:"合同是一个许诺或一系列许诺,对于违反这种许诺,法律给予救济。"这一定义充分体现了"诺言"是英美合同法实行法律强制力的依据,但其中不足之处在于没有指明合同是两个当事人之间的相互行为,也没有包含合同的其他特征。美国法院在"贾斯蒂斯诉兰格"一案中对合同的定义,受到了广泛的注意,即:"合同是两个或者两个以上有缔结合同能力的人以有效的对价按照自愿而达成的交易或者协议,去执行或者不去执行某个合法的行为。"我国1999年3月15日第九届全国人民代表大会第二次会议通过的《中华人民共和国合同法》,将合同定义为:"合同是平等主体的自然人、法人、其他组织之间设立、变更、终止民事权利义务关系的协议。"并规定:"婚姻、收养、监护等有关身份关系的协议,适用其他法律的规定。"

概括各国的规定,可以对合同作这样一个定义:合同是两个或者两个以上当事人依法达成的明确相互权利义务关系的具有法律约束力的协议。这一定义表明合同具有以下特征:

(1) 合同是当事人之间自愿协商所达成的协议,是双方或者多方的民事法律行为;
(2) 合同的主体不论是自然人、法人或者其他组织,主体的法律地位平等;
(3) 合同对当事人具有法律约束力;
(4) 合同须依法成立。

### (二) 合同的分类

社会经济活动和财产流转方式是多种多样的,当事人订立合同有着不同的目的,而不同经济关系在法律上的表现形式也不尽相同,这就决定了合同的多样性。按照不同的标准,可将合同进行不同的分类,各国的法律既没有明确的分类标准,也没有统一的类别划分。从理论上讲,根据不同的法律意义,合同的分类主要有以下几种:

1. 双务合同和单务合同

双务合同是指合同当事人相互享有权利,相互承担义务的合同,如买卖合同、货物运输合同等。单务合同是指合同当事人一方只承担义务而不享有权利,另一方则只享有权利而不承担义务的合同,如借用合同。

2. 诺成性合同和实践性合同

诺成性合同是指当事人意思表示一致即可成立的合同。实践性合同又称要物性合同,是指除当事人意思表示一致外,还须实际交付标的物才能成立的合同。

3. 明示合同和默示合同

在明示合同中,当事人要用语言或者文字明确表示他们缔结合同的意图,而默示合同则只能从当事人的行动或者当时的环境推断出他们缔结合同的意图。从法律角度来看,明示合同与默示合同仅仅是表达诺言的方式不同,其法律效果则是相同的,在它们之间并没有实质上的区别。

4. 正式合同和简式合同

正式合同就是签字腊封的合同,单凭这种形式,无须对价,甚至无须将合同交到对方手中,就能取得法律上的效力。目前,在英国只有极少数的合同仍然需要签字腊封,美国多数州认为,如无对价,签字腊封的合同也不能取得法律效力。签字腊封合同以外的一切合同,都是简式合同。简式合同可以是口头的,也可以是书面的。本书所讨论的都是简式合同。

5. 有名合同和无名合同

有名合同是指法律上作出了明确规定并赋予其特定名称的合同。无名合同是法律未进行明确规定的合同,除了有名合同外,其他合同均是无名合同。我国《合同法》分则中明列的买卖合同、赠与合同、借款合同、承揽合同、建设工程合同、运输合同等都是有名合同。

## 二、世界各国合同法简介

合同法是商品经济的产物,是商品交换关系的法律表现。正如马克思所指出的:"先有交易,后来才由交易发展为法律……经过交换和在交换中才产生的实际关系,后来获得契约这样的法的形式。"作为民法的重要组成部分,合同法是调整平等民事主体之间的合同关系的法律规范的总称。与其他民法法律规范相比,合同法律规范具有以下特征:

- 合同法主要是任意性规范;
- 合同法的调整对象主要是民事活动中的债权合同关系;
- 合同法是规制市场交易行为的交易法。

### (一) 西方国家合同法概况

西方国家的合同法主要分为两个法律体系,即大陆法系和英美法系。虽然这两个法律体系都是建立在生产资料私有制基础之上,但两个法系在合同法的形式、法条编制体例以及某些具体的法律原则方面,又有各自的特点。

大陆法系国家的民法理论将合同作为债的发生根据之一,称为合同之债,并将合同法律规范与有关侵权行为、不当得利、无因管理等法律规范合并在一起,作为民法典的一部分,称为债务关系法、债权法或者债法。例如,法国民法典将合同法规范安排在民法典的第三卷,其内容包括合同有效成立的条件、债的效力、债的种类、债的消灭等,这些都是合同法的一般原则,进而对各种合同作出具体规定,包括买卖、互易、合伙、借贷、委托、保证以及和解合同等。德国民法典设有"总则"一篇,用法律行为这一概念,把有关合同成立的共性问题加以规定,而第二篇即为"债务关系法",对因合同而产生的债、债的消灭、债权让与、债务承担、多数债务人与多数债权人、各种债务关系等作出了规定,其中各种债务关系一章,实际上是合同的分论,分别对买卖、互易、赠与、租赁、借贷、雇佣、承揽、居间、委托等十八种合同作出了具体规定。比较而言,德国民法典对合同的规定更为系统、逻辑性更强、结构更加严谨。

英美法系有关合同的法律规范独自构成一个完整的体系，称为合同法，它是由为数众多的判例和一些制定法组成的汇编。这种汇编的目的在于为法官、律师和法科学生提供方便。英美法系的合同法主要是判例法，合同法的许多原则，如合同的成立、合同的形式和内容、影响合同效力的因素、第三方在合同中的权利与义务、违约的救济、合同的消灭等，须按照判例所确定的规则来处理。

在西方国家，合同自由原则是近代合同法的基本原则，其主要表现是：其一、订立合同的自由，合同订立与否，任凭合同当事人的自由；其二、选择合同对方的自由，任何人都没有必须与某一特定人订立合同的义务；其三、决定合同内容的自由，合同的内容，除了很少的例外情况下，由双方当事人自由商定。当然，各国通过关于"普通合同条款"的立法，关于反垄断的立法以及关于保护消费者的立法对合同自由实现了国家干预。

### （二）我国的合同法

我国要发展社会主义市场经济，决定了合同制度的必然存在，它是社会主义商品交换的法律工具，对我国社会主义市场经济体制的建立和发展，维护市场经济秩序，促进社会主义现代化建设起着十分重要的作用。

我国自1981年12月第五届全国人民代表大会第四次会议通过《中华人民共和国经济合同法》，初步确定经济合同法律制度以来，相继于1985年3月第六届全国人民代表大会常务委员会第十次会议通过了《中华人民共和国涉外经济合同法》，1987年6月第六届全国人民代表大会常务委员会第二十一次会议通过了《中华人民共和国技术合同法》，一度形成了特定历史时期的三部合同法并存的立法模式。

经过多年的酝酿和讨论，1999年3月15日第九届全国人民代表大会第二次会议通过了《中华人民共和国合同法》（以下简称《合同法》），该法已于1999年10月1日起施行，《中华人民共和国经济合同法》、《中华人民共和国涉外经济合同法》和《中华人民共和国技术合同法》同时废止。《合同法》是一部既反映现代市场经济规律，又符合中国国情的法律，其颁布和施行，标志着我国合同制度的统一和完善，对我国社会主义市场经济的发展具有极大的促进作用。

《合同法》包括总则、分则以及附则三部分，共计四百二十八条。其中，总则部分包括八章内容，对各类合同所涉及的共性问题进行了概括规定，具体是：一般规定；合同的订立；合同的效力；合同的履行；合同的变更和转让；合同的权利义务终止；违约责任；其他规定。分则部分包括十五章内容，分别对十五类合同进行了专门规定，具体是：买卖合同；供用电、水、气、热力合同；赠与合同；借款合同；租赁合同；融资租赁合同；承揽合同；建设工程合同；运输合同；技术合同；保管合同；仓储合同；委托合同；行纪合同；居间合同。附则部分只有一条，规定了《合同法》的生效时间。

(三) 国际统一商事合同法

由于各国合同法的内容不统一，使各国在进行国际经济贸易往来时遇到诸多的不便，因此，一些国际组织着手制订在国际上统一适用的合同法。其步骤是，首先从制订某种特定合同的统一法入手，在此基础上进而制定统一的国际商事合同法。

1966年联合国贸易委员会成立后，积极开展相关工作，历经十多年的努力，提出了《联合国国际货物买卖合同公约》(以下简称《公约》)的草案。在1980年3月10日至4月11日召开的维也纳外交会议上，该《公约》草案获得通过。我国出席了本次会议，签署了该《公约》，并于1986年12月11日向联合国秘书长递交了核准书。《公约》已于1988年1月1日起生效。

《公约》内容共计101条，包括四部分：第一部分，适用范围和总则；第二部分，合同的订立；第三部分，货物销售；第四部分，最后条款。尽管《公约》力求照顾到不同的社会、经济和法律制度，成为各个国家之间达成调和与妥协的产物，但在某些问题上，由于各国的分歧较大，难于作出统一规定，留下了空白。

国际统一私法协会是一个政府间的国际组织，一向致力于国家间私法的统一和协调，制定能为各个国家认可的统一私法规则，促进国际商事活动的顺利进行。国际统一私法协会于1994年5月制定了《国际商事合同通则》，并于2004年又对其进行了拓展，使其具有了更广泛的适用性，成为国际社会关于商事合同立法的新成果。但《国际商事合同通则》与《公约》不同，不是国际公约，而是一种示范法，为各国国内合同立法或者国际合同统一法提供了范本。

《国际商事合同通则》共计184条，包括十章内容：第一章，总则；第二章，合同的订立与代理人的权限；第三章，合同的效力；第四章，合同的解释；第五章，合同的内容；第六章，合同的履行；第七章，不履行；第八章，抵销；第九章，权利的转让、债务的转移与合同的转让；第十章，时效期间的规定。

# 第2节 合同的订立及效力

## 一、合同成立的要件

合同的订立，是指合同当事人依法就合同内容经过协商，达成协议的法律行为。尽管各国对合同有效成立的具体规定不完全相同，但都要求合同有效成立须具备一定的条件，即所谓合同有效成立的要件，其主要有：第一、当事人应通过要约与承诺达成协议；第二、当事人应当具有订立合同的能力；第三、合同的形式和内容合法；第四、合同必须有对价或者约因；第五、当事人意思表示必须真实。我国《合同法》对合同订立的基本法律要求也作出了明确规定。

(一) 要约与承诺

当事人订立合同的过程，就是当事人对合同内容反复磋商取得一致意见的过程，在这一过程中，要约与承诺是订立合同所必经的两个不可或缺的步骤。因此，有关要约与承诺的规定，也是各国合同法的重要内容之一。

1. 要约（Offer）

要约是一方当事人向另一方当事人作出的以缔结合同为目的的意思表示，提出要约的一方为要约人，要约发向的对方为受要约人。要约可以是口头的，也可以是书面的。

(1) 要约的要件

《公约》规定：向一个或者一个以上特定的人提出的订立合同的建议，如果十分确定并且表明在得到承诺时受约束的意思，即构成要约。我国《合同法》也规定：要约是希望和他人订立合同的意思表示，该意思表示应当符合下列规定：①内容具体确定；②表明经受要约人承诺，要约人即受该意思表示约束。根据各国法律和《公约》的有关规定，一项有效的要约应当具备以下条件：

1) 要约应当是特定当事人发出的。所谓特定当事人，是能够为受要约人客观确定的人，即受要约人可以确定是谁发出的要约。至于受要约人是否为特定当事人各国法律有些差异。北欧国家的法律认为，要约必须向一个或者一个以上的特定人发出；英美法则认为，要约既可以向特定人发出，也可以向公众甚至全世界发出。《公约》规定：非向一个或者一个以上特定的人提出的建议，仅应视为要约邀请，除非提出建议的人明确地表示相反意向。

2) 要约人应当向受要约人表明按照要约中提出的条件订立合同的意愿。要约的目的在于订立合同，因此，凡不是以订立合同为目的的意思表示，就不能称之为要约。这也是要约与要约邀请的区别所在，后者在于邀请、吸引对方，使其向自己提出要约，如报价单、价目表或者商品目录等。

对于商品的标价陈列，是否属于要约，各国法律略有分歧。英国法认为，把商品标价陈列的行为并不是要约，而是要约邀请，但瑞士法认为是要约。

3) 要约的内容应当具体、确定。一项要约应该包括拟签订合同的主要条款，一旦受要约人表示承诺，就足以成立一项对双方当事人具有约束力的合同。按照大多数国家的法律规定，要约人不必在要约中详细载明合同的全部内容，而只要达到足以确定合同内容的程度即可。《公约》规定：一个建议如果写明货物并且明示或者暗示地规定数量和价格或者规定如何确定数量和价格，即为十分确定。

4) 要约应当表明经受要约人承诺，要约人受要约的约束。一旦受要约人对要约进行了承诺，要约人与受要约人之间对合同的内容即取得一致，达成协议，合同即告成立，要约人不得反悔。

(2) 要约生效及其效力

1) 要约的生效时间

所谓要约的生效是指要约发生法律效力,即对要约人和受要约人产生法律约束力。而要约的生效时间是要约开始具有法律约束力的时间。关于要约的生效时间,各国法律规定有所不同,大陆法国家多采用到达原则,而英美法国家一般则认为在受要约人作出承诺时,要约才产生约束力。《公约》规定:要约于送达受要约人时生效。我国《合同法》也规定:要约到达受要约人时生效。

2) 要约的撤回

撤回要约是指要约人发出要约后,在其生效之前,通过一定的方式将其收回。撤回要约是阻止要约生效的行为。《公约》规定:一项要约,即使是不可撤销的,如果撤回通知于要约送达受要约人之前或者同时送达受要约人,得予撤回。我国《合同法》规定:要约可以撤回。撤回要约的通知应当在要约到达受要约人之前或者与要约同时到达受要约人。

3) 要约的撤销

撤销要约是指要约生效后,在受要约人承诺之前,要约人通过一定的方式,使要约的效力归于消灭。撤销要约是使要约失效的行为。对此各国法律规定不尽相同。德国民法典规定:如果要约人在要约中规定了有效期限,则在有效期限内不得撤销或者更改要约;如果没有规定有效期限,则依通常可望得到答复的期限前,不得撤销或者更改要约。英美法则认为:要约原则上对要约人无约束力,要约人可以在受要约人承诺之前随时反悔,但要约是有对价或者要约是签字腊封的情况下例外。按照《公约》的规定,要约在受要约人承诺之前,原则上可以撤销,但有两种情况下,要约不得撤销:一是要约写明承诺的期限或者以其他方式表示要约是不可撤销的;二是受要约人有理由信赖要约是不可撤销的,而且受要约人以本着对该要约的信赖行事。我国《合同法》规定:要约可以撤销。撤销要约的通知应当在受要约人发出承诺通知之前到达受要约人。同时还规定了不得撤销要约的两种情形:一是要约人确定了承诺期限或者以其他形式明示要约不可撤销;二是受要约人有理由认为要约是不可撤销的,并已经为履行合同做了准备工作。

(3) 要约失效

要约失效是指要约失去效力,要约人不再受要约的约束,而受要约人则丧失承诺的资格。概括各国法律规定,要约失效的情形主要有:

1) 要约因承诺期限已过而失效。如果要约规定有承诺期限,则该期限终了时要约自行失效;如果未规定承诺期限,则超过"合理时间"(英美法的规定)或者"依通常可期待承诺到达的期间"(大陆法的规定),要约失效。

2) 要约因要约人撤销要约而失效。

3) 要约因受要约人的拒绝而失效。拒绝要约是指受要约人把不接受要约的意思通知给要约人的行为。如果受要约人在答复中对要约的内容作了扩充、限制或者变更，其效果被视同拒绝要约，在法律上等于受要约人向要约人发出了一项新要约，原要约失效。

4）要约因要约人或者受要约人死亡而失效。

我国《合同法》规定了要约失效的情形有以下四种：

①拒绝要约的通知到达要约人；

②要约人依法撤销要约；

③承诺期限届满，受要约人未作出承诺；

④受要约人对要约的内容作出实质性变更。

2. 承诺（Acceptance）

承诺也是一种法律行为。承诺是指受要约人按照要约所指定的方式，对要约的内容表示同意的意思表示。要约一经承诺，合同就告成立。

(1) 承诺的要件

《公约》规定："受要约人声明或作出其他行为表示同意一项要约，即是承诺。"我国《合同法》规定："承诺是受要约人同意要约的意思表示。"根据上述规定，一项有效的承诺应具备以下要件：

1）承诺必须由受要约人作出。承诺只能由受要约人及其授权的代理人作出。除此之外，任何第三方即使知道要约的内容并对此作出同意的意思表示，也不能构成有效的承诺。

2）承诺应当与要约的内容一致。受要约人完全同意要约内容的意思表示，表明受要约人完全接受要约人所提出的交易条件，则该意思表示构成一项有效的承诺。但是，如果受要约人在承诺中将要约的内容加以扩充、限制或变更，还是否构成一项有效的承诺，各国法律作出了近似的规定。《美国统一商法典》规定：在商人之间，如果受要约人在承诺中附加了某些条款，承诺仍可有效，这些附加条款可视为合同的组成部分。但如有下列情况，则承诺无效：①要约中已明确规定承诺时不得附加任何条件；②附加条款对要约构成了重大修改；③要约人已在合理时间内对该附加条款的承诺发出了拒绝的通知。

《公约》中也规定：对要约的承诺如有所添加、限制或修改，应视为对要约的拒绝，并构成反要约；但对要约的答复如所载的添加或不同条件在实质上并不变更该项要约的条件，除要约人在不过分迟延的时间内表示反对外，仍构成承诺，如果要约人不表示反对，合同的条件就以要约的条件以及承诺内容所载的更改为准。凡是对货物的价格、付款、交货地点与时间、货物质量与数量、一方当事人对另一方当事人的赔偿责任范围或解决争议等的添加或不同条件，均视为实质上变更要约的条件。

我国《合同法》规定：受要约人对要约的内容作出实质性变更的，为新要约。有关合同标的、数量、质量、价款或者报酬、履行期限、履行地点和方式、违约责任和解决争议方法等的变更,是对要约内容的实质性变更。承诺对要约的内容作出非实质性变更的,除要约人及时表示反对或者要约表明承诺不得对要约的内容作出任何变更的以外,该承诺有效,合同的内容以承诺的内容为准。

3) 承诺应当在要约确定的有效期内作出并到达要约人。如果要约确定了有效期,则必须在该期限内承诺;如果要约未确定有效期,则必须在"依照通常情形可期待得到承诺的期间内"(大陆法),或在"合理的时间内"(英美法)承诺。如果承诺逾期作出或者逾期到达,其效力取决于要约人的意思。

《公约》规定:逾期承诺,如果要约人毫不迟延地通知接受该逾期承诺,则仍有承诺的效力。如果逾期承诺表明是在传递正常、能及时到达要约人的情况下发出的,则该项逾期承诺也具有承诺的效力,除非要约人毫不迟延地通知受要约人,他认为其要约已经失效。

我国《合同法》规定:受要约人超过承诺期限发出承诺的,除要约人及时通知受要约人该承诺有效的以外,为新要约。受要约人在承诺期限内发出承诺,按照通常情形能够及时到达要约人,但因其他原因承诺到达要约人时超过期限的,除要约人及时通知受要约人因承诺超过期限不接受该承诺的以外,该承诺有效。

4) 承诺应当以通知的方式作出。要约人可在要约中确定承诺的传递方式,在这种情况下,受要约人在承诺时就必须按照要约确定的传递方式办理;如果要约人在要约中对承诺的传递方式没有确定,则受要约人在发出承诺通知时,一般应按要约采用的传递方式办理,但受要约人采用比要约所确定的或要约所采用的传递方式更为快捷的通信方式作出承诺时,要约人不能因此予以拒绝。

(2) 承诺生效及效力

1) 承诺的生效时间

承诺的生效时间是承诺开始具有法律约束力的时间。与要约的生效时间一样,关于承诺的生效时间,各国法律规定有所不同。在大陆法国家采用到达主义原则,如德国法规定,必须当要约人收到承诺时,承诺才生效,合同也因此而成立。如果承诺信件或电报中途丢失,不能传达到要约人,则合同不能成立。英美法则采用投邮主义原则,只要受要约人将信件投邮或把电报交电报局时,承诺就生效,合同因而成立。即使信件、电报在传递中丢失,那也应由要约人负责,与受要约人无关,不得影响合同的成立。

《公约》规定:承诺于表示承诺的通知送达要约人时生效。但也有例外,即如果按照要约的要求或依照当事人间确认的习惯做法或惯例,受要约人可以用某种行为方式表示承诺,例如发送货物或支付货款等,则在发生该行为时合同生效。

我国《合同法》规定:承诺通知到达要约人时生效。承诺不需要通知的,根据交易习惯或者要约的要求作出承诺的行为时生效。

2) 承诺的撤回

撤回承诺是承诺人阻止承诺发生效力的一种意思表示。承诺必须在生效以前才能撤回，一旦生效，合同即告成立，承诺人就不得撤回承诺。按照英美法国家的审判实践，由于其认为承诺的函电一经投邮就告生效，因此，受要约人发出承诺通知后，就不能撤回其承诺。但根据德国法规定，受要约人在发出承诺通知后，原则上仍可把承诺撤回，但撤回的通知必须与承诺的通知同时或先于到达要约人，才能把承诺撤回。

《公约》规定："承诺得予撤回，如果撤回通知于承诺原应生效之前或同时送达要约人。"我国《合同法》规定："承诺可以撤回。撤回承诺的通知应当在承诺通知到达要约人之前或者与承诺通知同时到达要约人。"

3）承诺的效力

承诺生效，对双方当事人来讲，即确定了合同关系。《公约》规定合同于承诺生效时成立。我国《合同法》规定："承诺生效时合同成立。"

国际工程承包合同一般经过招标投标程序订立，其中投标人投交投标书是要约，业主的中标通知是承诺。正因为各国对要约效力的规定不同，故在投标时业主往往要求投标人在提交投标书时，应提供投标担保，以此使投标人受其投标书的约束。

（二）当事人订立合同的能力

为了使合同在法律上有效，合同双方都必须在法律上具有缔结合同的能力，这是一切合同所必备的又一个要件。我国《合同法》规定："当事人订立合同，应当具有相应的民事权利能力和民事行为能力。"

依照各国法律的规定，并不是任何人都具有订立合同的能力。所以，为了保证所订立的合同有效，必须了解对方有无订立合同的能力。

1. 自然人订立合同的能力

各国法律对于哪些人具有订立合同的行为能力，哪些人没有订立合同的行为能力，都有具体规定。一般地说未成年人和精神病患者没有订立合同的能力或者受到一定的限制；这些人所订立的合同，根据不同的情况，有的是无效的，有的是可以撤销的，其目的是为保护未成年人或精神病人的利益。成年人除法律另有规定外，都具有订立合同的能力。

根据我国《合同法》的规定，完全行为能力人可以订立一切法律允许自然人作为合同主体的合同；限制行为能力人，只能订立一些与其年龄、智力、精神健康状况相适应或者纯获利益的合同，其他合同则应由法定代理人代订或者经法定代理人同意。

2. 法人的行为能力

法人具有订立合同的能力，但法人的订约能力不得超出法律或法人章程所规定的范围，例如，英国公司法规定，公司的订约能力须受公司章程的支配，不得超出公司章程规定的范围。如果公司订立的合同超出了公司章程规定的范围，即属于越权行为，这种合同在法律上是无效的。法人由其法定代表人授权的代理人以法人的名义签订合同，由此产生的权利义务直接由法人承担。

(三) 合同必须合法

1. 合同的内容必须合法

无论是大陆法国家还是英美法国家都承认"契约自由"和"意思自治"，合同自由原则，是合同法的基本原则，即任何有订约能力的人，都可以按照他们的意思自由地订立合同。但与此同时，各国的法律对合同自由都加以一定的限制，都要求当事人所订立的合同必须合法，凡是违反法律、违反公共秩序与善良风俗的合同一律无效。

大陆法各国都在民法典中对合同违法、违反公共秩序和善良风俗的情况及其后果作出明确规定。按照法国法律，构成合同非法的情况主要有两种：一种是交易的标的物是法律不允许进行交易的物品，另一种是合同所追求的目的不合法。而德国法律则着重于法律行为和整个合同的内容是否违法，德国民法典中规定："法律行为违反法律上的禁止者，无效。"并规定，违反善良风俗的法律行为亦无效。这些规定不仅适用于合同也适于合同以外的其他法律行为。

英美法认为，一个有效的合同必须具有合法的目的，凡是没有合法目的的合同就是非法的，因而是无效的。在英美法中，违法的合同有两种情况：一种是成文法所禁止的合同，另一种是违反普通法的合同。具体包括三类：①违反公共政策的合同；②不道德的合同；③违法的合同。

我国《合同法》规定："当事人订立、履行合同，应当遵守法律、行政法规，尊重社会公德，不得扰乱社会经济秩序、损害社会公共利益。"国家法律和行政法规与社会公德在调整当事人的合同关系时，是相互补充、不可或缺的，《合同法》既要保护合同当事人的合法权益，也要维护社会经济秩序和社会公共利益。因此，当事人在订立和履行合同时，不仅要合法，还要尊重社会公德，不得扰乱社会经济秩序、损害社会公共利益。当事人订立合同有违反法律、行政法规的强制性规定、损害社会公共利益等情形的，合同无效。

2. 合同的形式必须合法

合同形式是合同当事人所达成协议的表现形式，是合同的载体。从订立合同形式的角度看，合同可以分为要式合同和不要式合同两种。要式合同是指必须按照法定的形式或手续订立的合同，不要式合同是法律上不要求按特定的形式订立的合同。由于商品经济的高度发展，如果无论订立什么合同，都要采用一套复杂的法律形式，就会给经济活动造成人为的障碍。因此，近代各国的法律，在合同形式问题上，都采取"不要式原则"，只是对某些合同才要求必须按照法律规定的特定形式来订立。各国法律之所以对某些合同要求必须按法定的形式来订立，其目的和作用在于：或是用以作为合同生效的要件，或是用以作为证明合同存在的证据。

就大陆法国家而言，德国法律侧重于以书面形式作为合同成立的有效条件；法国法律侧重于将书面合同作为合同存在的证据，但普遍都是以不要式为原则，以要式合同为例外。至于商事行为的买卖合同，一般都不强调合同的形式，但对土地买卖合同等，则要求法定形式。

英美法将合同分为要式合同和简式合同两类。要式合同须由当事人以书面形式签字盖章交付对方当事人，简式合同必须有对价。英国法规定，凡是汇票、本票或期票、分期付款合同、海上保险合同、债务承认、卖方继续占有货物的买卖合同等，必须以书面形式订立方有效。美国法则规定，不动产买卖合同、从订约起一年内不能履行完毕的合同、为他人债务担保的合同以及超过500美元的货物买卖合同等，必须以书面形式作为订立合同的依据。

我国《合同法》规定："当事人订立合同，有书面形式、口头形式和其他形式。"《合同法》在合同形式的规定上，明确了当事人有合同形式的选择权，是自愿原则的具体体现。但是，基于对重大交易安全考虑，《合同法》对合同形式又进行了一定的限制，明确规定："法律、行政法规规定采用书面形式的，应当采用书面形式。当事人约定采用书面形式的，应当采用书面形式。"合同的书面形式，是指当事人以文字表述协议内容的合同形式。合同的书面形式具体又包括合同书、信件和数据电文等。其中，合同书是指记载合同内容的文书；信件是指当事人记载合同内容的往来信函；数据电文包括电报、电传、传真、电子数据交换和电子邮件等。

### （四）当事人的意思表示必须真实

合同是当事人意思表示一致的结果，各国法律一般都要求当事人意思表示必须真实。如果当事人意思表示不真实，可依法申请撤销或主张合同无效。法律上所指的意思表示不真实，主要指以下几种情况：

1. 欺诈（Fraud）

欺诈是指一方为了从他方那里图谋利益，故意使他方产生错误的行为。各国法律都认为，凡因欺诈而订立合同，蒙受欺骗的一方可以撤销合同或主张合同无效。德国和法国对此均作出了规定。按照德国法规定，欺诈的结果将导致撤销合同。法国法则规定，欺诈的结果将导致合同无效。英美法把欺诈称为"欺骗性的不正确说明"。所谓不正确说明是指一方在订立合同前，为了吸引对方订立合同而对重要事实所作的虚假说明。它既不同于一般商业上的吹嘘，也不同于普通的表示意思或看法。我国《合同法》规定以欺诈手段订立合同的，如果损害国家利益为无效合同，否则，为可变更或者可撤销合同。

2. 胁迫（Duress）

胁迫是指以现实存在的危害对方或其亲友的生命健康、名誉或财产等手段，使人产生恐惧，迫使对方接受苛刻条件而为的故意行为。在受胁迫的情况下所作的意思表示，不是自由表达的，不能产生法律上意思表示的效果。因此，各国法律均认为，凡在胁迫之下订立的合同，受胁迫的一方可以撤销合同。我国《合同法》规定以胁迫手段订立合同的，如果损害国家利益为无效合同，否则，为可变更或者可撤销合同。

3. 误解（Misunderstanding）

误解是指人的认识与客观事实不符，当事人对订立合同的意思表示有错误。为了保障交易的安全，同时又使某些非故意作出错误意思表示的当事人不致承担过重的义务，各国法律一致认为，并不是任何的误解都足以使当事人主张合同无效或撤销合同。至于在什么情况下有误解的一方可以要求撤销合同或主张合同无效，各国法律则有不同的规定和要求。法国法规定，只有当误解涉及合同标的物的本质时，才能构成合同无效的原因。德国法则规定下列三种误解，可以产生撤销合同的后果：意思表示内容的错误、意思表示传达的误解、对人或物的属性误解。英美法系将误解区分为单方的误解和共同误解。当事人单方面的误解，原则上不能影响合同的有效性。如果对一个重要事实，缔约双方存在共同的错误，即可以使合同无效。

根据我国《合同法》的规定，对于合同的订立出于对合同内容有重大误解，当事人有权请求人民法院或者仲裁机构变更或者撤销。

（五）对价与约因（Consideration）

有些国家的法律规定，合同的有效成立除了具备上述要件外，还须具备另一个要件，对此，英美法称之为"对价"，法国法称之为"约因"。对价在英美合同法中虽然有很大的作用，但由于法律对于对价的有效性作了三种限制性的规定和解释，目前对价的原则正在演变中。约因是某些大陆法国家的概念，法国法把约因作为合同有效成立的要素之一，在民法典中对约因的作用有具体规定。德国法与法国法不同，德国法不以有无约因作为合同成立的要件，但约因这一概念在其他方面仍然有一定的作用。

## 二、合同的基本条款

合同的基本条款即合同的主要内容，依照合同类型的不同而有所不同。合同作为一种法律关系来说，其内容就是当事人享有的权利和承担的义务；合同作为一种法律文书来说，其内容是指合同的各项条款。这里所说的合同内容就是指据以确定当事人权利义务和责任的合同条款。我国《合同法》规定："合同的内容由当事人约定，一般包括以下条款：（1）当事人的名称或者姓名和住所；（2）标的；（3）数量；（4）质量；（5）价款或者报酬；（6）履行期限、地点和方式；（7）违约责任；（8）解决争议的方法。当事人可以参照各类合同的示范文本订立合同。"

实践中，合同的基本条款可分为两大部分，即合同的必备条款和合同的选用条款。

（一）合同的必备条款

合同的必备条款指一项合同必须具备的条款，若合同中缺少这类条款，或这类条款不明确，合同就很难履行，甚至导致合同本身不成立。概括各类合同而言，下列条款一般是必备条款：

（1）关于合同当事人的名称或姓名、国籍、住所的条款：这些条款可确定当事人的情况、确定其是否具有签订合同的资格。

（2）关于签约日期、地点的条款：合同成立日期是确定合同有效期的起点，签约地点是日后确定司法管辖权和选择适用法律的根据之一。

（3）关于合同标的种类、范围、技术条件、质量、标准、数量的条款：这几项是合同中的实质性问题，约定得越明确越好。任何合同都是为了一定的标的而设立的，没有标的或标的不明确的合同是没有实际意义的，也是无法执行的。签订合同时，当事人对合同的标的必须取得一致的协议，标的的种类、范围、技术条件、质量、标准、规格、数量是明确合同标的的具体条件，也是这一标的同另一标的相区别的具体特征。

（4）关于价格条件、支付金额、支付方式和各种附带费用的条款：这是当事人一方向交付标的的另一方支付的表现为货币的代价。在此，计价单位，价格条款等要明确规定。为了实现价款的支付，在合同中还应明确当事人的开户银行、账户、名称、账号等。

（5）关于合同履行的期限、地点和方式的条款：这类条款是实现合同权利、承担合同义务的具体要求，直接关系到合同能否顺利履行。这类条款欠缺或不明确、不具体，往往导致合同不能履行或履行结果不符合当事人的意愿。

（6）关于违反合同的赔偿和其他责任的条款：合同依法成立后，不按照合同约定履行可能有多种原因。合同中约定违约责任条款，可维护合同的严肃性，督促当事人切实履行合同，这类条款应明确当事人承担违约责任的方式。

（7）关于合同发生争议时的解决方法：合同发生争议时，及时解决合同争议可有效地维护当事人的合同利益。当事人可以在合同中约定解决争议的方法，即约定在协商调解不成时，或者不经协商调解解决，直接通过仲裁，或是通过诉讼来解决纠纷。

（二）合同的选用条款

（1）关于合同能否转让或合同转让的条件：各国合同法一般都不限制合同的转让，当事人按照自己的意图可以约定不能转让，也可以约定能够转让以及转让的条件，即在何种情况下可以转让、如何转让。但经特定程序成立的合同，如经批准成立的合同，转让时还应经原特定程序。

（2）关于合同使用的语言文字及其效力：如果当事人使用不同的语言文字，应明确合同使用的文字，在合同中如果使用两种或两种以上的文字书写，需要明确以哪种文本为准，以避免在执行合同过程中，因各种文本在解释上的不同而引起争议。

（3）关于履行合同承担风险责任的界限的条款：所谓承担风险责任的界限，是指合同标的物的风险责任，何时由一方当事人转移到另一方当事人。各国法律对此规定不尽相同，这就需要当事人在合同中划分风险责任，明确当事人的权利义务，约定对标的物承担风险的界限。

（4）关于标的物保险范围及保险费由何方负担的条款：此处所说的保险范围，主要是指合同当事人对标的物在哪一个履行阶段上负责保险及投保的哪类保险。

（5）关于合同的担保条款：合同的担保是指合同当事人一方或第三方以确保合同能够切实履行为目的，应合同当事人另一方的要求，而采取的法律措施。合同的担保是通过签订担保合同或担保条款表现出来的，通常采用在合同中订立担保条款这种的形式，来保障合同的全面履行。

（6）关于不可抗力条款：不可抗力条款是约定不可抗力事件的范围，通告发生不可抗力事件的时限及方法，应提供的证明文件，负责事项以及善后处理办法等条款，由于各国对解除合同的条件有不同的规定，但对当事人合同中的不可抗力条款都予以承认。因此，当事人签订不可抗力条款就显得非常重要了。

（7）关于索赔条款：在索赔条款中，应确定解决索赔的基本原则，提出索赔的期限，提出索赔的通知方法及证明文件等。

上述条款无论是必备条款，还是选用条款，都是对一般合同而言的，对于某些合同，凡法律有特殊规定的，当事人还应依照有关的法律规定商订合同条款，以使合同条款趋于完备。此外，还有一些不必由当事人协商即成为合同内容的条款，这是指有关法律中规定的内容，就这些内容，当事人不论是否协商，是否写入合同，均为合同条款。

FIDIC 制定的有关合同条件，则是将必备条款和选用条款综合编纂而成以作为工程承包合同可以援用的范本。

### （三）合同附件的法律效力

在合同的主件之外，对合同中某些未能详尽说明的内容，一般作为合同的附件在合同中订明，附件是合同的组成部分，与合同主件具有同等的法律约束力。

不同种类的合同，附件的内容也不相同。如在技术转让合同中附件一般包括：转让技术的具体内容和技术参数、指标，提供技术资料的具体内容清单、数量和交付时间，技术参数验收方法及有关的图表，甚至还包括供方派遣人员的名单，银行保函等。因此，合同中应订明附件的数量及其名称。

## 三、合同的效力

合同的效力，是指合同所具有的法律约束力。合同只是当事人之间的协议，不能自然产生法律约束力，合同的效力只能由法律赋予。我国《合同法》对合同的效力，不仅规定了合同生效，而且，对效力待定合同、无效合同、可变更或者可撤销的合同也作出了规定。

## (一) 合同生效

合同生效，即合同发生法律约束力。合同生效后，当事人应当按照约定履行合同，以实现其所追求的法律后果。合同生效有三种情形：

1. 成立生效

对一般合同而言，只要当事人在主体资格、合同形式和合同内容等方面均符合法律的要求，合同成立即可生效。正如我国《合同法》规定的："依法成立的合同，自成立时生效。"

2. 批准、登记生效

批准、登记的合同，是指法律、行政法规规定应当办理批准、登记手续的合同。我国现有的法律、行政法规对合同的批准、登记手续的规定不一，有的将批准、登记作为合同成立的条件，有的将批准、登记作为合同生效的条件。因此，我国《合同法》规定："法律、行政法规规定应当办理批准、登记手续生效的，依照其规定。"

3. 约定生效

约定生效，是指当事人在订立合同时，约定以将来某种事实的发生作为合同生效或者合同失效的限制，合同成立后，当约定的某种事实发生，合同才能生效或者合同即告失效。约定生效的合同包括附条件合同和附期限合同两种。

当事人约定以不确定的将来事实的成就，限制合同生效或者失效的，称为附条件的合同。我国《合同法》规定："当事人对合同的效力可以约定附条件。附生效条件的合同，自条件成就时生效。附解除条件的合同，自条件成就时失效。"同时规定："当事人为自己的利益不正当地阻止条件成就的，视为条件已成就；不正当地促成条件成就的，视为条件不成就。"

当事人约定以确定的将来事实的成就，限制合同生效或者失效的，称为附期限合同。我国《合同法》规定："当事人对合同的效力可以约定附期限。附生效期限的合同，自期限届至时生效。附终止期限的合同，自期限届满时失效。"

## (二) 效力待定合同

效力待定合同，是指行为人未经权利人同意而订立的合同，因其不完全具备合同生效的要件，合同生效与否，需要由权利人确定。根据我国《合同法》的规定，效力待定的合同有以下几种：

1. 限制行为能力人订立的合同

限制行为能力人订立的合同，经法定代理人追认后，该合同有效，但纯获利益的合同或者与其年龄、智力、精神健康状况相适应而订立的合同，不必经法定代理人追认。相对人可以催告法定代理人在一个月内予以追认。法定代理人未作表示的，视为拒绝追认。合同被追认之前，善意相对人有撤销的权利。撤销应当以通知的方式作出。

2. 无权代理合同

行为人没有代理权、超越代理权或者代理权终止后以被代理人名义订立的合同，未经被代理人追认，对被代理人不发生效力，由行为人承担责任。相对人可以催告被代理人在一个月内予以追认。法定代理人未作表示的，视为拒绝追认。合同被追认之前，善意相对人有撤销的权利。撤销应当以通知的方式作出。

但行为人没有代理权、超越代理权或者代理权终止后以被代理人名义订立合同，相对人有理由相信行为人有代理权的，该代理行为有效。

3. 无处分权合同

无处分权的人处分他人财产，经权利人追认或者无处分权的人订立合同后取得处分权的，该合同有效。

### （三）无效合同

合同从本质上说是合法行为，因此才具有法律约束力。但并非所有合同均依法订立，从而具有法律约束力。无效合同就是指虽经当事人协商订立，因其不具备合同生效的要件，不能产生法律约束力的合同。各国法律基本上都认为，无效合同从订立时起就无效，不受法律保护。我国《合同法》规定，以下五种合同为无效合同：

（1）一方以欺诈、胁迫手段订立合同，损害国家利益；
（2）恶意串通，损害国家、集体或者第三人利益；
（3）以合法形式掩盖非法目的；
（4）损害社会公共利益；
（5）违反法律、行政法规的强制性规定。

此外，我国《合同法》还规定了两种免责条款为无效条款：一是造成对方人身伤害的；二是因故意或者重大过失造成对方财产损失的。

### （四）可变更或者可撤销合同

可变更或者可撤销合同是指合同内容部分或者全部违背当事人的真实意思，合同成立后，依照当事人意思使合同的部分内容或者全部内容的效力归于消灭的合同。可撤销的合同属于相对无效合同，当事人可以申请撤销，也可以不申请撤销。如经撤销，合同即属无效，自订立时起不具法律效力，如不申请撤销，合同仍然有效，当事人应当履行合同义务。因此，可撤销合同并非当然无效，只有当事人申请撤销，法院或仲裁机构作出撤销的裁决，合同才无效。同时对一项合同是否被撤销，不能仅凭一方当事人的主张，而必须经法院或仲裁机构通过调查核实才能认定。

我国《合同法》对可变更或者可撤销合同的种类以及当事人撤销权的消灭均作出了规定。

1. 可变更或者可撤销合同的种类

下列合同，当事人一方有权请求人民法院或者仲裁机构变更或者撤销：

(1) 因重大误解订立的；

(2) 在订立合同时显失公平的。

一方以欺诈、胁迫的手段或者乘人之危，使对方在违背真实意思的情况下订立的合同，受损害方有权请求人民法院或者仲裁机构变更或者撤销。

当事人请求变更的，人民法院或者仲裁机构不得撤销。

2. 当事人的撤销权消灭

有下列情形之一的，撤销权消灭：

(1) 具有撤销权的当事人自知道或者应当知道撤销事由之日起一年内没有行使撤销权；

(2) 具有撤销权的当事人知道撤销事由后明确表示或者以自己的行为放弃撤销权。

# 第3节 合同的履行与违约补救

## 一、合同的履行

合同履行是指合同义务人全面地、适当地履行合同的义务。所谓全面履行，是指合同当事人应履行合同的全部义务，不能只履行部分义务。所谓适当履行，是指当事人应按照法律和合同的要求，以适当的方式、在适当的时间、适当的地点履行合同的义务。各国法律都认为，合同当事人在订立合同之后，都有履行合同的义务，否则，就要根据不同的情况，承担相应的法律责任。

法国民法典明文规定："依法成立的合同，在订立合同的当事人间具有相当于法律的效力。"这就是说，合同当事人都必须受合同的拘束履行合同所约定的义务。该法典还进一步规定：如果债务人不能证明其不履行或迟延履行债务，系由于不应归责于其个人的外来原因时，既使其个人并无恶意，债务人对于其不履行或迟延履行债务，也应支付损害赔偿。德国民法典也明确规定："债务人须诚实与信用，并照顾交易惯例，履行给付。"这里的"给付"，就是指履行合同约定的债务。

英美法认为，当事人在订立合同后，必须严格按照合同的条款履行合同。按照英美的法律和判例，如果合同中约定了履约的时间，而时间又是该合同的要素时，当事人就必须在约定的时间内履行合同，否则债权人有权解除合同并要求损害赔偿。

我国《合同法》规定："依法成立的合同，对当事人具有法律约束力。当事人应当按照约定履行自己的义务，不得擅自变更或者解除合同。"还规定："当事人应当按照约定全面履行自己的义务。""当事人应当遵循诚实信用原则，根据合同的性质、目的和交易习惯履行通知、协助、保密等义务。"这些规定表明，合同一旦依法成立，当事人就有履行合同的义务，如果不履行合同，就要承担相应的民事责任。同时，我国《合同法》还对条款空缺合同的履行、政府定价合同的履行、合同履行主体的改变、债务人的抗辩权以及债权人债权的保全措施等有关合同履行的相关内容作出了规定。

## 二、合同履行的担保

### （一）履约担保的法律含义

履约担保是保障合同履行从而使债权人的债权得以实现的法律措施，其目的在于促进当事人履行合同，在更大程度上使权利人的利益得以实现。合同履行的担保是通过签订担保合同或担保条款实现的，这种担保合同相对于被担保的合同而言，是从合同，而被担保的合同为主合同。担保合同和被担保的主合同紧密相关，但又具有自己的特征：第一，担保合同从属于主合同，具有从属性。担保合同是为了保障已订立的主合同能够切实履行而订立的，不能脱离主合同而独立存在，主合同是担保合同订立的前提，担保合同只对加强主合同的效力起作用。主合同得以履行，担保合同也就随之终止。只有提供担保的一方不履行合同且不承担应负责任时，才发生要求履行担保义务的问题。第二，合同的担保一般是由当事人自愿设立的，具有自愿性。当事人可以自行约定担保的方式，担保的范围。

### （二）合同的担保方式

1. 保证（Security）

保证是指保证人和债权人约定，当债务人（被保证人）不履行债务时，由保证人按照约定履行债务或者承担责任的行为。保证具有以下法律特征：首先，保证属于人的担保范畴。保证不是用具体的财产提供担保，而是以保证人的信用和不特定的财产为他人债务的履行提供担保。第二，保证人必须是主合同以外的第三人。保证必须是债权人和债务人以外的第三人，债务人不得为自己的债务履行作保证。第三，保证人应当具有清偿债务的能力。保证是保证人以其信用和不特定的财产来担保债务履行的，因此设定保证担保关系时，保证人必须具有足以承担保证责任的财产，具有代为清偿能力是保证人应当具备的条件。第四，保证具有约定性。保证人和债权人可以在保证合同中约定保证方式、保证担保的范围、保证期间等内容，基于保证方式的不同，保证人相应地享有法律规定的权利，承担法律规定的义务。

保证关系是一种合同关系，保证合同一般由保证人与被担保合同的债权人以书面形式订立。保证合同是从合同，被担保的合同是主合同。保证合同应当具备以下内容：

(1) 被保证的主债权种类、数额；
(2) 债务人履行债务的期限；
(3) 保证的方式；
(4) 保证担保的范围；
(5) 保证期间；
(6) 双方认为需要约定的其他事项。

保证人是从债务人，当他代被保证人（主债务人）履行合同或者承担赔偿损失的责任后，根据代位权的原则，就成为被保证人的债权人，有权向被保证人追偿。

大陆法国家把保证区分为普通保证与连带保证。连带保证就是保证人与主债务人对债务的履行共同承担连带责任，当债务人不履行债务时，债权人可以不首先向主债务人主张债权，而是向保证人提出履行债务的要求。

英美法把保证分为担保和保证。这里的保证与大陆法的普通保证含义相同，担保则类似于大陆法的连带保证。

在我国，《中华人民共和国担保法》（以下简称《担保法》）把保证区分为一般保证和连带责任保证。一般保证是指当事人在保证合同中约定，债务人不能履行债务时，由保证人承担保证责任。连带责任保证是指当事人在保证合同中约定保证人与债务人对债务承担连带责任。我国《担保法》对保证人、保证合同和保证方式以及保证责任均作出了明确规定。

2. 抵押（Mortgage）与质押（Pledge）

抵押是指债务人或者第三人向债权人提供一定的财产作为抵押物，用以担保债务的履行，债务人不履行债务时，债权人有权依照法律的规定以抵押物折价或者从变卖抵押物的价款中优先受偿。抵押法律关系的当事人为抵押人和抵押权人，客体为抵押物，因抵押法律关系所产生的权利为抵押权。

抵押权的基本特征是：第一，抵押权是一种他物权。抵押权是对他人所有物有取得利益的权利。这种取得利益的权利就是在债务人不履行债务时，债权人（抵押权人）有权依照法律以抵押物折价或者从变卖抵押物的价款中得到清偿。第二，抵押权是一种从物权。设定抵押权的目的，是为了确保债务的清偿。抵押权是随着债权的发生而发生，又随着债权的消灭而消灭，它不能脱离债权而独立存在，因而是一种从物权。第三，抵押权是一种对抵押物的优先受偿权。在偿还债务时，抵押权人的受偿权优先于其他债权人，这是抵押权的重要特征。第四，抵押权具有追及力。当抵押人将抵押物擅自转让他人时，抵押权人可追及抵押物而行使权利。抵押人在抵押财产上设立其他权利时，抵押权不受影响。在抵押权人行使抵押权，使受让人遭受损失时，只能由非法转让抵押物的抵押人承担责任。

采用抵押担保时，抵押人和抵押权人，应以书面形式订立抵押合同，抵押合同的内容应包括以下内容：

(1) 被担保主债权种类、数额；
(2) 债务人履行债务的期限；
(3) 抵押物的名称、数量、质量、状况、所在地、所有权权属；
(4) 担保的范围；
(5) 当事人认为需要约定的其他事项。

世界各国对抵押担保制度均作出了规定，但各国的法律规定存在着差异，有些国家把抵押担保分为抵押权与质权两种形式，抵押权的标的只限于不动产，其中主要是土地、房屋和企业设备，并且不转移抵押物的占有；质权的标的是动产、并且转移占有。我国《担保法》中基于担保物的不同以及是否转移占有分别规定了抵押和质押。在我国，抵押时抵押人不转移对抵押物的占有，可以抵押的财产为：建筑物和其他土地附着物；建设用地使用权；以招标、拍卖、公开协商等方式取得的荒地等土地承包经营权；生产设备、原材料、半成品、产品；正在建设的建筑物、船舶、航空器；交通运输工具；法律、行政法规未禁止抵押的其他财产。而质押时出质人转移对质物或权利的占有，可以出质的财产除动产外，还包括权利：汇票、支票、本票；债券、存款单；仓单、提单；可以转让的基金份额、股权；可以转让的注册商标专用权、专利权、著作权等知识产权中的财产权；应收账款；法律、行政法规规定可以出质的其他财产权利。

3. 定金（Deposit）

定金是双方当事人订立合同时约定由一方预先付给对方一定数额的金钱或其他有价代替物。定金作为担保的一种方式，具有四个特点：第一，实践性，定金合同的生效，不仅要求当事人订立书面合同，还要求当事人必须实际交付定金；第二，预付性，定金须于主合同履行前，由债务人先行支付给债权人；第三，约定性，定金数额由当事人在法律允许的范围内予以约定；第四，定金担保的债权一般是金钱之债。

定金的担保作用是通过定金罚则体现出来的。根据大多数国家的规定，交付定金后，交付方不履行合同时，即丧失定金；按受定金方不履行合同时，应加倍返还。但也有一些国家（如英国、法国）规定在退还定金时，无需加倍。我国《合同法》规定，债务人履行债务后，定金应当抵作价款或者收回。给付定金的一方不履行约定的债务的，无权要求返还定金；收受定金的一方不履行约定的债务的，应当双倍返还定金。

我国《担保法》规定："定金合同从实际交付定金之日起生效。""定金数额由当事人约定，但不得超过主合同标的额的20%。"

定金与预付款有所区别，这主要表现在以下两方面，首先预付款的交付是属于履行债务的行为，没有担保的作用。其次，当事人违约时，定金起着制裁违约方并补偿受损害方的作用，预付款支付后，无论哪一方违约，均不得作为制裁性的给付。

定金也不同于违约金，定金是合同的一种担保方式，而违约金是对违约的一种救济手段，违约金并不事先给付。定金是经济活动中较常采用的一种担保方式，我国《担保法》中对定金的内容作了全面的规定。

4. 留置（Lien）

留置是指合同的一方当事人，依照合同约定，占有对方的财产，对方不按合同约定给付应付款项并超过约定期限的，占有人有权留置该财产，并依法律的规定，以该财产的折价或拍卖、变卖该财产的价款优先受偿。留置这种担保方式，常用于仓储保管合同，来料加工、来件装配、加工定作等加工承揽合同及货物运输合同。留置权具有以下特征：(1) 留置权是一种从权利，它以担保债权实现为目的，为担保债务人履行其合同而设定；(2) 留置权属于他物权，留置权人有从留置的债务人财产的价款中优先受偿的权利；(3) 留置权是一种法定担保方式，它依法律规定而发生，非依当事人之间的协议而成立。

### 三、违约及其救济方法

#### (一) 违约 (Breach of Contract) 的含义与构成

违约是指合同当事人不履行或未能全部履行其合同义务的行为。根据各国法律的规定，除某些例外情况，违约的一方当事人均应负违约责任。但在如何构成违约责任的问题上，大陆法与英美法存在着重大的分歧，大陆法国家认为，构成违约并承担责任，债务人须有过错，如果仅仅证明债务人没有履行其合同义务，还不足以构成违约责任，而必须同时证明或推定债务人的上述行为有某种可归责于他的过错，才能使其承担违约的责任。与此相反，英美法认为，只要当事人没有履行其合同义务，纵使他没有任何过错，也构成违约，应承担违约的法律后果。

#### (二) 违约的救济方法

违约的救济方法是指一方违约后，法律上给予受害方的补偿方法。虽然各国法律对此规定不完全相同，概括而言，主要有以下几种：

1. 解除合同 (Dissolution of Contract)

解除合同，是指在合同成立后，尚未履行或者尚未全部履行的情况下，终止合同的效力，从而消灭当事人之间约定的权利、义务关系。根据英美法的规定，一方当事人违反条件（英国）或重大违约（美国）时，另一方当事人有权要求解除合同。法国民法典规定，双务合同当事人一方不履行其约定的债务时，应视为有解除条件的约定，对方就有权要求解除合同。德国法也认为，在债务人不履行合同时，债权人有权解除合同。我国《合同法》也规定，基于以下违约情形，当事人可以解除合同：在履行期限届满之前，当事人一方明确表示或者以自己的行为表明不履行主要债务；当事人一方迟延履行主要债务，经催告后在合理期限内仍未履行；当事人一方迟延履行债务或者有其他违约行为致使不能实现合同目的。

至于当事人应如何行使合同的解除权，各国规定也有不同。法国民法典规定：债权人解除合同，必须向法院提起起诉，但是，如果双方当事人在合同中有明示的解除条款，则无须向法院提出。德国民法典规定，主张解除合同一方当事人只须把解除合同的意思通知对方就可以，不必经过法院的判决。英美法认为，一方当事人由于对方违约行为而解除合同是一种权利，他可以宣告自己不再受合同的约束，并认为合同已经终止，无须经过法院的判决。我国《合同法》规定，当事人依法主张解除合同的，应当通知对方。合同自通知到达对方时解除。对方有异议的，可以请求人民法院或者仲裁机构确认解除合同的效力。

关于解除合同时能否同时请求损害赔偿，各国法律的规定有所不同。法国民法典规定，在双务合同中，一方当事人不履行债务时，债权人可以解除合同并请求损害赔偿。英美法也认为，当一方当事人违反条件或构成重大违约时，另一方当事人可以解除合同并可请求损害赔偿。但德国民法典规定，债权人只能在合同解除权和损害赔偿请求权二者间选择其一，如果债权人要求解除合同，他就不能要求损害赔偿，反之，如果要求损害赔偿，就不能解除自己应承担的合同义务。我国《合同法》规定，合同解除后，尚未履行的，终止履行；已经履行的，根据履行情况和合同性质，当事人可以要求恢复原状、采取其他补救措施，并有权要求赔偿。

2. 损害赔偿（Damages）

损害赔偿，是指违约方因其违约行为导致对方所遭受的损害给予补偿的一种方法。损害赔偿涉及损害赔偿责任的成立、赔偿范围和方法等问题。

（1）损害赔偿责任的成立。

大陆法认为，损害赔偿责任的成立，必须具备下列条件：

第一，债务人须有过错。即债务人只对故意或过失所造成的损害负责。如法国民法典规定，任何人的过错使他人受损害时，因自己的过错而致行为发生的人，应对他人负有赔偿责任。

第二，必须有损害的事实。如果没有发生损害，就谈不上赔偿。受损害的一方应就其所受的损害，提供事实证明。

第三，损害行为与事实之间必须有因果关系。即损害是由于债务人的过错行为所造成。

英美法认为，只要一方当事人违约，另一方就有权起诉要求损害赔偿，而不以违约方有无过错为条件，也不以是否发生实际损害为前提。即使违约结果没有造成损害，债权人仍可请求名义上的损害赔偿，即在法律上承认他的合法权利受到了侵犯。

（2）损害赔偿的方法

根据各国的法律规定，损害赔偿的方法一般有恢复原状和金钱赔偿两种。所谓恢复原状，即恢复到损害发生前的状态。所谓金钱赔偿即以支付金钱来弥补对方所受到的损害。德国法以恢复原状为原则，以金钱赔偿为例外。法国法则以金钱赔偿为原则，恢复原状为例外。英美法一般都是判处金钱赔偿。

（3）损害赔偿的范围

损害赔偿的范围，一般都是按合同中双方当事人所约定的方法办理。如果当事人在合同中没有约定，就按法律规定办理。德国民法典规定损害赔偿的范围包括违约所造成的实际损失和失去的利益。法国民法典规定对债权人的损害赔偿，一般应包括债权人所受的现实的损害和所失去的可获得的利益。英国法对损害赔偿的范围规定了两项原则，第一这种损失必须是违约过程中直接而自然发生的损失；第二，这种损失必须是双方当事人在订立合同时可以合理预见到的。美国统一商法典规定，损害赔偿的范围除包括一般的损失、附带损失和间接损失。

我国《合同法》规定：当事人一方不履行合同义务或者履行合同义务不符合约定，给对方造成损失的，损失赔偿额应当相当于因违约所造成的损失，包括合同履行后可以获得的利益，但不得超过违反合同一方订立合同时预见到或者应当预见到的因违反合同可能造成的损失。

3. 实际履行（Specific Performance）

实际履行是要求违约当事人按照合同的约定，切实履行所应承担的合同义务。具体来讲，包括两种情况，一是债权人要求债务人按合同的约定履行合同；二是债权人向法院提起实际履行之诉，由法院判决强制违约一方具体履行其合同约定的义务。实际履行是大陆法系国家对不履行合同所采取的最基本的救济方法。凡是债务人不履行合同，债权人都有权要求债务人实际履行，只有当具体履行成为不可能时，法院才不作出实际履行的判决。但是，实际上，当债务人不履行合同时，债权人大多都选择解除合同并请求损害赔偿。只有金钱赔偿不能实现债权人的合同目的时，才会提出实际履行的诉讼。德国民法典规定：债权人根据债务关系有向债务人请求履行债务的权利。法国民法典也规定：合同当事人一方不履行债务时，债权人有选择之权：或者在合同的履行尚属可能时，请求他方当事人履行合同，或者解除合同并请求损害赔偿。英美法系的国家目前对违约救济的基本方法是损害赔偿，法院只对土地等不动产买卖及特定物买卖等少数情况，才作出实际履行的判决。

我国《合同法》规定：当事人一方未支付价款或者报酬的，对方可以要求其支付价款或者报酬。当事人一方不履行非金钱债务或者履行非金钱债务不符合约定的，对方可以要求履行，但有下列情形之一的除外：①法律上或者事实上不能履行；②债务的标的不适于强制履行或者强制履行费用过高；③债权人在合理期限内未要求履行。

4. 违约金（Penalty for Breach of Contract）

违约金是指以保障合同履行为目的，经合同双方当事人协商一致，任何一方违反合同义务时，应向对方支付一定数额的金钱。

德国法认为，违约金是对债务人不履行合同的一种制裁，具有惩罚性质。德国民法典规定："债务人对债权人约定在不履行债务或以不适当方法履行债务时，应支付一定金额作为违约金者，于债务人延迟时，罚其支付违约金。"法国法认为违约金的性质是属于预先约定的损害赔偿金额。法国民法典规定："违约金是对债权人因主债务不履行所受损害的赔偿。"英美法认为，对于违约只能要求赔偿，而不能予以惩罚，英美法院对于双方当事人约定的违约金，往往要区别其为罚金，还是预先约定的损害赔偿金，如认为属于罚金，则当债务人违约时，债权人不能得到此金额；如属损害赔偿金，则债权人可取得该约定的金额。至于区别的标准，全凭法院根据具体情况作出其认为适当的解释，而不听信当事人在合同中的约定。

我国《合同法》规定：当事人可以约定一方违约时应当根据违约情况向对方支付一定数额的违约金，也可以约定因违约产生的损失赔偿额的计算方法。约定的违约金低于造成的损失的，当事人可以请求人民法院或者仲裁机构予以增加；约定的违约金过分高于造成的损失的，当事人可以请求人民法院或者仲裁机构予以适当减少。

5. 禁令（Injunction）

禁令是英美法采取的一种特殊的救济方法。它是指由法院作出禁令，强制执行合同所规定的某项消极的义务，即由法院判令被告不许做某种行为。法院给予禁令救济时，原则是：①采取一般损害赔偿的救济方法不足以补偿债权人所受的损失；②禁令必须符合公平合理的原则。

### (三) 违约责任的免除

一般来讲，合同有效成立之后，如果当事人不履行合同或者不适当地履行合同，都要负违约责任。但是，如果不是由于债务人的过错，而是发生了某种非常情况或意外事故，使合同不能履行，不能完全履行或者延期履行时，则应当作为例外来处理。各国法律对这种例外情况下履行义务的免除或延期，都作了规定。例如，德国民法典规定："债务关系发生后，因不可归责于债务人的事由，以致不能给付者，债务人免除给付义务。"这里的不能给付，就是履行不可能。但是，各国对违约责任免除的条件及所用的法律术语是不同的。

1. 情势变迁

情势变迁是大陆法的一项法律原则，其内容是：在法律关系成立后，作为该项法律关系的基础及情势，由于不可归责于当事人的原因，发生了非当初所能预料到的变化，如果继续履行合同，将会产生显失公平的结果，有背于诚实信用的原则，因此，应当允许变更或解除合同。

大陆法虽然承认情势变迁原则，但在民法中对于情势变迁的效力并没有作出明确的规定。因此，法院对于以情势变迁理由要求免除履行的抗辩掌握很严格，一般不容易接受。德国法院主要是针对第一次世界大战前的合同在战后应如何处理，来解释和适用情势变迁原则的，其处理办法主要有两条：第一，德国法院把所谓"经济上不可能履行"解释为民法典中的不可能履行，认为如在战争之后继续履行原合同，实质上将与合同原来约定完全不同，或其经济状况将完全不同于订约时的经济状况，即属于经济上的履行不可能，债务人可免除履行义务；第二，如按照战后的情形，要求债务人继续履行合同义务，将会引起很大困难，债务人也可以解除履约义务。法国法院的判例认为，只有发生不可归责于债务人的、不可预料的、使债务人在相当期间内不可能履行合同的障碍，才能解除债务人的履约义务。但意大利民法典对适用情势变迁原则有明确规定：第一，如合同订立后所发生的履约困难是属于合同的正常风险，则不能解除合同；第二，对方当事人可建议公平地修改合同而反对解除合同，从而对法院适用情势变迁原则进行了限制。

2. 合同落空

合同落空是英美法的术语，其内容是：在合同成立之后，不是由于当事人的过错而是发生了当事人不能预见的与订约时的情况根本不同的意外事件，使当事人订约时所谋求的商业目标受到挫折，造成合同的履行成为非法或不可能。在这种情况下，对于未履行的合同义务，当事人得予以免除责任。

根据英美法的判例，适用合同落空的情况有如下几种：

（1）合同标的物的毁坏或无法利用。如果履行合同所必需的标的物被毁，而且并非任何一方的过错，合同的履行自然成为不可能。例如，已承包的房屋修缮工程，在修缮工程进行到一半时，该房屋被飓风毁平，在此种情况下，合同的标的物既已不复存在，修缮合同显然已不可能继续履行，双方所承担的义务亦到此终结，双方均不能以违背合同为由要求对方给予赔偿。在很多情况下，合同标的物并未被毁，但却已无法利用，这也经常造成合同落空或不可能履行。例如，在劳务合同中，受雇的一方服兵役或被拘留，均可使合同落空。

（2）法律的改变。一个合同在缔结时合法，但由于国家颁布新的法律、法令或行政命令使其成为非法，此合同应予解除。违法有各种不同的情况，对于解除合同义务来说，战争的爆发和法律的改变具有相同的效果。但是，如果法律的改变仅仅使合同的履行更加困难或迟延，并非使其违法，则承担合同义务的一方当事人不能解除合同。此外，如果法律的改变并未从根本上触及合同的目的，而仅仅要求一个合同暂时停止履行，那么，该合同就不应解除。

（3）合同当事人一方死亡或丧失履约能力。在提供个人服务的合同中，提供服务一方的死亡或丧失履行合同的能力，合同应解除，双方的权利与义务就此终止。当雇主死亡或丧失履约能力时，受雇者已失去继续提供服务的对象或者受雇者由于失去雇主的直接指导已不可能继续工作，合同显然已不可能继续履行，因而，合同也应予以解除。除去个人服务合同外，其他合同都不得因当事人死亡而解除双方的权利义务。但如在合同中明文规定，在一方死亡后，合同即告解除，则应按此条款处理。

（4）情况发生根本性的变化。合同订立后，履行合同时的情况与签订合同时的情况发生了根本性的变化，使合同失去存在的基础而落空。但是如何判断情况发生了根本性变化，法院掌握得非常严格。

综上所述，违约当事人要援引合同落空的原则来摆脱自己的合同责任，是很难取得成功的。

3. 不可抗力

不可抗力，是指不能预见、不能避免并不能克服的客观情况。不可抗力引起的法律后果，可能有三种：一是合同全部不能履行，当事人可以解除合同，并免除全部责任；二是合同部分不能履行，当事人可以部分履行合同，并免除其不履行部分的责任；

三是合同不能按期履行，当事人可以延期履行合同，并免除其迟延履行的责任。

我国《合同法》规定，因不可抗力不能履行合同的，根据不可抗力的影响，部分或者全部免除责任，但法律另有规定的除外。当事人迟延履行后发生不可抗力的，不能免除责任。当事人一方因不可抗力不能履行合同的，应当及时通知对方，以减轻可能给对方造成的损失，并应当在合理期限内提供证明。

《公约》也有类似的规定。

4. 不可抗力条款

在签订合同之后，如果发生意外事故，根据法律要判断合同是否落空，或者援引情势变迁原则而解除合同通常是很困难的。但是，当事人如果在合同中约定：发生不可抗力事故后，可以延迟履行或解除履行合同义务，任何一方不能请求损害赔偿，即依据不可抗力条款来免除部分或全部的违约责任。各国法律都承认这种约定的合法性和有效性。因此，在一些重大交易中，当事人非常重视不可抗力条款的磋商。一般来说，不可抗力条款应包括下述内容：①不可抗力的范围；②发生不可抗力后，当事人一方通知另一方的期限；③出具不可抗力证明的机构及证明的内容；④事故发生后合同的处置等。

# 第4节 合同的转让及终止

## 一、合同的转让（Transfer of Contract）

### （一）合同转让的含义

合同的转让，是指当事人一方将合同的权利、义务转让给第三人，由第三人直接享受合同权利、承担合同义务的法律行为。合同的转让，实际上是合同当事人一方的变更，即主体的变更，而原合同约定的权利和义务依然存在，并未变更。

当事人一方将合同的部分权利、义务转让给第三方时，称为合同的部分转让。其后果是：一方面在另一方当事人与受让人之间形成新的权利、义务关系，另一方面未转让的那部分权利、义务对原合同当事人仍然有效，双方仍应履行。

当事人一方将合同的权利、义务全部转让给第三方，称为合同的全部转让。合同全部转让时，原合同当事人之间的权利和义务关系消灭，与此同时又在未转让的一方当事人与受让的第三人之间形成新的权利义务关系，即由第三人取代转让人享受合同权利、承担合同义务。

根据各国的法律规定，合同的转让有两种情况：一种是债权让与，一种是债务承担。

我国《合同法》对债权人转让权利、债务人转移义务以及当事人一方权利和义务一并转让进行了规定。

1. 合同权利转让

债权人可以将合同的权利全部或者部分转让给第三人,但有下列情形之一的除外:

(1) 根据合同性质不得转让;

(2) 按照当事人约定不得转让;

(3) 依照法律规定不得转让。

债权人转让权利的,应当通知债务人。未经通知,该转让对债务人不发生效力。

2. 合同义务的转移

债务人将合同的义务全部或者部分转让给第三人的,应当经债权人同意。

3. 合同权利和义务一并转让

引起合同权利和义务一并转让的情况有两种:一是依据当事人之间的合同约定而发生债权债务的转让。对于这种情况,我国《合同法》规定:当事人一方经对方同意,可以将自己在合同中的权利和义务一并转让给第三人。二是因当事人的组织变更而引起合同权利和义务的转让。当事人的组织变更,是指当事人在订立合同后发生合并或者分立。我国《合同法》对于因这种情况引起的合同权利和义务转让的规定是:当事人订立合同后合并的,由合并后的法人或者其他组织行使合同权利,履行合同义务。当事人订立合同后分立的,除债权人和债务人另有约定的以外,由分立的法人或者其他组织对合同的权利和义务享有连带债权,承担连带债务。

## 二、合同的终止 (Termination of Contract)

合同的终止又称合同的消灭,是指合同关系由于某种原因而不复存在。大陆法系国家把合同的终止包括在债的消灭的范畴之内,而没有就合同的终止作出专门规定。英美法系国家有合同法和侵权行为法之分,因此有合同的消灭的法例。

### (一) 大陆法系国家有关债的消灭的规定

大陆法系国家对债的消灭的规定,虽然有一些差异,但基本是大同小异。债的消灭主要有以下情形:

1. 清偿 (Discharge)

清偿就是债务人向债权人履行债务的内容,其结果使债的关系归于消灭。清偿一般是由债务人向债权人履行合同义务,清偿的标的物一般应当是合同约定的标的物。关于清偿的费用,如当事人在合同中没有规定,一般应由债务人负担。

2. 提存 (Deposit)

提存是指在债务人履行债务时,由于债权人受领迟延,债务人有权把应付的金钱或其他物品提交某机构代以清偿,从而使债的关系归于消灭的一种行为。提存必须满足债权人受领迟延或不能确定谁是债权人的条件。提存的机构有的是由法律规定的,有的是由法院指定的。债务一经提存,即产生与清偿的同等的效力,债务人免除责任。

在提存期间,提存物的风险和费用均由债权人承担,债务人在提存后,应及时将有关情况通知债权人,除非其因实际困难不能通知,否则,债务人应承担责任。

3. 抵销(Set Off)

抵销是指双方当事人相互所负的债务在同种给付的情况下,在清偿期届满时,任何一方以其债务与对方的债务在等额的范围内归于消灭。抵销作为债的消灭的方式之一,主要有两个方面的优点:一是手续方便,可以避免交换履行;二是当一方当事人破产时,可以避免交换履行所引起的不公平的结果。抵销可具体分为法定抵销、约定抵销两种。

4. 免除(Release)

免除指债权人免除债务人的债务,即债权人抛弃债权。德国和法国均认为免除是双方的法律行为,须经债务人同意方可有效。也有一些国家认为,免除是一种单方行为,只需债权人表示即生效。

5. 混同(Merger)

混同是指债权与债务同归于一人而使债的关系消灭。例如,作为债权人的公司与作为债务人的公司合并。

## (二)英美法系国家有关合同消灭的法例

英美法系国家有关合同消灭的方式有以下几种:

1. 合同因双方当事人的协议而消灭

英美法认为,合同是依照双方当事人的协议而成立,因此,也可以按照双方当事人之间的协议而终止。具体做法又有不同:

(1)以新的合同代替原合同;

(2)更新合同;

(3)依照合同自身确定的条件而解除合同;

(4)弃权。

2. 合同因履行而消灭

履行是合同终止的主要原因,合同一经履行,当事人的合同权利和义务得以实现,合同即告终止。

3. 合同因违约而消灭

英美法认为,由于一方违约,有时会使对方取得解除合同的权利,因而把违约作为合同消灭的原因之一。当然只有一方违约行为涉及"合同的根基",受害方才有权解除合同,并可请求损害赔偿。

4. 依法使合同归于消灭

在英美法中,有些规定可以使合同在某些情况下归于消灭,比如当事人破产、合并等。

### (三) 我国的法律规定

我国《合同法》规定，有下列情形之一的，合同的权利义务终止：

(1) 债务已经按照约定履行；
(2) 合同解除；
(3) 债务相互抵销；
(4) 债务人依法将标的物提存；
(5) 债权人免除债务；
(6) 债权债务同归一人；
(7) 法律规定或者当事人约定终止的其他情形。

## 第5节 合同争议的解决

### 一、概述

合同争议（Dispute），是指当事人双方对合同订立和履行情况以及不履行合同的后果所产生的分歧和纠纷。对合同订立产生的争议，一般是对合同是否已经成立以及合同的效力产生分歧；而对合同履行情况产生争议，往往是对合同是否已经履行或者是否按合同约定履行产生的异议；对不履行合同的后果产生的争议，则是对没有履行合同或者没有完全履行合同的后果，应由哪一方承担责任以及如何承担责任产生的纠纷。在国际经济交往中，当事人之间订立的合同是多样而复杂的，从而因合同引起相互间权利和义务的争议在所难免。选择适当的解决方式，及时解决合同争议，不仅关系到维护当事人的合同权益和避免损失的扩大，而且对国际经济合作的发展也产生直接的影响。从我国实践上看，合同争议的解决方式主要有和解、调解、仲裁和诉讼等。国际上，解决合同争议的方式，除传统的诉讼和仲裁两种方式外，近些年来，一些替代性争议解决方式受到了普遍的关注。

### (一) 和解（Consultation）

和解，是争议当事人，依据有关的法律规定和合同约定，在互谅互让的基础上，经过谈判或磋商，自愿对争议事项达成一致意见，从而解决合同争议的一种办法。和解应以合法、自愿和平等为原则。和解的特点在于无须第三者的介入，简便易行，能及时解决争议，并有利于双方的协作和合同的继续履行。但由于和解必须以双方自愿为前提，因此，当双方分歧严重，及一方或双方不愿协商解决争议时，此种方式往往受到局限。

当事人既可以在申请仲裁或起诉前和解解决合同争议，也可以在仲裁或诉讼过程中自行和解。当事人申请仲裁后，达成和解协议的，可以请求仲裁庭根据和解协议作出裁决,也可以撤回仲裁申请。当事人在诉讼外自愿协商,达成和解协议的,应向人民法院提出撤诉申请,以终结诉讼。

F1DIC 出版的 1999 年第 1 版的合同条件,将"友好解决"(Amicable Settlement)规定为争议提交仲裁前的必经程序。

(二) 调解 (Conciliation)

调解,是争议当事人在第三方的主持下,通过其劝说引导,在互谅互让的基础上自愿达成协议,以解决合同争议的一种方法。调解的原则也是以合法、自愿和平等为原则。实践中,依调解人的不同,合同争议的调解有民间调解、仲裁机构调解和法庭调解三种。

民间调解是指当事人临时选任的社会组织或个人作为调解人对合同争议进行调解。通过调解人的调解,当事人达成协议,并制作调解协议书由双方签署。调解协议书对当事人具有与合同一样的法律约束力。

仲裁机构调解是指在仲裁机构进行的调解。具体又有两种做法。一种是当事人将其争议提交仲裁后,在仲裁过程中经双方当事人同意,将调解纳入仲裁程序中,由仲裁庭主持进行。仲裁庭调解成功,制作调解书,由双方签字,或者仲裁机构按照当事人达成的书面协议的内容制作裁决书。只有调解不成或当事人不愿调解的,仲裁机构才进行裁决,我国的仲裁机构均采取这种做法。我国采取的这种"在仲裁中调解"的方式被国外称为"东方经验"。另一种是仲裁机构分别订有调解规则和仲裁规则,当事人申请调解的,仲裁机构按照调解规则组成调解委员会,调解委员会主持调解,调解成功,制作调解书,由双方签字,调解不成功,需要仲裁的,再按仲裁规则,重新组成仲裁庭进行仲裁。国外许多仲裁机构都制定有仲裁与调解规则,以满足调解和仲裁的不同需要。无论哪种调解,调解书经双方当事人签字后,一般与仲裁机构制定的裁决书具有同等的效力。

法庭调解,是指由法院的审判人员主持进行的调解。当事人将其争议提起诉讼后,可以请求法庭调解,调解成功的,法院制作调解书。调解书经双方当事人签收后,与生效的判决书具有同等的效力。

由仲裁庭主持调解解决合同争议,应注意充分尊重双方当事人的意思自治,耐心说服双方让步,使双方自愿达成一致,而不可强加给双方一个主观的意见。调解的好处在于不伤和气,使双方当事人互相谅解,有利于促进合作,维护当事人的合法权益。但这种方法受到当事人自愿的局限,如果当事人一方或双方不愿调解,或调解不成功时,则应及时采取仲裁或诉讼以最终解决合同争议。

(三) 仲裁 (Arbitration)

仲裁也称公断,是双方当事人通过协议自愿将争议提交第三者作出裁决,并负有自动履行裁决义务的一种解决争议的方式。

仲裁作为解决合同争议的方法之一，其特点在于：第一，从受案依据看，仲裁机构受理案件的依据为双方当事人签订的仲裁协议，在仲裁协议中，当事人应对仲裁事项、选定的仲裁机构等内容作出约定，具有自治性；第二，从仲裁程序看，仲裁实行一裁终局的原则，相对于司法审判的二审终审制来讲，有利于及时解决纠纷；第三，从仲裁庭的组成看，当事人指定的仲裁员往往是本行业的知名专家、学者，具有较高的专业水平，熟悉相关业务，而合同争议大多涉及一些的技术性或专业性的问题，仲裁员更易于公平合理地进行裁决；第四，仲裁强调保密原则，虽然仲裁应当开庭进行，但不实行公开原则，即不允许旁听，仲裁裁决也不向社会公布，这也是为合同当事人特别看重的一个特点；第五，仲裁机构具有民间性，一般附设在行业协会或商会。

（四）诉讼（Lawsuit）

诉讼作为一种解决合同争议的方式，是指合同当事人双方因相互间发生争议而在一国法院进行诉讼活动。在诉讼过程中，法院始终居于主导地位，代表国家行使审判权，是解决争议案件的主持者和审判者，而当事人则各自基于诉讼法所赋予的权利，在法院的主持下为维护自己的合法权益而活动。

诉讼不同于仲裁的主要特点在于：它不必以当事人的相互同意为依据，只要不存在有效的仲裁协议，任何一方都可向有管辖权的法院起诉。由于合同争议往往具有法律性质，涉及当事人的切身利益，争议的解决必须适用合同的准据法，通过诉讼，当事人的权利可得到法律的严格保护。尤其是在当事人不能通过协商和解或调解解决争议，而又缺少或达不成仲裁协议的情况下，诉讼也就成了必不可少的法律救济手段。

（五）替代性争议解决方式（Alternative Dispute Resolution；ADR）

在国外，传统的解决争议方式包括仲裁和诉讼。由于仲裁和诉讼存在耗费时间和精力，费用高额等缺点，人们开始谋求在诉讼和仲裁之外的新型解决争议的方式——替代性争议解决方式。

替代性争议解决方式（以下简称 ADR），最早产生于美国，旨在减轻法院沉重的诉讼负担。为了规范 ADR，1998 年，美国通过了《1998 替代性争议解决法案》。根据该法案的规定，除诉讼之外的解决争议的任何程序或过程均属替代性争议解决程序，包括早期中立评价、调停与调解、小型审判和仲裁等。

替代性争议解决方式自美国出现后，相继在欧洲大陆、加拿大、澳大利亚、日本等国家得到发展和应用，如今已成为民事和商事争议解决机制中的重要组成部分。相对于诉讼而言，ADR（仲裁除外）具有：意思自治、非对抗性、非公开性、非终局性、各方式间通融性等特点，并具有程序简便、费用低廉的优点。国际上常见的 ADR 形式主要以下几种。

1. 调停/调解（Mediation/Conciliation）

调停是一种非司法过程，由独立的第三方（调停人）参与，作为中立人，帮助当事人找出解决他们之间存在的争议的方法。在调停过程中，中立人不主动提出任何解决争议的建议，其作用在于建立当事人之间的沟通，保持当事人之间的对话，帮助当事人面对面讨论，理解对方的观点，让当事人积极思考解决办法和采用替代解决方法的后果等问题。

调解是指当事人发生争议后，中立的第三方（调解人）应双方当事人的请求，通过其说服劝导，促使双方达成和解来解决争议。与调停相区别，在调解过程中，调解人不仅促进争议的双方进行交流，推动双方向达成和解迈进，而且可以在适当时机提出解决争议的适当建议。因此，调解比调停更为正式，通常有律师参加。

2. 早期中立评价（Early Neutral Evaluation）

早期中立评价，是指由争议的一方或双方邀请具有相关专业知识的专家或律师，在听取双方当事人提出的事实上和法律上的主张后，辨别争议实情，标明争议和协议范围，就争议的事实问题、法律问题、当事人的主张、可能出现的结果及理由作出中立性的无约束力的分析和评价意见。

这种由专业人士以公正立场所作的分析和评价，有助于当事人放弃不切实际的主张或打消侥幸胜诉的心理，促使双方在客观认识案件的基础上，进行务实和有成效的磋商和谈判，达到解决争议的目的。

3. 小型审判（The Mini-Trial）

小型审判并非一般意义上的法庭审理，而是由当事人指定中立的第三方主持的一种私下进行的、非正式的模拟诉讼形式的解决争议程序。

小型审判程序中，通常由争议双方当事人的有决策权的高层管理者和双方共同指定的中立第三方共同组成专门小组。在"开庭审理"时，首先由双方律师对争议事项作出简要陈述，然后由中立的第三方就此案发表无法律约束力的咨询意见，即假定此案由法院审理，判决结果将如何。此后，双方的高管在该咨询意见基础上就争议的解决作出决断。如果双方未能就争议的解决达成一致意见，则再次征求中立的第三方对案件的分析和意见，然后双方重新进行谈判。

小型审判通常适用于较为复杂的争议，如产品责任、建筑工程合同争议和反垄断等的诉讼。而中立的第三方一般是退休法官或声誉卓著并富有经验的律师。

4. 租借法官

租借法官又称私人审判，是指在争议双方当事人的请求下，由法庭在特定名单上指定一名收取报酬的裁判者（通常是退休法官或律师），由其主持一个与正式审判相似的审理过程，经过当事人举证和辩论，作出一个包括事实判断和法律根据的"判决"。双方当事人有权对该"判决"进行上诉，要求不接受该判决，或者要求在法院重新审理，或者从法律的角度向上诉法院提出诉求。当事人也可向法院申请强制执行该"判决"。

除了上述四种主要的替代性争议解决方式外,在国际工程承包合同中,还出现了一些新的解决方法。比如在 FIDIC《土木工程施工合同条件》中有关"工程师的决定"的规定。按照该条件的通用条件第 67.1 款规定,业主和承包商之间发生的任何争议,均应首先提交工程师处理。工程师对争议的处理决定,通知双方后,在规定的期限内,双方均未发出仲裁意向通知,则工程师的决定即被视为最后的决定并对业主和承包商双方产生约束力。又比如世界银行在 1995 年 1 月出版的《工程采购标准招标文件》中提出由争议审议委员会(DRB)替代工程师解决争议,1999 年 FIDIC 出版的《施工合同条件》、《工程设备和设计—施工合同条件》和《设计采购施工(EPC)/交钥匙工程合同条件》均规定了由争议评判委员会(DAB)解决合同争议(详见第七章)。只要合同当事人的任何一方未在规定的期限内表示不满意,不论是工程师的决定,还是争议评判委员会的建议,与合同具有同等的约束力,任何一方不执行决定,另一方即可将此不执行决定行为提交仲裁解决。显然,这种方法,既不同于调解,因其决定不是争议双方达成的协议;也不同于仲裁,一是其效力不同于仲裁裁决的效力,二是身份不同,工程师和争议评判委员只能以专家身份作出决定或者建议,而不能以仲裁人的身份进行裁决。尽管如此,这种方法仍不失为解决国际工程承包合同争议解决的快捷、有效的方法,并普遍得到采用。在我国 2007 年发布,2008 年 5 月开始采用的国家发改委和建设部等九部委编制的"标准施工招标文件"中,在争议的解决一条中,也提出可采用"争议评审组"的方式来解决争议。

不同的合同争议解决方法,对不同合同争议的及时解决各有利弊。不同的争议采取不同的方式解决,往往产生不同的效果,而且,各国的司法审判制度直接影响某些解决合同争议方式的运用。因此,当事人应针对不同争议,善于选择不同方法,以使争议得到迅速解决,维护自己的合法权益。

在实践中,仲裁和诉讼是两种有强制执行力的最终解决合同争议的重要方式,下面分别加以介绍。

## 二、仲裁

### (一) 仲裁机构

1. 仲裁机构的组织形式

目前,国际上处理对外经济贸易和海事争议的仲裁机构,根据组织形式的不同,可分为临时仲裁庭和常设仲裁机构。

(1) 临时仲裁庭:它是为临时仲裁任务而设立的,根据双方当事人的仲裁协议,在发生争议后,由双方选任仲裁员自行组织仲裁庭审理争议,仲裁程序的规则由双方当事人自己制定或选择,也可委托仲裁庭制订或选择。审理终结后,仲裁庭即告解散。

(2) 常设仲裁机构:它是指具有固定组织形式,有专门仲裁规则,备有仲裁人员名册的永久性机构。目前,国际经济交往中的争议大多都是提交常设仲裁机构进行仲裁。

2. 常设仲裁机构的种类

常设仲裁机构依其成立依据不同,可分成以下几种:

(1) 国际性的常设仲裁机构。例如在国际商会下设立的"国际商会仲裁院",在世界银行下设立的"解决投资争议国际中心",都属于国际性的常设仲裁机构。

(2) 地区性常设仲裁机构。例如由美洲国家成立的"美洲国家商事仲裁委员会"等就属于这类常设仲裁机构。

(3) 国家性的常设仲裁机构。例如"英国伦敦仲裁院"、"日本国际商事仲裁委员会"、"中国国际经济贸易仲裁委员会"及"中国海事仲裁委员会"等,均属于国家性的常设机构。

常设仲裁机构从其受案范围看,可分为涉外性常设仲裁机构、综合性常设仲裁机构以及行业性常设仲裁机构。

3. 国际上重要的常设仲裁机构

(1) 国际商会仲裁院

国际商会仲裁院是国际商会设立的国际性的常设仲裁机构。该机构成立于1919年,地址设在法国巴黎国际商会总部之内。该仲裁院由主席一名、副主席五名,秘书长一名,技术顾问若干名以及每个成员国代表各一名组成。该仲裁院受理一切与国际商事交往有联系的争议案件。国际商会仲裁院审理案件时,具体由仲裁院指定或确认的仲裁员组成的仲裁庭进行,仲裁庭有权自行决定其管辖权,有权确定或确认或改变当事人选择的仲裁地点,仲裁庭在审理、裁决某一案件时,应适用当事人选择适用的法律,在当事人未作出该项选择时,可适用仲裁地法,仲裁庭作出的裁决具有终局效力,有关当事人可以据此请求有关国家的法院强制执行。国际商会仲裁院的仲裁规则,是经过多次修改的《国际商会调解与仲裁规则》。该仲裁规则的特点是,规定了当事人可以任选仲裁员,而不受国籍限制。

(2) 解决投资争议国际中心

解决投资争议国际中心是根据世界银行《关于解决国家与他国国民间投资争议公约》(又称"华盛顿公约")的规定,于1966年10月成立的,其地址设在美国华盛顿世界银行总部所在地。中心的目的在于提供解决国家和外国私人投资者之间投资争议的便利,促进相互信任,籍以鼓励私人资本的国际流动。中心下设管理委员会和秘书处,并备有一份调解员名单和一份仲裁员名单,调解员名单和仲裁员名单由有资格和有威望的人士组成。该中心根据提交的双方当事人调解或仲裁的书面协议以及一方当事人的调解或仲裁申请书实行管辖权。一旦当事人表示同意将他们之间的争议提交该中心审理,他们当中的任何人不得单方面撤销。到2006年1月为止,已有155个国家在上述公约上签字,其中有143个国家正式批准加入了公约,从而成为中心的成员国。

(3) 瑞典斯德哥尔摩商会仲裁院

斯德哥尔摩商会仲裁院是瑞典全国性的仲裁机构，它的前身是1917年在瑞典斯德哥尔摩商会下成立的专门解决工商及航运中争议的一个专门委员会，后于1949年改组成立了斯德哥尔摩商会仲裁院，现仍隶属于瑞典斯德哥尔摩商会之下。该仲裁院的仲裁规则，是经过多次修改的《斯德哥尔摩商会仲裁院规则》。根据该《规则》规定，仲裁院设立自己的理事会，理事会成员由斯德哥尔摩商会执行委员会任命的三名成员组成。另外，仲裁院设立一个秘书处，办理日常事务性工作。斯德哥尔摩商会仲裁院属于国家性仲裁机构，但它受理世界上任何国家当事人提交的商事争议，当事人在指定仲裁员时可不受仲裁员名册的限制，可以指定任何国家的公民为仲裁员。另外，双方当事人还可以在仲裁协议中自行规定仲裁员人数，如双方当事人对此没有作出约定，则按三名仲裁员组成仲裁庭，由双方当事人各指定一名，第三名由仲裁院指定，并担任首席仲裁员。如双方当事人事先约定由独任仲裁员审理他们之间的争议，则该独任仲裁员要由仲裁院指定。由于瑞典在政治上处于中立地位，近年来该院已逐渐发展成为国际贸易仲裁中心，许多东西方国家的贸易合同争议都选择在斯德哥尔摩仲裁院进行仲裁。

(4) 瑞士苏黎世商会仲裁院

瑞士苏黎世商会仲裁院是瑞士商会于1911年为本商会成员成立的，属于该商会的一部分，是一个全国性的常设仲裁机构。在第二次世界大战以前，该仲裁院只受理其商会会员之间的争议。第二次世界大战以后，特别是自上世纪50年代以后，该院逐渐受理了许多外国当事人之间的争议案件，并由于瑞士的中立国地位，使得苏黎世商会仲裁院的公正仲裁较易为各方面的国家和当事人所接受，从而使苏黎世商会仲裁院成了处理国际商贸纠纷的一个重要的中心。该院现行的仲裁规则是经过多次修改的《瑞士苏黎世商会调解与仲裁规则》。根据该《规则》的规定，在仲裁院的管辖范围方面，不存在任何地域上和国籍上的限制。如果双方当事人愿意将他们之间的争议提交该仲裁院调解时，由商会会长指定一名合适的、公正的人为调解员进行调解。在双方当事人的请求下，商会会长也可以亲自担任调解员。如果双方当事人将他们之间的争议提交该仲裁院仲裁时，商会会长有权指定首席仲裁员、独任仲裁员和其他仲裁员。

(5) 英国伦敦仲裁院

伦敦仲裁院是英国最重要的常设仲裁机构之一，它成立于1892年，其行政管理属于英国伦敦商会。该仲裁院备有仲裁员名单，供当事人选用，而且为了适应国际性仲裁的需要，于1978年又设立了"伦敦国际仲裁员名单"，这个名单由来自30多个国家且具有丰富经验的仲裁员组成。伦敦仲裁院是国际社会成立最早、影响最大的常设仲裁机构之一，特别是它的海事仲裁在国际社会享有很高的声望，世界各国的大多数海事案件都诉诸该院仲裁。

(6) 美国仲裁协会

美国仲裁协会是一个独立的、非政府的和非营利的全国性综合性的常设仲裁机构，成立于1926年，总部设在纽约。该会由全美的工商及社会集团组织选举组成的理事会进行管理，并在美国其他24个主要城市设有分会，拥有一份包含6万多人的仲裁员名册。美国仲裁协会除了进行国内外商业仲裁以外，还可以受理其他工业、电影业方面的争议案件，以及裁决有关人身或财产损害的请求。在国际商事仲裁方面，该协会适用的是1991年3月1日生效的《美国仲裁协会国际仲裁规则》。美国仲裁协会在国际上与其他国家的仲裁机构或商业组织，有广泛的联系，与国际商会仲裁院、国际商会以及联合国国际贸易委员会也有密切联系。

(7) 日本国际商事仲裁协会

日本国际商事仲裁协会是专门调解和仲裁外贸争议的常设仲裁机构，于1950年由日本工商联合会与其他一些大的工商组织共同建立，其总部设在东京。该协会的具体业务有：进行仲裁；促使应用仲裁条款；培训仲裁人员；与外国仲裁机构进行合作，参加国际会议；与外国仲裁机构订立仲裁协定等。日本国际商事仲裁协会的宗旨是通过仲裁、调解或和解以解决贸易争议。日本国际商事仲裁协会也积极地开展对外联系，先后与20多个国家的仲裁机构或商业组织签订了协定，因此，也是世界上重要的对外经济贸易的常设仲裁机构之一。

(8) 我国的常设国际仲裁机构

我国的常设国际仲裁机构有两个，一个是"中国国际经济贸易仲裁委员会"，另一个是"中国海事仲裁委员会"，两者都附设在中国国际商会内。中国国际经济贸易仲裁委员会由主席1人，副主席若干人和委员若干人组成，并备有仲裁员名册。其管辖范围是：受理国际的或涉外的争议案件、涉及香港特别行政区、澳门特别行政区或台湾地区的争议案件、国内争议案件。

我国的涉外常设仲裁机构的仲裁制度与程序和国际惯例基本一致。争议双方当事人须有书面仲裁协议，仲裁机构才能受理案件。当事人可以选择仲裁员，实行回避、不公开审理制度，所作的裁决为终局裁决。当事人对裁决应当履行，如不履行，另一方当事人可以根据中国法律的规定，向中国法院申请执行，或根据《承认及执行外国仲裁裁决公约》（纽约公约），或者根据中国缔结或参加的其他国际条约，向有管辖权的外国法院申请执行。

我国涉外仲裁机构的仲裁活动有如下特点：

第一，重视调查研究，实事求是，合理公平地解决争议的问题。

第二，仲裁与调解相结合，在仲裁过程中尽量通过调解解决争议，只有在调解无效时，才按仲裁程序进行审理。当然，这种调解不是仲裁机构强制的，而是以双方当事人自愿为前提。调解也不是仲裁的必经程序，不是一切案件都必须先进行调解，才能进行仲裁审理，调解与否要根据案件的实际情况而定。

## (二) 仲裁协议

1. 仲裁协议的概念

仲裁协议是指当事人各方表示愿意把他们之间已经发生的或可能发生的争议交付仲裁解决的一种书面协议。仲裁协议是仲裁机构受理争议案件的依据，大多数国家的仲裁法均明确规定，仲裁协议应当采用书面形式，口头形式无效。

仲裁协议的订立有两种方式：一种是由双方当事人在订立合同时明确的，表示愿意把将来可能发生的合同争议提交仲裁解决的协议，这种协议一般都包含在主合同中，作为合同的一项条款，所以通常称之为仲裁条款。另一种是由双方当事人在订立合同后，或在发生争议后订立的，表示同意把将要发生或已经发生的合同争议交付仲裁解决的协议，这种协议是独立于主合同的一个协议，通常称之为提交仲裁的协议。关于这两种不同方式的仲裁协议在法律上是否有所区别，特别是在合同中已经订有仲裁条款的情况下，当双方发生争议需要进行仲裁时，是否还必须另外再签订一项提交仲裁的协议问题，目前各国还存在着一些分歧。在中国国际经济贸易仲裁委员会仲裁规则中，将两种方式均视为仲裁协议，具有同等的效力。

2. 仲裁协议的作用

按照大多数国家的仲裁法的规定，仲裁协议的作用，主要有以下几个方面：

(1) 双方当事人均须受仲裁协议的约束，如果发生争议，应按仲裁协议的约定，向仲裁机构申请仲裁，任何一方不得向法院提起诉讼。

(2) 仲裁协议是仲裁机构受理争议案件的法律依据，使仲裁机构取得对有关争议案件的管辖权。

(3) 仲裁协议排除了法院对有关争议案件的管辖权。

仲裁协议的上述作用是相互联系不可分割的。其中，最重要的一点是仲裁协议排除法院的管辖权，这就是说，只要双方当事人订立了仲裁协议，他们就不能把有关争议案件提交法院处理，如果任何一方违反仲裁协议，把他们之间的争议向法院提起诉讼，对方可根据仲裁协议要求法院停止诉讼审理，就有关争议案件向有关的仲裁机构提出申请，由仲裁庭或仲裁员进行审理。

由于大多数国家在法律上都承认仲裁协议具有排除法院司法管辖权的作用，因此，双方当事人在签订合同时，如果愿意把日后可能发生的争议提交仲裁处理，而不愿诉诸于法院，那就应在合同中事先订立一条仲裁条款，以免发生争议后，一旦双方不能达成仲裁协议而不得不把争议案件提交到法院去解决。因为如果在合同中没有订立仲裁条款，则在发生争议后，由于双方处于对立地位，有时不一定能达成仲裁协议，在这种情况下，任何一方都无法将争议向仲裁机构申请仲裁，而一旦一方当事人向有管辖权的法院起诉，另一方除了应诉外，别无选择。正是由于这个缘故，在国际合同中，一般都主张在合同中订立仲裁条款，以便日后一旦发生争议时，能够及时通过仲裁方式来解决。

3. 仲裁协议的内容

如何拟订好合同的仲裁条款或仲裁协议，是合同当事人十分关心的问题。因为仲裁协议订得适当与否，直接关系到日后发生争议时能否及时合理的解决，也关系到双方的切身利益。仲裁协议应当尽量订得具体明确，以便一旦发生争议需要仲裁时，能够有所遵循。仲裁协议的内容繁简不一，一般地说，应包括下述内容：

(1) 提交仲裁的争议事项。当事人应在仲裁协议中明确表示，他们约定提交仲裁的争议事项有何范围限制。这是有关仲裁机构行使仲裁管辖权的重要依据之一，也是当事人申请有关国家的法院承认和执行仲裁裁决时必须具备的一个重要条件。有关的仲裁机构只能对仲裁协议中约定的争议事项进行审理，如果一方当事人申请仲裁的争议事项不属于仲裁协议所约定的仲裁的争议事项范围，另一方当事人就有权对仲裁机构的管辖权提出异议，而拒绝参与仲裁，即使仲裁庭审理终结作出裁决后，当事人也有权拒绝履行该裁决所规定的义务。尤其是当事人对有些争议事项不愿通过仲裁解决时，更应将其排除在仲裁协议的仲裁范围之外。另外，各国仲裁立法一般都对可以提交仲裁解决的争议事项作了较明确的规定，因此，当事人在约定争议事项的仲裁范围时，应注意争议事项的可仲裁性。

(2) 仲裁地点。仲裁地点是仲裁协议的主要内容之一，在国际合同中，当事人各方一般都力争在本国进行仲裁，这一方面是由于当事人对自己国家的法律和仲裁机构比较了解和信任，而对外国的仲裁制度则往往不大了解，难免有所顾虑；另一方面是由于仲裁地点的确定，与仲裁所适用的程序法以及按照哪一国的冲突法来确定合同的实体法都有密切的关系。根据国际社会的习惯做法，在当事人双方没有就仲裁所适用的法律作出选择时，仲裁庭的仲裁程序适用仲裁地法，而裁决有关争议时所适用的实体法，则一般由仲裁庭根据仲裁地的冲突规范加以确定，这会直接影响到仲裁的结果。此外，仲裁地点在很大程度上影响到裁决的承认和执行。当然，当事人坚持在本国进行仲裁，也有对参与仲裁的便利和所涉及的费用大小的考虑。因此，在商订仲裁协议时，仲裁地点往往是双方当事人争论的焦点，一般都与仲裁机构的选择联系起来考虑。

(3) 仲裁机构。在仲裁协议中应明确所选择的仲裁机构。当事人可以约定将争议提交某一常设仲裁机构仲裁，也可以约定组成临时仲裁庭进行仲裁。当事人如果选择某一常设仲裁机构进行仲裁时，该仲裁机构即具有了对当事人的有关合同争议事项的管辖权。在多数情况下，仲裁机构和仲裁地点是一致的，即在仲裁机构所在地进行仲裁。当事人在仲裁协议中也可能没有确定具体的仲裁机构及仲裁地点，而是约定在有关的争议发生后，在被申请人所在国的仲裁机构进行仲裁，如若这样的话，仲裁机构和仲裁地点只有到发生了争议，并且有一方当事人提请仲裁时，仲裁机构和仲裁地点才能确定下来。当然，这里所说的仲裁机构往往是被申诉人所在地的常设仲裁机构，而仲裁地点，一般也是该常设仲裁机构的所在地。

(4) 仲裁规则。仲裁规则是指双方当事人和仲裁庭在仲裁的整个过程中所应遵循的行为准则的总和，它包括仲裁申请的提出，仲裁员的选定及仲裁庭的组成，仲裁的审理，仲裁的裁决以及裁决的效力等内容，仲裁规则是由各国的仲裁机构自行制定的。在国际上，除了各国仲裁机构制定的仲裁规则以外，还有一些国际性和地区性的仲裁规则，如联合国国际贸易法委员会仲裁规则，国际商会商事仲裁规则等。仲裁规则与仲裁机构是有密切联系的，一般来说，仲裁协议中规定在哪个仲裁机构仲裁，就按该仲裁机构制定的仲裁规则审理。但是，有些国家也允许双方当事人任意选择他们认为合适的仲裁规则，例如，仲裁条款规定，在某个国家仲裁机构进行仲裁时，可以不采用该仲裁机构制定的仲裁规则而采用其他国家的仲裁机构或国际组织所制定的仲裁规则，但以不违反仲裁地国家仲裁法中强制性规定为限。

(5) 仲裁裁决的效力

仲裁裁决的效力主要是指裁决是否具有终局性，对双方当事人有无拘束力，能否再向法院提起上诉的问题。各国法律对仲裁裁决的上诉程序都有一定的限制。有些国家原则上不允许对仲裁裁决提起上诉，有些国家虽然允许当事人上诉，但法院一般只审查程序，不审查实体，即只审查仲裁裁决在法律手续上是否完备，而不审查仲裁裁决在认定事实或适用法律方面是否正确。有些国家的仲裁法规定，如法院发现有下列情况之一的，有权撤销仲裁裁决：

1) 仲裁裁决缺乏有效的仲裁协议作为依据；

2) 仲裁员行为不当（即未按仲裁程序行事）或越权作出裁决；

3) 交付仲裁裁决的事项是属于法律规定不得提交仲裁处理的问题；

4) 仲裁裁决违反该国的公共秩序；

5) 仲裁程序不当或仲裁裁决不符合法定的要求。

为了明确仲裁裁决的效力，避免引起复杂的上诉程序，双方当事人在订立仲裁条款时一般都明确规定：仲裁裁决是终局的裁决，对双方当事人都有约束力，任何一方都不得向法院提起上诉要求予以更改。

至于仲裁的费用，一般都规定由败诉一方负担，或规定按仲裁裁决办理。

4. 我国在对外经济贸易中常用的几种仲裁条款的格式

(1) 在我国仲裁的条款

在中国国际经济贸易仲裁委员的仲裁规则中推荐采用的仲裁条款是："凡因执行本合同所发生的或与本合同有关的一切争议，双方应先通过友好协商解决；如经协商不能解决，应提交中国国际经济贸易仲裁委员会按照该会现行的仲裁程序规则进行仲裁。仲裁地点为中国北京。仲裁裁决是终局的，对双方均有约束力。"

(2) 在被诉一方国家仲裁的条款

凡因执行本合同所发生的或与合同有关的一切争议，双方应当首先通过友好协商解决；如经协商不能解决，应提交仲裁。

仲裁在被诉方国家进行。

如在中国，由中国国际经济贸易仲裁委员会按照该会现行的仲裁程序规则进行仲裁。仲裁地点为中国北京。

如在（外国被诉人所属国家名称），由（被诉方所在国常设仲裁机构的地点和名称）按照其仲裁程序规则进行仲裁。

仲裁裁决是终局的，对双方均有约束力。

（3）在第三国仲裁的条款。

凡因执行本合同发生的或与本合同有关的一切争议，双方应首先通过友好协商解决；如经协商不能解决，应提交××国××地××仲裁机构，按照其仲裁程序规则进行仲裁，仲裁裁决是终局的，对双方均有约束力。

以上三种都是在常设仲裁机构进行仲裁的条款，如果双方当事人拟采用临时组成仲裁庭的方式，则可参照下列格式订立临时仲裁条款：

凡因执行本合同所发生的或与本合同有关的一切争议，双方应首先通过友好协商解决；如经协商不能解决，则应提交仲裁。

仲裁在××国家××城市，按照××仲裁规则进行。

仲裁庭应由各方指定一名仲裁员，然后由被指定的两名仲裁员共同选择一名首席仲裁员组成。三名仲裁员共同审理案件，多数意见为决定性意见。

仲裁裁决是终局的，对双方均有约束力。

## （三）仲裁程序

仲裁程序是指仲裁机构在进行仲裁审理过程中规定各仲裁参与者的关系以及仲裁机构、当事人和其他参与人从事仲裁活动必须遵循的程序。各仲裁机构，一般都制定自己的仲裁程序规则。根据各国仲裁程序规则的规定，仲裁活动一般包括以下程序：仲裁的申请与受理；仲裁员的选任；仲裁庭的组成；争议的审理；仲裁裁决作出等等。下面以中国国际经济贸易仲裁委员会的《仲裁规则》为主，结合其他国家仲裁的规定，来说明这些问题。

1. 仲裁申请的受理

仲裁人或仲裁机构受理争议是仲裁程序的开始，受理争议的标志是接受一方当事人提交的仲裁申请书。仲裁申请书是指一方当事人发生的仲裁协议中约定的争议事项提交仲裁审理的一种书面申请。它类似法院诉讼中的诉状。提出仲裁申请的一方当事人为申请人（Claimant），被申请的一方当事人为被申请人（Respondent）。仲裁申请书应写明以下一些主要内容：（1）申请人和被申请人的姓名或名称和住所；（2）申请仲裁所依据的仲裁协议；（3）案情和争议要点；（4）申请人的仲裁请求；（5）仲裁请求所依据的事实和理由。

仲裁机构接到仲裁申请后，一般都要进行审查，认为对该项争议有管辖权，双方的仲裁协议是有效的，提交仲裁的争议事项确属仲裁协议所规定的范围之内的，该仲裁机构即可正式受理，并将仲裁申请书及时送达有关被申请人，被申请人在接到仲裁申请书之后，也应在规定的期限内作出答辩，仲裁程序自仲裁委员会向申请人和被申请人发出仲裁通知之日起开始。另外，被申请人对已经受理的案件，还可以提出反请求，反请求提出的程序与提出仲裁申请的程序相同。

2. 仲裁庭的组成

仲裁庭是对某项已交付仲裁的争议进行仲裁裁决的机构。目前，国际上的一般做法是争议案件由3人（其中1人为首席仲裁员）组成的仲裁庭，以合议方式审理。另外，也可以由一名仲裁员独任审理。前者称为合议仲裁庭，后者称为独任仲裁庭。合议庭由3名仲裁员组成，一般是由双方当事人按规定的期限和方法在仲裁机构提供的仲裁员名单中分别指定一名，或委托仲裁机构有关负责人代为指定。其余一人，即合议庭的主持者——首席仲裁员，由双方当事人共同推选一人担任，或者共同委托仲裁机构有关负责人代为指定。如在规定的限期内，双方当事人不能就首席仲裁员达成协议，仲裁机构有关负责人有权指定一人为首席仲裁员。独任仲裁员可由双方当事人共同协商推选一人担任，如双方当事人分别或共同委托仲裁机构有关负责人代为指定时，仲裁机构有关负责人有权在仲裁机构的仲裁员中指定一人为独任仲裁员。

3. 仲裁审理

仲裁审理是仲裁程序中的一个重要环节，它是指仲裁庭以一定的方式搜集证据，审核证据，最后在查清争议是非的基础上对争议进行调解或裁决的一种活动。

（1）仲裁审理的方式。根据各国仲裁法和规则的规定，仲裁审理方法基本上分为两种：一是书面审理方法；一是口头听证审理方法。目前，许多国家的法律都主张应以口头听证方法进行审理，但同时也允许当事人在仲裁协议中约定仲裁员可以根据双方当事人的书面证据和协议进行审理，以利于仲裁早日结束。英国仲裁法规定，是否需要口头审理，取决于当事人的意愿。中国国际经济贸易仲裁委员会《仲裁规则》规定，仲裁庭应该开庭审理案件，但经双方当事人申请或者征得双方当事人同意，仲裁庭也认为不必开庭审理的，仲裁庭可以只依据书面文件进行审理。还规定，除非当事人另有约定，仲裁庭可以根据案件的具体情况采用讯问式或辩论式审理案件。

（2）仲裁庭开庭的形式。仲裁庭开庭的形式是指仲裁庭举行口头听证是公开进行还是秘密进行。西方大多数国家的仲裁法规定，仲裁庭举行口头听证要秘密进行。仲裁庭不公开进行时，与争议或与审理无关的人一律不准参加旁听。《联合国国际贸易法委员会仲裁规则》的规定更为严格。该规则规定："除当事人另有相反意见外，听证应秘密进行。仲裁庭在某一证人提供证明时，可要求其他证人或所有证人退庭。仲裁庭可自由决定讯问证人的方法。"中国国际经济贸易仲裁委员会《仲裁规则》规定，仲裁庭审理案件不公开进行，如果双方当事人要求公开审理，由仲裁庭作出是否公开审理的决定。

（3）搜集证据和审查证据。搜集证据和审查证据是仲裁审理程序的一个中心课题。因为只有搜集足够的证据，并对其作深入细致的调查分析，弄清真相，明辨是非，才能作出正确的判断，使双方当事人间的争议得到公正的解决。

（4）仲裁审理中的保全措施。它是指仲裁庭在作出最后的裁决之前的一段时间里，依法对有关当事人的财产所作的一种临时性的强制措施，以保证胜诉一方及时获得应有的损失赔偿。各国的仲裁法一般均有保全措施的规定。

4. 调解与裁决

调解是双方当事人一致同意按协商的办法解决他们之间的争议，对已达成和解的争议，双方当事人应签订书面和解协议。调解是近年来，在仲裁审理中逐渐兴起的一种解决争议的方法。我国两个仲裁委员会在仲裁审理中一贯重视调解工作。在实践中，仲裁审理开始后任何阶段，都可以就争议问题进行调解。在仲裁中调解争议的方法，越来越受到国际贸易界人士的欢迎。

裁决与调解不同，它是仲裁庭对争议审理之后所作的决定。独任仲裁庭的裁决，由独任仲裁员一人作出；合议仲裁庭的裁决，按合议庭成员的多数意见决定，少数仲裁员的意见存卷。在国际上多数国家的仲裁法规定，仲裁裁决必须以书面形式制作。

关于仲裁裁决是否写明理由和裁决是否终局问题，各国仲裁法的规定也不一致。英美等国的仲裁法规定，仲裁裁决不须说明理由，而法国、西德、日本仲裁法规定，仲裁裁决必须写明理由。并且一般还规定，裁决书的主文在审理终结时当庭向当事人宣读，然后在法定期限内作出附具理由的裁决书。中国国际经济贸易仲裁委员会《仲裁规则》规定，仲裁裁决应当写明仲裁请求、争议事实、裁决理由、裁决结果、仲裁费用的承担、裁决的日期和地点。当事人协议不写明争议事实和裁决理由的，以及按照双方当事人和解协议内容作出裁决的，可以不写明争议事实和裁决理由。

关于仲裁裁决的效力，多数国家主张裁决是终局的，双方当事人都不得向法院或其他机关提出变更仲裁内容的要求，而有的国家，如美国、西德、奥地利、挪威、荷兰、比利时、法国以及葡萄牙等国的仲裁法规定，可以上诉。中国国际经济贸易仲裁委员会《仲裁规则》规定，裁决是终局的，对双方当事人均有约束力。任何一方当事人不得向法院起诉，也不得向其他任何机构提出变更仲裁裁决的请求。并规定，作出仲裁裁决书的日期，即为仲裁裁决发生法律效力的日期。

另外，许多国家的仲裁法规定，如果仲裁庭的审理不符合仲裁程序，或者双方当事人所签订的仲裁协议的效力发生问题，或者仲裁的内容与双方当事人所订立的仲裁协议的约定内容不一致，或者仲裁员在仲裁审理过程中有"行为不当"或者其他不法行为等等，则一方当事人可以向有关法院申请撤销裁决或者宣布裁决无效。当事人如果要对仲裁裁决表示异议，必须在法定期限内提出，如德国法律规定的期限为收到裁决后的1个月，瑞典和意大利规定为60天，美国规定为3个月，我国"仲裁法"规定：当事人申请撤销裁决的，应当自收到裁决书之日起六个月内提出。当事人逾期不提出异议，仲裁裁决便发生法律效力。

（四）仲裁裁决的承认与执行

仲裁裁决的最终作用要通过承认与执行来体现。仲裁裁决的承认与执行包括以下几种情况：

（1）仲裁裁决在本国境内作出，当事人，特别是败诉方在本国境内，而败诉方又不肯自愿执行，就产生承认本国仲裁裁决的效力与对本国仲裁裁决予以强制执行的问题。

（2）裁决在本国境内作出，当事人，特别是败诉一方在外国，就产生本国仲裁裁决在外国的承认与执行问题，从该外国的角度来看，面临一个承认和执行外国裁决的问题。

（3）仲裁裁决在外国作出，当事人特别是败诉一方在该外国境内而败诉方又不肯自愿执行，就产生对该外国仲裁裁决在其境内的承认与执行问题，从该外国角度来看，是一个承认与执行本国仲裁裁决的问题。

（4）仲裁裁决在外国作出，当事人，特别是败诉方在其本国又不肯自愿执行仲裁裁决，就产生该外国仲裁裁决在败诉方的本国的承认与执行是问题。

从国际私法上看，上述第一、三种情况涉及对本国仲裁裁决的承认与执行问题；第二、四种情况涉及对外国仲裁裁决的承认与执行问题。

所谓承认与执行仲裁裁决，实际上是指仲裁裁决在法律上被承认为具有法律效力与强制力以及仲裁裁决的强制执行问题，而仲裁审理与裁决是根据当事人的自愿协议由非司法机构的仲裁机构作出的，要使仲裁裁决具有法律强制力并得到强制执行，应当得到法律确认或经过国家司法机构的认可或保证。所以，根据国内立法和条约的规定，对一个具体仲裁裁决的承认和执行还往往要通过司法机构来进行。中国国际经济贸易仲裁委员会《仲裁规则》中规定，一方当事人不履行仲裁裁决的，另一方当事人可以根据中国法律的规定，向中国法院申请执行；或根据一九五八年联合国《承认及执行外国仲裁裁决公约》或者中国缔结或参加的其他国际公约，向有管辖权的法院申请执行。

## 三、诉讼

（一）民事诉讼与民事诉讼法

民事诉讼一般是指法院在审理民事纠纷案件中同诉讼当事人（原告、被告）及诉讼参与人（证人、代理人等）所进行的活动及其形成的诉讼关系。

民事诉讼案件内容繁多，基本上可以区分为两大类。一类是财产关系的纠纷，另一类是人身关系的纠纷。就对外经济贸易关系来说，一般仅涉及第一类。

民事诉讼法是调整民事诉讼活动和关系的法律规范的总称，是法院、诉讼当事人和诉讼参与人在民事诉讼中必须遵循的程序规则。在一定意义上说，程序法是保障实体法实现的前提和条件。因此,各国都重视诉讼程序的立法。

各国的民事诉讼立法,其形式与内容,虽然各有不同,但一般都规定诉讼程序需要经过审前阶段、审理阶段、上诉和判决生效阶段等程序。

### (二) 涉外民事诉讼

1. 涉外民事诉讼与涉外民事诉讼规范

涉外民事诉讼是指在涉外民事法律关系中因相互间发生纠纷而进行的诉讼活动。涉外民事诉讼也是一种民事诉讼,只不过它具有涉外因素。这种具有涉外因素的民事案件称为涉外民事案件。

根据国际惯例和各国诉讼法规定,一个国家的法院审理涉外民事案件,一般都适用本国民事诉讼法律规范,但各国考虑到它毕竟与一般的民事诉讼有所不同,具有涉外因素,因此,在本国法中作出一些特别规定,或者在国际条约中作出专门的规定,这些规定,通常称为涉外民事诉讼程序规范。各国在审理涉外民事案件时,只在无涉外民事诉讼程序规范可以援引时,才适用本国民事诉讼法中的一般规定。

2. 国内立法和国际条约中对涉外民事诉讼程序的规定。

各国国内法和国际条约中关于涉外民事诉讼的规定,其内容主要有以下几个方面:

(1) 外国人和外国国家的民事诉讼地位

外国人的民事诉讼地位是指一个国家是否承认外国人的诉讼活动并给予多大的保护,换言之,外国人在某国可否进行民事案件的起诉、应诉,以及享有哪些权利,承担哪些义务的问题。这里所说的外国人,既指外国自然人,也指外国法人和其他组织。

目前,关于外国人在民事诉讼中的地位,各国一般适用"国民待遇"原则,即规定外国人在本国境内可享有同本国人同样的民事权利,承担同样的民事义务。但这种"国民待遇"一般都是有条件的,如要求对等,或有些专门的限制,对外国人的民事诉讼地位适用这种原则,不仅有利于一国对外经济贸易的发展,同时也使本国法院审理涉外民事案件时,能够行使正常的司法管辖权。

另外,有些国家实行诉讼费用担保的制度。诉讼费用担保是指当外国人作为原告在法院起诉时,为了保证败诉时不致逃避缴纳诉讼费用的义务,要求其提供一定金额作为担保。

关于外国人的诉讼行为能力问题。外国人的诉讼行为能力就是指外国人起诉和应诉的实际能力。关于外国人的诉讼行为能力应当根据哪个国家法律确定,各国的法律与实践是很不一致的。有的国家依据"法院地法"解决(例如瑞士);有的国家原则上适用"本国法",但是如果外国人依其本国法无行为能力进行诉讼,而依法院地法仍然具有诉讼行为能力,则仍然被认为有诉讼行为能力。在英国,外国人的诉讼行为能力依住所地法解决,在商事案件中依契约成立地法解决。

在涉外民事法律关系中,关于外国国家的诉讼地位问题,世界各国都根据国家主权平等原则,承认外国国家享有司法豁免权。

(2) 涉外民事案件的管辖权

司法管辖权是指法院审判一审案件的权限。就一般民事案件来说,法院行使管辖权是根据本国法的法律规定;就涉外民事案件来说,管辖权既根据本国的法律规定,又根据有关国际条约的规定。司法管辖权可区分为国内管辖权与国际管辖权。国内管辖权是指司法管辖权在国内不同地区、不同类型、不同级别法院的具体划分,即确定国内某一地区、某一类型、某一级别的法院有权审理的一审案件。国际管辖权是指对某一涉外民事案件确定由某国法院进行审理。国际管辖权问题一经确定,某涉外民事案件就由某国法院审理,并要根据该国国内法的规定进行审理。

由于国际管辖权的确定是任何一国法院能否受理案件的前提,因此,对国际管辖权的确定原则或标准的规定,是一个相当重要的问题。在国际司法实践中,按照确定管辖权的不同标准,国际管辖权有多种分类,最常见的有以下几种:

1) 属地管辖与属人管辖

属地管辖又称地域管辖。它根据当事人居住地、被告财产所在地、契约成立地或履行地,以及侵权行为地等诉讼原因发生地来确定法院的管辖权。在涉外民事案件中,只要诉讼当事人或其财产、讼争的标的物在某国境内,或者发生争议的法律关系或法律事实在某国境内,该国法院就可能按照属地管辖的原则,主张对该案件有管辖权。属人管辖是根据法律关系人的国籍归属而行使管辖权,只要诉讼当事人一方为某国国籍时,该国法院就可能主张对该案件有管辖权。在对外贸易纠纷案件中,以国籍标准作为行使管辖权的国家不多。

2) 专属管辖与选择管辖

专属管辖又称特殊管辖,它是根据诉讼案件的特定性质,规定为只能专属于法律指定的法院管辖。有些国家的民事诉讼法对以下案件规定为专属管辖:

不动产所发生的诉讼,由不动产所在地法院管辖;

登记、注册产生的诉讼,由登记、注册机关所在地法院管辖等。

凡是专属管辖案件,对外经济贸易当事人不得以他们自己协议的管辖方式而加以变更,这是各国普遍承认的。

选择管辖是指同一诉讼中,原告可以从两个或两个以上的法院中选择其中任何一个法院管辖。例如,一些国家法律规定,关于船舶碰撞案件,原告可以从受害船舶最初到达地、加害船舶扣留地或船舶登记机关所在地法院中选择其中一个,向该法院起诉,受该法院管辖。

3) 法定管辖和协议管辖

法定管辖是指司法管辖系根据国内法或国际条约中作出的规定而定,上面列举的几种管辖标准都是法定管辖。

协议管辖又称约定管辖,是指除专属管辖以外,当事人可以在争议案件发生之前或之后，协议确定这一争议案由某国法院管辖。大多数国家的法律和某些国际条约都承认协议管辖具有法律效力。少数国家对协议管辖采取两种截然不同的态度，他们一方面对案件由本国法院管辖的协议，采取肯定态度，另一方面对案件（与本国有关的）归外国管辖的协议，则不承认协议有效。英国就曾有过这样的案例。

根据某些国家法律规定，除专属管辖不得另行协议外，对于协议管辖还有一些其他限制。例如，不得协议选择上诉法院；对合同争议案，只能协议选择与合同有联系的法院，比如合同成立地法院、合同履行地法院、被告或原告住所地法院等。

(3) 司法委托与司法协助

司法委托，系指一国法院在审理涉外民事案件的过程中，委托另一国家的法院代为进行某些诉讼行为，例如送达司法文件，传讯证人，搜集证据等。就是说，甲国法院委托乙国法院代为进行某些诉讼行为。

司法协助，系指被请求委托国家的法院，按照外国法院的请求，代为履行某些诉讼行为，如送达司法文件，传讯证人、搜集证据等。这就是说，乙国法院接受甲国法院的委托代为履行某些诉讼行为。

可见，司法委托和司法协助是一件事情的两个方面，从提出请求一方来说是委托，从接受请求一方来说是协助，提出请求的法院所属国为委托国，接受委托请求的法院所属国为受托国。

司法委托和司法协助通常指送达司法文件、传讯证人、搜集证据等活动。也有的国家理解得广一些，除上述内容外，还有执行外国法院判决等事项。

司法委托的方式大致有三种：

1) 通过外交部门。即委托国法院将委托书和其他有关文件交给本国外交部，外交部交给受托国外交代表，再由此外交代表交给受托国有关司法机关。这是目前普遍采用的方式。

2) 通过领事机构。委托国法院将委托书交给该国驻受托国的领事，由该领事转交给受托国有关司法机关。

3) 两国司法机关直接联系。即委托国法院将委托书和有关文件直接寄交给受托国法院。这种方式比较简单，但采用此种方式必须以两国间订有司法协助条约为前提。

(4) 外国法院判决的承认与执行

由于涉外民事案件具有涉外因素，所以一国法院对这类案件的判决有时需要得到其他国家的承认和协助执行。但根据国家主权原则，一国法院的判决只在本国内有法律效力而无域外效力，一国不能强制他国法院执行其判决，从而就发生一国法院的判决如何取得他国的承认和协助执行的问题，这就是承认和执行外国法院的判决。

承认与执行外国法院判决是有区别有联系的两个问题，承认外国法院判决就是表示允许该外国判决在确认当事人的权利与义务方面具有与本国判决同等的效力，简单说就是确定判决的效力。承认外国判决的法律后果就是认定当事人存在判决所确定的权利义务关系。

关于承认和执行外国法院的判决,各国均采取慎重态度。各国的国内法都严格地规定了承认和执行外国法院判决条件,有些国家还缔结了双边或多边的国际条约,对这方面的问题作了规定。根据各国国内法的规定,承认与执行外国法院的判决主要有以下两种方式:

1) 发执行令。即执行地国的法院对外国法院的判决进行审查,如认为符合法律所规定的条件,则发执行令,按照执行本国判决的程序执行。法国、欧洲大陆的一些国家用此方式。

2) 要求当事人重新起诉。即法院不直接执行外国法院判决,而是要求执行的一方当事人向执行地国的法院重新起诉,在重新起诉中,原来外国法院的判决可以作证据。经重新审理后,若认为原判决不与执行地国的法律抵触,就作出与原判决相同的判决予以执行。英美采取此种方式。

各国国内法和有关国际条约规定的承认和执行外国法院判决的条件多少不一,主要有:

①判决必须是有管辖权的法院作出的;
②判决的执行不违背执行国的公共秩序;
③判决中的败诉方曾被传唤出庭等。

对执行外国法院判决的条件问题,除了正面规定之外,各国法律和国际条约大量地从反面作了规定,即规定了拒绝承认和执行外国法院判决的条件,这些条件主要是:

①判决不是有管辖权法院作出的;
②判决是用欺诈手段取得的;
③判决不是终局的;
④判决的承认与执行违背执行国的公共秩序;
⑤没有及时通知不利的一方当事人参加诉讼,即该当事人未得到充分的辩护机会;
⑥判决带有刑事惩罚性质;
⑦在要求互惠时,不具备此条件;
⑧对同一案件,执行国已作出判决,或第三国法院作出的判决已被执行地国承认等等。

## 思考题

1. 什么是合同?其法律特征是什么?
2. 合同有效成立的要件有哪些?
3. 什么是要约?简述要约的要件和效力。
4. 什么是承诺?简述承诺的要件。
5. 简述合同的基本条款?

6. 什么是履约担保？其主要方式要哪些？
7. 简述违约责任的免除。
8. 简述合同争议的解决方法。
9. 仲裁协议的作用和内容是什么？

# 第 3 章 西方国家及我国香港地区的工程采购方法

> 本章概述了英国、我国香港地区、日本、美国和法国的建筑惯例,讨论了每个国家工程项目不同的采购方法,分析了各参与方的责任,介绍了采用的合同文件和招标过程。

## 第 1 节 引 言

在西方国家,可使用的工程项目采购方法(Procurement Method)多种多样。传统的采购方法是指由建筑师及工程师完成设计工作后,业主才与承包商签订工程施工合同。业主与承包商之间的合同安排(Contractual Arrangement)可因情况不同而有所差别,如有工程量的包干合同和无工程量的包干合同。采购方法指的是获得建筑产品所采用的方式,即从工程的开始到结束,要做什么以及如何去做。因此,采购方法是一个系统,它描述了为获得建筑产品而进行的范围广泛的活动,而合同安排只是采购方法这个系统中的一部分。

例如,BOT(建造—运营—移交)这种采购方法描述了通过允许承包商建造,然后在一有限时间段内拥有并运营工程,然后再把其所有权移交给业主,业主获得建筑产品。在选定 BOT 作为采购方法后,业主和承包商之间为该项目签订的合同类型即为合同安排,它可以选择"设计—建造"合同类型,也可以选择"管理承包"合同类型(见本章第二节)。

对于西方国家采用的众多采购方法，不同的作者经常使用不同的术语描述同一种方法，从而引起混乱，表3-1列出了一些西方作者引用的采购方法名称。

我们应当意识到，任何一种采购方法，都可能会有多种变形，而有时一种变形与另外一种并无很大差别。因此，虽然表3-1列出了22种采购方法，但这些方法可以归纳为以下几种形式：

（一）设计—建造分体化
- 传统式总价（包括1，2，3，4，5型）

（二）管理承包式
- 管理承包（包括11，12，13型）
- 成本补偿（包括6，7，8型）
- 项目管理（包括14，18型）

（三）设计—建造一体化（9型）

（四）建造—运营—移交/BOT类型，公私伙伴关系/PPP（包括19，20型）

（五）伙伴关系 Partnering（21型）

（六）其他（包括10，15，16，17，22型）

采购方法　　　　　　　　　　　　　　　　　　　　　表3-1[①]

| 作者 | 各作者引用的采购方法 ||||||||||||||||||||||
|---|---|---|---|---|---|---|---|---|---|---|---|---|---|---|---|---|---|---|---|---|---|---|
| | 1 | 2 | 3 | 4 | 5 | 6 | 7 | 8 | 9 | 10 | 11 | 12 | 13 | 14 | 15 | 16 | 17 | 18 | 19 | 20 | 21 | 22 |
| Ashworth | * | * | * | * | * | * | * |   | * |   |   |   | * | * |   |   |   |   |   | * | * |   |
| Walker and Rowlinson | * | * |   |   |   |   |   |   | * |   |   |   | * | * |   |   |   |   | * | * | * |   |
| Howes and Robinson | * | * |   |   |   | * |   |   | * |   |   | * | * |   | * |   |   |   | * | * | * |   |
| Ramus, Birchall & Griffiths | * | * |   | * | * | * | * | * |   |   |   |   | * |   |   |   |   |   |   | * | * | * |
| Hackett, Robinson & Statham | * | * |   |   |   | * | * | * | * | * |   |   |   | * | * | * | * |   |   |   |   |   |

序号　引用名称

1　　固定总价（有工程量）——工程量表 [Lump sum fixed price (with quantities)-bill of quantities]

---

[①]不同类型的采购方法选自表3-1作者的下列著作：

Ashworth, A & Hogg, K. (2007) Willis's Practice and Prodedure for the Quantity Surveyor, 12th Edi. Oxford: Blackwell Publishing.

Hackett, M., Robinson, I. & Statham, g. (2007) The Aqua Group Guide to Procurement, Tendering & Contract Administration, Oxford: Blackwell Publishing Ltd.

Howes, R. & Robinson, H. (2006) Infrastructure for the Built Environment: Global Procurement Strategies, London: Elsevier Ltd,

Ramus, J. Birchall, S. & Griffiths, P. (2006) Contract Practice for Surveyors, 4th Edi. London: Elsevier Ltd

Walker, D. H. T. & Rowlinson S. (2008) Procurement systems: a cross-industry project management perspective, London: Taylor & Francis

2 固定总价（无工程量）—规范和图纸 [Lump sum fixed price (without quantities)-specification and drawings]

3 可调价的总价（Lump sum with fluctuation）

4 近似工程量表（Bills of approximate quantities）

5 单价表（Schedule of Rate）

6 主要成本加定比酬金（Prime cost plus percentage fee）

7 主要成本加固定酬金（Prime cost plus fixed fee）

8 目标成本（Target cost）

9 设计—建造（Design-build）

10 协商合同（Negotiation contract）

11 管理（Management）

12 管理酬金（Management fee）

13 施工管理承包（Construction management contracting）

14 项目管理（Project management）

15 快速轨道（Fast tracking）

16 系列招标（Serial tender）

17 延续合同（Continuation contract）

18 BPF（英国财产联合会）系统 [BPF (British Property Federation) system]

19 建造—运营—移交 [BOT 类型：BOO（Build-Operate-Own）；BOT（Build-Operate-Transfer）；BOOT（Build-Operate-Own-Transfer）]

20 私人主动融资 PFI（Private Finance Initiative）/公私伙伴关系 PPP（Public-private partnerships）

21 伙伴关系（Partnering）

22 联营体（Joint venture）

由于各英美作者给各式各样的采购方法赋予不同的名称，Marterment（1992）便提议从"设计"与"建造"两个角度去理解采购形式；一端是完全分割设计与建造的功能（即由建筑师及工程师负责设计而承包商负责建造，如传统式采购方法），另一端是将设计与建造功能一体化（即由承包商负责设计及建造，如设计—建造式采购方法）。在两端之间便是各种类型的管理承包式采购方法。

Matharin（1990）对设计及建造在采购方法选择过程中的功能进行了深入分析：

图 3-1 表明了在采购过程中有五大功能即：(1) 项目引入；(2) 筹资；(3) 设计；(4) 建造；(5) 风险分配。在选择一个合适的采购方法时，应该特别注意设计与建造间的一体化程度，即从设计与建造的责任完全分开（如传统的总价合同）到设计与建造的责任完全一体化（如设计建造合同）。采购过程的五大功能将影响采购方法的选择：如选用设计建造式采购方法时，风险分配方面即由承包商承担了设计及建造

两种功能的风险；如选用传统式总价合同，便必须在完成设计功能后才可招标及施工，但估计工程量总价合同可使招标及施工提前，整体设计并未全部完成，由工料测量师估计工程量，进行招标，到施工期间才按实际测量结算工程费用。采购方法的选择对业主及项目各参与方实现其各自目标都非常重要。根据 Love，et al.（1998）和 Chang，et al.（2002）的调查研究，业主可以根据项目本身的特点通过以下标准来选择适合其项目的采购方法：项目设计与施工的速度、施工材料价格的稳定性、设计变更的灵活性、承包商的施工质量、指定分包商的数量、项目的复杂程度、项目的风险分担、投标时的竞争程度、争议和仲裁的可行性，以及业主处理该类项目的经验。

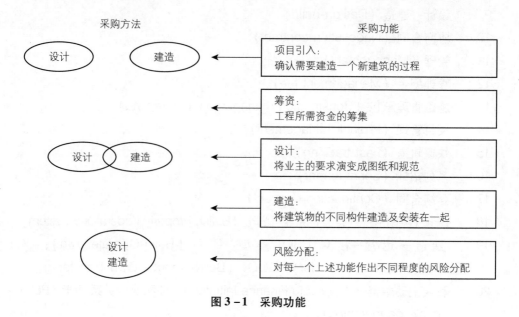

图 3-1 采购功能

## 第 2 节 英国的建筑采购

英国的建筑采购方法可分为两大类：传统方法和非传统方法（见表 3-2）。

### 一、英国的传统采购方法

传统的总价合同多使用单阶段选择性招标（Single stage selective tendering），如图 3-2 所示。招标之后，总承包商与业主之间签订的合同可为下列任一种总价合同。

(1) 有工程量；
(2) 估计工程量；
(3) 无工程量。

最为常用的总价方式是前二种，即有工程量合同和估计工程量合同。前者主要用于房屋建筑工程而后者主要用于土木工程。无工程量合同大多用于小型工程或小额维修工程。

英国建筑业的采购方法　　　　　　　　　　表3-2

| 传统采购方法 | 1. 总价 |
| --- | --- |
| | 有工程量 |
| | 估计工程量 |
| | 无工程量 |
| 非传统采购方法 | 2. 设计建造一体化 |
| | 3. 成本补偿 |
| | 4. 管理承包 |
| | 5. 项目管理 |
| | 6. 单独合同 |
| | 7. 建造—运营—移交（BOT）及公私伙伴关系（PPP/PFI） |
| | 8. 伙伴关系（Partnering） |
| | 9. 其他采购方式（"快速轨道"、确定期限、协商合同、系列招标及延续合同） |

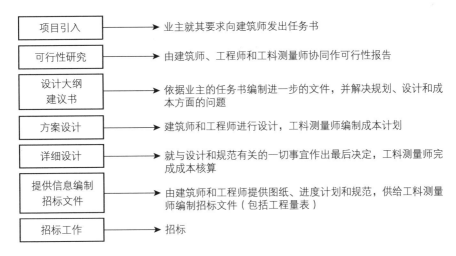

图3-2　英国的传统采购方法

英国传统采购方法使用标准合同模式及其依据的合同文本见表3-3。

业主与总承包商之间所签订的合同称作主合同。参与工程采购的各方如图3-3所描述。图3-3中的指定供应商和指定分包商多出现于有工程量和估计工程量总价合同，而在无工程量总价合同中一般不予指定。在传统合同中，总承包商不承担任何设计责任，除非合同中特别要求他承担某部分工程的设计责任，设计责任由建筑师、工程师及有部分设计责任的指定分包商或供应商承担。如果业主想就设计错误直接控告指定分包商，他必须依赖于业主与指定分包商之间签订的副担保书（Collateral Warranty）（又称保证合同），因其内容包括指定分包商的设计责任。

英国传统采购方法使用的标准合同模式　　　　　　　　　　　表3-3

| 类型 | 标准合同简称 | 备注 |
|---|---|---|
| 有工程量 | JCT 05 | 由合同审定联合会出版，有地方政府用版本（供政府使用）和私营项目用版本 |
| | GC/Works/1：Part 1 | 由 JCT 出版用于所有中央政府建筑和土木工程 |
| | ACA | 由咨询建筑师协会出版，为私人开发商所偏爱 |
| | NEC3/ ECC | 由土木工程师学会在 2005 年出版 |
| | NEC3/ ECSC | 当项目不需要复杂的管理技术，属于简单的施工工程时，代替 NEC3/ECC 使用 |
| 估计工程量 | ICE7（第七版） | 由土木工程师学会出版，用于土木工程 |
| | JCT（估计工程量） | 合同审定联合会出版，分私营及地方政府用版本 |
| 无工程量 | GC/Works/1：Part 2 | 用于小型政府建筑工程 |
| | JCT（无工程量）ACA（无工程量版） | 都仅用于简单的小型建筑工程 |
| 其他 | IFC98 | 由 JCT 出版，介于 JCT 98 和 JCT（Minor Works）之间。适用于合同额介乎£ 50000 至£ 500000 之间的工程 |
| | NCS/T, NSC/A, NSC/C, NSC/W, NSC/N | JCT 指定分包合同，与 JCT05 配合使用 |
| | ACA 分包合同 | 与 ACA 合同配合使用 |
| | JCT（Minor Works） | 仅用于低额成本和短期合同的工程 |
| | JCT（附有总承包商承担设计责任的附件） | 允许总承包商进行部分设计 |
| | NEC3/ ECS | 用于分包商，与 NEC3/ECC 配合使用 |
| | NEC3/ TSC | 用于供应商 |

表 3-3 中标准合同：

JCT05　Joint Contracts Tribunal/ Standard Building Contract 2005 Edition：

　-With Quantities（SBC/Q）

　-With Approximate Quantities（SBC/AQ）

　-Without Quantities（SBC/WQ）

GC/Works/1　The General Conditions of Government Contracts

ACA　Association of Consulting Architects'Form of Building Agreement

ICE　Institution of Civil Engineers

IFC98　Intermediate Form of Contract 1998 Edition

NSC/T　Standard Form of Nominated Sub-contract Tender

NSC/A　Standard Form of Articles of Nominated Sub-contract Agreement between a Contractor and a Nominated Sub-contractor

NSC/C　Standard Condition of Nominated Sub-contract, incorporated by reference into Agreement NSC/A

NSC/W　Standard Form of Employer/Nominated Sub-contractor Agreement
NSC/N　Standard Form of Nominated Instruction for a Sub-contractor
NEC3/ECC　The New Engineering Contract / Engineering and Costruction Contract
NEC3/ECSC　Engineering and Costruction Short Contract
NEC3/ECS　Engineering and Costruction Subcontract
NEC3/TSC　Term Service Contract

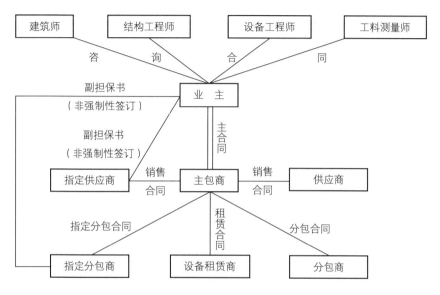

图 3-3　参与工程项目采购的合同各方

## 二、英国的非传统采购方法

此处仅对英国建筑业的各类采购方法进行概述，详细内容参见"国际工程管理教学丛书"中由 Fellows 和 Liu 所著的《工料测量学实务》一书（也可参考 Hackett, et al. 2007, Ramus, et al. 2006）。

英国非传统采购方法使用的标准合同模式及其依据的合同文本见表 3-4。

英国非传统采购方法使用的标准合同模式　　表 3-4

| 类型 | 标准合同简称 | 备注 |
| --- | --- | --- |
| 设计建造 | JCT/DB 05（Design and Build）ACA | 由合同审定联合会出版 |
| | | 由咨询建筑师协会出版 |
| 成本补偿 | JCT Prime Cost Building Contract（PCC） | 由合同审定联合会出版。向承包商支付主要成本、加酬金 |
| 管理承包 | JCT Management Building Contract（MC） | 由合同审定联合会出版 |

续表

| 类型 | 标准合同简称 | 备注 |
|---|---|---|
| 项目管理 | JCT/Construction Management Tender (CM); Construction Management Agreement (CM/A) | 用于业主与项目经理之间签订的合同文件 |
| | JCT/Construction Management Trade Contract (CM/TC) | 用于业主与主包商之间签订的合同文件 |
| Partnering 伙伴关系 | JCT/ Framework Agreement (FA); Framework Agreement Non Building (FA/N) | 由合同审定联合会出版的关于伙伴关系的协议框架 |
| | PPC 2000 | 由咨询建筑师协会出版 |
| | Option X12 | NEC Partnering Agreement |
| | Public Sector Partnering Contract (PSPC) | 由 Knowles Management and the Federation of Property Societies 开发 |

## (一)设计—建造(Design-Build)

该词常与"一揽子工作"和"交钥匙"(Turnkey)替换使用,且有以下特点:(1)由总承包商承担设计和施工的双重责任;(2)业主仅需要找单一总承包商来负责设计与施工。"设计—建造"一词基本上抓住了此类采购方法的实质,设计—建造模式各方关系见图3-4。

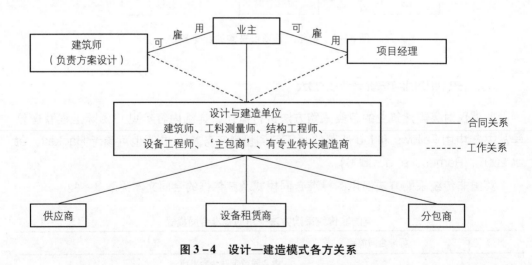

图3-4 设计—建造模式各方关系

## (二)成本补偿(Cost Reimbursement)

成本补偿合同用于业主按已实施工程实际成本(Actual Cost)[或称主要成本(Prime cost)]进行支付的情况。这种方式适用于大型维修及翻新工程,因为此类工程较难在施工前确切估算成本,如建筑物由于多年失修,虽然施工前可作初步维修方案设计,却不可能准确估算工程量从而估算成本,而具体需维修的地方多在施工后才逐步相继出现,所以对承包商做出成本补偿再加付酬金比较合理。成本补偿合同在通常情况下对资金有限的业主不适用,因为通常在施工期间这种安排存在更大的成本增加风险。

此类合同的管理模式有以下几种形式,即:

(1) 成本加固定酬金(Cost Plus Fixed Fee)

支付给承包商的是工程的主要成本加上包括其管理费、监督费及利润的一笔固定金额的管理酬金。

(2) 成本加定比酬金(Cost Plus Percentage Fee)

支付给承包商的是工程的主要成本,加上按主要成本百分比计算的管理酬金。

(3) 成本加可变酬金(Cost Plus variable Fee)

支付给承包商的是工程的主要成本加上管理酬金,该管理酬金根据估算的目标成本与最终成本之间的差额按比例变化。有时也称之为目标成本合同。承包商的管理酬金按商定的目标估算成本的百分比报出。实际支付给承包商的酬金是按实际最终成本与目标估算成本之间节省或超出数额的商定的百分比对管理酬金予以增加或减少来决定的,如能为业主多节省投资,承包商酬金可按比例增加。在某些情况下,也可以根据竣工时间给予奖金或进行罚款。

(三) 管理承包(Management Contracting)

管理承包商须与专业咨询顾问(如建筑师、工程师、测量师等)进行密切合作,对工程进行计划管理、协调和控制。工程的实际施工由分包商或各单独承包商承担。管理承包模式各方关系见图3-5。

(四) 项目管理(Project Management)

如今许多工程日益复杂,特别是当一个大业主,在同一时间内有多个工程处于不同阶段实施时,所需执行的多种职能超出了建筑师以往主要承担的设计、联络和检查的范围,这就需要项目经理。项目经理的主要任务是自始至终对一个项目负责,这可能包括项目任务书的编制,预算控制、法律与行政障碍的排除、土地资金的筹集,同时使设计者、工料测量师和承包商的工作正确地分阶段地进行,在适当的时候引入指定分包商的合同和任何专业建造商的单独合同,以使业主委托的活动顺利进行。由业主代表(即项目经理)负责项目全面管理的BPF(英国财产联合会)采购方法就是一个实例。项目管理模式各方关系见图3-6。

(五) 单独合同(Separate Contracts)

按单独合同安排,建筑师设计工程以符合业主的需要,并且代表业主同多个单独的

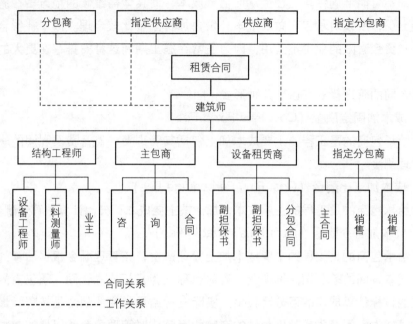

**图 3-5　管理承包模式各方关系**

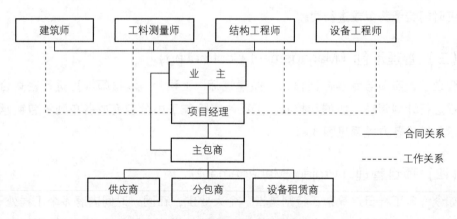

**图 3-6　项目管理模式各方关系**

承包商进行合同安排。这种方法已不普遍，现在多由总承包商（主包商）承担起所有专业建造商和其他分包商工作的计划、组织和控制。单独合同模式各方关系见图 3-7。

### （六）BOT/PPP/PFI

BOT（建造—运营—移交）这种采购方法，是业主（如政府）允许承包商建造，然后运营（如收取穿过海底隧道的收费）一段有限的时间，再把产品（隧道）的所有权移交给业主（如政府）。这种采购方法也许要求承包商（通常由联合财团支持）提供项目的部分资金，业主也通常要为项目的融资从国际货币市场取得银行财团贷款

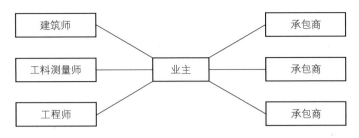

图 3-7 单独合同模式各方关系

(Syndicated Loan),并由政府担保(有这种安排是由于采用 BOT 的项目通常是大型的基础设施开发项目)。

随着项目融资的发展,公私伙伴关系(Public-Private Partnerships,PPPs)的采购方法在英国得到广泛的应用,从项目的融资、设计、施工、运行、维修到特许经营。在 PPPs 的采购方法中,英国政府最常使用的是在 1992 年提出的私人主动融资(Private Finance Initiative PFI)。PFI 项目由政府根据实际需要发起筹建,私营企业和私有机构组建的项目公司具体负责项目的融资、设计、开发和建造。

### (七)伙伴关系(Partnering)

为了有效解决进度、成本、质量的苛刻要求,增强企业在建筑市场中的竞争力,改善项目各参与方的关系,营造一个相互信任、彼此尊重、互惠互利的优良工作氛围,提高利润空间,Partnering 方法被用到项目的采购过程中,并在业主方、承包方、设计方、供应商等各参与者之间签订伙伴关系的协议,其标准的协议版本在表 3-4 中给出。

### (八)其他非传统采购方法

"快速轨道"、确定期限、协商合同、系列招标及延续合同都是有异于传统的单阶段选择性总价招标的采购方法。

"快速轨道"(Fast Tracking)一词是指通过下列方式提前工程竣工日期的非传统采购方式,例如:(1)通过两阶段招标签订估计工程量合同、设计—建造合同或管理承包合同等,使设计与施工阶段相重叠。(2)通过采用全方位协调设计和构件预制以适应承包商的进度计划,提高建造可行性。

确定期限合同(Measured Term Contract)适用于不能准确预知施工范围及作出具体设计,因而无从估算成本,但业主却勒令一段期限内完成工作的情况。例如业主名下各物业设施的保养维修,如全年内任何物业的门窗墙壁有损,即要承包商派人前往维修。这既不能预知工程量,也无从预知损毁程度。在这种情况下,承包商按费率一览表投标,在一个明确的期限内(如一年),承包商从业主处接受工作指令,按固定费率进行工作。

协商合同(Negotiation Contract)指不采用传统的单阶段选择性招标方法,而由业主不通过竞争性招标直接同承包商协商合同价格。

系列招标（Serial Tender）适用于即将实施的一系列类似的工程，承包商以"主工程量表（Master Bill）"为基础进行竞争性投标。该表是根据典型规模工程编制的假设工程量表。在上述竞标的基础上选择一承包商，随后的工程都根据为每一工程精确编制的工程量表进行协商，很重要的一点是随后工程的计划应十分确定，以使承包商在就主工程量表进行投标时把后续工作考虑在内。

延续合同（Continuation Contract）一般在不可能安排系列合同时使用，如当一个工程开工时，发觉邻近地块也可投入一并发展，或准备在邻近地块即将开发另一相类似项目。这样，业主可考虑用延续合同方式，以第一个合同为基础，用其工程量表对第二个合同进行协商，使其成为第一个项目的延续。

## 三、各方的责任

### （一）建筑师/工程师（Architect/Engineer）

建筑师/工程师与业主签订的咨询合同列明了他们的工作范围及责任。此外，在业主与总承包商签订的建筑合同中也有提及建筑师的责任及权利，并在土木工程合同中相应地提及。

建筑设计由建筑师负责，土木工程设计由工程师负责，所以 JCT 05 建筑合同中的设计者是建筑师，ICE6 土木工程合同中的设计者是工程师。

建筑师在接受任命之后的第一项任务是与业主讨论其建筑要求。这经常以需求表的形式出现，一般标作"业主任务书"。在了解了工地详细情况和主要建筑要求后，即可进行初步设计。在编制初步方案时，一般需要考虑各个可供选择方案的比较成本，因此，最好由业主直接任命工料测量师来负责成本估算，对于复杂的建筑，在此阶段应引入结构及设备咨询工程师。

此后，建筑师的工作通常按以下程序进行：

(1) 编制可行性研究报告（包括建筑师的初步方案和工料测量师的估算）。

(2) 业主批准后，递交计划大纲。

(3) 编制计划草案，即由结构工程师进行结构设计，由设备工程师或专业分包商负责设备方案，并与工料测量师协商编制成本计划。

(4) 由工料测量师编制全套招标文件，包括图纸和工程量表，并发出投标邀请书。

(5) 监督施工工作，发布建筑师指令，颁发合同中列明的各种证书（包括缺陷责任期终了时完成缺陷修复的证书）及最终成本账目的签发。

根据合同条件，承包商应把建筑师的指示视为业主的指示。但是建筑师未得到业主批准前，不应无故颁发变更令，而即使在得到批准的情况下，也不能更改合同中的实质性工作范围。建筑师在设计、施工监督和相关活动中，应按照专业人员的职业要求，对业主负责。也就是说，根据侵权法，不履行其职责的建筑师要对其职业疏忽负法律责任。

对于大型的建筑工程，一般有结构和设备咨询工程师。工程师可在编制设计、施工规范和相关资料后，在建筑师的总指挥下以"驻地工程师"身份监理现场工作。

建筑师也可能承担一些附带的责任，如对现存建筑作测量以获得规划许可、办理不属于业主律师负责的某些法律事务。对于这些职责，他应按照与业主签订的雇用合同行事。

### （二）工料测量师（Quantity Surveyor）

工料测量师也称造价工程师，他的主要任务是将工程成本控制在既定的预算之内。随着建筑工程规模的扩大和日趋复杂，业主认识到雇用独立的工料测量师的优越性。有时工料测量师也被任命为项目经理，控制工程进度及成本预算，并协调建筑师、工程师、总承包商和分包商的工作。

工料测量师的职责一般包括：

1. 初步的成本建议

对一个或多个初步设计方案做成本估算，并就方案提出的材料及施工方法做出成本比较来编制成本计划。

2. 成本计划

在设计期间，如果业主改变设计方案，工料测量师要估算所涉及的成本；经常性地监控设计方案是为了尽早发现超支的风险，并迅速采取修正措施。

3. 承包方法

为某一特定项目推荐最佳的合同格式及采购方法。

4. 招标

编制招标文件，包括工程量表。通过工程量表把图纸、进度和规范说明转化为详细的工程数量，发给每个投标人，使之能在与竞争对手完全相同的基础上计算其投标价格。

5. 选择承包商

向业主推荐投标人人选名单。

6. 施工工作的估价

对进行中的工作进行估价，提交已确认的期中支付建议书，并为业主编制财务报表。竣工时做最终成本核算。

### （三）工程管理员（Clerk of Works）或驻地工程师（Resident Engineer）

建筑工程合同（如 JCT 05）中提到工程管理员是业主的雇员，受雇检查工程质量，他可向建筑师提出建议，但不得向承包商发出指令，不管是变更或修补缺陷的指令均由建筑师发出。应注意对其权力给予限定,以避免出现由他发出的指示随即被视为无效的情况。

GC/Works/1 政府合同只承认监督人员(Superintending Officer)而没有工程管理员,因此,对于每个工程而言,所有的角色都在于定义和授权,且必须加以明确阐述。ICE6 土木合同规定了工程师代表(驻地工程师)常驻现场,工程师可对工程师代表进行授权。

### (四)总承包商(Main Contractor)

总承包商(也称主包商)是唯一与业主有合同关系的一方。通过签订合同,他至少负有三项重要责任:

(1)进行工程的施工。

(2)对参与建造工程的众多指定分包商、分包商及专业承包商进行全面的监督、管理与协调,管理施工进度并检查工程质量。

(3)提供工程建设初期的资金,该资金是他在实际花费之前不能从期中付款中得到的。

总承包商的责任除合同条款中明示的之外,还有合同条款中隐含的如下责任:

(1)总承包商要对所有潜在的和明显的材料缺陷负责。

(2)总承包商要对工程的目的适合性(fitness for purpose)负责。

如在 Greaves 公司诉 Baynham Meikle 一案中,设计建造商承诺为业主修建一座仓库,其二层应适用于仓库卡车作业。承包商雇用结构工程师进行设计。在使用时,二层坍塌。法庭认为被告对设计的楼层坍塌负有赔偿责任,因为他们默示保证该楼层的设计适合仓库卡车作业的目的,在此工程中业主表明依赖承包商的设计技能及判断力,那么承包商就默示保证完成的工程应合理地适合该仓库工程的特定目的。

(3)总承包商要对工艺(恰当的技能和细心施工)负责。

### (五)业主干预的概念

业主应该用足够的时间对项目进行招标,以便承包商算出投标价并递交工程量表和投标书,否则承包商就会报出高价以包括其未知的风险。雇主应尽可能避免随工程的进展而对原设计进行变更,因为此类变更经常会导致工程拖期和组织混乱,引起成本增加和承包商的索赔。业主亦应在合同附件中规定的期限内,按建筑师颁发的期中支付证书如期对承包商进行支付。

业主干预(Employer's Prevention)的概念来自合同法,合同中有一隐含的约定,即任何一方都不得干预阻延另一方执行合同,否则就是违约,即业主不得干预承包商完成工程。如业主不在合理的时间内交出工地占有权,他就不能责备承包商不按时完成工程。

## (六) 指定分包商和指定供应商 (Nominated Subcontractors and Nominated Suppliers)

传统采购方法中,经常出现业主指定,可以是指定供应商,也可以是指定分包商,其工作量以工程量表中列明的主要成本额 (Prime cost Sums) 作基础。(参见《工料测量学实务》一书对主要成本额的解释)。指定分包商/供应商各方的关系如图 3-8 所示。

建筑师在众多分包商中进行竞争性招标,然后选择一家作指定分包商实施工程。主合同文件中已填入完成该指定分包工程的主要成本额的估算。选择某一指定分包商之后,建筑师应指示承包商与之签订指定分包合同,主要成本额也应据主合同内的估算和指定分包商的投标价作相应的调整。

如需指定分包商负责部分工程设计,这设计内容将影响业主选用单阶段或两阶段向分包商招标。例如,电梯安装招标可以是简单的单阶段招标,由分包商在预定的价格内进行详细设计。但复杂的机械工程安装就更适应采取两阶段招标程序,即在第一阶段多家公司进行竞争,然后选中一家在第二阶段与建筑师协议进行最终设计,并在最终设计基础上协商最终价格。

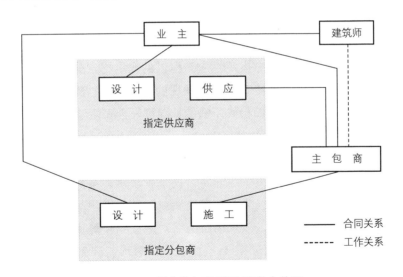

图 3-8 指定分包商/供应商各方关系

安装于工程中的产品或构件,可以在规范文件中指定或包括在工程量表的主要成本额中,在后一种情况下,建筑师应先获取有关产品的报价,并指示总承包商与某一个指定供应商签订合同。

一般而言,最好是在招标文件中对产品加以规定,并允许总承包商从他所选择的供应商处获取报价并直接与之进行供货安排。如同在指定分包商的情况下,只有由供应商负设计责任时,才需要指定供应商。凡是涉及设计责任,不管是指定供应商或是指定分包商，设计者都应与业主签订副担保书以使设计者按合同法直接对业主负责任。

签了副担保书后，指定分包商或供应商对其工程或货物做出保证，虽然业主已使承包商与分包商或供应商签订了指定分包合同，但业主仍可以就违反该保证而引起的损失控告指定分包商或供应商。

在 Shanklin 码头有限公司诉 Detel 产品一案中，原告是码头的所有者，希望对之进行修理和粉刷，并规定使用沥青涂料，为此目的雇用了一个承包商，被告（承包商）向业主保证他们的涂料很适合，涂后的表层可防锈，寿命为七至十年。出于对该保证的信赖，业主指示承包商订货并使用被告的涂料代替沥青涂料。结果被告的涂料完全失败，原告因被告违反上述保证而从被告处获得赔偿。

指定供应商的权利和义务较明确，且容易纳入到主合同的条款中，但指定分包商的权利与义务就更为复杂。

总承包商要对分包商（包括指定分包商）的一切行为向业主负责。但应注意以下几点：

1. 时间

总承包商要对指定分包商的工期延误负责任，除非主合同条款表明在某些情况下不包含此类责任的意图。

2. 材料

（1）明显的缺陷（Patent Defects）

主合同中有一默示条款，即由指定供应商提供的或由指定分包商使用的材料或货物不应存在当总承包商进行合理检查时就能发现的明显缺陷，除非主合同条款表明在某些情况下不包括此默示条款（即检查所需的标准可因合同条款和有关情况而异）。

（2）潜在的缺陷（Latent Defects）

主合同中有一默示条款，即要求总承包商对指定供应商提供的或由指定分包商使用的材料或货物的品质向业主负责。除非主合同条款表明在某些情况下不包括此类责任的意图。这一默示条款使总承包商即使在交货或安装时运用其恰当的技能和表现了应有的细心却未能发现此类缺陷，总承包商仍需对潜在的缺陷负责。这种情况下，总承包商可向指定分包/供应商索赔。在某些情况下，总承包商无需受制于这一默示条款。例如：①当建筑师指令总承包商签订的指定合同内限制了总承包商向指定供应/分包商索赔品质补偿；②构件的设计、材料选择、规范、质量和价格的确定与总承包商无关，而且总承包商又无权反对指定，或无权坚持保护自己不受供应商的损害，在这些情况下，默示条款一般都无效。

3. 工艺

总承包商不需要对指定分包商的设计负责，但要对指定分包商的工艺负责，因而有时责任分担不甚明确。例如，指定分包商需负责设计，工程出现问题时，究竟是设计出错或工艺出错即成为争论点。

4. 目的适合性

虽然总承包商要对工程的"目的适合性"负责，但如果业主未依赖总承包商的技能和判断力来选择指定分包商或指定供应商，则没有条款默示此类指定工程或材料应合理地适用该目的，除非主合同条款表明在某些情况下各方打算让总承包商接受此责任。

5. 设计

如果主合同中未对指定分包合同工作进行任何具体描述，且总承包商对设计不负有明示责任，一般总承包商不受任何默示条款约束，不承担指定分包商的任何设计责任。

## 四、合同文件

合同文件是协议条款所明确提及的文件。例如有工程量表的建筑工程总价合同（如JCT05 SBC/Q），合同文件通常包括：

- 协议条款（Articles of Agreement）
- 合同条件（Conditions of Contract）
- 合同条件附录（Appendix）
- 图纸（Drawings）
- 工程量表（Bill of Quantities）

但是也可以包括其他文件，例如在有工程量的建筑工程总价合同中（如在JCT 05中）纳入"标准测量方法"（SMM7（Standard Methods of Measurement）），指定工程量表按此法编制。

恰当地把一些文件纳入合同是至关重要的，否则一份包含人们所依赖的有工程项目信息的文件可能实际上并无法律意义。将文件纳入合同实际上只需要在合同文件的某一部分中提及或列明所涉及的文件，以及该文件拟决定或控制各方合同权利的程度即可。现在，一般标准合同格式都具体列出拟构成合同一部分的文件，并且规定由各方签字。如承包商受雇按图纸和规范工作，那么报价就与图纸和规范有关。如报价被接受，规范成为合同文件，其中包括的竣工时间就成为合同的内容。

规范的纳入尤为重要。ICE6土木工程合同明确提到了规范（其他土木工程标准格式通常也是如此），但是在有工程量表的建筑工程总价合同中却没有提及（如JCT05 SBC/Q），工料测量师通常以把规范和工程量表装订在一起的方式把规范纳入合同文件，并在工程量表中提及规范。在无工程量表的总价合同中，规范和图纸同等重要，且都被称为合同文件。

## 第3节 我国香港地区的建筑采购

我国香港地区采用的传统采购方法与英国类似，因此，图3-1与表3-2所作的描述基本上适用于香港地区的建筑业,但香港地区在采用非传统采购方法上不如英国那么积极。作为最大的单一业主,香港政府普遍采用总价方式,近年来也曾试用其他非传统方法,特别是设计建造法。其他政府资助机构,如教育机构在建造大学职员宿舍时就是在设计和建造的基础上发包的。

香港政府在采用非传统采购方法上态度谨慎,但私营机构在这方面却更具灵活性,近年来,私营机构的工程越来越多地以管理承包和设计建造的方式进行发包。

## 一、香港地区的传统采购方法

有工程量的总价合同通常用于建筑工程。近似工程量的总价合同通常用于土木工程,在如下情况时,也用于建筑工程:(1) 做设计的时间很短;(2) 不可预见的分项很多;(3) 许多设计方面的决定无法在招标前做出。在政府机构,土木工程通常是基础设施项目,在私营机构,可能是与大型开发项目相关的场地平整工程以及打桩工程。

所涉及各方的责任、指定程序、合同文件与上一部分所述的英国建筑业相同。

通常使用的标准合同模式在表 3-5 中列出。

香港地区传统采购方式使用的标准合同模式　　　　表 3-5

| 类型 | 标准合同的简称 | 备注 |
|---|---|---|
| 有工程量 | HKIA/RICS(香港分会)合同 | 由香港建筑师学会和皇家特许测量师学会(香港分会)出版,被私营机构广泛使用 |
| | 香港政府建筑合同 | 由香港政府出版,使用于所有政府机构的建筑工程 |
| 有近似工程量 | 香港政府土木工程合同 | 由香港政府出版,使用于所有政府机构的土木工程 |
| 无工程量 | RICS(香港分会)小型工程 | 由皇家特许测量师学会(香港分会)出版;使用于金额有限的小型工程 |
| | 香港政府建筑无工程量合同 | 香港政府出版;用于无工程量表的小型工程 |
| | 香港政府建筑工程期限合同(Term Contract) | 由香港政府出版,用于确定期限合同(有费率一览表) |
| | 香港政府机电工程合同 | 由香港政府出版,用于机电工程(以设备表、规范和图纸为基础) |
| 其他 | 香港政府分包合同 | 用于专业建造商工程 |
| | 香港政府指定分包合同 | 与香港政府合同配合使用,由主包商与指定分包商签订 |
| | HKIA/RICS(香港分会)指定分包合同 | 与 HKIA/RICS(香港分会)合同配合使用,由主包商与指定分包商签订 |

## 二、香港地区的非传统采购方法

传统的总价合同是在香港地区占主导地位的采购方法,此外,虽然也有各种工程采用设计建造,管理承包,项目管理以及 BOT 模式,但只是少数,而且也还没有任何标准的合同模式可供香港地区的建筑业采用。这些非传统采购方法与前述的英国建筑

## 第4节 美国的建筑采购

在美国最常见的合同安排格式为总价合同。美国的采购一般按线性顺序：(1) 设计，(2) 招标，(3) 施工。其流程参见表3-6。其特点是招标前招标文件已经很完整，可以通过协商或通过公开或选择性竞标确定工程价格。在美国，在招标文件中没有工料测量师编制的工程量表，于是每个承包商都要根据图纸计算其工程量，并要求分包商计算分包工程量，提交分包报价来编制投标书。Clough and Sears (1994) 对美国的合同安排做了很好的描述，Coller (1995) 从合同法的角度对建筑采购进行了非常详尽的描述。

### 一、传统采购方法

主包商与业主签订合同，合同详细描述了工程的性质和各方的责任。承包商有责任严格按合同实施工程，而业主须按协议对其予以支付。对施工过程中风险的考虑，是至关重要的问题，一般的合同条件明文规定承包商或是业主承担大部分风险，但也有些合同把施工风险分配给较能管理和控制该风险的一方。

主包商可通过竞争性招标选定，业主也可以与选定的承包商进行议标或者综合使用这两种方法。美国的招标程序如图3-9所示。整个工程可以包括在单一的主合同中，或对工程的各具体部分使用单独的合同。合同可以包括设计以及施工（如英国的设计建造法），或承包商的责任主要是管理（如英国的管理承包）。建筑业传统的方法是"线性建造（Linear Construction）"，它是指设计、招标、投标、施工的程序一步一步地按顺序进行。也可以仅以承包商管理工程的责任为主要内容。

美国的采购　　　　　　　　　　　　　表3-6

| 阶段 | 任务 |
|---|---|
| 1. 可行性研究及设计大纲 | 可行性报告、预算价格 |
| 2. 方案设计 | 估算建造成本 |
| 3. 详细设计 | a. 建造成本规划<br>b. 施工方法和工期建议<br>c. 项目生命周期成本分析<br>d. 价值工程（分析成本与所获价值的关系） |
| 4. 图纸、招标文件 | a. 由专业人员或建筑师编写规范<br>b. 合同文件 |
| 5. 招标 | 评标 |
| 6. 施工 | a. 基于开工前达成协议的进度计划进行支付<br>b. 协商变更的造价<br>c. 协商索赔的支付（有时需要索赔律师的参与） |

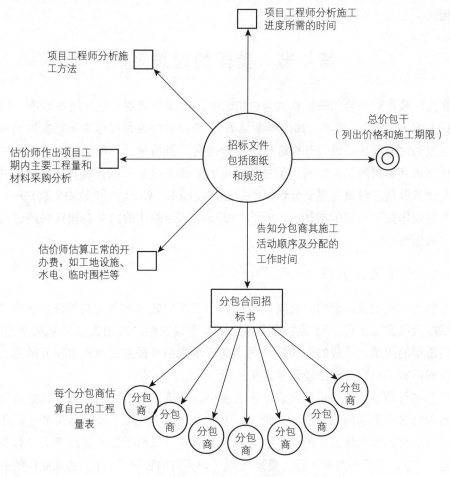

图 3-9 美国的招标程序

美国体系与英国体系之间的区别在于美国的设计人员不编制工程量表。在美国没有标准的工料测量方法，但许多大型的建造商都使用和他们自己的估价系统相联系的工料测量系统。此外，如果测量数据由咨询顾问担保，分包商愿意使用由咨询顾问提供的工程量。英国的体系是，凡工程量的测量出现错误或遗漏，用工程变更令予以修正，美国与此不同，其总价招标方法不包括这种对承包商的保护措施。

每个分包商按适应他自己的施工方法为其报价的工程自行编制工程量。

合同安排包括如下类型。

### （一）施工—传统的包干（Construction-Tradition Lump Sum）

大部分合同规定承包商对业主所负的责任仅为完成施工。在此种安排中，承包商完全处于设计过程之外，他对业主的责任限于严格按照合同条件进行工程施工。

凡承包商仅提供施工服务，通常的安排是由建筑师—工程师公司与业主签订合同，这些专业设计人员在设计阶段受业主委托进行设计，在施工阶段作为业主的代理行事，并经常在施工合同管理的事务上代表业主。

在此种合同安排中,业主、建筑师—工程师以及承包商受到狭义的角色限制,使承包商与其他两方容易产生对立的关系(Adversary Relationship)。

### (二) 设计—建造(Design-Construct)

业主就设计施工和其他采购服务与单一的公司签订合同的项目被称为"设计—建造"项目(或称 Design-Build 项目)。虽然有时也是竞争性招标,但这种合同形式大都采用议标。通常承包商有自己的设计部,雇用建筑师和工程师作为其雇员,但在有些情况下,建筑师—工程师也可是承包商的法人附属公司(Corporate Affiliate)或子公司(Subsidiary)。承包商也可为某一工程或合同,与独立的建筑师—工程师公司组成联合体。

团队精神(Team Spirit)是设计—建造的基本概念,由业主、设计者和建造者为项目的整体开发进行合作。承包商把与材料、施工方法、成本估算、施工进度计划等有关事项实质性地融合到设计之中。近年来,此概念越来越被业主接受和采用,主要是由于通过融合设计和施工这两种功能,可以节省费用,缩短工期。根据设计—建造合同,承包商可运用其经验和专业知识而进行快速轨道施工,而业主也可以比用传统的先设计而后施工的方法提早使用建筑物。

"交钥匙"合同与设计—建造合同相似。其区别在于承包商根据交钥匙合同代表业主承担的责任范围更大,且通常包括为业主作土地选择、项目融资、工程设备采购以至招租/出售竣工项目。

### (三) 施工管理(Construction Management,CM)

施工管理指的是以最低成本获得高质量工程为目标,为业主提供的专业管理服务,CM 方式即前面提到的快速轨道(Fast tracking)方式。此类服务可能只包括施工程序的某一个确定部分,也可能包括对整个项目的责任,其目标就是把工程的规划、设计、施工作为一个建设体系中相互结合的任务来对待。使用施工管理时,业主、施工经理、建筑师—工程师和承包商就组成了一个非敌对的队伍,工程的参与者共同协作,以最优化的方式,服务于业主的最高利益。施工管理是包括设计与施工活动的管理、指挥与控制。

施工管理服务可由设计公司或承包商或专业施工管理公司以收取商定的酬金为条件向业主提供。此类服务的范围从仅在施工阶段对各个承包商进行协调到涉及下列多方面的责任:工程规划和设计、工程组织、设计文件审查、施工进度安排、价值工程、成本监控以及其他管理服务。在通常情况下,施工管理合同被视为专业服务合同而进行议标,多采用固定酬金加管理费用补偿的支付方式。业主也可通过竞争性招标来授予施工管理合同。

### （四）固定总价合同（Fixed-Sum Contract）

固定总价合同要求承包商完成确定工程，以获取合同中的一笔固定金额。如果工程的实施成本超过此金额，由承包商承担损失，业主仅有责任支付合同中规定的全部金额。

按总价包干合同，承包商同意完成规定的工程以获取一笔总金额。这种方式适于那种在合同金额确定之前，各分项工程的性质和工程量均可以确定下来的那些工程。

### （五）单价合同（Unit Price Contract）

要求承包商按照对应于每一细部工作项目的固定价格表（费率一览表）实施某些工程，支付给承包商的总金额按合同的单价乘以实际完成的工作数量来确定。不管最终的工程量比建筑师—工程师起初估算的是多还是少，承包商都有责任按报出的单价去完成现场要求的工程量。当工程量发生大量变更时，若合同有规定，可按规定重新确定单价。单价合同特别适用于那些工程性质已明确，但在施工前却不能准确预测工程量的工程。

### （六）成本加酬金合同（Cost Plus Fee Contract）

成本加酬金合同规定业主向承包商补偿全部施工直接费用并就其服务支付酬金。有几种不同的方法来确定承包商的酬金，通常规定该酬金为施工费用的固定百分比或为一固定金额。有时还包括奖励条款，通过在承包商的基本酬金上增加奖金或减去罚款来激励承包商尽可能高效地完成工作。成本加酬金合同中经常包括保证最高成本（条款），按照此格式，承包商同意严格按照合同文件建造整个工程使业主的成本不超过某一最高总限价。

## 二、各方的责任

### （一）建筑师和工程师（Architect and Engineer）

建筑师和工程师，也被称为设计专业人员，是负责建筑或工程设计的一方或公司。许多公共机构和大型的私营机构内部都有设计人员，但一般建筑师—工程师为私人的独立设计公司，按与业主签订的合同完成设计工作。如运用设计建造的方式，则业主与既负责设计又负责施工的公司签订合同。

### （二）主包商（Prime Contractor）

主包商，也称为总承包商（General Contractor）（英国称为 Main Contractor），是与业主签订合同承担工程的公司。业主可选择与一个或多个承包商签订主包合同。在大多数情况下，业主把整个工程的施工授予一个主包商。主包商要协调施工过程中的一切因素,并对分包商和实施合同的其他方的履约情况向业主负全部责任。

当业主与多个承包商签订单独合同时,工程便不是在单一的主包商集中控制下建设,而是由几个单独的承包商为工程同时工作,各自对其指定的工程部分负责。每个承包商都独立地与业主签订合同,这些承包商之间的协调可能由业主、建筑师、工程师、项目经理来负责,也可能由某一个承包商在接受业主的支付的条件下完成某些全面管理的职责。

### (三) 成本咨询师(Cost Consultant)或造价工程师(Cost Engineer)

在美国没有专门的工料测量师专业,工料测量这一职能由具有不同专业头衔和技能的人员来执行。美国的建筑师(经常雇用成本咨询师)负责建筑物的初始预算的编制和施工成本的规划。他也编制规范和合同文件,并在施工过程中监控工程费用。

在设计阶段,有关成本的咨询可能来自以下三方面:

(1) 机构内部雇用有承包经验的估算师,专门从事成本控制的建筑师或受过工程教育在成本方面有专长的造价工程师作为其成本咨询师。

(2) 专业的成本咨询和估算机构。这些专业公司大多数都具备建筑工程成本与工期控制的专业知识。在美国通常认为成本与施工时间密不可分,业主也敏锐地认识到时间的资本价值。

(3) 主包商和专业分包商愿意向建筑师提供造价资料,希望由此获得中标机会。较小的建筑师公司经常使用此种方式,承包商也希望能多获得业务上的机会,因此这种方法行之有效。

### 三、英美两国的差异

由于在英国使用工程量表,英国和美国的招标方法就有如下所述的差异。

(1) 美国承包商把其单价视为机密信息,其惯例是不向业主公开其价格信息。

(2) 在英国,工程量表使所有的投标人在相同的基础上进行报价。英国承包商是用工程细部分项来做基础计价。工程量表的每个分项都是按《标准测量法》一书的规定来计算数量。美国的建造商则依据劳务、材料、设备、管理费和利润来讨论价格。

(3) 获取分包商报价的实际过程不相同。在英国,主包商把工程量表中打算作为分包工程部分的各页复制下来,以便直接获取分包商的报价。因此所有分包商都是在相同的基础上进行竞争。分包商的投标书及时递交给主包商,使其有足够的时间把这些价格作为工程量表中单价的基础,在工程量表中不提及分包商。

美国的分包商由主包商邀请进行投标。分包商通过查阅存放在主包商办公室所属的分包商管理图纸来计算其工程量,或者是主包商将全套文件存放在拟建工程地区设立的中心行业办公室或计划室里,以供查阅。为避免"投标压价"(Bid Shopping)的可能性,即总包商企图以一个分包商压另一个分包商的方式压低分包的标价,有时会利用"投标书保管站",由建筑商交流协会或行业协会管理。分包商将其工程投标书放入密封的信封里,标明致主包商,然后送到保管站。在规定的时间和日期,主包商(有时也称为主投标人)取走这些分包投标书。主包商没有采用最低价格投标的义务,但是提交的分包价格是不可进行调整的,主包商在被授予合同之前,不必公开他拟在工程上使用的分包商的名称。但是总包服务管理局(GSA)以及一些私人业主要求主包商在投标书格式中列出拟用于所有工作部位的分包商的名称和地址。投标者有权就每一工作部位提出至多三个分包商名称。

(4) 在美国,对于承包商而言,承担的与投标有关的风险要高得多。承包商总是害怕其投标书中出现漏项。英国所用的工程量表方式消除了因工程量疏忽出错而带来的风险,因为实际上是由业主承担了这一风险。

与此相关的另一个差异就是在美国建筑工程项目没有指定分包商或指定供应商,业主虽有权利授予单独的合同,但指定这一方法被视为没有必要。而恰恰与此相反的是指定分包商广泛地用于英国,使建筑师可与分包商直接联系。

在美国,工程尽可能地避免变更,因变更后,很难商定一个合理的价格,且整个行业都习惯于快速施工及利用大量预制配件。十一月至次年二月的恶劣气候,特别是在人口占全国60%的北部各州,使得在冬季之前完成建筑物的框架及外墙至关重要。在投标阶段,承包商在其进度计划中就考虑到这一点,而且绝对不鼓励业主在施工过程中进行任何变更,因为对进度计划的更改和阻碍均可能会产生严重后果。

在美国,当确实需要进行变更时,其价格由下列方式之一确定:

1)商定的包干估算,

2)成本加固定酬金,或成本加管理费及利润的百分比补贴,

3)投标前或之后商定的单价。

在美国,对劳务或材料的成本变更的价格波动条款(Price Fluctuation Clauses)在私营机构工程中很少见,而在政府工程中却常被采用。价格波动条款在英国的工程中是很普遍的(可调价的总价合同)。此类条款依据的是在全国范围公布的费用指数或商定的支付价格波动的计算方法。

在美国,承包商负责每月向建筑师递交进度付款申请。承包商在每一次提出期中付款申请之前,提交一份价值表(A Schedule of Values)作为进度付款的基础。在英国每月由工料测量师计算期中付款,只对完成了的无缺陷的部分作详细估价。英国的体系很精确,而美国的支付体系在这一点上略为欠缺。

英国的工程量表的一个重要特点就是让承包商向业主提交详细的单价,可用于合同的财务管理,也可提供因不同设计而异的基本成本资料,可用以指导未来工程的设计。在美国,分包商提供给主包商有限的投标价格分析,而承包商对业主也不能给出投标价格的详细分析。因此在美国,很少进行成本计划,虽然也可以从公布的资料以及分包商处获取某些分项的单价。但在英国,公布的成本与价格方面的资料数量多而

且也更容易获取。

## 第 5 节　日本的建筑采购

由于日本建筑业所具有的一系列人为和文化障碍，它们抑制了外国公司在日本市场上参与竞争的能力，海外公司大多与当地的公司结成联营体。日本的国内市场也提供了良好的营业环境和条件，使日本工程公司能够进入海外建筑市场。就设计而言，日本常委任外国有名的建筑师对著名的发展项目进行概念设计，例如由法国建筑师设计的关西机场。

日本的工程建设公司通常既做设计又进行施工，特别是对私营项目而言，承包商的设计部门可有一千人之多的专业人员。大多数土木工程是由政府部门负责的，而政府部门使用自己的设计部或雇用专业咨询师为其项目进行设计。咨询师与承包商之间既有合作，也有竞争，承包商可以受邀参与咨询师的设计工作，反之亦然（Kunishima 和 Shoji（1996）对日本的招标及合同管理方法有详细的叙述）。

承包商由建设省或专区长官颁发执照。大多数承包商规模较小，但有六个大公司：清水公司、鹿岛公司、大成公司、竹中公司、大林和熊谷组。他们都在建筑、土木及大型工程方面提供范围广泛的服务，例如为业主寻找施工场地，协助融资，然后设计建造并维修高质量的建筑及工程项目。他们的总部都设在东京。除这些最大的承包商之外，有许多小得多且能力相似的承包商。

### 一、传统的采购方法

在政府部门的项目中，符合相应等级且有适当经验的建筑公司可应邀参加投标。在选择这些受邀公司时，中央或地方政府根据以往所获的订单、营业额、财务状况及技术能力把建筑公司分级，而后通常将合同授予报价最低的投标者。在私营企业中，业主可以指定某一特定的承包商，但经常是邀请数个选定的承包商进行投标。许多工程也以设计和建造方式进行，其建筑师多由承包商雇用。

日本的合同体系以信任和共识为基础。双方保持良好及长期的关系是很重要的，日本人很少带律师进行谈判——这会意味着不信任——并且诉讼只是最后诉诸的手段。业主趋于经常与一个承包商合作，而承包商多雇佣有建筑设计和施工经验的人员，由他们编制概要图纸，而建筑服务则由专业分包商负责。

两种最常使用的合同格式为由日本建筑业委员会（Construction Industry Council of Japan）编制和推荐的"建筑和土木工程标准协议书格式"和"政府合同通用条款"，以及建筑合同通用条款（GCCC），它经多个建筑师与承包商协会批准，合同文件相对简短，在正常情况下由书面合同、合同条件、设计图纸和规范组成。没有工程量表，但承包商提交一份分项目的价格表（包括工程量）。如工程延误，要交损害赔偿费，砖石或混凝土建筑物保证期为两年，木制结构的保证期为一年。业主具有明确的变更工程的权利，对工期和成本通过谈判确定。很少有索赔发生。

在投标和授标阶段，一般由承包商确定合同价格，而不是让专业分包商估算其工程价格，因专业分包商信任承包商会公平地代表他们的利益。合同关系多半是以协商为基础，这意味着在支付和附加费用索赔方面不会发生冲突，即使引起争议时，也不会诉诸法律，因需要保持长久的合作关系，他们之间也经常会通过谈判达成解决办法。

合同由各种建筑师及承包商组织共同起草。标准建筑合同第一条包括了下列总则："业主和承包商应以合作、诚信和平等的关系忠实地履行本合同。"建筑师在合同中始终被称为监理者（Supervisor）。由于没有定义，该合同与西方的合同有很大差别。

在日本国内以及在海外，承包商经常就工程进行联营。联营协议的格式多种多样，在联营体中，参与者可能多至六、七个。承包商可以独立管理自己的部分，或共同运作。也可以采取均等股的合伙的形式，其大多数雇员从成员公司借用，所有的设备由联营体拥有。

## 二、各方的责任

### （一）专业承包商

承包建筑商业法（The Contract Construction Business Law）要求承包商取得执照才可开业。在日本几乎所有施工都是由与总包商保持着特殊关系的专业分包商承担的。在此类关系下，总包商会努力保持对其分包商的持续雇用，作为回报，每个分包商允许总包商提出合同价格，并对其资金状况和工程实施进行监控。很大的公司也不拥有永久性的工作队伍，但有一系列分包商与之松散地联系在一起。

日本的建筑业受到严格的管理，任何人进行设计或施工之前都需获得营业执照。营业执照由建设省及专区政府颁发。发放营业执照的标准很严格：公司必须具备在相关工程领域中至少五年经验的大学毕业生，或具有研究生毕业后在相关工程领域有三年工作经验的，有能力的专业工程师。

日本承包建筑商业法把建筑业分成三组：

- 总包和专业承包商（General and Specialised Contractor）
- 专业分包商（Specialised Sub-contractor）
- 设备安装商（Equipment Installers）

这三组又进而分为28个分组，日本的总包商是建筑业占统治地位的成员。总包商又按其年营业额进一步划分为大型、中大型、中型、小型及土木工程承包商。

在日本几乎所有的建筑工程都由专业分包商承担，这些分包商与总包商之间是一种家长式的关系。他们依靠总包商以获得后续工程。许多专业分包商为特定的总包商工作若干年，而且在许多情况下，他们会只为一个总包商工作。

日本的专业承包商分为两类，首先有一批安装公司，诸如东芝、三菱和日立这些主要的电气、机械、构件及设备公司。这些公司也参与到从汽轮机到帷幕墙范围广泛的产品的设计和制造中去。其次，有规模从很小仅提供劳务的小型到大型的独立的专业承包商。大多数专门行业的工作为仅提供劳务，每个承包商都保持着核心工作队伍，当需要时，以附加的分包队伍来补充。核心工作队伍将通过培训，学习新的施工技术。

### （二）设计者

日本建筑设计师和施工监理都必须有执照。他们有三种类型：一级建筑师，二级建筑师和土木结构师。一级建筑师必须通过建设省举办的考试并取得执照。其他两类建筑师由专区政府办理。

建筑师、工程师及成本咨询工程师通常或是直接地或是经过某种形式的竞争之后，由业主任命。入选的最重要的条件是工作经验，而取费仅是处于第二位的因素，个人关系与推荐在私营部门有时是有用的，但在政府部门很少奏效。建设省发布的公共声明第1206号包括了任命咨询工程师的准则，专业学会公布取费标准只作参考而不是强制的。

### （三）总包商

总包商被认为是全面的建设公司。他们不把自己描述成建造商（Builder），而是描述为：

- 工程承包商；或
- 建筑师，工程师，建造商，开发商的混合体；或
- 工程及建造师；或
- 建造工程师

建造商一词在日本没有什么地位，大多数建筑专业人员被称为工程师，甚至建筑师也被称为建筑工程师。大型公司专门承担高级的工程。例如，在隧道、地震工程、生物技术、建设机器人（Construction Robot）和混凝土技术方面大量投资。

有些总包商也参与房地产开发。所有的大型公司越来越多地参与到开发中去。熊谷组评论说："在过去，建设公司进行建设，开发商只进行开发，投资公司安排融资。我们的主要方针是把所有这些个独立的行业结合成一个。"

所有的大型总包商内部都具有广泛的多学科的设计能力。这些设计部门的规模可与日本大型的建筑工程设计咨询公司相匹敌。设计和建造是总包商工作任务的主要部分。交钥匙的运行方式对日本总包商很重要，他们要设计、监督、建造和维修建筑物，维修管理越来越重要。由日本总包商安排融资和为业主寻找土地也变得很常见。

日本总包商主要的实力之一在于他们十分关注细节及对工程方案的计划。他们在施工过程的计划控制方面大量投资。按期竣工对于他们是事关荣誉的事情。

日本的总包商与业主具有长期的关系。为某一业主重复修建工程被视为是深深植根于日本的企业文化之中的一部分。一旦使业主满意，建立起信任，自然而然会产生长久的业务关系，他们会发展成为"人际关系"。

每个大型总包商雇用很大的销售队伍以保持这种与业主的关系，以便当机会来临时，增加各个市场的份额。例如清水公司自己就雇用了大约一千名销售人员，负责与业主联系，日本总包商之间的竞争也非常激烈，实质性的建议书经常是免费送交给业主。

在日本，大型总包商在投机性房产开发方面的经验有限。住房工程由专业"木结构承包商（专门从事木结构建筑）"承担，而中小型承包商可获保证得到一定比例的政府部门工程。每年由政府决定这个比例，并鼓励这些承包商组成合作团体以分担风险并提高其信誉。合作团体（Co-operated Group）与联合体（Joint Venture）的不同在于，它不只限于一个工程，并有多种基金和优惠贷款。例如由建设省设立的建筑业促进基金，对金融机构提供给建设合作团体的贷款进行担保。

这些汇集在一起的合作团体就像一张大大的蛛网，其中心往往是一家大型的日本商业银行。虽然每一个附属于某个利益集团的公司表面上看是独立的法人，它们非正式的合作关系结合起来组成巨大的阵势。

### （四）建筑测量师

英国和香港的工料测量师，在日本实际称为建筑测量师（Building Surveyors），负责工程成本管理。日本有一个建筑测量师学会，它已加入了太平洋工料测量师协会（PAQS）。PAQS 中其他的协会成员有 AIQS（澳大利亚工料测量师学会）、NZIQS（新西兰工料测量师学会）、HKIS（香港测量师学会）和 SISV（新加坡测量师和估价师学会）。

## 三、研究与开发

日本承包机构的特点之一就是承担大量的研究与开发工作。研究的范围非常广泛，从土壤检验，到气体支持圆形屋顶，以及地震工程。日本人在使用机器人进行施工的研究以及智能大厦的开发方面一般被认为处于世界领先地位。最大型的建设公司每年用于研究和开发的直接费用可能达到营业额的 1%，但是他们也大量地资助公司外部的研究。所有的大型承包商都在施工机器人的开发中投资，例如竹中公司已开发出四种不同类型的机器人以改进混凝土浇筑和抹面［参见 CIOB（1995）有关日本在建筑业中的研究与开发的分析资料］。

# 第 6 节 法国的建筑采购

（本节中带"*"的外文名词为法文）

在法国，地方政府通过一个三级的结构来控制大部分的建筑工程（详见 Borrie

1995)。22 个地区直接选举议会和行政官员来处理文化旅游、工业发展和修建道路方面的事务。政府基金通过这些地区流入 96 个主要都市行政区,这些行政区有其自己选举的议会。行政区处理福利、社会服务以及基础设施方面的事务。再次一级,有约 36500 个小的地方行政区,这些行政区也有其自己选举的议会和市长。市长负责城镇规划、环境方案以及颁发建筑许可。

建造过程运行的方式很大程度上受到业主是政府部门或是私营机构这一因素的影响。在政府部门中,进行设计、雇用承包商和监督工程的方式严格地受到公共合同法(Code des Marches Pubics*)的控制。私营机构虽然也受到规划要求的限制及必须雇用建筑师才可获得施工许可的约束,但他们一般有更大的自由,特别是在选择承包商时。Meikle 和 Hillebrandt(1989)对法国的建筑业做了很好的描述[可参见 Lockewood(1991),Cooke 和 Walker(1994),Davis,Langdon 和 Everest(1995)]。

## 一、传统的采购方法

施工过程涉及的各方所起的作用与英国的不同,法国的更为复杂,采购和承包的方法也不相同,承包商和分包商通常进行大量的设计工作。国家亦要求承包商具备核准资格。

通常由业主决定采购方法,而私营机构比政府部门有更多的灵活性。招标可以通过公开邀请或选择性招标的方式进行,但实际上,即使政府部门,也会在收到投标书后,进行大量的议标。这一点并不令人奇怪,因为承包商的标价只取决于他们各自按自己(或分包商估计)的工程量来计算的标价。

一般情况下,合同为依据图纸、规范和合同条款的固定总价包干合同,它与英国使用的主要 JCT 格式也没有太大差别。

在法国,给予承包商投标的期限通常很短,尤其对于政府部门的工程,业主可决定采购方法。如果把全部工程分成各小项,使用按专业分类构成单独合同的方法,大的承包商通常对所有的单独合同均进行投标以获取全部工程,或者各行业承包商组成联营体投标(见图 3-11~图 3-14)。

在公开招标的情况下,业主通常把广告刊登在《指导者(Le Moniteur*)》周刊上,任何承包商都可以投标。若是选择性招标,仅有有限数量的承包商受邀进行投标,承包商的数量因工程价值而异。

招标文件由建筑师或工程师与工料估算核算师(metreur-verificater*)编制。文件编制通常依据规范和方案设计进行。按这种方式,每个承包商必须确定具体设计及施工方法。投标期间,承包商要深化设计以使其在投标书中按照方案设计和规范提出具体建议。除标价外,承包商的投标书要包括他自己深化设计的图纸和规范。例如,有可能一个承包商投出的价格是以预制混凝土构件设计为基础,而其他承包商可能选择现浇混凝土或钢结构。

这一体系与英国传统使用的工程量表有很大的差异。它减轻了接受低标的趋势，现实中，投标书会涉及不同的详细建议书，在决定工程价值方面，评标起着关键的作用。通常是在投标后进行广泛的谈判及议标之后，才授予合同。

在政府部门，下列几种情况下，议标（也称为 marches de gre a gre*）是被公共合同法允许的。

- 重复的工程
- 仅有唯一的承包商可以承担的专业工程
- 原先的招标未产生可接受的承包商

在私营机构，没有这种情况限制，如果业主愿意，即可自由进行议标。

法国的采购体系与英国有所不同。一般来讲，不要求由工料测量师作出独立的成本规划咨询及建议。

在政府部门中，业主必须遵循强制性的采购程序以获得合同，此程序因工程合同价值而异。在私营机构，对于合同安排的规定少得多，只要求业主按法规条例对工程进行规划，并雇用建筑师以获得建造许可。习惯上，可以自由商议价格并选择承包商。

在法国，总价包干合同（Marches a Forfait*）最常用。但对于工程量不确定的土木工程，有时也用工程量复测合同（Measurement Contracts），实质上就是纯单价合同。其特点是，合同工程量表中只开列单价。关于单价的确定方法，若议标，双方需协商一致确定单价；若是竞争性招标，通常承包商就按公布的合同费率一览表，作出高于或低于它的百分比报价。这种方式的优点是，在设计全部完成之前，即可开始签订合同和现场开工。

## （一）单独工种承包（Separate Trades Contracting）

这是在法国广泛使用的传统承包方法（图 3-10），和英国的单独合同方法类似。通常把工程按行业分为若干个单独合同，授予每个特定的行业承包商。每项单独合同也可能涉及几个专业承包商的服务。很明显，单独合同的数目因所涉及工程的复杂性而异。

采用此类方法，每个行业承包商与业主发生直接合同关系，而各单独行业承包商之间没有合同关系。全面的监督由业主代表（maitre doeuvre*）进行，多个承包商通常指定牵头人（pilote*）来协调和监控进行中的工程。

## （二）设计和建造（一揽子交易（Package Deal））

此方法包括指定一个总承包商，由他负责完成整个工程的设计和建造（图 3-11）。总承包商可以把大部分工程分包出去，一般此类总承包商自己所完成的工作不超过全部工程的25%，其余均由分包商完成。此类方法显而易见的优点就是业主只与

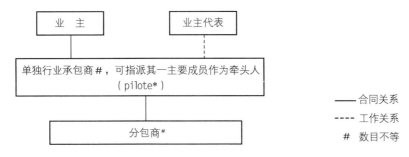

图 3 – 10　单独工种承包（lots Separes*）

一方打交道，即单一责任。此外，总承包商对现场工作及所有的协调负全部责任，而这在单独合同中是由业主指定的专业机构来承担的。

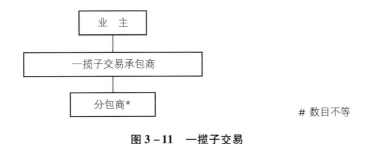

图 3 – 11　一揽子交易

尽管使用总承包商有明显的优点，但这种方法在法国的使用并不广泛，如果使用也是一些大公司在使用。使用承包商进行一揽子交易（交钥匙，或设计 – 建造的方法）时，此类承包商（ensemblier*）须与其他投标人进行竞争才被授予合同，进行工程的设计和施工。

（三）总承包（General Contracting）

业主把工程的设计工作交给一个业主代表，然后把实施工程的单独合同授予一个总承包商，由他在业主代表的控制下进行工作（图 3 – 12）。

（四）联营体（Conjointes*）

联营企业集团（即联营体）的方法在单独行业合同的工程中经常使用（图 3 – 13）。任何一家承包商不对其他承包商负责。

（五）联合体（Solidaires*）

联合企业集团（即联合体）是若干个承包商联合起来对合同共同负责的一个联合体（图 3 – 14）。这种承包方式只有在风险平均分配的情况下才是可行的，而这在实际中并不常见。因此不如 Conjointes 方法普遍。

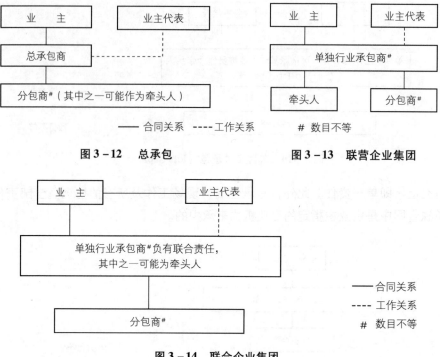

图3-12 总承包　　　图3-13 联营企业集团

图3-14 联合企业集团

## 二、各方的责任

### (一) 设计者

雇用专业咨询师的程序因工程的性质而异。通常首先任命设计者（concepteur*），或有时业主可以先任命业主代表，授予其执行权力并代表业主行事，此种权力与在英国授予项目经理的权力相差不大。在政府部门，如果是建筑工程，必须雇用建筑师，若是土木工程，必须雇用工程师，常常二者都要雇用。此外，也许还要包括工料估算核算师（类似于英国的工料测量师）以及规划师。如果业主是一个部或其他政府机构，其内部有设计能力，则设计工作不必通过竞争向外求助。但是对于中央政府的项目，凡设计由外部的咨询师负责时，程序均因拟建工程的金额而异。

私营机构的程序限制得没有这么严格。但需要雇用建筑师以获取建筑许可，此许可的获得还包括提交位置规划、详细的现场规划、立面图及恰当的申请格式。

工程师是法国建筑业的主要职业，受到高度重视。在专业人员的协助下，许多工程师能够胜任的工作范围超越了英国专业领域的界限。

建筑师对于施工过程的参与一般被限制在方案设计和一些基本的详细设计。但是，如前所述，对于政府部门的工程，建筑师至关重要，因为法律上要求雇用建筑师，他们的取费亦由法律规定。在私营机构，建筑许可必须由建筑师申请。在此种情况下，虽然公布了推荐的取费比例，但取费的标准不是强制性的。

## (二) 工料估算师/核算师

在英国,工料测量师作为独立的专业人员提供咨询服务,但是一般在法国不是这样。由研究局编制工程量表、估价并提供其他成本建议。但提供的单价和服务因地区而异。在里昂和 Rhone-Alpes 及其周围地区,有专业人员从事与英国的工料测量师非常相似的工作。

他们主要被称为工料估算师/核算师,可能由建筑师、工程师或承包商雇用。工料估算师(metreur*)在为工程师工作时,帮助工程师进行投标书的比较并编制成本估算和规范。当为承包商工作时,工料估算师按图纸测算工程量,协助进行估算,在现场为每月估价和分包商结账而测量工程,并协助编制最终账目。他也可以协助进行工程协调工作。

工料核算师(verficateur*),代表工程师等检查由承包商的工料估算师进行的工作。

但从20世纪70年代开始,出现了经济师这一称谓,它是工料估算师/核算师的角色合乎逻辑的演变,其作用与英国的工料测量师区别不大。

## (三) 业主代表(Maitre d'oeuvre*)

业主代表的责任包括下列几项:
- 财务管理及成本控制
- 施工现场组织、管理和与分包商及各方的协调
- 工程的检查

业主代表的角色可以由任何业主指定的人员担任(包括承包商),但在实际工作中经常是建筑师。在政府部门,法律要求雇用一组专业人员以保证设计令人满意。在这组专业人员中经常包括建筑师、工程师、工料估算核算师,一个研究局及其他。这一组的领导人称总咨询师(Principal Consultant)。

## (四) 牵头人(pilote*)

对现场正在进行的施工的协调和监控由牵头人负责。此职能常由其中一个承包商承担,通常是土木承包商,特别是如果他在项目的早期即涉及其中。另外,研究局或建筑师也可以承担这一角色。牵头人须成功地规划工作以使其按时交工。但是工程的质量由业主代表负责。

牵头人对工程的财务管理无权直接控制。因此在实践中,牵头人主要依靠自己的能力有效地进行联系以发展恰当的工作关系。

## (五) 承包商

在法国,建筑承包商一般分为总包商(他承担结构工程,主体工程,如钢筋混凝

土框架的施工）或是承担装修工程的承包商，后者的作用近年来日益显得重要。一般总包商不承担大型工程，而更可能实施中型的公共和私人工程。大多数总包商组织机构较小，并雇用自己的工作队伍，虽然劳务分包的情况普遍。

总包商或行业承包商通常向其他分包商进行分包，但是在法国分包量比起英国来要相对小一些，这主要是由于承包体系不同。在法国，分包必须在工程之始便明确；可以由业主直接支付，否则由雇用的承包商直接支付。

一般要求各级的承包商具备国家承认的资格，并根据其实施工程的经验分级，而这又与它所雇用的人员数量和营业额相关联。有一个全国注册机构，即"建筑及附属工作资格和分类行业组织"（OPQCB）。这个机构按地区划分。此外还有一本商业名册——"建筑行业"，承包商要想列入其中，必须付款。

公共工程一般要求承包商具备恰当的资格。OPQCB是独立的，但一直受控于建设部，它由专业代表、业主联合会以及监控局组成。

### 三、标准合同模式

私营机构的工程通常使用标准合同模式，它是由法国标准化协会（AFNOR）出版的通用管理条款（CCAG），但是由建筑师和其他咨询师为适应某一特定工程专门起草的合同也是常见的。

政府部门于采购过程中签订的合同受公共合同法的管制，主要的部门组织都具有并且坚持使用其自己的标准合同模式。

## 思考题

1. 试比较英国和美国的招标程序。
2. 比较英国传统的采购方法和设计—建造方法的利弊。
3. 讨论美国建筑业承包商的责任。
4. 分析英国采用指定分包商是否是一个好的方法。
5. 英国和法国的采购方法有何相似的特征？
6. 你是否认为英国建筑业中工料测量师的工作对业主十分重要？在美国、日本、法国，由谁来执行此类工作？你是否认为一位单独的工料测量师为业主提供成本咨询服务对整个建筑业也是有利的？

# 第 4 章 世界银行贷款项目的工程采购合同

> 本章中首先介绍了工程采购招标文件编制的原则和分标的方法，对世界银行、世行贷款项目的项目周期作了简介，随后介绍了对投标人的资格审查。全章重点是第3、4节，第3节详细地介绍了世行贷款项目"工程采购标准招标文件"2007年版中三大部分共九节的内容。第4节着重讨论了合同文件涉及的支付条款和投标书附录中的几个问题，最后一节介绍了开标、评标和决标。

## 第 1 节 概 述

世界银行（以下简称世行）贷款项目的工程采购、货物采购及咨询服务的有关招标采购文件是国际上最通用的、传统管理模式的文件，也是典型的、权威性的文件。世行的各种文件是世行半个世纪采购经验的结晶，是高水平的国际工程合同管理文件。

我国自20世纪80年代以来，应用世行贷款，不但修建了大量基础设施项目，也在这个过程中学习了许多国际工程项目管理的知识。现在虽然国内世行贷款项目减少，但在我们走向发展中国家去承包工程时，仍会遇到大量的世行及其他国际金融组织贷款的项目。

我们研究工程项目管理的国际惯例时，必然应该认真地学习研究世行及有关的系列文本，这对我国的工程建设队伍了解和熟悉工程采购的国际惯例，在项目管理方面与国际接轨和走向世界有着十分重要的意义。

本节首先简介了工程采购和招标的概念、编制原则以及世行贷款项目的"项目周期",随后再详细介绍世行贷款项目工程采购标准招标文件。

## 一、工程采购招标文件编制的原则

国际上,工程采购(Procurement of Works)一词指业主通过招标或其他方式选择一家或数家合格的承包商来完成工程项目的全过程。工程采购主要的环节包括:

- 编制招标文件
- 进行招标、评标
- 谈判和签订合同
- 项目实施期间的合同管理

招标是要约邀请(Invitation to Offer),是业主采用市场采购的方式对将实施的工程项目某一阶段特定任务的实施者进行选择的方法和过程,也可以说是业主对自愿参加某一特定任务的承包商或供货商的审查、评比和选用的过程。

招标对于业主一方来说,是进行工程项目管理的极为重要的一环,牵涉到选择一个合格、胜任的承包商来完成既定的项目,对工程的投资、进度和质量进行有效的控制,保证项目能够按时投产、顺利运行,而编制好招标文件是招标工作中最重要的一个环节。

招标文件也是提供给承包商投标的依据。在招标文件中应明确地向承包商说明工程项目有关内容的实施要求,以便承包商据之投标。

招标文件又是签订工程合同的基础。招标文件90%以上的内容将成为合同的文件。因为招标文件是业主一方对工程采购的基本要求,在招标、投标和谈判过程中是不会做大的变动的,据之签订的合同则是在整个项目实施和完成过程中最重要的文件。

对承包商一方而言,招标文件是业主拟定的工程采购的蓝图和合同草案,正确地理解和掌握招标文件的内容,是成功地投标、签订合同以及顺利实施项目的关键。

对咨询工程师而言,受业主委托编制招标文件是工程咨询的重要内容之一,在招标文件中既要体现业主对项目的技术和经济要求,又要体现业主对项目实施管理的要求,编制一份完善的高水平的招标文件是一项要求很高的咨询工作。

对监理工程师而言,必须全面而深入地理解和掌握招标文件的内容,因为据之签订的合同中将详细而具体地规定监理工程师的职责和权限,是监理工程师进行合同管理的最重要文件。

总之,招标文件对于参与项目准备和实施的各方都是十分重要的。

### (一)招标文件的编制原则

招标文件的编制原则是系统、完整、准确、明了,使投标人一目了然。编制招标文件的依据和要求包括:

- 遵守法律和法规：应遵守我国和项目所在国家的法律、法规和当地政府部门的有关规章、条例等文件。
- 遵守国际组织规定：如果是国际组织贷款，必须遵守该组织的各项规定和要求，特别要注意各种相关的审核批准程序，此外还应该符合国际惯例。
- 风险的合理分担：应注意公正地处理业主和承包商的利益。如果不适当地将过多的风险转移给承包商一方，势必迫使承包商加大风险费，提高投标报价，最终还是业主一方增加支出，甚至可能影响工程的正常实施。
- 反映项目的实际情况：招标文件应该正确、详细地反映项目的实际情况，以使投标人的投标能建立在可靠的基础上，这样才能减少履约过程中的争议。
- 文件内容力求统一：招标文件包括许多内容，从投标人须知，合同条件到规范、图纸、资料表等，这些内容应该力求统一，尽量减少和避免各份文件之间的歧义和矛盾。招标文件的矛盾会引发工程实施中的争议和索赔。招标文件用语应力求严谨、明确，以便在产生争议时易于根据合同文件判断解决。

（二）工程项目的分标

工程项目的分标指的是业主（及其咨询人员）将准备招标的工程项目分成几个部分单独招标，即对几个部分都编写独立的招标文件进行招标。这几个部分既可同时招标，也可分批招标，可以由数家承包商分别承包，也可由一家承包商全部中标承包。

分标的原则是有利于吸引更多的投标人参与投标，以发挥各个承包商的专长，降低造价，保证质量，加快工程进度。但分标也要考虑到便于施工管理、减少施工干扰，使工程项目的实施能有条不紊地进行。

分标时考虑的主要因素有：

（1）工程特点。如果工程场地集中、工程量不大、技术上不太复杂，由一家承包商总包比较容易管理，一般不分标。但如果工地场面大、工作战线长、工程量大，有特殊技术要求，则应考虑分标。如高速公路项目，就应该考虑到当地地形、河流、城镇和居民情况等，据此对土建工程进行分标，而交通工程系统则又是一个标。

（2）对工程造价影响。一般说来，一个工程由一家承包商施工，不但干扰小，便于管理，而且由于临时工程少，人力、机械设备可以统一调度使用，因而可望得到较低的报价。但也要具体问题具体分析。如果是一个大型、复杂的工程项目（如特大型水电站），则对承包商的施工能力、施工经验、施工设备等有很高的要求，在这种情况下，如不分标就可能使有资格参加此项工程投标的承包商数量大大减少，竞争对手的减少必然导致报价的上涨，反而不能得到比较合理的报价。

（3）有利于发挥承包商的专长，增加对承包商的吸引力，使更多的承包商来投标。如大型海港工程，既有海洋中的水工工程，又有码头后的陆域工程；还有码头上与装卸有关的工程以及轮船导航设施等，施工技术复杂。码头工程不但要求承包商具备丰富的码头施工经验，还要有专用施工设备，而陆域工程则相对简单得多，只要具备爆破、装卸和运输能力的公司均可投标。显然分标可以吸引更多的承包商参加竞争，有利于降低造价。

(4) 工地管理。从工地管理角度看，分标时应考虑两方面的问题，一是工程进度的衔接，二是工地现场的布置和干扰。

工程进度的衔接很重要，特别是在关键路线上的项目一定要选择施工水平高、能力强、信誉好的承包商，以防止由于这类项目的施工进度影响其他承包商的进度。

从现场布置角度看，则承包商应越少越好。分标时要对几个承包商在现场的施工场地（包括现场分配、附属企业、生活营地、交通运输甚至出渣场地等）进行细致周密的安排。

(5) 其他因素。如资金不足时，可以先部分招标；如果是国际工程，外汇不足时则可将部分工程改为国内招标；或为了照顾本国承包商而分标，部分仅对国内招标。

总之，分标是正式编制招标文件前一项很重要的工作，必须综合考虑上述原则及因素，有时可拟定几个方案，综合比较确定。

## 二、世界银行简介

世界银行以促进持续经济增长、提倡对人力资源的投资、减少贫困和提高人民生活水平为宗旨。世界银行通过提供贷款、技术援助和政策引导，协助发展中国家成员国达到这个目标。

### (一) 世界银行集团 (The World Bank Group)

世界银行集团共包括五个成员组织：

(1) 国际复兴开发银行 (The International Bank for Reconstruction and Development, IBRD) 成立于 1944 年，是中等收入发展中国家开发性贷款的最大提供者，也是帮助这些国家从其他来源筹措同类资金的主要中介组织。该银行资金主要从国际资金市场筹措。

(2) 国际开发协会 (The International Development Association, IDA) 成立于 1960 年，以 35 年至 40 年偿还期的无息贷款援助最贫困的国家，其资金主要来自各国政府捐款。

(3) 国际金融公司 (The International Financial Corporation, IFC) 以贷款、股金和各种咨询服务支持发展中国家的私营企业。

以上三个组织均为金融性机构，尽管具体任务不尽相同，但其最终目的都是通过向成员国中的发展中国家提供资金和技术援助来帮助这些国家提高生产率以促进其经济发展和社会进步。

（4）多边投资担保机构（The Multilateral Investment Guarantee Agency，MIGA）是一个非金融性机构，旨在帮助成员国中的发展中国家创造一个良好的软投资环境，以更有效地吸引外资来促进本国经济发展，其主要业务是为在发展中国家的外国投资者提供非商业性风险担保和投资促进性咨询服务。

（5）解决投资争端国际中心（The International Center for the Settlement of Investment Disputes，ICSID）也是一个非金融性机构，主要是通过调解和仲裁，为各国政府和外国投资者之间解决争端提供方便，以鼓励更多的国际投资流向发展中成员国。

"世界银行"一词，最初为"国际复兴开发银行"的简称，因为它是世界银行集团中成立最早的机构，现在人们通常把世界银行集团简称为"世界银行"，但在世界银行集团业务活动中，"世界银行"被用来统指国际复兴开发银行和国际开发协会，在我国国内均简称为"世行"。

（二）世界银行简介

（1）成员国。根据世行协定规定，任何国家不论其政治、经济、社会制度如何，凡愿意遵守世行协定，履行协定规定之义务者均可提出加入世行的申请，经世行理事会批准后加入。唯一的前提条件是，该申请国必须首先加入国际货币基金组织。

（2）投票权。成员国认缴的股份可以分期分批缴清，成员国投票权的大小取决于其实际认缴股份的多少，而非一国一票。根据世行协定规定，每一成员国均拥有基本投票权250票，每认缴一股（每股10万美元），另外增加投票权一票。世行决策的一般原则是：除非有特别规定，一切事项均由多数票决定。

（3）资金来源。国际复兴开发银行的资金主要来自五个方面：成员国实际缴纳的股金、国际金融市场筹资、贷款业务收益、贷款资金回流及将部分贷款债权转让给私人投资者。国际开发协会的资金主要来自会员国和其他资助国的捐款。

（4）组织机构。包括决策机构（即理事会和执行董事会）和行政管理机构（由行长、若干副行长和工作人员组成）。

理事会是国际复兴开发银行的最高权力机构。由每一成员国委派理事和副理事各一位组成。成员国一般都委任财政部长或中央银行行长担任理事。理事会除行使必须由其行使的职责外，将协定赋予它的一般职权委托给执行董事会代行。

执行董事会（以下简称执董会），是负责组织银行日常业务的机构，行使由理事会授予的职权。目前，执董会由24名执行董事（以下简称执董）组成，其中5人由拥有股份最多的5国（美国、日本、德国、法国、英国）政府委派，其余19人由其他成员国的理事按地区分组选举产生。执董和副执董常驻世行总部。执董会负责处理世行的全面业务，包括根据协定条款的框架决定银行的政策，以及对所有贷款建议作出决定。

世行的行政管理机构由行长、若干副行长、局长、处长和工作人员组成。行长一般均由美国人担任，由美国总统提名，由执董会以简单多数选举产生，负责世行的日常行政管理工作，任免世行的高级职员和工作人员。

(5) 业务活动。世行的最主要业务活动是向发展中国家提供长期生产性贷款，以促进其经济发展，提高人民生活水平。除贷款外，世行还积极进行技术援助、学术与政策研究等业务活动，从多方面为成员国提供发展帮助。世行的贷款按其用途及其与投资和组织机构的联系分为具体投资贷款（项目贷款）、部门贷款、结构调整贷款、技术援助贷款、紧急复兴贷款。其中项目贷款是世行贷款活动的主要组成部分，遍布农业、农村发展、教育、能源、工业、交通、城市发展和供水等各个领域。

## 三、世界银行贷款项目的"项目周期"

世界银行贷款项目，是指将世行贷款资金与借款国国内配套资金结合使用进行投资的某一固定的投资目标。世行每一笔项目贷款的发放，都要经历一个完整而较为复杂的程序，也就是一个项目周期（Project Cycle），这个周期包括6个阶段，即项目选定、项目准备、项目评估、项目谈判、项目执行与监督、项目的后评价。在每个项目周期中，前一阶段是下一阶段的基础，最后一个阶段又产生了对新项目的探讨和设想，这样形成一个周而复始的完整的循环圈。

### （一）项目选定（Project Identification）

在这个阶段，借款国需要确定既符合世行投资原则，又有助于借款国实现其发展计划并属于优先考虑的项目。世行将参与和协助借款国进行项目选定，收集项目基础资料，确定初步的贷款意向。在我国，与这一阶段相似的程序是项目的立项阶段，包括项目概念的提出、项目建议书的酝酿、提出与批准等。

### （二）项目准备（Project Preparation）

在项目被列入世行贷款规划后，该项目便进入项目准备阶段。这一阶段一般持续1~2年，其主要任务和要求就是通过可行性研究得到最佳的设计方案，并提出"项目报告（Project Report，PR）"。与国内项目建设程序相比，这一阶段相当于项目可行性研究阶段。

项目准备工作，主要由借款国自己来做，但世行也直接或间接地对借款国提供帮助，目的在于加强借款国准备和实施开发项目的总体能力。在这一阶段，世行要派由有关专家和项目官员组成的项目准备团，对借款国的项目准备工作进行检查、监督和指导，随时了解项目准备工作进展情况，同时通过搜集项目有关资料，为下一步评估工作做好准备。

### (三) 项目评估 (Project Appraisal)

项目评估,是项目周期中的一个关键阶段。当借款国自己所进行的项目准备工作基本结束,世行就要开始项目评估。由世行职员及聘请的专家承担此工作。

世行要在这一阶段与借款国政府及项目单位讨论项目规模、内容、项目成本、执行安排、项目融资、采购、支付及审计安排等一系列问题,并将这些内容基本确定下来。这一阶段工作一般需 2~4 周时间,评估内容包括技术、组织机构、经济和财务以及社会四个主要方面。在完成项目评估后,其评估人员要编写一份详细的《项目评估报告》。世行的项目评估相当于国内项目立项批准之前的评估阶段。

### (四) 项目谈判 (Project Negotiation)

项目谈判是世行与借款国为保证项目成功,力求就所采取的必要措施达成协议的阶段。项目谈判内容主要包括贷款条件与法律性文件(如合同协议书、合同条件等)的讨论与确认,以及技术内容的谈判两个方面。经过谈判所达成的协议,将作为法律性文件由双方共同履行。

谈判结束后世行方面要将谈判后经过修改的评估报告提交其执行董事会。如果批准了这项贷款,则贷款协定就由双方代表签署。协定的签订标志着项目正式进入执行阶段。

### (五) 项目的执行与监督 (Project Execution and Supervision)

项目的执行,就是指通过项目资金的具体使用以及为项目提供所需的设备、材料、土建施工以及咨询服务等,将项目目标按照设计内容付诸实施的建设过程。执行的主要内容包括项目采购、贷款资金支付与配套资金提供、技术援助与培训计划的实施等。

在项目执行过程中,世行将提供必要的帮助,并依据项目评估报告对项目的实施进行监督。

### (六) 项目的后评价 (Project Post-Evaluation)

项目后评价阶段的主要目的和任务是在项目正式投产一年以后按照严格的程序,采取客观的态度,对项目执行全过程进行回顾和总结,由项目主管人员编写"项目竣工报告",再由世行的业务评价局评审该报告,并对项目的执行成果作出全面的后评价,为以后工作的改进和新项目的实施提供参考。

## 第2节 资格审查

### 一、资格预审

资格预审（Prequalification）是国际工程招标中的一个重要程序，对采用国际公开竞争性招标的大中型工程，特别是国际金融组织贷款的项目，一般都要对投标人进行资格预审。

资格预审的目的主要是：

- 了解潜在投标人的财务状况、技术能力及以往从事类似本工程的施工经验，从而选择在财务、技术、施工经验等方面优秀的潜在投标人参加投标。
- 淘汰不合格的潜在投标人。
- 减少评标阶段的工作时间和费用。
- 为不合格的潜在投标人节约购买招标文件、现场考察及投标等费用。
- 降低将合同授予不合格的投标人的风险，为业主选择一个较理想的承包商打下良好的基础。
- 促使各综合实力差但专项能力强的公司结成联营体。

本节中将对资格预审的程序，资格预审文件的内容，资格预审的评审以及资格后审作一简介。

#### （一）资格预审的程序

（1）编制资格预审文件。由业主委托设计单位或咨询公司编制资格预审文件。资格预审文件的主要内容有：①工程项目简介；②对潜在投标人的要求；③各种附表。

利用世界银行或其他国际金融组织贷款的项目，资格预审文件编好之后，要经该组织审查批准，才能进行下一步的工作。

（2）刊登资格预审公告。资格预审公告应刊登在国内外有影响的、发行面比较广的报纸或刊物上。国际招标项目的资格预审公告应刊登在"中国日报"、联合国"发展论坛"上。

资格预审公告的内容应包括：工程项目名称、资金来源（如国外贷款项目应标明是否已得到贷款还是正在申请贷款）、工程规模、工程量、工程分包情况、潜在投标人的合格条件、购买资格预审文件的日期、地点和价格、递交资格预审文件的日期、时间和地点。

（3）出售资格预审文件。

（4）对资格预审文件的答疑。资格预审文件发售后，购买资格预审文件的潜在投标人可能对资格预审文件提出各种质询，这些质询都要以书面形式（包括传真、信件、电子邮件）提交给业主，业主将以书面形式回答并通知所有购买资格预审文件的潜在投标人，但不说明提出问题的潜在投标人。

(5) 报送资格预审文件。潜在投标人应在规定的资格预审截止时间之前报送资格预审文件。在截止日期之后，不接受任何迟到的资格预审文件，也不能对已报的资格预审文件进行修改。

(6) 澄清资格预审文件。业主在接受潜在投标人报送的资格预审文件后，可以找潜在投标人澄清资格预审文件中的各种疑点，潜在投标人应按实际情况回答，但不允许修改资格预审文件的实质内容。

(7) 评审资格预审文件。详见下文。

(8) 向潜在投标人通知评审结果。招标单位（或业主）以书面形式向所有参加资格预审者通知评审结果，并在规定的日期、地点向通过资格预审者出售招标文件。

## （二）资格预审文件的内容

资格预审文件的内容包括四个主要方面，现分别介绍如下。

### 1. 工程项目总体描述

使潜在投标人能够理解本工程项目的基本情况，作出是否参加投标的决策。

(1) 工程内容介绍：详细说明工程的性质、工程数量和质量要求、开工和竣工时间。

(2) 资金来源：是政府投资、私人投资，还是利用国际金融组织贷款；资金落实程度。

(3) 工程项目的当地自然条件：包括当地气候、降雨量（年平均降雨量、最大降雨量和最小降雨量）发生的月份、气温、风力、冰冻期和水文地质等情况。

(4) 工程合同的类型：是施工合同、设计/施工合同还是交钥匙合同，是否允许分包工程。

### 2. 简要合同规定

对潜在投标人提出哪些具体要求和限制条件，对关税、当地材料和劳务的要求，外汇支付的限制等。

(1) 潜在投标人的合格条件。对潜在投标人是否有国别和资质等级的限制？是否要求外国潜在投标人必须和本国潜在投标人联合？

利用国际金融组织贷款的工程项目，潜在投标人的资格必须满足该组织的要求。如利用世界银行或亚洲开发银行贷款的工程，投资人必须是来自世界银行或亚洲开发银行的会员国。

(2) 进口材料和设备的关税。潜在投标人应调查和了解工程项目所在国的海关对进口材料和设备的现有法律和规定及应交纳关税的细节。

(3) 当地材料和劳务。潜在投标人应调查和了解工程项目所在国的海关对当地材料和劳务的要求、价格、比例等情况。

（4）投标保证和履约保证。业主应规定对潜在投标人提交投标保证和履约保证的要求。

（5）支付外汇的限制。业主应明确向潜在投标人支付外汇的比例限制，外汇的兑换率，这个兑换率在合同执行期间保持不变。

（6）优惠条件。业主应明确是否给予本国潜在投标人以价格优惠。

（7）联营体的资格预审。联营体的资格预审应遵循下述条件：

1）资格预审的申请可以由各公司单独提交，或两个或多个公司作为合伙人联合提交，但应符合下述第3）款的要求。两个或多个公司联合提交的资格预审申请，如不符合对联营体的有关要求，其申请将被拒绝。

2）任何公司可以单独，同时又以联营体的一个合伙人的名义，申请资格预审，但不允许任何公司以单独及合伙人的名义重复投标，任何违背这一原则的投标将被拒绝。

3）联营体所递交的申请必须满足下述要求：

A. 联营体的每一方必须递交自身资格预审的完整文件；

B. 资格申请中必须确认：联营体各方对合同所有方面承担的连带的和各自的责任；

C. 资格预审申请中必须包括有关联营体各方所拟承担的工程及其义务的说明；

D. 申请中要指定一个合伙人为负责方，由他代表联营体与业主联系。

4）资格预审后组建的联营体的任何变化都必须在投标截止日之前得到业主的书面批准，后组建的或有变化的联营体如果由业主判定将导致下述情况之一者，将不予批准和认可：①从实质上消弱了竞争；②其中一个公司没有预先经过资格预审（不管是单独的还是作为联营体的一个合伙人）；③该联营体的资格经审查低于资格预审文件中规定的可以接受的最低标准。

3. 资格预审文件说明

（1）准备申请资格预审的潜在投标人（包括联营体）必须回答资格预审文件所附的全部提问，并按资格预审文件提供的格式填写。

（2）业主将对潜在投标人提供的资格预审申请文件依据下列四个方面来判断潜在投标人的资格能力：

1）财务状况。潜在投标人的财务状况将依据资格预审申请文件中提交的财务报告，以及银行开具的资信情况报告来判断。

2）施工经验与过去履约情况。投资人要提供过去几年中，令业主满意的，完成过相似类型和规模以及复杂程度相当的工程项目的施工情况，最好提供工程验收合格证书或业主方对该项目的评价。

3）人员情况。潜在投标人应填写拟选派的主要工地管理人员和监督人员的姓名及有关资料供审查，要选派在工程项目施工方面有丰富经验的人员，特别是负责人的经验、资历非常重要。

4）施工设备。潜在投标人应清楚地填写拟用于该项目的主要施工设备，包括设备的类型、制造厂家、型号，设备是自有的还是租赁的，哪些设备是新购置的。

5）诉讼史。有些业主为了避免雇用那些过度提出工程索赔而又在以前的仲裁或诉讼中失败的承包商，有时会在资格预审文件中规定，申请人需要提供近几年所发生的诉讼史，并依据某些标准来拒绝那些经常陷于诉讼或仲裁且败诉的承包商通过资格预审。

（3）资格预审的评审前提和标准。潜在投标人对资格预审申请文件中所提供的资料和说明要负全部责任。如果提供的情况有虚假，或在审查时对提出的澄清要求不能提供令业主满意的解释，业主将保留取消其资格的权力。

要说明业主对资格预审的评审标准。

4. 要求潜在投标人填报的各种报表

在资格预审时要求潜在投标人填报的各种报表，一般包括：

(1) 资格预审申请表
(2) 公司一般情况表
(3) 年营业额数据表
(4) 目前在建合同/工程一览表
(5) 财务状况表
(6) 联营体情况表
(7) 类似工程合同经验
(8) 类似现场条件合同经验
(9) 拟派往本工程的人员表
(10) 拟派往本工程的关键人员的经验简历
(11) 拟用于本工程的施工方法和机械设备
(12) 现场组织计划
(13) 拟定分包人
(14) 其他资料表（如银行信用证，公司的质量保证体系，争端诉讼案件和情况等）
(15) 宣誓表（即对填写情况真实性的确认）

世行、亚行、FIDIC 等国际组织所拟定的资格预审表内容大同小异，一般均根据贷款来源选用有关组织的资格预审表或由业主方自己拟定。表格详细内容在此不详述。

（三）资格预审的评审

1. 评审委员会的组成

评审委员会一般是由招标单位负责组织。为了保证评审工作的科学性、公正性和权威性，评审委员会必须由各方面的专家组成。

根据工程项目的规模，评审委员会的委员一般由7～13人组成。评审委员会下设商务组、技术组等。

2. 评审标准

评审内容包括财务状况、施工经验和过去的履约情况、人员和设备四个方面。评审时对每一个潜在投标人统一打分，得出评审结果。

一般情况下，每个项目的满分和最低分数线如表4-1所示，只有满足下列全部要求的潜在投标人才能获得投标的资格：

- 每个项目均达到最低分数线；
- 四项累积分数不少于60分。

资格预审评审标准表    表4-1

|  | 满分 | 最低分数线 |
| --- | --- | --- |
| 财务状况 | 30 | 15 |
| 施工经验/过去履历情况 | 40 | 20 |
| 人员 | 10 | 5 |
| 设备 | 20 | 10 |
| 总计 | 100 | 60 |

此外，还要求潜在投标人遵守合同、有良好信誉，才能被业主认为是资格预审合格。

3. 评审方法

首先对收到的资格预审文件进行整理，检查资格预审文件的完整性，潜在投标人提供的财务能力、人员、设备情况及履行合同的情况是否满足评审要求。只有对资格预审做出实质性响应的潜在投标人才能参加评审。

能够获得投标资格的潜在投标人必须达到评审标准，但如果达到评审标准的潜在投标人太多，则只能给予获得较高分数的8～12家潜在投标人以投标资格，如数量过多，则会增加正式投标时评标的工作量，如过少，则可能造成实际参加投标的人数量过少，缺乏竞争力。

4. 资格预审评审报告

资格预审评审委员会对评审结果要写出书面报告，评审报告的主要内容包括：工程项目概要；资格预审简介；资格预审评审标准；资格预审评审程序；资格预审评审结果；资格预审评审委员会名单及附件；资格预审评分汇总表；资格预审分项评分表；资格预审详细评审标准等。如为世行等国际金融组织贷款项目则要将评审结果报告送该组织批准。

## 二、资格后审

### (一) 资格预审与资格后审的区别

对于开工期要求比较急,工程不复杂的中小型工程项目,为了争取早日开工,可不进行资格预审,而进行资格后审 (Post qualification)。

资格后审即在招标文件中加入资格审查的内容,投标人在报送投标书的同时报送资格审查资料,评标委员会在正式评标前先对投标人进行资格审查。对资格审查合格的投标人再进行评标,对资格审查不合格的投标人,则不对其进行评标。

### (二) 资格后审的内容

资格后审的内容与资格预审的内容大致相同,主要包括:投标人的组织机构,即公司情况表;财务状况表;拟派往项目工作的人员情况表;工程经验表;设备情况表;其他,如联营体情况等。

## 第3节 世界银行贷款项目工程采购标准招标文件

世行每年在全世界有几百亿美元的贷款项目,用于这些贷款项目的标准招标文本是世行多年来经验的总结,经多次修改而成。世行的这些招标文件标准文本也是国际上通用的(传统的)工程项目管理模式招标文本中的高水平、权威性、有代表性的文本,掌握了这些文本也有助于理解亚行、非行等其他国际金融组织和各国经常使用的通用的项目管理模式的各种招标文本。因而本章中以较多篇幅介绍世行工程采购招标文件,并对有关问题进行讨论。

世界银行工程采购的标准招标文件(Standard Bidding Documents for Procurement of Works,缩写为 SBDW)经常修改,最近的改动主要是采用了 FIDIC "施工合同条件"(2006 多边银行协调版),其他内容编排也有一些改动。世行编制的 SBDW 有以下规定和特点:

SBDW 在全部或部分世行贷款额超过 1000 万美元的项目中必须强制性使用;只有经过世行批准同意后才可以采用其他的招标文件。

SBDW 中的 "投标人须知" 和合同条件第一部分——"通用合同条件" 对任何工程都是不变的,如要修改可在 "招标数据表" 和 "专用合同条件" 中修改。

使用本文件的所有较重要的工程均应进行资格预审;否则,经世行预先同意,可在评标前进行资格后审。

对超过 5000 万美元的合同(包括不可预见费)需强制采用三人争议委员会(DB),而不宜由工程师来充当准司法(quasi-judicial)的角色。低于 5 千万美元的项目的争议处理办法由业主自行选择,可选择三人 DB,或一位争端审议专家

(DE)，或提交工程师作决定，但工程师必须独立于业主之外。

本招标文件适用于单价合同。如欲将之用于总价合同，必须对支付方法、调价方法、工程量表、进度表等重新改编。

2007年3~4月修订并开始使用的"工程采购标准招标文件"是基于该文件2006年5月版编制的，主要包括以下三大部分九节（section）（此处的"节"仅指世行贷款项目文件下的各节）内容，如表4-2所示。

**2007版世行工程采购标准招标文件组成**　　　　　　　表4-2

| 序号 | 内容 |
|---|---|
| 第一部分 | 招标程序（Part 1 - Bidding Procedures） |
| 第一节 | 投标人须知（Section I：Instructions to Bidders，ITB） |
| 第二节 | 招标资料表（Section II：Bid Data Sheet，BDS） |
| 第三节 | 评标和资格标准（Section III：Evaluation and Qualification Criteria） |
| 第四节 | 投标书格式（Section IV：Bidding Forms） |
| 第五节 | 合格国家（Section V：Eligible Countries） |
| 第二部分 | 工程要求（Part 2 - Works Requirement） |
| 第六节 | 工程要求（Section VI：Works Requirements） |
| 第三部分 | 合同条件和合同格式（Part 3 - Conditions of Contract and Contract Forms） |
| 第七节 | 通用合同条件（Section VII：General Conditions，GC） |
| 第八节 | 专用条件（Section VIII：Particular Conditions，PC） |
| 第九节 | 专用合同条件附录——合同格式（Section IX：Annex to the Particular Conditions - Contract Forms） |

本节中将以2007版SBDW的框架和内容为主线，并参照其后所附的2005年5月和2007年世行编制的SBDW指南的相关说明，对世行标准招标文件的编制进行较详细的介绍和讨论。

为了与表4-2中对应，在下面的序号中，各部分用一、二、三表示，各节序号由（一）……到（九）。

世行采购文件的网站为：http：//www.worldbank.org/procure

## 一、招标程序

### （一）投标人须知（Instructions to Bidders）

投标人须知一共包括六部分41条内容，其中的说明、要求和规定主要是告知投标人投标时的有关注意事项，招标文件中这一部分内容和文字不准改动，针对某一个采购项目，如需改动可在"招标数据表"中改动。须知的内容应该明确、具体。本书中介绍某些问题时有时列举几种方案，但在编制招标文件时只能选定一种方案。

投标人须知这一部分内容不允许改动,在招标和投标时很重要,但在签订合同时不属于合同的一部分。

投标人须知包括六部分:总则,招标文件,投标文件的编制,投标文件的递交和开标,投标文件的评审与比较,合同授予。下面分别介绍和讨论。

1. 总则(General)

(1) 招标范围(Scope of Bid)

关于招标范围的简单描述在本招标文件的招标数据表(Bid Data Sheet,BDS)中,包括国际竞争性招标的标段数量、名称及说明。工程要求在第二部分中。

在整个招标文件中,英文 bid 和 tender 及其派生词(bidder/tenderer,bid/tendered,及 bidding/tendering)都是同义词。"日"表示公历日,单数也具有复数的意义。

(2) 资金来源(Source of Funds)

说明业主招标项目的资金来源,如系国际金融机构(International Financial Institution,简称 IFI)贷款(如世行、亚行等)则应说明机构名称及贷款支付使用的限制条件。如 SBDW 中规定,如联合国安理会对某些国家有禁运决议,则不可用世行贷款对该国货物采购和支付。

(3) 欺诈与腐败(Fraud and Corrupt)

世行贷款的项目要求所有的投标人、供应商、承包商和咨询工程师在采购和执行合同过程中遵守至高的道德准则。涉及腐败行为有如下定义:

1)"腐败行为"(Corrupt Practice)意指在采购或合同执行过程中,直接或间接地提供、给予、收受或要求任何有价财物以不适当的影响另一方(指公务人员)的行为;

2)"欺诈行为"(Fraudulent Practice)意指通过任何行为或隐瞒,包括歪曲事实,任何有意或不计后果的误导,或企图误导一方(指公务人员)以获得财务或其他方面的利益,或为了逃避一项义务;

3)"串通行为"(Collusive Practice)指由双方或多方设计的一种为达到不当目的,包括不适当地影响另一方的行为;

4)"胁迫行为"(Coercive Practice)意指直接或间接地削弱或损害,或威胁损害任何一方(指采购过程或合同执行的参与者)或其财产,以不适当地影响该方的行为;

5)"阻碍行为"(Obstructive Practice)指故意破坏、伪造或隐瞒调查所需证据材料,和/或威胁任一方使其不得透露与调查相关的信息,阻碍世行对欺诈与腐败行为的调查和审计。

在竞争该合同过程中,如果投标人直接或者通过代理机构参与腐败、欺诈、串通、胁迫或者阻碍等行为,则其投标建议书将被拒绝。

在合同采购或实施过程中,如果借款人代表或者贷款受益人参与腐败、欺诈、串通、胁迫或者阻碍等行为,而借款人又没有及时采取适当的、令世行满意的行动来进行补救,银行均将取消分配给该合同的贷款。

在竞争或实施由银行贷款项目的合同时,如果发现企业或者个人参与腐败、欺诈、串通、胁迫或者阻碍等行为,则不允许将合同授予该企业或个人。

如果世行在任何时候确定某公司直接或通过其代理在竞争或执行某项世行资助的合同的过程中参与了腐败、欺诈、串通、胁迫或阻碍活动,则将处罚该公司或个人,包括宣布无限期地,或在规定的期限内,没有资格被授予世行资助的合同。

银行有权要求在招标文件和合同中规定,投标人、供货商、承包商和咨询工程师应允许银行调查其账户与提交的投标文件相关的其他文件,以及合同履行情况;并允许银行任命的审计人员对其进行审计。

同时,投标人应注意通用条件第15.6款"腐败与欺诈行为"的有关规定。

(4) 合格投标人(Eligible Bidders)

投标人可以是自然人、私有企业、国有企业或者是联营体或社团法人(Joint Venture or Association,JVA)。当是联营体或社团法人时:

1) 除非在"招标数据表"中另有规定,所有成员承担共同的和各自的责任;

2) 联营体或社团法人应提名一位代表,在投标、合同授予和执行过程中,代表所有成员管理全部工作。

每个投标人及其所有成员均应拥有《国际复兴开发银行贷款和国际开发协会信贷采购指南》(以下简称《采购指南》)定义的"合格国家"的国籍。如果投标人是该国的公民,或者在该国组建或注册公司并按照该国的法律规定运作,即被认为具有该国的国籍。此标准也适用于确定承担合同任何部分,包括提供相关服务的分包人或供货商的国籍。

投标人彼此之间不得有利益相关(Conflict of Interest),所有利益相关的投标人均不合格。在此投标过程中,如果发生下列任一情况,则被认为一方或几方利益相关:

1) 他们拥有共同的控制方;

2) 他们从其他任一方中直接或者间接地得到补助;

3) 为了进行此投标,他们拥有共同的法人代表;

4) 他们直接或者通过第三方和另一方有关系,这会使他们能够获得其他投标人的投标信息或者影响其他投标人的投标;或者影响采购人在该招标过程中的决策;

5) 一个投标人参与多个投标(但不限制分包商投多个标);

6) 作为咨询方参与工程的设计和技术规范的编制;

7) 投标人附属于业主或采购人雇佣的某个公司作为合同的工程师时。

如被世行宣布为不合格的公司,则应被取消资格。业主所在国的国有企业只有在法律上和财务上独立,并按商业规则运行,不依附于业主机构时才能参加投标。在业主合理要求时,投标人应该继续提供证据以证明其合格,并使业主满意。

企业在以下情况没有资格参加投标:

1)借款人国家法律或其他规定禁止和该企业所在国有商业往来(如果世行认为这种禁止不会阻碍所需的货物和相关服务供应的有效竞争),则该企业没资格参加投标。

2)依照安全理事会在联合国宪章第7章下做出的决定,借款人国家禁止从该国进口货物、或禁止对其进行工程或服务分包,或禁止向该国的个人或企业支付。

(5)合格的材料、生产设备、供货、设备和服务(Eligible Materials, Plant, Supplies, Equipment and Services)

为本合同提供的材料、生产设备、供货、设备和服务必须来源于世行《采购指南》中规定的合格的原产地国家(一般指世行成员国)。所有支付也受上述规定约束。

2. 招标文件的内容(Contents of Bidding Documents)

(6)招标文件各节组成(Sections of Bidding Documents)

招标文件包括三部分九节内容及附件(见表4-2)。招标文件应连同"投标人须知"第8条"招标文件的修改"中提到的"补遗"一起阅读。

雇主发出的投标邀请函不是招标文件的一部分。如果招标文件及其补遗不是直接从投标邀请函中雇主所列明的来源获得的,雇主不承担招标文件及其补遗完整性的责任。

投标人被认为已审阅了招标文件的全部说明、表格、条件和规范。若未按照要求提交招标文件所需要的全部信息或文件,将导致投标被拒绝。

(7)招标文件的澄清、现场考察和标前会议(Clarification of Bidding Documents, Site Visit, Pre-Bid Meeting)

投标人在收到招标文件时应仔细阅读和研究,如发现有遗漏、错误、词义含糊等情况,应书面向业主质询,否则后果自负。招标文件中应规定提交质询的日期限制(如投标截止日期前21天)。业主将书面答复所有质询的问题并送交全部投标人,但不说明提问人。如果澄清的结果导致对招标文件的基本内容进行改变,雇主应根据投标人须知第8条的程序和投标人须知第22.2条对招标文件进行修改。

投标人应当按照业主的要求和规定的日期安排,自费赴现场考察,以便了解现场实际情况。考察期间发生的人身及财产损失均由投标人负责。业主可将现场考察与标前会议安排在同一时间进行。

由于标前会议而产生的必须对招标文件作出的任何修改,应按照投标人须知第8条的规定,只能以"补遗"(Addendum)的方式发出,而不能通过标前会的会议纪要的方式发出。

未出席标前会议不能作为否定投标人资格的理由。

（8）招标文件的修改（Amendment of Bidding Documents）

业主有权修改招标文件规定，即不论是业主一方认为必要时或根据投标人质询提出的问题，均可以在投标截止日期以前任何时间以补遗的方式对招标文件进行修改，如果修改通知发出太晚则业主应推迟投标截止日期。所有的修改均应以书面文件形式发送给全部投标人。投标人收到后应给业主以回执。

任何发出的补遗都是招标文件的一部分，补遗应以书面形式递交给全部按照投标人须知第6.3款的规定从雇主处获得招标文件的投标人。

为了给潜在投标人留出合理的时间在编制投标文件时考虑补遗的内容，雇主可按照投标人须知第22.2款的规定延长投标截止时间。

3. 投标文件的准备（Preparation of Bids）

（9）投标费用（Cost of Bidding）

投标人应自费支付投标过程中发生的一切费用。

（10）投标文件语言（Language of Bid）

应在招标数据表或合同专用条件中为投标规定一种语言，作为正式投标文件和来往信函的主导语言，对招标文件的解释也应以此为准。由投标人提供的证明文件等（如营业执照）可以用其他语言，但是应将有关段落准确翻译成招标资料表中规定的语言，并且以翻译文字为准。

（11）组成投标文件的文件（Documents Comprising the Bid）

投标人递交的投标文件应由下列文件组成：投标函及其附件，投标保证，完成的所要求的资料表及标价的工程量表；有关资格证明；提出的备选方案（也可不提）以及按"投标人须知"所要求提供的其他各类文件。

除以上要求外，联营体或社团法人的投标应包括全体成员签署的合资协议。或者，中标后将签署合资协议的意向书应由全体成员签署并随投标文件一同递交，还包括拟议的协议书。

（12）投标函和资料表（Letter of Bid，and Schedules）

投标函和资料表，包括工程量表，应该依照（四）"投标书格式"提供的表格进行编制，投标人不能对其进行修改和变动，否则将不被接受，并应按照要求填写所有的空格。

（13）备选方案投标（Alternative Bids）

备选方案是在满足原工程项目基本设计要求的基础上，对工程的布置，设计和技术要求进行局部的以至全局的改动，以得到优化的设计方案，有利于提前竣工或/和降低造价或/和改善使用条件。只有在"招标资料表"中规定可以提交备选方案，承包商才能在投标时提交备选方案。

投标人必须首先按照业主招标文件中的设计和其他要求递交投标报价，然后再提备选方案的建议。此建议应包括业主评标时所需的全部资料，如图纸、计算书、技术规范、价格分析、建议的施工方案、备选方案的竣工日期及其他细节。如果对备选方案的完工时间有明确要求时，招标资料表中应包括有关事项和评审方法的说明。只有符合技术要求且评标价最低的投标人的备选方案才有可能被业主考虑。如果允许对工程的某些指定部分提供技术措施的备选方案，则该部分及其评审方法应在"招标资料表"中说明，并在（六）"工程要求"中对该部分进行描述。

一般规定只允许提一个备选方案，以减少评标时的工作量。备选方案应单独装订成册。

(14) 投标报价和折扣（Bid Prices and Discounts）

投标人应仔细填写工程量表中工程全部的有关单价和价格。如果忽视填写某些子项的单价或价格，则在合同实施时业主可以不对此子项支付。

投标人对一个以上的分标标段（lot）投标时，应将这些标段的投标文件组成一个"包"（Package），可以提出一个"包"及每个单独标段中标时的价格折扣额（也可不提），这样即可按打折扣的价格参与评标。但如果中标时，则必须以投标时许诺的打折扣后的价格作为签订合同的价格。

投标人应在投标函中说明所提供的无条件折扣及其应用方法，但投标函中的报价应该为投标总报价，不包含提供的任何折扣。

在合同实施期间，承包商可得到价格调整后的支付，但投标人在投标时应填写价格指数和权重系数等，同时雇主可以要求投标人解释其建议的指数和权重的合理性。

按照招标文件规定，承包商在某一日期（如投标截止日以前28天）前应按当地有关税收的规定将应纳的全部关税、税收和其他征税等均纳入在投标的单价、价格和总报价中。

(15) 投标和支付的货币（Currencies of Bid and Payment）

应该在"招标数据表"中规定投标报价和支付所用的货币种类。业主可要求投标人说明对当地货币和外币的需求量，说明在单价和价格，以及投标文件附录的调整数据表中包括和表示的金额，在这种情况下，需要投标人提供外币需求的详细分解情况。

(16) 组成技术建议书的文件（Documents Comprising the Technical Proposal）

技术建议书包括工作方法、设备、人员说明书、进度表和其他在"工程要求"中规定的信息，技术建议书要足够详细以说明投标人能够满足工程要求并按时完成。

(17) 证明投标人资格合格的文件（Documents Establishing the Qualification of the Bidder）

投标人应根据（三）"评标资格和标准"要求，按照（四）"投标书格式"包含的相应表格进行填写。国内的投标人，无论是个人还是联营体，当采用国内优惠时，应该满足"招标人须知"中第33条规定的标准。

(18) 投标有效期（Period of Validity of Bids）

投标有效期是从投标截止日期起到公布中标日为止的一段时间,具体天数规定在"招标资料表"中,按照国际惯例,一般为 90~120 天,通常不应超过 182 天。在此期间,全部投标文件均应保持有效,投标人不得修改或撤销其投标。投标有效期长短根据工程大小、繁简而定,既要保证招标单位有足够的时间对全部投标进行比较和评价,还应考虑报送领导机关批准的时间,如为世行贷款项目尚需报世行审批。如投标文件中要求将业主规定的投标有效期缩短,将被视为非实质性响应标而被业主拒绝。

如果业主要求延长投标有效期,应在有效期终止前书面征求所有投标人意见并通知世行,在此情况下,投标人有权同意或拒绝延长投标有效期,业主不能因此而没收其投标保证金。

同意延长投标有效期的投标人不得要求在延长期间修改其投标文件,而且投标人应将投标保证的有效期延长到延长后的投标有效期之后的 28 天,对投标保证金的各种有关规定的在延长期内同样有效。

如果投标有效期的延长超过 56 天时,对中标人的合同价格按如下规定调整:

(a) 当合同价格为固定总价合同(fixed price contracts)时,则业主应在"招标资料表"中规定一个合同价格调价系数。合同价格应根据该系数进行调整;

(b) 当合同价格为可调整价格合同(adjustable price contracts)时,为了确定合同价格,投标价格中的固定部分(fixed portion)应根据"招标资料表"规定的系数进行调整。

但评标仍以投标价为依据,不考虑上述的修正。

(19) 投标保证(Bid Security)

投标保证是为了保护业主利益的一项措施,投标人应根据"招标资料表"中要求的格式、款额和货币,选定世行合格成员国有信誉的机构,开具投标保证。投标保证应为即付保函(Demand Guatantee),由投标人选择下列任一种格式:开具的保付支票(Certified Check);不可撤销的信用证(Irrevocable Letter of Credit);无条件银行保函(Unconditional Bank Guarantee)或"招标资料表"中指定的格式。如果由总部不在业主所在国的保险或担保机构开具担保,则应在业主所在国内有相应的金融机构使之生效。投标保证的有效期为投标有效期(或加上延长期)后的 28 天内。

投标保证的金额通常为投标总额的 1% 至 3%。一般超过 1 亿美元的工程可选百分之一左右。比较好的办法是业主规定一个固定金额作为所有投标人的投标保证金额,以避免一些投标人探听对手的投标保证金额,从而估计其投标报价。投标保证金额不宜太高,否则将会使许多合格的投标人望而却步。联营体应以联营体的名义提交投标保证金。如果在递交投标文件时该联营体在法律上还没有成立法人单位,联营体的投标保证金应该以联营体意向书中的全部联营体成员的名义递交。

设置这一要求的目的是为了防止投标人在投标有效期间随意撤回投标,或拒绝改正在评标时发现的投标报价中的计算错误,或拒绝签署正式合同协议,或不提交履约保证等。一旦发生上述任一情况，业主便可没收投标保证金以弥补因此而蒙受的损失。借款人可以按照"招标资料表"的规定，宣布在投标期内投标人无资格被授予合同。

未按规定递交投标保证的投标文件，业主可视为不合格的投标而予以拒绝。宣布中标人以后，中标人应在签约时（或业主规定的签约后的一定时期内）递交履约保证换回投标保函。对未中标的投标人的投标保函应在中标人签约并提交履约保证后尽快退还。

在世行 SBDW2007 版中，还增加了投标人可采用的另一种方式，即根据"招标资料表"中要求，提供"投标保证声明"（Bid-Securing Declaration）。在其中声明，如果投标人违反了本次招标要求，在投标函规定的投标有效期内撤回投标；或在投标有效期内，在雇主通知中标后，投标人未能或拒绝签订合同；或未能、或拒绝按照投标人须知的规定提交履约保证金，将被自动取消参与借款人招标合同的投标资格。采用此种方式，实际上是用承包商的诚信资格作为投标保证。

（20）投标文件的格式和签署（Format and Signing of Bid）

投标人应准备一份投标文件的正本（Original）和"招标数据表"中要求份数的副本（Copy）。正本是指投标人填写所购买招标文件的表格以及"投标人须知"中所要求提交的全部文件和资料，包括投标书格式和投标书附录。正本和副本如有不一致之处以正本为准。"正本"、"副本"和"备选方案"（如有时）均应明显的标注。

正本和副本均应使用不能擦去的墨水打印或书写，签署授权的每一位成员的名字和职位必须打印或者印刷在签名下面。正本、副本的每一页均应由投标人的正式授权人签署确认。授权证书应一并递交业主。如果对投标文件中的错误进行增删或修改，同样要原签署人进行小签（Initialing）。

由联营体提交的签字的投标文件应该根据投标人须知中的要求，对所有成员都具有法律约束力，并且授权书由联营体各方代表依法签署。

4. 投标文件的递交和开标（Submission and Opening of Bids）

（21）投标文件的密封和印记（Sealing and Marking of Bids）

投标文件的正本、备选方案和每一份副本都应分别用内、外两层信封包装密封。内外信封上应该写明投标人的姓名和地址，所有这些投标文件装入一个大信封，收件人为"投标人须知"中规定的业主，并写明招标编号、开标的日期以及正式开标时间之前不得启封的警告字样。

如果未按规定书写和密封，业主对由此引起的一切后果概不负责。

（22）投标截止日期（Deadline for Submission of Bids）

投标文件应在招标资料表规定的截止日期和时刻前提交。如果由于业主修改招标文件而延误，则业主应适当顺延递交投标文件的截止日期。双方的权利、义务将按顺延后的截止日期为准履行。

若招标资料表明文规定可以以电子方式投标，投标人可依据招标资料表中规定的程序，以电子方式投标。

(23) 迟到的投标文件（Late Bids）

在规定的投标截止日期之后递交的任何投标文件，将被拒绝并原封不动地退还投标人。

(24) 投标文件的撤销、替代和修改（Withdrawal, Substitution and Modification of Bids）

投标人在投标文件截止日期以前，可以通过书面形式向业主提出修改或撤销已提交的投标文件。要求修改投标文件的信函应该按照递交投标文件的有关规定编制、密封、标记和发送。撤销通知书可以通过电传或电报发送，然后再及时向业主提交一份具有投标人签字确认的证明信，业主方收到投标文件的日期不得晚于投标截止日期。任何替代或撤销的投标文件应在内、外信封上注明"修改"、"替代"和"撤销"字样。在投标截止日到投标有效期终止日期间，投标人不得撤销或修改投标文件。

(25) 开标（Bid Opening）

业主将按照"招标资料表"中规定的时间和地点举行开标会议，在投标人代表在场情况下公开开标。如果允许使用电子投标，开标程序应按照"招标资料表"中的规定。同时应检查投标文件的密封、签署和完整性，是否递交了投标保函等。

只有收到的撤回、替代、修改的书面通知可以证明该撤回、替换和修改的要求是投标人授权的，投标文件才可以被撤回、替代或者修改。对注明"修改"和"替代"的投标文件将首先开封，并宣布投标人名称。标明"撤回"的投标文件将不被开封。

只有在开标时宣读的折扣和备选方案的报价，在评标时才予以考虑。

如果在"招标资料表"中有规定，投标函和工程量表应该由出席开标会的业主代表草签。

业主应准备一份开标记录，并要求出席开标仪式的投标人代表在上边签字。该开标记录的复印件应发给所有的投标人。

5. 投标文件的评审和比较（Evaluation and Comparision of Bids）

(26) 保密（Confidentiality）

宣布中标之前，在评标过程中与评标和授予合同有关的信息应对与此工作无关的人员和投标人严格保密。任何投标人如果企图对评标施加影响，将会导致其投标文件被拒绝。

在开标至合同授予期间，如果投标人希望就与招标过程有关的任何问题与业主联系，可以用书面形式提出。

(27) 投标文件的澄清（Clarification of Bids）

在必要时，业主有权邀请任一投标人澄清其投标文件，澄清时不得修改投标文件及价格。对要求澄清的问题及其答复均应用书面公函或电报、电传形式进行。

如果投标人不能在评标委员会规定的澄清时间内对其投标文件进行澄清，该投标文件将被拒绝。

(28) 偏差、保留和遗漏（Deviation，Reservations，and Omissions）

下述定义是为评标时用："偏差"是指与招标文件的要求偏离；"保留"是指设定限制条件或者拒绝完全接受招标文件中规定的要求；"遗漏"是指未能按照招标文件的要求提交所有资料或者文件。

(29) 响应性的裁定（Determination of Responsiveness）

在评标之前，业主将首先裁定每份投标文件是否完全符合招标文件要求，包括是否符合世行合格性标准，是否按要求签署，是否提交了投标保函及要求的各种文件以及是否对招标文件实质上响应，并且对招标文件不能有实质性的偏差、保留和遗漏。

如果业主接受了有重大偏差、保留和遗漏的投标文件，将影响合同中规定的工程的范围、质量和实施，并影响其他投标人的合理竞争地位。

不符合招标文件要求的投标文件不被业主接受，也不允许投标人进行修改。

(30) 非实质性的不符合（Nonmaterial Nonconformities）

当投标文件实质性响应时，对于未构成重大偏差、保留和遗漏的投标文件，业主可以认为该投标文件符合要求。业主可以要求投标人在合理的时间内提交必要的资料和文件（但不能涉及报价），以更正与招标文件要求非实质性的不符合之处；如果投标人未能遵守，其投标文件将会被拒绝。

当投标文件实质性响应时，业主也可以更改与投标报价有关的非实质性不符合之处，以便能够反映出遗漏的或者不符合的项目的价格，但仅是为了评标比较之用；更改时应该使用（三）"评标和资格标准"中说明的方法。

(31) 计算错误的修正（Correction of Arithmetical Errors）

对于符合招标文件要求而且有竞争力的投标，业主将对其计算和累加方面是否有数字错误进行审核或修改。其中：如数字金额与文字表示的金额不符，则以文字表示的金额为准；如单价乘工程量之和不等于总价时，一般以单价乘工程量之和为准；除非业主认为明显的是由价格小数点定位错误造成的，则以总价为准；如每页小计之和不等于总价时，以每页小计之和为准。

如果最低报价的投标人不接受对错误的更改，该投标书将被拒绝。

(32) 折算成一种货币（Conversion to Single Currency）

为了方便评标和比较，投标货币应该按照"招标资料表"中的规定换算成单一货币。

(33) 优惠差额（Margin of Preference）

"优惠差额"是指在评标时给予本国承包商或由本国承包商参加的联营体一个优惠的评标差价，但签合同时仍按照投标价签订。除非在"招标资料表"中规定，否则，优惠差额不适用。

(34) 投标文件的评审（Evaluation of Bids）

只允许业主使用本条中的标准和方法进行评审。评审投标文件时，应考虑以下因素：

1) 投标报价，在工程量表总计中，扣除暂定金额和不可预见费（如果有），但应包括具有竞争性标价的计日工；

2) 根据"投标人须知"第31条，修正计算错误对报价所作的调整；

3) 根据"投标人须知"第14条，按折扣对报价所作的调整；

4) 根据"投标人须知"第32条，将上述1)至3)中的金额换算成同一种货币；

5) 根据"投标人须知"第30条，对不符合处的调整；

6) （三）"评标和资格标准"中标明的评标因素。

评标时不考虑价格调整对条款的预期影响。

如果招标文件允许投标人对不同的标段分别报价，并授予一个投标人多个标段的合同，决定最低组合评标价的评标方法，包括"投标书格式"中提供的折扣的方法，应该在（三）"评标和资格标准"中规定。

如果雇主认为，最低标价的投标是严重地不平衡报价（unbalanced bid），可要求投标人对工程量表中个别的或全部的子项目做出详细的价格分析，以证明该报价和其建议的施工方法和计划之间是一致的。在对价格分析进行评审后，再考虑合同的付款条款，雇主可以提高履约保证的金额，使其可以尽量减少雇主在中标人不履约时的财务损失。

(35) 投标文件的比较（Comparison of Bids）

根据"投标人须知"第34条的规定，业主比较所有实质响应招标文件要求的投标文件，来确定最低评标价的投标文件。

(36) 投标人的资格（Qualification of the Bidder）

业主将确定递交了最低评标价并实质上响应招标文件要求的投标人是否能满足（三）"评标和资格标准"的要求。这需要根据"投标人须知"第17.1条提交的资格证明文件对投标人进行审查。投标人满足"评标和资格标准"的要求是授予合同的前提条件，如果不能满足其要求，业主将审查第二个评标价最低的投标人是否满足其要求，以便能履行合同。

(37) 业主有接受任一投标和拒绝任何或所有投标的权利（Employer's Right to Accept Any Bid, and to Reject Any or All Bids）

业主有权在授予合同前任何时候接受或拒绝任何投标，以及宣布招标程序无效或拒绝所有投标的权利，而对受影响的投标人不承担任何责任。

6. 授予合同（Award of Contract）

(38) 合同授予标准（Award Criteria）

业主将把合同授予评标价最低且又实质上响应招标文件要求的投标人，但前提条件是该投标人必须能够满意地履行合同所规定的义务。

(39) 授予合同的通知（Notification of Award）

在投标有效期期满之前,业主应该以书面形式通知中标人,中标函中应明确合同价格;同时业主还应在"联合国发展商报"(UNDB online)或"发展门户网站"(dgMarket)上公布招标识别编号、标段编号及以下信息:

1) 递交了投标文件的每个投标人的名称;
2) 开标时读出的投标价;
3) 经过评审的每一投标人的名称及其评标价;
4) 投标文件被拒绝的投标人的名称和被拒绝的理由;
5) 中标的投标人的名称、投标价以及合同期和范围。

在正式的合同准备好和签字之前,中标通知书将构成有约束力的合同部分。在合同授予公布之后,未中标的投标人可以书面向业主反映情况,要求解释其不中标的原因,对此业主应给予书面答复。

(40) 签订合同(Signing of Contract)

业主向中标人寄发中标函的同时,也应寄去招标文件中所提供的合同协议书格式。中标人应在收到上述文件后在规定时间(如28天)内派出全权代表与业主签署合同协议书。

(41) 履约保证(Performance Security)

按合同规定,中标人在收到中标函后的28天内应向业主提交一份履约保证。履约保证的格式可采用招标文件第9节中所附的格式或业主同意的其他格式。

如果中标人得到业主同意可提交由担保公司或保险公司开具的履约担保,如这些公司是国外公司,则必须在业主国家有相应的金融机构。如果中标人未能按业主的规定提交履约保证,则业主有权取消其中标资格,没收其投标保证金,而考虑与另一投标人签订合同或重新招标。

(二)招标资料表(Bidding Data Sheet,BDS)

"招标资料表"将由业主方在发售招标文件之前对应投标人须知中有关各条进行编写,为投标人提供具体的资料、数据、要求和规定。

投标人须知的文字和规定是不允许修改的,业主方只能针对具体工程项目在表4-3的"招标资料表"中对之进行补充和修改。"招标资料表"中的内容与投标人须知不一致时以招标资料表为准。

招标资料表 表4-3

| "投标人须知"条款号 | |
| --- | --- |
| 1. 总则 | |
| 第1.1条 | 招标邀请编号:_____ |
| 第1.1条 | 业主名称:_____ |
| 第1.1条 | 国际竞争性招标名称:_____<br>国际竞争性招标编号:_____<br>组成本次国际竞争性招标的合同标段(lots)编号和名称:_____ |

续表

| "投标人须知"条款号 | |
|---|---|
| 第2.1条 | 借款人：_____ |
| 第2.1条 | 项目名称：_____ |
| 第4.1条 | 联营体或社团法人中连带的责任和各自的责任：_____ |
| 2. 招标文件的内容 | |
| 第7.1条 | 业主的地址：<br>收件人：_____<br>街道地址：_____<br>楼层/房间号：_____<br>城市：_____<br>邮政编码：_____<br>国家：_____<br>电话号码：_____<br>传真号码：_____<br>电子邮件地址：_____ |
| 第7.4条 | 标前会议在下面的日期、时间和地点举行：<br>日期：_____<br>时间：_____<br>地点：_____<br>组织现场考察的业主单位：_____ |
| 3. 投标文件的准备 | |
| 第10.1条 | 投标语言 |
| 第11.1（h）条 | 投标人在其投标文件中将递交下列附加的文件：_____ |
| 第13.1条 | 允许的投标备选方案_____ |
| 第13.2条 | 允许的投标备选方案的竣工时间_____<br>如果投标备选方案的竣工时间被接受，评标方法应在第三章"评标和资格标准"中规定 |
| 第13.4条 | 工程的下列部分允许有技术措施的备选方案：_____<br>如果允许提交技术措施备选方案，则应在第三章"评标和资格标准"中规定评标方法 |
| 第14.5条 | 投标人的报价应为：_____ |
| 第15.1条 | 投标货币和付款货币应根据下述的选择方案（A或B）进行确定：<br>选择A（投标人完全用当地货币报价）：<br>(a) 投标人在工程量表中所报单位费率和价格，完全使用雇主国家货币_____（当地货币）。还应在投标书附录中表明所需外币品种和占净投标价（不含暂定金额）的百分比；<br>(b) 投标人用于计算和雇主用于支付的当地货币的汇率应在投标书附录中表明，投标人不承担汇率风险。<br>选择B（允许投标人用当地货币和国外货币报价）：<br>(a) 投标人在工程量表中应使用下列货币分别对单价和价格进行报价：<br>(i) 投标人期望在雇主国内提供的工程投入，使用当地货币，并且<br>(ii) 投标人期望从雇主国以外提供的工程投入，其外币需求，最多使用三种外币。<br>(b) 投标人应在投标文件附录的价格调整表的表格B中说明他们期望的外币需求 |
| 第18.1条 | 投标有效期为_____天 |
| 第18.3条（a） | 投标价应根据以下系数进行调整：_____ |
| 第18.3条（b） | 投标价中的固定部分应根据以下系数进行调整：_____ |

续表

| "投标人须知"条款号 | |
|---|---|
| 第19.1条 | 所需的投标保证是：（投标保证金或投标保证声明）_____<br>如果需要投标保证金，其金额和币种应为：_____ |
| 第19.3（b）条 | 其他可以接受的保证类型：_____ |
| 第19.9条 | 如果投标人发生了在投标函规定的投标有效期内撤回投标；或在投标文件有效期内，在雇主通知中标后，未能或拒绝签订合同；或未能或拒绝提交履约保证金，业主将宣布该投标人在_____年内没有资格被授予合同 |
| 第20.1条 | 除了投标文件的正本之外，副本的数量为：_____ |
| 第20.2条 | 授权代表投标人签字的书面确认函包括：_____ |
| 4. 投标文件的递交和开标 | |
| 第22.1条 | 投标文件递交给业主的地址为：<br>收件人：_____<br>街道地址：_____<br>楼层/房间号：_____<br>城市：_____<br>邮政编码：_____<br>国家：_____<br>提交投标文件的最后期限：_____<br>日期：_____<br>时间：_____<br>如果投标人选择通过电子方式递交投标文件，则电子投标递交程序为：_____ |
| 第25.1条 | 开标在下述地点进行：<br>街道地址：_____<br>楼层/房间号：_____<br>城市：_____<br>国家：_____<br>日期：_____<br>时间：_____<br>如果投标人通过电子方式提交投标文件，则电子方式投标的开标程序为：_____ |
| 第25.3条 | 投标函和工程量表["应由"或"不由"]出席开标会议的业主代表草签。如果要求草签，应该按照下述方式进行：_____ |
| 5. 投标文件的评审和比较 | |
| 第32.1条 | 将投标文件中的各种货币转换成如下的单一的货币：<br>为评审和比较之目的，将所有由不同货币表示的投标价转换成如下的单一货币：_____<br>汇率来源：_____<br>汇率日期：_____<br>投标货币的转换将根据选择方案(A 或 B)进行：<br>选择A：投标人完全用当地货币报价<br>为比较投标，根据31条，将修正了错误的投标价，根据15.1条的要求，以投标人提供的汇率分解为不同币种的应付金额。<br>然后，业主再将以不同币种支付的应付金额（不含暂定金额，但包括有竞争性报价的计日工）折合成上述单一货币。汇率是用上面规定日期官方发布的为类似交易而公布的那些货币的卖出价。<br>选择B：允许投标人用当地货币和国外货币报价<br>业主将以不同货币报价并修正了错误的应付金额（不含暂定金额，但包括有竞争性报价的计日工）按照上面规定日期的汇率来源，官方发布的为类似交易而公布的那些货币的卖出价 |

续表

| "投标人须知"条款号 | |
|---|---|
| 第33.1条 | 优惠差额[ "应" 或 "不" ]适用<br>如果适用优惠差额，则适用方法应为＿＿＿＿ |

注：1. 上述表中的斜体字是为了帮助读者理解本表如何填写。
  2. 各条小数点后的数字及其后的（a）(b)...为原文中的序号。

### （三）评标和资格标准

在进行了资格预审之后：

该部分包含了按照"投标人须知"第34条和第36条规定的业主用来评标和对投标人进行审查的所有标准，不能采用任何其他的因素、方法和标准。投标人应该提供（四）"投标书格式"中所要求的信息。

1. 评标

除了"投标人须知"34.2中（a）-（e）之外，还应该考虑以下方面：

1）评价技术建议书及其要求的完备性

2）如果"投标人须知"13.2条允许，备选方案的竣工时间应该按照以下要求进行评价：＿＿＿＿

3）如果"投标人须知"13.4条允许，技术措施的备选方案应该按照以下要求进行评价：＿＿＿＿

2. 资格

1）资料的更新：投标人仍应满足在资格预审时的标准。

2）财务能力：通过使用（四）"投标书格式"中相应的表格（填写表格编号），投标人应说明获得资金的途径和能力（如流动资产、未支配的固定资产、信用额度和其他财产，但不包含合同预付款），以便满足：

  a. 下述的现金流要求：＿＿＿＿以及

  b. 该合同和当前工程任务的全部现金流要求：＿＿＿＿

3）人员：投标人应说明关键岗位对应的人员，并满足表4-4要求：

关键岗位人员表　　　　　　　　　　　　表4-4

| 编号 | 岗位名称 | 类似工作岗位的经验（年） | 在类似工程的工作经验（年） |
|---|---|---|---|
| 1 | | | |
| 2 | | | |
| 3 | | | |

4）设备

投标人应在表4-5中说明其所拥有的关键设备：

关键设备表 表4-5

| 编号 | 设备类型和特性 | 所需的最少数量 |
|---|---|---|
| 1 | | |
| 2 | | |
| 3 | | |

投标人应该按照（四）"投标书格式"中列出的相关表格，提供这些设备进一步的详细信息。

没有资格预审时：

1. 评标要求与有资格预审时的规定相同。

2. 资格审查应包含：合格性；不履行合同的历史；财务状况；经验；人员；设备。

资格审查的要求与有资格预审时的规定相同。

## （四）投标书格式（Bidding Forms）

1. 投标函（世行用 Bid Submission Sheet，FIDIC 用 Letter of Bid）

投标函是业主在招标文件中为投标人拟定好统一固定格式的、以投标人名义写给业主的一封信。其目的是避免投标人在单独编写投标函时漏掉重要内容和承诺，并防止投标人采用一些含糊的用语，从而导致事后容易产生歧义和争议。

FIDIC 99 版 "新红皮书" 等合同范本中的 "投标书"（Bid 或 Tender）不等于投标人的全部投标文件。"投标书" 被认为是正式合同文件之一，而投标人的投标文件中，除合同协议书中列明为合同文件者外，均不属于合同文件。

2. 投标书附录（Appendix to Bid）

FIDIC "新红皮书"、"新黄皮书" 中投标函之后的 "投标书附录"（Appendix to Tender）中有大量重要的信息、规定和数据。该附录主要由业主方填写，也有少部分由投标人填写，最后由投标人签字后附在投标函之后，在投标时递交业主。

但世行 SBDW2007 版 "投标书附录"（Appendix to Bid）则主要由投标人填写，并附在投标函之后，在投标时递交业主。其中许多重要信息规定和数据已由业主填写在 "招标资料表" 中，而世行投标书附录中主要是数据调整表。在下面的表4-6、表4-7、表4-8中，投标人应：

（1）说明支付的当地货币的款额；

（2）提出成本要素中各种外币的来源和基本价格指数值；

（3）建议当地币和外币支付的权重；

（4）列出货币换算所使用的汇率。

在遇到很大的或者复杂的工程合同时，可能需要规定适用于各种工程要求的几类价格调整公式，详见本章第4节。

当地货币有关数据表　　　　　　　　　　表 4-6

| 指数代码* | 指数说明* | 指数来源* | 基本指数值和基本日期* | 投标人相关的货币额 | 投标人提议的权重 |
|---|---|---|---|---|---|
|  | 不可调整 | — | — | — | A：____ *<br>B：____<br>C：____<br>D：____<br>E：____ |
|  |  |  | 总计 |  | 1.00 |

[ * 由业主填写]

外币有关数据表　　　　　　　　　　　表 4-7

说明外币类型：[如果投标人希望在报价中使用多种外币时，每种外币都应单独列表]

| 指数代码 | 指数说明 | 指数来源 | 基本指数值和基本日期 | 投标人使用的相关货币的种类/数额 | 第一种外币的等值量 | 投标人建议的权重 |
|---|---|---|---|---|---|---|
|  | 不可调整 | — | — | — | — | A：____ *<br>B：____<br>C：____<br>D：____<br>E：____ |
|  |  |  |  | 总计 |  | 1.00 |

[ * 由业主填写]

支付货币一览表　　　　　　　　　　　表 4-8

用于：[插入工程某区段的名称]

| 支付货币的名称 | A<br>货币数量 | B<br>汇率<br>(单位外币对应的当地货币值) | C<br>当地货币等量值<br>C = A × B | D<br>占净投标价（NBP）的百分比<br>$\dfrac{100 \times C}{NBP}$ |
|---|---|---|---|---|
| 当地货币 |  | 1.00 |  |  |
| 外币 #1 |  |  |  |  |
| 外币 #2 |  |  |  |  |
| 外币 # |  |  |  |  |
| 净投标价 |  |  |  | 100.00 |
| 当地货币表示的暂定金额 | [由业主填写] |  | [由业主填写] |  |
| 投标价 |  |  |  |  |

[如果工程的各个区段（或者工程量表）需要采用不同的外币和当地货币支付时，可能需要使用单独的表格。业主应插入工程的各个区段的名称。]

3. 工程量表（Bill of Quantities，BOQ）

工程量表就是对合同规定要实施的工程的全部项目和内容按工程部位、性质或工序列在一系列表内。每个表中既有工程部位和该部位需实施的各个项目，又有每个项目的估算工程量单位和计价要求，以及每个项目的报价和每个表的总计等，后两个栏目留给投标人投标时去填写。

BOQ 的用途之一是为投标人（承包商或分包商）对表中各子项进行报价，并逐项汇总为各部位以及整个工程的投标报价；用途之二是在工程实施过程中，每月结算时工程师用来计算应付给承包商的款项；用途之三是在工程变更时或处理索赔时，可以选用或参照工程量表中的单价来确定新项目或索赔项目的单价和价格。

BOQ 中各子项的计价办法一般分为两类：一类是按"单价"（Unit Price 或 Rate）计价的项目。另一类是按"子项"总价包干（Sum 或 Lump Sum, L. S）计价的项目。

BOQ 一般包括：前言；工作项目；计日工表和汇总表。

(1) 前言

前言中应重点说明下述有关问题：

1) 工程量表中的工程量是估算的，只能作为投标报价时的依据，付款的依据是实际完成的工程量和订合同时工程量表中最后确定的费率。

2) 除合同另有规定外，工程量表中提供的单价必须包括全部施工设备、劳力、管理、燃料、材料、运输、安装、维修、保险、利润、税收以及风险费等，所有上述费用均应分摊入单价内。

3) 每一行的子项内容中，不论写入工程数量与否，投标人均应填入单价或价格，如果漏填，则业主方不对此子项支付。

4) 测量已完成的工程数量用以计算价格时，应根据业主选定的工程测量标准计量方法或以工程量表前所规定的计量方法为准。所有计价支付的工程量均为完工后测量的净值。

5) 计量单位。世行鼓励采用公制。国际上采用公制时，建议使用表 4-9 中所列的计量单位和缩写词，但如在业主所在国有强制性的标准时除外。

**计量单词和缩写词**　　　　　　　　　　　　　　　　　表 4-9

| 单位 | 缩写词 | 单位 | 缩写词 |
|---|---|---|---|
| 立方米（cubic meter） | $m^3$ 或 cum | 毫米（millimeter） | Mm |
| 公顷（hectare） | ha | 月（month） | Mon |
| 小时（hour） | h | 数目（number） | nr |
| 千克（kilogram） | kg | 平方米（square meter） | $m^2$ 或 sqm |
| 总价（lump sum） | sum | 平方毫米（square millimeter） | $mm^2$ 或 sqmm |
| 米（meter） | m | 周（week） | wk |
| 公制吨（1000kg）（metric ton） | t | | |

(2) 工程量表中"子项"划分原则

编制工程量表时要注意将不同等级要求的工程区分开；将同一性质但不属于同一部位的工作区分开；将情况不同，可能要进行不同报价的项目区分开。

编制工程量表划分"子项"时要做到简单明了，善于概括。使表中所列的子项既具有高度的概括性，条目简明，又不漏掉子项和应该计价的内容。

(3) 工程量表的方式

工程量表有两种方式：使用较多的是以作业内容列表，叫作业顺序工程量表（Operational BOQ）；另一种是以工种内容列表，叫工种工程量表（Trade BOQ），使用较少。

(4) 计日工（Day Work）

计日工也称为按日计工，是指在工程实施过程中，业主有一些临时性的或新增加的项目需要按计日（或计时）使用劳务、材料或施工设备时，按承包商投标时在计日工表中填写的费率计价。在招标文件中一般列有劳务、材料和施工设备三个计日工表。在工程实施过程中任何项目如需采用计日工计价，必须依据工程师的书面指令。

按照有关合同条款规定，计日工一般均由暂定金额（Provisional Sums）中开支，暂定金额是业主的备用金，暂定金额的开支又分为两类：一类叫"指定的暂定金额"（Specified Provisional Sums），即某些在合同条款中明确规定由暂定金额开支的项目单列在一张表中并加以小计，然后和工程量表汇总在一起；另一类叫"用于不可预见用款的暂定金额"。

有的招标文件将估计使用的劳务、材料和施工机械的数量称为"名义工程量"（Nominal Quantity），投标人在填入计日工单价后再乘以"名义工程量"，然后将汇总的计日工总价加入投标总报价中，以限制投标人随意提高计日工价。项目实施过程中支付计日工的数量根据实际使用数量决定，不受名义工程量的限制。

在劳务计日工表中，有时承包商还有权按基本费率的某一百分比得到利润、上级管理费、劳务监管费、保险费以及各项杂费等费用，这些费用可要求用外币或当地币支付，也有时不单独列出计日工表中利润、上级管理费等，而统一包含在各工种的费率之中。投标人在投标汇总时应将"规定的暂定金额"与"用于不可预见用款的暂定金额"均计入总报价。投标人在中标并签订合同后，中标合同金额中自然也包括这两类暂定金额。

4. 技术建议书（Technical Proposal）

(1) 技术建议书是由现场组织（Site Organization）、方法说明（Method Statement）、动员计划（Mobilization Schedule）、施工计划（Construction Schedule）、设备（Equipment）、人员（Personnel）及其他部分组成。现场组织、方法说明、动员计划、施工计划四项内容均要求投标人按照项目及自身特性来说明。

(2) 设备：投标人应提供（三）"评标与资格标准"中所要求的关键设备（或建

议的替换设备）的性能、来源（自有、租用、专门制造等）的单独列表。

（3）人员：为满足（三）"评标与资格标准"中规定的要求，投标人应该提供合格的人员的姓名以及相关人员的简历。

此处应说明相关人员正在履行的有关工程合同、收到中标意向函或中标函的项目，以及这些项目的估计完工日期等。还应说明在（三）"评标与资格标准"中规定的有关项目的资金来源（如流动资产、未支配的固定资产、信用额度和其他财务收入）及数额。

5. 投标保证格式（Form of Bid Security）

SBDW 中附有的投标保证格式为银行保函。

（五）合格国家（Eligible Countries）

根据 2004 年 5 月国际复兴开发银行贷款和国际开发协会信贷采购指南第 1.8 条的规定，世行允许各国的公司和个人为世行贷款项目提供货物、工程和服务。但是，一个国家的公司或在一个国家制造的货物，如果发生下列情况，则可被排除在外：

（1）根据法律或法规，借款人国家禁止与该国有商业往来，但前提是要使世行满意地认为该排除不会妨碍在采购所需货物或工程时的有效竞争；或

（2）为响应联合国安理会根据联合国宪章第七节做出的决议，借款人国家禁止从该国进口任何货物或对该国的个人或实体进行任何付款。

借款人和投标人应该知道，对于采购指南 1.8（a）（i）、1.8（a）（ii）所述的情况相关国家的货物和服务不得参与本次投标（列出不合格国家名称，一般指不是世行成员国的国家）。

## 二、工程要求

（六）工程要求（Works Requirments）

该部分内容主要包括工程的范围、规范、图纸和补充的资料。规范和图纸又是投标人在投标时必不可少的资料。因为依据这些资料，投标人才能拟定施工规划，包括施工方案、施工进度、施工工艺等，并据之进行工程估价和确定投标报价。因此业主及其咨询工程师在拟定规范时，既要满足设计和施工要求，保证工程质量，又不能过于苛刻，因为太苛刻的技术要求必然导致投标人提高投标价格。对国际工程而言，过于苛刻的技术要求往往会影响本国的承包商参加投标的兴趣和竞争力。

1. 工程的范围（Scope of Works）

在"投标人须知"1.1 条和招标资料表中规定了招标的范围。工程的范围是对招标文件要求承包商工作的范围和内容的具体描述，可能是整个工程，也可能是一个工程的一部分（如一个水利枢纽中的大坝工程），还应说明需要承包商实施的具体工作内容，如设计、施工、设备采购、安装、调试以及其他相关的工作。

2. 规范（Specification）

在规范的开始，应有一个条款说明工程范围并给出图纸表，规范也叫技术规程或技术规范（以下用规范）。每一类工程（如房屋建筑、水利、港口、铁道等）都有专门的技术要求，而每一个项目又有其特定的技术规定。规范和图纸两者均为招标文件中非常重要的组成部分，反映了招标单位对工程项目的技术要求，严格地按规范和图纸施工与验收才能保证最终获得一项合格的工程。

编写规范时一般可引用本国有关各部门正式颁布的规范。国际工程也可引用国际上权威性的外国规范，但一定要结合本工程项目的具体环境和要求选用，同时往往还要由咨询工程师再编制一部分具体适用于本工程的技术要求和规定。合同签订之后，承包商必须遵循合同中的规范图纸要求施工。监理工程师也应按订入合同中的技术要求来检查和验收承包商的工作质量。如在施工过程中承包商建议采用某些实质上等同或优于合同规范规定的一些规范或标准，必须得到工程师批准。编写规范时应做到用语准确而清晰，这样不仅有利于承包商响应招标文件的要求，平等地竞标，也有利于评标。如果由业主方提供生产设备或材料也应有明确的技术说明。

国际竞争性招标中对材料、生产设备、其他供货以及工艺所需的标准要有一个清楚的说明，准确清晰的规范有利于投标人响应业主的要求。除非另有规定，规范应该要求工程的材料、生产设备及其他供货是新的，工艺和型号也是新的。

同一个国家在这方面用过的相似的项目的规范样本是很有用的，尤其对一个国家或地区公共部门建设的相关工程，如高速公路、港口、铁路、城市住宅、灌溉、供水等项目。将通用规范标准化的优点是很突出的，对特殊的工程，可在采用通用规范时加以删改和补充。

对材料、生产设备、其他供货以及工艺应尽量采用国际标准，如果采用特殊标准，规范应声明这些标准符合项目所在国官方的标准。

如果合同中采用国家级或涉及某一特殊国家或地区的标准和规范时，其他能保证与合同规定标准和规范实质上等效的官方标准也可被采用，但需要事先得到工程师的审查和书面批准，如果承包商想得到工程师的批准，需提前28天把所建议的替代标准与原标准的差异书面提交工程师，如工程师未能批准，承包商仍应遵守合同中的标准及准则。

规范可分为总体规定和技术规范两部分。一般包含下列六个方面内容：工程的全面描述；工程所采用材料的技术要求；施工质量要求；工程记录；计量方法；验收标准和规定；其他不可预见因素的规定。

（1）总体规定

总体规定（General specifications）通常包括工程范围及说明，水文气象条件，工地内外交通，承包商提供的材料质量要求，技术标准，工地内供水、排水、临建工程，安全，测量工作，环境卫生，仓库及车间等。

(2) 技术规范

工程技术规范大体上相当于我国的施工技术规范的内容,由咨询工程师参照国家的范本和国际上通用规范并结合每一个具体工程项目的自然地理条件和使用要求来拟定,因而也可以说它体现了设计意图和施工要求,更加具体化,针对性更强。

根据设计要求,技术规范应对工程每一个部位和工种的材料和施工工艺提出明确的要求。

技术规范中应对计量要求做出明确规定,以避免和减少在实施阶段计算工程量与支付时的争议。

3. 图纸(Drawings)

图纸(Drawings)是招标文件和合同的重要组成部分,是投标人在拟定施工方案,确定施工方法、选用施工机械以至提出备选方案,计算投标报价时必不可少的资料。

招标文件应该提供大尺寸的图纸。如把图纸缩的太小,细节看不清楚,将影响投标人投标,特别对大型复杂的工程尤应注意。图纸的详细程度取决于设计的深度与合同的类型。在工程实施过程中需要陆续补充和修改图纸,这些补充和修改的图纸均须经工程师签字批准后作为变更正式下达,才能作为施工及结算的依据。

在国际招标项目中图纸往往都比较简单,仅仅相当于初步设计。从业主方来说,这样既可以提前招标又可以减少开工后在图纸细节上变更,以减少承包商索赔的机会,如果要求承包商负责永久工程任何一部分的设计,必须明确他的职责范围。如果把施工详图交给承包商去设计还可以利用承包商的经验,但必须由工程师对图纸进行认真的检查,以防引起造价增加过多。

业主方提供的图纸中所包括的地质钻孔柱状图、探坑展视图等均为提供投标人的参考资料,它提供的水文、气象资料也属于参考资料。业主和工程师应对这些资料的正确性负责。而投标人应根据上述资料做出自己的分析与判断,据之拟定施工方案,确定施工方法,业主和工程师对这类分析与判断不负责任。

业主有权决定在工程的某些特殊部位是否能够采用替代的技术建议方案(alternative technical proposals),在招标文件中某一些对工程的特定部分采用替代方案可能是对业主有好处(如:桩基、桥基等)。业主应该提供一个工程特定部分的说明以及相关的图纸、工程量表、设计或者性能标准,说明所做的替代解决方案至少应该和原来的设计参数和规范是相当的。替代方案提供的所有资料,如图纸、设计计算书、技术规程、单价分析、建议的施工方法以及其他相关细节,应满足业主评估的需要。

在更复杂的情况下,如采用交钥匙或设计—建造方式,建议采用两阶段招标。

4. 补充的资料

除上面的三方面之外,业主在投标时认为需要的涉及对工程要求的其他资料。

规范中应包括合同条件中的"社会福利条款"（SOCIAL CLAUSES）（即通用合同条件中的 6.1 款至 6.22 款），应将规定的最低要求达到当地的同等标准及国家法规要求的标准。

## 三、合同条件和合同格式

### （七）合同通用条件（General Conditions，GC）

世界银行工程项目采购标准招标文件中全文采用 2006 年 3 月份最新出版的 FIDIC《施工合同条件》（多边发展银行协调版），这是 FIDIC 与多边发展银行对 1999 版《施工合同条件》修改后出版的合同条件，其中的通用条件不允许做任何修改，需要修改的全部放在专用合同条件中。

合同条件一般也称合同条款，它是合同各方必须遵守的"条件"，是合同中商务条款的重要组成部分。合同条件主要规定了在合同执行过程中当事人双方的职责范围、权利和义务；受业主方委托参与项目管理一方（如工程师、业主代表等）的职责和授权范围；遇到各类问题（如工程进度、质量、检验、支付、变更、不可抗力、保险、索赔、争议和仲裁等）时，各方应遵守的原则、规定、程序和采取的措施等。

合同条件一般分为两大部分，即"通用条件（General Conditions）"和"专用条件（Conditions for Particular Application）"。前者不分具体工程项目，不论项目所在国别，只要在标注的某个大范围内（如"工程施工"）均可使用；而后者则是针对某一特定工程项目合同的有关具体规定，用以将通用条件加以具体化，进行某些修改和补充。这种将合同条件分为两部分的做法，既可以节省招标人编写招标文件的工作量，又方便投标人投标，因为投标人一般对不同组织编制的不同版本的通用条件中规定的各方的权利、义务、风险、责任都非常熟悉，投标时只需重点研究"专用条件"即可以了。

目前在国际上，由于承发包双方的需要，根据多年积累的经验，已编写了许多合同条件范本，在这些合同条件中有许多通用条件几乎已经标准化、国际化，不论在何处施工，都能适应承发包双方的需要。采用国际通用的合同条件范本的主要好处是合同双方风险分担合理，能够比较好地平衡双方之间的权利和义务，节省投标准备时间和投标审查费用，从而为双方创造更多的经济效益。

国际上最知名的高水平的合同条件的标准形式有三大系列：即

"国际咨询工程师联合会"（FIDIC）编写的各类合同条件；英国"土木工程师学会"（Institution of Civil Engineers，ICE）以及英国其他组织编写的各类合同条件以及"美国建筑师协会"（The American Institute of Architects，AIA）编写的各种合同条件。这些合同条件都吸收了国际上许多专家参与讨论修改，在国际工程中常被采用。如 FIDIC"新红皮书"就已被世行、亚行、非行等九个国际金融组织采用。关于 FIDIC 的组织、FIDIC 编制的合同条件将在第 7 章中详细介绍。

ICE 编写的"新工程施工合同条件"（NEC）和 AIA 编写的"施工合同通用条件"

(A201) 将在第 8 章中介绍。

### (八) 合同专用条件 (Particular Conditions, PC)

合同专用条件 (PC) 是针对某一具体工程项目的需要,业主方对合同通用条件进行具体化、修改和补充,以使整个合同条件更加完整、具体和适用。但 PC 序号应与 GC 一致。如 PC 内容与 GC 不一致时,PC 优于 GC。修改条款或起草新条款时应取得法律顾问的建议。

FIDIC《施工合同条件》(2006 多边银行协调版) 的专用合同条件,包括 A 部分—合同数据表、B 部分—特定条款 (Specific Provisions)。

A 部分包括了针对通用合同条件每一款补充说明和具体化的数据,业主在颁发招标文件时应在合同数据表中写入相关数据。天数一律用 7 的倍数,以便与合同条件一致。B 部分是专用合同条件的特有条款,由一套示例条款组成,便于业主在编制专用合同条件时采用,它们并不是一套完整的标准的专用合同条款,而是在每个国家或每个项目中需要根据具体情况进行编制。

表 4-10 为 A 部分 "合同数据表"。表 4-11 为区段汇总表。

合同数据表　　　　　　　　　　　表 4-10

| 合同条件 | 条款 | 填入内容 |
| --- | --- | --- |
| 雇主的名称和地址 | 1.1.2.2&1.3 | |
| 工程师的名称和地址 | 1.1.2.4&1.3 | |
| 银行的名称 | 1.1.2.11 | |
| 借款人的名称 | 1.1.2.12 | |
| 竣工时间 | 1.1.3.3 | _____天<br>如果工程分区段,参考下面的区段汇总表 |
| 缺陷通知期 | 1.1.3.7 | 365 天 |
| 区段 | 1.1.5.6 | 如果工程分区段,参考下面的区段汇总表 |
| 电子传送系统 | 1.3 | |
| 管辖法律 | 1.4 | |
| 主导语言 | 1.4 | |
| 交流语言 | 1.4 | |
| 进入现场的时间 | 2.1 | 开工日期后____天 |
| 工程师的职责和权利 | 3.1 (b) (ii) | 变更导致的费用增加超过中标合同金额的____%需要取得业主的批准 |
| 履约保证 | 4.2 | 履约保证应采用____方式 [填入 "即付保函" 或 "履约担保"],额度为中标合同金额的____% [填入相关数字],应采用与中标合同金额相同的币种 |
| 正常工作小时数 | 6.5 | |
| 工程的误期损害赔偿费 | 8.7&14.15 (b) | 每天为合同价格的____%<br>如果工程分区段,参考下面的区段汇总表 |

续表

| 合同条件 | 条款 | 填入内容 |
|---|---|---|
| 误期损害赔偿费的最高金额 | 8.7 | 最终合同价格的____% |
| 暂定金额 | 13.5 (b) (ii) | [如果有暂定金额,填入一个百分比作为暂定金额的调整百分率]____% |
| 因成本改变的调整 | 13.8 | 期间"n"适用于调整系数"Pn":[如果这个期间不是一个月,填入这个期间的月数,如果这个期间"n"是一个月,填入"不适用"] |
| 预付款总额 | 14.2 | 中标合同金额的____%,按支付中标合同金额的币种和比例[如果采用分期付款,填入分期的次数和付款的时间安排] |
| 预付款的分期偿还率 | 14.2 (b) | ____% |
| 保留金的百分比 | 14.3 | ____% |
| 保留金限额 | 14.3 | 中标合同金额的____% |
| 生产设备和材料 | 14.5 (b) (i) | 如果条款14.5适用:<br>运往现场途中付费的生产设备和材料<br>____[列出名称] |
| | 14.5 (c) (i) | 运抵现场时付费的生产设备和材料<br>____[列出名称] |
| 期中支付证书的最低金额 | 14.6 | 中标合同金额的____% |
| 承包商对业主的最大责任限度 | 17.6 | [在以下两种方式中选择适宜的一种]<br>中标合同金额与____[填入大于或小于1的系数]的乘积或<br>____[填入最高责任险金额] |
| 提交保险的期间 | 18.1 | [填入提交保险证明和保险单的期间,这个期间可为14天到28天] |
| a. 保险证明 | | ____天 |
| b. 相关保险单 | | ____天 |
| 雇主风险保险免赔额的最大金额 | 18.2 (d) | [填入免赔额的最大金额] |
| 第三方保险的最小金额 | 18.3 | [填入第三方保险金额] |
| 任命DB成员的最晚时间 | 20.2 | 开工日期后28天 |
| DB成员应该包括 | 20.2 | 独任成员<br>或:三名成员 |
| 潜在DB独任成员的名单 | 20.2 | [仅当DB由独任成员组成时,列出潜在独任成员的名称;如果不包括潜在的独任成员,填入:"无"] |
| (如对DB成员未达成一致)由…任命 | 20.3 | [填入进行任命的实体或官方机构的名称] |
| 仲裁规则 | 20.6 (a) | [如果不采用国际仲裁商会的规则,填入采用的仲裁规则] |

区段汇总表　　　　　　　　　　　　　　　　　　表 4－11

| 区段名称/描述<br>（条款 1.1.5.6） | 竣工时间<br>（条款 1.1.3.3） | 缺陷通知期<br>（条款 8.7） |
|---|---|---|
|  |  |  |
|  |  |  |

## （九）专用条件附录——合同格式（Annex to the Particular Conditions-Contract Forms）

1. 授予合同通知（Notification of Award）

授予合同通知即"中标函"（Letter of Acceptance）是形成合同的基础。按照"投标人须知"39 条规定，只有在完成评标，满足贷款协议中规定的世行审查要求后，才填写"中标函"，并寄给中标人。招标文件中附有中标函的标准格式。

2. 合同协议书（Contract Agreement）

投标人接到中标函后应及时与业主谈判，并随后签署协议书。协议书签署时应要求承包商提交履约保证，这时即完成了全部立约手续。也有的国家规定投标人的投标书和业主发给他的中标函二者即构成合同，不需另签协议书。但世行贷款项目一般要求签协议书。

协议书的格式一般均附在标准招标文件中。

3. 履约保证（Performance Security）

履约保证是承包商向业主提出的保证认真履行合同的一种经济担保，一般有两种形式，即履约保函（Performance Guarantee），或叫银行保函（Bank Guarantee）以及履约担保（Performance Bond）。世界银行贷款项目一般规定，履约保函金额为合同总价的 10%，履约担保金额则为合同总价的 30%。

保函或担保中的"保证金额"由保证人根据投标书附录中规定的合同价的百分数折成金额填写，采用合同中的贷币或业主可接受的自由兑换货币表示。也有在招标文件中由业主规定一个具体的款额，而不采用合同价百分数。

采用何种履约保证形式，各国际组织和各国的习惯有所不同。美洲习惯于采用履约担保，欧洲则一般采用银行保函。世界银行贷款项目列入了上述两种保证形式，由投标人自由选择其中一种。亚洲开发银行则规定只用银行保函。在编制国际工程的招标文件时应注意这一背景。

（1）银行履约保函

履约保函又分为两种形式：一种是无条件（Unconditional 或 on Demand）履约保函；另一种是有条件（Conditional）履约保函。

对于无条件履约保函，银行见票即付，不需业主提供任何证据。业主在任何时候提出声明，认为承包商违约，而且提出的索赔日期和金额在保函有效期和保证金额的限额之内，银行即无条件履行保证，进行支付，承包商不能要求银行止付。当然业主也要承担由此行动引起的仲裁或诉讼程序裁决的法律后果。世行贷款项目均采用无条件保函。

有条件银行保函即是银行在支付之前，业主必须提出理由，指出承包商执行合同有重大失误、不能履行其义务或违约，并由业主方出示证据，并通知承包商。现在使用这种保函的业主很少了。

(2) 履约担保

履约担保一般是由担保公司、保险公司或信托公司开出的担保函。担保公司要保证整个合同的完整实施。一旦承包商违约，业主在要求担保公司承担责任之前，必须证实承包商确已违约。这时担保公司可以在担保金额限度内采取以下措施之一：

1) 根据原合同要求负责完成合同；

2) 为了按原合同条件完成合同，可以与业主一同另选一位承包商，由他与业主另签合同以完成此工程，在原定合同价以外所增加的费用由担保公司承担，但不能超过规定的担保金额；

3) 由业主按合同完成原定工程。担保公司支付给业主相应的款额，但款额不超过规定的担保金额。

在实际工程中，业主和担保公司一般均采用第(2)种措施。

在招标文件中一般均附有业主方拟订的履约保证格式。

4. 预付款保函（Advance PaymentSecurity）

在国际招标的工程项目中，除去少数资金匮乏的业主外，大部分业主均对中标的承包商提供无息预付款，这是为了缓解承包商开工时需要垫付大量资金的困难。

承包商在签订合同后，应及时到业主同意的银行开一封预付款保函，业主收到此保函后才会支付预付款。关于预付款的偿还方法在本章第4节中详细讨论。招标文件中一般均附有业主方拟订的预付款保函格式。

5. 保留金保函（Retention Money Security）

当工程已经通过验收，被业主接收后，一般此时承包商应收到业主方返还的保留金总额的一半（返还额比例应按合同条件有相关规定），在缺陷通知期开始前，承包商可以向业主提交保留金保函，要求业主将所扣留的全部保留金返还给承包商。保函中应说明，如果承包商在缺陷通知期内未能履行对工程的维修任务时，则业主可以由保留金保函中扣除相应的款项，支付给其他进行维修的承包商。业主应在收到履约证书副本后的21天内，将保留金保函退还承包商。承包商应该尽可能争取采用保留金保函的方式，这将有利于承包商的资金周转。

在招标文件中一般均附有业主方拟订的保留金保函格式

对于有资格预审的招标，如果某个合同可能有资格获得贷款时，IBRD应该审查资格预审的程序并给出意见。投标邀请书应在宣布资格预审的结果后才寄送给合格的投标人。大型工程应该使用资格预审，例外情况时可使用资格后审。

在招标文件中一般均附有业主方拟订的投标邀请书格式。

## 第4节　工程采购招标文件中的几个问题

一般国际工程的招标文件中均涉及如下几个问题：价格调整问题；期中付款证书的最低金额的确定；材料和设备采购之后的支付方式；预付款的支付和偿还问题等，这些问题将在本节中介绍和讨论。

本节中"合同价格"均指签订合同时的价格。即FIDIC《施工合同条件》（1999版和2006多边银行协调版）中的"中标合同款额"。

### 一、价格调整问题

工程建设的周期往往都比较长，因而在考虑工程造价时，都必须考虑与工程有关的各种价格的波动。下面从价格上涨角度来讨论，价格下跌时也可同样计算。

在工程招标承包时，施工期限一年左右的项目和实行固定总价合同的项目（如EPC交钥匙总承包项目），一般均不考虑价格调整问题，以签订合同时的单价和总价为准，物价上涨的风险全部由承包商承担。但建设周期一年半以上的工程项目一般均调价，"设计—建造"总承包项目虽然一般为总价包干，但有时也可调价。具体项目是否调价依据合同规定为准。引起价格变化的因素包括：

（1）劳务工资以及材料费用的上涨；

（2）其他影响工程造价的因素，如运输费，燃料费，电力等价格的变化；

（3）外币汇率的不稳定；

（4）国家或省、市立法的改变引起的工程费用的上涨。

业主方在编制工程概（预）算，筹集资金以及考虑备用金额时，均应考虑价格变化问题。对工期较长、较大型的工程，在编制招标文件的合同条件中应明确地规定各类费用变化的补偿办法，（一般对上述前两类因素用调价公式，后两类因素编制相应的合同条款）以使承包商在投标报价时不计入价格波动因素，这样便于业主在评标时对所有承包商的报价可在同一基准线上进行比较，从而优选出理想的承包商。

#### （一）价格变化的计算公式

价格变化的计算公式，一般说来有两种类型，第一类公式主要用于预估在今后若干年内由于物价上涨引起的工程费用上涨值；第二类是由业主方编入招标文件，由工程师与承包商在结算时采用的公式。现分述如下：

（1）第一类公式：

$$D = \sum_{i=1}^{n} [d_i(1+R_i)^{t_i/2} - d_i] \quad (4-1)$$

式中 $D$——工程价格在 $t_i$ 年内上涨总费用估算值；

$d_i$——工程价格中各分项（如某种材料）费用调价前总值；

$R_i$——工程价格中各分项费用年平均上涨率；

$t_i$——工程价格中各分项的使用期或按实际情况确定的时间；

$n$——分项费用项目数；

$i$——1，2…$n$。

式（4-1）主要在业主一方编制概（预）算时使用，可以取工资及主要材料、设备的历年上涨率，并假定工程实施期间物价也保持同样上涨率，估算出在工程实施期间工程价格总的上涨费用，以便在筹集资金时考虑到这一不利因素。要特别指明的是，业主一方在计算价格上涨时，使用期不仅指施工期，而应该由编制概（预）算时到预计工程完工的总时间段。

式（4-1）同时也可用于当招标文件规定在工程实施期间每月结算不考虑调价时，或总价包干合同时，承包商在投标报价时用以估算工程实施期间工程价格总的上涨费用，以便在各分项报价中加以分摊，减少或避免由于物价上涨等因素引起的风险。公式中 $(1+R_i)^{t_i/2}$ 一项，承包商可用以在投标报价，进行各个子项的单价分析时，把物价上涨因素考虑进去。但如果业主的招标文件明确规定允许月结算调价时，则绝不能再用此公式，以免导致报价过高。

（2）第二类公式：这类公式是业主和咨询工程师在准备招标时即编入招标文件的。运用这类公式可以在施工过程中每月结算时将物价上涨因素考虑进去。

这类公式又可分别应用于工程施工时用工程所在国当地币结算，用外币结算和订购设备三种情况，现分述如下。

1）用工程所在国当地币（或国内用人民币）支付部分的价格调整公式如下：

$$P_1 = P_0 \left[ a + b\frac{L(1+C_s)}{L_0(1+C_{s0})} + c\frac{P_i}{P_{l0}} + d\frac{T}{T_0} + e\frac{M_1}{M_{10}} + f\frac{M_2}{M_{20}} + \cdots + r\frac{M_n}{M_{n0}} \right] \quad (4-2)$$

式中 $P_0$——按订合同时的价格结算应付给承包商的结算月份工程结算款总额的当地币部分；

$P_1$——价格调整后应付给承包商的结算月份工程结算款总额的当地币部分；

$L_0$——订合同时工程所在国订合同时劳务工资的基本价格指数（Base Price Index）或每小时工资；

$L$——结算月份工程所在国结算月份劳务工资的现行价格指数（Current Price Index）或每小时工资；

$C_{s0}$——订合同时工程所在国公布的社会负担系数；

$C_s$——结算月份工程所在国月份公布的现行社会负担系数；

$P_{l0}$——订合同时设备的基本价格指数或价格；

$P_i$——结算月份设备的现行价格指数或价格；

$T_0$——订合同时每辆卡车的吨公里运输价；

$T$——结算月份每辆卡车的吨公里运输价；

$M_{10}$，$M_{20}$，…，$M_{n0}$——订合同时各种主要材料的基本价格指数或价格；

$M_1$，$M_2$，…，$M_n$——结算月份各种主要材料的现行价格指数或价格；

$a$——固定系数，代表合同支付中不调整的部分，如管理费、利润以及预计承包商固定开支的权重值；

$b$，$c$，$d$，$e$，$f$…$r$——权重系数（Weightings），代表各类费用（工资，设备，运输，各种材料……）在合同总价当地币中所占比例的估计权重值

$a+b+c+d+e+f+\cdots+r=1$。

式（4-2）中方括弧 [ ] 内计算出的数值为价格调整系数。

式（4-2）是业主每月为承包商结算工程支付款时，用工程所在国当地币结算时调整价格使用的。使用的指数或价格为由业主指定的当地官方权威机关或商会发布的指数。

订合同时的基本指数或价格是指递交投标书截止日前 $m$ 天的数值，而工程结算月份的现行价格指数或价格是指结算月份结算日前 $m$ 天的数值。一般规定 $m$ 为 28～56天。如在上述时间内当地政府机关或商会未发布有关指数或价格，则可由工程师来决定暂时采用的指数或价格，待有关的政府机关或商会发布指数或价格时，再修正支付的金额。承包商既不得索取，也不支付此修正支付金额的利息。

劳务工资系指工程所在国当地政府公布的标准基本工资。不考虑各种附加成分的工资，如加班费、奖金、津贴等。如果工程所在国没有官方价格指数，则由工程师根据工程所在国劳务费用、社会福利费以及有关法律、法规的变更，定期决定劳务的费用指数，进行调价。

固定系数 $a$ 正常的幅度为 10%～20%。权重系数在许多招标文件中由业主规定一个允许范围，要求承包商在投标时即确定，并在价格分析中予以论证。但也有的是由业主一方在招标文件中即规定了固定数值。为了减少结算的繁琐计算，对设备和材料，一般应选取主要设备和大宗的、价值较高的材料。如钢材、木材、水泥、砖石等。

FIDIC "新红皮书"、"新黄皮书" 有关条款中提出的调价公式与式（4-2）基本相同。当变更和计日工采用当月价计算时，则对于变更和计日工不再另行调价。

2) 用外币支付部分的价格调整公式如下：

$$P'_1 = P'_0 \left[ a' + b'\frac{L'}{L'_0} + c'\frac{P'_I}{P'_{I0}} + d'\frac{T'_m}{T'_{m0}} + e'\frac{M'_1}{M'_{10}} + \cdots + r'\frac{M'_n}{M'_{n0}} \right] \quad (4-3)$$

式中 $P'_0$——按订合同时的价格结算应付给承包商的结算月份工程结算款总额的外币部分；

$P'_1$——价格调整后应付给承包商的结算月份工程结算款总额的外币部分；

$L_0'$——订合同时的外国公司所在国的劳务工资基本价格指数或每小时工资；

$L'$——结算月份外国公司所在国的劳务工资的现行价格指数或每小时工资；

$P_{I0}'$——订合同时进口设备来源国的基本价格指数或价格；

$P_I'$——结算月份进口设备来源国的现行价格指数或价格；

$T_{m0}'$——订合同时国际海运费用的基本价格指数；

$T_m'$——结算月份国际海运费用的现行价格指数；

$M_{10}',\ M_{20}',\ \cdots,\ M_{n0}'$——订合同时各种主要进口材料来源国的基本价格指数或价格；

$M_1',\ M_2',\ \cdots,\ M_n'$——结算月份各种主要进口材料来源国的现行价格指数或价格；

$a'$——含义同式（4-2）中的 a；

$b',\ c',\ d',\ \cdots,\ r'$——加权系数，代表与外币支付有关的费用在合同总价（外币部分）中所占比例的估计权重值，

$a' + b' + c' + \cdots + r' = 1$。

公式（4-3）是业主每月为承包商结算工程支付款时，用工程所在国以外的外币支付时调整价格使用的。外籍人员的工资指数要参照外国承包商总公司所在国有关工程技术人员及工人工资费用的官方或商会发布的指数。

承包商应在投标书附录中提出各种外币的权重系数和价格指数来源，报工程师批准。如果由于工程实施、变更或设备、材料采购来源有变化等原因，工程师认为原先提出的权重系数不合理时，他可提出调整。基本价格指数和现行价格指数的计算日期规定同式（4-2）。

设备价格指数系指进口设备生产国及其主要部件生产国的官方或商会价格指数。材料也是指进口材料出售国的有关官方或商会价格指数。

如果承包商未从他在投标时在投标书有关表格中开列的国家采购设备、部件或材料，而且工程师认为这种改变没有充分的理由，则由工程师选择对业主有利的价格指数。

海运费用的价格指数应为航运工会的价格指数。如果承包商愿意选用其他海运公司运输，则工程师在调价时选取二者中对业主有利的海运费用价格指数。

如果合同价格的外币部分不同于采用价格指数的那个国家的外币，则应按照合同文件中经业主批准的指定的兑换率，将合同价格的外币部分折换成实际支出所用外币。

如果有关国家颁布的价格指数不止一个或者价格指数不是由被正式认可的机构颁布，则选用的价格指数需经业主批准。

3) 用于大型设备订货时的价格调整公式如下：

$$P_1'' = P_0'' \left[ a'' + b'' \frac{L''}{L_0''} + c'' \frac{M''}{M_0''} \right] \qquad (4-4)$$

式中 $P_0''$——订合同时的价格；

$P_1''$——应付给供货人的价格；

$L_0''$——订立合同时特定设备加工业人工成本的基本价格指数；

$L''$——合同执行期间相应人工成本的现行价格指数；

$M_0''$——主要原材料的基本价格指数；

$M''$——主要原材料现行价格指数；

$a''$——固定系数；

$b''$，$c''$——分别为劳务及材料的加权系数；

$a'' + b'' + c'' = 1$。

一般在设备订货时多采用固定价格合同。由供货人承担物价风险，但对专门定制的大型成套设备或交货期一年以上的大型成套设备，有时可以允许进行价格调整，公式（4-4）即是为此目的而设的，式中基本价格指数的计算日期规定同式（4-2），但现行价格指数应在招标文件中明确规定，可采用合同中规定的货物装运前 3 个月时的指数或货物制造期间的平均价格指数。如有多种主要材料时可增加材料项数。

在订合同时应将上述公式中的有关系数确定下来以免结算时发生纠纷。如鲁布革水电站工程 CI 合同，对使用外币支付项目调价公式的加权系数范围作了如下规定，外籍人员工资：0.10～0.20；水泥：0.10～0.16；钢材：0.09～0.13；设备：0.35～0.48；海上运输：0.04～0.08；固定系数：0.17，并规定允许投标人在上述范围内选用加权系数，投标人就应该根据价格的变化趋势来选定系数。济南—青岛高速公路也是世行提供贷款的项目，在招标文件中给出固定的加权系数，固定系数 0.15；外籍人员工资 0.15；设备 0.30；沥青 0.10；水泥 0.08；木材 0.06；钢材 0.10；海上运输 0.06。价格调整公式一般不应该规定调价最高上限。

对大型工程而言，调价开始日期一般在开工一年以后，当物价变动大时可考虑适当提前。工程如由于承包商方面的原因而延期，则在原合同规定竣工日期以后的施工期限可从原定竣工日的指数或价格和现行指数或价格中选择对业主有利者进行调价。如由于业主方面的原因使工程延期，则在延长的施工期内仍应按原有规定进行调价。

在大型工程合同中，咨询工程师在编制招标文件时应按下述步骤编制价格调整公式：①分析施工中各项成本投入，包括国内和国外投入，以决定选用一个或几个公式；②选择能代表主要投入的因素；③确定调价公式中固定系数和不同投入因素的加权系数的范围；④详细规定公式的应用范围和注意事项。

（二）文件证明法

在一些发展中国家，有时难以得到官方的确实可靠的物价指数，则无法利用调价公式。有时这些国家的劳务工资和材料价格均由政府明令规定，在这种情况下，合同价格可以根据实际的证明文件来调价。

文件证明法一般包括下列各点：

(1) 投标时报价单上的单价是以工程所在国有关地区的工资、有关津贴和开支、材料设备等的基本价格为基础的,这些基本价格均应明确地填入投标书中的有关表格之中。在合同实施过程中,由于政府规定的改变、物价涨落因素的影响,则应按照有关部门发布的现行价格的有关证明文件来调整各月的支付。

(2) 如果在投标书递交截止日期前若干天内(一般规定 28 天),在工程所在国,由于国家、部委或省市颁布的法律、法规、条例或有关部门规章发生了变更,导致承包商实施合同时所需支付的各项费用有所增减,则工程师在与业主和承包商协商后,在对承包商的支付中加上或减去这部分金额。

文件证明法属于实报实销性质,为了避免副作用,合同文件中应规定业主和工程师有权指令承包商选择更廉价的供应来源。

## 二、对支付条款和投标书附录中几个问题的讨论:

### (一) 期中支付证书的最低金额

此项规定的目的是为了督促承包商每个月必须达到一定的工程量,否则不予支付。可以规定一个中标合同金额的百分比,也可以规定一个具体金额。业主方在投标书附录中确定此最低金额时应宽严适度,一般可参照下列公式计算确定。

$$最低金额 = \frac{中标合同金额}{工期月数} \times (0.3 \sim 0.6) \qquad (4-5)$$

大型项目应选择较低的"最低金额"。

### (二) 用于永久工程的材料和生产设备款项的支付

在国际上,对用于永久工程的材料和生产设备(指承包商负责采购的生产设备的定货、运输和安装)款项的支付,由于业主方的资金等原因,在合同条款和投标书附录(或合同数据表)中的规定大体可归纳为以下三种情况:

(1) 生产设备订货后凭形式发票(Proforma invoice)支付 40% 左右设备款,运到工地经工程师检查验收后支付 30% 左右设备款,待生产设备安装、调试后支付其余款项。

(2) 生产设备或材料订货时不支付,运达工地经工程师检查验收后以预支款方式支付 70%~80% 的款额,但这笔款在生产设备或材料用于工程时当月扣还(因此时生产设备和材料已成为永久工程的一部分,已由工程量表中有关项目支付),世行 SB-DW 和 FIDIC "新红皮书"即采用这种支付方式。也有的合同在支付后的几个月内分批扣还。

(3) 生产设备或材料运达工地并安装或成为永久工程的一部分时,按工程量表支付。在此之前,不进行任何支付。

不同的支付方式可反映出业主的资金情况和合同条件的宽严程度。

### (三) 预付款的支付与扣还

在国际上,一般情况下,业主都在合同签订后向承包商提供一笔无息预付款作为工程开工动员费。预付款金额在投标书附录中规定,一般为合同额的 10%~15%,特殊情况(如生产设备订货采购数量大时)可为 20%,甚至更高,取决于业主的资金情况。

#### 1. 预付款的支付

在承包商满足下列全部三个条件时,工程师应及时(一般 14 天内)发出预付款支付证书。

(1) 已签署合同协议书;

(2) 已提交了履约保证;以及

(3) 已由业主同意的银行按指定格式开出了无条件预付款保函。在预付款全部扣还前此保函一直有效,但其中担保金额随承包商的逐步偿还而持续递减。

在合同条件中应明确业主在收到预付款支付证书后的支付期限。有些大型工程的合同,预付款也可分期支付,但要在招标文件中说明。

#### 2. 预付款的扣还

预付款扣还的原则是从开工后一定期限后开始到工程竣工期前的一定期限扣还完毕,从每月向承包商的支付款中扣还,不计利息。具体的扣还方式有以下四种:

(1) 由开工后的某个月份(如第 4 个月)到竣工前的某个月份(如竣工前 3 个月),以其间月数除以预付款总额求出每月平均扣还金额。一般工程合同额不大、工期不长的项目可采用此法,简单明了。

(2) 由开工后累计支付额达到合同总价(指签订合同时的总价)的某一百分数(如 20%)的下一个月份开始扣还,到竣工期前的某个月份扣完。这种方式不知道开始扣还日期,只能在工程实施过程中,当承包商的支付达到合同价的某一百分数时,计算由下一个月到规定的扣完月份之间的月数,每月平均扣还。

(3) 由开工后累积支付款达到合同总价的某一百分数的下一个月开始扣还,扣还额为每月期中支付证书总额(不包括预付款及保留金的扣还)的 25%,直到将预付款扣完为止。FIDIC 99 年版"施工合同条件"即采用此种方式。2006 多边银行协调版所作改动更为合理,详见第 7 章第 2 节。

(4) 由开工后累计支付额达到合同总价的某一百分数(如 20%)的月份开始扣还,一直扣到累计支付额达到合同总价的另一百分数(如 80%)扣完。用这种方法在开工时无法知道开始扣还和扣完的日期,此时可采用下列公式计算(式中各项金额均不包含调价金额):

$$R = \frac{(a-c)}{(b-c)} \times A \qquad (4-6)$$

式中 $R$——第 $n$ 个月月进度付款中累计扣还的预付款总金额

$A$——预付款总金额

$a$——第 $n$ 个月累计月进度支付金额占合同总价的百分比

$b$——预付款扣款结束时，累计月进度支付金额占合同总价的百分比

$c$——预付款扣款开始时，累计月进度支付金额占合同总价的百分比

上式中提到的"合同总价"均应减去暂定金额。

## 第5节 开标、评标、决标

### 一、开标

开标（Bid Opening）指在"投标资料表"中规定的日期、时间、地点检查投标文件的密封、签署、完整性，有无投标保函，然后当众逐个宣布所有投标文件中投标人的名称和报价，使全体投标人了解各家投标价和自己在其中的顺序。如有要求"撤回"的函，该投标文件应退回。开标前递交信函说明要"替换"或"修改"投标文件的，允许以之替代原先的投标文件并开封。招标单位当场只宣读投标价（包括投标人信函中有关报价内容及备选方案报价），但不解答任何问题。

对包含设备安装和土建工程的招标，或是对大型成套设备的采购和安装，有时分两个阶段开标。即投标文件同时递交，但分两包包装，一包为技术标，另一包为商务标。只有在对技术实施方案的审查通过之后才开商务标，技术标通不过则商务标将被原封退回。

开标后任何投标人都不允许更改他的投标内容和报价，也不允许再增加优惠条件，但在业主需要时可以作一般性说明和疑点澄清。开标后即转入秘密评标阶段，这阶段工作要严格对投标人以及任何不参与评标工作的人保密。

对未按规定日期寄到的投标书，原则上均应视为废标而予以原封退回，但如果迟到日期不长，延误并非由于投标人的过失（如邮政、动乱、罢工等原因），招标单位也可以考虑接受该迟到的投标书。

### 二、评标

#### （一）评标组织

评标（Bid Evaluation）委员会一般由招标单位负责组织。为了保证评标工作的科学性和公正性，评标委员会必须具有权威性。一般均由建设单位、咨询设计单位、工程监理单位、资金提供单位、上级领导单位以及邀请的各有关方面（技术、经济、法律、合同等）的专家组成。评标委员会的成员不代表各自的单位或组织，也不应受任何个人或单位的干扰。

另一种评标组织的工作方式是由建设单位下属各职能部门对投标书提出评论意见，

然后汇总讨论，提出决标意见。一般应按第一种方式评标。

(二) 工程项目的评标

工程项目的评标一般可分为审查投标文件和正式评标两个步骤。

1. 对投标文件的初步审核：主要包括投标文件的符合性检验和投标报价的核对。

所谓实质性响应 (Substantial Responsiveness)，有时也叫符合性检验。即是要检查投标文件是否符合招标文件的要求。一般包括下列内容：(1) 投标书是否按要求填写上报；(2) 对"合同数据表"（或投标书附件）有无实质性修改；(3) 是否按规定的格式和数额提交了投标保证金；(4) 是否提交了承包商的法人资格证书及对投标负责人的授权委托证书；(5) 如是联营体，是否提交了合格的联营体协议书以及对投标负责人的授权委托证书；(6) 是否提交了外汇需求表；(7) 是否提交了已标价的工程量表；(8) 如招标文件有要求时，是否提供了单价分析表；(9) 是否提交了计日工表；(10) 投标文件是否齐全，并按规定签了名；(11) 当前有无介入诉讼案件；(12) 是否提出了招标单位无法接受的或违背招标文件的保留条件等。

上述有关要求均在招标文件的"投标人须知"中作出了明确的规定，如果投标文件的内容及实质与招标文件不符，或者某些特殊要求和保留条款事先未得到招标单位的同意，则这类投标书将被视作废标。但如果某些投标文件并未构成重大偏差、保留和遗漏，属于非实质性的不符合时，业主可要求其更正，但不能更改报价。

对投标文件进行评审时应遵照"投标人须知"第14、17、30、31、32、33、34、36条、(三) 评标和资格标准中标明的评标因素、(四) 投标书格式中投标人填写的各种数据和信息以及其他相关的规定。

对投标人的投标报价在评标时应进行认真细致的核对，当数字金额与大写金额有差异时，以大写金额为准；当单价与数量相乘的总和与投标书的总价不符时，以单价乘数量的总和为准（除非评标小组确认是由于小数点错误所致）。所有发现的计算错误均应通知投标人，并以投标人书面确认的投标价为准。如果投标人不接受经校核后的正确投标价格，则其投标书可被拒绝，并可没收其投标保证金。

2. 正式评标。如果由于某些原因，事先未进行资格预审，则在评标时同时要进行资格后审，内容包括财务状况、以往经验与履约情况等。

评标内容一般包含下面五个方面：

(1) 价格比较。既要比较总价，也要分析单价、计日工单价等。

对于国际招标，首先要按"投标人须知"中的规定将投标货币折成同一种货币，即对每份投标文件的报价，按某一选择方案规定的办法和招标资料表中规定的汇率日期折算成当地币，来进行比较。

世界银行贷款项目规定，如果公开招标的工程项目是将工程分为几段同时招标，而投标人又通过了这几段工程的资格预审,则可以投其中的几段或全部,即组合投标(Combinations of Bids)。这时投标人可能会许诺有条件的折扣(例如,所投的三个标全部中标时,可降价3%),谓之交叉折扣(Cross discounts),这时,业主方在评标时除了要注意投标人的能力等因素外,应以总合同包成本最低的原则选择授标的最佳组合。如果投标人是本国公司或者是与本国公司联营的公司,并符合有关规定,还可以享受到7.5%的优惠。把各种货币折算成当地币或某种外币,并将享受优惠的"评标价"计算出来之后,即可按照"评标价"排队,对于"评标价"最低的3~5家进行评标。

世行评标文件中还提出一个偏差折价(Priced Deviations),即虽然投标文件总体符合招标文件要求,但在个别地方有不合理要求(如要求推迟竣工日期),但业主方还可以考虑接受,对此偏差应在评标时折价计入评标价。

(2)施工方案比较。对每一份投标文件所叙述的施工方法、技术特点、施工设备和施工进度等进行评议,对所列的施工设备清单进行审核,审查其施工设备的数量是否满足施工进度的要求,以及施工方法是否先进、合理,施工进度是否符合招标文件要求等。

(3)对该项目主要管理人员及工程技术人员的数量及其经历的比较。拥有一定数量有资历、有丰富工程经验的管理人员和技术人员,是中标的一个重要因素。至于投标人的经历和财力,因在资格预审时已获通过,故在评标时一般可不作为评比的条件。

(4)商务、法律方面。评判在此方面是否符合招标文件中合同条件、支付条件、外汇兑换条件等方面的要求。

(5)有关优惠条件等其他条件。如软贷款、施工设备赠给、技术协作、专利转让,以及雇用当地劳务等。

在根据以上各点进行评标过程中,必然会发现投标人在其投标文件中有许多问题没有阐述清楚,评标委员会可分别约见每一个投标人,要求予以澄清。并在评标委员会规定时间内提交书面的、正式的答复,澄清和确认的问题必须由授权代表正式签字,并应声明这个书面的正式答复将作为投标文件的正式组成部分。但澄清问题的书面文件不允许对原投标文件作实质上的修改,也不允许变更投标价格。澄清时一般只限于提问和回答,评标委员在会上不宜对投标人的回答作任何评论或表态。

在以上工作的基础上,即可最后评定中标者,世行一般规定:凡实质上响应招标文件要求而报价最低的投标人中标。

业主有时也可采用评分的方法,即是由评标委员会事先拟定一个评分标准,在对有关投标文件分析、讨论和澄清问题的基础上,由每一个委员采用不记名打分,最后统计打分结果确定中标者。用评分法评标时,评分的项目一般包括:投标价、工期、采用的施工方案、对业主动员预付款的要求等。

世行贷款项目的评标不允许在标底上下定一个范围,入围者才能中标的办法。

## 三、决标与废标

### (一) 决标 (Award of Contract)

决标即最后决定将合同授予某一个投标人。评标委员会作出授标决定后,还要与中标者进行合同谈判。合同谈判以招标文件为基础,双方提出的修改补充意见均应写入合同协议书备忘录并作为正式的合同文件。

双方在合同协议书上签字,同时承包商应提交履约保证,至此招标工作方告一段落。业主应及时通知所有未中标的投标人,并退还他们的投标保证。

### (二) 废标 (Rejection of all Bids)

在招标文件中一般均规定业主方有权废标,一般在下列三种情况下才考虑废标:
(1) 所有的投标文件都不符合招标文件要求。
(2) 所有的投标报价与概算相比,都高的不合理。
(3) 所有的投标人均不合格。

但按国际惯例,不允许为了压低报价而废标。如要重新招标,应对招标文件有关内容如合同范围、合同条件、设计、图纸、规范等重新审订修改后才能重新招标。

## 思考题

1. 为什么要重视研究招标文件?它与合同文件有什么关系?
2. 工程分标的原则是什么?要考虑哪些因素?
3. 资格预审主要审查的内容是什么?
4. 世行贷款项目的"项目周期"的特点是什么?
5. 世行贷款项目工程采购标准招标文件包含的9个部分的要点是什么?
6. "投标人须知"是不是合同文件的一部分?在什么文件中可以对"投标人须知"进行补充和修改?
7. 为什么说合同数据表(或投标书附录)是一个重要的合同文件?
8. 履约保证有几种形式?各有何特点?
9. 使用公式(4-2)时应注意什么问题?
10. 工程项目采购评标的内容有哪些?什么是中标的关键因素?

# 第 5 章  世界银行贷款项目的货物采购合同

> 本章主要介绍世界银行贷款项目货物采购的基本内容和基本要求，世界银行有关货物采购的标准，国际竞争性招标的适用范围和限制，世界银行货物采购的标准合同格式以及我国货物采购的基本方式和标准文件范本。

## 第 1 节  货物采购概述

货物采购（procurement of goods）是指业主或购货方（buyer）通过招标的形式选择合格的供货商（supplier），购买工程项目建设需要的投入物。它包含了货物的获得及整个获取方式和过程。其业务范围包括确定所要采购的货物的性能和数量；供求市场的调查分析；合同的谈判与签订及监督实施；在合同执行过程中，对存在问题采取必要的措施；合同支付及纠纷处理等。

任何项目的实施过程是各种材料、机械、设备的消耗过程。材料、设备既是满足项目需求的物质技术基础，也是项目生产过程的物质基础。如工程设计的方案和结果最终要通过采购来实现。采购过程中发生的成本、采购的设备和材料的质量最终影响设计的实现和实现程度；土建施工，安装物质基础是通过采购实现的。因此，物资采购在项目中起着承上启下的核心作用。

采购的重要性首先表现在它在项目中的价值地位，是项目成本控制的主体和核心部分。在项目产品成本构成中，材料及设备采购成本占项目总成本的比例随项目的性质，特点，范围以及市场环境的不同而不同，大体在 30% ~90%，平均在 60% 以上。采购成本的有效控制可降低项目总成本中的直接费用，从而使工程总成本保持在一个合理的水平。

由于项目的实施过程是各种材料、机械、设备的消耗过程。这个消耗过程贯穿项目始终。任何一种材料、机械与设备未能适时、适地、适量的供应都会造成项目的停顿或延误。因此采购进度对项目进度会产生直接、重大影响。此外，对于建筑项目最终产品而言，在设计水平完好条件下，该产品的质量一方面取决于生产与工艺水平，但在很大程度上亦取决于生产过程中消耗和安装在该产品上的材料、设备等的质量。可见，采购的质量对项目的最终质量产生重大影响。

货物采购在项目实施中具有举足轻重的位置，是项目建设成败的关键因素之一。采购能否有效地进行，既影响项目成本，也影响项目的经济效益能否充分发挥。按照世界银行的规定，采购的货物应具有良好的品质、合理的价格以及在合同规定时间内交货，即将经济性和有效性完美结合。为达到上述目的，购货方在货物采购中应做好以下几项工作。

## 一、准备工作

货物采购是一项复杂的工作，要把采购工作做好，购货方首先应清楚地了解所需采购货物的各种类目、性能规格、质量、数量要求及投入使用的时间，了解国内外市场价格，供求情况，货物来源，外汇市场，支付方式以及国际贸易惯例等。因此，有必要建立一个完善的市场信息机制，并制定一个完整的货物采购清单和计划。

世界银行贷款项目的货物采购大部分或部分是在国外市场获得的，因此，要对国外相关货物的市场进行广泛的调查和分析、掌握拟采购货物的最新国内、国际行情，了解采购货物的来源、价格、货物和设备的性能参数及可靠性等，建立记录不同供货方所能供应货物的技术指标的货物来源档案；建立同一类目货物的价格目录，并提出切实可行的采购清单和计划，为采购方式的选择和分标提供比较可靠的依据。

一般来说，货物采购计划应考虑以下几方面的因素：

- 采购货物的种类、数量、具体的技术规格、性能要求。要尽量根据项目的需要选用国际通用的标准和规格。
- 所采购货物预计投入使用时间，要考虑贷款成本，集中采购与分批采购的利弊等因素。
- 要根据市场结构、运输条件、供货能力以及竞争性确定采购的批量安排及如何分标，分几个标，每个标中包含哪些内容。
- 协调管理多批、多项、不同性质、不同品目的采购是一项复杂的系统工程，要建立强有力的管理机构。
- 分标的基本原则应是吸引更多的投标者参加投标，以发挥各供货商的专长，降低货物价格，保证供货时间和质量。

## 二、采购方式的选择

世界银行贷款项目的货物采购方式主要有国际竞争性招标和国内竞争性招标等。选择合适的采购方式对于节省投资、节省外汇,加快采购速度至关重要,因此应慎重选择。

一般来说,世界银行贷款项目中,凡属世界银行支付部分,都要求通过国际竞争性招标程序进行。世行贷款项目的竞争性招标货物采购,一般都具有以下特点:(1)不容歧视(公平性);(2)预先通告(公开性);(3)方便投标;(4)不偏不倚(公正性);(5)手续认真(严密性);(6)严格保密;(7)符合招标要求;(8)评标客观(合理性);(9)授予合同前不容谈判;(10)捆包合适。

竞争性招标采购体现了经济性、有效性和公平竞争的原则。目前经常使用的是国际竞争性招标和国内竞争性招标。国际竞争性招标并不是在任何情况下都是最经济、最有效的采购方式,在货物数量太小或者不便于长途运输时,选用国内竞争性招标或其他方式可能会更为经济可行。

## 第2节 世行贷款项目货物采购招标文件

根据2007年1月世行贷款项目货物采购国际竞争性招标文件规定,货物采购的招标程序一般为:编制招标文件;发布招标公告;出售招标文件;接受投标;公开招标;评标;定标;发中标函;合同谈判及签订合同;提交履约保证;合同生效。

货物采购招标文件编制的主要准备工作如下:

1)工程设计,一般要求达到初步设计深度或相当于技术设计深度,才能确定货物采购要求。

2)分标和分包,按照设计要求确定是单纯货物采购,按工程项目进行综合采购还是按总承包工程要求进行采购,从而决定如何分标和分包。

3)确定要求进行技术服务的项目以便列入招标要求,这些技术服务的项目包括培训,赴生产厂审查设计及质量检查,安装监督调试等。

4)确定资金来源。

5)确定交货进度要求,交货地点以及考虑有关运输。

6)确定对供货商进行资格预审还是资格后审。

招标文件不但是投标和评标的依据,还是构成合同的重要组成部分。合同中买卖双方的权利、义务、合同价格都在招标文件中作出明确规定,不容更改。因此,招标文件构成了合同的基本构架。此外,完善的招标文件可以加快采购进度,降低成本,否则会给招标、评标和签订合同造成困难,给购货人造成经济损失。因此,应高度重视招标文件的编制。货物采购招标文件一般包含以下几方面的内容:

第一部分　招标程序；投标人须知；投标资料表；评标和资格标准；投标书格式；合格国家

第二部分　供货要求；货物需求一览表

第三部分　合同：合同通用条款；合同专用条款；合同格式

附件—投标邀请（供参考）

## 第一部分　招标程序

1. 投标者须知

本须知是根据购货人要求向投标人提供的必要信息，但不包括与供货人履约、支付、当事人权利、义务以及风险有关的事项。

投标者须知主要包括以下内容

一、总则

（1）总则投标范围"投标资料表"中所述的买方为采购第六章"货物需求一览表"所规定的货物和相关服务而发出本招标文件。

（2）资金来源。说明购货方的资金数额、来源、贷款机构名称及支付使用的限制条件。

（3）欺诈和腐败。世行政策要求借款人（包括世行贷款的受益人）以及世行资助合同下的投标人、供货商、承包商和他们的分包商在采购和执行这些合同时遵守道德的最高标准。并对腐败、欺诈、串通、施加压力等行为作出定义，以及由此导致其投标活动的结果，如拒绝该授标建议，取消贷款以及处罚有关当事人的规定。

（4）合格的投标者（Eligible bidder）。对投标者的资格提出要求和限制，即所有符合1995年1月国际复兴开发银行（IBRD）和国际开发协会（IDA）采购指南中规定的合格来源国的供货方。但投标人不得直接或间接地参与或参与过招标人拟招标采购货物的咨询服务活动。此外国有企业的投标人应为财务自主的独立法人。同时规定投标人不得有利益冲突。所有有利益冲突的投标人均不合格并说明何种情况即视为利益冲突。

（5）合格货物及服务（Eligible Goods and Service）。为本合同提供的所有货物或辅助服务，其原产地应符合IBRD采购指南中规定的国家或地区。定义"货物和相关服务"的概念。原产地系指货物开采、生长或生产地，或提供辅助服务的来源地，货物指制造、加工或用主要元件装配而成的货物。其基本性能应与一般商业公认的原配件有实质性的区别。

二、招标文件的内容

本部分说明招标文件的章节，文件的澄清与修改。

（6）招标文件的章节。详细说明招标文件的结构内容，以及买方对补遗承担的责任。要求投标者应仔细阅读招标文件的全部内容，并按其要求进行投标，否则投标人承担一切风险,并导致投标书遭拒绝。

(7) 招标文件的澄清。投标人如有疑问,要求澄清招标文件,可以电报(电传或传真)寄至投标者须知中写明的购货方地址,购货人有义务对投标截止期满 21 天以前收到的任何上述要求给予书面答复。

(8) 招标文件的修改。购货人在投标截止期前的任何时候,可通过补遗的方式对招标文件进行修改。对招标文件的修改应以修正案方式书面或申报通知所有收到招标文件的投标人并对其产生约束力。同时可适当延长投标截止时间以便投标方有充分时间研究补遗内容。

三、投标文件的编制

(9) 投标费用。说明无论投标人中标与否,投标人承担所有与编写和提交投标书有关的费用。

(10) 投标语言。投标书应使用投标资料表中规定的语言。投标人提交的支持文件和印制的文献可以用另一种语言,如需翻译,以翻译本为准。

(11) 投标书的构成。投标人准备的投标文件应包括:根据投标者须知规定

1) 要求填写的投标书格式和价格表

2) 投标保证金

3) 投标授权证明

4) 资格证明文件

5) 证明投标人提供的货物或辅助服务是符合招标文件要求的文件

6) 投标人执行合同的资格符合招标文件的证明

7) "投标人须知"要求的其他文件

(12) 投标函和投标报价。说明投标函必须完整地填写并不得修改。不接受任何替代的格式。

(13) 替代方案投标。除非"投标资料表"另有规定,不考虑替代方案投标。

(14) 投标报价和折扣。说明投标人在投标函和投标报价表中所报的价格和折扣应满足的要求。

投标人应按照招标文件规定的投标书格式及适用的价格表填报投标书,注明货物的名称、货物简介、原产地、数量及价格。为了给予国内优惠,购货人将投标文件分为 A、B、C 三个组。

A 组为向买方提供买方所在国生产制造的货物;

B 组为在买方国以外制造、需要进口的货物;

C 组指在买方国以外制造的、已经进口的货物。

投标书不会由于投标人错填投标价格表而遭拒绝。购货人会将其重新归入适当的投标组中去。投标人应在价格表中填写货物的单价和总价。如果单价与总价有出入,以单价为准。投标人要根据上述不同的情况填写价格表。

a. 对于供货人提供的购货人国内生产货物,按出厂价报价的货物,其价格应:1) 包括原材料和部件已缴或应缴的所有关税和其他税费。包括按出厂价已进口原产国外的货物已缴或应缴的所有关税和其他税费;2) 若授予合同,应缴付的营业税和其他税收;3) 内陆运费、保费;4) 招标数据清单内规定的各种服务费等。

b. 对于国外提供的货物按清单规定,可报

CIF(成本加运费加保险费)价;

CIP(运费、保险费付至指定目的地)价;

FOB(装运港船上交货价);

CFR(成本加运费)价;

CPT(运费付至指定目的地)价。

世行规定,除非"投标资料表"另有规定,投标人所报价格在履约期间应是固定不变的,不得以任何理由修改。但是,如果"投标资料表"中规定,投标人所报的投标价在合同执行过程中可以调整,以固定不变价提供的报价将不被拒绝,只是将价格调整作为零处理。投标邀请是针对单个合同(Lots)或这些合同的任意组合(Packages)发出的。除非"投标资料表"中有另行规定,投标人的报价应该包括每个合同(Lots)中的100%的品目和该合同中每个品目的100%的数量。如果全部合同都同时递交和开启,投标人对中标一个以上的合同提出折扣,应该根据"投标人须知"14.4的规定,说明适用的报价折扣。

(15)投标货币(Bid Currency)

在投标书格式和投标价格表中,凡由购货人国内供应的货物或服务,投标人应以购货人所属国家货币报价,除非清单另有规定,凡由购货人的所属国以外供应的货物和服务,可以世行任一成员国货币报价。如果投标者希望用多种货币报价,其投标货币种类不得超过3个。

(16)证明投标者合格及资格的文件(Documents Establishing Bidder's Eligible and Qualification)

投标者应提交证明其有资格进行投标和有能力履行合同的文件,作为投标文件的一部分。该文件应能充分证明:

1) 投标者系来自符合规定的合格来源国

2) 证明如投标书被接受,投标人具有履行合同资格的文件,如证明:

① 向购货方所在国提供非投标人生产的货物,投标者必得到货物生产商的充分授权;

② 投标者具有履行合同的财务,技术和生产能力。

如投标人不在购货方所在地,应让代理人履行合同条件规定的,由供货方承担各种服务性(如维修保养、修理,零备件供应等)义务。

(17)货物合格并符合招标文件规定的证明文件。

投标人应出具证明其所提供货物和服务的合格性并符合招标文件的要求的文件。说明货物及服务的原产国并出具确认其合格性的装运时签发的原产地证明书。证明文件可以以文字资料、图纸或数据表形式，应包括货物主要技术和特点的详细描述，包括使货物在规定时间内正常和连续工作所需要的零备件，特殊工具的货源和价格情况的清单及技术偏离表（Specification Deviation Form）。购货方在技术规格书中规定的工艺、材料、设备标准商标或样本、目录号码等不应为限制性的，允许投标人提出替代标准品牌和样本目录号码，但该替代标准应符合购货方的要求，并基本上相当于技术规格中的规定。

（18）证明货物和相关服务符合性（满足招标文件要求）的文件。证明投标人提供的货物及其相关服务满足招标文件要求的符合性，投标人在其投标书中应该提交文件证据，证明所提交的货物及其相关服务满足第六章"货物需求一览表"中规定的技术规范和标准。文件证据可以是文献、图纸或数据，应逐条详细说明所提供货物和相关服务的基本技术特性和运行性能，证明所提供货物和相关服务已对买方的技术规范做出了实质性的响应；如果适用的话，还应说明与"货物需求一览表"的偏差和例外。

投标人还应提供货物从买方开始使用时起在"投标资料表"规定的期间，正常、连续地使用货物所需的完整零备件清单，包括备件和特种工具的货源及现行价格。

买方在"货物需求一览表"中指出的工艺、程序、材料和设备的标准以及参照的牌号或分类号仅起说明作用，并没有任何限制性。投标人在投标中可以选用其他质量标准、牌号和/或分类号，但是卖方应该证明这些替代实质上相当于或好于"货物需求一览表"中的规定，并且使买方感到满意。

（19）证明投标人资格合格的文件。如提供不是投标人自己制造的货物的制造厂家授权书，证明投标人已得到货物制造厂家同意其在买方国家提供该货物的正式授权。

（20）投标有效期。在买方规定的开标日之后，"投标资料表"中所述时期内保持有效。投标有效期比规定短的将被视为非响应标而被买方拒绝。在特殊情况下，在投标有效期失效之前，买方可要求投标人延长其投标有效期。在固定价格合同的情况下，如果授予合同的时间延误超过原定的投标有效期56天以上，合同价格将按照延期通知书中的规定进行调整。

（21）投标保证金。为保障购货方不致因投标人行为不当产生风险，投标者应按数据清单中规定的金额交保证金。金额可规定为投标价的一定百分比，以投标货币或其他可自由兑换货币提交。保证金的方式可为下列之一者：1）银行保函，或不可撤销信用证；2）现金或保付支票。

银行保函的有效期应至投标有效期后30天内归还，中标者用履约保证金换回投标保证金，如果投标者在投标有效期内撤销其投标，或中标时拒签合同，或不在规定的时间内提交履约保函，购货方有权没收其保证金。凡没有根据规定随附投标保证金或招标安全声明的投标,将被视为非响应性投标而予以拒绝。

(22)投标书的式样和签署。投标人应准备一份"投标人须知"第11条规定的投标书正本,并清楚地标明"投标书正本"字样。此外,投标人还应提交"投标资料表"中规定数目的副本,并清楚地标明"投标书副本"字样。一旦正本与副本不相符,将以正本为准。由正式授权代表投标人的代表签字。

四、投标书的递交和开启

(23)投标文件的密封和标记:基本要求与工程采购招标文件相同。

(24)投标文件递交截止日期:基本要求与工程采购招标文件相同。

(25)逾期投标文件:基本要求与工程采购招标文件相同。

(26)投标文件的修改、替换和撤销:基本要求与工程采购招标文件相同。

(27)购货人开标。开标应按照投标资料表中规定的时间、地点公开进行,并邀请投标商或委派的代表参加。开标时,首先打开标有"撤回"字样的信封并宣读,装有投标书的信封将不开封并原封退回投标人。如果收到的撤回投标书的书面通知中没有"授权书"证明签字是经投标人授权的,其投标书将被开启。除非收到的撤回投标书的书面通知中包含有效的授权书并在开标时当众宣读,不允许任何投标人撤回其投标书。其次,打开标有"替换"字样的信封并宣读和替换原来的投标书,被替换的原投标书的信封将不开封并原封退回投标人。除非收到的替换投标书的书面通知中包含有效的授权书并在开标时当众宣读,不允许任何投标人替换其投标书。标有"修改"字样的信封应被打开并和原来的投标书一起宣读。除非收到的修改投标书的书面通知中包含有效的授权书并在开标时当众宣读,不允许任何投标人修改其投标书。只有在开标时启封和读出的投标书才能进一步考虑。其他全部投标书将依次逐一启封、宣读。购货人要当众宣布投标商名称、投标价格、有无撤销或有无提交合格的投标保证金以及购货人认为其他合适的内容,开标后不得对投标做任何实质性的修改。同时根据投标者须知第20条规定,将逾期投标文件不拆封退还投标人。此外,无论在任何情况下,评标时对于在开标过程中未开封和未宣读的投标文件将不再予以考虑。

五、投标书的评审和比较

(28)保密。在公布合同授予之前,任何与投标书审查、评审、比较、资格后审和合同授予建议有关的信息不应该向投标人或与这一过程无关的其他人员泄露。投标人的任何在投标书审查、评审、比较、资格后审和授予合同建议方面影响买方的行为均可能导致其投标书被拒绝。

(29)标书的澄清。为便于标书的审查和评比,购货人可酌情要求投标人澄清其标书,但不得修改或改变标书内容。与买方的要求无关的投标人对其投标书的澄清不应该被考虑。买方有关澄清的要求和投标人的答复应以书面形式提出。除了根据"投标人须知"第31条的规定对买方在评标时发现的计算错误的改正进行确认之外,不得寻求、提供或允许对投标价格或实质性内容做任何更改。

（30）投标书的响应性。买方审查每份投标书的响应性只依据投标书本身的内容。实质上响应的投标书应该是与招标文件要求的全部条款、条件和规格相符，没有实质性偏离、保留或遗漏的投标书。

（31）不一致、错误和遗漏。在确定投标书是实质性响应条件下，买方可以放弃投标书中任何不构成实质上偏离的不一致或遗漏，可要求投标人在合理的时间内提交必需的信息或文件，改正其投标书中与要求的文件有关的非实质性的不一致或遗漏。这样的遗漏应与投标报价的任何方面都无关。不能满足这一要求的投标人，其投标书可能被拒绝。

如有计算上的错误，提出更正计算错误的方法。递交了最低评标价的投标书的投标人不接受对其错误的更正，其投标书将被拒绝。

（32）投标书的初审。审查投标书是否提交了"投标人须知"第11条要求的全部文件和技术资料，并确定所提交的每份文件的完整性；是否提交了投标书递交函、投标报价表、投标保证金或投标安全声明。

（33）审查合同条件。买方应审查投标书以确认投标人接受了通用条款和专用条款的全部条款和条件，没有任何实质上的偏离或保留。评审提交的投标书的技术内容，以确认投标书满足招标文件第四章"要求一览表"中所规定的全部要求，没有任何实质上的偏离和保留。审查了合同条款和条件及技术内容之后，如买方确定投标书没有实质上响应，根据"投标人须知"第30条的规定，它可以拒绝该投标书。

（34）折算成一种货币。

为便于评标和比较，投标人应将标书中各种报价货币折算成购货人所属国家货币或国际贸易中广泛使用的货币，其折算货币及汇率标准应符合投标资料表的规定。

（35）国内优惠。除非"投标资料表"中有另行规定，评标时将不考虑国内优惠。

（36）投标书的评价。对通过初步审查并被认为符合招标文件要求的投标文件进行评审与比较。买方进行评标考虑的因素为："投标资料表"中规定的品目或合同包及第14条所报的投标报价；改正计算错误对报价所作的调整；对报价所作的调整；根据"投标资料表"对第三章"评标和资格标准"中的评标标准所作的调整；对国内优惠所作的调整以及与采购货物及其相关服务的条款和条件、特点和性能。不考虑的因素为：对其在买方国家制造的货物将要征收的营业税或其他税；如果投标人中标，对其已经或将要从国外进口的外国制造的货物征收的关税或其他类似进口税、营业税或其他税；如果投标书中有的话，在合同实施期间的价格调整。

（37）投标书的比较。买方将比较全部实质上响应招标文件要求的投标书，以确定最低评标价的投标书。

（38）对投标人的资格后审。将确定递交了最低评标价的实质上响应招标文件要求的投标人是否能满意地履行合同。决定将基于对投标人根据"投标人须知"第19

条的规定所递交的有关投标人资格文件的审查。肯定性的确定是合同授予的先决条件。否定性的确定将导致该投标人不合格。

（39）买方接受和拒绝任何或所有投标的权利。买方保留在授标之前任何时候接受或拒绝任何投标，以及宣布招标程序无效或拒绝所有投标的权利，而对受影响的投标人不承担任何责任。

六、授予合同

（40）授予合同的准则（Award Criteria）。购货方将把合同授予被认定是基本符合招标文件要求的最低投标价，并且是购货方认为能圆满履行合同的投标者。

（41）购货方授予合同时变更购货数量的权利，购货方授予合同时有权在"投标资料表"中事先规定的一定幅度内增加或减少"货物需求量表"中规定的货物数量或服务。

（42）授予合同的通知，与工程采购招标文件相同。

（43）签订合同。购货人在通知中标者的同时应寄去招标文件中规定的合同格式，中标人应在收到合同格式 28 天后签署合同并寄回购货人。

（44）履约保证金。在收到买方的中标通知书后 28 天内，中标人应按照合同通用条款的规定，采用招标文件第九章合同格式中提供的履约保证金格式或买方可以接受的其他格式向买方提交履约保证金。买方将迅速通知其他未中标的投标人，并按照"投标人须知"第 21.4 条的规定退还其投标保证金。

如果中标人没有按照上述规定提交履约保证金或签署合同，买方将有充分理由取消该中标决定，并没收其投标保证金或执行投标安全声明。在此情况下，买方可将合同授予下一个提供了最低评标价报价并在实质上进行了响应且能满意地履行合同的投标人。

2. 招标资料表

招标文件资料表主要是根据投标者须知及有关条款规定某些具体的内容。因此每一货物采购招标文件都应制定具体的招标资料表。购货人在表中规定与投标有关的具体信息与要求，与投标价格、报价货币有关的适用规则、评标准则。资料表与投标者须知在相关内容上必须保持一致，如有对投标须知的修改或补充，亦须保持一致。如有冲突，以本资料表为准。该资料表主要有以下几方面的内容。

（1）总则。具体列明借款人名称、贷款号码与金额、项目名称、合同名称、购货人名称、地址、电话、电传、传真以及投书应采用的语言。

（2）招标文件的内容。如为招标澄清目的的买方地址。

（3）投标书的编制。即规定投标语言、增加的文件、备选方案、报价的国际贸易术语版本、目的地、最终目的地（项目现场）、投标人的报价调整，同时规定投标报价中 A 组和 B 组为采购人国内采购的货物，其报价应说明是否为出厂交货价/仓库交货价等。如果国内采购与国外采购相结合，则为 C 组标价。同时说明投标报价是固定价格还是可调整价格，每一个合同的报价应该至少包括该合同中的全部品目的百分比，投标人报价中相应于用买方国家货币发生的费用开支，货物开始被使用的时间，制造厂的授权，售后服务，投标有效期，保证金要求和金额，副本的数量。

（4）递交投标书和开标。主要规定投标书的递交方式、买方地址、开标地址、投标人资格，如投标人生产采购标的货物的经验，供设备运转的零备件的年限，投标保证金金额及形式，比如除对于金额不高的采购，可免交保证金外，其他采购应具体规定保证金金额、投标有效期、投标书份数、递交投标书的地址与截止日期、投标邀请名称及号码、开标的时间、地点。

（5）投标书的评审和比较。针对投标者须知第25.2项的内容，规定投标人投标折算货币，汇率标准与基准时间，规定评标准则，交货时间表支付计划偏离，调整标准，零备件价格，在购货人国内零备件及售后服务，运转维护费，计算设备周期内上述费用的因素，设备运转及生产能力要求评标方法的具体细节，评分标准及是否实施国内优惠等具体事宜。

（6）授予合同。规定购货方在授予合同时变更购货数量的变动幅度。

3. 评标和资格标准

补充完成"投标人须知"。包括买方用以评审投标书的标准和确定投标人是否具有所要求资格的标准。评审时不采用其他标准。主要有：国内优惠、评标标准、多个合同和资格后审要求。

（1）国内优惠。如果"投标资料表"中有规定，买方将按照规定程序，给予买方国家生产的货物一定幅度的优惠用以进行评标。投标分组：A组：提供买方国家制造货物的投标，即（i）来自买方国家国内的劳务、原材料和部件将占该产品出厂价的30%以上，以及（ii）将要制造或组装该货物的生产设施至少从递交投标书之日起已开始制造或组装该类货物。B组：提供买方国家制造货物的所有其他投标。C组：提供已经进口或将要进口的买方国家之外制造货物的投标。

投标人填写招标文件中提供的相应组别的投标报价表。但是，如果投标人填写的投标报价表不是相应组别的投标报价表，其投标书不会被拒绝，而买方将把其投标归入相应投标组别中。买方首先审查投标书所填写的组别，必要时进行适当调整，以确定投标人在准备投标函和投标报价表时对其投标的分类是否适当。然后，每组中所有经过评审的投标都将在本组内进行比较，以确定本组中最低评标价的投标。每组的最低评标价将进行相互比较。如果比较的结果是A组或B组中某个投标的评标价最低，则应选择该最低评标价的投标授予合同。如果最低评标价的投标出自C组，为进一步比较的目的，C组投标中的最低评标价，再加上金额相当于该种货物CIP投标价的15%，然后再与A组中最低评标价的投标进行比较。合同将授予最后一步比较中的最低评标价。

（2）评标标准。买方在评标时，除考虑投标人根据"投标人须知"规定所报价格之外，还要考虑"投标资料表"第36.3（d）条和"投标人须知"第36.3（d）条中所规定的因素：(a) 交货时间表（按照"投标资料表"中规定的国际贸易术语解释通则）；(b) 付款计划的偏离；(c) 主要替换部件、强制性备件和服务的价格；(d) 投标设备在买方国家的备件和售后服务；(e) 预计的运行和维护费用；(f) 设备的性能和生产率；(g) 特别的额外标准以及其他特别的额外评标标准和评标方法。

（3）多个合同。买方将把多个合同授予提交了组合投标（每个投标为一个合同）的最低评标价和满足资格后审标准的投标人。买方只评审按照"投标人须知"第14.8条规定对每个合同或多个合同都提交了最低百分数的品目和对每个品目都提交了最低百分数的数量的投标书；考虑每个合同的最低评标价，和按照投标人在其投标书中所述的方法对每个合同所作的折扣。

（4）资格后审要求。根据"投标人须知"第37.1条的规定确定了递交最低评标价投标书的投标人之后，买方将根据"投标人须知"第38条的规定，对该投标人采用规定的标准进行资格后审。未包含在下列条文中的要求，在评审该投标人的资格时将不予考虑：(a) 财务能力；(b) 经验和技术能力；(c) 投标人应该提交有关文件，证明其提供的货物符合规定要求。

4. 投标函

主要包括：投标人信息表，联营体成员信息表，投标函，报价表（分A，B，C三组），价格和完成时间表，投标保证金（银行保函），投标保证金格式（投标担保），投标安全声明，制造厂商授权声明。

对上述表格投标人应该按规定填写。不得使用其他格式，不接受其他形式的表格。

对于制造厂商授权声明，投标人应该要求制造厂商按规定填写本授权书，用制造厂商的信头纸打印，并由经适当授权的、对制造厂商有约束力的代表签署。如果投标资料表中有要求，投标人必须在其投标书中包含此授权书。

5. 合格国家

根据2004年5月国际复兴开发银行贷款和国际开发协会信贷采购指南第1.8条的规定，世行允许各国的公司和个人为世行贷款项目提供货物、工程和服务，但必须符合世界银行的资格规定。世界银行规定：根据法律或官方规定，借款人国家禁止与该国的商业往来的，前提是要使世行满意地认为该排除不会妨碍在采购所需货物或土建工程时的有效竞争，以及为响应联合国安理会根据联合国宪章第七章做出的决议，借款人国家禁止从该国进口任何货物或对该国的个人或实体进行任何付款。

## 第二部分　供货要求

本章包括了货物和有关服务一览表、交货和完工时间表以及说明要采购的货物和有关服务的技术规范和图纸。

货物和有关服务一览表,是为了向投标人提供充分的信息,使其能够有效地和准确地编制投标书,特别是编制第四章中的报价表。另外,根据"投标人须知"第41条的规定,在授予合同时,如果发生数量变更时,"需求一览表"还能与报价表一起,作为变更的基础。

应该注意的是,根据国际贸易术语解释通则的规定所做出的交货定义(即在出厂价或到岸价、运费和保险费付至目的地价、离岸价和货交承运人价的条件下,当货物交给承运人后即认为已经交货);从此规定的日期起,买方的接货责任即开始(即中标通知,签署合同,出具或确认信用证),投标人应该仔细地规定交货日期或交货时段,即一览表中对交货日期或期限的规定,既要考虑《2000通则》对投标者须知中规定使用贸易术语的解释,还要考虑购货方义务的起始时间。

技术规范。技术规范的目的是规定所采购货物(包括设备)的性能、标准及技术服务的要求等,是招标文件中的关键部分,是投标者在投标时应遵循的主要条件。

买方编制技术规范应考虑以下因素:

技术规范包含买方验证投标书技术响应性和随后进行评标的标准。因此,定义准确的技术规范将有助于投标人编制其有响应性的投标书,帮助买方审查、评价和比较投标书。

除非合同另有规定,技术规范应要求所有货物和组成货物的全部材料必须是新的、未使用过的、最新的或最现代型号的,必须是包括了设计和材料方面全部最新的改进。

技术规范应使用经实际使用证明是最好的实践。同一国家或同一部门成功使用类似采购技术规范样本可以为起草技术规范提供有用的基础。

世行鼓励采用公制计量单位。

技术规范所要求的参数应具有足够的广泛性,以避免限制在制造类似货物时普遍使用的工艺、材料和设备。

招标文件中规定的设备、材料和工艺的标准不应具有限制性。应尽可能地采用国际标准并尽可能地避免引用品牌名称、目录编号、或限定于某个制造厂商材料或品目的其他细节。在引用不可能避免时,该引用后应总伴随有"或实质上相等"的字样。在技术规范中提到的其他特定标准或代码,不论是借款人国家的或是其他合格国家的标准或代码,必须随后规定:只要能在实质上保证等同质量,其他机构的标准或代码也是可以接受的。

尽可能地避免使用品牌名称和目录编号。在引用不可能避免时,引用描述后应总伴随有"或实质上相等"的字样。

描述性技术规范是,生产和制造该货物所要求的材料和工艺的标准;详细的试验要求(类型和次数);为了能够全部交货和完工而需要的其他相关工作和服务;供货方需要开展的详细活动和买方对此的参与;质量保证下详细性能保证表以及在该保证不能实现情况下的违约赔偿规定。

技术规范应全面规定基本技术和性能方面的特性和要求，适用时包括保证达到的或可以接受的最大或最小值。有必要时，买方也可以增加一个特别的投标函（附在投标书递交函中）。在这一投标函中，投标人应该就有关的可接受或保证的值提供详细的技术性能特性方面的信息。

技术规格文件一般包括以下内容：

（1）供货内容。对单纯的货物采购，其供货范围和要求在货物需求一览表中说明即可，还应说明要求供货商承担的其他任务（如设计、制造、发运、安装、调试、培训等）。供货内容分项开列，还应包括备件、维修工具及消耗品等。

（2）与工程进度的关系。对单纯的货物采购，在货物需求一览表中规定交货期。但对工程项目的综合采购，则应考虑与工程进度的关系，以便考虑安装和土建工程的配合以及调试等环节。对交货期应有明确规定，包括是否允许提前交货。

（3）备件、维修工具和消耗材料。备件可以分为三大类。一类是按照标准或惯例应随货物提供的准备件，这类备件的价格包括在基本报价之内，投标者应在投标文件中列表填出标准备件的名称、数量和总价。第二类是招标文件中规定可能需要的备件，这类备件不计入投标价格，但要求投标者按每种备件规格报出单价。如果中标，购货方根据需要数量算出价格，加到合同总价中去。第三类是保证期满后需要的备件。投标者可列出建议清单，包括名称、数量和单价，以备购货方考虑选购。

维修工具和消耗材料也分类报价：第一类是随货物提供的标准成套工具和易耗材料，逐个填出名称、数量、单价和总价。此总价应计入投标报价内。第二类是招标文件中提出要求的工具内容，由投标者在投标文件中进行报价，在中标后根据选择的品种和数量计算价格后再计入合同总价中。

（4）图纸和说明书。对单纯采购的货物的技术资料要求见合同条件第（11）条即可。对工程项目货物采购应在本节中说明以下内容：

1）规定供货方向购货方有关单位提交的各类图纸、文件和说明书的份数。还应如合同条件所要求的，随装箱发运一整套完工图纸和最终说明书资料。还应说明图纸的寄送要求。

2）招标文件中有与安装设备有关的土建工程尺寸的图纸，投标者不能随意变动。但如发现土建尺寸妨碍设备合理布置，可在投标时提出修改建议并写入规范偏离表，必要时应附有修改土建尺寸的建议图。

一般招标文件规定不接受对要求土建尺寸有较大改变的投标文件。如签订合同后供货方才提出建筑设备尺寸不吻合，则只能修改设备设计而购货方不承担任何额外费用。

3）图纸规格。图纸尺寸应符合 ISO 标准，采用 SI 系统尺寸单位。

4）说明书。提出供货方提供的说明书内容要求。

(5) 审查、检验、安装、测试、考核和保证。这些工作是指货物交货阶段前的一些有关的技术规定和要求，现分述如下。

1) 审查。供货方应将供货项目的设计、材料及技术数据送购货方审查批准，购货方的批准并不减轻供货方应承担的义务和责任。

2) 检验。包括在加工制造过程中的检验和出厂的试验，一般应规定试验未通过者不准装箱发运。除了规定检验的标准和程序之外，还要规定购货方是否派人赴供货方工厂检验，在交货后发现货物不符合合同要求时，购货方仍有权要求赔偿。

3) 安装。应明确是购货方还是供货方负责安装，如由购货方安装，还应明确供货方是否派人指导。如由供货方安装，则应明确购货方是否需要提供诸如机具、劳力等条件。如购货对设备进行安装、调试，而规定由供货方进行技术指导和监督时，购货方应派出有能力的工程师担任此工作，并应提前几个月将此工程师的经历、资格等通知购货方，以取得购货方同意。安装监督工程师的费用一般按人日单独报价。

4) 测试和考核。招标文件中应明确规定测试考核的项目、程序、方法和标准以及未通过测试考核的处理方法。对于复杂的设备也可在招标文件中提出考核总的要求，而在订合同时再确定具体测试考核要求。

5) 保证。这里指的是质量保证，投标按照招标文件的要求对货物提供的数据和说明是质量保证的基本条件。这种性能首先通过试验来确定。然后应明确货物质量保证期的要求。如果设备运行出现故障，对于复杂设备，一般质量保证期为货物验收之后12个月；对较简单的货物，质量保证期为货物抵达现场或目的港后12~18个月。

(6) 通用技术的要求。指各分包和分项共同的技术要求，一般包含：使用的标准、涂漆、机械、材料和电气设备通用技术要求。

招标文件中应规定货物应符合的总的标准体系，如投标者在设计、制造时采用独自的标准，应事先申请购货方审查批准。

如技术规范中的规定与上述标准不一致时，以技术规范中的规定为准。

评标准则详见下节。

技术要求有时也称特殊技术条件，这一部分详细说明采购货物的技术规范。货物的技术规格、性能是判断货物在技术上是否符合要求的重要依据，所以在招标文件中对货物的技术规格和性能要规定得详细、具体、准确。对工程项目综合采购中的主体设备和材料的规格及与其关联的部件，也应叙述得明确、具体。这些说明加上图和技术要求。这也是鉴别投标者的投标文件是否作出实质性响应的依据。

编写技术要求时应注意以下几点：

(1) 应写明具体订购货物的形式、规格和性能要求、结构要求、结合部位的要求、附属设备以及土建工程的限制条件等。

(2) 在保证货物的质量和与有关设备布置相协调的前提下，要使投标者发挥其专长，不宜对结构的一般形式和工艺规定得太死。

（3）综合的工程项目采购中，应注意说明供应的辅助设备、装备、材料与土建工程和其他相关工程项目的分界面，必要时用图纸作为辅助手段进行解释。

（4）替代方案。要说明购货方可接受的替代方案的范围和要求，以便投标者作出反应。

（5）注意招标文件的一致性。如技术要求说明应与供货范围一致，招标文件技术要求应与投标书格式中的一致等。

招标文件中的图纸应写明图纸编号、名称和目的。

## 第三部分　合同

该部分包括合同通用条款、合同专用条款和合同格式，在要求时，由中标的投标人在授标后完成应提交的履约保函和预付款保函的格式。

一、通用合同条款

通用合同条款主要规定有关当事人的权利义务，条文规定不得修改。世界银行编制的货物采购通用合同条款主要包括以下内容：

1. 定义。对合同中专用的基本名词进行定义，如"合同"、"合同价格"、"货物"、"服务"、"购货方"、"供货方"及合同中出现的英文缩写字母的全称。

2. 合同文件。规定合同的优先次序，合同文件的全部组成部分是互相联系、补充和解释的。

3. 欺诈和腐败行为。世行要求所有合同当事人在合同的采购和执行过程中遵从道德的最高标准，本条界定腐败等词语以及处罚办法。

4. 解释。与本合同有关的单复数的规定，贸易术语的解释，以及对全部协议、修改、非自动放弃、可分割性等词语的解释。

5. 语言。合同，包括双方交换的与合同有关的所有往来信件和文件都应采用专用条款中规定的语言书写，作为合同一部分的支持文件和印刷文献资料可以用其他语言表达，为了解释合同的目的，翻译的语言应该起主导作用以及与翻译有关费用的归属。

6. 合资企业、联营体或协会。全部合作伙伴都应该共同地和个别地为履行合同条款的规定向买方承担责任，并指定其中一个合作伙伴为领导人，同时合资企业、联营体或协会不得随意改变其组成或章程。

7. 合格性。卖方及其分包商应拥有合格国家的国籍。货物和相关服务均应来源于合格国家。

8. 通知。当事人之间相互发通知的方式，及通知生效的时间规定。

9. 争端的解决。如有争议发生，尽各种努力友好解决在合同中的或与合同有关的任何分歧或争端。如在28天后通过相互协商解决争端或分歧，当事人一方可通知对方其准备开始进行仲裁的意向。否则不得开始仲裁。当事人一方发出仲裁意向后，任何的争端或分歧都必须通过仲裁最终解决。同时规定仲裁可以在合同下的交货前或交货后进行。仲裁程序必须按照专用条款的程序规则进行。仲裁不影响当事人双方应尽的合同义务。

10. 世行的检查和审计。供货方应允许世行或世行指定人员对供货方办公场所和/或与合同执行有关的账户及记录进行检查和审计。严重妨碍世行检查和审计可能导致合同终止或列为不合格投标人。

11. 供货范围。将所需要的货物及相关服务在"要求一览表"中规定。

12. 交货和文件单。根据通用条款规定，投标人的交货时间和相关服务的完成必须符合"要求一览表"中的"交货和完工表"的规定。并提交合同专用条款中规定的有关装运和其他文件单据。

13. 卖方的责任。按照通用条款规定，卖方应根据合同通用条款第 11 条和"交货和完工表"的规定，提供供货范围内的全部货物及相关服务。

14. 合同价。卖方根据合同规定在完成交货和提供相关服务后应获得合同规定的支付金额。

15. 付款。主要规定预付款问题、应提交的单据、付款期限和货币种类。有争议发生时，无论在仲裁裁决之前或之后，买方在付款日或在专用条款规定的期限内没有向卖方付款，买方应对逾期未支付的部分按照专用条款规定的利率向卖方支付利息，直至付款全部完成。

16. 税和关税。规定与采购货物有关的各种税费的归属问题。如果买方国家对卖方有免税、减税、补贴或特权，买方应尽最大努力使卖方获得最大范围的这种税款节省。

17. 履约保证金。规定卖方提交保证金的期限、货币种类、格式以及在卖方完成其合同义务后，买方解除履约保证金并将它退还卖方的期限。规定履约保证金的金额应能补偿买方因卖方不能完成其合同义务而蒙受的损失。

18. 版权。规定版权的归属问题。

19. 保密信息。买卖双方均应保密。任何一方当事人双方不得向第三方泄露对方直接或间接提供的与合同有关的任何文件、数据或其他信息。买方不应为了任何与合同无关的目的而使用卖方提供的文件。

20. 分包。如果投标书中没有明确规定合同分包，卖方应书面通知买方其在合同中的全部分包合同。无论是原投标书中还是后来的分包通知，均不能解除卖方履行合同的责任和义务。

21. 技术规范、标准和图纸。规定买方按照合同提供的货物及相关服务应满足技术规范和第四章"要求一览表"所述的标准。如果没有适用标准，所采用的标准应等同于或优于货物来源国所适用的官方标准。

通过向买方提交"不承担责任声明书",卖方对买方提供的或设计的或代表买方提供或设计的任何设计、数据、图纸、规格或其他文件,或对它们的任何修改有权不承担责任。

无论合同中何处提到执行合同必须遵循的定额和标准,它们的版本或修改发行版本必须是"需求一览表"中规定的定额和标准。在合同执行期间,这些定额和标准的任何变化都应该获得买方的批准。

22. 包装和文件。为防止货物在转运中损坏或变质,卖方应提供货物运至合同规定的最终目的地所需要的包装。无论是运输还是露天存放期间,该包装应具有良好的防高温、耐严寒、防野蛮装卸等保护措施。同时要根据运至目的地距离设转运点,作业条件考虑包装的大小与重量。运输包装、标记和随运内外文件必须严格符合合同和专用合同条款的规定。

23. 保险。对合同下提供的货物应在制造、购置、运输、存放及交货过程中的丢失或损坏全面保险。

24. 运输。安排货物运输的责任应符合国际商会国际贸易术语解释通则的规定。

25. 检验和测试。本条规定卖方应自费按照专用条款的要求对货物和相关服务进行测试和/或检验,买方不承担费用。同时按照合同规定的检验时间、地点、检验人员、检验方式和标准以及检验报告等内容进行检验。

26. 误期赔偿费。如果卖方延期交货,买方可在不影响合同规定的其他补救措施的情况下,从合同价格中按照一定比例扣除误期赔偿费,直至交货或提供服务为止。当达到误期赔偿费的最高限额,买方可考虑终止合同。

27. 质量保证。本条规定卖方应保证所提供的货物是全新的、未使用过的、最新的或最现代型号的,并全部采用最新改进的设计和材料,并且全部货物,在最终目的地国家现行条件下正常使用时,没有因卖方的行动或疏忽而产生缺陷,也没有设计、材料或工艺上的缺陷。质量保证期为货物运至最终目的地并验收后十二(12)个月内持续有效,或自货物货源国装运口岸或地点启运之日起十八(18)个月内有效。两种情况以较早结束的为准。买方在发现缺陷以后,应尽快以书面形式通知卖方。卖方应在规定的时间内,以合理的速度免费维修或更换有缺陷的货物或部件。如果卖方未能做到上述要求,买方可采取必要的补救措施,风险和费用由卖方承担,同时买方根据合同规定对卖方行使的其他权利不受影响。

28. 不受侵犯专利权影响。在买方符合通用条款第28.2条的规定条件下,卖方就应赔偿买方并使其雇员和官员免受任何和全部投诉、行动、或管理诉讼、索赔、要求、损失、损害、费用和任何形式的开支,包括律师费和法律开支。这些开支和损害是由于买方侵犯或所谓侵犯了专利权、模型权、注册的设计、商标、版权、或其他注册知识产权的或在合同生效时也已存在的起诉或诉讼。

29. 对责任的限制。卖方对除犯罪性质的忽视或故意的错误之外的任何间接产生的或后续的原因而产生的损失或损害、不能使用、不能生产或利润损失、利息损失，不承担责任。

30. 法律和规章的改变。如果在投标书递交截止日 28 天之前，由于项目现场所在的买方国家起草、公布、废除或改变了任何有法律效力的法律、法规、法令、规章或地方法规，影响了交货期和/或合同价格，受影响的交货期和/或合同价格将相应地增加或减少。增加或减少的程度与卖方在履行其合同义务时受到的影响程度相当。

31. 不可抗力。卖方因不可抗力而导致合同执行延误或不能执行其他的合同义务，卖方可以免除其合同义务，如被没收履约保证金、误期赔偿费或终止合同。不可抗力情况发生后，卖方应尽快通知买方，同时卖方应尽实际可能继续履行合同义务以及寻求采取合理的方案履行不受不可抗力影响的其他事项。

32. 变更指令。买方可以在任何时候以通知的形式就设计、运输、交货地点等向卖方发出变更指令，如果上述变更使卖方履行合同义务的费用或时间增加或减少，将对合同价格或交货时间，或两者进行调整。同时相应修改合同。卖方进行调整的要求必须在收到买方的变更指令后 28 天内提出。

33. 延长时间。在执行合同过程中，如果卖方及其分包人遇到妨碍按时交货或完成相关服务的情况时，应及时以书面形式将拖延的事实、可能拖延的时间和原因通知买方。买方在收到卖方通知后，应尽快对情况进行评估，并确定是否酌情延长执行合同的时间。延期应通过修改合同的方式由双方认可。

34. 终止合同。在三种情况下可终止合同：因违约终止合同，因破产而终止合同，因买方的便利而终止合同。

35. 转让。买方和卖方都不得部分转让或全部转让应由其履行的合同义务。

36. 出口限制。由于产品/货物等提供国家任何对买方、买方国家或使用将要提供的产品/货物、系统或服务的出口限制的规定，且严重妨碍供货商履行其合同义务，将解除供货商交货或提供服务的义务。该终止合同是为了买方的便利。供货商应能够向买方和世行满意地显示，其已经按时完成了全部的出口手续，包括申请合同条款规定的出口产品/货物、系统或服务所需要的必须的允许、授权和许可。

二、专用合同条款

本条款的主要作用是使通用合同条款中的某些条款根据合同需要进一步具体化，补充和/或修改，并对通用条款中某些条款作出特殊规定，编制本条款要求应与通用合同条款相吻合。凡通用条款未能包括项目要求的必须在专用合同条款明确提出删除、更正或增补。货物采购专用合同条款主要包括的内容有：交货文件；履约保证金的具体要求；国际贸易术语的版本；法律的适用；付款方式和货币要求等；解决争端的具体规定；零配件和售后服务的具体规定；对通用条款的增减等等。如果通用条款与专用条款存在矛盾的话，则专用条款优先于通用条款。

## 第3节　我国利用世行贷款项目货物采购方法

### 一、国际竞争性招标

1. 程序

目前，我国使用世界银行贷款项目的总金额75%以上是采用竞争性招标方式，其基本程序是按世界银行的规定程序进行。我国国际竞争性招标的基本程序分为11个步骤：

(1) 刊登采购总公告

即根据世行《采购指南》的规定，在项目评估结束后，根据项目中的国际竞争性招标采购的货物情况准备一份采购总公告，在发售资格预审文件或招标文件前60天寄给主管本项目的世行官员，免费刊登在联合国《发展论坛报》商业报上。该公告主要内容有：贷款国家拟采购货物名称、数量、贷款名称和用途，发售资格预审文件或招标文件的时间，负责招标机构名称和地址。

(2) 资格预审

凡大型复杂的设备或特殊设备的采购，在正式组织招标之前要先进行资格预审，以减轻项目单位评标的负担，并确定国内优惠的合格性。

(3) 准备招标文件

按世界银行对招标文件的具体规定准备。

(4) 刊登招标通告

在正式组织招标之前，至少要在全国发行报纸或全国刊物上刊登招标通告，同时将副本交给可能参加投标的国家，驻招标国的使馆或代表处，从刊登招标通告到投标截止时间应给投标人留有充分准备投标书的时间。投标通告的主要内容按世行的规定办理。

(5) 发售招标文件

如果进行过资格预审，招标文件可按通过资格预审的供货方名单发送，如果没有进行过资格预审，招标文件可发售给对招标通告做出反应，并有兴趣参加投标的合格国家的供货方，发售方法可采用邮购或由投标人或其代理人从发售处购买的方式。

(6) 投标准备

按世行规定办理。

(7) 开标（Bid Opening）

开标应按招标通告规定时间、地点公开进行，当众宣布投标商名单、投标价格、有无撤标情况、提交保证金情况。开标后，不得对投标再做任何实质性修改，并做好开标记录。

(8) 评标

根据招标文件中确定的标准和方法，对每个标书进行评价比较。凡是评标中需考虑的因素都必须写入招标文件，一般要进行初评比较、资格后审、决标几个过程。

初评主要是审查投标文件是否完整，是否基本符合招标文件的要求，有无重大偏离或保留，有无计算上的错误，是否提交合格保证金，文件签署是否合乎要求。否则购货方可予以拒绝。在对标书进行具体评价和比较时，先按开标之日中国银行发布的汇率将以各种货币表示的报价折算成美元，如果以人民币报价，应以开标之日中国银行发布的汇率，将各种货币报价折算成人民币，如果在授标之前汇率发生重大变化，则按授标当日的中国银行发布的汇率重新对报价进行评定。

通过评标，由低到高，评定出各投标的排列次序。

货物采购的评标方法有四种：

1）以最低价为基础的评标法：在采购简单的商品、半成品、原材料以及其他性能、质量相同或容易进行比较的货物时，价格可以作为评标时唯一因素。其计算价格的基础为：

a、如果采购货物是从国外进口，则以 CIF 报价；

b、如果采购的货物是国内生产的，则报 EXW 价，该价应包括：为生产供应货物而从国外购买的原材料、零配件所支付的费用、各种税款。但不包括货物售出后所征收的销售税及其他类似税款。如果提供的货物是国内投标商早已进口，现在中国境内的货物，则应包括进口时所附关税，但不包括销售税。

2）综合评标法，在采购耐用货物时，评标中除考虑价格因素以外，还考虑：内陆运保费、生产能力和配套性、技术服务、培训费用等，对内陆运保费及其他费用，或按照铁路（公路）保险公司公布的费用标准，计算货物运抵目的地的全部费用，计入投标报价，或让投标商分别报出上述费用。

在评定交货期时，可以按照招标文件中规定的具体交货时间为标准交货时间，在评标时早于该时间，不给予优惠，晚于该时间，每迟交一个月，可按报价的一定百分比计入报价，或根据招标文件的规定，货物在合同签字时并开出 L/C 后若干月内交货，对迟于规定的可接受交货幅度内，可按每月一定百分比×延迟交货时间（月数）或每月一定金额×延迟交货月数计入报价。

对于付款条件，投标商须按照合同条件中规定的付款条件付款，对于不符合规定的投标，应视为非响应性投标予以拒绝。但对于采购大型成套设备可以允许投标商有不同的付款要求，提出有选择性的付款计划，这一选择性的付款计划只有在得到投标商愿意降低投标价的基础上才予以考虑。如果投标商的付款要求偏离招标文件的规定不太大，尚属于可接受范围，可根据偏离条件给购货方增加费用，按投标书中规定的赔款率计算出净值，计入报价供评标时参考。

在零配件和售后服务方面，对于已在购货方内建立零配件和售后服务供应网的投标商，评标时可在报价之外，不另加费用，如果投标商没有提供招标文件中规定的上述有关服务，须购货方自行安排时可考虑将所要增加的费用计入报价。

关于设备的性能、生产能力及配套性方面，如果投标商所供设备的性能，生产能力没有达到技术规格要求的基准参数，凡每种技术比基准参数 100 点降低一个百分点，将在报价上增加若干金额，以反映设备在寿命周期内额外增加的燃料，动力运营费资本化的成本。

在评定技术服务和培训的费用时，对投标商在标书报出设备安装、调试等方面的技术服务费用有关培训费计入报价。

3) 以拟采购服务寿命周期成本为基础的评标法。

在采购整套厂房、生产线或设备等运行期内各项后续费用很高的主设备时，在标书报价上加上一定年限运行期的各项费用，减去一定年限运行后设备的残值，上述费用应按标书规定。

4) 打分法

该方法考虑的因素有投标报价、内陆运保费及其他费用、交货期、偏离合同条款规定的付款条件、备件价格及售后服务、设备的性能、质量及生产能力、技术服务和培训等，使用该方法，应在招标文件中明确规定分值的分配，及打分标准。

此外，在货物采购中，如果决定对本国制造的货物实行优惠政策，则应在招标文件中说明实施的程序和方法，评标时，把符合要求的投标分为 3 组，A 组为中国境内制造的货实物，而且制造成本中国内劳动力和原材料价值占出厂价的 30% 以上，B 组为中国境内制造的货物，其制造成本中劳动力和原材料价值占出厂价的 30% 以下，C 组为从中国境外直接进口的货物。

A 组和 B 组应按 EXW 报价并注明国内原材料，劳动力价值占该 EXW 价的百分比，C 组按 CIF 报价，在对各组标书进行相互比较的基础上，确定各组中最低评标报价，在从考虑进口货物要缴纳关税和其他类似税款情况下，将各组中的最低评标价相互比较，如果 A 组或 B 组的投标为最低评标价，则 A 组或 B 组中的最低评标价应中标，如果经比较，C 组中评标价报价最低，则应将该组所有评标价加上相当于进口关税或其他类似税收的金额或 CIF 价乘以（1+15%），然后相互进行比较后，最低报价中标。

如果在招标前进行资格预审，则应对最低标价的投标商进行资格后审，经审定后认为该投标商有资格能力承担合同，就应考虑投标。

如认为不符合要求，则应对下一个评标价最低的投标进行类似审查，待评标工作完成之后，招标人要编写评标报告，由国家评标委员会批准后，按财政部制定的规范评标摘要表中的规定将评标情况以传真或电传形式及时报至世界银行，而后将详细的评标报告报至世行。

评标报告的主要内容为招标通告刊登时间、购买招标文件的单位名单、开标日期、开标汇率、投标商名单、投标报价以及调整后的价格、价格评比基础、评标原则、标准、方法、授标建议。

按照世行的规定，最低评标价投标商的报价远高于标底时，或投标商未对招标做实质性响应或缺乏有效竞争，上述情况之一者招标人可考虑废标，但须经世行的同意。

根据世行规定，合同应在投标有效期内授予最低评标价的投标商，授标时既不得要求中标人承担招标文件中没有规定的义务，也不得把修改投标内容作为授标的条件，更不允许标后压价。中标人收到标书后，与招标人签订合同并提交履约保证金，合同正式生效，进入实施阶段。

2. 招标文件编制

纵观整个招标程序，可以看出，货物采购的成败与否，关键在于招标文件的编制与准备。

为更好利用世界银行贷款，我国根据世行新修订的货物采购国际竞争性招标标准文件重新制订了我国使用世行贷款货物采购国际竞争性招标文件范本，使之既符合世行对国际竞争性招标的要求又符合我国的具体情况。修改后的招标文件基本由九部分组成，即：(1) 投标邀请；(2) 投标人须知；(3) 招标资料表；(4) 通用合同条件；(5) 专用合同条款及资料表；(6) 货物需求一览表；(7) 技术规范；(8) 格式范例；(9) 世界银行贷款项目采购货物、提供工程和服务的合格性。

其中新"范本"中的"投标人须知"和"合同通用条款"是不能随便修改的，招标单位或代理机构只能根据项目的具体情况，参照范本中的格式编写"投标资料表"、"合同专用条款资料表"。如根据货物采购的具体情况确实需要对"投标者须知"和"合同通用条款"进行修改或补充，则只能将修正或增加的条款放入上述两个资料表中。

(1) 投标邀请书

修订后的投标邀请书与世行规定的邀请书格式一致，即说明购货方单位招标性质、资金来源、发售招标文件的时间、地点、售价、送交地点、份数、截止时间、提交保证金的规模程度和时间，以及开标日期、时间和地点同时申明投标者须知和一般合同条件要采用世行货物采购标准文件中的条款。

(2) 投标者须知

与世行标准招标文件中的投标者须知基本一致。其中，在第2条"合格的投标人"规定，凡世行曾签署有行贿、欺骗行为声明的投标人均不得参与投标。

第17条投标文件格式规定：投标者须提交按投标书格式有关已付或应付给与本项招标有关代理人佣金费用的说明。

第23条"招标文件的澄清与购货方联络"规定任何投标人在开标后授予合同前不得与招标人接触，招标人可用书面形式向购货方传递额外信息。此外，在评标、比较投标或授予合同过程中，投标人对招标人施加任何影响都有可能导致拒标。

第36条是投标者须知中新增条款，世行要求：借款人、贷款项目的投标方、供货方、承包方都应在采购和合同执行期间遵纪守法，据此，本条对"受贿行为""欺诈行为"做出定义，即在"采购或执行合同过程中"为影响官员的行为而向其提供、给予、接受的任何有价的东西均构成行贿，而在采购或执行合同过程中为影响采购程序有损借款方执行合同的误导行为,包括投标人递交投标书前或后的合伙勾结,蓄意合谋制定非竞争价格等均构成欺诈行为。凡有上述行为者,世行可拒绝对其授予合同的建议,并作为不合格投标人记录在案,公布于众,在规定时间内不得参与投标。

(3) 投标资料表

投标资料表主要包括序言,投标报价与货币,投标书的准备与递交,评标,授予合同等几方面的内容。

在授予合同中规定了仲裁规则的选择,国内投标人的仲裁适用中国仲裁规则,外国投标人,除非在递交投标书时要求适用 UNCITRAL 规则,否则适用中国仲裁规则。

(4) 通用合同条款

如前所述,投标者须知中已申明,招标文件中的通用合同条款要采用世界银行规定的通用合同条件,我国对个别条款作了增订,如在"合同文件和资料的使用与世行的检查与审计"(第 5 条)中规定,供货方应允许包括银行或世行指定的审计人员对其合同履行的账目,记录进行审计检查。

在"因违约而终止合同"条款中,有受贿和欺诈行为的供货方,购货方可全部或部分终止合同。

(5) 专用合同条款

1) 定义,对合同中专用的,基本的名词进行定义。

2) 原产国,内容与投标者须知中说明基本相同。

3) 履约保证金,规定供货方在收到购货方的授予合同的通知后 30 天内,向购货方提交规定金额和货币的保证金,该保证金可由在中国境内注册和营业的银行,或在中国境内注册和营业的,购货方可接受的外国银行开立,如果供货方未能履行合同规定的义务,购货方有权没收保证金,反之,供货方在履行合同义务后,购货方应在 30 天内将保证金退还供货方,在货物保证期内,供货方交货,购货方接受货物后,履约保证金减至合同总额的 5%,保证期第一年期满时保证金为合同金额的 2%。

4) 检验和测试

货物在装运时由供货方对货物的质量、规格、性能、数量、重量进行全面检验,并出具质量证明书,但该证书只作为供货方向银行交单议付的单据之一,不是买、卖双方交接货物的质量依据,货到目的港或现场后,由购货方向中国商品检验局申请复验,并出具商品检验证明书,该商检证明作为买卖双方交接货物的最后品质依据,若经检验证明供货方所交货物在质量、规格、数量等与合同不符,购货方有权在货抵现场后 90 天内向供货方提出索赔,在规定的保证期内如经商检后,证明货物质量或规格与合同不符,或货物有缺陷或潜在缺陷,购货方有权提出索赔。

5) 运输标志(Marking Shipment)

货物在装运时,供货方应在每一包装箱邻接的四个侧面用不易褪色的油漆刷制英文字样的运输标志,内容包括收货人、合同号、唛头、收货人代号、目的港、货物名称、毛重/净重（公斤）、尺寸，为便于装卸和搬运，对于重量为 2 公吨或 2 公吨以上的货物应注明"重心"和"吊装点"，并根据货物特点及不同运输要求，在外包装上注明适当的标志。

6）装运条件（Terms of Shipment）

在 CIF/CIP 合同条件下，供货方应负责租船订舱，安排运输事宜，支付运费，确保按合同规定的交货期交货，提单/航空运单上的日期即为供货方实际交货日期，非经同意，购货方不接受甲板货提单和转运提单，在国内供货方工厂交货条件下，供货方负责安排内陆运输，并承担费用。运输部门出具货运单据上的日期为供货方的实际交货日期，此外，供货方装货时，不得溢装，供货方承担溢装后的一切费用和后果。

7）装运通知（Shipping Advice）

在 CIF/CIP 海运条件下，供货方应在货物装船前 30 天内，空运条件下，14 天内电告购货方货物的合同号、名称、数量、包装件数、总重量、总体积及装货准备就绪的装货名称并以航空邮寄的方式将包括上述内容的拟交货物清单一式 5 份寄至购货方。

货物装船后 24 小时内，供货方电告购货方合同号、货物名称、数量毛重、体积、发票金额、载运船只名称、启运或启航时间，如果每件包装货物超过 20 公吨，体积超过 12 米长，2.7 米宽和 3 米高，供货方应将其重量或尺码通知购货方，如有易燃物品，供货方也须将详情通知购货方。

在以出厂价合同条件成交时，在铁路、公路、海运条件下，货物装入运输工具前 30 天内，空运条件下 14 天内以电传、电报、传真方式将货物情况（同上）通知购货方、并在货物装入运输工具后 24 小时内将装货情况通知购货方，如果由于供货方未能或延迟向购货方发装运通知而使购货方漏保，由此造成的一切损失由供货方负责。

8）装运单据（Shipping Documents）

货物装船后，供货方应将装船货物详情电告购货方，如合同号、货物的数量、载货船舶、提单号与日期、装运港、装运日期、卸货港等，同时供货方将规定单据邮寄至购货方，单据副本寄至保险公司。

对于国内供货，供货方须将规定单据邮寄给购货方。

9）保险

CIF 条件下，由供货方办理保险，在 EXW 条件下，货物装运后由购货方办理保险，保障金额为发票金额的 110%，投保一切险。

10）伴随服务

除按一般合同条款规定外，供货方须提供专用合同条款附件及技术规范中规定一切全部服务项目，标书中的报价及当事人协议达成的价格计入合同价格。

11）备件

供货方须按专用合同条款附件及技术规范规定供应备件。

12) 保质期

货物的保质期为最终验收后的月份内有效，或货物运抵目的港后本条件附件规定期限内有效，两个有效期以先到期者为准。

13) 索赔（Claim）

如果购货方在规定期限内就货物与合同不符的问题，向供货方提出索赔，并证明该项不符为供货方责任，则供货方应同意购货方的拒收，并退回货款，承担由此发生的一切损失和费用，或根据货物情况，经协议降低货物价格，或更换或修理有缺陷部分。如果供货方在购货方提出索赔后30天内未作答复，该索赔视为已被供货方接受。若在上述期限内，供货方未按上述索赔方式进行赔偿，购货方有权要求通过谈判取得赔偿或从履约保证金中扣除索赔金额。

14) 付款

支付方式和条件按专用条款资料表中规定办理。

15) 价格

价格按专用条款资料表中规定调整。

16) 误期赔偿费

如果供货方未能在合同规定的时间内交付全部或部分货物或完成服务，其赔偿额为每延期一周为合同价的0.5%，最高限额为合同价的10%。

17) 不可抗力

不可抗力系指买卖双方签约以后，不是由于供货方的过失或疏忽，而是发生了当事人不能预见，或无法控制的意外事故，如战争、严重火灾、洪水、台风、地震以及双方同意的其他意外事故。购货方不得由于不可抗力事故对供货方延误实施或不能履行合同文件而没收供货方的履约保证金，同时供货方也不应该承担误期赔偿或终止合同的责任。事故发生后，供货方应立即书面通知购货方，除非购货方另有书面指示，供货方应按实际可能采取未受不可抗力影响的其他方法继续履行其合同义务，若不可抗力事故的影响持续120天以上，双方应通过友好协商在合理时间内就进一步履行合同达成协议。

18) 争端解决

买卖双方有争议发生时，首先应经过友好协商解决，在28天内经友好协商不能解决时，则提交仲裁，若供货方为国内供货方将争议提交双方同意的国内仲裁庭解决，若为国外供货方，除非供货方在招标时提出UNCITRAL仲裁规则进行仲裁，争议应在北京或国内其他地点由中国国际经济贸易仲裁委员会根据该委员会的仲裁程序/规则进行仲裁。仲裁裁决是终局的，对双方都有约束力。

19) 主导语言

合同正本一式两份，买卖双方各执一份，与合同有关的文书、往来函电都用英语书写。

20）适用法律

合同按中华人民共和国法律解释。

21）通知

合同当事人一方给另一方的通知都应以书面、电传、电报、传真形式发送，并以书面形式确认。

22）税费（Taxes and Duties）

购货方承担中国政府根据现行税法向购货方课征的与履行合同有关的一切税费，供货方承担在中国境外发生的与履约合同有关的一切税费，对中国国内征收的与本合同有关的一切税费由国内供货方承担。对于国外供货方，如果在中国境内提供规定的附加服务，则由供货方承担中国政府根据现行税法向供货方课征的一切税费，并承担发生在中国境外，与履行本合同有关的一切税费。

23）合同生效及其他

合同凭双方签字并收到购货方的履约保证金后生效。

(6) 货物需求一览表

与世行的基本要求一致，格式如下：

货物要求一览表

| 序号 | 货物名称 | 规格 | 数量 | 交货期 | 目的港（地） |
|------|----------|------|------|--------|--------------|
|      |          |      |      |        |              |

表中有关项目说明如下：

1）序号。由分标号、分包号和分项三个数组成。

2）货物名称。要写明准确的、国际通用的专业术语英文名称。写货物名称时还要注意说明供货范围，必要时可单独列出说明。

3）规格。应规定得具体、准确。如果必须符合某一国家标准则应在招标文件中规定其他可接受的、相当的规格。应尽量避免以商标、商品目录作为规格。

4）数量。首先要注意单位，如"一组""一对""一份"等。业主应仔细研究所需数量，以免追加订货时增加开支。

5）交货期（Time of Delivery）。根据交货条件的不同，交货期是指不同地点的交货日期，工厂交货价（EXW）是指制造厂家交货，离岸价（FOB）或成本、保险费加运费价（CIF）是指装运港交承运人。货交承运人价（FCA）或"运保费付至…"价（CIP）是装运地货物交承运人。

招标文件应对是否允许分批交货做出明确规定。

6）目的港。(Port of Shipment)。指货物运送要求抵达的港口或目的地。在CIF或CIP价格情况下应明确供货方承担目的港/目的地的卸货费。

(7) 技术规格

技术规格与图纸共同构成购货方对货物的技术要求以及技术服务的要求，是投标者在投标时应遵循的主要条件。其要求与世行规定的一样。

为确保招标文件编制质量，顺利通过有关主管部门和世行审查，在招标文件编制过程中，以下几个方面应引起高度重视。

(1) 应充分估计各种不可预见的因素和可能发生的各种变化，确保招标文件内容的完整性、准确性和严密性，以最大限度地避免或减少将来合同履行过程中因招标文件内容不完整、不准确或不严密导致发生变更、索赔或补偿事件等。

(2) 在招标文件的编制过程中，合理地确定分包方案和交货期，分包方案的确定应综合考虑货物本身特点、包与包之间的相互关联、货物的性质和质量要求、供货时间地点、招标项目的规模、市场行情、合同管理和相互协调等因素。

(3) 根据既定的采购计划精心安排招标采购程序中的时效性，如招标文件发售时间、招标文件的澄清或修改截止日期、标前会或投标截止日期及开标时间、投标保证金及履约保证金的有效期、投标有效期、投标书的澄清时间、汇率来源日期、调价的基准日期、要求投标人提交的有关资料日期等。

(4) 招标文件应为潜在投标人提供拟采购货物准备投标书所必需的所有信息。合同条款的完善补充应以明确规定供货范围、质量标准、完工期或交货期、双方各自的权利和义务为基础，合同条款之间应形成一一对应的逻辑关系。

(5) 技术规范或技术规格应保持与商务条款或货物需求一览表的一致，正确处理好技术先进与经济适用之间的对立统一关系，促使最广泛的有效的公平竞争。

(6) 货物需求一览表应为所有投标人提供一个共同的竞争性投标的报价基础，其编制质量高低直接影响报价及合同履行过程中投资控制工作，计价项目应结合具体情况合理划分，具有高度的概括性、准确性，并与计量支付条款对应，计量标准应尽量引用国际通用的计量标准。

国际竞争性招标范围包括以下几个方面：

(1) 成套机械、设备。如水电站使用的发电机组、工业生产流水线、全套通讯设备、电话系统、数据处理设备。这类项目国际招标的特点是金额大、技术要求高。提供设备的同时，还要负责安装、检测等一系列服务。

(2) 技术引进。包括单项技术的引进与配套技术的引进，往往涉及世界尖端，最先进或比较特殊的技术，本国无力解决的工艺、技术难题；对企业或其他民用事业的承包管理等。通过国际招标，输入本国最需要、国际最先进的技术手段和经营手段，而招标人只为此付出最低廉的代价。

(3) 国家政府和企事业单位所需物资。教育、医疗设施。由于教育、医疗资金来源于国内的纳税、捐赠和国外的贷款、资金来源的特殊性，国际招标已成为这类物资采购的通行办法。

## 二、国内竞争性招标

世行贷款的货物采购,一般都要求通过国际竞争性招标方式进行,但在有些情况下,采用国际竞争性招标并不是最经济有效的采购方式。如在设备、材料的采购中,拟采购货物批量太小,或不便于长途运输,或在质量同等条件下,国内价格低于国际市场价格等,或外国供货商对小批量供应不感兴趣,或不值得在当地设定提供零配件供应和售后服务的机构的情况下,可考虑采用国内竞争性招标。由于国际招标所需的时间相对较长,而且需要专门的机构和人员进行一系列招标、资格审查、评审标书等工作,因此开支较大;但通过投标竞争可以降低购买物资的价格,这是国际招标所特有的性质,也是开展国际招标的机构所要追求的目标;因此在计算采购成本时,要把以上因素放在总成本中综合考虑。在采购物资总额较小的情况下,运用招标所能节省的资金有限,不能抵偿国际招标人力、物力消耗的巨大开支,所以,最好采用一般的采购方式。

采用国内竞争性招标,可大大缩短采购时间,提高经济效益,这是因为,采用国内竞争性招标,在商务、法律等问题上比国际性竞争招标程序简化,技术标准,可采用本国通用标准,因此能较快地编制招标文件和技术规程,从发售招标文件到开标评标,甚至合同谈判,都可以节省时间,同时,在一般情况下,本国供货方便于安排交货,售后服务等,因此,缩短了整个采购过程所需时间。

国内竞争性招标的基本原则和程序与银行采购指南的精神相一致,即:充分竞争,公开程序,根据事先公布的标准将合同授予最低评标价的投标商。

每一具体贷款项目或每一具体借款项目中哪一部分是否采用国内竞争性招标方式,应在项目准备至评估阶段与世界银行专家共同讨论确定。或者是与世行专家共同确定一限额,低于限额的采购用国内竞争性招标方式,否则用国际竞争性招标,此外,世界银行除了解所要采购货物本身的特点之外,审查其采购程序是否符世行采购指南的要求并在贷款协定中明确规定。

国内竞争性招标的采购程序与国际竞争性招标的程序类似,一般包括编写招标语文件、刊登招标通告、资格预审、投标、开标、评标、合同谈判几个步骤,其招标文件有:1) 投标邀请书;2) 投标人须知;3) 合同条款及履约保证金格式;4) 货物需求一览表;5) 技术规格;6) 投标函格式和投标保证金格式;7) 投标报价表;8) 资格证明文件。

与国际竞争性招标不同的是,国内竞争性招标无需在联合国《发展论坛》刊登总采购通告,也不必通知外国驻本国商务代表,只需在全国发行的报纸如《人民日报》、《中国日报》等重要刊物上刊登招标广告,并对投标人进行资格预审,在保证充分竞争的前提下,招标人可以规定通过资格预审的限额,招标人可以规定,对有兴趣参加投标的外国投标商提供的履约保证金,也可以规定通过由中国银行提供,也可以由购货方接受的外国银行提供。招标文件文本用中文书写,投标用人民币报价。评标过程中在比较国内外投标人的投标书时,国内供货商不得享受价格优惠,此外,世界银行允许招标人对货物运输和保险机构来源加以限制,如由中国的运输公司或保险公司承办运输、保险业务。

### 三、其他采购方式

1. 有限国际招标(Limited International Bidding)

采购标的在全球范围内生产厂家少,技术指标只有有限生产厂家符合要求,业主方不用登广告,只通知这几家厂商到招标代理机构购买标书,其他程序同国际竞争性招标一样。

2. 有限国内招标(Limited National Bidding)

采购标的在国内只有几家生产商,业主方不用登招标广告,只通知这几家生产商到招标代理机构购买标书,其他程序同国内竞争性招标相同。

3. 询价采购(International and Localshopping)

即"货比三家"方式,合同金额小,技术要求简单,业主邀请几个有信誉厂商报价,直接选定价格最低且技术指标符合要求的厂商签订合同。

4. 直接签订合同(Direct Contracting)

采购额度小,附近就有符合要求的厂家,业主通过商务谈判可直接签订合同。

世行贷款项目招标采购的模式化充分体现了它的科学性、系统性和公平合理性。招标采购方式一旦确定后,就要按规定执行。除非项目执行中有特殊情况。但必须经世行同意,否则不能更改采购方式。故世行在双方签订的《项目协议》和《信贷协议》中规定的采购方式应严格执行。世行为贷款国提供大量的采购信息,从设备质量、技术性能、市场价格、供货能力、工艺领先程度等,均以科学的态度对招标采购各环节把关。从另一个角度,贷款国单位从编制的招标文件到合同的签订每个环节都要报世行总部,进入世行采购审核系统,以获得批准。世行招标采购模式的这种科学系统性已广泛地被世界其他经济金融组织认可并加以应用。

随着社会经济的发展,我国越来越多地融入到全球经济中来。国际工程市场份额的不断的扩大,以及充分利用世界技术、经济资源的内在需求,要求我国的采购方在遵守市场规则的同时,规范采购过程,提高采购管理水平和采购效率。虽然目前我国利用世行贷款的金额不断缩小,但世行贷款项目货物采购招标文件和操作规则体现了货物采购招标的国际惯例,我们仍应很好的学习和研究。

## 思考题

1. 货物采购方式的标准是什么?
2. 国际竞争性招标和国内竞争性招标各有哪些优势?
3. 世行贷款项目采购招标文件的准备工作有哪些?
4. 世行贷款项目采购招标文件2007年新范本的主要特点是什么?

# 第 6 章　国际工程项目咨询服务采购

> 本章首先介绍了国际工程咨询服务的概念和内容，选择咨询工程师的原则和方法，咨询服务合同的类型和构成。随后介绍了世行贷款项目的工程咨询合同，包括世行选择咨询顾问的六种方法，2008 年 12 月出版的标准建议书征询文件——选择咨询顾问。之后，详细地介绍了世行"基于时间的咨询服务合同"以及 FIDIC《委托人/咨询工程师服务协议书范本》（2006 年第四版）。

## 第 1 节　概　述

### 一、国际工程咨询服务

咨询服务（Consulting Services）是以信息为基础，依靠专家的知识、经验和技能对委托人委托的问题进行分析和研究，提出建议、方案和措施，并在需要时协助实施的一种高层次、智力密集型的服务。咨询服务也是指付出智力劳动获取回报的过程，是一种有偿服务的知识性商品。它的特点是人才和智力的密集性。

近年来，国际工程咨询服务业发展很快，市场对咨询服务的需求范围很广，涵盖了与工程建设相关的政策建议、机构改革、项目管理、工程服务、施工监理、法律、财务、采购、社会和环境研究等各个方面。国内外能够提供咨询服务的，既有各种咨询公司，也有个人咨询工程师。

委托人选择工程咨询专业人员的原则不同于选择承包商的原则。一般情况下，业主在选择承包商时首先考虑的是价格因素，而选择工程咨询专业人员的标准则不宜以价格为基础。工程咨询专业人员提供的服务对整个工程项目的质量、工期和成本有至关重要的影响，而支付给工程咨询人员的酬金同工程造价相比是比较少的。工程咨询人员的专业技术水平、经验与能力才是影响委托人选择的决定性因素。

本书中，工程咨询专业人员一般称为"咨询工程师"，但在世界银行的相关文件中，考虑到世行发布的中译文本的习惯译法，称为"咨询顾问"。

本章文字中，一般委托咨询工程师为其服务的一方用委托人（Client），因为委托咨询工程师为其服务的虽然大部分是业主方，但有时也可能是承包商方或其他机构。在少数情况下委托咨询工程师为其服务的一方用业主。

## 二、咨询服务的内容

在国际工程咨询服务市场中，常见的咨询服务包括以下几个方面：

（一）投资前研究：指在确定项目之前进行的调查研究。其目的在于确定投资的优先性和部门方针，明确项目的基本特性及其可行性。

（二）准备性服务：指明确项目内容和准备实施项目所需的技术、经济和其他方面的工作，通常包括：编制详细的投资概算和营运费用概算、工程设计、编制交钥匙工程合同的实施规范及土建工程和设备的招标采购文件等。另外还包括与编制采购文件有关的服务，如保险要求的确定，专利人和承包人的资格预审，参与评标，分析投标书并且提出评标建议等。

（三）执行服务：指项目管理和施工监理，包括合同管理、进度管理、质量管理、造价管理以及协调工作等管理与技术性服务。

（四）技术援助：技术援助（Techenical Assitance，TA）服务涉及为国际金融机构的借款人提供开发计划、行业规划和机构建设等服务，包括组织和管理方面的研究，人员要求和培训方面的研究，以及协助实施研究中提出的建议等。

# 第2节 咨询工程师的选择

## 一、选择咨询工程师的原则和方法

为了选定合格的咨询工程师以便圆满地完成工程项目，委托人应仔细了解通用的选定咨询工程师的原则和方法。为了组织和准备参加此类评审活动，咨询工程师也应了解此类原则和方法。对于国内企业来说，了解国际通用的惯例和方法有助于其满足入世的要求，打入国际市场，参与国际竞争。

选定咨询工程师的方法有很多种。为了帮助委托人采用适当的方法选定符合其要求的咨询工程师，一些咨询工程师协会向委托人推荐了选择咨询工程师的方法和程序。

以美国为例，最常用的方法是资质评审法（Qualification Based Selection，QBS）。

资质评审法的实质就是把资质因素作为选定咨询工程师的首要原则。在美国，QBS程序是公共机构在委托选定咨询人员时应用最为广泛的合理方法。此程序得到了美国律师协会（American Bar Association）、美国公用工程协会（American Public Works Association）、美国总承包商协会（The Associated General Contractors of American）以及所有其他重要的专业组织和协会的推荐。所有的联邦政府机构、大约40个州政府及遍布全美国的数百家地方团体都采用QBS程序。实践证明，QBS程序是一种行之有效的咨询工程师选定方法。

资质评审法分三个步骤进行，具体步骤如下：

## （一）选择（Selection）

这一阶段的任务是根据初步的任务大纲及具体的项目评审原则，确定由三至五家公司或个人组成的短名单。通过这一过程，委托人可使咨询工程师了解项目的具体要求。咨询工程师据此提交资质说明（Statement of Qualification）。委托人的评审委员会根据此类资质说明进行评估和排序，选出最具资质的公司或个人。

1. 确定任务大纲（Terms of Reference，TOR）

在开始选择程序之前，委托人应简要说明总的任务大纲和具体的项目要求。对项目任务大纲具体明确的说明可为委托人和咨询工程师双方节约时间和费用。咨询工程师得到了足够的资料，就可以直接针对项目的要求和特点提交资质说明，而委托人则可以在较为一致的基础上开展评审工作。

任务大纲说明通常包括下列内容：

- 委托人的名称和联系人（明确作为该项目的唯一联系人）、通信地址、电话号码、传真号码、电子邮箱；
- 工程名称和位置；
- 工程概况，包括规模、功能及其他一般要求（如更新、修理、拆除、新建、扩建、能源、土地使用及现场选择等）；
- 说明可向候选公司提供的已完成的研究、调查及初步可行性研究；
- 预期的工程目标日期，包括设计完成日期、施工开始日期和预计的工程竣工期限；
- 在设计和施工之前，对进一步的可行性研究和项目规划的要求；
- 说明在同一现场和时期内进行的可能对任务大纲产生影响的其他项目；
- 说明咨询工程师的评选过程；
- 附加的或特殊的要求。

2. 发出资质说明邀请书

委托人确定了任务大纲后，就可以邀请相应的公司提交专业简历或资质说明。此时，委托人必须决定是向所有感兴趣的公司发出邀请还是只在有限范围内发出邀请。一般说来，政府机构均须公开刊登广告，以便所有感兴趣的咨询公司都能提交资质说明。某些机构则只向一些资历合格的咨询公司发出邀请。通常不要求私营公司的委托人为其项目公开刊登广告。实际上，私营公司往往在实际需求出现之前就已经将一批咨询公司列入了自己的名单，如果有工程项目，则交给某一家咨询公司来完成。

为了简化对应邀咨询公司的资质和经历的比较工作，很多委托人要求咨询工程师使用标准格式。例如，联邦标准格式 SF-254 或 SF-255。

资质说明邀请书的内容应包括：

- 项目任务大纲；
- 项目委托人的名称以及项目联系人的名称、地址、电子邮箱、电话号码；
- 各公司应在资质说明中提供的资料，如公司所有人的名称、成立时间、提供的服务的类型、质量管理方法、主要技术人员的背景、公司参与的类似项目及现有项目等；
- 要求的副本数量；
- 评估因素相应的权值；
- 提交资质说明的截止日期。

3. **资质说明评审并确定短名单**

评审工作应由委托人确定的个人或委员会进行。政府机构通常会对评审委员会提出某些规定和要求。委托人应保证评审委员会由相应称职的人员组成，能够根据掌握的资料做出明智的选择。评审委员会应注意做好会议与决定的文件记录工作，以备在其决定被质疑时查验。

通过对资质说明的审查，产生了由三至五家公司组成的短名单可供进一步的考察。对于小型项目，建议选定三家公司进入短名单即可；对于大型项目，通常要有四至五家公司进入短名单。名单选定后，委托人应将结果通知所有参加评审的公司。

4. **现场考察**

为进入短名单的公司提供现场考察的机会是评审程序的重要组成部分。现场考察可使这些咨询公司得到拟建工程的第一手资料。根据项目的具体情况，有时也不一定需要组织现场考察。

5. **对进入短名单的公司进行评估、会见和排序**

可要求每一个进入短名单的公司提交一份技术投标，详细说明将用于项目的技术方法、管理和实施所要求的工程的计划、分派给项目的职员、预计的工程进度计划、公司当前的工作负荷、实施工程项目的机构及其他与项目有关的情况。技术投标可以作为会见的序幕，可与会见一同考察或直接代替会见。只有在项目情况十分明确而且对于委托人和咨询公司来说值得付出相应的时间和费用时，才需要考虑进行技术投标工作。

委托人也可决定会见每一个进入短名单的公司的代表。如果决定进行会见，可不进行技术投标。进行直接会见可使委托人有机会比较各家公司设计中的独创性以及他们对项目的理解和解释。同样重要的是，通过会见，委托人可以了解各家公司的管理风格和交流能力。为此，委托人应要求会见公司的经理或所有人，或者负责工程项目的工程师和其他技术人员。

下面是对安排会见的一些注意事项：

- 只会见进入短名单的公司，以保证每一家公司都有同等的机会准备其陈述。
- 应为每一次会见提供足够的时间，通常为45分钟。
- 如果可能，尽量将所有会见安排在同一天，以便委员会能够使用较为一致的评分准则评价每一家公司。
- 应将会见评分体系的准则附在资质说明邀请书中提供给每一家公司。
- 委托人不宜在此阶段提出确定报酬的方法。在就任务大纲进行详细的谈判之前，不存在最终确定报酬的基础。
- 告知所有参加会见的公司何时做出评审决定。如果可能，在有足够的时间评审完所有公司之后，评审委员会应在会见当天做出决定。

在各公司的排序确定之后，应给所有参加会见的公司寄一份备忘录。备忘录中应分别按字母顺序以及委员会排定的顺序列出所有公司。

（二）确定（Definition）

邀请第一阶段排名第一的公司进入第二阶段。第二阶段的目的是理解委托人的需要和期望，共同确定工程范围、所需要的服务及合同形式。从这一刻开始，委托人和排名第一的公司可以在一个小组内工作，一同对项目详加讨论，增进相互了解。委托人表达项目的目标，而咨询公司则尽可能详细的了解有关项目目标的情况。通常经过数天的交流，可确定详细的任务大纲。该任务大纲将作为双方签订协议的基础。

双方就任务大纲达成一致意见后，咨询工程师将编制一份详细的酬金报价并提交给委托人。如果报价超过了委托人的预算，双方可一同商议，委托人也可对服务范围进行修改。

如果未能就服务范围和酬金达成协议，则委托人应终止与排名第一的公司的谈判，并开始与排名第二的公司谈判。然而通常达成协议并不困难，因为通过QBS程序，委托人与咨询工程师之间已建立了良好的交流和理解关系。

鉴于服务内容的重要性和法律程序的要求，委托人与咨询工程师应签订书面协议，可采用标准的合同协议书格式。

（三）定价（Retention）

在选定了最具资质的公司并确定了详细的任务大纲后，应开始定价谈判。咨询工程师最显著的成本是直接人工费以及在设计、规划或施工监理中产生的费用。另一项重要的费用是管理费。通常管理费的数额介于直接人工费的120%到200%之间。专业公司的管理费可能较高，但其直接人工费比较低。

## 二、选择 CM 经理的原则和方法

CM 经理是采用建筑工程管理方法进行工程项目管理时的核心角色。选定 CM 经理的原则与选定咨询工程师的原则类似,都是重资质而轻报价。美国总承包商协会的出版物中介绍了选择 CM 经理的一般原则和方法,简要说明如下。

### (一) CM 经理的一般资格

选择 CM 经理时,主要应考虑以下因素:

- CM 经理所完成的在设计、范围和复杂程度方面类似项目的成功的先例;
- 曾经得到过 CM 经理的工程管理服务的委托人、建筑师及工程师的建议;
- 与委托人、建筑师和工程师在某项目的合作中表现出来的领导才能,履行其义务的主动性,以及与委托人、建筑师和工程师和谐相处共同履行合同规定的责任;
- CM 经理曾经采用的进行工程项目的规划、组织和控制的管理系统的成功实例,包括初步估算、预算、进度计划及成本控制;
- CM 经理在使用价值工程方面的知识和经验,包括对建筑系统、施工技术的仔细评估和对材料选择的建议,以便在满足设计要求的前提下创造最优的效益;
- CM 经理内部职员的总体素质,尤其是将分派到该项目的职员,以及其组织的详细情况,在组织内部获得具有专门知识的人才的能力;
- CM 经理在当地建筑业中的信誉以及公司在工程各阶段的招标能力,按进度计划交付材料和设备的能力,获得最大生产率和工作质量的能力;
- CM 经理按照当地、州、国家法律和惯例建立有效劳资关系的能力,并应具有司法及当地劳工事务方面的知识;
- CM 经理的法律知识,包括联邦、州及当地有关安全、健康、平等机会、环境和能源保护方面的法律和法规,以及对该项目有直接影响的其他法规;
- 在财务报表中反映出的 CM 经理的财务管理能力,在项目实施过程中保证财务状况稳定所必需的流动资本,在委托人要求的情况下,CM 经理提供"保证最高价格"方式的能力;
- 为在项目中保护各方权益,CM 经理完成最有效的全程保险计划的知识和能力;
- 如果对工程项目有利,CM 经理依靠其自身力量实施和完成工程的能力。

### (二) 选择程序

选择 CM 经理应仔细客观地考虑公司完成上述服务的能力以及项目可能涉及的任何联邦、州、地方机关的规定,可通过充分准备并精心实施的程序选定 CM 经理。以下步骤可使委托人有效地选择候选人,并给予候选人向委托人证实自己能力的机会。

1. 初步考察和排队选择

(1) 可通过向那些对该项目有兴趣的公司发放正式的书面资格调查表，对有可能入选的 CM 经理人选进行初步考察，随后对那些被认为最具资格的公司进行单独会见。

(2) 为了使候选人经过仔细思考后再回答有关问题，委托人应尽可能全面地提供有关工程项目的下列信息：

- 项目名称和地点
- 建筑师/工程师
- 一份附有概念设计的工程概况，包括建筑面积及不同建筑区域的功能
- 预计的工程造价范围
- 融资方式——公共或私人资金
- 需要的建筑工程管理服务的范围
- 服务开始和结束的时间安排

(3) 在初步考察时向 CM 经理提出的资格审查项目，大致应包括以下内容：

- 公司名称和背景
- 目前在建项目
- 近期担任下列职务的经历：

1) CM 经理，说明参与过的项目类型；

2) 总承包商，说明参与过的项目类型，包括委托人和建筑师的评语及项目的概况。

(4) 在考察了每一位候选人的资格、过去经历的详细情况、评论及其他可能影响选择的情况后，委托人应对候选人进行筛选以便进行最后会见。

2. 最后会见

实际的会见可根据项目的需要或委托人的其他要求进行。应告知每一个候选人会见的日期及时间，可参加的人数，是否需要用图片说明，评选小组的人数及可能影响 CM 经理阐述的其他因素。

每次会见至少应持续一个小时的时间，并应在会见间隔中留出半个小时的时间供评审委员会对所阐述的内容进行私下讨论。允许每个公司进行各自情况的陈述，但至少应留出半个小时供评审委员提问，以澄清某些问题，或提出新的问题以便相应的公司回答。

3. 最终选定

委托人应对接受会见的公司进行排序。应根据由评选委员会预先制定的，且适应项目的具体需要的加权原则，对公司进行排序。随后委托人应书面要求排名第一和第二的公司提出报价。该书面要求应具体列出酬金所包含的各项内容以及在酬金之外可报销的成本。建议委托人使用 AGC/AIA 文件《委托人和 CM 经理协议书标准格式》，其中规定了哪些成本可报销，哪些将包含在酬金之内。

酬金是做出最终选定时所考虑的因素之一，但不应是决定因素。酬金水平反映所提供服务的质量、参与项目的职员的能力、提供的管理工作的质量及公司的声誉。酬金水平也与项目的复杂程度、施工时间及财务风险水平有关。

如果要得到全面的称职的建筑工程管理服务，委托人应选择一家在建筑工程管理领域具备可靠能力且被公认合格的工程公司。

这些原则和方法也可供选择项目管理专家时参考。

此外，AGC 还提供了建筑工程管理服务投标邀请标准格式。

# 第3节 咨询服务合同

## 一、咨询服务合同的类型

咨询服务合同可以按不同的标准进行分类，如按照工作内容分类，可分为投资前咨询、勘察、设计、施工监理、后评价等。在本书中，我们主要以咨询服务的支付方式来划分合同类型。根据国际惯例，通常可以分为如下几种：

### （一）总价合同（Lump-Sum/Firm Fixed Price Contracts）

总价合同是委托人和咨询专家针对一项咨询任务协商确定一揽子付费的合同方式，常用于项目的工作范围和工作量十分明确的服务，例如详细工程设计任务。这种计费的内容包括工资、管理费、非工资性费用、不可预见费、投资资本的利息补偿、服务态度奖励和一定数额的利润。

对某些项目的有关设计方面的服务可以采用总价法计费，也可以利用估算项目施工造价的百分比来计算费用额，我国较常采取后一种做法。

采用总价的咨询协议应明确说明提供服务的具体时间期限，以及由于咨询专家无法控制的原因而耽搁时如何补偿调整的规定。

总价合同的支付方式是：在咨询服务期间，一般按议定的时间表定期（通常是每月一次）向咨询专家支付报酬，每次支付的数额一般根据咨询专家完成的工作量计算。

### （二）计时制合同（Time-Based Contracts）

计时制合同的价格计算包括下列两种方法。

1. 人月费单价法（Man Months Rate）

人月费单价法是国际工程咨询中最常用、最基本的以时间为基础的计费方法，它通常是按酬金加上其他非工资性开支（即可报销费用）来计算的。

人月费单价主要包括三大部分：

（1）酬金（Fees）：每个人每月所需费用（即人月费率）乘以相应的人月数，人月费率包括以下几项费用：

1) 工资（Salary）：是公司每月付给个人的工资，不包括工资以外的任何额外收入。

2) 社会福利费（Social Costs）：是给予公司职工的福利待遇，指公司在基本工资费用之外的节假、病假、奖励费、退休费、医疗费、社会保险费和培训费等，一般为工资的20%~60%，各个国家比例不尽相同。

3) 上级（企业）管理费（Overhead）：包括公司行政和业务活动费、办公场所租金、公用事业费、折旧费、办公用品和生活用品、运输费、信息数据处理费及一切杂项开支，一般是基本工资的65%~150%。

4) 利润（Profits）：即税前毛利，通常用基本工资、社会福利费和上级（企业）管理费三项费用总和的百分比来计算，一般为10%~17%。

5) 特别津贴（Special Allowances）：是在工资之外，由公司发给执行海外任务或其他特殊任务人员的基本工资以外的补助费，一般为基本工资的20%~60%，生活艰苦的国家和地区津贴应高于一般水平。

将上述五项费用总计求和即得出人月费率。

以高级咨询专家为例，不同类型的国家和地区的人月费率取值范围大致如下：

发达国家： 15000~25000美元
较发达国家： 9000~15000美元
发展中国家： 2000~8000美元

（2）可报销费用（Reimbursable Expenses）：指在执行项目期间发生的、可以据实报销的费用，是未包括在公司正常管理费中的直接成本。如：国际旅费及其他旅行开支和津贴、通讯费用、各种资料的编制、复印和运输、办公设备用品费用等。

（3）不可预见费（Contingency）：是为了解决不可预见的工作量的增加和由于价格调整而发生的费用上涨问题。该项费用通常取酬金和可报销费用之和的5%~15%。

对于服务期限超过一年的咨询合同，人月费率和可报销费用应规定每年作一定幅度的价格调整。

这类计费方法广泛用于一般性的项目计划和可行性研究、工程设计和施工监理以及技术援助任务。在国际竞争性咨询投标中，财务建议书的编制通常采用这种费用计算方法。

2. 按日计费法（Perdiem）

按日计费法也是一种以时间为基础的计费方法。这是按咨询人员工作时间（日数）计费的方法。"按日"是指以一天工作8小时为一日来计算天数。

采用按日计费法时，咨询人员为该项工作付出的所有时间，包括旅行和等候时间，都应作为有效工作日计算。咨询人员出差时发生的旅费、食宿费和其他杂费由委托人直接补偿，这些直接费用不包括在按每日费率计算的报价里。

由个人直接提供服务的工作通常用按日计费的方法计费。这种方法特别适合管理咨询、专家论证、其他由个人单独提供服务或间断性工作等类型的报酬计算，如 DAB 专家的报酬，一般除了每月支付的少许固定工资外，去现场调解争议所花费的全部时间（包括来往路途时间及在现场工作的时间）均按日计费，而旅费、食宿费等也由委托人另行支付。

按日计费法中每日费率与咨询服务项目的重要性、风险性和复杂程度有关，也与咨询工程师的专业水准、资历和工作经验有关。咨询工程师被要求出席有关活动时，其服务费应按出席有关活动的全天计算。当需要加班工作时，咨询工程师应与委托人协商达成一致，相应地提高日计费的费率。

国际上一些咨询公司的高级咨询专家的每日费率在 600 美元到 1500 美元之间，另外再加上直接费用。其他各类人员的平均费率大约是公司高级专家费率的 75%。

### （三）成本加固定酬金（Cost Plus Fixed Fee）

成本加固定酬金是在对咨询专家为完成项目任务提供的所有服务和投入用品的费用给予补偿的基础上，再加一笔固定酬金的方法来计算费用。成本包括以下三项费用：

工资性费用，即基本工资和各种社会福利；

上级（企业）管理费，与人月费率中的上级（企业）管理费内容相同；

可报销费用，与人月费率中的可报销费用内容相同。

固定酬金是一笔用于补偿咨询专家的不可预见费、投资资本的利息、服务态度奖励和利润的费用。

使用成本加固定酬金收费的前提是：工作范围、成本估算和固定酬金已在委托人与咨询专家之间的协议中加以明确。在协议条款中还应补充说明，如果咨询服务工作量发生了重大改变时，应重新协商固定酬金。

固定酬金的数额大小依据服务的范围和复杂程度不同而异。一般以成本费用的百分比来计算，它至少要占成本费用的 15%~20%，固定酬金与项目的施工造价没有直接关系。

采用这种咨询协议，应规定补偿一切会发生的与项目直接或间接有关的费用，项目费用中可补偿部分的清单应尽可能完整详细。

### （四）百分比合同（Percentage Contracts）

百分比合同是按工程建设总费用的百分比来计算咨询专家费用的合同，广泛用于比较标准化项目的设计服务、拟建项目中有关的各种非标准设备的制图、规格制定和其他合同文件等咨询服务。

表 6-1 给出了一组从国际工程咨询项目实施中总结得到的经验数据，可供采用这种方法计费报价初步匡算时参考。但正式报价时，报价的百分比取值要根据项目的具体情况、项目所在国家以及当时的竞争情况来确定，切勿生搬硬套。

服务费占工程造价的百分比经验数据表　　　　　　　　表 6 – 1

| 咨询任务 | 服务费占工程造价的百分比（%） |
| --- | --- |
| 基础设施类项目： | |
| 　可行性研究 | 0.5 ~ 2 |
| 　详细设计 | 3 ~ 6 |
| 建筑业： | |
| 　建筑设计与合同管理 | 3 ~ 5 |
| 工业性项目： | |
| 　可行性研究 | 3 ~ 5 |
| 　概念（基本）设计 | 1 ~ 3 |
| 　详细设计、采购服务和施工监理 | 8 ~ 12 |
| 采购服务： | |
| 　采购服务 | 约占货物成本的 1 ~ 5 |

注：本表引自蒋兆祖、刘国冬主编《国际工程咨询》，中国建筑工业出版社。

### （五）顾问费合同（Retainer Contracts）

当委托人希望确保在某一时间内随时要求某个咨询工程师或咨询公司提供咨询服务时，可以采用顾问费的方式计算咨询服务费。计价也是以时间为基础，但不是按单价，而是一揽子确定的。此种计费方式用于持续时间较长的诉讼活动，或时断时续的工作，如业务开发。

顾问费的数额与咨询服务的性质和价值有关，也与咨询专家的经验、专业知识和技术水平有关。顾问费的支付方式可以按月支付，也可以按双方事先商定的其他方式支付。

此类合同还有一种变形，即顾问费加成功费合同（Retainer and Success Fee）。当咨询专家为某项工作提供咨询服务，并且该项工作的成功与否与咨询专家的参与有直接关系时，常采用这种合同。酬金中的成功费通常为咨询项目的价格的一定百分比。

虽然上述各类合同在实践中都存在，但最常用的主要是计时制和总价合同两种类型。

### 二、咨询服务合同的构成

在确定咨询专家（或公司）之后，双方需要签订咨询服务合同，其依据为咨询招标文件，咨询专家的咨询服务建议书（包括技术建议书和财务建议书），以及各类谈判纪要和备忘录。根据国际惯例，咨询合同通常由下列几部分构成：

- 合同格式或协议书
- 合同的通用条件
- 合同的专用条件
- 各类附件

合同的通用条件主要约定双方的权利和义务，具体包括关键术语的定义，服务内容，适用的法律和语言，沟通管理，服务的开始、执行、调整和终止，费用支付以及争议的解决等。

合同的专用条件主要是对通用条件的具体化、修改和补充。

附件的数量取决于咨询工作的性质和复杂程度，一般有工作大纲或服务范围；关键咨询人员的简历以及拟参与本项目的工作时间；委托人为咨询专家提供的各类便利条件；咨询费用的分解等。

在国际上，有许多高水平的咨询服务合同范本，如美国建筑师学会（AIA）的多种范本，包括委托人与建筑师的协议书范本，委托人与CM经理的协议书范本，建筑师与专业咨询人员的协议书范本等；又如世界银行就有以时间为基础的咨询任务和总价包干的咨询任务两种标准合同格式，还有FIDIC的咨询服务合同等。

在实际工作中，委托人常常使用国际通用的标准咨询服务合同范本，世界银行和FIDIC的咨询服务合同范本稍加修改后，就可以适用于大多数咨询服务项目。

下面我们将比较详细地介绍世界银行的咨询服务合同范本以及FIDIC的"白皮书"。

## 第4节 世界银行的工程咨询合同

世界银行贷款项目的借款人在选择和聘用咨询顾问时，必须按照《世界银行借款人选择和聘请咨询顾问指南》（Selection and Employment of Consultants by World Bank Borrowers，以下称"指南"）的规定执行。指南介绍了六种选择咨询顾问的方法，而世行的标准建议书征询文件就适用于这六种方法。

选择咨询顾问的六种方法如下：

（1）以质量和费用为基础的选择（Quality and Cost-Based Selection，QCBS）：是对列入短名单的公司使用的评标程序。在选择过程中首先评审技术建议书，再审查技术建议书合格的公司的财务建议书，然后对质量和价格进行综合评审，以此选定咨询顾问。

（2）以质量为基础的选择（Quality-Based Selection，QBS）：适用于复杂的或专业性很强的咨询任务，很难提出确定的任务大纲（TOR）和所需要的咨询顾问的投入；或对下一步的工作影响大，需要邀请最好的专家来完成任务；或可采用不同方法来完成的咨询工作。采用此方法常用"双信封制"，首先评审提交的技术建议书，然后再评审技术建议书合格的公司的财务建议书。如果只要求提交技术建议书，则再对获得最高技术分的咨询顾问提交的财务建议书进行谈判。

（3）固定预算的选择（Selection under a Fixed Budget，FBS）：仅适用于简单的并能够准确界定的咨询任务，而且预算是固定的。建议书征询文件（Request for Proposals，RFP）应说明可获得的预算，并要求咨询顾问用双信封分别提交其在预算范围内的最佳的技术和财务建议书。该方法首先评审所有的技术建议书，然后公开拆封财务建议书，然后与未超过指定预算金额的技术建议书中得分最高者进行合同谈判。

（4）最低费用选择（Least-Cost Selection，LCS）：适用于按照公认的惯例和标准来为标准的或常规性质的咨询任务选择咨询顾问。该方法采用双信封提交建议书，选中超过"质量"合格分值的公司,并当众拆封财务建议书,选择报价最低者授予合同。

(5) 以咨询顾问资格为基础的选择(Selection Based on Consultants' Qualification,CQS):适用于小型咨询任务。借款人应准备并发布任务大纲,从感兴趣的公司中确定短名单,从中再选择资质和业绩最合适的公司,提交一份合并的技术—财务建议书,然后邀请其进行合同谈判。

(6) 单一来源选择(Single-Source Selection,SSS):只可在以下的特殊情况下使用:即该工作是公司以前承担工作的自然延续、紧急情况下的任务、非常小的咨询任务或只有一家公司合格并具有特殊的经验。

因此,指南推荐借款人在选择咨询顾问时尽可能使用世行的标准建议书征询文件。费用超过20万美元的合同必须使用标准建议书征询文件,该文件包括两种标准的咨询合同形式:一种是以时间为基础的任务(Time-Based Assignment),另一种是总价包干的任务(Lump-Sum Assignment)。这两种合同格式的前言均说明了其最适用的情况,并鼓励世行贷款项目的借款人和实施机构在20万美元及以下的合同中也使用标准建议书征询文件,20万元以下的合同也包括以时间为基础的咨询任务和总价包干的咨询任务两种合同格式。

世界银行2008年12月出版了"标准建议书征询文件–选择咨询顾问"(Standard Request for Proposals –Selection of Consultants,SRFP),该文件包括:邀请函、标准咨询顾问须知(后附资料表)、技术建议书、财务建议书、任务大纲、标准合同书和四个附件。

附件1—咨询服务:基于时间的合同;

附件2—咨询服务:基于总价包干的合同;

附件3—小型服务:基于时间的支付;

附件4—小型服务:基于总价包干的支付。

需要说明的是:任何情况下都不得修改标准咨询顾问须知和合同通用条款。可通过资料表和合同专用条款去适应不同国家和不同咨询任务项目的具体情况,将有关项目的具体要求或对标准咨询顾问须知和合同通用条款的修改和补充写入资料表和合同专用条款。

下面介绍基于时间的咨询服务合同的邀请函、标准咨询顾问须知(后附资料表)、技术建议书、财务建议书、任务大纲和标准合同书这六部分内容。

## 一、邀请函

邀请函是委托人为选择咨询顾问而邀请短名单中的公司提交建议书的正式信件。

邀请函说明了项目资金来源,介绍了委托人和咨询任务的名称、咨询顾问短名单、选择咨询顾问的方法、建议书征询文件的构成和委托人的通信地址。

## 二、咨询顾问须知

咨询顾问须知包括了关键词的定义,总则,咨询服务建议书征询文件的澄清和修改，准备建议书，建议书递交、接收和开封，建议书评审，谈判，授予合同，保密以及资料表等九个部分。

用语和措辞的定义共16个，包括："世界银行"、"委托人"、"咨询顾问"、"合同"、"资料表"、"日期"、"政府"、"咨询顾问须知"、"邀请函"、"人员"（含"外籍人员"、"当地人员"）、"建议书"、"咨询服务建议书征询文件"、"标准咨询服务建议书征询文件"、"服务"、"咨询分包人"、"任务大纲"。下面就部分用语和措辞进行解释说明。

"咨询顾问"（Consultant）系指为委托人提供本咨询服务合同下咨询服务的任何实体或个人。

"合同"（Contract）系指各方之间签订的合同及合同第一条所列出的全部文件，包括通用条件、专用条件及其附录。

"资料表"（Data Sheet）是指反映相关国家和咨询任务具体情况的咨询顾问须知的一部分。

"咨询顾问须知"（Instructions to Consultants）是指提供给短名单上咨询顾问的文件，包含了编制建议书所需的全部信息。

"邀请函"（Request for Proposal，RFP）是指委托人发给短名单上咨询顾问的邀请函。

"标准咨询服务建议书征询文件"（Standard Request for Proposal，SRFP）是指指导委托人编制咨询服务建议书征询文件时，必须使用的标准咨询服务建议书征询文件。

1. 总则（General Provisions），包括14个子款。

1.1 委托人将按照资料表所述的方法在邀请函所列的咨询顾问中选择一家咨询顾问/机构。

1.2 按资料表说明，列入短名单中的咨询顾问被邀请为资料表中所述的咨询任务提交一份技术建议书和一份财务建议书，或只提交一份技术建议书。建议书将作为合同谈判的基础和最终与选定的咨询顾问签订合同的基础。

1.3 咨询顾问必须熟悉当地情况并在准备建议书时予以考虑。鼓励咨询顾问在提交建议书之前访问委托人并参加"提交建议书前会议"。

1.4 委托人将及时免费为咨询顾问提供资料表中说明的投入与设施，帮助咨询顾问获得所需的证明和许可以及与项目有关的数据和报告。

1.5 咨询顾问应该承担编写和递交建议书和进行合同谈判的全部费用。委托人并不一定要接受递交的任何建议书，并且保留在合同授予前的任何时候废除本选择过程的权利，且不对咨询顾问承担任何义务。

**利益冲突（Conflict of Interest）**

1.6 世行的政策是要求咨询顾问提供专业的、客观的和公正的建议，并一直保持委托人的利益至上，应严格避免本咨询任务与其他任务或与自己公司的利益冲突，并不考虑对今后工作的影响。

1.6.1 咨询顾问及其任何附属机构在出现下述任何一种情况时，即被认为存在着利益冲突，并不应被聘用：

**活动冲突**（Conflicting activities）

（i）已被委托人聘请为项目提供货物、土建工程或服务的公司及其附属机构，均无资格提供与上述工作有关的咨询服务。反之，一个已被聘请为项目的准备或实施提供咨询服务的公司及其附属机构，均无资格为此项目的准备或实施提供货物或土建工程或服务。

**任务冲突**（Conflicting assignments）

（ii）咨询顾问或其附属机构均不能被聘请来为同一个委托人或其他委托人从事任何在性质上可能与咨询顾问的另一项任务有关联的咨询工作。同样，受聘编制任务大纲的咨询顾问也不得为该任务提供咨询服务。

**关系冲突**（Conflicting relationships）

（iii）咨询顾问与委托人的人员之间存在着商业上或家庭上的联系，而这些人员又直接或间接地参与了咨询工作任务大纲的准备工作或该咨询工作的选择过程，或咨询合同的监督时，该咨询顾问将不能获得这份合同。

1.6.2 咨询顾问有义务披露对其为委托人提供服务的能力有实际或潜在影响的冲突情况，或可合理预见到的有这种冲突的情况，否则将可能导致咨询顾问不合格或被终止咨询服务合同。

1.6.3 委托人的机构和在职人不得作为咨询顾问为他们所在的部委、部门或机构提供咨询服务。只要不存在利益冲突，委托人可聘用前政府雇员为其过去的部委、部门或机构提供咨询服务。咨询顾问提议政府雇员为其咨询人员时，须提供允许在官方职务之外从事全日制工作的证明，并作为其技术建议书的一部分提供给委托人。

**不公平优势**（Unfair Advantage）

1.6.4 如果短名单中的某一咨询顾问从提供与该咨询服务有关的其他咨询活动中获得了竞争优势，委托人应将与之有关的全部信息在咨询服务建议书征询文件中向列入短名单中的全部咨询顾问披露。

**欺诈和腐败**（Fraud and Corruption）

1.7 对"腐败行为"、"欺诈行为"、"串通行为"、"胁迫行为"、"阻碍行为"的定义以及当世行查证出在采购或执行该合同的过程中存在欺诈和腐败后将采取的措施，均与第4章第3节"世界银行工程采购标准招标文件"投标人须知中的相关词定义和说明相同。

1.8 咨询顾问、他们的分包咨询顾问和其联营体成员不应是被世行根据上述的规定因腐败或欺诈行为而宣布为不合格的咨询顾问。

1.9 咨询顾问应该按财务建议书提交书的要求,提供其付给代理人的与本建议书有关的代理费、酬金等信息。

**合格性(Eligibility)**

1.10 在国际复兴开发银行和国际开发协会资助的项目中,根据世行的指南中关于防止和打击欺诈和腐败条款被宣布为不合格的公司,在世行认定的某段时间内没有资格得到世行的融资合同。

**分包咨询顾问的合格性(Eligibility of Sub-Consultants)**

1.11 如果短名单中的咨询顾问想与不在短名单中的咨询顾问和/或个人专家合作,这些咨询顾问和/或个人专家必须满足指南关于合格性的标准。

**货物和咨询服务的来源(Origin of Goods and Consulting Services)**

1.12 本合同下提供的货物和咨询服务可以来自除以下情况外的任何国家:

(i) 借款国法律或官方规定禁止与其发生商业关系的国家;

(ii) 为了执行联合国安理会根据联合国章程第七章的规定而作出的要求,借款国禁止从该国进口货物,或者禁止向该国的任何个人或实体进行支付。

**只提交一份建议书(Only one Proposal)**

1.13 短名单中的咨询顾问只能提交一份建议书,递交或参与递交一份以上的建议书均不合格。但分包咨询顾问或个人专家例外。

**建议书有效期(Proposal Validity)**

1.14 资料表指明了建议书在递交之后必须保持有效的时期。委托人应尽最大努力在有效期内完成合同谈判。但是在需要时,委托人可要求咨询顾问延长其建议书的有效期。在有效期和同意延长的有效期内,咨询顾问应该确保其建议书中提名的专业人员随时可以到位,或确认延长有效期的同时提出新的替代人员供评审时考虑。

不同意延长有效期的咨询顾问有权利终止其建议书的有效期。

2. 咨询服务建议书征询文件的澄清和修改(Clarification and Amendment of RFP Documents)

2.1 咨询顾问可以在资料表中指明的递交建议书的日期之前,书面要求澄清咨询服务建议书征询文件中的任何文件。如果委托人认为澄清的结果导致需要修改咨询服务建议书征询文件,应按照第 2.2 段的程序操作。

2.2 在提交建议书前的任何时候,委托人可以通过书面补遗(Addendum in Writing)的形式,或标准电子方式(Standard Electronic Means)修改咨询服务建议书征询文件。补遗应发送给所有咨询顾问并对他们都产生约束。如果修改是实质性的,委托人可延长递交建议书的截止期,以便咨询顾问有充分的时间在其建议书中考虑和反映这些修改。

3. 准备建议书(Preparation of Proposals)

3.1 建议书以及咨询顾问与委托人间往来的信函应使用资料表中说明的语言

书写。

3.2 希望咨询顾问在编制其建议书时能够详细地审阅咨询服务建议书征询文件的组成文件。如果所要求的提供信息的材料有缺陷时，可能导致其建议书被拒绝。

3.3 咨询顾问在编制技术建议书时，应特别注意以下事项：

（a）短名单中的咨询顾问可与短名单或非短名单中咨询顾问组成联合体，但均须事先获得委托人的批准。联合体各方应指定牵头方，在与非短名单中的咨询顾问联合时，短名单中的咨询顾问必须作为联合体的牵头方。联合体各方应承担连带的和各自的责任。

（b）应在资料表中列出所估计的完成咨询任务所需的专业人员的人月数或完成任务的预算，但两者不能同时列出。建议书应以咨询顾问自己估计的专业人员人月数或预算为基础。

固定预算的咨询任务（不应包含专业人员的人月数）的预算可列在资料表中，财务建议书不应超过这一预算。

（c）每一个职位只应递交一份人员简历，不提供备选人员。

**语言（Language）**

（d）咨询顾问的文件应以资料表第3.1段中规定的语言书写，如规定了两种语言，中标咨询顾问的建议书选用的语言即为主导语言。

**技术建议书格式与内容（Technical Proposal Format and Content）**

3.4 根据咨询任务的特点，咨询顾问应遵照资料表中说明的技术建议书的格式，递交完整的技术建议书或简化的技术建议书。技术建议书应采用所附的标准格式提供下述（a）至（g）段要求的信息。

（a）（i）仅对完整的技术建议书使用"指南"第3节中的表TECH-2，简单说明咨询顾问的组织机构，概述咨询顾问近来的经验，以及从事过的具有类似特点的任务。如果是联合体，每一成员均应作出相关说明。

（ii）对于简化的技术建议书，不要求提供上述信息。

（b）（i）仅对完整的技术建议书，使用表TECH-3。提出对任务大纲的意见和建议，以及相应的人员和设施的要求。

（ii）对简化的技术建议书，如果有上述意见和建议，应在咨询服务方式和方法中说明（见下述（c）（ii））。

（c）（i）对完整的技术建议书和简化的技术建议书，均应说明完成咨询任务的方式、方法和工作计划，包括：技术服务的方式、方法、组织机构、人员安排。

（ii）对简化的技术建议书而言：对完成咨询任务的方式、方法和工作计划的说明一般应有10页，包括图、表、意见与建议。

（d）按提名的咨询组专业人员专长表，分配给每个成员的专业职位和任务（表TECH-5）。

（e）完成任务所需人员投入估计（国内外专业人员的人月数）（表TECH-7）。

(f) 由提名的专业人员本人或专业人员授权代表签署的专业人员简历（表 TECH-6）。

(g) 对完整的技术建议书而言，如果培训是一个主要的咨询任务，详细说明所建议的培训方法和人员安排。

3.5 技术建议书不允许包含任何财务信息。

**财务建议书（Financial Proposals）**

3.6 财务建议书应采用所附的标准格式进行编制，应列出与咨询任务有关的全部费用，包括人员报酬（国外和当地人员，现场和总部人员）和资料表所列出的可报销费用。

**税收（Taxes）**

3.7 咨询顾问可能要对委托人所付的合同款交纳当地税（委托人应在资料表中说明）。财务建议书应该不包括这些税费，但可在合同谈判时讨论，并在合同价中包括适当的数额。

3.8 咨询顾问最多可以用三种可自由兑换的货币单独地或联合地表示其服务的价格。如果资料表有说明，委托人可要求咨询顾问说明报价中用该国货币表示当地费用部分。

3.9 咨询顾问已经支付或将要支付的与本咨询任务有关的代理费和酬谢费应列在财务建议书的表 FIN-1 中。

4. **建议书递交、接收和开封（Submission, Receipt and Opening of Proposals）**

4.1 建议书原件不应行间插写和覆盖，如果需要更正咨询顾问自己造成的错误时，签署建议书的人必须用姓名首字母签署这些更正。技术建议书和财务建议书的递交函应该分别使用 TECH-1 和 FIN-1 的格式。

4.2 咨询顾问的授权代表必须在技术建议书和财务建议书原件的每一页上草签。应使用书面授权书或其他格式授权给授权代表去签署合同。签字的技术建议书和财务建议书应标注为"原件"。

4.3 在每一份技术建议书上均应标注"原件"或"副本"字样。技术建议书应按照资料表所要求的份数送到4.5所述的地址。全部建议书的副本都应从原件复制。如果技术建议书的版本有不同之处，以原件为准。

4.4 技术建议书和财务建议书应分别密封并注明二者不得同时开封，再统一装入一大信封，并注明开标前不得开启，然后密封发走。否则可能被认为未响应或被拒绝。

4.5 建议书应递交到资料表规定地址，并使委托人在规定的截止日期前收到。截止日期之后收到的建议书将被原封退回。

4.6 委托人应在技术建议书递交截止日期之后立即开启。财务建议书则应保持原封并安全地保存。

5. 建议书评审（Proposal Evaluation）

5.1 从建议书开启至合同授予这段时期内，咨询顾问不应与委托人就技术建议书和/或财务建议书的有关事宜进行接触。咨询顾问任何影响委托人对建议书进行检查、评审、排序和对合同授予的活动均可能导致该咨询顾问的建议书被拒绝。

在技术评审完成和世行签署"不反对"意见之前，技术建议书的评审员不得接触财务建议书。

**技术建议书评审**（Evaluation of Technical Proposals）

5.2 评审委员会应运用资料表所述的评审标准、子标准及打分方法对技术建议书的工作任务的响应性进行评审。每一份响应性的建议书都有一个技术得分。如果建议书对咨询服务建议书征询文件的重要方面（特别是任务大纲）没有做出响应或者达不到资料表中的最低技术得分，该技术建议书应在这一阶段被拒绝。

**基于质量选择方法的财务建议书**（Financial Proposals for QBS）

5.3 仅在以质量为基础的选择时，在技术建议书的排序之后，应按照本须知6. "谈判"的说明，邀请排序第一的咨询顾问进行建议书和合同谈判。

财务建议书的公开开启和评审（仅适用于以质量和费用为基础的选择、固定预算的选择和最低费用选择）

5.4 在技术评审完成和世行发出"不反对"意见之后，委托人应通知递交了建议书的咨询顾问其技术建议书的技术得分。同时通知其建议书未达到最低资格标准或被认为未响应任务大纲要求的咨询顾问，还应书面通知高于最低技术得分的咨询顾问开启财务建议书的日期、时间和地点。

5.5 应在有咨询顾问代表出席的场合公开开启财务建议书，宣读总报价并进行记录。该记录的复印件应送交全体咨询顾问和世行。

5.6 评审委员会应修正计算错误。对于单价乘数量与总量不一致或文字表示的数量与数字表示的数量不一致的情况，均应以前者为准。对于没有报价的技术建议书中所述的活动和项目，其费用应被认为已经包含在其他活动或项目中。对于定量的活动或项目，财务建议书中的数量与技术建议书中不一致时，如果是以时间为基础的合同，评审委员会应运用财务建议书中的相应单价检查和修正建议书的总报价；如果是总价包干的合同，其财务建议书中数量将不进行修改。

应按照资料表所述的来源和日期以银行卖出价将报价转换为单一货币。

5.7 如选用以质量和费用为基础的选择（QCBS）的方法，最低评标价的财务建议书将得到最高财务得分100分。其他财务建议书的财务得分应根据资料表中所述的方法进行计算。建议书将根据资料表中所述的方法对技术得分和财务得分进行排序，总分＝技术得分×T＋财务得分×P（T＝技术建议书权重；P＝财务建议书权重；T＋P＝100%）。获得最高综合技术和财务得分的咨询顾问将被邀请进行谈判。

5.8 如果选择固定预算的选择（FBS）的方法，委托人将选择在预算范围内技术建议书得分最高的咨询顾问。超过预算的建议书将被拒绝。

如选用最低费用选择（LCS）的方法，委托人将在通过最低技术得分的咨询顾问中选择递交了报价最低的建议书的咨询顾问。在上述两种情况下，将根据5.6的规定对建议书报价给予考虑，最后所选择的咨询顾问将被邀请进行合同谈判。

6. 谈判（Negotiations）

6.1 谈判将在资料表所述的日期和地点进行。作为先决条件，被邀请的咨询顾问应确认其全部专业人员将参与咨询服务。否则，委托人将与排序下一位的咨询顾问进行合同谈判。代表咨询顾问进行合同谈判的代表人必须有进行谈判和签署合同的书面授权。

**技术谈判（Technical Negotiations）**

6.2 谈判应包括对技术建议书、建议的技术方式与方法、工作计划、组织机构与人员配备的讨论以及咨询顾问对改进任务大纲的建议。特别要明确为了保证满意地完成咨询工作，而需要委托人所作出的投入和所提供的设施。委托人应准备谈判纪要并由委托人和咨询顾问双方签署。

**财务谈判（Financial Negotiations）**

6.3 在开始财务谈判之前，咨询顾问应与当地税务部门联系，以确定该合同咨询顾问应缴纳的当地税费的数量。财务谈判应澄清咨询顾问在委托人国家的纳税义务，并应反映在合同中，同时在服务费用中应反映双方所同意的技术修改。

**可以提供咨询服务的专业人员/专家（Availability of Professional Staff/Experts）**

6.4 在评审建议的专业人员（专家）和其他因素的基础上选择了咨询顾问后，委托人希望在咨询顾问建议书中提名的专家人员的基础上进行合同谈判。除非因特殊原因双方同意替换提名的专家人员外，否则不应替换。如不能确认建议书中承诺的专业人员可以随时提供服务，该咨询顾问将被认为不合格。

**完成合同谈判（Conclusion of the Negotiations）**

6.5 在审阅了合同书草稿后，委托人和咨询顾问将小签双方同意的合同。如果谈判失败，委托人将邀请得到第二高分的咨询顾问进行合同谈判。

7. 授予合同（Award of Contract）

7.1 在谈判完成后，委托人应将合同授予所选择的咨询顾问，在联合国发展商务网和发展门户网上公布合同的授予，并及时通知递交了建议书的全部咨询顾问。合同签字后，委托人应将没有开启的财务建议书退还未被选中的咨询顾问。

7.2 希望咨询顾问能够在资料表所述的日期和地点开始咨询工作。

8. 保密（Confidentiality）

8.1 在公开合同授予之前，与建议书评审和合同授予建议有关的信息不应透露给递交了建议书的咨询顾问或与选择程序无关的人员。咨询顾问不正常地使用与选择过程有关的保密信息将导致其建议书被拒绝接受，并按照世行反腐败和反欺诈政策的有关规定进行处理。

## 咨询顾问须知资料表

此资料表是对咨询顾问须知的具体规定、修改和补充。
表中 [   ] 内的斜体字系用于指导如何填写资料表。

| 段落编号 | 内　容 |
|---|---|
| 1.1 | 委托人名称：_____<br>选择咨询顾问的方法：_____ |
| 1.2 | 财务建议书应与技术建议书同时递交：是_____ 否_____<br>咨询任务的名称：_____ |
| 1.3 | 将召开"提交建议书前会议"：是_____ 否_____<br>[如果是，说明日期、时间和地点：_____委托人代表姓名，地址，电话，传真号，电子邮件地址_____ |
| 1.4 | 委托人将提供以下投入和设施：_____ |
| 1.6.1<br>(i) | 委托人估计未来需要继续开展的工作：是_____ 否_____，<br>[如果是，在任务大纲中说明未来需要继续开展的工作的范围、性质和时间安排]<br>(笔者注：为便于在随后继续开展工作，可一并考虑咨询顾问承担该下游工作的能力及工作实施时的利益冲突。) |
| 1.12 | 建议书必须在提交建议书之后_____ [插入数字：一般在60天至90天] 天保持有效，即至_____ [插入日期] |
| 2.1 | 澄清要求应在不迟于递交建议书截止日期前_____ [插入数字] 天提交。<br>澄清要求递交地址_____，传真_____，电子邮件_____。 |
| 3.1 | 建议书应使用以下语言递交：_____ [插入英文、法文、西班牙文或世行同意的借款人国家的语言等] |
| 3.3<br>(a) | 短名单中的咨询顾问可与短名单中的其他咨询顾问组成联合体：<br>是_____ 否_____ |
| 3.3<br>(b) | [选择下列两者之一]<br>估计的咨询任务所需的专业人员人月数是：_____或可用的预算金额是：_____<br>[在"固定预算时的选择"时，选择下列文字]：财务建议书不应超过可用预算金额的_____ |
| 3.4 | 要求递交的技术建议书的形式是：完整的技术建议书_____，或简化的技术建议书_____<br>[选择合适的形式] |
| 3.4<br>(g) | 培训是本咨询任务的一个特别组成部分：是_____ 否_____ [如果是，提供有关信息]。 |
| 3.6 | [列出外币和当地货币的可报销开支：如下的子项仅供指导用：删掉不适用的子项，可补充其他子项。如果委托人希望对某些可报销开支的单价设定上限，此上限应在特别条款第3.6条中说明]。<br>有关子项如：<br>咨询顾问人员不在总部或不在委托人国家时的每日津贴；必要的交通费用；办公费用、勘察和测量费用；国际和国内通讯费；应由咨询顾问提供的用于咨询服务的仪器或设备的租赁和运输费用；咨询服务报告的打印和发送费用；各类补贴（如果有）和其他费用 |
| 3.7 | 委托人在合同中根据当地税务规定是否应支付给咨询顾问相关金额：<br>是_____ 否_____<br>如果肯定，委托人应 [说明下述两者中适用的一种]：<br>(a) 补偿咨询顾问已缴纳的税费[插入是或否]；或<br>(b) 代替咨询顾问缴纳这些税费[插入是或否] |
| 3.8 | 咨询顾问是否用当地货币表示当地费用：是_____ 否_____ |
| 4.3 | 咨询顾问必须递交技术建议书的原件和_____ [插入数字] 份副本，以及财务建议书的原件 |

续表

| 段落编号 | 内 容 |
|---|---|
| 5.2（a） | 评审完整的技术建议书的标准、子标准及其打分系统是：<br><br>　　　　　　　　　　　　　　　　　　　　　　　　　　　　　　　分数<br>（i）咨询顾问与咨询任务有关的特别经验　　　　　　　　　　[0~10]<br>（ii）针对任务大纲制定的方法和工作计划的适当性（标准（ii）总分：[20~50]）<br>　　a）技术方式和方法　　　　　　　　　　　　　　　　　　[插入分数]<br>　　b）工作计划　　　　　　　　　　　　　　　　　　　　　[插入分数]<br>　　c）机构和人员　　　　　　　　　　　　　　　　　　　　[插入分数]<br>（iii）提供咨询任务的主要业务人员的资格和胜任能力（标准（iii）总分：[30~60]）<br>　　a）项目经理　　　　　　　　　　　　　　　　　　　　　[插入分数]<br>　　b）[按需要插入姓名职务或专业]　　　　　　　　　　　　[插入分数]<br>（人员多时再添加）分配给上述每一职务或专业的分数应考虑下述3种子标准及相应的百分比权重：<br>　　1）一般资格　　　　　　　　　　　　　　　　　[插入20%~30%的权重]<br>　　2）对工作的适合性　　　　　　　　　　　　　　[插入50%~60%的权重]<br>　　3）在类似地区工作的经验和语言　　　　　　　　[插入10%~20%的权重]<br>总权重：100%<br>（iv）知识转让（培训）计划的适应性：<br>[一般不超过10分。当知识转让是咨询任务的特别重要部分时，可以多于10分，但这需要世行事先批准；可以使用下述子标准]（标准（iv）总分：[0~10]）<br>　　a）培训计划的相关性　　　　　　　　　　　　　　　　　[插入分数]<br>　　b）培训方式和方法　　　　　　　　　　　　　　　　　　[插入分数]<br>　　c）专家和培训教师的资格　　　　　　　　　　　　　　　[插入分数]<br>（v）主要人员中当地人员的参与　　　　　　　　[0~10]（不超过10分）<br>5项标准的总分：　　　　　　100<br>及格的最低技术分为：_____分[插入分数] |
| 5.2（b） | 评审简化的技术建议书的标准、子标准及其打分系统是：<br><br>　　　　　　　　　　　　　　　　　　　　　　　　　　　　　　　分数<br>（i）针对任务大纲制定的方法和工作计划的适当性　　　　　　[20-40]<br>（ii）提供咨询任务的主要业务人员的资格和胜任能力（标准（ii）总分：[60~80]）：<br>　　a）项目经理　　　　　　　　　　　　　　　　　　　　　[插入分数]<br>　　b）[按需要插入职务或专业]　　　　　　　　　　　　　　[插入分数]<br>（人员多时再添加）分配给上述每一职务或专业的分数应考虑下述3种子标准及相应的百分比权重：<br>　　1）一般资格　　　　　　　　　　　　　　　　　[插入20%~30%的权重]<br>　　2）对工作的适应性　　　　　　　　　　　　　　[插入50%~60%的权重]<br>　　3）在类似地区工作的经验和语言　　　　　　　　[插入10%~20%的权重]<br>总权重：　　　　100%<br>2项标准的总分：100<br>及格的最低技术分为：_____分[插入分数] |
| 5.6 | 用于货币转换的单一货币是：_____<br>官方卖价汇率的来源是：_____<br>汇率的日期是：_____ |
| 5.7 | 决定财务得分的公式如下：[插入下面两种公式中的一种]<br>$S_f = 100 \times F_m / F$，其中 $S_f$ 是财务得分，$F_m$ 是最低报价，$F$ 是该建议书的报价，<br>[或插入另一个世行可接受的成反比例的公式]。<br>给技术建议书和财务建议书的权重是：<br>T =_____[插入权重：通常是0.8]，和<br>P =_____[插入权重：通常是0.2] |
| 6.1 | 合同谈判预计日期和地址：_____ |
| 7.2 | 预计的咨询任务开始日期_____[日期]<br>在：_____[地点] |

### 三、技术建议书

主要包括以下函件样本及各类表格,用于指导咨询顾问编制技术建议书。

TECH-1 技术建议书递交函(Technical Proposal Submission Form),该函是对正式递交技术建议书的书面说明,是由委托人拟定的固定格式和内容,包括提交建议书的咨询顾问必须承诺的基本原则,不允许做任何修改。

TECH-2 咨询顾问的机构和经验

A 咨询顾问的机构(Consultant's Organization)要求咨询顾问提供其公司/实体与每一个合作方的背景和机构简介。

B 咨询顾问的经验(Consultant's Experience)是对咨询顾问的经验的简介。主要包括咨询顾问以前正式签署过的合同和其他咨询任务的名称、所在国、委托人名称、地址、项目开始-完成日期、合作者、项目大约的合同金额、合同下咨询顾问提供服务的金额、服务的开始日期和完成日期、咨询顾问的高级专业人员姓名及职能、项目说明等。

TECH-3 咨询顾问对任务大纲和委托人应提供的对口人员和设施的意见或建议(Comments and Suggestions on the Terms of Reference and on Counterpart Staff and Facilities to be Provided by the Client)

A 对任务大纲(On the Terms of Reference)的意见或建议是对任务大纲的修改和改进的意见和建议,以改进和保证完成本任务。

B 对相应的人员和设施(On Counterpart Staff and Facilities)的意见或建议是对资料表第1.4段提供的相应的人员和设施提出意见。

TECH-4 实施咨询任务的方式、方法和工作计划说明(Description of Approach, Methodology and Work Plan for Performing the Assignment)包括技术方式和方法、工作计划、组织机构与人员计划三部分。

TECH-5 咨询组人员组成和成员任务(Team Composition and Task Assignments)包括专业人员的姓名、所属公司、专业领域、分配的职务、分配的任务。

TECH-6 提名的专业人员简历(Curriculum Vitae(CV) for Proposed Professional Staff)包括:建议的职务、公司名称、人员姓名、出生日期和国籍、教育、专业学会会员资格、培训内容、工作经验所在国、语言、就业记录、分配任务的细节、列出过去的经验、说明胜任所分配的任务、以及签字证明上述填表内容如实等。

TECH-7 人员时间计划表(Staffing Schedule)采用横道图的方式来表示外籍人员和当地人员的人月投入量。

TECH-8 工作计划表(Work Schedule)主要列出任务的全部主要活动,并对分阶段的活动分别说明,用横道图标明各活动持续的时间。

## 四、财务建议书

主要包括以下函件样本及各类表格,用于指导咨询顾问编制财务建议书。

FIN-1 财务建议书递交函(Financial Proposal Submission Form) 是咨询顾问按要求提供财务建议书而对委托人的正式通知。内容包括一些基本原则和咨询顾问的基本信息。

FIN-2 费用汇总表(Summary of Costs) 指明了应由委托人支付的各种货币的总费用(不含当地税费),包括外币(最多三种)与当地币。总费用必须与建议书 FIN-3 中各项分项总计一致。

FIN-3 活动费用明细(Breakdown of Costs by Activity) 列出了全部咨询活动,包括各阶段的分组活动名称,应针对每一组活动分开填写各自的 FIN-3 表,列出活动的内容和费用的构成币种应与 FIN2 相同。分组活动名称必须与 TECH-8 中的第 2 栏中名称一致或对应。每种货币的报酬和可报销费用应与 FIN-4 和 FIN-5 中的有关总价一致。

FIN-4 报酬明细(Breakdown of Remuneration) 有两张表格,一张仅适用于咨询服务建议书征询文件中采用基于时间支付的合同,内容包括对外籍人员和当地人员的职务介绍、人月单价、投入的人月数、对应的几种外币和当地币。

另一张仅适用于咨询服务建议书征询文件中采用总价支付的合同,内容包括对外籍人员和当地人员的职务介绍、人月单价。

FIN-5 可报销支出(Breakdown of Reimbursable Expenses) 有两张表格,一张仅适用于咨询服务建议书征询文件采用基于时间支付的合同,内容包括对每日津贴、国际旅费(列明每月旅行往返路线)、当地交通费、个人物品运输、分包合同、实验室试验、租用办公室、文秘支持、培训委托人人员等项目的单位、单价、数量、外币和当地币的统计。

另一张仅适用于咨询服务建议书征询文件采用总价支付的合同,内容包括对每日津贴、国际旅费(列明每月旅行往返路线)、当地交通费、个人物品运输、分包合同、实验室试验、租用办公室、文秘支持、培训委托人人员等项目的单位和单价统计。

以上几个表中的项目、人员数、货币品种、费用的明细和汇总表的内容和数字要一一对应。

附录:财务谈判——报酬单价明细(Appendix:Financial Negotiations-Breakdown of Remuneration Rates)(不适用于将费用作为评审建议书要素的情况)

1. 报酬单价审查

1.1 人员报酬单价由工资、社会福利费、管理费、利润和海外津贴或补助组成。附有相应的报酬单价明细表。

1.2 委托人负责管理政府资金,保证谨慎地使用这些资金。咨询顾问应准备提供近三年经审计的财务报表以证实公司的单价。单价细节包括:

(i) 工资

这是支付给公司总部办公人员的正常现金总额,不包括任何海外津贴或奖金。

(ii) 奖金

奖金一般从利润中支付,一般不包括在单价中,视公司和国家政策规定而定。任何关于奖金的讨论都需要有经审计的文件支持,这些文件将被作为机密文件对待。

(iii) 社会福利费

社会福利费是公司给予其雇员的非现金福利待遇。这些待遇包括(但不限于)社会保险(如养老金、医疗保险和人寿保险)、以及生病或休假费用。

(iv) 休假费用

按基本工资的百分比表示的年休假费的原则一般如下:

$$按工资百分比表示的休假费 = \frac{总休假天数 \times 100\%}{[365-w-ph-v-s]}$$

$$总休假天数 = w + ph + v + s$$

式中:$w$ = 周末(weekends),$ph$ = 公共假日(public holidays),$v$ = (离岗)休假日(Vacation),$s$ = 病假日(sick leave)。

必须注意,只有委托人不另行支付休假费时,社会福利费中才能考虑休假费。

(v) 上级(企业)管理费

上级(企业)管理费指与本咨询任务无直接联系的公司业务开支,且不能单独在合同下给予支付。在谈判期间,参照经独立会计师审计的财务报表和近3年上级(企业)管理费的支持文件进行讨论,应提供详细的上级(企业)管理费构成明细表,说明上级(企业)管理费各细目占基本工资的百分比。

(vi) 收费或利润

收费或利润计算的基数是工资,社会福利费和上级(企业)管理费支付将按照草拟的合同书中所列的双方同意的支付时间表进行。

(vii) 不在总部的补助或每日津贴

这种补助按工资的百分比计算,不从上级(企业)管理费或利润中提取。

(viii) 生活补贴

生活补贴不包括在单价中,而是以当地货币的形式单独支付。家属不享受这一额外的补贴待遇。联合国开发计划署在具体国家的生活补贴标准可用作参考。

2. 可报销费用

2.1 财务谈判应讨论实付开支和其他可报销的支出。这些支出可按外币或当地货币,以单价标准,或根据发票金额报销。

3. 银行担保

3.1 对公司的支付,包括有银行保函的、以预计现金流为基础的预付款,应按双方同意的时间表进行,以保证公司正常的支付。

后面附有咨询顾问关于成本和费用声明的格式范例和相应的统计表格。

## 五、任务大纲

任务大纲一般包括下面几部分：背景；目的；服务范围；培训（如果有）；报告和时间表；委托人提供的数据、当地服务、人员和设施。

## 六、标准合同格式

世界银行制定的咨询服务合同有两套：一套用于合同额超过二十万美元的复杂咨询工作；另一套用于合同额为二十万或低于二十万美元的简单咨询工作。每套合同又按计价方式不同分为基于时间支付的合同（Time-based Assignments）和总价支付合同（Lump Sum Remuneration）。

这些合同格式所适用的情况均在其前言中说明。总价支付合同多用于以质量和费用为基础的选择方法、固定预算的选择方法、最低费用选择方法；而基于时间支付的合同则多用于以质量为基础的选择方法。

下面主要以基于时间支付的咨询服务合同（2008年修订版）为例介绍合同内容。

基于时间支付的咨询服务合同共包括四方面内容：合同格式、通用条件、专用条件及合同附件。

### （一）合同格式（Form of Contract）

1. 合同封面（Cover of Contract）：标准的封页应书明咨询服务项目名称、委托人和咨询顾问正式名称及合同签订日期。

2. 合同格式（Form of Contract）：用法律性文字简明地概述双方签约日期、资金来源、合同包含的全部文件、合同双方应承担的义务和权利，最后是合同双方授权代表签字。如果聘请的咨询顾问不止一家，那么所有公司的授权代表都需在此签字。

全部合同文件的组成部分包括：

(1) 合同的通用条件；
(2) 合同的专用条件；
(3) 附录：

附录A：服务综述
附录B：报告要求
附录C：人员和分包咨询顾问——关键人员时间
附录D：外汇成本估算
附录E：当地货币成本估算
附录F：委托人的责任
附录G：预付款保函

## （二）合同通用条件（General Conditions of Contract）

通用条件共包括八条，每条又包括若干子款，下面依次介绍每个条款的内容。

1. 总则（General Provisions）。对合同中一般事项总的说明，包括11个子款。

1.1 用语和措辞的定义（Definitions）。对"适用法律"，"世行"，"咨询顾问"，"合同"，"日期"，"生效日期"，"外币"，"通用条件"，"政府"，"当地币"，"成员"，"合同方"，"人员"（含"外籍人员"和"当地人员"、"关键人员"），"可报销支出"，"专用条件"，"服务"，"咨询分包人"，"第三方"和"书面"进行了解释说明。

例如，"适用的法律"（Applicable Law）是指在贷款国国内，或在合同专用条件中规定，在其他国家内随时发布并生效的具有法律效力的法律和其他文件。

"生效日期"（Effective Date）是指根据通用条件第2.1条的规定，本合同生效的日期。

"第三方"（Third Party）是指政府、委托人、咨询顾问或分包咨询顾问之外的任何个人或实体。

1.2 合同各方的关系（Relationship Between the Parties）。不能将委托人和咨询顾问理解成雇主与雇员（Master and Servent）或委托人与代理人的关系。咨询顾问对其全部人员和分包咨询顾问的履约或代表他们的履约负全部责任。

1.3 合同主导的法律（Law Governing Contract）。本合同及其条款的含义和解释以及各方之间的关系均受适用法律的约束。

1.4 语言（Language）。本合同已按专用条件中所述的语言签订，有关本合同的含义或解释均受此语言约束和支配。

1.5 标题（Headings）。标题不应限制、改变或影响本合同的含义。

1.6 通知（Notices）。本合同要求的或任何给出的通知、请求或同意均应采用书面形式。任何这类通知由一方亲自递交给通知写明的对方授权代表，或送到专用条件中规定的通讯地址，即认为已经提交。如改变其接受通知的地址应书面通知对方。

1.7 地点（Location）。服务应在合同附录A所述的地点完成，如果任务没有特定的地点，即在政府国家或者其他地方，在委托人批准的地点完成。

1.8 牵头方的职权（Authority of Member in Charge）。如果咨询顾问是由一方以上的实体组成的联营体，各方应授权专用条件中所述的实体作为牵头方代表各方行使全部权利并履行本合同项下委托人委托的全部义务，接受委托人的指示和支付。

1.9 授权代表（Authorized Representatives）。本合同项下委托人所要求采取的行动或咨询顾问被允许采取的行动，以及委托人所要求签署的文件或咨询顾问经许可签署的文件，可由专用条件所述的高级职员作为授权代表采取行动或签署。

1.10 税金和关税（Taxes and Duties）。咨询顾问、分包咨询顾问及有关人员应按照专用条件所述的适用法律缴纳税收、关税、费用和其他税费。

1.11 欺诈和腐败（Fraud and Corruption）。定义了"腐败活动"、"欺诈活动"、"串通活动"、"胁迫行为"、"阻碍行为"，说明了世行查证出在采购或执行该合同的过程中有欺诈和腐败的行为后将采取的措施，要求咨询顾问披露佣金或代理费用的相关情况（与"二、咨询顾问须知"中内容相同）。

2. 合同的开始、完成、修改及终止（Commencement, Completion, Modification and Termination of Contract）。本条共包括下面9个子款：

2.1 合同生效（Effectiveness of Contract）。从委托人通知咨询顾问开始履行服务之日起合同开始生效。通知之前应确保专用条件中规定的生效条件已经得到满足。

2.2 合同因未能生效而终止（Termination of Contract for Failure to Become Effective）。在双方签字后，如果合同在专用条件中规定的时间内没有生效，则一方可以在书面通知另一方21天后宣布合同无效，而另一方不得提出任何索赔要求。

2.3 开始工作（Commencement of Services）。咨询顾问应在合同生效以后，在专用条件中规定的时间内开始工作。

2.4 合同期满（Expiration of Contract）。除非根据合同通用条件2.9款中的规定提前终止合同，否则应在专用条件中规定的合同期满时终止。

2.5 全部协议内容（Entire Agreement）。本合同包含了双方同意的所有契约、规定和条款。任何一方的代理人或代表都无权作出任何本协议内容规定以外的声明、讲话、允诺或协议。

2.6 修改（Modification）。对合同条件的任何修改必须以双方书面同意的方式进行，并在得到世界银行的同意后才有效。

2.7 不可抗力（Force Majeure）。包括不可抗力的定义，在此情形下对并非违约的解释，发生不可抗力时受影响的一方应采取的必要措施等。

2.8 暂停（Suspension）。在合同执行期间，如果委托人认为咨询方未履行义务，可以通知咨询顾问暂时中止合同并暂停支付，说明理由并要求咨询顾问在收到委托人通知30天内采取补救措施。如咨询顾问仍未按合同履行义务，委托人可以以书面形式终止对咨询顾问的所有支付。

2.9 终止（Termination）。说明委托人和咨询顾问各自在什么情况下，以何种方式终止与对方的咨询服务；权利和义务的终止；服务的终止；合同终止之前及以后费用如何处理；因合同终止产生争议时的解决办法。

3. 咨询顾问的义务（Obligations of the Consultants）

3.1 总则（General）。包括对咨询顾问行为规范及服务所适用的法律法规的要求以及注意当地风俗习惯等。

3.2 利益冲突（Conflicts of Interests）。要求咨询顾问及其分包商、代理人在合同执行期间，除合同正当支付外，不得收取任何合同规定之外的报酬（如佣金、回扣等)。遵守贷款方的采购指南。咨询顾问及其有关团体、分包商等均不得参与与本合同咨询服务有关的采购活动及其他相关商业活动。

3.3 保密(Confidentiality)。在任何时间内,没有委托人书面同意,咨询顾问及其相关人员不得向外泄露任何与服务有关的秘密信息。

3.4 咨询顾问的责任(Liability of the Consultants)。除非专用条件中有附加规定,咨询顾问应承担的责任以适用法律中界定的为准。

3.5 咨询顾问投保(Insurance to be taken out by the Consultants)。咨询顾问应按委托人批准的条件,就专用条件中规定的风险进行投保,或要求其分包商进行投保,并向委托人提交已投保的证明材料。

3.6 会计、检查和审计(Accounting, Inspection and Auditing)。要求咨询顾问按国际通行的会计准则进行会计工作,并妥善保管所有准确的、系统的会计资料,允许委托人或其指定代表和/或世行,可以定期在合同期满或终止后五年内检查和复印所有会计资料,并接受委托人或世行指定的审计人员的审计。

3.7 须得到委托人事先批准的咨询顾问行为(Consultant's Actions requiring Client's prior Approval)。咨询顾问在任命附件C中关键人员、分包商,签定分包合同及履行专用条件中规定的其他行为时,必须得到委托人书面批准。

3.8 报告义务(Reporting Obligations)。咨询顾问应按附件B(报告要求)中的规定向委托人提交有关的报告和文件。

3.9 咨询顾问准备的文件属于委托人的财产(Documents prepared by the Consultants to be the Property of the Client)。咨询顾问根据合同要求为委托人准备的所有计划、图纸、规范、设计、报告、其他文件及软件均属于委托人的财产。咨询顾问需在合同期满或终止时或之前将文件清单一起交给委托人。在专用条件中规定咨询顾问在什么条件下能继续使用这些资料的复印件。

3.10 委托人提供的设备、车辆和材料(Equipment, Vehicles and Materials furnished by the Client)。在合同执行期间,委托人提供给咨询顾问的或用委托人资金购买的设备、车辆和材料均归委托人所有。合同期满或终止时,咨询顾问应向委托人提交详细的设备、车辆和材料清单或者根据委托人指示加以处理。咨询顾问应对这些设备、车辆和材料投保,保险费由委托人承担。

3.11 咨询顾问提供的设备和材料(Equipment and Materials Provided by the Consultants)。咨询顾问及其人员带入委托人国家为本项目或个人使用的设备和材料是咨询顾问或其人员所有的财产。

4. 咨询顾问的人员和分包咨询者(Consultants Personnel and Subconsultants)

4.1 总体要求(General)。咨询顾问可以根据服务需要雇用或提供合格、有经验的人员和分包咨询者。

4.2 人员情况说明(Description of Personnel)。在附件C中应详细描述所列关键人员的职务、工作内容、资历和估计工作时间等。如果有关工作时间有所变动，且这种变动不超出原来时间的10%或一周（两者取时间长的），则不会导致总的合同支付超过限额，咨询顾问只需书面通知委托人即可。

任何其他改变必须得到委托人的书面批准。

4.3 人员的批准（Approval of Personnel）。附件C中规定了关键人员的职务和姓名。如果咨询顾问还提议雇佣其他人员服务，则应将这些人员的简历送委托人审查和批准。如果委托人在收到这类资料21个日历日之内没有书面反对意见，则表明委托人已批准。

4.4 工作时间、加班、休假等（Working Hours, Overtime, Leave, etc.）。附件C中规定了关键人员的工作时间和假期，加班及休假的有关支付在附录C中规定。其他人员的休假应事先得到咨询顾问批准，咨询顾问应保证人员休假不影响咨询服务。

4.5 人员的调动和/或替换（Removal and/or Replacement of Personnel）。非经委托人同意，不应变更人员。如确有需要，咨询顾问应提供具有同样资历的替代人员。如果委托人发现任何有关人员有严重失误、被指控有犯罪行为或有合理理由不满意其提供的服务，可以要求咨询顾问替换相应人员。替换人员的报酬水平不应超过被替换人员的水平，且应事先征得委托人的书面同意，任何额外费用由咨询顾问承担。

4.6 驻现场项目经理（Resident Project Manager）。一般在专用条件中有明确要求，咨询顾问应向委托人确保在合同执行期间派一位委托人可接受的驻现场项目经理负责其所有业务。

5. 委托人的义务（Obligations of the Client）

5.1 协助与豁免（Assistance and Exemptions）。除非专用条件另有规定委托人应尽力确保政府提供有利条件帮助咨询顾问完成咨询服务，包括提供咨询顾问所需的资料，咨询顾问人员进出委托人所在国的签证手续，清关手续，外汇的提取和汇出以及必要的其他帮助。同时还应协助咨询人员获得在委托人国家从业登记或必须申请许可证的豁免权。

5.2 进入工作地点（Access to Land）。委托人应确保咨询顾问能免费到达任何咨询服务需要的任何地点。

5.3 与税金和关税有关的适用法律的变更（Change in the Applicable Law Related to Taxes and Duties）。如果合同适用法律在合同执行期间有所变更，由此引起咨询顾问费用的增减，委托人有责任根据双方之间协议相应增减对咨询顾问的支付。

5.4 委托人的服务、设施和财产（Services, Facilities and Property of the Client）。委托人应按附件F（委托人职责）中的规定向咨询顾问及其人员提供执行合同所必需的服务、设施和财产。如果由于委托人的原因没有及时提供，咨询顾问可以要求延长服务时间，或自己采购所需的设施而要求委托人支付相应的额外费用。

5.5 支付（Payment）。委托人应按通用条件规定及时对咨询顾问予以支付。

5.6 相应的人员（Counterpart Personnel）。委托人应按附件 F 规定向咨询顾问提供相应的专业人员和辅助人员，这些人员在咨询顾问领导下工作。如果相应的人员不能适当地履行职责，咨询顾问可以要求替换，没有合理理由，委托人不能无理拒绝这种要求。如委托人未按规定提供相应的人员，则由此产生的额外费用应由委托人支付。

6. 对咨询顾问的支付（Payments to the Consultants）

6.1 成本估算、最高限额（Cost Estimates, Ceiling Amount）。以外币计算的成本估算和以当地币计算的成本估算分别列在附件 D 和 E 中。除非另有规定，否则不论以外币还是当地币的支付都不得超过专用条件中规定的最高支付限额。如果根据通用条件第5.3、5.4 或 5.6款规定需要支付额外费用，限额也应相应增长。

6.2 报酬和报销费用（Remuneration and Reimbursable Expenditures）。委托人应支付咨询顾问限额以内的报酬和合理的报销费用。如专用条件中有特别规定，给咨询顾问的报酬还应包括价格调整内容。

6.3 支付货币（Currency of Payment）。在专用条件中对哪些费用由外币支付，哪些费用由当地币支付有详细的规定。

6.4 记帐和支付方式（Mode of Billing and Payment）。

预付款。委托人应向咨询顾问提供预付款。咨询顾问在申请预付款时应按附件 G 规定的格式或委托人书面批准的格式向委托人提供一份可接受的银行保函，在咨询顾问未全部还清所有预付款之前，保函将一直有效。

每月支付。咨询顾问应在每个日历月月底后 15 天内或专用条件中规定的间隔时间结束后 15 天内将支付报表及有关的证明材料（发票、收据凭证等）提交给委托人申请支付。支付报表中应列明以外币支付和以当地币支付的金额，并区分哪些是报酬，哪些是需要报销的费用。委托人应在收到咨询顾问的支付月报 60 天内给予支付。如果发现实际发生的费用与合同规定的金额有所出入，委托人可以从相应的支付中增减。

最终支付。在咨询顾问已经完成合同规定的所有服务，向委托人提交了最终报告，并且委托人在收到报告后 90 个日历日之内，对报告无异议并批准该报告后，委托人应按咨询顾问提交的最终支付报表给予支付。

7. 公平和守信（Fairness and Good Faith）

7.1 守信（Good Faith）。双方应互相尊重对方在本合同项下的权利并采取所有合理措施确保合同目标的实现。

7.2 合同执行（Operation of the Contract）。在合同执行期间，双方都应本着公平、不损害对方利益的原则，共同排除不利于合同执行的所有因素。

8. 争议解决（Settlement of Disputes）

8.1 友好解决（Amicable）。产生的争议应通过书面方式通知对方，并附详细的支持材料，在一方收到另一方争议通知的 14 天内解决。如果不能解决，则适用

8.2 条。

8.2 提交仲裁（Arbitration）。当争议不能按照8.1条友好解决时，则根据专用条件中的规定提交仲裁解决。

### （三）合同的专用条件（Special Conditions of Contract）

专用条件是根据不同项目的具体情况，对合同通用条件相应条款的补充、修改和具体化，是合同不可分割的组成部分，一般是合同谈判的主要内容。

以通用条件第6条"对咨询顾问的支付"为例，在合同谈判期间，双方要就外币和当地币支付最高限额、价格调整公式、预付款及预付款保函、利率及支付账户等问题进行专题讨论，达成一致，写入专用条件中。咨询顾问应填写所附的格式表1，即"合同双方同意的在咨询服务合同中规定的固定单价明细表"。

### （四）附件（Appendixes）

附件也是合同的组成部分，包括：

1. 附件A：服务描述（Description of the Services）。给出所提供咨询服务的详细描述、各种任务完成的日期、不同任务进行的地点、委托人批准的特殊任务等。

2. 附件B：报告要求（Reporting Requirements）。包括报告格式、频率及内容、接收报告的人员、递交日期等。如果不需要递交报告，应在此处注明"不适用"。

3. 附件C：关键人员（Key Personnel）和咨询分包人（Subconsultants）——关键人员工作小时（Hours of Work for Key Personnel）。包括人员的姓名、职务、详细的工作描述以及已经获得批准的咨询分包人名单。列出关键人员的工作小时、外方人员往返工程所在国的旅行时间、有关加班费、病假工资、节假日工资等的规定。

4. 附件D：外币费用估算（Cost Estimate in Foreign Currency）。包括外方人员（关键人员和其他人员）和以外币支付的当地人员的月费率，各种报销费用，如津贴、交通费、通讯费、打印费、设备购置费及其他费用等。

5. 附件E：当地币费用估算（Cost Estimate in Local Currency）。主要包括当地人员（关键人员和其他人员）的月付费率，各种报销费用，如补贴、津贴、交通费、其他当地服务、租房、设施的费用，以及由咨询顾问进口的应由雇主付款的指定设备和材料的采购费。

6. 附件F：委托人的义务（Duties of the Client）。包括委托人应提供给咨询顾问的服务、设施和财产以及委托人应提供给咨询顾问的相应的人员。

7. 附件G：预付款银行保函格式（Form of Bank Guarantee for Advance Payments）。

# 第 5 节　FIDIC 的咨询服务合同

FIDIC 在 1979 年和 1980 年分别编写了三本委托人/咨询工程师服务协议书的范本。一本是被推荐用于投资前研究及可行性研究（简称 IGRA 1979 P. I）；另一本被推荐用于设计和施工管理（简称 IGRA 1979 D&S）；第三本被推荐用于项目管理（简称 IGRA 1980 PM）。

之后，在国际上经过广泛征求意见的基础上，FIDIC 对上述范本进行了不断地规范和改进，分别于 1990 年、1998 年、2006 年先后编制出版了第二版、第三版和第四版咨询服务合同范本，均命名为"委托人/咨询工程师服务协议书范本"（Client/Consultant Model Services Agreement）（白皮书），并在 2001 年出版了第三版的《委托人/咨询工程师协议书（白皮书）指南》（Client/Consultant Agreement (White Book) Guide），内中附有对咨询协议书文件的有关注释。

"白皮书"的适用范围包括投资前与可行性研究、设计、施工管理以及项目管理。在设计与建造的采购时，"白皮书"既可用于委托人主导的设计团队，也可用于承包商主导的设计团队，其中的服务建议书是以国际化为基础编写的，但也可用于国内。

下面的介绍以 2006 年第四版"白皮书"为准。

"白皮书"共由四部分组成，包括：协议书格式、通用条件、专用条件以及附件。

## 一、协议书

协议书是委托人和咨询工程师达成咨询服务协议的一个总括性的文件。协议书主要包括：通用条件中措辞和词组的定义适用于协议书中的全部文件、协议书包括的各种文件、签订协议书的约因等。

通用条件对任何类型的咨询服务都适用，一般在使用时不能被修改；而专用条件则是针对某一具体咨询服务项目的典型环境和地区将有关内容具体化，并可对通用条款进行修改和补充。

附件包括四个：

附件 1——服务范围；

附件 2——委托人提供的职员、设备、设施和其他服务；

附件 3——报酬与支付；

附件 4——服务进度表。

这四个附件要根据每个服务项目的具体情况编制。

## 二、通用条件

共包含八条，下面作一简介。

1. 总则（General Provisions）

1.1 定义（Definitions）

对下面的 15 个措辞或词组赋予了定义："协议书"、"项目"、"服务"、"工程"、"国家"、"一方"与"各方"、"委托人"、"咨询工程师"、"FIDIC"、"开工日期"、"完工时间"、"日"与"年"、"书面"、"当地币"和"外币"、"商定的补偿"。

本书中只介绍以下几个定义：

（1）"协议书"（Agreement）是指包括委托人/咨询工程师服务协议书通用条件和专用条件以及附件1［服务范围］，附件2［委托人提供的职员、设备、设施和其他人员的服务］，附件3［报酬和支付］，附件4［服务进度表］，以及任何报价函和中标函，或专用条件中的其他规定。

（2）"项目"（Project）是指专用条件中指定的并为之服务的项目。

（3）"服务"（Services）是指附件1［服务范围］中规定的咨询工程师根据协议书所履行的服务，含常规服务、附加服务和额外服务。

（4）"咨询工程师"（Consulting Engineers）是指协议书中所指的，接受委托人雇用履行服务的专业公司或个人，以及其合法继承人和经许可的受让人。

（5）"商定的补偿"（Agreed Compensation）是指附件3［报酬和支付］中规定的根据协议书应支付的额外款项。

其余定义不一一介绍。

1.2 解释（Interpretation）

协议书中的旁注和标题不应在解释合同条件时使用。

单数包含复数含义，视上下文需要而定，反之亦然。

组成协议书的各文件应可相互解释。如果各个文件之间产生矛盾，以最后达成协议的文件为准，除非在专用条件的"Part B"中另有规定。"Part B"为附加条件，包含对通用条件的任何变更、删减和增加。

条款中包括"同意"（agree），"被同意的"（agreed）或"协议书"（agreement）这些措辞时，均要求该协议用书面记录，并须由双方签字。

1.3 通讯交流（Communications）

无论何时任何人员颁发的任何通知、指示或其他通讯信息（除非另有规定），均应按照专用条件中规定的语言书写，且不应被无理取消或拖延。

1.4 法律和语言（Law and Language）

在专用条件中规定了协议书的一种或几种语言、主导语言以及协议书所遵循的法律。

1.5 立法的变动（Change in Legislation）

如果在订立本协议书之后，因委托人要求的服务所在国的立法发生了变动或增补而引起服务费用或服务持续时间的改变，则应相应地调整商定的报酬和完成时间。

1.6 转让和分包合同（Assignments and Sub-Contracts）

除款项的转让外，没有委托人的书面同意，咨询工程师不得转让本协议书涉及的任何利益。没有对方的同意，委托人或咨询工程师均不得转让本协议书规定的义务。

没有委托人的书面同意，咨询工程师不得开始或终止任何为履行全部或部分服务的分包合同。

1.7 版权（Copyright）

咨询工程师拥有其编制的所有文件的设计权、其他知识产权和版权，但委托人有权为了工程和预定目的使用或复制此类文件，而不需要取得咨询工程师的许可。

1.8 通知（Notices）

本协议书的有关通知应为书面的，并从在专用条件中写明的地点收到该通知时生效。通知可由人员递送，或传真通讯，但随后要有书面回执确认；或通过挂号信或电传，但随后要用信函确认。

1.9 出版（Publication）

除非在专用条件中另有规定，咨询工程师可单独或与他人合作出版有关服务项目的资料。但如果在服务完成或终止后两年内出版，则须得到委托人的批准。

1.10 受贿和欺诈（Corruption and Fraud）

在履行协议书义务时，咨询工程师和他的代表和雇员应当遵守所有适用法律、法规、规章和适用管辖区的法令，包括经济合作与发展组织关于打击在国际商务中贿赂外国公职人员的公约。

咨询工程师在此表示、保证并承诺他将既不会接受，也不会提供、支付或答应支付（包括直接和间接）任何有价值物品给一个与本协议书范围内的市场机会有关的"公职人员"。并且一旦发现任何公职人员非法索取时，咨询工程师应立即书面通知委托人所有细节。

公职人员是指：

(a) 任何政府机构或政府所有，或控制企业的任何官员或雇员；

(b) 执行公共职能的任何人员；

(c) 公共国际组织（如世界银行）的任何官员或雇员；

(d) 任何政治机构的候选人；

(e) 任何政治党派或政治党派的官员。

2. 委托人（The Client）

2.1 资料（Information）

委托人应在合理的时间内免费向咨询工程师提供他能够获取的并与服务有关的一切资料。

2.2 决定（Decisions）

为了不耽搁服务，委托人应在合理的时间内就咨询工程师以书面形式提交给他的一切事宜做出书面决定。

2.3 协助（Assistance）

在项目所在国，按照具体情况，委托人应尽一切力量对咨询工程师、他的职员和家属提供如下协助：

（a）用于入境、居留、工作以及出境所需的文件；

（b）服务所需要的畅通无阻的通道；

（c）个人财产和服务所需物品的进出口，以及海关结关；

（d）发生意外事件时的遣返；

（e）允许咨询工程师因服务目的和其职员和个人使用的需要将外币带入该国；允许将履行服务中所赚外币带出该国；

（f）提供与其他组织联系的渠道，以便咨询工程师收集其要获取的信息。

2.4 委托人的资金安排（Client's Financial Arrangements）

委托人应当在收到咨询工程师要求后的 28 天内，提交合理的证据表明已做出了可持续的资金安排，并保证委托人可以按附件 3［支付与报酬］的规定支付咨询工程师费用。如果委托人想对其资金安排作出任何实质性改变，应书面通知咨询工程师并附细节说明。

2.5 设备和设施（Equipment and Facilities）

委托人应为服务的目的，免费向咨询工程师提供附件 2［委托人提供的职员、设备、设施和其他服务］中所规定的设备和设施。

2.6 委托人职员的提供（Supply of Client's Personnel）

在与咨询工程师协商后，委托人应按照专用条件的规定，自费从其雇员中为咨询工程师挑选并提供职员。在执行与服务相关的规定时，此类雇员只听从咨询工程师的指示。委托人提供的职员以及将来必要的人事变动，均应得到咨询工程师的批准。

如果委托人未能提供其应提供的职员，而双方均认为需要提供这些人员时，咨询工程师应安排提供此类人员，并作为一项附加服务。

2.7 委托人代表（Client's Representative）

为了执行本协议书，委托人应指定一位官员或个人作为其代表。

2.8 其他人员的服务（Services of Others）

委托人应按附件 2［委托人提供的职员、设备、设施和其他服务］的说明，自费安排其他人员提供服务。咨询工程师应配合此类服务的提供者，但不对此类人员或其行为负责。

2.9 服务的支付（Payment for Services）

委托人应当按照本协议书第 5 部分\*的规定对咨询工程师的服务给予支付。

---

\* 笔者注：此处原文恐有误，应为"委托人应当按照通用条件第 5 条/或附件 3［支付与报酬］的规定支付"。

3. 咨询工程师（The Consultant）

3.1 服务范围（Scope of Services）

咨询工程师应按附件1［服务范围］履行与项目有关的服务。

3.2 常规的、附加的和额外的服务（Normal, Additional and Exceptional Services）

常规的和附加的服务是指附件1［服务范围］中所述的那类服务。

额外的服务是指那些既不是正常的也不是附加的，但根据第4.8条咨询工程师必须履行的服务。

3.3 认真尽职和行使职权（Duty of Care and Exercise of Authority）

除了本协议书中的其他规定和遵守该国法律要求或其他司法规定外，咨询工程师承担的职责就是应在根据协议书履行其义务时，运用合理的技能、谨慎勤奋地工作。

若咨询工程师承担的是按照委托人与任何第三方签订的合同条件中的授权或要求的义务时，咨询工程师要尊重委托人和第三方之间签订的合同，如果相关的未包括在附件1中的权力和义务他可以接受，则应书面同意；作为一名独立的专业人员（而不是仲裁员）在委托人与第三方之间进行证明、决定或处理事件时应持公平的态度；如果委托人授权，咨询工程师可变更第三方的义务。但若变更对费用、质量和时间有重大影响时，除紧急情况外，咨询工程师应事先从委托人处得到批准。

3.4 委托人的财产（Client's Property）

任何由委托人提供或支付费用以供咨询工程师使用的物品都是委托人的财产，并应标明。

3.5 职员的提供（Supply of Personnel）

由咨询工程师派往项目所在国工作的职员的资质和经验一定要得到委托人的认可。

3.6 咨询工程师代表（Representatives）

为了执行本协议书，咨询工程师应指定一位高级职员或个人作为其代表；如委托人要求，咨询工程师应指定一人与项目所在国内的委托人代表联络。

3.7 职员的更换（Changes in Personnel）

如果有必要更换咨询工程师提供的任何人员，咨询工程师应安排一位具有同等能力的人员代替，更换费用由提出更换的一方承担。如果委托人一方书面说明理由要求更换人员，但经查实此人既没有渎职也能胜任工作，则更换费用由委托人承担。

4. 开始、完成、变更与终止（Commencement, Completion, Variation and Termination）

4.1 协议书生效（Agreement Effective）

协议书生效日期以下述两个日期中较晚者为准：

咨询工程师收到委托人发给他的中标函之日，或正式协议书最后签字之日。

4.2 开始和完成（Commencement and Completion）

服务应在开工日期开始，根据附件 4［服务进度表］进行，并在完工时间（包括协议书给予的延长）内完成。

4.3　变更（Variations）

当任何一方提出申请并经各方书面同意时，可对本协议书进行变更。

如果委托人书面要求，咨询工程师应当提交变更服务的建议书。建议书的准备和提交应被视为附加的服务。

委托人书面同意关于变更服务的相关费用后，才可以要求咨询工程师开始变更服务。

4.4　延误（Delays）

如果由于委托人或其承包商的原因，服务受到阻碍或延误，以致增加了服务的范围、费用或时间，则咨询工程师应将此情况与可能产生的影响通知委托人，增加的服务应视为附加的服务，完工时间应相应地予以延长。

4.5　情况的改变（Changed Circumstances）

如果出现不应由委托人和咨询工程师负责的情况，而致使咨询工程师不能负责或不能履行全部或部分服务时，他应立即通知委托人。如果因而不得不暂停某些服务时，则该类服务的完成期限应予以延长，直到此种情况不再持续。还应加上用于恢复服务的一个合理期限（最多 42 天）。如果因此不得不降低服务的速度，则服务的完成期限也应予以延长。

4.6　撤销、暂停或中止（Abandonment，Suspension or Termination）

1）委托人有权暂停全部或部分服务或中止协议，但应至少提前 56 天通知咨询工程师。此时咨询工程师即应安排停止服务并将开支减至最小。

2）如果委托人认为咨询工程师没有正当理由而未履行其义务时，他可通知咨询工程师并指出该问题。若在 21 天内委托人未收到满意的答复，他可在第一个通知发出后 35 天内发出进一步的通知，终止本协议。

3）如果发生下述两种情况：

● 当已超过咨询工程师的发票的应支付日期 28 天而尚未支付，并且委托人未对之提出书面异议时，或

● 暂停服务期限已超过 182 天时。

咨询工程师可至少提前 14 天向委托人发出通知指出上述问题，他可以决定在至少 42 天后向委托人发出进一步的通知，终止服务协议；或在不损害其终止权利的前提下暂停或继续暂停履行部分或全部服务。

4.7　腐败和欺诈（Corruption and Fraud）

如果咨询工程师违反 1.10 款的要求，即便咨询工程师已受到工程所在国法律或其他地方规定的惩罚和制裁，委托人方仍有权依据 4.6 款终止协议。

4.8　额外服务（Exceptional Service）

如果咨询工程师不能履行服务不是委托人和咨询工程师的原因造成的，或撤销、暂停或恢复服务时，或未根据4.6款2）的情况终止本协议时，除常规的或附加的服务之外，咨询工程师需做的任何工作或支出的费用应被视为额外的服务。咨询工程师履行额外的服务时有权得到所需的额外的时间和费用。

4.9 各方的权利和责任（Rights and Liabilities of Parties）

本协议书的终止不应损害或影响各方应有的权利或索赔以及债务。协议书终止后，6.3款的规定仍有强制力。

5. 支付（Payment）

5.1 对咨询工程师的支付（Payment to the Consultant）

委托人应按合同条件和附件3［报酬和支付］规定的细则向咨询工程师支付常规服务的报酬，并按照或参照附件3规定的费率和价格来支付附加服务的报酬，也可按4.3款商定的费用支付。

委托人应向咨询工程师支付额外服务的报酬，包括额外用于附加服务的时间和额外开支的净成本。

委托人要求咨询工程师任命指定的分包咨询工程师时，由咨询工程师对分包咨询工程师进行支付，这笔费用加在咨询工程师的支付费用中。

5.2 支付的时间（Time for Payment）

除非专用条件中另有规定，委托人应在收到咨询工程师的发票后28天内，支付该笔到期款项。如果在上述规定的时间内咨询工程师没有收到付款时，则应按照专用条件规定的利率对其支付商定的补偿，自发票注明的应付日期起计算复利。委托人若因故拖延对咨询工程师的支付，需在规定支付时间前4天内说明原因。如果委托人没有事先说明原因便拖延支付，则咨询工程师对该笔支付具有强制性的合同权利。

5.3 支付的货币（Currencies of Payment）

适用于本协议书的货币为附录3［报酬和支付］中规定的货币。

如果在服务期间，委托人的国家发生了与协议书的规定相反的下述情况：

● 阻止或延误咨询工程师把为委托人服务收到的当地货币或外币汇出国外；或

● 在委托人所在国内限制得到或使用外币；或

● 在咨询工程师为了用当地币开支，从国外向委托人所在国汇入外币，而随后把总额相同的当地货币再汇出国外时，对其征税或规定不同的汇率，从而阻止咨询工程师履行服务或使他受到财务损失。

此时若没有做出其他令咨询工程师满意的财务安排，委托人应保证此种情况适用于4.5款的规定。

5.4 第三方对咨询工程师的收费（Third Party Charges on the Consultant）

除在专用条件或附录3［报酬和支付］中规定外，

（a）委托人应无条件地为咨询工程师及其通常不居住在项目所在国内的人员就协

议书中该国政府或授权的第三方所要求的支付款项办理豁免,包括:

（i）他们的报酬;

（ii）除食品和饮料外的进口的物品;

（iii）进口的用于服务的物品;

（iv）文件。

（b）当委托人未能成功地办理上述豁免时,他应偿付咨询工程师合理支付的此类款项。

（c）当不再需要上述物品用于服务,且这些物品不属于委托人财产时,规定:

（i）没有委托人的批准,不得将上述物品在项目所在国内卖掉;

（ii）在没有向委托人支付从政府或授权的第三方处可回收并收到的退款或退税时,不得出口上述物品。

5.5 有争议的发票（Disputed Invoices）

如果委托人对咨询工程师提交的发票中的某一部分提出异议,委托人应立即发出通知说明理由,但不得延误支付发票中的其他款项。5.2 款应适用于最终支付给咨询工程师的所有有争议的金额。

5.6 独立的审计（Independent Audit）

咨询工程师应保存能清楚地证明有关时间和费用的全部记录,并在需要时向委托人提供。

除固定总价合同外,服务完成后 12 个月内,委托人可指定一家有声誉的会计事务所对咨询工程师申报的任何金额进行审计。

6. 责任（Liabilities）

6.1 双方之间的责任和补偿（Liability and Compensation between the Parties）

双方之间的责任:如果咨询工程师未按协议要求认真工作,或委托人违背了他对咨询工程师的义务时,均应向对方赔偿。赔偿的原则如下:

1）此类赔偿应限于由违约所造成的,可合理预见到的损失或损害的数额;

2）在任何情况下,赔偿的数量不应超过 6.3 款中的赔偿限额;

3）如果任一方与第三方共同对另一方负有责任时,则负有责任的任一方所支付的赔偿比例应限于由其违约所负责的那部分比例。

6.2 责任的期限（Duration of Liability）

除了法律的规定外,如果不在专用条件中规定的期限内正式提出索赔,则任一方均不对由任何事件引起的任何损失或损害负责。

6.3 赔偿的限额（Limit of Compensation）

任一方向另一方支付的赔偿不应超过专用条件中规定的限额。但此限额不包括逾期未向咨询工程师付款而应支付的利息和双方商定的其他赔偿。如果赔偿额度总计超过上述规定的限额,则另一方应放弃超出部分的索赔要求。

如果一方向另一方的索赔要求不成立，则提出索赔的一方应补偿由此所导致的对方支出的各种费用。

6.4 保障（Indemnify）

如果适用的法律允许，则委托人应保障咨询工程师免受一切索赔所造成的不利影响，包括由本协议书引起的或与之有关的第三方在6.2款责任的期限终止后提出的此类索赔，除非在7.1款保险中包括此类索赔。

6.5 例外（Exceptions）

6.3款和6.4款不适用于由下列情况引起的索赔：

（a）故意违约、欺骗、或欺诈性的错误表述、粗心渎职；

（b）与履行合同义务无关的事宜。

7. 保险（Insurance）

7.1 对责任的保险和保障（Insurance for Liability and Indemnify）

委托人可以书面形式要求咨询工程师：对6.1款规定的咨询工程师的责任进行保险；对公共的或第三方的责任进行保险；并在委托人第一次邀请咨询工程师为服务提交建议书之日进行保险的基础上，对上述两项保险追加保险额；并应进行委托人要求的其他各项保险。

在任命时已知的7.1条款下的保险费用应当算在咨询工程师的费用内。

在已达成一致意见后，对7.1款规定任何保险额的增加和变更费用由委托人负担。

7.2 委托人财产的保险（Insurance of Client's Property）

咨询工程师应尽一切合理的努力，按委托人的书面要求对下列各项进行保险：

（a）根据第2.5款委托人提供或支付的财产发生的损失或损害；

（b）由于使用该财产而引起的责任。

在任命时已知的7.1条款下的保险费用应当算在咨询工程师的费用内。

在已达成一致意见后，根据7.2款规定任何保险额的增加和变更费用由委托人负担。

8. 争议和仲裁（Disputes and Arbitration）

8.1 争议的友好解决（Amicable Dispute Resolution）

如果涉及履行协议引发了争议，双方授权的处理争议的代表应该在14天内由一方向另一方递交书面请求并进行善意的会谈，应尽最大努力解决争议。如果会谈无法解决争议，则应采用调解方法解决争议。

8.2 调解（Mediation）

除非双方另达成协议或在专用条件中说明，双方应从专用条件中指定的独立调解中心提供的专家表中选定中立的调解人。如果14天内双方不能够就选定一个调解人达成一致，则任何一方均有权请求FIDIC主席指定一调解人，该人对双方均有约束力。

如果对调解人的雇用已确定，任一方便可以书面形式通知另一方开始调解，调解在收到通知后的 21 天内开始。

调解应该按照指定调解人要求的程序进行。如果专用条件已对程序作出规定，则应该依照该程序，但调解人可随时提出供双方参考的其他程序。

调解中所有的协商和讨论都应秘密进行，并与现进行或随后的诉讼无关，除非另有书面协议。如果双方接受了调解人的建议或另就争议的解决达成一致，均应做出书面协议，当代表签字后，便对双方产生了约束力。

如果无法达成一致意见，任一方可要求调解人就争议向双方给出无约束力的书面意见。除非双方此前已书面同意，此类意见不能作为任何正在进行或随后诉讼的证据。

双方应各自承担准备证据和向调解人提交证据产生的费用。调解和调解服务的费用应该由双方平摊，但双方另有约定的情况除外。

只有双方已尝试通过调解解决争议，或调解终止，或一方无法参加调解，才可将涉及履行协议引起的争议申请仲裁。但如果争议未在发出调解通知后的 90 天内解决，任一方均有权申请仲裁。

### 8.3 仲裁（Arbitration）

如果调解失败，双方应联合草拟一份书面说明来记录双方一致认同的争议事项，提交随后的仲裁。最迟在仲裁开始前，调解人应结束其工作。仲裁过程中，调解人既不可作为证人出庭，也不可提供任何调解期间的附加证据。

除非专用条件另有说明，否则涉及履行协议书引发的仲裁应依据国际商会仲裁准则，指定一名或数名仲裁员执行。

## 思考题

1. 什么叫咨询服务？咨询服务的主要内容有哪些？
2. 咨询工程师的选择标准与工程项目施工招标采购有哪些不同？
3. 简述咨询工程师的选聘程序。
4. 简述国际工程项目咨询服务合同的类型和特点。
5. 简述世行贷款项目选择咨询顾问六种方法的适用范围。
6. 世行贷款项目选择咨询顾问的标准建议书征询文件主要包含哪些内容？
7. 世行贷款项目选择咨询顾问以计时制的咨询服务合同主要包含哪些内容？
8. FIDIC"白皮书"中规定的常规的服务、附加的服务和额外的服务有什么区别？
9. FIDIC"白皮书"在保证对咨询工程师的支付方面有哪些规定？
10. 试对比 FIDIC"白皮书"中委托人的义务和咨询工程师的义务。

# 第 7 章　FIDIC 的各类合同条件

> FIDIC 是国际上最具权威性的咨询工程师的组织,本章首先介绍了 FIDIC 的组成、FIDIC 编制的各类合同条件的特点、如何运用这些合同条件以及新版合同条件编制的原则。随后分节比较详细地介绍了 1999 年出版的三个合同条件,它们是:《施工合同条件》(及 2006 年多边银行协调版)、《生产设备与设计—建造合同条件》、《EPC 交钥匙项目合同条件》以及 2008 年出版的《设计、建造与运营项目合同条件》。考虑到目前国际上仍有一定数量的项目采用 FIDIC1987 年出版的《土木工程施工合同条件》以及 1994 年出版的《土木工程施工分包合同条件》,因此,在本章中仍保留了第一版中的这两个合同条件。通过对这些合同范本的学习,可以对 FIDIC 编制的合同文件的理念、思路和每个合同条件的主要内容有一个全面的理解。

## 第 1 节　国际咨询工程师联合会（FIDIC）简介

### 一、国际咨询工程师联合会（FIDIC）简介

FIDIC 是指国际咨询工程师联合会（FEDERATION INTERNATIONALE DES INGE-NIEURS-CONSEILS），它是由该联合会法语名称的五个词的字头组成的缩写,读作"菲迪克"。各国（或地区）的咨询工程师大都在本国（或地区）组成一个民间的咨询工程师协会,这些协会的国际联合会就是"FIDIC"。

1913 年,欧洲三个国家的咨询工程师协会组成了 FIDIC。从 1945 年第二次世界大战结束后至今,FIDIC 的成员来自全球各地 70 多个国家和地区,中国在 1996 年正式加入,所以可以说 FIDIC 代表了世界上大多数独立的咨询工程师,是最具有权威性的咨询工程师组织,它推动了全球范围内的高质量的工程咨询服务业的发展。

FIDIC 下设许多专业委员会,如业主咨询工程师关系委员会（CCRC）、合同委员会（CC）、执行委员会（EC）、风险管理委员会（RMC）、仲裁/调停/评判审查委员

会（ARB/MED/ADJ RC）、环境委员会（ENVC）、质量管理委员会（QMC）、21世纪工作组（Task Force 21）等。

FIDIC专业委员会编制了许多规范性的文件，这些文件不仅被许多国家采用，而且世界银行、亚洲开发银行、非洲开发银行等国际金融组织的招标范本也常常采用。FIDIC最享有盛名的就是其编制的系列工程合同条件，在1999年以前，FIDIC编制出版的合同条件包括《土木工程施工合同条件》（"红皮书"），《电气与机械工程合同条件》（"黄皮书"），《设计—建造与交钥匙工程合同条件》（"橘皮书"）和《土木工程施工分包合同条件》等，至今仍在广泛使用。为了适应国际工程建筑市场的需要，FIDIC于1999年出版了一套新的合同条件，旨在逐步取代以前的合同条件。为了表示是对以前版本的彻底更新，面向新世纪，这四本合同条件统一称为1999年第一版，分别为《施工合同条件》（Conditions of Contract for Construction）（新红皮书），《生产设备与设计—建造合同条件》（Conditions of Contract for Plant and Design-Build）（新黄皮书），《EPC交钥匙项目合同条件》（Conditions of Contract for EPC/Turnkey Projects）（银皮书），《简明合同格式》（Short Form of Contract）（绿皮书）。2008年还出版了《设计，建造与运营项目合同条件》（Conditions of Contract for Design, Build and Operate Project）（金皮书），以满足国际上新发展的工程项目管理模式的需求。

本章中将对1999年的四本合同条件进行分析对比，详细介绍"施工合同条件"，并将1999年版与2006年多边银行协调版逐条对照比较；之后将《生产设备与设计—建造合同条件》和《EPC/交钥匙项目合同条件》的条款与《施工合同条件》的条款进行对比，并介绍有区别的条款；然后再对《设计，建造与运营项目合同条件》进行较为详细的介绍。

## 二、FIDIC编制的各类合同条件的特点

FIDIC编制的合同条件具有以下特点：

1. 国际性、通用性、权威性

FIDIC编制的合同条件（以下简称"FIDIC合同条件"）是在总结国际工程合同管理各方面的经验教训的基础上制定的，并且不断地吸取多个国际或区域专业机构的建议和意见加以修改完善。可以说，FIDIC合同条件是国际上公认的高水平的通用性的文件并广泛地应用在国际工程承包中。这些文件可用于国际工程，稍加修改后又可用于国内工程，我国有关部委编制的合同条件或协议书范本也都把FIDIC合同条件作为重要的参考文本。许多国际金融组织的贷款项目，都采用FIDIC合同条件。

2. 公正合理、职责分明

合同条件的各项规定具体体现了业主、承包商的义务、职责和权利，以及工程师（或业主代表）的职责和权限。由于FIDIC大量地听取了各方的意见和建议，因而在

合同条件的各项规定中，也体现了在业主和承包商之间风险合理分担的精神，并且倡导合同各方以一种坦诚合作的精神去完成工程。合同条件中对有关各方的职责既有明确而严格的规定和要求，也有必要的限制，这一切对合同的实施都是非常重要的。

3. 程序严谨、易于操作

合同条件中对处理各种问题的程序都有严谨的规定，特别强调要及时处理和解决问题，以避免由于任一方的拖延而产生新问题，另外还特别强调各种书面文件及证据的重要性，这些规定使条款中的内容易于操作和实施。这一特点在1999年新版合同条件中尤为明显。

4. 通用条件和专用条件的有机结合

FIDIC 合同条件一般都分为两个部分，第一部分是"通用条件"（General Conditions），第二部分是"专用条件"（Particular Conditions）。

通用条件中包括的内容是在国际工程承包市场上应用于某一类项目管理模式（如"设计—建造"）的条款，而专用条件则是针对一个具体的项目，在考虑到项目所在国或地区的法律环境、项目的具体特点和业主对合同实施的特殊要求，对通用条件进行的具体化、修改和补充。FIDIC 的各类合同条件的专用条件编写指南中，有许多建议性的措词范例，供项目的业主与咨询工程师参考和选用。

## 三、如何运用 FIDIC 编制的合同条件

1. 国际金融组织贷款和一些国际项目直接采用

在世界各地，凡是世行、亚行、非行等国际金融组织贷款的工程项目以及一些国家的国际工程项目招标文件中，都采用 FIDIC 合同条件。因而参与项目实施的各方都必须对之了解和熟悉，才能保证工程合同的顺利执行，并根据合同条件行使自己的职权和保护自己的权利。

2. 对比分析采用

许多国家都有自己编制的合同条件，但这些合同条件的条目、内容和 FIDIC 编制的合同条件大同小异，只是在处理问题的程序规定以及风险分担等方面有所不同。FIDIC 合同条件在处理业主和承包商的风险分担和权利义务时是比较公正的，各项程序是比较严谨完善的，因而在掌握了 FIDIC 合同条件之后，可以将其作为一把尺子来与工作中遇到的其他项目的合同条件逐条对比、分析和研究，从中可以发现风险因素，以便制定防范或利用风险的措施，也可以发现索赔的机会。

3. 合同谈判时采用

因为 FIDIC 合同条件是国际上权威性的文件，在招标过程中，如承包商感到业主方的招标文件的有些规定不合理或是不完善，可以用 FIDIC 合同条件中的规定作为"国际惯例"，在合同谈判时要求对方修改或补充某些条款。

4. 局部选择采用

当咨询工程师协助业主编制招标文件时或是总承包商编制分包项目招标文件时，

可以局部选择 FIDIC 合同条件中的某些部分、某些条款、某些思路、某些程序或某些规定，也可以在项目实施过程中借助于某些思路和程序去处理遇到的问题。

总之，系统地、认真地学习 FIDIC 的各种合同条件，将会使每一位工程项目管理人员的水平大大地提高一步，使我们在工程项目管理的理念上和国际接轨。

### 四、FIDIC 新版合同条件编制的原则

1. 术语一致，结构统一

为了避免新版合同条件之间再出现 FIDIC 红皮书第四版和黄皮书第三版在语言风格上和结构上不一致的情况，FIDIC 成立了一个专门的工作小组来负责起草新版合同条件（由于 FIDIC 简明合同格式本身的特点，它由另一个合同工作小组来起草）。另外，FIDIC 还成立了一个合同委员会，负责合同工作小组之间的协调工作。

2. 适用法律面广，措辞精确

作为一个国际机构，FIDIC 旨在编制一套国际上通用的合同标准文本，因此，在编制过程中，FIDIC 一直努力使新版合同条件不仅在习惯法系（即英美法系）下能够适用，而且在大陆法系下同样适用。鉴于编制以前合同版本的经验，FIDIC 认识到，要达到这一点并不容易。为此，FIDIC 决定在合同工作小组中包括一名有这方面国际经验的律师，以保证合同中的措辞适用于大陆法系和习惯法系。这名律师还必须审查合同编写人员所使用的术语，从法律语言来看是否确切表达出其意图。

3. 变革而不是改良

以前的 FIDIC 合同条件主要是以工程类型和工作范围来划分各个版本的功能的，如："红皮书"适用于土木工程施工；"黄皮书"适用于机电工程的设计、制造、供货和安装；"橘皮书"则适用于包括设计的各类工程。但在这些合同条件中，其风险分担方法不能满足当前国际承包市场的要求，特别是私人业主方面的要求。另外，第四版"红皮书"和第三版"黄皮书"一出版，其条款的编排顺序不合理就受到了批评。FIDIC 接受了这些批评，在编制新版时，打破了原来的合同编制框架，采用了新的体系。考虑到工程类型和工作范围的划分，工程复杂程度以及风险的合理分担，编制了一套能满足各方面要求的合同条件新版本。从条款的编排上，完全摈弃了原来的顺序，使内容编排更加符合逻辑。

4. 淡化工程师的独立地位

在 FIDIC 的"橘皮书"1995 年出版之前，FIDIC 合同条件中有一个基本原则，即：其中有一个受雇于业主，并作为独立的一方的"工程师"代表业主公正无偏地管理合同的实施。虽然这样做有其自身的优点，但在某些司法体系下，或在某些国家，工程师的角色不被理解，甚至不被接受。在工程实践中，工程师是受雇于业主的，因而不可能完全独立、公正地工作。在编制新版本时，FIDIC 决定，在"银皮书"中采用"业主代表"来管理合同。在"新红皮书"和"新黄皮书"中，虽然继续采用

"工程师"来管理合同,但他不再是独立的一方,而是属于"业主的人员",同时删除了原来要求工程师"公正无偏"(Impartially)的提法。作为一种对原来的优点的继承,FIDIC 在新版中仍要求工程师做出决定时应持公平(Fair)的态度。FIDIC 预计,这种改动会遭到有关人士的批评,认为 FIDIC 丧失了它一直持有的"工程师应为独立、公正的第三方"原则。但是,FIDIC 认为,作为一个国际咨询工程师组织,对国际工程承包市场的实践和动向熟视无睹,既不明智,也不现实。

5. 实践需要简明合同文本

FIDIC 发现,在实践中,有些业主和承包商对那些虽然精确但十分冗长的合同望而生畏,对小型项目来说尤其如此。因此 FIDIC 认为,应在新版系列合同条件中加入一个简明的合同文本。使用这一文本更有利于一些小型项目或工作类型重复的项目的顺利实施。

## 五、FIDIC1999 年新版四本合同条件的特点及应用范畴

FIDIC1999 年新版四本合同条件的特点及应用范畴详见表 7-1。

FIDIC1999 年新版四本合同条件的特点及应用范畴对照表    表 7-1

| 对比内容 | 新红皮书 | 新黄皮书 | 银皮书 | 绿皮书 |
| --- | --- | --- | --- | --- |
| 1. 工程适用范畴 | 承包商按照由业主或工程师设计的各类建筑或工程项目,组织施工或"施工总承包" | 适用于电气、机械设备供货,以及建筑或工程的"设计—施工"总承包,承包商负责设计和提供生产设备和(或)其他工程,可包括土木、机械、电气和(或)建筑物的任何组合 | 承包商以"交钥匙"方式为业主提供工艺、动力设备、或类似设施,承建各类工厂、电力、石油开发以及基础设施的"设计-采购-施工"的总承包项目 | 投资较少的各类小型工程项目,工期短,不需专业分包,简单的或重复性的项目 |
| 2. 合同管理 | 业主委派"工程师"管理合同,检查工程进度、质量,签发支付证书及其他证书 | 同"新红皮书"。但工程师还负责设计人员资质、设计图纸资料及设计分包的审查 | 由业主或业主代表管理合同,但不能对总承包商的工作干预过多 | 由业主或业主代表管理合同。也可在需要时委任工程师 |
| 3. 合同文件 | 包括:<br>合同协议书<br>中标函<br>投标函及投标书附录<br>补充文件<br>合同条件<br>规范<br>图纸<br>已填写的资料表<br>合同协议书或中标函中列出的其他文件(如果有) | 包括:<br>合同协议书<br>中标函<br>投标函及投标书附录<br>补充文件<br>合同条件<br>业主的要求<br>已填写的资料表<br>承包商的建议书<br>合同协议书或中标函中列出的其他文件(如果有) | 包括:<br>合同协议书<br>合同协议书备忘录(包括合同价格的细目表)<br>补充文件<br>合同条件<br>业主的要求<br>承包商的投标书<br>投标书和合同协议书中列出的其他文件(如果有) | 包括:<br>合同协议书<br>合同条件<br>规范<br>图纸<br>承包商的投标设计<br>工程量表 |

续表

| 对比内容 | 新红皮书 | 新黄皮书 | 银皮书 | 绿皮书 |
|---|---|---|---|---|
| 4. 设计工作 | 由业主方提供设计。当需要时也可要求承包商负责部分永久工程的设计 | 由承包商按照"业主的要求"（含"项目纲要"及生产设备性能要求）中的规定提交设计，包括各类技术文件、图纸、竣工文件以及操作和维修手册等 | EPC中的"设计"按"业主要求"中的规定，可能包括工程的规划和方案设计以及整个设计过程的管理，其余要求同"新黄皮书" | 由业主方提供设计。如在招标文件"规范"中列明，也可由承包商负责设计 |
| 5. 价格方式 | 单价合同（一般均为单价加子项包干合同）。可以调价 | 总价合同，部分工作可采用单价合同。可以调价 | 总价合同。不可调价（如有调价要求，则应在专用条件中规定） | 一般采用总价合同，但也可用单价合同或成本补偿合同 |
| 6. 风险分担 | 业主和承包商双方对风险的分担比较均衡。业主主要承担政治风险（如战争、军事政变等），社会风险（如罢工、内乱等），经济风险（如物价上涨、汇率波动等），法律风险、设计风险（承包商设计的部分除外），自然风险，不可抗力风险。承包商承担上述业主承担的风险之外的风险 | 与"新红皮书"基本相同，但设计风险由承包商承担 | 承包商承担大部分风险，包括社会风险，经济风险，自然风险，设计风险，以及"业主的要求"中说明的风险。因此，投标时风险费高，报价也高，对承包商风险管理的要求也高。业主承担政治风险，法律风险，不可抗力风险 | 与"新红皮书"基本相同，在"业主的责任"中列出了16种业主方应承担的风险 |
| 7. 质量管理 | ①施工期间的检查和检验；②竣工检验；③竣工后检验（如有要求，需在专用条件中规定）；④缺陷通知期的扫尾工作，缺陷修正、重建和补救 | ①施工期间的检查和检验；②竣工检验（包括试车前，试车中的检验和试运行）；③竣工后检验（检验项目是否达到"业主的要求"中的各项指标）；④缺陷通知期的扫尾工作，缺陷修正、重建和补救 | ①施工期间的检查和检验；②竣工检验持续相当长一段时间；③竣工后检验（检验项目是否达到"业主的要求"中的各项指标）；④缺陷通知期的扫尾工作，缺陷修正、重建和补救 | ①仅在通用条件中对施工期间的检验做了扼要的规定；②如业主对接收工程以及在接收工程前进行任何测试，则须在"规范"中规定；③竣工后检验（如有要求，需在专用条件中规定） |
| 8. 争议评判委员会（DAB）性质 | "常任DAB"，一般在开工日期后28天内，联合任命DAB成员 | "临时DAB"，一般在一方向另一方提交争议意向通知书后28天内，联合任命DAB成员 | "临时DAB"，一般在一方向另一方提交争议意向通知书后28天内，联合任命DAB成员 | 双方商定一评判人 |

# 第2节 FIDIC《施工合同条件》

（1999年第一版及2006年多边银行协调版）

1999年出版的《施工合同条件》（第一版）是以原"红皮书"为基础的，与原来的"红皮书"相比,约20%基本相同,约40%作了较多补充和修改,近40%为新条款。"新红皮书"、"新黄皮书"、"银皮书"三本书均为20条,其中80%以上的条款名称和内容都是一致的。三本书均包含"通用条件"与"专用条件"。

"新红皮书"通用条件包含了20条,163款。20条包括:一般规定,业主,工程师,承包商,指定分包商,职员和劳工,生产设备、材料和工艺,开工、延误和暂停,竣工检验,业主的接收,缺陷责任,计量和估价,变更和调整,合同价格和支付,业主提出终止,承包商提出暂停和终止,风险和责任,保险,不可抗力,索赔、争议和仲裁。后附"争议评判协议书一般条件"和"程序规则"。

专用条件的内容主要是专用条件的编写指南,包括部分范例条款,后附7个体现"国际商会"统一规则的保函格式。上述两部分后还附有投标函、合同协议书及争议评判协议书的格式。

以前,各个开发银行在使用FIDIC的施工合同条件时,一般会在专用合同条件中加入一些附加条款,对通用合同条件进行修改和补充。但各个开发银行的附加条件之间往往存在差异,造成了使用者的低效率和不确定性,并增加了发生争议的可能性,为此,2004到2005年,多边开发银行(Multilateral Development Banks,MDBs)会同FIDIC共同对"新红皮书"的通用条款进行了研讨和修改,使之标准化。协调修改后的文件不仅方便了银行及其借款人,也方便了所有涉及项目采购的人员(如咨询工程师,承包商和律师等)。

FIDIC保留了该书的版权和对新的多边开发银行协调版的管理责任。需要说明的是,多边开发银行协调版并不是对FIDIC 99版"新红皮书"的替代,它只用于多边开发银行融资的项目。

2006年,FIDIC又对"新红皮书"的通用条款作了进一步修改,发布了FIDIC《施工合同条件》(多边开发银行协调版,第二版)。凡涉及下述银行的贷款项目,一律采用他们最新修改的FIDIC"新红皮书"的协调版本(MDB Harmonized Edition,本书下文中简称为"06多边银行版")。这些银行包括:

- 非洲开发银行(African Development Bank)
- 亚洲开发银行(Asian Development Bank)
- 黑海贸易与开发银行(Black Sea Trade and Development Bank)
- 加勒比开发银行(Caribbean Development Bank)
- 欧洲复兴与开发银行(European Bank for Reconstruction and Development)
- 泛美开发银行(Inter-American Development Bank)
- 国际复兴与开发银行(International Bank for Reconstruction and Development)
- 伊斯兰开发银行(Islamic Development Bank)
- 北欧发展基金(Nordic Development Fund)

目前,"新红皮书"99 版已在世界各地得到广泛的认可和采用,由于"06 多边银行版"并未对"新红皮书"99 版作根本性的改变,本节仍以介绍"新红皮书"99 版的通用合同条件为主,在涉及改动的条款时,将使用"06 多边银行版"增加、补充、修改或删去的表示方法,并予以相应的说明,"06 多边银行版"的条款均用楷体表示。

多边开发银行协调版在格式上的一个重要改变是将"投标书附录"变成了"合同数据",并定为专用条件的 A 部分,而 B 部分是专用合同条件的特定条款(Specific Provisions),由一套示例条款组成,详见第 4 章第 2 节。

下文中的各款标题前面方括号内的数字为 FIDIC"新红皮书"(1999 年第一版)原版相应的款号。

## 第 1 条 一般规定(General Provisions)

本条共 14 款,主要内容包括:
- 本合同条件中的关键术语的含义;
- 本合同文件的组成及优先顺序;
- 文件的提供、照管及版权;
- 合同双方的信息沟通、保密规定和权益转让;
- 合同语言、法律和联合承包的规定。

[1.1] 定义(Definitions)

一本合同条件中的定义非常重要,由于它适用于全部合同文件,因此在编写招标文件或拿到招标文件时,一定要对合同条件中的"定义"仔细推敲。特别是有些招标文件在"专用条件"中对国际通用范本定义中的措词和词组作了修改。同时要正确理解这些定义在原文中的含义。因为有些译文不一定恰当。

英文原版合同条款的语句中,凡定义的措词和词组,第一个英文字母均为大写。"新红皮书"、"新黄皮书"、"银皮书"三本书中的措词和词组约有 85% 是一致的。

"新红皮书"的定义共包含 58 个措词和词组,其中 30 个是"红皮书"中没有的。分为六大类:(1) 合同;(2) 合同双方和人员;(3) 日期、检验、期间和竣工;(4) 款项与支付;(5) 工程与货物;(6) 其他定义。

下文中各个措词和词组下面的文字主要是对该词的解释和说明,不一定是定义的译文,准确的定义请看原文。

[1.1.1] 合同(The Contract)

[1.1.1.1] 合同(Contract)

这里的合同实际是全部合同文件的总称,这些文件包括:合同协议书、中标函、投标函、本合同条件、规范、图纸、资料表,以及在合同协议书或中标函中列出的其他文件。

[1.1.1.2] 合同协议书(Contract Agreement)

是对合同文件的组成以及合同的要约高度概括的一个文件。在大部分国家和地区的工程合同中需正式签订此协议书，合同方可生效。但在有些国家和地区，业主签发中标函后，合同即生效。

[1.1.1.3] 中标函（Letter of Acceptance）

指业主签署的正式接受投标函的信件，包括其后所附的备忘录（由合同双方签订的协议构成）。有时招投标过程中没有发中标函这个环节，则"中标函"就指合同协议书，颁发或收到"中标函"的日期就指双方签订合同协议书的日期。

[1.1.1.4] 投标函（Letter of Tender）

一般在招标文件中均有业主方拟订好的投标函的固定格式。投标时，由承包商填写该文件并签字，其中含有对业主的工程报价。

[1.1.1.5] 规范（Specification）

指包含在合同中对工程的要求作出规定的文件，包括根据合同对其作出的增加和修改。

[1.1.1.6] 图纸（Drawings）

指包含在合同中的工程图纸，及由业主（或其代表）根据合同颁发的、对图纸的增加和修改。

[1.1.1.7] 资料表（Schedules）

指合同中由承包商填写并随投标函一起提交的各种文件，可包括工程量表、数据表、表册、单价表和/或价格表等。

[1.1.1.8] 投标书（Tender）

指承包商投标时提交给业主的投标函以及构成合同的全部其他文件的总称。

[1.1.1.9] 投标书附录（Appendix to Tender）

指附于投标函之后并作为其一部分的、填写完成的、名为投标书附录的文件。

[1.1.1.10] 工程量表（Bill of Quantities）和计日工表（Daywork Schedule）

指资料表中具有此名称的文件（如果有）。

以下为"06多边银行版"修改和增加的定义：

[1.1.1.9]"06多边银行版"删去FIDIC99版[1.1.1.9]和[1.1.1.10]，改为：

工程量表（Bill of Quantities）、计日工表（Daywork Schedule）和货币支付表（Schedules of Payment Currencies）

指资料表中具有此名称的文件（如果有）。

[1.1.1.10]"合同数据"（Contract Data）

由业主命名为合同数据并填写完成的文件，构成专用合同条件A部分。

在本书下文中，凡提到99版"新红皮书"的"投标书附录"之处，在"06多边银行版"中均以"合同数据"替换。

[1.1.2] 合同各方与人员（Parties and Persons）

[1.1.2.1] 一方（Party）

指业主或承包商（根据上下文而定）。

[1.1.2.2] 业主（Employer）

指在投标书附录中指定为业主的当事人及其合法继承人。

[1.1.2.3] 承包商（Contractor）

指在业主收到的投标书中指明为承包商的当事人（一个或多个）及其合法继承人。

[1.1.2.4] 工程师（Engineer）

指业主为合同之目的指定作为工程师工作并在投标书附录中指明的人员，或由业主按合同规定随时指定并通知承包商的其他人员。

[1.1.2.5] 承包商的代表（Contractor's Representitive）

指承包商在合同中指定的或由承包商按合同规定随时指定的代表承包商的人员。

[1.1.2.6] 业主的人员（Employer's Personnel）

指工程师、根据合同规定得到工程师授权的助理，以及工程师和业主的所有其他职员、劳工或业主的其他雇员以及由业主或工程师通知承包商作为业主的人员的任何其他人员。

[1.1.2.7] 承包商的人员（Contractor's Personnel）

指承包商的代表和承包商在现场使用的所有人员，包括承包商及各分包商的职员、劳工和其他雇员；以及其他所有帮助承包商实施工程的人员。

[1.1.2.8] 分包商（Subcontractor）

指合同中指明为分包商的所有人员，或为完成部分工程指定为分包商的人员；及这些人员的合法继承人。

[1.1.2.9] 争议评判委员会（DAB）

指按照本合同条件第20.2款［争议评判委员会的任命］或按照第20.3款［对DAB未能达成一致］规定任命的一人或者三人。

"06多边银行版"修改：以争议委员会（DB）代替争议评判委员会（DAB）。（本书下文中同）

[1.1.2.10] "菲迪克"（FIDIC）

指国际咨询工程师联合会

"06多边银行版"增加了"银行"、"借款人"的定义。

[1.1.2.11] 银行（Bank）

"银行"（如果有）是指合同数据中规定的出资银行。

[1.1.2.12] 借款人（Borrower）

"借款人"（如果有）是指合同数据中规定的名为借款人的人。

[1.1.3] 日期、检验、期限和竣工（Dates, Tests, Periods and Completion）

[1.1.3.1] 基准日期（Base Date）

指提交投标书截止日前28天的当日。（因为汇率、材料单价等，甚至适用的法律都是随时间变动的，所以在合同中提及上述可变因素时都要声明对应的日期。一般就以基准日期为固定的参照日期。）

[1.1.3.2] 开工日期（Commencement Date）

工程师按照有关开工的条款通知承包商开工的日期。

[1.1.3.3] 竣工时间（Time for Completion）

指在投标书附录中写明的，按照合同中对竣工时间的规定，由开工日期算起到工程或某一区段（视情况而定）完工的这一段时间（包括根据合同已经得到的所有延期）。

[1.1.3.4] 竣工检验（Tests on Completion）

指在业主接收工程或某区段（视情况而定）之前，按照有关条款规定进行的检验，此检验可在合同中说明，或由双方协商决定，或以指示变更的形式进行。

[1.1.3.5] 接收证书（Taking-Over Certificate）

指按照第10条［业主的接收］颁发的证书。

[1.1.3.6] 竣工后的检验（Tests after Completion）

指合同中规定的，在业主接收了工程或某区段（视情况而定）之后，按照专用条件的规定进行的检验（如有时）。

"06多边银行版"修改：将本款中"专用条件"改为"规范"。

[1.1.3.7] 缺陷通知期（Defects Notification Period）

指根据投标书附录中的规定，从接收证书中注明的工程或区段的竣工日期算起，至根据合同可通知承包商修复工程或该区段中缺陷的期限（包括依据有关合同条款决定的所有延期）。

"06多边银行版"修改：

[1.1.3.7] 缺陷通知期（Defects Notification Period）如果在合同数据中没有另外的规定，缺陷通知期为自工程或区段竣工后的十二个月，从接收证书中注明的工程或区段的竣工日期算起，至根据合同可通知承包商修复工程或该区段中缺陷的期限（包括依据有关合同条款决定的所有延期）。

[1.1.3.8] 履约证书（Performance Certificate）

履约证书是证明承包商已经履行完毕其所有合同义务的证书，承包商得到此证书，即意味着业主对工程的认可。

[1.1.3.9] 日（day），年（year）

"日"指一个公历日，而"年"指365日。

[1.1.4] 款项与支付（Money and Payments）

[1.1.4.1] 中标合同金额（Accepted Contract Amount）

指业主在中标函中所认可的用于实施、完成工程和修补缺陷的金额（即签订合同时的价格）。

[1.1.4.2] 合同价格（Contract Price）

指[14.1]"合同价格"一款中定义的价格，包括根据合同所作的调整（"合同价格"指合同结束时最终结算的合同价格）。

[1.1.4.3] 费用（Cost）

指承包商在现场内或现场外发生（或将要发生）的所有合理的开支，包括上级管理费和类似支出，但不包括利润。

[1.1.4.4] 最终支付证书（Final Payment Certificate）

最终支付证书指工程师确认的，说明承包商将从业主方拿到全部结算工程款的一份证书。

[1.1.4.5] 最终报表（Final Statement）

指承包商向工程师提交的最终报表草案，经与工程师协商一致后成为最终报表。如未能协商一致，则根据第20条中解决争议的各种途径取得的一致意见或仲裁结果编制最终报表。

[1.1.4.6] 外币（Foreign Currency）

指可用来支付部分或全部合同价格的某种货币，但不指当地货币。

[1.1.4.7] 期中支付证书（Interim Payment Certificate）

指根据本合同条件第14条[合同价格和支付]颁发的付款证书，但不包括最终支付证书。

[1.1.4.8] 当地货币（Local Currency）

指工程所在国的货币。

[1.1.4.9] 支付证书（Payment Certificate）

支付证书包括上述的最终支付证书和期中支付证书。

[1.1.4.10] 暂定金额（Provisional Sum）

指按第13.5款[暂定金额]的规定用于实施工程的任何部分或提供生产设备、材料和服务的一笔款项（即业主的备用金）。

[1.1.4.11] 保留金（Retention Money）

在14.3款[期中支付证书申请]中规定扣留的累计保留金，在14.9款[保留金的支付]中对保留金的退还作出了规定（保留金与履约保函共同构成对承包商的约束）。

[1.1.4.12] 报表（Statement）

指承包商在申请付款证书时提交的报表（第14条[合同价格与支付]中的报表包括期中报表、竣工报表和最终报表）。

[1.1.5] 工程和货物（Works and Goods）

[1.1.5.1] 承包商的设备（Contractor's Equipment）

指用于实施和完成工程以及修补缺陷所需要的全部机械、仪器、车辆和其他物品。但不包括临时工程、业主的设备、生产设备、材料和其他将构成或已构成永久工程一部分的其他物品。

［1.1.5.2］货物（Goods）

指承包商的设备、材料、生产设备和临时工程，或视情况指其中之一。

［1.1.5.3］材料（Materials）

指将构成或正在构成部分永久工程一部分的各类物品，但生产设备除外，包括按照合同仅由承包商负责供应的材料。

［1.1.5.4］永久工程（Permanent Works）

指将由承包商按照合同实施的永久工程（即工程竣工后留作业主财产的那部分工程）。

［1.1.5.5］生产设备（Plant）

指将构成或正在构成部分永久工程的仪器、机械和车辆。

［1.1.5.6］区段（Section）

指投标书附录中指明为区段的那部分工程（是指业主要求能分阶段单独投产的那一段工程）。

［1.1.5.7］临时工程（Temporary Works）

指为了实施和完成永久工程以及修补任何缺陷，在现场上所需的各种类型的临时工程，但承包商的设备除外。

［1.1.5.8］工程（Works）

指永久工程和临时工程，或视情况指其中之一。

［1.1.6］其他定义（Other Definitions）

［1.1.6.1］承包商的文件（Contractor's Documents）

指由承包商按照合同规定提交的所有计算书、计算机程序及其他软件、图纸、手册、模型和其他技术性的文件（如有时）。

［1.1.6.2］工程所在国（Country）

指实施永久工程的现场（或大部分现场）所在的国家。

［1.1.6.3］业主的设备（Employer's Equipment）

规范中说明的，在实施工程的过程中，由业主提供给承包商使用的机械、仪器和车辆（如有时）。

［1.1.6.4］不可抗力（Force Majeure）

本合同条件第19条给出了"不可抗力"的详细定义。

［1.1.6.5］法律（Laws）

指所有国家（或州）的立法、法令、法规和其他法律，任何合法设立的政府机构的规章和章程。

[1.1.6.6] 履约保证 [Performance Security]

指第 4.2 款 [履约保证] 中的保证（可能有多种）。

[1.1.6.7] 现场 (Site)

指永久工程将要实施且生产设备和材料将运达的地点，以及合同中规定为现场组成部分的任何其他场所。

"06 多边银行版"补充："现场"包括仓库和工作区。

[1.1.6.8] 不可预见 (Unforeseeable)

"不可预见"指一个有经验的承包商在提交投标书的日期之前不能合理预见。

"06 多边银行版"修改为："不可预见"指一个有经验的承包商在截止到基准日期时无法合理预见。

[1.1.6.9] 变更 (Variation)

指按照合同条件第 13 条 [变更和调整] 被指示或被批准作为变更的对工程的任何变动。

[1.2] 解释 (Interpretation)

表示某一性别的词，包括所有性别；表示单数的词也表示复数，反之亦然。

"同意"(agree)、"达成一致"(agreed)、"协议"(agreement) 均应作书面记录。"书写的"(written) 或 "书面形式"(in writing) 包括手写的 (hand-written)、打印的 (type-written)、印刷的 (printed)、电子制作的 (electronically)，而且应该形成永久记录。

"06 多边银行版"中说明 "tender" 和 "bid" 同义，均指投标书，"tenderer" 和 "bidder" 均指投标人，"tender documents" 和 "bidding documents" 均指招标文件。

"06 多边银行版"中说明如果在合同数据中没有另行规定，则 "成本加利润" 的利润按成本的二十分之一（5%）的比例计取。

[1.3] 通信联络 (Communication)

许可、批准、证书、同意、决定及通知、提出要求等均应采用书面形式或投标书附录中提出的电子传输形式，不得无故扣压或拖延。并应交付或传送到投标书附录中指定的接收人的地址。

当发证人向一方颁发证书时，应将复印件送另一方。当另一方（或工程师）向一方发送通知时，应将复印件送工程师（或另一方）。

[1.4] 法律和语言 (Law and Language)

合同适用的法律应在投标书附录中规定。如合同版本使用一种以上语言，应规定"主导语言"(Ruling Language)，往来信函应使用投标书附录中规定的语言。如未规定，使用编写合同的语言。

"06 多边银行版"修改：如合同数据中未规定通信交流语言，则使用合同主导语言。

[1.5] 文件的优先顺序（Priority of Documents）

合同文件的优先顺序如下：

(a) 合同协议书；

(b) 中标函；

(c) 投标函；

(d) 专用合同条件；

(e) 通用合同条件；

(f) 规范；

(g) 图纸；

(h) 资料表以及组成合同的其他文件。

各合同文件之间应可相互解释，工程师可对文件中的歧义进行澄清。

"06多边银行版"中部分合同文件较99版有所不同：将"投标函"（Letter of Tender）改为"投标书"（Tender）；将"专用条件"分为两个部分，即A部分合同数据和B部分特定条款。

[1.6] 合同协议书（Contract Agreement）

合同双方应在承包商收到中标函后28天内签订。合同协议书，其格式附在"专用条件"后，用于签约的印花税和类似费用由业主承担。

合同协议书一般包括：

(1) 合同条件中的措词和词组适用于全部合同文件；

(2) 列出合同的全部文件清单；

(3) 合同的要约：业主——支付工程款；

　　　　　　　　承包商——实施和维修工程

[1.7] 转让（Assignment）

如合同一方欲将合同或部分合同的权益转让，必须事先征得对方同意。但任一方可将自己享有的已到期或将到期的合同款项的权利，作为向银行或金融机构提供的担保转让给银行，无需对方同意。

[1.8] 文件的照管和提供（Care and Supply of Documents）

规范和图纸由业主保管。应向承包商提供两套合同及后续图纸。承包商的文件由自己保管，应向工程师提供六套副本。如一方发现对方文件有技术性错误或缺陷应及时告知对方。承包商应在工地保存一套合同及其他文件供业主方人员查阅。

"06多边银行版"删除本款中"有技术性的"这几个字。

[1.9] 延误的图纸或指令（Delayed Drawings or Instructions）

承包商有权根据工程进展需要向工程师索取必要的图纸和指示。如工程师未能在合理的时间内发出承包商要求的图纸和指示，则承包商有权索赔工期、费用和利润。如工程师未能及时发出图纸和指示是由于承包商的原因，则承包商无权索赔。

［1.10］ 业主使用承包商的文件（Employer's Use of Contractor's Documents）

［1.11］ 承包商使用业主的文件（Contractor's Use of Employer's Documents）

业主的文件的版权和知识产权归业主；承包商的文件的版权和知识产权归承包商。为了合同的目的，合同一方可以使用对方的文件；如为了合同之外的目的使用对方的文件，则需经对方许可。

［1.12］ 保密事项（Confidential Details）

为了检查承包商的工作是否符合合同要求，工程师可合理要求承包商披露有关保密内容。

"06多边银行版"修改：承包商和业主的人员都应当把合同内容视为隐私和机密，除非为了履行合同义务或是遵守法律的需要，对于一方完成的工程和工作，另一方在事先未取得对方的同意时，不得私自发表和披露该工程的任何相关内容。但是，承包商可以披露已经向社会公开的内容，或为了在招揽其他项目中证明自己的资历，而披露一些其他必要的信息。

［1.13］ 遵守法律（Compliance with Laws）

承包商应在履约过程中遵守有关法律，除非另有规定：

（a）业主应为永久工程建设取得项目规划和规范中要求的许可；

（b）承包商应按法律关于设计、施工的要求办理所需许可、执照和批准，并办理纳税等事宜。双方均应保障对方不因己方未完成前述工作而招致伤害。

"06多边银行版"补充：如承包商在办理这些事宜时受到阻碍，应出示其努力办理的相关证明。

［1.14］ 共同的及各自的责任（Joint and Several Liability）

承包商可以是两个或两个以上当事人组成的联营体或联合集团，并选定牵头公司。不经业主同意不得改变其组成或法律地位。履约时各成员公司对业主负连带责任。

"06多边银行版"增加：

［1.15］ 银行的检查和审计（Inspections and Audit by the Bank）

当银行提出要求时，承包商应当允许银行和/或银行指派的人员对承包商的施工现场以及/或对合同执行有关的账目和记录进行检查，并允许银行委任的审计师对这些账目和记录进行审计。

## 第2条 业主（The Employer）

本条共5款，主要内容包括：

- 业主向承包商提供施工现场的义务；
- 业主应向承包商提供协助和配合；
- 承包商对业主的项目资金安排的知情权；
- 业主的索赔权以及应遵循的程序。

[2.1] 进入现场的权利（Right of Access to the Site）

在承包商提交履约保函后，业主应按投标书附录中的规定，给予承包商使用和占有现场的权利。如业主未能按规定提供，承包商有权索赔工期、费用及利润。

[2.2] 许可、执照或批准（Permits, Licenses or Approvals）

业主应协助承包商获得工程所在国的有关法律文本，以及获得有关的（如劳工、物资进出口）许可证、营业执照等。

[2.3] 业主的人员（Employer's Personnel）

业主应保证在现场的业主的人员及业主的其他承包商与（本合同的）承包商合作，并注意安全和环保。

[2.4] 业主的资金安排（Employer's Financial Arrangements）

如承包商提出要求，业主应在28天内向承包商提交其资金安排的证明。如业主对自己的资金安排作出重大的变动，也应通知承包商。

在专用条款第14.15款有下述承包商融资的范例条款（可供需要时选择）：如业主要求承包商垫资，则应在签署合同协议书后28天内，向承包商提供支付保函，否则工程师不发开工通知。在专用条件后还附有业主支付保函的格式。

"06多边银行版"增加：此外，如果银行通知业主，暂停发放用于工程部分或全部支付的贷款，业主应该在收到通知后的7天内通知承包商，并附上相关说明，包括通知的日期，同时抄送工程师。如果业主在收到此暂停通知的60天后才能得到替代资金，用于支付承包商，则业主应在该通知中包含合理的证据，证明此资金是可以获得的。

[2.5] 业主的索赔（Employer's Claims）

业主有权依据合同规定向承包商索赔工期、费用和利润。业主或工程师得知索赔事件发生时应尽快发出通知并提出依据，工程师应按第3.5款[确定]的要求，商定或确定索赔的款额和/或工期（工期索赔指延长缺陷通知期，应在缺陷通知期期满前发出）。

业主有权按本款在付款证书中直接扣减索赔款额或另外向承包商索赔。

"06多边银行版"补充：业主发出索赔通知的时限为得知或应当得知索赔事件发生后的28天内。

## 第3条 工程师（The Engineer）

本条共5款，主要内容包括：

- 工程师的权力和职责范围；
- 工程师如何将其权力委托给其助理；
- 工程师如何下达指令；
- 对业主更换工程师有何限定；

- 工程师做决定时应遵循的程序和要求。

[3.1] 工程师的职责和权力（Engineer's Duties & Authority）

工程师的职员应为合格的技术人员和专业人员。业主任命工程师为业主管理项目，履行合同中规定的职责，代表业主行使合同中明文规定或隐含的权力，但工程师无权改变合同，无权解除业主或承包商的任何职责、义务或责任。如业主要限制在合同通用条件中规定的工程师的权力，必须在专用条件中注明；如无承包商同意，业主不能进一步限制工程师的权力。工程师的任何批准、检查、证书、同意、通知、建议、检验、指令和要求均不解除承包商在合同中的任何责任。

"06多边银行版"删去：如无承包商同意，业主不能进一步限制工程师的权力。

"06多边银行版"增加：业主对工程师职责的任何变动应及时书面通知承包商。

"06多边银行版"增加：(d) 除非另有明文规定，否则工程师为回应承包商的要求所采取的任何行动，均应在收到承包商要求的28天内，用书面形式通知承包商。

"06多边银行版"增加：以下规定适用于本合同条件：

工程师在履行本合同条件中的下列各款规定的职责时，应在采取行动前获得业主特别的指示和批准：

（a）4.12款：同意或决定竣工时间的延长和/或额外的费用。

（b）13.1款：发布变更令。但下列情况除外：

（i）在紧急的情况下，由工程师决定的变更，或

（ii）该变更使中标合同金额增加的百分比小于合同数据中规定的百分比。

（c）13.3款：批准由承包商根据13.1款或13.2款提交的建议书。

（d）13.4款：决定各种适用货币的支付金额。

（e）尽管按照上述规定，工程师有义务去取得业主的批准，但是如果工程师认为有紧急情况发生，危及生命或工程或邻近区域的财产，他可以指示承包商执行相应的工作以减轻和降低风险。该指令不解除承包商的任何合同责任和义务。无论工程师是否取得业主的批准，承包商均应立即执行工程师的这类指令。工程师应根据第13条确定该变更指令导致合同价的增加额度，并通知承包商，同时抄送给业主。

[3.2] 工程师的委托（Delegation by the Engineer）

工程师可以书面形式将其权力委托给其助理（包括一名驻地工程师和生产设备、材料的独立检查员等），也可随时撤销委托。助理应具有适当的资质，能履行委派的任务，行使相应的权力，并能流利地使用交流语言。

但助理认可的某项工作，不等于是工程师的最后认可，工程师有权拒绝。如承包商对助理的决定有异议，他可向工程师反映，工程师可对之确认、撤回或修改。

[3.3] 工程师的指示（Instructions of the Engineer）

工程师为了实施工程，可根据合同向承包商发布指示，承包商只能从工程师或其助理处接受指示。工程师一般应发布书面指示，必要时也可用口头指示，在此情况下，

承包商应在接到口头指示两个工作日内发出对工程师口头指示书面确认的函，工程师收到此函后应及时答复，如，两个工作日内不书面答复，即视为认可该书面确认函是工程师或其助理的书面指示。

[3.4] 工程师的替换（Replacement of the Engineer）

业主如欲替换工程师，需将人选提前42天通知承包商。如承包商提出合理反对意见，并附有详细依据，则业主不能以该人替换工程师。

"06多边银行版"修改：如果承包商认为替代人选不合适，他有权告知业主他反对的理由并附详细说明。业主则应对反对意见予以充分的考虑。

[3.5] 决定（Determination）

当工程师需对任何事项表示同意或作出决定时，应与各方协商，力争达成协议。否则，工程师应按照合同作出公平的决定，将决定通知双方并附详细依据。如任一方有异议，可按20条［索赔、争议和仲裁］解决，但在最终解决前，应先执行工程师的决定。

"06多边银行版"增加：除另有规定外，工程师自收到有关索赔或请求后，应在28天内将商定意见或决定通知对方并附详细依据。

## 第4条 承包商（The Contractor）

本条共24款，主要内容包括：
- 承包商在合同中的基本义务；
- 履约保证的相关规定；
- 对承包商代表的要求以及对分包、转让、合作以及现场放线的规定；
- 关于现场作业、安全、质量保证及环保的规定；
- 关于现场数据、现场条件、道路通行权、运输、化石等方面承包商所承担的责任和享有的权利的规定；
- 关于进度报告的内容以及提交程序的规定。

[4.1] 承包商的一般义务（Contractor's General Obligations）

根据工程师指令进行施工和修补缺陷。提供合同规定的人员、物品、生产设备和承包商的文件，并对现场作业和施工方法的安全性和可靠性、承包商的文件、临时工程以及合同要求的生产设备和材料的选用负责。

如合同要求承包商负责设计某一部分永久工程时，则承包商应：

（a）按照合同规定的程序，向工程师提交该部分的承包商的文件；

（b）这些承包商的文件应符合规范和图纸要求，并用交流语言编写，以使这部分设计符合合同要求；

（c）使自己设计的工程，在工程竣工时，达到合同规定的目标；

（d）提交竣工文件和操作维修手册。

但承包商对业主提供的永久工程的设计和规范不负责任。

"06多边银行版"增加：工程中所采用的全部生产设备、材料和服务的供应商都应来自银行规定的国家。

[4.2] 履约保证（Performance Security）

承包商应按合同规定的金额、货币、时间、机构和格式向业主提交履约保证。并应保证在缺陷通知期期满和收到履约证书前，履约保证一直有效。业主在收到履约证书副本后21天内应将履约保证退还承包商。业主在下列任一情况下可从履约保证中索赔：

(a) 承包商未按规定延长履约保证的有效期；
(b) 承包商未能在商定日期后42天内向业主支付索赔款；
(c) 承包商未能按要求及时修补缺陷；
(d) 由于承包商的原因业主有权终止合同。

"06多边银行版"删去了上述的业主可对履约保证索赔的四种情况，仅规定：业主有权根据合同从履约保证索赔。

"06多边银行版"增加：无论合同中的其他条款有无限制，如果由于成本、法律变化或变更原因，工程师决定某币种的合同价格增加或减少累积超过25%，则承包商应按工程师的要求，以该种货币同样的百分比相应的增加或减少该币种履约保证的额度。

[4.3] 承包商的代表（Contractor's Representative）

承包商的代表即承包商指派的"施工项目经理"，代表承包商执行合同及接受工程师的指令。该"代表"可在合同中事先指定，或开工前提出人选报工程师批准，但不得私自更换。承包商的代表离开工地时可委托替代人员，但须经工程师同意。也可将职责或权力委托其下属，但须事先通知工程师。承包商的代表及所有人员应流利地使用合同规定的交流语言。

"06多边银行版"删除了承包商的代表及所有人员应流利地使用合同规定的交流语言。修改为：

承包商的代表应能流利地使用合同规定的交流语言。如果承包商代表的委托替代人员不能流利使用合同规定的语言，承包商应聘用工程师认为足够的翻译人员，并确保能在所有的工作时间内胜任翻译工作。

[4.4] 分包商（Subcontractor）

承包商对分包商的一切行为和过失负责，并不得将整个工程分包出去。开工后选择分包商需工程师批准。但材料供应商和合同中已列入的分包商无需批准。分包工作开工前28天应通知工程师。每个分包合同应包括根据第4.5款或第15.2款中的有关规定，即业主有权要求将分包合同的权益转让给业主。

"06多边银行版"增加：

承包商应确保其分包商也遵守保密事项条款。

在可能时承包商应给予当地承包商公平、合理的机会，使其成为他的分包商。

[4.5] 分包合同权益的转让（Assignment of Benefit of Subcontract）

分包合同中应包括在缺陷通知期期满后将分包合同的权益转让给业主的条款。转让生效后，承包商不再对业主负责分包商的工作。

[4.6] 合作（Cooperation）

承包商应按合同规定或工程师指示与业主的人员、业主的其他分包商及公共当局人员合作。如这些合作和服务导致了承包商不可预见的费用，则构成变更。

[4.7] 放线（Setting Out）

承包商应依据工程师提供的数据负责对全部工程进行放线和定位。承包商应对工程师提供的数据进行校核，如果一个有经验的承包商仍未能发现业主方原始数据的错误且导致了损失，则承包商可索赔工期、费用和利润。

[4.8] 安全措施（Safety Procedure）

承包商应遵守安全规章，文明施工，提供安全措施，照管好现场人员的安全。如果施工影响到公众和邻近单位人员，应提供必要的防护措施。

[4.9] 质量保证（Quality Assurance）

承包商应按合同要求建立一套质量保证体系，工程师有权对该体系进行审查。每一阶段实施前，在承包商批准之后，应将工作程序及文件送工程师参阅。执行质量保证体系并不解除承包商的任何合同责任。

[4.10] 现场数据（Site Data）

业主应在基准日期之前及以后向承包商提供现场水文、地质、环境等相关数据和资料。承包商对上述数据和资料的解释负责，并应对之进行视察和检查。承包商被认为已取得了他所需要的相关事项，包括（但不限于）：

(a) 现场状况和性质，包括地下条件；
(b) 水文、气候条件；
(c) 工作范围以及工程所需物资；
(d) 工作所在国的法律、程序及劳务惯例；
(e) 对各项施工条件（交通、食宿、水电等）的要求。

[4.11] 中标合同金额的充分性（Sufficiency of the Accepted Contract Amount）

中标合同金额是以业主提供的现场数据、承包商的解释以及现场考察等为基础计算出来的。承包商应被认为他已确信中标合同金额是恰当的和充分的。如无其他规定，中标合同金额应包括承包商根据合同所承担的全部义务。

[4.12] 不可预见的物质条件（Unforeseeable Physical Conditions）

"物质条件"指承包商在现场遇到的自然界条件。承包商在发现不可预见的物质条件（不包括气象条件）时，应及时通知工程师，并说明其不可预见性，但同时应采取适当措施继续施工,并遵守工程师的指令,如指令构成变更,按变更处理。如不可预见的物质条件导致承包商受到损失,他可以索赔工期和费用。

工程师处理索赔时,应审查所发生的物质条件是否比承包商投标时能合理预见的物质条件更有利,如果是,则可考虑有利条件造成的费用减扣额,但此减扣不能导致合同价格净减少。

[4.13] 道路通行权与设施使用权(Rights of Way and Facilities)

承包商应自费获得需要的专用和/或临时道路和进场道路的通行权以及现场以外任何附加的设施,并自担风险。

"06多边银行版"修改:除非合同另有规定,业主应提供工程需要的进场通道及现场占有权,包括专用和/或临时的道路通行权。承包商应自担风险和费用,并取得用于工程项目可能需要的现场以外的任何附加的道路通行权或设施使用权。

[4.14] 避免干扰(Avoidance of Interference)

承包商在施工中不得干扰公众的便利以及人们正常使用的公共或私人道路,并应保障业主免受由于干扰所造成的各类损失。

[4.15] 进场路线(Access Route)

承包商应至少了解清楚进入现场道路的适用性,选择合适的运输工具和路线,承包商应自费修建和维护进入现场所需的临时道路及设置标志。业主对因使用进场道路引起的索赔不负责任。

"06多边银行版"增加:承包商对进场路线适宜性和可用性的认可始于基准日期。

[4.16] 货物运输(Transport of Goods)

承包商应至少提前21天将准备进场的生产设备和其他重要物品通知工程师。一切货物的包装、装卸、运输、接收和保管均由承包商负责。承包商应保障业主不因其他方的索赔而受到损失。

[4.17] 承包商的设备(Contractor's Equipment)

承包商对一切承包商的设备负责。承包商的施工设备运到现场后,不经工程师同意不得运出现场。但运送人员及货物的车辆除外。

[4.18] 环境保护(Protection of Environment)

承包商应采取一切措施保护现场内外的环境,限制污染和噪声,以减少对公众和财产的损害。承包商还应保证在施工时向空中及地面排放的污物不超过规范和相关法律规定的限定值。

[4.19] 电、水和燃气(Electricity, Water and Gas)

如果工地有可供使用的电、水、燃气及其他服务,承包商可使用,但应自费安装计量仪表,自担风险,并按规定向业主支付费用。如无上述条件,承包商应负责提供电、水、燃气等服务。

"06多边银行版"增加:承包商提供的电、水、燃气等是为施工作业及检验之目的。

[4.20] 业主的设备和免费供应的材料（Employer's Equipment and Free-Issue Material）

业主应按规范中说明的细节安排和价格将业主的设备租给承包商使用。除了在承包商的人员操作、驾驶、指挥或占用时由承包商负责外，其余时间均由业主负责。

如规范中规定业主向承包商提供免费材料，则业主应对材料自付费用，自担风险并运到工地指定地点。承包商在收到材料后，应检查数量和质量。发现问题应立即通知工程师并要求业主整改。如材料已移交承包商保管，发现数量或质量问题仍由业主负责。

[4.21] 进度报告（Progress Reports）

进度报告由承包商每月编写提交，一式六份。第一次包含的期间是由开工日期至第一个月末，之后每月一次，并在下个月7日之前提交。进度报告一直保持到承包商完成所有扫尾工作为止。

进度报告内容包括：

（a）工程进展情况：包括设计、承包商的文件、采购、制造、施工、安装以及分包商工作情况；

（b）设备制造和现场进度的照片；

（c）生产设备和材料厂商情况、工作、进度以及运达日期等；

（d）该月投入的承包商的设备和人员；

（e）质量保证文件，材料的检验结果和合格证书；

（f）业主和承包商的索赔清单；

（g）安全环保和公共关系方面的问题；

（h）实际进度与计划进度对比，影响进度的事件及补救措施。

[4.22] 现场安保（Security of the Site）

承包商有权拒绝未经授权的人员进入现场。有权进入现场的人员仅限于业主的人员、承包商的人员以及业主和工程师通知承包商可进入现场的其他承包商人员。

[4.23] 承包商的现场作业（Contractor's Operations on Site）

承包商应将施工作业及其人员、设备限制在现场范围内，如需增加现场需工程师同意。施工现场应及时清除垃圾，保持清洁，保证安全。在收到接收证书后，承包商应清理好现场，仅留下维修必需的设备和材料。

[4.24] 化石（Fossils）

现场发现的化石和文物等的照管和处置权均归业主。承包商应采取措施保护化石和文物，并立即通知工程师，听从工程师签发的有关指令。承包商若因此而受到了损失，可索赔工期和费用。

## 第5条 指定分包商（Nominated Subcontractors）

本条共4款，主要内容包括：

- 指定分包商的含义；
- 承包商在什么情况下可以拒绝接受指定的分包商；
- 承包商在处理对指定分包商的付款时应注意的问题。

[5.1] 指定分包商的定义（Definition to Nominated Subcontractor）

"指定分包商"包括在合同中由业主指定的分包商以及在工程实施过程中，工程师通过下达变更令指定的分包商。

[5.2] 对指定的反对（Objection to Nomination）

承包商只要向工程师提出了证明材料和理由，就有权拒绝雇用指定分包商。反对的理由可以是：

（a）指定分包商的能力不足、资源不足或财力不足；

（b）分包合同中未规定保障承包商免受因指定分包商渎职、误用材料引起的损失；

（c）分包合同中未规定指定分包商应承担承包商相应的合同责任，也未规定指定分包商应承担他自身未能履约时的相应责任。

"06多边银行版"修改：（b）指定分包商不接受他应保障承包商免受因他的渎职、误用材料引起的损失；

"06多边银行版"修改：（c）指定分包商不接受在分包合同中规定指定分包商应承担承包商相应的合同责任，以及他自身未能履约时的相应责任，也不接受仅当承包商在收到业主对指定分包商的支付款后才对指定分包商进行支付的规定。

[5.3] 对指定分包商的付款（Payment to nominated Subcontractor）

承包商对指定分包商的支付要依据分包合同的规定，并经工程师签证。承包商对指定分包商的支付以及管理费用由业主从暂定金额中支付。

"06多边银行版"增加：按照合同规定，承包商对指定分包商支付显示在指定分包商的发票上的由承包商批准的金额，工程师按照该分包合同签证。

[5.4] 付款证据（Evidence of Payments）

工程师在向承包商签发支付证书（包含对指定分包商的支付）之前，可要求承包商证明该指定分包商已收到以前签发证书中应付给他的款项。如承包商不能提供证据，也未向工程师说明他未支付的理由并证明他已将扣款的理由告知指定分包商，则业主可自行向指定分包商直接支付，并从向承包商的支付中扣回该笔款额。

## 第6条 职员与劳工（Staff and Labour）

本条共11款，主要内容包括：

- 承包商雇用职员和劳工应注意的问题，如：工资标准、食宿、交通、安全等；
- 承包商按规范/工程量表的要求为业主方人员提供设施；
- 合同对承包商遵守劳动法以及工作时间的要求；

- 合同对承包商在施工期间日常管理工作的要求；
- 合同对承包商的人员的技术水平与职业道德的要求。

[6.1] 雇用职员和劳工（Engagement of Staff and Labour）

承包商应自行安排雇用职员和劳工（本地及外籍），支付工资、安排食宿、交通，并执行规范的有关规定。

"06多边银行版"增加：承包商应尽可能从当地雇用具备合适资格和经验的职员和劳工。

[6.2] 工资标准和劳动条件（Rates of Wages and Conditions of Labour）

承包商支付的工资标准和劳动条件应不低于该工作地区同行业的标准。如该行业没有相应的标准，则应不低于类似行业的标准。

"06多边银行版"增加：承包商应告知其人员按照当时当地的法律交纳工资、津贴以及其他各种收入的所得税，并由承包商来扣除该税款。

[6.3] 正在服务于业主的人员（Persons in the Service of Employer）

承包商不准从业主的人员中雇用任何人员。

[6.4] 劳工法规（Labour Laws）

承包商应遵守与其职工相关的一切法规，如雇用、健康、安全、福利、出入境，并使职工享有一切法定的权利。承包商应要求其雇员遵守一切相关法规。

[6.5] 工作时间（Working Hours）

在投标书附录中规定的正常工作时间之外的时间以及当地公共节假日，不允许承包商加班。但以下情况可以安排加班：

(a) 合同另有规定；
(b) 工程师同意；
(c) 为了抢救生命财产或为了工程安全。

[6.6] 为职工提供设施（Facilities for Staff and Labour）

承包商应为其人员提供住房和有关福利设施。但不得允许其人员在永久工程内保持临时的或永久的住房。承包商应按规范规定为业主的人员提供设施。

[6.7] 健康和安全（Health and Safety）

承包商应采取各种措施保证其人员的健康和安全，与当地医疗机构配合，保证现场的医疗设施和急救条件，预防传染病。

承包商应安排专职安全员，负责现场安全和事故预防，应向工程师报告事故情况，并保持有关记录供检查。

"06多边银行版"增加：艾滋病的预防（HIV-AIDS Prevention）。承包商应颁布、实施艾滋病病毒预警计划，并行使合同规定的其他措施，以降低艾滋病病毒在承包商人员以及当地公众之间传播的风险，促进艾滋病的尽早诊断以及帮助艾滋病患者。该预警计划由业主认可的服务供应机构提供。

承包商在合同期间（包括缺陷通知期）应该：(i) 至少每隔一个月就一般的性传染病和艾滋病的危害、影响以及其合理的预防措施对现场人员（包括所有承包商的员工、分包商和咨询方的员工、为施工现场运货的卡车司机和船员）和附近公众人员进行宣传、讲解和咨询。(ii) 为现场所有员工和劳动人员提供男式或女式的避孕套。(iii) 除非另有协议，否则为现场所有的性传染病和艾滋病患者提供诊断和咨询服务，或将其推荐至国家专门治疗机构。

为了保障现场职员和劳工及他们家属的安全，承包商应在8.3款提及的工程实施进度计划中加入性传染病（包括艾滋病）预防计划。该计划应说明，承包商在什么时候，以多大的成本，以及怎样去满足该条款以及其他相关的要求。对该计划的每个组成部分，都应详细说明需要获取和使用什么样的资源和服务，并推荐该资源和服务的提供商。这项计划还应包括详细的成本估算，并附相关的说明。承包商用于准备和实施这项计划的费用不应超过用于此目的的暂定金额。

[6.8] 承包商的管理工作（Contractor's Superintendence）

施工过程中承包商应该提供一切必要的管理工作，包括计划、安排、管理、检验等。为了保证工程顺利实施，要有足够数量的专业管理人员，能用合同规定的语言交流，懂得施工技术和安全作业、熟悉施工中的风险防范。

[6.9] 承包商的人员（Contractor's Personnel）

承包商应有各个工种和专业的，具有相应资质、技能和经验的称职的人员。

如果承包商的人员有下列行为之一：

(a) 经常行为不轨、工作粗心；

(b) 不能胜任工作或渎职；

(c) 不遵守合同规定；

(d) 经常有危害安全、损害健康和环保的行为。

则工程师有权将其（包括承包商代表）逐出现场，并可以要求承包商另行指派替代人员。

[6.10] 承包商人员和设备的记录（Records of Contractor's Personnel and Equipment）

承包商应按工程师规定的格式，每月向工程师提交现场的各类承包商人员的数量和各种承包商设备的数量的报告。

[6.11] 妨碍社会治安行为（Disorderly Conduct）

承包商应采取措施，防止其内部人员发生违法，动乱和妨碍社会治安的行为，并应保护好现场和周围的人员和财产的安全。

"06多边银行版"增加了6.12——6.22款：

[6.12] 国外人员（Foreign Personnel）

为了工程的实施，承包商可以在相关法律允许的范围内引进任何必要的国外人员。

承包商应确保这些人员获得当地的居住签证和工作许可证。如果承包商要求，业主应尽最大的努力，尽快、及时的协助承包商获得任何当地、州、国家或政府对引进承包商人员所需的许可证。

承包商应负责将这些人员遣返到他们应聘的地方或定居地。如果这些人员或其家属死亡，承包商应该同样地负责安排将其尸体运送回国或就地埋葬。

[6.13] 食品供应（Supply of Foodstuffs）

根据合同委托的要求，承包商应以合理的价格为其人员提供充足、合适的食物。

[6.14] 供水（Supply of Water）

承包商应根据当地的条件，为其人员在现场提供充足的饮用水和其他用水。

[6.15] 防治昆虫及害虫损害的措施（Measures against Insect and Pest Nuisance）

承包商应采取必要的预防措施，保障现场承包商人员免受昆虫和其他害虫的损害，降低它们对现场人员健康的危害。承包商应遵守当地卫生部门制定的所有法规，包括适当使用杀虫剂。

[6.16] 酒品或毒品（Alcoholic Liquor or Drugs）

除非是国家法律允许，否则承包商不得通过进口、出售、以物易物或其他方式进行酒品或毒品交易，也不得允许承包商的人员进行此类交易。

[6.17] 武器和弹药（Arms and Ammunition）

承包商不得与任何人进行任何形式的武器或弹药交易（包括赠予、以物易物或其他方式），承包商人员也不允许这样做。

[6.18] 节日和宗教习俗（Festivals and Religious Customs）

承包商应该尊重当地的节日、休息日、宗教信仰或其他民风民俗。

[6.19] 葬礼（Funeral Arrangements）

如果当地员工在工程实施过程中死亡，则承包商应该按照当地法规要求，负责为其安排葬礼。

[6.20] 禁止强制劳工工作（Prohibition of Forced or Compulsory Labour）

承包商不得以任何形式雇佣"被强制或被迫的劳工"。这里是指员工的工作或服务不是出于自愿，而是迫于某人采用威胁或处罚手段。

[6.21] 禁止雇佣童工（Prohibition of Harmful Child Labour）

承包商不得为了节约成本雇佣童工实施任何工作，或可能影响他们受教育，或损害他们的身心健康。

[6.22] 工人雇用记录（Employment Records of Workers）

承包商在现场应持有完整、准确的员工雇用记录。记录应包括他们的姓名、年龄、性别、工作时间以及所有员工的工资。这些记录按月汇总并提交给工程师，同时，在正常工作时间里，可供审计人员随时检查。这些记录应包含在承包商按照条款6.10提交的"承包商人员和设备的记录"详细资料里。

## 第7条 生产设备、材料和工艺(Plant, Materials and Workmanship)

本条共8款,主要内容包括:
- 承包商应如何实施工程;
- 业主方人员的现场检查和检验;
- 工程师在什么情况下可拒收;
- 不合格工程的返工;
- 有关矿区使用费的规定。

[7.1] 实施方法 (Manner of Execution)

承包商应按照合同规定的方法、公认的良好惯例、恰当的施工工艺和方法进行生产设备的制造、材料的加工生产以及工程的其他作业。若合同无规定,应使用适当的设备和无公害的材料。

[7.2] 样品 (Samples)

承包商在将材料用于工程之前,应自费向工程师提交样品和资料,取得工程师的同意;样品包括制造厂商的和合同规定的样品;工程师可用变更指令的方式要求附加样品;样品上应列明原产地和在工程中的用途。

[7.3] 检查 (Inspection)

业主的人员应有权在合理的时间内进入现场及天然料场,有权在生产设备制造、材料加工期间,检查、检验、测量和试验设备用材、工艺和进度。承包商应为上述工作提供方便,但业主方的检查并不解除承包商的任何义务和责任;在任何工作将要隐蔽、包装、储运之前,承包商应通知工程师及时前来检查,如工程师不来检查也应及时告知承包商,如承包商未通知工程师,当工程师要求时,承包商应自费打开已覆盖的工作供检查,随后复原。

[7.4] 检验 (Testing)

本款规定适用于合同规定的所有检验(除"竣工后检验")。

承包商为检验提供的服务包括:合格的人员;设备和仪器;电力、材料等消耗品;文件及有关资料。检验的时间和地点由工程师和承包商商定。工程师可根据变更条款改变检验地点和要求或指示增加附加检验。如这类项目检验不合格,承包商应承担费用。

工程师应将检验意图至少提前24小时通知承包商,如他未另发指示而又未来参加检验,则以承包商自行检验的结果为准。承包商应在检验后立即向工程师提交检验报告,如工程师未参加检验,则应认可该检验结果,若检验合格,工程师应在报告上签署或另发检验证书。如工程师变更了已约定好的检验,则承包商有权索赔工期、费用和利润。

[7.5] 拒收 (Rejection)

如果对任何生产设备、材料或工艺检验不合格时,工程师可拒收,承包商应立即修复缺陷使之达到合同要求;工程师有权要求对修复缺陷之处按相同的条件重新检验,如果由之导致业主增加了费用，业主可索赔。

[7.6] 补救工作（Remedial Work）

尽管已进行过检验或颁发了检验证书，工程师仍可要求承包商：

（a）更换不符合合同要求的材料和生产设备；

（b）返工不符合合同要求的工作；并且

（c）在意外情况时，实施为了工程安全的工作。

承包商应尽快执行；如果承包商没有执行，业主可另外雇工执行并向承包商索赔。

[7.7] 生产设备和材料的所有权（Ownership of Plant and Materials）

在（a）运达现场后，或

（b）根据第[8.10]款规定，在工程暂停而承包商有权得到该相关付款时，（以先发生的条件为准）该设备和材料即归属业主所有，但应符合工程所在国的法律。

"06多边银行版"修改：（a）生产设备和材料成为工程一部分时，其所有权才视为业主所有。

[7.8] 矿区使用费（Royalties）

如规范中没有其他规定，则承包商应为在现场之外开采天然材料以及在现场之外弃置施工中开挖及拆除的废弃物及材料，支付一切费用。

## 第8条 开工、延误和暂停（Commencement, Delays and Suspension）

本条共12款，主要内容包括：

- 开工日期和竣工时间应如何确定；
- 进度计划应如何编制；
- 承包商的工期索赔和工程拖期时的补偿；
- 暂停与复工。

[8.1] 工程的开工（Commencement of Works）

如专用条件中没有规定，应在承包商收到中标函后42天内开工；工程师应至少提前7天向承包商通知开工日期；承包商应在开工日期后尽早开始实施工程。

"06多边银行版"修改：除非合同专用条件另有规定，开工日期的确定必须满足下列三个条件：满足下列全部前提条件；在工程师下达的指示中记录了双方对满足下列全部前提条件的认可；并且是承包商收到工程师开工指示的日期：

（a）双方签订了合同协议书，并且如果需要，该合同已获得该国相关部门的审批；

（b）业主按照2.4款[业主的资金安排]的规定，向承包商出示了其资金安排的合理证据；

（c）除非合同数据中另有规定，业主将现场的占用许可以及1.13款（a）中作为开工所需的各类许可证移交给承包商；

(d) 按照 14.2 款,承包商收到了业主的预付款并向业主提供了预付款保函;

(e) 如果在收到中标函后的 180 天内,承包商仍然没有收到工程师的开工指示,则承包商根据 16.2 款〔承包商提出终止〕有权终止合同。

[8.2] 竣工时间 (Time for Completion)

承包商应在相应的竣工时间内完成整个工程或区段。竣工的含义是:

(a) 通过竣工检验;并且

(b) 完成"工程和区段的接收"一款中要求的全部工作。

[8.3] 进度计划 (Program)

承包商应在收到开工通知 28 天内,向工程师提交一份详细的进度计划。当进度有变动时,应提交一份修订的进度计划。

进度计划的内容包括:

(a) 工程实施顺序;

(b) 指定分包商的工作;

(c) 合同中规定的检查、检验的安排;以及

(d) 一份支持报告,包括:各阶段的施工方法,人员和施工设备的数量等。

如果工程师在收到进度计划后 21 天内,未提出意见,则承包商可据之工作,业主的人员也可据之安排自己的工作;承包商应及时将未来可能影响工作、增加合同价格或延误工期的事件通知工程师。工程师可要求承包商估计事件的影响,按"变更程序"一款提出建议;当工程师指出工程进度不符合要求时,承包商应及时提交一份修正的进度计划。

[8.4] 竣工时间的延长 (Extension of Time for Completion)

如果由于下列任一原因延误了工期,承包商可索赔工期:

(a) 发生合同变更或某些工作量有大量变化;

(b) 本合同条件中允许承包商索赔工期的原因;

(c) 异常不利的气候条件;

(d) 流行病或政府行为造成人员或货物不可预见的短缺;

(e) 业主方或其他承包商在现场的影响造成的延误。

承包商应按索赔条款规定提出索赔。工程师在确定延长时间时,可审查已给出的延期,但只能增加延期,不能减少已批准的延期时间。

"06 多边银行版"删去了第 (e) 条中"在现场"。

[8.5] 当局引起的延误 (Delays Caused by Authorities)

如果满足下列全部条件,承包商可提出工期索赔:

(a) 承包商已经遵守了工程所在国合法当局制定的程序;

(b) 当局延误或干扰了承包商的工作;

(c) 这些延误或中断是承包商无法提前预见的。

[8.6] 进度（Rate of Progress）

如果工程实际进度太慢，不能按合同要求竣工，承包商又没有可能索赔工期，工程师可要求承包商提交一份修订的加快赶工的进度计划。为了赶工而增加的人员和设备费用以及其他风险费均由承包商承担。如果赶工计划导致业主的额外费用，业主可以索赔；如果承包商未能按时竣工，还应支付误期损害赔偿费。

"06多边银行版"增加：由于出现8.4款［竣工时间的延长］中的事件导致进度落后，工程师下令赶工，修改进度计划，产生的额外费用由业主负责，但此类额外支付不得使承包商获利。

[8.7] 误期损害赔偿费（Delay Damages）

如承包商未按期竣工，应向业主支付误期损害赔偿费。拖期的天数为自合同竣工日期到接收证书上写明的实际完工日期之间的天数。误期损害赔偿费是承包商（除违约外）对此类违约应负的唯一赔偿责任，拖期每一天的支付标准和最高限额均在投标书附录中规定。

支付此赔偿费不解除承包商完成工程和合同中规定的其他义务和责任。

[8.8] 暂时停工（Suspension of Work）

工程师可随时指示承包商对局部或全部工程暂时停工，承包商应认真保护和保管该部分工程；工程师可通知承包商暂停工作的原因。如果是属于承包商的原因，则8.9、8.10、8.11三款不适用。

[8.9] 暂停的后果（Consequences of Suspension）

如果工程师指示暂时停工以及复工招致了承包商的损失，承包商可以索赔工期和费用；如果暂时停工是由于承包商的设计、工艺、材料缺陷所致，或暂停后承包商未保护好工程，则承包商无权索赔。

[8.10] 暂停时对生产设备和材料的支付
（Payment for Plant and Materials in Event of Suspension）

当生产设备的生产或生产设备和材料的运送被暂停28天以上，并且承包商已将这些设备和材料标明为业主的财产时，承包商有权得到这些设备和材料的付款；支付的金额应为暂停日这些物品的价值。

[8.11] 持续的暂停（Prolonged Suspension）

如暂停超过84天，承包商可向工程师申请复工，如申请后28天内未得到复工许可，承包商可以将暂停的部分按"变更条款"视为删减项目，或如暂停影响到整个工程，承包商可按"承包商的终止"条款终止工程。

但也可以不采取以上两项措施，继续等待工程师的复工指示。

[8.12] 复工（Resumption of Work）

在发出复工许可或指示后，工程师应与承包商共同对受暂停影响的工程、生产设备和材料进行检查；承包商应负责修复暂停期间工程、生产设备和材料的任何变质或损失，但可以索赔。

"06 多边银行版"增加：承包商应在收到工程师根据 13 条 "变更与调整" 的相应通知后，复工修复缺陷。

## 第 9 条　竣工检验（Tests on Completion）

本条共 4 款，主要内容包括：
- 承包商在竣工检验中的义务；
- 如果检验被延误，各方应负的责任；
- 竣工检验未能通过时的处理方式。

［9.1］ 承包商的义务（Contractor's Obligations）

承包商在根据 4.1 款 ［承包商的一般义务］ 规定提交各种文件后，应按照本条和 7.4 款 ［检验］ 的要求进行竣工检验；承包商应至少提前 21 天将可以进行每项竣工检验的日期通知工程师，检验应在此后 14 天内，按工程师指定的日期进行；如业主提前使用了工程，竣工检验时应考虑到有关影响；通过竣工检验后，承包商应尽快向工程师提交正式的检验报告。

［9.2］ 延误的检验（Delayed Tests）

如竣工检验被业主方延误，按 7.4 款 ［检验］ 和 10.3 款 ［对竣工检验的干扰］ 中的相关规定处理；如竣工检验被承包商延误，工程师可通知承包商在接到通知后 21 天内检验，承包商应将确定的检验日期通知工程师；如承包商未能在接到通知后 21 天内进行竣工检验，业主的人员可自行进行检验，风险和费用由承包商承担，承包商应认可检验结果。

［9.3］ 重新检验（Retesting）

如工程未通过竣工检验，可按 7.5 款 ［拒收］ 的规定处理；工程师和承包商任何一方均可要求按照相同条件重新进行检验。

［9.4］ 未能通过竣工检验（Failure to Pass Tests on Completion）

如对工程或某个区段进行重新检验后仍未通过，则工程师有权：

（a）下令按第 9.3 款要求再次重复竣工检验；

（b）如工程中的问题使该工程或某个区段对业主基本上没有使用价值时，业主可拒收并按 11.4 款 ［未能补救缺陷］（c）的规定处理；或

（c）如业主提出要求，工程师可在对合同价格减扣后，颁发接收证书。

如果在合同中没有规定减扣方法，业主可要求：

（a）双方商定仅限于弥补业主的损失的减扣额，并在签发接收证书前支付给业主；或

（b）按第 2.5 款 ［业主的索赔］ 和第 3.5 款 ［确定］ 的规定，由工程师和双方商定或确定。

## 第 10 条 业主的接收（Employer's Taking Over）

本条共 4 款，主要内容包括：
- 业主接收工程或区段的前提条件和承包商获得接收证书的程序；
- 业主接收部分工程的限制条件和规定；
- 业主干扰承包商按时进行竣工检验时承包商的权利。

[10.1] 工程和区段的接收（Taking Over of the Works and Sections）

当工程已按合同要求完工，通过竣工检验并颁发了接收证书时，业主应接收工程；当承包商认为工程（或某区段）已完工，可在向业主移交之前的 14 天内，通知工程师，申请工程（或区段）的接收证书。工程师在收到申请后 28 天内，应：

（a）向承包商颁发接收证书，注明竣工日期以及在缺陷通知期中应完成的扫尾工作；或

（b）拒绝申请，指出承包商应完善的事项，当承包商完成后，可再度申请。

如果工程师在收到申请 28 天内，既不颁发接收证书又不拒绝申请，且工程基本符合合同要求，则可视为在 28 天的最后一天接收证书已签发。

[10.2] 部分工程的接收（Taking Over of Parts of the Works）

在业主的自主决定下，工程师可为部分永久工程颁发接收证书，此后，业主即可使用该部分工程；如业主在颁发接收证书前，确实使用了任何部分工程，则：

（a）开始使用日期即为业主接收日期；

（b）自使用日开始，承包商将保管责任移交给业主；且

（c）如承包商要求，工程师应颁发该部分接收证书。

在工程师颁发该部分接收证书后，应要求承包商在缺陷通知期期满前进行竣工检验。如果由于业主的提前使用导致承包商增加了费用，承包商可索赔费用和利润；如果对某部分工程（或区段）颁发了接收证书，则剩余工程的误期损害赔偿费的日费率应按工程价值相应减少，但误期损害赔偿费的最高限额不变。

[10.3] 对竣工检验的干扰（Interference with Tests on Completion）

如由于业主方原因致使竣工检验在 14 天内不能进行，则应视为业主在本应完成竣工检验的日期接收了工程或区段；工程师应为之颁发接收证书，同时要求承包商在缺陷通知期期满前进行竣工检验，并应在检验前 14 天通知工程师。如果由于业主方原因拖延了竣工检验，招致了工期延误或增加了费用，承包商有权索赔工期、费用和利润。

[10.4] 地面需要复原（Surfaces Requiring Reinstatement）

对工程的某部分或区段颁发接收证书并不证明地面复原工作已完成；除非在接收证书中注明地面已复原。

## 第 11 条 缺陷责任（Defects Liability）

本条共 11 款，主要内容包括：

- 承包商在缺陷通知期的主要责任；
- 修复缺陷费用的承担；
- 延长缺陷通知期的条件；
- 签发履约证书的条件；
- 签发履约证书后承包商的工作。

[11.1] 完成扫尾工作和修复缺陷（Completion of Outstanding Work and Remedying Defects）

为使工程、承包商的文件和每个区段在缺陷通知期期满时达到合同要求（合理的损耗除外），承包商应：

（a）在工程师指示的合理时间内完成接收证书中注明的扫尾工作，并且

（b）在工程（或区段）的缺陷通知期期满前完成缺陷的修复。

如发现缺陷或损害，业主应通知承包商。

[11.2] 修补缺陷的费用（Cost of Remedying Defects）

以下原因造成的缺陷，应由承包商承担风险和费用：

（a）承包商负责的设计；

（b）生产设备、材料和工艺不符合合同要求；或

（c）承包商未能遵守任何其他义务。

上述原因之外的原因造成的缺陷，业主应立即通知承包商修复并按变更处理。

[11.3] 缺陷通知期的延长（Extension of Defects Notification Period）

如果由于缺陷使工程、某区段或某生产设备无法按预定目的使用，业主有权索赔工期（即延长缺陷通知期，但延长期不得超过两年）；

如由于业主方原因导致暂停了材料和生产设备的交付和/或安装时，则此类材料或设备原定的缺陷通知期届满 2 年之后，承包商不再承担修复缺陷的义务。

"06 多边银行版"补充：如果缺陷是承包商的责任，业主有权延长缺陷通知期。

[11.4] 未修复缺陷（Failure to Remedy Defects）

如承包商未及时修复缺陷，业主可通知承包商在限定的日期前修复缺陷；如届时承包商仍未修复应由他自费修复的缺陷，则业主可：

（a）自行或委托他人修复缺陷，由承包商支付费用，但承包商对此工作即不再承担责任；

（b）由工程师与双方商定或决定减扣合同价款；或

（c）如出现的问题使业主基本上不能获得工程或其主要部分的预期使用价值，业主可终止全部或该主要部分的合同，收回全部或部分工程款、融资费以及工程拆除、清理现场等费用。

[11.5] 移走有缺陷的工作（Removal of Defective Work）

如缺陷不能就地修复，业主可允许承包商将此部分生产设备移出现场修复；此时

业主可要求承包商按照移出生产设备的全部重置成本增加履约保函额度，或提供其他担保；

[11.6] 进一步的检验（Further Tests）

如果修复工作可能影响工程性能，工程师应在修复后 28 天内发出通知，要求重新进行合同规定的任何检验；进行检验的条件应与以前一致，检验费用由应承担维修费的责任方承担。

[11.7] 进入权（Right of Access）

在签发履约证书之前，为了维修，承包商有权进入工程，但业主基于保安的要求，可以对承包商进行合理的限制。

[11.8] 承包商的调查（Contractor to Search）

如工程师要求，承包商应在工程师指导下调查缺陷原因；如修复缺陷的费用应由承包商承担，调查费也应由承包商承担；否则，工程师应与承包商商定或确定向承包商支付的调查费用和利润。

[11.9] 履约证书（Performance Certificate）

只有当工程师向承包商颁发了履约证书（在其中注明承包商完成合同义务的日期），才能认为承包商的义务已经完成；工程师应在最后一个缺陷通知期期满日之后 28 天内颁发履约证书；或在承包商提供所有承包商文件，完成了所有工程施工和检验，修复所有缺陷的条件下尽快颁发；履约证书副本提交业主。只有颁发履约证书才应被视为构成对工程的认可。

[11.10] 未履行的义务（Unfulfilled Obligations）

颁发履约证书后，合同各方仍应完成当时未履行的任何义务；为此，合同仍然有效。

[11.11] 现场清理（Clearance of Site）

收到履约证书后，承包商应从现场撤走承包商的设备和多余的材料，并清理现场，否则，业主有权出售承包商的设备及清理现场，费用由承包商支付，或由出售设备的余款支付，多退少补。

## 第 12 条 计量与估价（Measurement and Evaluation）

本条共 4 款，主要内容包括：
- 实际工程量的计量程序和方法；
- 如何对承包商的工作进行估价；
- 有关工作删减的规定。

[12.1] 工程计量（Works to be Measured）

当工程师要计量工程时，应通知承包商一方派人协助并提供所需资料，如承包商未派人参加该部分工程计量，则承包商应认可工程师的计量准确。

一般计量记录应由工程师准备，承包商应在现场对记录进行检查和协商，如达成一致，应签字确认，如未到场，则应认可工程师的记录；如承包商不认同该记录，应书面提出意见，工程师据之修改或确认；如承包商收到记录 14 天内未发出通知，则视为认可该记录。

"06 多边银行版"增加：在期中支付证书、竣工报表和最终支付证书的申请中，承包商应列明他认为依据合同他有权得到的金额以及详细说明款项的其他细节。

"06 多边银行版"增加：如承包商不认同该记录时，工程师应对其中没有异议的部分支付。

[12.2] 计量方法（Method of Measurement）

除合同另有规定：

(a) 对永久工程的每项工作均应测量其实际完成的净值，并且

(b) 计量方法应符合工程量表或其他适用的资料表中的规定。

[12.3] 估价（Evaluation）

除合同另有规定，工程师应以上两款的计量方法和相应的单价或价格对各项工作进行估价，并商定或确定合同价格。

在确定每项工作适用的单价或价格时，如合同中有规定，则取规定值；如合同中未规定，则尽可能取类似值；但当合同中没有可参照的单价或价格时，在以下两种情况下，可参照有关事项或根据实施该工作的合理成本和利润，规定新的单价或价格：

(a) 不是子项"包干"，但必须满足下列全部三个条件：

1）一项工作的数量变动超过工程量表中或其他资料表中数量的 10%；（"06 多边银行版"修改为：25%）

2）变动的工程量乘以相应单价超过了中标合同金额的 0.01%；（"06 多边银行版"修改为：0.25%）

3）此工程量变化直接造成该项工作每单位工程量成本的变动超过 1%。

或

(b) 变更项目：合同中无规定值或类似参考值时（变更项目不需满足上面三个条件）；

工程师在确定适宜的费率和价格前，应确定临时费率或价格用于期中支付。

"06 多边银行版"增加：承包商投标时，如工程量表中的任何子项未列出单价或价格，则认为该子项已包含在工程量表中其他的单价或价格中，不另外给予支付。

"06 多边银行版"增加：工程师应在相关工作开始后尽快确定临时单价。

[12.4] 删减（Omissions）

当任何工作的删减构成变更，且：

(a) 如该工作未被删减，承包商将产生的费用，包含在中标合同金额内；

(b) 删减该工作导致此金额不构成合同价格的一部分；并且

(c) 此费用也不包括在任何替代工作的估价中时

承包商有权得到费用补偿。如承包商不能就删减工作的价值与工程师达成一致时,他应致函工程师,并附证明材料,由工程师商定或确定此项费用,计入合同价格。

## 第 13 条 变更与调整 (Variations and Adjustments)

本条共 8 款,主要内容包括:
- 工程师有变更工程的权力;
- 承包商可运用价值工程提出建议书;
- 暂定金额的概念和支付;
- 立法变动和物价波动导致的工期和费用的调整。

[13.1] 有权变更 (Right to Vary)

在颁发接收证书前,工程师有权变更,并可要求承包商就变更提出建议书;承包商应执行变更指令,但如不能得到相应货物,可暂不执行,并通知工程师;如果没有工程师的变更指令,承包商不得对永久工程做任何变动或修改。

涉及下列任一方面均可能构成变更:

(a) 合同中任何工作内容数量的变更(但不一定必然构成变更);

(b) 工作的质量或特性的改变;

(c) 工程某部分标高、位置和/或尺寸的改变;

(d) 工程某部分的删减,但此删减的工作由他人实施的除外;

(e) 永久工程所需的附加工作、生产设备、材料或服务,包括有关竣工检验、勘探工作等;

(f) 实施工程顺序及时间安排的改变。

"06 多边银行版"补充:如变更对工程的顺序或进度引起实质性的改变时,承包商可通知工程师,暂不执行他的变更指令。

[13.2] 价值工程 (Value Engineering)

此处价值 (Value) 是指功能 (Function) 与成本 (Cost) 的相对比值。

承包商可随时向工程师提出建议书,只要他认为此建议可缩短工期,降低造价,提高工程运行效率和/或价值,或对业主产生其他效益;承包商应自费编制此建议书,并应包括 13.3 款中所列的内容。如建议书中包含设计的内容,承包商应进行该部分设计,并对之负全部责任。如承包商的建议节省了工程费用,在某些情况下他可得到奖金。

[13.3] 变更程序 (Variation Procedure)

若工程师在发布变更指令前要求承包商提交建议书,他应尽快提交,否则,应说明原因。建议书应包括:变更工作的实施方法和计划;对工程总进度计划的调整以及变更费用的估算。工程师收到建议书后应尽快表态,此时承包商应照常工作;每一项变更均按第 12 条［测量与估价］的规定进行估价。

［13.4］ 以适用货币支付（Payment in Applicable Currencies）

如合同价格是以一种以上货币支付，变更时应规定适用的货币及款额；为此应参照变更的工作所需货币比例和合同价格支付的货币比例。

［13.5］ 暂定金额（Provisional Sums）

暂定金额（即业主方的备用金）只有工程师才能动用，动用的款额构成合同价格的一部分。工程师指示承包商所作的涉及使用暂定金额的工作包括：

（a）由承包商实施的变更工作，按变更程序估价；

（b）由承包商从指定分包商或其他渠道采购生产设备、材料或服务，此时承包商应得到他为此实际支付的费用以及相应的管理费和利润（按资料表或投标书附录中列明的百分比）。工程师有权要求承包商提交有关报价单、发票、凭证、收据等。

*"06 多边银行版"修改：将本款中"投标书附录"改为"合同数据"*

［13.6］ 计日工（Daywork）

在合同中有计日工表的前提下，当工作中出现临时发生的或零星工作时，工程师可用变更指令的方式要求承包商按计日工进行，同时按计日工表估价。在为某项工作订购货物之前，应向工程师提交报价单。申请支付时应提交货物发票等单据。

承包商应每日向工程师提交一式两份计日工表，内容包括：按计日工计算的人员的姓名、工种和工作时间，承包商的设备和临时工程的类别、型号和使用时间，所用的材料的数量和类别。工程师在核实每份报表并签字后，退还承包商一份；承包商每月将工程师签字的计日工表的价格，事先列表报工程师，之后再列入月报表，申请支付。

［13.7］ 因立法变动而调整（Adjustments for Changes in Legislation）

在基准日期后，如工程所在国的法律有改变（包括颁布新法，废除或修改现有法律，或对此法律的司法解释或政府解释有改变），影响承包商履约，合同价格应随之进行调整；如承包商因之遭受了损失，可以索赔工期和费用；工程师应在收到通知后，商定或确定承包商所申请的索赔。

*"06 多边银行版"补充：如果在立法变动前已经调整过工期和费用，在立法变动之后不再进行调整。*

［13.8］ 因费用波动而调整（Adjustments for Changes in Cost）

在实施工程过程中，如人工、货物和其他投入的费用发生波动，则月支付款应按本款调价公式调整。当调价对一些成本的涨落不能补偿时，中标合同金额应视为已包含这些成本涨落的应急费用。调价指按资料表（工程量表）中的项目结算的部分，适用于支付的各种货币。但根据成本及现行价格估价的工作不予调整。

调价公式、投标书附录中的"数据调整表"以及相关规定详见"新红皮书"及本书第 4 章第 4 节。

如现行费用指数暂时不能得到，工程师可确定一临时指数用于月支付时的调价，随后再进行调整。

"06多边银行版"修改:"数据调整表"在"合同数据"中。

## 第14条 合同价格与支付(Contract Price and Payment)

本条共15款,主要内容包括:
- 合同价格的性质;
- 预付款的支付与扣还;
- 期中支付证书和最终支付证书的申请和签发;
- 材料和生产设备款的支付办法;
- 应支付的时间和延误支付的处理方法;
- 保留金的扣留与退还;
- 各类支付货币间的兑换率的规定。

[14.1] 合同价格(The Contract Price)

除非专用条件中另有规定:

(a) 合同价格是按12.3款[估价],用各子项的单价乘以实际完成的工程量之和,再加上子项包干价,并根据合同有关规定进行调整后的最终合同结算价。

(b) 承包商应支付合同要求其支付的一切税费(合同价格包括此税费),但立法变更时允许调整。

(c) 资料表(工程量表)中均为估计的工程量,不作为实施工程和正式结算的依据。

(d) 承包商应在开工日后28天内向工程师提交资料表(工程量表)中每一包干子项的价格分解表,供工程师支付时参考。

"06多边银行版"增加:尽管有子条款(b)的规定,但承包商仅为履行该合同而进口的承包商的设备及其必需备件,应免除进口税款。

[14.2] 预付款(Advance Payment)

业主应向承包商支付一笔无息预付款用于工程启动;投标书附录中应规定预付款的额度、支付次数、时间以及货币品种和比例。

工程师签发第一笔预付款证书的前提是:收到期中付款申请报表;收到履约保函;收到预付款保函(保函由业主批准的国家的相应机构,按业主同意的格式开具)。

承包商应保证预付款保函在归还全部预付款之前一直有效,但担保额度可随预付款的归还而减少。如在保函期满前28天仍未还清,则应延长保函有效期直到预付款全部还清为止。

如投标书附录中未规定预付款扣还方式,则可按以下规定:

(a) 开始扣还时间:当期中付款(不包括预付款和保留金的扣减与退还)超过中标合同金额与暂定金额之差的10%时;

（b）扣还比例：按预付款货币的品种与比例，扣还每次月支付证书中金额（不包括预付款和保留金的扣减与退还）的25%，直到预付款还清为止；

如果在整个接收证书签发前，或由于业主提出的终止、或由于承包商提出的终止、或由不可抗力导致的终止，在终止之前，预付款尚未还清，则承包商应立即偿还剩余部分。

"06多边银行版"修改：除非"合同数据"中另有规定，否则预付款应该按照第14.6款，由工程师通过期中支付证书中按百分比扣减的方式偿还，具体规定如下：

（a）开始扣还时间：当期中付款（不包括预付款和保留金的扣减与退还）超过中标合同金额与暂定金额之差的30%时。

（b）全部还清时间：按预付款货币的品种与比例，以及合同数据中规定的百分率在每次月支付证书中（不包括预付款和保留金的扣减与退还）扣还，但在工程支付款达到中标合同金额与暂定金额之差的90%之前，应还清全部预付款。

"06多边银行版"增加：在业主根据15条［业主终止合同］和19.6款［可选择的终止、支付和解除履约］终止合同时，承包商也应立即偿还剩余部分预付款。

[14.3] 申请期中支付证书（Application for Interim Payment Certificates）

承包商应在每个月末之后，按工程师同意的格式向他提交一式六份月报表，列出认为自己有权获得的款额，同时附上进度报告等证明文件。

月报表的内容和顺序如下（以应支付的货币表示）：

（a）截至月末已实施的工程和承包商的文件的估算合同价值（包括变更）；

（b）立法变动和费用波动导致的增减款额；

（c）保留金的扣除：按投标书附录规定的百分率乘上述两项款额之和，一直扣到保留金限额为止；

（d）预付款的支付与扣还；

（e）为生产设备和材料的预支款和扣还款；

（f）其他应追加或减扣的款项，如索赔款等；

（g）扣除所有以前的支付证书中已经确认的款额。

[14.4] 支付计划表（Schedule of Payments）

如合同中包括用于分期支付合同价格的支付计划表，则

（a）该表中所列的分期付款额对应上一款中的（a）项；

（b）第14.5款［拟用于工程的生产设备和材料］的规定不适用；

（c）如工程的实际进度比计划进度慢，则工程师可调整支付计划表。

"06多边银行版"修改：（c）如工程的实际进度比计划进度慢或提前，则工程师可调整支付计划表。

如合同中没有支付计划表，承包商应提交一份工程每个季度用款估算书（但无约束力），第一份应在开工后42天内提交，以后每季度提交一份修正的季度用款估算书。

[14.5] 拟用于工程的生产设备和材料（Plant and Materials Intended for the Works）

期中支付证书中应包括已运抵现场的生产设备和材料的预支金额，当这些生产设备和材料已构成永久工程的一部分时，再将预支金额从期中支付证书中扣除。

工程师决定生产设备和材料预支金额的前提条件：

（a）承包商已准备好生产设备和材料的可供检查的记录（包括订单、收据、费用和使用情况）和购买生产设备、材料和运往现场的费用报表和证据；

以及（b）或（c）

（b）对于属于投标书附录中所列的装运付费的生产设备和材料，已运抵工程所在国，但正在运往现场途中，应当向工程师提交有装船的清洁提单或其他证明和相应生产设备和材料价值的保函，保函有效期至将生产设备和材料运达现场并妥善保管为止；或

（c）对于属于投标书附录中所列的现场交付时付费的材料和生产设备：这些材料和生产设备已运到现场并妥善保管。

生产设备和材料的预支金额额度为实际费用（包括运费）的80%，由工程师根据凭证和合同价值确定，支付的货币与合同价值应支付的货币相同。

如投标书附录中未列出有预支金额的生产设备和材料清单则本款不适用。

"06多边银行版"修改：将本款中"投标书附录"改为"合同数据"。

[14.6] 期中支付证书的颁发（Issue of Interim Payment Certificates）

在业主收到和认可履约保证之前，不确认和办理付款。

工程师在收到月报表和证明文件后28天内，应向业主签发期中支付证书，包括支付金额及说明。在投标书附录中规定了期中付款证书的最低金额，当承包商月报表（扣除保留金等）中的款额低于此金额时，该月即不予支付，该款额转至下月支付。

"06多边银行版"补充：工程师应将包括工程师公平决定的支付款额的期中支付证书递送给业主和承包商。如果工程师对支付证书中的款额有任何减少或扣留应提供详细说明。

"06多边银行版"修改：将本款中"投标书附录"改为"合同数据"。

如承包商提供的货物或工作不合格，在更换和修正前，可扣发相应价值；如进行的工作和服务达不到合同要求，也可扣发相应的价值。但均不能扣发期中支付证书。工程师有权在支付证书中改正以前支付证书中的错误。工程师颁发支付证书不表明对工作的批准和接受。

[14.7] 支付（Payment）

（a）支付第一笔预付款的时间：选择以下两个日期中较晚者：

（ⅰ）业主签发中标函后42天内；或

（ⅱ）承包商提交履约保证、预付款申请表和预付款保函之后21天内。

(b) 业主应在工程师收到承包商的报表和证明文件后 56 天内,支付期中支付证书中已证明的款额;并且

(c) 业主应在从工程师处收到最终支付证书后 56 天内,支付该证书已证明的款额。

各种货币的应付款应汇入合同指定的付款国承包商指定的银行账户。

"06 多边银行版"增加:(b) 业主应在工程师收到承包商的报表和证明文件后 56 天内,将期中支付证书中已证明的款额支付承包商,或,当用于支付承包商的贷款暂停的情况下,业主应在工程师收到承包商的报表的 14 天内将承包商提交的任何报表中的款额支付给承包商,若有差错,可在下次支付中予以纠正。

"06 多边银行版"增加:(c) 业主应在从工程师那里收到最终支付证书后 56 天内,将该支付证书中证明的款额支付承包商,或,在用于支付承包商的贷款暂停的情况下,根据 16.2 款[承包商提出终止]的规定,业主应在收到暂停贷款通知的 56 天内,将最终报表中的没有争议的那部分款额支付承包商。

[14.8] 延误的付款 (Delayed Payment)

如承包商不能按时收到业主付款,他有权按合同规定应付款的日期,就未收到的款额按月计复利收取融资费。除非专用条款另有规定,融资费应以高出支付货币所在国中央银行的贴现率 3% 的年利率计算,以同样货币支付。承包商有权得到上述付款而无需证明和通知,也不损害他的其他权利。

"06 多边银行版"补充:如上述规定不可行,可使用银行同业拆息率 (interbank offered rate)。

[14.9] 保留金的支付 (Payment of Retention Money)

当颁发相应的接收证书时:

- 对整个工程:退还金额 = 保留金总额 ×50%
- 对区段或部分工程:

$$第一次退还金额 = \frac{区段或部分工程的估算合同价值}{整个工程的估算的最终合同价格} \times 保留金总额 \times 40\%$$

在某区段的缺陷通知期到期后,应再次退还保留金:

$$第二次退还金额 = \frac{区段工程的估算合同价值}{整个工程的估算的最终合同价格} \times 保留金总额 \times 40\%$$

在最末一个区段的缺陷通知期期满之后,工程师应将未付清的保留金余额全部支付给承包商;如在缺陷通知期内承包商仍有某些工作未完成,工程师有权扣发相应的费用;计算上述保留金比例时,不考虑立法改变和费用变动导致的调价。

"06 多边银行版"修改:对按区段竣工的工程,接收证书颁发后保留金的支付比例应为 50%。

"06 多边银行版"补充:除非专用合同条件中另有规定,工程师签发接收证书和前一半保留金的支付证书后,承包商有权用保留金保函替换另一半保留金。该保函格

式和开具保函的机构应得到业主的批准。该保函的金额和货币与另一半保留金相同，并在工程全部竣工和缺陷修复之前一直有效。业主在收到此保函后，工程师应向承包商签发另一部分保留金的支付证书，并由业主支付。第二部分保留金保函的退还按照本款规定执行。业主应在收到履约证书副本后的 21 天内将保留金保函退还给承包商。

如果履约保证是无条件保函，并且在签发接收证书时，保函的金额比保留金的一半还要多，则不需要另开保留金保函。如果履约保函的金额在签发接收证书时少于保留金的一半，则需要另开保留金保函，但保函的金额为保留金的一半和履约保函金额的差额。

[14.10] 竣工报表（Statement at Completion）

承包商在收到工程接收证书后的 84 天内，按照第 14.3 款［申请期中支付证书］的要求向工程师提交工程竣工报表及证明文件一式六份。竣工报表中应列明：

（a）截止到接收证书上写明的日期，按合同要求已完成的所有工作的价值；

（b）承包商认为应付的其他金额；

（c）承包商认为根据合同规定将付给他的任何其他款项的估计数额（此数额单独列出）。

工程师应按颁发期中支付证书的规定予以确认。

[14.11] 申请最终支付证书（Application for Final Payment Certificate）

收到履约证书后 56 天内，承包商按工程师批准的格式，向其提交最终报表草案一式六份，附证明文件；最终报表草案中应列明：

（a）根据合同完成的所有工作的价值；

（b）承包商认为业主仍应支付给他的余额。

如工程师对此"草案"有异议，承包商应提交补充材料，双方商定对该草案进行修改后，再提交"最终报表"；

"06 多边银行版"增加：工程师要求承包商提交最终报表草案补充材料的时限规定为工程师收到上述"草案"后 28 天内。

如双方仍对该草案有争议，工程师应就无争议部分向业主开具一份"期中支付证书"。争议部分按第 20 条［索赔、争议与仲裁］解决，承包商根据解决的结果编制"最终报表"提交业主并抄送工程师。

[14.12] 结清证明（Discharge）

承包商在提交最终报表时，应提交一份书面结清证明；结清证明上应确认，最终报表的总额即为应支付给承包商的全部和最终的合同结算款额；结清证明上可注明，直至承包商收到退还的履约保证和合同款余额的日期，结清证明才生效。

[14.13] 最终支付证书的颁发（Issue of Final Payment Certificate）

在收到最终报表和结清证明后 28 天内，工程师应向业主发出最终支付证书；最终支付证书中应包括：

（a）最终应支付的金额；

"06多边银行版"补充：最终由工程师公平决定的应支付金额；

（b）在扣除业主已支付给承包商的款额后，还应支付给承包商的余额；或承包商需退还业主的款额。

如承包商未按规定申请最终支付证书，工程师应通知他提交，如通知后28天仍未提交，工程师可自行合理决定最终支付金额，并相应颁发最终支付证书。

"06多边银行版"补充：要求工程师同时向业主和承包商签发最终支付证书。

缺陷通知期开始后有关各类报表、证书的提交及付款的顺序如图7-1所示。

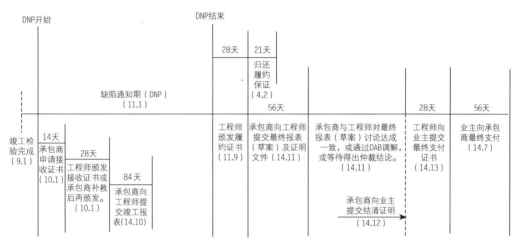

**图7-1 FIDIC"新红皮书"、"新黄皮书"中缺陷通知期开始后各类报表、证书的提交及付款的顺序图**（说明：图中的括号内为"新红皮书"、"新黄皮书"对应条款号）

[14.14] 业主责任的停止（Cessation of Employer's Liability）

除最终报表和竣工报表同时都包含的款项要求外，业主不再对承包商承担有关责任；本款不限制业主因其赔偿义务或其他不当的行为应负的责任。

[14.15] 支付的货币（Currencies of Payment）

合同价格应以投标书附录中指定的货币种类支付；以下规定适用于用一种以上货币支付的情况：

（a）如中标合同金额仅以当地币表示：

（i）当地币与外币的支付比例或款额，以及支付时使用的固定汇率均按投标书附录中规定执行，除非双方另有约定；

（ii）暂定金额和因立法变动调价时，按适用的货币和比例支付；

（iii）支付进度款时，除因立法变动调价者外，第14.3款期中支付证书中前4项内容按本款（a）中（i）项规定执行；

（b）误期损害赔偿费的支付也按投标书附录规定的货币及比例执行；

（c）承包商应支付业主的其他款项以业主开支的货币支付，或双方商定；

(d) 如承包商应以某种货币支付给业主的金额超过业主应以该货币支付给承包商的金额，业主可由以其他货币支付给承包商的款额中弥补此差额；

(e) 如投标书附录中未规定兑换率，则使用工程所在国中央银行在基准日期时的汇率。

"06多边银行版"修改：本款中以"付款货币表"（Schedule of Payment Currencies）替代"投标书附录"。

## 第15条 业主提出终止（Termination by Employer）

本条共5款，主要内容包括：
- 承包商的哪些违约行为可导致业主有权终止合同；
- 业主终止合同的程序；
- 业主终止合同后对承包商已完成工作的估价和支付；
- 业主出于自身的原因终止合同的权利。

[15.1] 通知改正（Notice to Correct）

如果承包商未能履行任何合同义务，工程师可通知他，要求他在规定的合理时间内改正。

[15.2] 由业主提出终止（Termination by Employer）

如承包商有下列任一行为，业主有权终止合同：

(a) 未按规定提交履约保证，或在接到工程师通知改正后仍不改正；

(b) 放弃工程或公然表示不再履行合同义务；

(c) 无正当理由，拖延开工或收到工程师有关质量问题通知后28天内不进行整改；

(d) 未经必要的许可将整个工程分包出去，或将合同转让他人；

(e) 承包商已破产、清算或已无力控制其财产；或

(f) 承包商及其雇员或分包商直接或间接地向任何人行贿。但不包括支付给其雇员的合法奖励。

当出现上述任一行为时，业主可提前14天通知承包商终止合同，并要求其离开现场。在发生上述（e）、（f）情况时业主可发出通知立即终止合同。

业主终止合同不影响他根据合同应享受的权利。

此时承包商应撤离现场，并按工程师要求，将有关的货物、承包商的文件和有关设计文件交付给工程师。但仍应按业主通知，努力协助业主转让分包合同，保护人员、财产及工程的安全。

终止后，业主可自行或安排他人完成该工程，并可使用原承包商提交的上述物品和资料。在工程完工后，业主发出通知，将承包商的设备和临时工程在现场或其附近还给承包商。承包商应自费将其运走。如果承包商还欠业主款项，业主可将承包商的

上述物品变卖，但扣除欠款后，应将余额归还承包商。

［15.3］ 终止日的估价（Valuation at Date of Termination）

业主发出的终止通知生效后，工程师应商定或决定工程、物品、承包商的文件的价值，以及承包商根据合同完成的其他工作应得的款项。

［15.4］ 终止后的支付（Payment after Termination）

业主发出的终止通知生效后，业主可以：

（a） 按照第2.5款［业主的索赔］的规定进行索赔；

（b） 在确定整个工程完工的费用前，暂不向承包商支付一切款项；和/或

（c） 在根据第15.3款［终止日的估价］的规定算出应付给承包商的款项后，先从承包商处收回业主蒙受的损失、误期损害赔偿费和完成工程所需额外的费用，之后再将余额付给承包商。

［15.5］ 业主终止合同的权利（Employer's Entitlement to Termination）

业主有权在他需要时，随时通知承包商终止合同；终止生效日期以承包商收到业主终止通知后的28天，或业主退还履约保证后第28天，二者中较晚日期为准；终止合同后，承包商应执行第16.3款［停止工作并运走承包商的设备］，业主应按第19.6款［选择终止、支付与解约］的规定支付。

不允许业主为了自己实施工程或安排其他承包商实施工程而终止合同。

（这一款的规定完全是考虑到业主方在某种特殊情况下的需要，与承包商是否违约没有任何关系。）

"06多边银行版"增加：业主不得为了避免"承包商提出终止"而提出终止。

"06多边银行版"增加15.6款：

［15.6］ 腐败或欺诈行为（Corrupt or Fraudulent Practices）

如果业主判定承包商为了获取合同或在合同实施过程中涉嫌参与贿赂、欺诈、勾结或恐吓行为，则业主可提前14天通知承包商，终止对他的雇用，同时，还可根据15.2条款终止合同。

在工程实施过程中，如果承包商的员工涉嫌参与腐败、欺诈或威胁行为，则业主应根据合同第6.9款将其逐出现场。

下面是世行和加勒比开发银行对腐败行为、欺诈行为、勾结行为及恐吓行为的定义：

"腐败行为"（corrupt practice）指采购过程或合同执行期间，通过提供、给予、接受或索取有价物品来左右政府官员的行为。

"欺诈行为"（fraudulent practice）指以干预采购过程或合同执行为目的，篡改或掩盖事实。

"勾结行为"（collusive practice）指两个或者两个以上的投标人在出资人知晓或不知晓情况下进行串通，人为的使报价不具竞争力。

"恐吓行为"（coercive practice）指直接或间接的伤害或者威胁伤害人员或其财产来影响其在采购阶段或者合同执行阶段的行为。

"06 多边银行版"还增加了非洲开发银行、亚洲开发银行、欧洲复兴与开发银行、泛美开发银行分别给出的这几种行为的定义以及在承包商有上述行为时银行的权利，并规定了承包商对提供贷款银行的义务。

## 第 16 条 承包商提出暂停和终止（Suspension and Termination by Contractor）

本条共 4 款，主要内容包括：
- 承包商暂停工作或放慢进度的含义；
- 业主的哪些行为将导致承包商有权终止合同；
- 终止合同后承包商的义务；
- 终止合同后如何对承包商进行补偿。

[16.1] 承包商暂停工作的权利（Contractor's Entitlement to Suspend Work）

在以下任一情况下，承包商在至少提前 21 天通知业主后，有权暂停工作或放慢工作速度：
- 工程师未按合同规定时间签发支付证书；
- 业主未按合同规定提供资金证明；
- 业主未按合同规定支付工程款；

一直到上述有关问题获得解决。

即使承包商因此暂停工作或放慢工作速度，他仍有权对迟付的款项获得融资费，或终止合同；如承包商因暂停工作或放慢速度而受到损害，他有权索赔工期、费用和利润。如果承包商在发出终止合同通知前，已收到支付证书，或资金证明，或工程款，他应尽快合理的复工。

"06 多边银行版"增加：除上述规定外，如果银行暂停了业主用于支付承包商的部分或全部实施工程的贷款，且业主不能得到 2.4 款中的替代资金，则承包商可以通知业主暂停工程或放慢施工的速度，但该通知至少在业主收到银行暂停贷款通知的 7 天后方可发出。

[16.2] 承包商提出终止（Termination by Contractor）

出现下列任一情况，承包商均有权终止合同：

（a）业主未提供资金证明，承包商就此发出通知后 42 日内仍未收到该证明；

（b）工程师未能在收到报表和证明文件后 56 天内签发支付证书；

（c）承包商在合同规定的付款时间到期后 42 天内未收到应付款项；

（d）业主实质上未能履行合同义务；

（e）业主不按合同规定签署合同协议书，或违反合同转让的规定；

(f) 如拖长的暂停工程影响到整个工程时；

(g) 业主已破产、被清算或已无法控制其财产。

在上述（a）～（e）情况下，承包商可提前14天通知业主终止合同，(f)、(g)情况下可在通知后立即终止合同。

承包商选择终止合同不应影响其合同权利和其他权利。

"06多边银行版"修改：(d) 业主实质上未履行其合同义务，致使承包商的合同资金不平衡并/或使承包商不能履行合同。

"06多边银行版"增加：

(h) 在银行暂停业主用于支付承包商部分或全部工程款贷款的情况下，如果承包商在本该收到期中支付款的14天后仍没有收到付款，则承包商可以在不影响其按照14.8[延误的付款]索赔的权利下，立即采取以下的一项或两项措施：

　　（i）暂停工程或放慢施工速度，或（和）

　　（ii）通知业主终止履行合同，同时抄送工程师，该终止在发出通知的14天后生效。

(i) 在所有的开工准备工作已经完成后，没有收到工程师根据双方签订的协议发出的开工令。

[16.3] 停止工作和承包商设备的撤离（Cessation of Work and Removal of Contractor's Equipment）

不论由业主提出，或由承包商提出，或由于不可抗力导致的工程终止，在终止通知发出后，承包商应：

(a) 停止所有进一步的工作，但工程师指示为保护生命、财产、工程安全的工作除外；

(b) 移交承包商已得到付款的承包商的文件、生产设备、材料和其他工作；

(c) 将安全所需之外的一切物品运离现场。

[16.4] 终止时的支付（Payment on Termination）

当承包商提出终止合同后，业主应尽快：

(a) 将履约保证退还承包商；

(b) 根据19.6款[可选择的终止、支付以及解除履约]的规定向承包商支付；

(c) 支付由此类终止导致的承包商的利润损失和其他损失。

## 第17条　风险与责任（Risk and Responsibility）

本条共6款，主要内容包括：

- 业主和承包商互为保障的内容；
- 工程照管的责任；
- 业主的风险及其后果的处理；

- 工程知识产权与工业产权的保护；
- 合同双方的赔偿责任限度。

[17.1] 保障（Indemnities）

承包商应保障业主、业主的人员及其代理人在以下情况下免于承担索赔、损失及相关的开支：

(a) 在承包商设计和施工过程中，如出现人身伤亡或疾病时（除非是由于业主及其人员的渎职、恶意行为或违约引起）；

(b) 由承包商的设计、施工、竣工、修补缺陷等引起的，以及由承包商及其人员、其代理人的渎职、恶意行为或违约引起的，对任何财产的损害或损失；

"06多边银行版"修改：(b) 由承包商设计、施工、竣工、修补缺陷等引起的，除非此类损害或损失是由于业主、业主的人员、其代理人或他们直接或间接雇用的人员的渎职、恶意行为或违约引起的，对任何财产的损害或损失。

若由于业主及其人员的过失、故意行为或违约导致人员伤亡、疾病以及第18.3款[人身伤害和财产损失保险]中的例外责任事件，业主应保障承包商及其人员免于承担有关索赔、损失和相关开支。

[17.2] 承包商对工程的照管（Contractor's Care of the Works）

从开工到接收证书颁发时，承包商应对工程和货物的照管负全部责任，除业主风险导致的原因外，损失一律由承包商自行承担。

整个工程（或区段、或部分工程）的接收证书颁发后，保管的责任即移交给业主，但承包商仍应负责扫尾工作的照管；在签发接收证书之后，如由于承包商的行为导致损失，或发生的损失是接收证书签发之前承包商负责的原因所致，他均应对损失负责。

[17.3] 业主的风险（Employer's Risks）

业主的风险包括：

(a) 战争、敌对行为、外敌入侵活动；

(b) 工程所在国内叛乱、恐怖活动、革命、暴动、军事政变或篡夺政权，或内战；

(c) 承包商的人员，承包商及分包商的其他雇员之外的人员在工程所在国内的暴乱、骚乱或混乱；

(d) 工程所在国内的军火、爆炸物资、电离辐射或放射性污染，但承包商使用此类材料除外；

(e) 由音速或超音速的飞机及其他飞行器造成的压力波；

(f) 除合同规定之外，业主使用或占有的任何部分永久工程；

(g) 业主方负责的任何部分的工程设计；

(h) 一个有经验的承包商无法合理预见并防范的自然力的作用。

"06多边银行版"增加：(b) 工程所在国内叛乱、恐怖主义、非承包商人员的故意破坏、革命、暴动、政变等；

"06 多边银行版"删除：(c) 中"及承包商和分包商的其他雇员"。

[17.4] 业主风险的后果 (Consequences of Employer's Risks)

如由于业主的风险导致对工程、物品或承包商的文件的损害，承包商应立即通知工程师，并按工程师的要求进行修复和补救；如承包商由此招致了损失，可按索赔条款提出工期和费用索赔；对于业主行为风险（上一款第 (f)、(g) 点）造成的损失，承包商还可以索赔利润。

[17.5] 知识产权和工业产权 (Intellectual and Industrial Property Rights)

本款中"侵权"是指对工程有关专利、注册设计方案、版权、商标、商号、商业秘密等知识产权或工业产权的侵犯；"索赔"是指对一项侵权的索赔。如合同某一方在受到他人侵权索赔 28 天内，没有向另一方发出通知，则合同某一方即放弃了本款下述保障的权利：

业主对承包商的侵权保障包括以下任一方面：

(a) 如承包商的侵权是履行合同要求不可避免的；或

(b) 业主因以下原因使用任何工程的结果：

(i) 业主未按合同规定的目的使用了工程而导致的侵权索赔；或，

(ii) 如合同中没有规定或没有在基准日期前向承包商说明，业主在使用工程时，与不是承包商供应的物品联合使用而导致的侵权索赔。

承包商对业主的侵权保障包括以下任一方面：

(i) 工程使用的任何货物的制造、使用、销售、进口等导致了侵权索赔；

(ii) 承包商负责的工程设计导致了侵权索赔。

受到侵权索赔的保障方应自费与提出索赔的权利人进行谈判、诉讼或仲裁。处理过程中，合同另一方应保障方的要求并由保障方承担费用的条件下，协助保障方对侵权索赔答辩。在答辩过程中，合同另一方不得作出对保障方不利的承认，除非保障方在另一方的要求下仍不参加谈判、诉讼或仲裁。

[17.6] 责任限度 (Limitation of Liability)

无论是哪一方的损失（工程、利润、合同等直接或间接损失）保障方对另一方的赔偿责任仅限于 16.4 款［终止时的支付］与 17.1 款［保障］中规定的限度。

"06 多边银行版"增加：无论是哪一方的损失（工程、利润、合同等直接或间接损失）保障方对另一方的赔偿责任仅限于 8.7 款［误期损害赔偿费］；11.2 款［缺陷修复费用］；15.4 款［终止后的支付］；16.4 款［终止时的支付］；17.1［保障］；17.4（b）［业主风险的后果］以及 17.5［知识产权与工业产权］中的特殊的规定。

除 4.19 款［电、水、燃气］、4.20 款［业主的设备和免费供应的材料］、17.1 款［保障］和 17.5 款［知识产权和工业产权］的规定外，承包商对业主的全部责任不超过专用条件中规定的限额；如无规定，不超过中标合同金额；如违约一方属于欺诈、故意违约或不轨行为，则本款不限制保障方的责任。

"06多边银行版"增加17.7款：

[17.7] 业主提供的生活设施（Use of Employer's Accommodation/ Facilities）

如果在规范中规定了业主向承包商提供生活设施，则自业主向承包商移交该生活设施之日起，承包商对这些生活设施负照管责任，直到承包商归还这些生活设施（移交和归还日期在接收证书中注明）。

在承包商负责照管业主的生活设施期间，如果发生任何损失和损害（非业主原因），则承包商应按照工程师的要求自费修复损失和损害。

## 第18条 保险（Insurance）

本条共4款，主要内容包括：
- 不论哪一方去投保，投保方的投保程序和要求；
- 工程、生产设备和承包商设备的保险要求；
- 对第三方人员和财产的保险要求；
- 对承包商的人员的保险要求。

[18.1] 保险的总体要求（General Requirements for Insurances）

投保方（Insuring Party）是指办理保险，并保持合同要求的各类保险有效的一方。如承包商是投保方，应遵循业主批准的条件办理保险，这些条件应与中标函日期前双方商定的投保条件一致，这些条件优先于本款其他规定；如业主是投保方，他应按照专用条件中列出的具体条件去投保；如保险单中业主和承包商均为被保险人，当发生与自己有关的投保的事项时，均可单独运用该保险单提出保险索赔。业主可替业主的人员进行保险索赔；其他被保险人员无权直接与保险公司交涉，均由承包商统一办理。

"06多边银行版"增加：如果业主为投保方，他应按照双方在业主发出中标函之前达成的保险协议进行投保。该保险协议的优先权高于本条规定。

投保方应要求所有被保险人遵守保单规定，理赔货币应与修复损害所用货币相同；投保方在支付了保险费后，在投标书附录中规定的期限内将支付保险费的证据和保险单副本提交对方并通知工程师。

投保方应保持使保险人随时了解工程变化，并随之增减保险内容，任一方均无权对保单做出实质性的修改；若投保方未能及时补办保险，本合同另一方可去办理，并有权从投保方收回补办保险的费用，合同价格也将随之调整；

本条规定不限制合同中双方的义务、责任和职责。如投保方对应办的保险未去办理，也未征得对方同意，则发生本应能从保险公司索赔的款额应由投保方赔付。

"06多边银行版"增加：承包商有权与任何合格国家（Eligible Countries）的保险公司办理一切与合同相关的保险（包括，但不限于18条中提及的保险）

[18.2] 工程和承包商设备的保险（Insurance for Works and Contractor's Equipment)

投保方应为工程、生产设备、材料和承包商的文件办理保险,投保金额应不低于全部重置成本,包括拆除、运走废弃物的费用、专业费用和利润。

保险有效期应为保险证据生效至颁发履约证书的日期,保险范围为在此期间承包商负责的或造成的损失和损害。

投保方应为承包商的设备投保,保险金额不低于其全部重置价值并包括运费。保险期限为由开始运往现场至使用期结束。

如专用条款无相反规定:

(a) 本款规定的保险由承包商以合同双方的名义办理;

(b) 双方有权联名向保险公司投保并索赔,以之作为修复损害的专用款;

(c) 保险应覆盖"业主的风险"以外的全部风险;

(d) 保险应覆盖由于业主使用一部分工程而对另一部分工程造成的损失,以及业主的风险中第(c)、(g)、(h)项风险导致的损失(但不包括按合理商业条件不能投保的风险),对业主风险的保险每次的免赔额不得大于投标书附录中规定的数额,如无此规定,则不对此类业主风险保险;

"06多边银行版"修改:

(b) 双方有权联名向保险公司投保并索赔,以之作为承担修复损失或损害的一方的用款;

(d) 保险应覆盖形成合同的原招标文件特定要求的范围内的、由于业主使用一部分工程而对另一部分工程造成的损失,以及业主的风险中第(c)、(g)、(h)项风险导致的损失(但不包括按合理商业条件不能投保的风险),对业主风险的保险每次的免赔额不得大于合同数据中规定的数额,如无此规定,则不对此类业主风险保险。

(e) 保险可以不包括下列情况的损失、损害和修复:

(i) 由于设计、材料、工艺等缺陷导致处于缺陷状态的工程部分(但除非符合下面(ii)的情况,否则由这种缺陷直接导致的其他任何部分的损失损害仍需保险);

(ii) 为修复由于设计、材料或工艺缺陷造成的处于缺陷状态的工程部分而导致其他部分工程的损失和损害;

(iii) 业主已接收的工程部分(但承包商应对损失、损害负责的除外);

(iv) 未运到工程所在国的货物。

如在基准日期一年后,上述(d)项应保险内容不能再按合理的商业条件继续投保,承包商应通知业主,并附证据,业主在收到此证据后,应:

(i) 按索赔程序从承包商处收回此笔原定的保险费;

(ii) 如业主也不能按合理商业条件办理此保险,则认为业主已批准删减了此保险。

[18.3] 人员伤害及财产损失保险(Insurance against Injury to Persons and

Damage to Property)

投保方应办理第三方保险,即在履约证书颁发前,为除工程、承包商的设备、承包商人员之外可能造成的财产损害和人员伤亡办理保险;此保险对每次事件发生的保险金额应不低于投标书附录中规定的数额,事件发生的次数不限。

如专用条件没有相反的规定:

(a) 由承包商作为投保方办理和维持保险,

(b) 应以各方联合的名义投保,

(c) 保险的财产应包括 18.2 款未包括的,可能受承包商施工损坏的业主财产,

(d) 可不包括以下事项引起的责任:业主在土地上实施工程和占有土地的权利;承包商施工及修补缺陷必然导致的损害;业主的风险中的某些事项(但按合理商业条件可保险者除外)。

[18.4] 承包商人员的保险(Insurance for Contractor's Personnel)

承包商应为其雇用的任何人员的伤亡和疾病导致的赔偿责任办理保险;业主和工程师也应由该保单得到保障,但不包括业主和业主人员的行为疏忽引起的损失。

此保险应在这些人员参与实施项目的整个期间保持有效;分包商人员的保险由分包商办理,但承包商应负责要求分包商符合本条规定。

"06 多边银行版"增加:除业主和业主人员的任何行为或疏忽引起的损失和索赔外,该保险应保障业主和工程师不对任何承包商的人员的伤害、患病、疾病或死亡承担索赔、损害赔偿费、损失和开支(包括法律费用和开支)的责任。

## 第 19 条 不可抗力(Force Majeure)

本条共 7 款,主要内容包括:

- 在本合同条件中对不可抗力的定义;
- 发生不可抗力后双方各自的责任;
- 双方对不可抗力造成的后果各自承担的责任和义务;
- 不可抗力导致终止合同时的处理方法;
- 由于法律的规定导致解除履约时的处理方法。

[19.1] 不可抗力的定义(Definition of Force Majeure)

凡满足下列全部条件的事件或情况构成不可抗力:

(a) 一方无法控制的;

(b) 在签订合同前,该方无法合理防范的;

(c) 事件发生后,该方不能合理避免或克服的;

(d) 该事件本质上不是由合同另一方引起的。

在满足上述全部条件下,下列任一事件均为不可抗力(但不限于此):

(i) 战争、敌对行为、入侵、外敌活动;

(ii) 叛乱、恐怖活动、革命、暴动、军事政变或篡夺政权，或内战；

"06 多边银行版"补充：(ii) 叛乱、恐怖活动、除承包商人员之外的破坏活动、革命、暴动、军事政变或内战，

(iii) 承包商的人员和承包商及分包商的其他雇员之外的人员的暴乱、骚乱、混乱、罢工或封锁工程；

"06 多边银行版"修改：(iii) 承包商人员之外的人员的暴乱、骚乱、秩序混乱、罢工或封锁工程，

(iv) 战争军火、爆炸物资、电离辐射或放射性污染，但承包商使用此类材料除外；

(v) 诸如地震、飓风、台风、火山爆发等自然灾害。

[19.2] 不可抗力的通知（Notice of Force Majeure）

如一方因不可抗力影响到履约，应向另一方发出通知，此通知应在不可抗力事件发生（或被觉察到）后 14 天内发出；发出通知后，该方应在由于不可抗力阻碍履约期间，免于履行该义务；本条的任何规定均不影响合同一方向另一方的支付义务。

[19.3] 将延误减到最小的义务（Duty to Minimize Delay）

各方都应尽力使不可抗力事件对履约造成的任何延误降至最小；当一方不再受不可抗力影响时，应向另一方发出通知。

[19.4] 不可抗力的后果（Consequences of Force Majeure）

若承包商受到不可抗力影响，且按规定向业主方发出通知，则：

(a) 承包商可索赔工期；

(b) 对 19.1 款中第 (i)、(ii)、(iii)、(iv) 类不可抗力，且 (ii)、(iii)、(iv) 类情况发生在工程所在国时，承包商可索赔费用。

"06 多边银行版"补充：若费用是由于第 19.1 款［不可抗力的定义］中列举的第 (i)、(ii)、(iii)、(iv) 类不可抗力引起的，并且 (ii)、(iii)、(iv) 类的情况发生在工程所在国，则承包商可索赔费用。该费用包括为修复或重建被不可抗力损害或破坏的工程和/或货物所需的费用（如果该费用不能从 18.2 款［工程和承包商设备的保险］中获得保险赔偿）。

[19.5] 不可抗力影响分包商（Force Majeure Affecting Subcontractor）

若承包商与分包商签订的分包合同中，遇到同样的不可抗力时，分包商从承包商处得到的补偿如果大于承包商从业主处得到的补偿，对于超出部分，由承包商承担，业主不予补偿，承包商也不能以此为借口而拒绝履约。

[19.6] 可选择的终止、支付以及解除履约（Optional Termination, Payment and Release）

若工程被某一不可抗力事件连续耽搁 84 天，或间断耽搁累计超过 140 天，双方中的任一方均可发出终止通知，7 天后合同终止生效。此时承包商可按第 16.3 款，停止

工作，并将施工设备等撤离现场。

终止合同后，工程师应随即确定承包商完成的工作的价值，并签发支付证书；该支付证书中包括的款项有：

（a）合同中标明了价格的任何完成的工作的款项；

（b）已交付给承包商的为工程定购的或承包商按合同已采购而不能退货的生产设备和材料的款项，但业主付款后，此类物品应为业主的财产，承包商应交付给业主；

（c）承包商在预期要完成工程的情况下，而合理招致的任何其他费用或债务；

（d）承包商将临时工程或施工设备运回自己本国的存放场地的遣散费；

（e）合同终止时承包商在工程上雇佣的雇员的遣返费。

[19.7] 根据法律解除履约（Release from Performance under the Law）

如果发生的事件（包括但不限于不可抗力的事件），双方无法控制，使得双方或一方履约已不可能或已经违法，或者合同适用的法律赋予合同双方放弃进一步履约的权利，则在一方通知另一方后，合同双方解除进一步的履约义务，但不影响履约解除之前，一方因违约而赋予另一方的权利；业主向承包商支付的款额依据第19.6款的规定执行。

"06多边银行版"删除：本款标题中"根据法律"（under the Law）。

## 第20条 索赔、争议和仲裁（Claim, Disputes and Arbitration）

本条共8款，主要内容包括：

- 承包商索赔的程序；
- 争议评判委员会（DAB）的组成和运作机制；
- 仲裁的前提、规则和程序；
- 通过DAB、友好解决和仲裁解决争议的途径。

[20.1] 承包商的索赔（Contractor's Claims）

若承包商认为他有权索赔工期和款项，他应在索赔事件发生后28天内向工程师发出通知，否则他将丧失该项索赔的全部权利；承包商还应提交合同要求的其他通知和支持索赔的详细材料。承包商应保持有关同期记录，工程师可查阅并可以要求复印这些记录。承包商应在索赔事件发生后42天内或工程师认可的期限内，提交详细的索赔报告，包括索赔依据、索赔的工期和款额。

如引起索赔的事件是连续性的，则承包商应每月递交一份报告，说明情况以及累计的索赔时间和/或款额。在索赔事件结束后28天内或工程师同意的期限内，递交最终索赔报告。

工程师应在收到索赔报告42天内（或工程师提出承包商同意的时间内）作出回应，表示批准或要求补充资料；每一份付款证书中，承包商只能得到他已证明并经工程师批准的那一部分索赔款额；工程师在决定批准承包商的工期和款项索赔之前应与双方商定或确定；本款与其他和索赔有关条款的规定互为补充，承包商如有违反，可能失去相应的索赔权。

"06多边银行版"增加：如果工程师在本款规定的时间框架内没有做出响应，则任一方均可认为工程师拒绝该索赔，并将按照20.4款提交给争议委员会解决。

"06多边银行版"修改：将"争议评判委员会"改为"争议委员会"（Dispute Board，DB）。（在本条以下各款中均同）

[20.2] 争议评判委员会的任命（Appointment of the Dispute Adjudication Board）

合同双方应在投标书附录中规定的日期前，联合任命一个争议评判委员会（DAB），DAB可由一人或三人组成，如为三人时，双方各推荐一人并报对方认可，双方同这二人共同推选商定第三人，由第三人担任DAB主席；合同双方与DAB签订协议书并商定委员及其咨询专家的报酬，双方各担负报酬的一半；双方有权共同解聘DAB的任何成员或任命新成员，但不能单方面行动；一般当"结清证明"生效后，DAB的任期届满。

"06多边银行版"补充：DB将按"合同数据"中的规定由1人或3人组成，每个成员应能流利使用合同规定语言进行交流。对所实施的工程以及合同文件的解释具有专业经验。

"06多边银行版"修改：如果合同双方未能在"合同数据"中规定日期前的21天内联合指定DB，并且DB是三人时，各方应指定一名成员并由另一方批准。这两名DB成员将一致推荐第三名成员，而合同双方均应同意此成员作为DB的主席。

"06多边银行版"修改：如果争议委员会的任一成员拒绝此工作或由于死亡、能力不足、辞职、委任到期等原因不能履行其职责时，则应按照本条款的规定安排合适的替代人选。

[20.3] 对DAB未能达成一致（Failure to Agree Dispute Adjudication Board）

"06多边银行版"修改：对DB的组成未能达成一致（Failure to Agree on the composition of Dispute Board）

如果在任命DAB成员过程中发生下列任一情况：

(a) 合同双方未能在规定日期就任命一名DAB成员达成一致；

(b) 合同一方未能在规定日期向对方提出DAB人选（三人委员会）；

(c) 合同双方未能在规定日期就第三位DAB成员达成一致；

(d) DAB任一成员拒绝或不能履行职责后42天内，双方未能就替代人选达成一致。

此时可由投标书附录中指定的任命机构或官员，在与双方协商后任命DAB成员。该任命是终局性的。合同双方向任命机构或官员各支付任命工作报酬的一半。

"06多边银行版"补充：(b) 合同一方未能在规定日期向对方提出DB人选（三人委员会）时，或未能批准对方提名的人选时。

[20.4] 获得DAB的决定（Obtaining Dispute Adjudication Board's Decision）

合同任一方均可将争议提交 DAB 主席；合同双方均可就此争议提供附加资料和信息；DAB 应在收到提交的争议后 84 天内作出决定，并说明理由，决定应对双方具有约束力；如果任一方对 DAB 的决定不满意，或 DAB 未能在收到一方提交材料后 84 天内作出决定，则任一方均可在此后 28 天内向另一方发出不满意通知，否则任一方均无权申请仲裁。

在 DAB 调停争议过程中承包商应继续施工。

"06 多边银行版"补充：在对 DB 的决定给出不满意通知的同时，可发出启动仲裁的意向。

[20.5] 友好解决（Amicable Settlement）

如果任一方对 DAB 的决定不满意的通知已发出，双方在仲裁开始之前，应努力友好解决争议；除非双方另有商定，且双方未能友好解决，仲裁可在不满意通知发出后 56 天后开始。

[20.6] 仲裁（Arbitration）

如 DAB 的决定未能成为终局决定，双方也未能友好解决，则争议应按合同约定的国际仲裁解决；除非双方另有约定：

（a）仲裁应根据国际商会仲裁规则；

（b）根据国际商会仲裁规则任命三位仲裁员；

（c）按合同规定的语言进行。

仲裁员有权查阅与争议有关的一切文档（包括工程师的决定和 DAB 的决定）；工程师可被传作证人，并可向仲裁员提供证据，合同双方在仲裁过程中均可补充理由和证据；仲裁可在工程竣工之前或之后进行，但合同双方、工程师和 DAB 的义务，均不应因仲裁工作而改变。

DAB 的任何决定均可作为仲裁的证据。

"06 多边银行版"修改：除非在专用合同条件中另有规定，任何争议未得到友好解决并且 DB 的决定（如果有）也未能成为最终的和有约束力时，则应通过仲裁解决。除非另有规定：

（a）如果合同涉及外国承包商，则国际仲裁根据"合同数据"中所指定的机构的程序，并按照该机构的仲裁规则，或联合国贸易委员会（UNCITRAL）的仲裁规则进行仲裁；

（b）仲裁的地点为指定仲裁机构的总部所在的城市；

（c）按合同规定的语言进行；以及

（d）与当地承包商签订的合同，仲裁的程序要遵守业主所在国的法律。

"06 多边银行版"增加：合同各方代表和工程师均可以作为仲裁过程中的证人。

[20.7] 未能遵守 DAB 的决定（Failure to Comply with DAB's Decision）

如双方在规定的 28 天时间内，对 DAB 的决定未发出不满意的通知，该决定应对双方具有约束力。

如合同任一方随后不执行该决定，另一方可将此事件提交仲裁；此时其他程序

(包括友好解决)均不适用,而另一方同时还享有合同规定的其他权利。

[20.8] DAB 的任期届满(Expiry of DAB's Appointment)

如 DAB 任期结束或其他情况使争议发生时没有 DAB 在工作,此时,双方可直接将争议提交仲裁。

图 7-2 FIDIC "新红皮书" "新黄皮书" 中为通过 DAB(DB)方式解决争议或走向仲裁的程序。

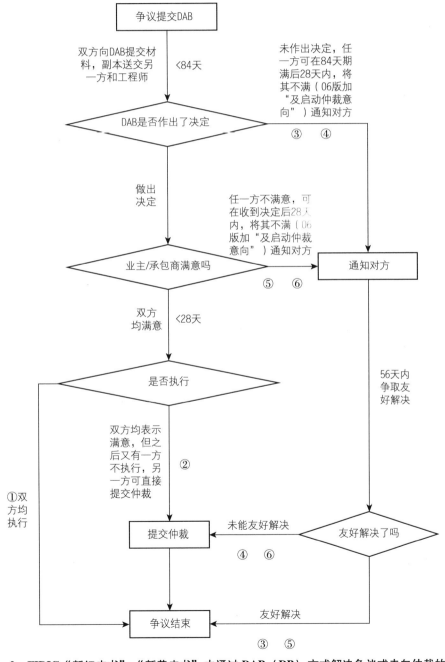

图 7-2 FIDIC "新红皮书"、"新黄皮书" 中通过 DAB(DB)方式解决争议或走向仲裁的程序

# 第3节　FIDIC《生产设备与设计—建造合同条件》
### （1999年第1版）

FIDIC《生产设备与设计—建造合同条件》（1999年第1版）（"新黄皮书"）是在FIDIC1988年出版的《电气与机械工程合同条件》（"黄皮书"）与1995年出版的《设计——建造与交钥匙工程合同条件》（"橘皮书"）基础上重新编写的。1999年出版的"新红皮书"、"新黄皮书"和"银皮书"三本书均统一为20条。其中，大约80％的条款名称和内容都是一样的，这样对使用者非常方便，本节中凡"新黄皮书"与"新红皮书"相同的条款就不再作介绍，而只介绍那些不同的条款。

"新黄皮书"共20条，170款。20条包括：一般规定，业主，工程师，承包商，设计，职员和劳工，生产设备、材料和工艺，开工、延误和暂停，竣工检验，业主的接收，缺陷责任，竣工后检验，变更和调整，合同价格和支付，业主提出终止，承包商提出暂停和终止，风险和责任，保险，不可抗力，索赔、争议和仲裁。后附争议评判协议书一般条件。

专用条件的内容主要是专用条件的编写指南，包括部分范例条款，后附7个体现"国际商会"规则的保函格式。上述两部分后还附有投标函、合同协议书及争议评判协议书的格式。

下文中的各款标题前面方括号内的数字为FIDIC"新黄皮书"（1999年第一版）原版相应的款号。

## 第1条　一般规定

本条共14款，主要内容包括：
- 本合同条件中的关键术语的含义；
- 本合同文件的组成及优先顺序；
- 文件的提供、照管及版权；
- 合同双方的信息沟通、保密规定和权益转让；
- 合同语言、法律和联合承包的规定。

[1.1]　定义（Definitions）

"新黄皮书"共58个定义，也和"新红皮书"一样，分为六大类：（1）合同；（2）合同双方和人员；（3）日期、检验、期间和竣工；（4）款项与支付；（5）工程与货物；（6）其他定义。

58个定义中有6个定义与"新红皮书"不同，现介绍如下：

[1.1.1]　合同（Contract）

[1.1.1.1]　合同（Contract）

指包括合同协议书、中标函、投标函、本合同条件、业主的要求、资料表、承包商的建议书,以及在合同协议书或中标函中列出的其他文件。

[1.1.1.2] 合同协议书(Contract Agreement):与"新红皮书"完全相同。

[1.1.1.3] 中标函(Letter of Acceptance):与"新红皮书"完全相同。

[1.1.1.4] 投标函(Letter of Tender):与"新红皮书"完全相同。

[1.1.1.5] 业主的要求(Employer's Requirements)

指包括在合同中以此命名的文件,并按合同规定对之进行的任何补充和修改。本文件列明了工程的目的、范围以及/或设计和/或其他技术标准。

[1.1.1.6] 资料表(Schedules)

指合同中由承包商填写并随投标书提交的各种文件,可包括数据、表册、付款计划表和/或价格表。

[1.1.1.7] 承包商的建议书(Contractor's Proposal)

指包括在合同中,由承包商随投标函提交的该名称的文件,该文件可能包括承包商的初步设计。

[1.1.1.8] 投标书(Tender):与"新红皮书"完全相同。

[1.1.1.9] 投标书附录(Appendix to Tender):与"新红皮书"完全相同。

[1.1.1.10] 保证表(Schedule of Guarantees)和付款计划表(Schedule of Payments)

指包含在"资料表"中并以此命名的文件(如果有)。

[1.1.2] 合同各方与人员(Parties and Persons):

[1.1.2.1] 一方(Party):与"新红皮书"完全相同。

[1.1.2.2] 业主(Employer):与"新红皮书"完全相同。

[1.1.2.3] 承包商(Contractor):与"新红皮书"完全相同。

[1.1.2.4] 工程师(Engineer):与"新红皮书"完全相同。

[1.1.2.5] 承包商的代表(Contractor's Representitive):与"新红皮书"完全相同。

[1.1.2.6] 业主的人员(Employer's Personnel):与"新红皮书"完全相同。

[1.1.2.7] 承包商的人员(Contractor's Personnel):与"新红皮书"完全相同。

[1.1.2.8] 分包商(Subcontractor):与"新红皮书"完全相同。

[1.1.2.9] 争议评判委员会(DAB):与"新红皮书"完全相同。

[1.1.2.10] "菲迪克"(FIDIC):与"新红皮书"完全相同。

[1.1.2.11] 银行(Bank):与"新红皮书"完全相同。

[1.1.2.12] 借款人(Borrower):与"新红皮书"完全相同。

[1.1.3] 日期、检验、期限和竣工(Dates, Tests, Periods and Completion)

［1.1.3.1］基准日期（Base Date）：与"新红皮书"完全相同。

［1.1.3.2］开工日期（Commencement Date）：与"新红皮书"完全相同。

［1.1.3.3］竣工时间（Time for Completion）：与"新红皮书"完全相同。

［1.1.3.4］竣工检验（Tests on Completion）：与"新红皮书"完全相同。

［1.1.3.5］接收证书（Taking-Over Certificate）：与"新红皮书"完全相同。

［1.1.3.6］竣工后的检验（Tests after Completion）：与"新红皮书"完全相同。

［1.1.3.7］缺陷通知期（Defects Notification Period）：与"新红皮书"完全相同。

［1.1.3.8］履约证书（Performance Certificate）：与"新红皮书"完全相同。

［1.1.3.9］日（Day），年（Year）：与"新红皮书"完全相同。

［1.1.4］款项与支付（Money and Payments）：

［1.1.4.1］中标合同金额（Accepted Contract Amount）：与"新红皮书"完全相同。

［1.1.4.2］合同价格（Contract Price）：与"新红皮书"完全相同。

［1.1.4.3］费用（Cost）：与"新红皮书"完全相同。

［1.1.4.4］最终支付证书（Final Payment Certificate）：与"新红皮书"完全相同。

［1.1.4.5］最终报表（Final Statement）：与"新红皮书"完全相同。

［1.1.4.6］外币（Foreign Currency）：与"新红皮书"完全相同。

［1.1.4.7］期中支付证书（Interim Payment Certificate）：与"新红皮书"完全相同。

［1.1.4.8］当地货币（Local Currency）：与"新红皮书"完全相同。

［1.1.4.9］支付证书（Payment Certificate）：与"新红皮书"完全相同。

［1.1.4.10］暂定金额（Provisional Sum）：与"新红皮书"完全相同。

［1.1.4.11］保留金（Retention Money）：与"新红皮书"完全相同。

［1.1.4.12］报表（Statement）：与"新红皮书"完全相同。

［1.1.5］工程和货物（Works and Goods）：与"新红皮书"完全相同。

［1.1.5.1］承包商的设备（Contractor's Equipment）：与"新红皮书"完全相同。

［1.1.5.2］货物（Goods）：与"新红皮书"完全相同。

［1.1.5.3］材料（Materials）：与"新红皮书"完全相同。

［1.1.5.4］永久工程（Permanent Works）：与"新红皮书"完全相同。

［1.1.5.5］生产设备（Plant）：与"新红皮书"完全相同。

［1.1.5.6］区段（Sections）：与"新红皮书"完全相同。

［1.1.5.7］临时工程（Temporary Works）：与"新红皮书"完全相同。

［1.1.5.8］ 工程（Works）：与"新红皮书"完全相同。

［1.1.6］ 其他定义：

［1.1.6.1］ 承包商的文件（Contractor's Documents）：与"新红皮书"完全相同。

［1.1.6.2］ 工程所在国（Country）：与"新红皮书"完全相同。

［1.1.6.3］ 业主的设备（Employer's Equipment）：与"新红皮书"完全相同。

［1.1.6.4］ 不可抗力（Force Majeure）：与"新红皮书"完全相同。

［1.1.6.5］ 法律（Laws）：与"新红皮书"完全相同。

［1.1.6.6］ 履约保证（Performance Security）：与"新红皮书"完全相同。

［1.1.6.7］ 现场（Site）：与"新红皮书"完全相同。

［1.1.6.8］ 不可预见（Unforeseeable）：与"新红皮书"完全相同。

［1.1.6.9］ 变更（Variation）

指按照合同条件第13条［变更和调整］被指示或被批准作为变更的，对业主的要求或工程的任何变动。

［1.2］ 解释（Interpretation）：与"新红皮书"完全相同。

［1.3］ 通讯交流（Communication）：与"新红皮书"完全相同。

［1.4］ 法律和语言（Law and Language）：与"新红皮书"完全相同。

［1.5］ 文件的优先顺序（Priority of Documents）：

合同文件的优先顺序如下：

（a）合同协议书；

（b）中标函；

（c）投标函；

（d）专用合同条件；

（e）通用合同条件；

（f）业主的要求；

（g）资料表；

（h）承包商的建议书及组成合同的其他文件。

各合同文件之间应可相互解释，工程师可对文件中的歧义进行澄清。

［1.6］ 合同协议书（Contract Agreement）：

合同各方应在承包商收到中标函后28天内签订。合同协议书格式附在专用条件后，由签约产生的印花税和类似费用由业主承担。

合同协议书一般包括：

- 合同条件中措词和词组适用于全部合同文件；
- 列出合同的全部文件清单；
- 合同的要约：业主——支付工程款；

**承包商——实施和维修工程**

[1.7] 转让（Assignment）：与"新红皮书"完全相同。

[1.8] 文件的照管和提供（Care and Supply of Documents）：

承包商的文件由自己保管，应向业主提供六套。如一方发现对方文件有技术性的错误或缺陷时，应及时告知对方。承包商应在工地保存一套合同文件及其他文件，供业主方人员查阅。

和"新红皮书"对比，删去了"规范和图纸由业主保管，并应向承包商提供两套"。

[1.9] 业主的要求中的错误（Errors in the Employer's Requirements）

如果由于"业主的要求"中的错误导致承包商延误工期或招致了费用损失，则承包商可向工程师申请工期、费用和利润索赔。

工程师在审核承包商的上述索赔要求时，需确定一个有经验的承包商在按照第5.1款的要求审核"业主的要求"时，是否不能发现该错误，或难以发现的程度，并据之确定索赔。

[1.10] 业主使用承包商的文件（Employer's Use of Contractor's Documents）：与"新红皮书"完全相同。

[1.11] 承包商使用业主的文件（Contractor's Use of Employer's Documents）：与"新红皮书"基本相同，只是将"规范、图纸"改为"业主的要求"。

[1.12] 保密事项（Confidential Details）：与"新红皮书"完全相同。

[1.13] 遵守法律（Compliance with Laws）：与"新红皮书"完全相同。

[1.14] 共同的及各自的责任（Joint and Several Liability）：与"新红皮书"完全相同。

## 第2条 业主（The Employer）

本条共5款，主要内容包括：
- 业主向承包商提供施工现场的义务；
- 业主应向承包商提供协助和配合；
- 承包商对业主的项目资金安排的知情权；
- 业主的索赔权以及应遵循的程序。

[2.1] 进入现场的权利（Right of Access to the Site）：与"新红皮书"完全相同。

[2.2] 许可、执照或批准（Permits, Licenses or Approvals）：与"新红皮书"完全相同。

[2.3] 业主的人员（Employer's Personnel）：与"新红皮书"完全相同。

[2.4] 业主的资金安排（Employer's Financial Arrangements）：与"新红皮书"完全相同。

[2.5] 业主的索赔（Employer's Claims）：与"新红皮书"完全相同。

## 第3条 工程师（The Engineer）

本条共5款，主要内容包括：
- 工程师的权力和职责范围；
- 工程师如何将其权力委托给其助理；
- 工程师如何下达指令；
- 对业主更换工程师有何限定；
- 工程师做决定时应遵循的程序和要求。

[3.1] 工程师的职责和权力（Engineer's Duties & Authority）：与"新红皮书"完全相同。

[3.2] 工程师的委托（Delegation by the Engineer）：与"新红皮书"完全相同。

[3.3] 工程师的指示（Instructions of the Engineer）：

工程师为了实施工程，可根据合同向承包商发布指示，承包商只能从工程师或其助理处接受指示。工程师一般应发布书面指示。但没有"新红皮书"口头指示的规定。

[3.4] 工程师的替换（Replacement of the Engineer）：与"新红皮书"完全相同。

[3.5] 决定（Determination）：与"新红皮书"完全相同。

## 第4条 承包商（The Contractor）

本条共24款，主要内容包括：
- 承包商在合同中的基本义务，包括设计等；
- 履约保证的相关规定；
- 对承包商代表的要求以及对分包、转让、合作以及现场放线的规定；
- 关于现场作业、安全、质量保证及环保的规定；
- 关于现场数据、现场条件、道路通行权、运输、化石等方面承包商所承担的责任和享有的权利；
- 关于进度报告的内容以及提交程序的规定。

[4.1] 承包商的一般义务（Contractor's General Obligations）

承包商应按照合同设计、实施、完成工程及修补缺陷，提供合同规定的生产设备、承包商的文件以及所需的人员、货物和其他服务。

工程应包括为满足业主的要求、承包商的建议书和资料表中规定的、或合同中隐含的任何工作，以及为工程的稳定和安全有效的运行所需的工作。承包商应对现场作业、施工方法的安全性和可靠性负责。

当工程师要求时，承包商应提交其采用的施工安排和施工方法的细节，如作重要改变，需事先通知工程师。

［4.2］履约保证（Performance Security）：与"新红皮书"完全相同。

［4.3］承包商的代表（Contractor's Representative）：与"新红皮书"完全相同。

［4.4］分包商（Subcontractor）：与"新红皮书"基本相同，仅不包含业主有权要求将分包合同转让给业主的规定。

［4.5］指定分包商（Nominated Subcontractor）：

指工程师根据第13条"变更与调整"的规定，指定承包商雇用的分包商。如承包商向工程师提出反对意见并附有详细依据，可以不雇用该指定分包商。

［4.6］合作（Cooperation）：

承包商应按合同规定或业主的指示与业主的人员、业主的其他分包商及公共当局人员合作。如这些合作和服务导致了一个有经验的承包商在提交投标书时不可预见的费用，则构成变更。承包商应对其在现场的活动负责，并按照"业主的要求"中的规定协调自己与其他承包商的活动。

［4.7］放线（Setting Out）：与"新红皮书"完全相同。

［4.8］安全措施（Safety Procedure）：与"新红皮书"完全相同。

［4.9］质量保证（Quality Assurance）：与"新红皮书"完全相同。

［4.10］现场数据（Site Data）：与"新红皮书"完全相同。

［4.11］中标合同金额的充分性（Sufficiency of the Accepted Contract Amount）：与"新红皮书"大部分相同，仅在"中标合同金额"的内容中应包括设计。

［4.12］不可预见的外界条件（Unforeseeable Physical Conditions）：与"新红皮书"完全相同；

［4.13］道路通行权与设施使用权（Rights of Way and Facilities）：与"新红皮书"完全相同；

［4.14］避免干扰（Avoidance of Interference）：与"新红皮书"完全相同；

［4.15］进场路线（Access Route）：与"新红皮书"完全相同；

［4.16］货物运输（Transport of Goods）：与"新红皮书"完全相同；

［4.17］承包商的设备（Contractor's Equipment）：与"新红皮书"完全相同；

［4.18］环境保护（Protection of Environment）：与"新红皮书"完全相同；

［4.19］水电和燃气（Electricity, Water and Gas）：与"新红皮书"完全相同；

［4.20］业主的设备和免费供应材料（Employer's Equipment and Free-Issue Material）：与"新红皮书"完全相同；

［4.21］进度报告（Progress Reports）：与"新红皮书"完全相同；

[4.22] 现场安保（Security of the Site）：与"新红皮书"完全相同；

[4.23] 承包商的现场作业（Contractor's Operations on Site）：与"新红皮书"完全相同；

[4.24] 化石（Fossils）：与"新红皮书"完全相同；

## 第5条 设计（Design）

本条共8款，主要内容包括：
- 承包商的一般设计义务；
- 业主对"承包商的文件"编制的要求；
- 承包商在设计过程中应遵守的基本原则；
- 承包商在工程移交之前必须提交的文件。

[5.1] 一般设计义务（General Design Obligations）

承包商应按"业主的要求"中的标准负责设计。承包商的设计人员或设计分包商应具备必需的经验和能力，并应将有关人员情况报送工程师，取得其同意。

当收到开工通知后，承包商应仔细检查业主的要求，包括设计标准及计算书等，以及放线的基准依据。如发现错误，应在投标书附录规定的期限内通知工程师，工程师应就是否变更通知承包商。如果这些错误是一个有经验的承包商在提交投标书前本应发现的，则不给予工期和费用调整。

[5.2] 承包商的文件（Contractor's Documents）

承包商的文件包括：业主的要求中规定的技术文件、满足法规要求报批的文件、竣工文件以及操作和维修手册。编写时应使用合同规定的语言，还应编制指导承包商的人员所需的文件。

如业主的要求中规定承包商的文件应提交工程师审核或批准时，则应按规定提交，工程师的审核期一般不应超过21天。如审核认为该文件不符合合同要求，承包商应自费修改并再次提交工程师审批。

对需提交工程师审批的文件：

（1）工程师应通知承包商是否批准，如承包商在审核期满时仍未收到工程师的通知则应视为工程师已批准该文件。在工程师批准前，相应部分的工程不能开工；

（2）对涉及设计和施工的承包商的文件的审核期期满前，不得开工；

（3）该部分的实施必须在审核批准后才能开工；

（4）若承包商希望修改已提交的文件，应立即通知工程师，并按上述程序将修改的文件报工程师。工程师可指示承包商编制进一步的文件。

任何此类审批不解除承包商的任何义务和责任。

[5.3] 承包商的承诺（Contractor's Undertaking）

承包商应承诺其设计、承包商的文件、施工和竣工的工程符合工程所在国的法律以及经过变更的合同的各项文件。

[5.4] 技术标准和规章（Techenical Standard and Regulations）

承包商的设计、文件、施工和竣工均应符合工程所在国的技术标准、建筑、施工和环境方面的法律、工程产品的法律以及业主的要求中规定的相关标准。上述法律为业主接收工程时通行的法律，标准为基准日期时适用的版本，如在基准日期后版本有修改或更新，承包商应通知工程师，并提交建议书，如工程师认为需修改，则构成变更。

[5.5] 培训（Training）

承包商应根据业主的要求中的具体规定对业主的人员进行操作和维修培训。如合同中有规定，在培训完成前，不能认为工程已经竣工。

[5.6] 竣工文件（As-Built Documents）

承包商应编制一套完整的竣工记录保存在现场，并应在竣工检验开始前提交工程师两套副本。承包商还应按工程师的要求提交竣工图给工程师审核。

在颁发接收证书前，承包商应按业主的要求中的规定向工程师提交竣工图的副本，否则，不能认为工程已完工，也不能接收。

[5.7] 操作和维修手册（Operation and Maintenance Manuals）

在竣工检验开始前，承包商应向工程师提交暂行的操作和维修手册，其详细程度应能达到业主操作和调试生产设备的要求。

在工程师收到此手册的最终版本以及业主的要求中为此目的规定的其他手册之前，不能认为工程已按接受要求竣工。

[5.8] 设计错误（Design Error）

如果承包商的文件中出现错误、缺陷、不一致等问题，即使已得到批准或同意，也应由承包商自行修正。

## 第6条 职员与劳工（Staff and Labor）

本条共11款，主要内容包括：

- 承包商雇用职员和劳工应注意的问题，如：工资标准、食宿、交通、安全等；
- 承包商按规范/工程量表的要求为业主方人员提供设施；
- 合同对承包商遵守劳动法以及工作时间的要求；
- 合同对承包商在施工期间日常管理工作的要求；
- 合同对承包商的人员的技术水平与职业道德的要求。

[6.1] 雇用职员和劳工（Engagement of Staff and Labor）：与"新红皮书"相同，但将"新红皮书"中的"规范要求"改为"业主的要求"。

[6.2] 工资标准和劳动条件（Rates of Wages and Conditions of Labor）：与"新红皮书"完全相同。

[6.3] 正在服务于业主的人员（Persons in the Service of Employer）：与"新红皮书"完全相同。

[6.4] 劳工法规（Labor Laws）：与"新红皮书"完全相同。

[6.5] 工作时间（Working Hours）：与"新红皮书"完全相同。

[6.6] 为职工提供设施（Facilities for Staff and Labor）：与"新红皮书"相同，但将"新红皮书"中的"规范要求"改为"业主的要求"。

[6.7] 健康和安全（Health and Safety）：与"新红皮书"完全相同。

[6.8] 承包商的管理工作（Contractor's Superintendence）：与"新红皮书"完全相同。

[6.9] 承包商的人员（Contractor's Personnel）：与"新红皮书"完全相同。

[6.10] 承包商人员和设备的记录（Records of Contractor's Personnel and Equipment）：与"新红皮书"完全相同。

[6.11] 妨碍社会治安行为（Disorderly Conduct）：与"新红皮书"完全相同。

## 第7条 生产设备、材料和工艺（Plant, Materials and Workmanship）

本条共8款，主要内容包括：
- 承包商应如何实施工程；
- 业主方人员的现场检查和检验；
- 工程师在什么情况下可拒收；
- 不合格工程的返工；
- 有关矿区使用费的规定。

[7.1] 实施方法（Manner of Execution）：与"新红皮书"完全相同。

[7.2] 样品（Samples）：

承包商应按第5.2款[承包商的文件]中所述的对承包商的文件的送审程序，自费向工程师提交样品和资料，供其审核；样品包括制造厂商的和合同规定的样品；工程师可用变更指令的方式要求附加样品；样品上应列明原产地和在工程中的用途。

[7.3] 检查（Inspection）：与"新红皮书"完全相同。

[7.4] 检验（Testing）：与"新红皮书"完全相同。

[7.5] 拒收（Rejection）：与"新红皮书"完全相同。

[7.6] 补救工作（Remedial Work）：与"新红皮书"完全相同。

[7.7] 生产设备和材料的所有权（Ownership of Plant and Materials）：与"新红皮书"完全相同。

[7.8] 矿区使用费（Royalties）：与"新红皮书"相同，但将"新红皮书"中的"规范要求"改为"业主的要求"。

## 第8条 开工、延误和暂停(Commencement, Delay and Suspension)

本条共12款,主要内容包括:
- 开工日期和竣工时间应如何确定;
- 进度计划应如何编制;
- 承包商的工期索赔和工程拖期时的补偿;
- 暂停与复工。

[8.1] 工程的开工(Commencement of Works):与"新红皮书"完全相同。

[8.2] 竣工时间(Time for Completion):与"新红皮书"完全相同。

[8.3] 进度计划(Program) 承包商应在收到开工通知后28天内,向工程师提交一份详细的进度计划。当进度有变动时,应提交一份修订的进度计划。

进度计划的内容包括:

(1) 承包商计划实施工程的顺序;

(2) "承包商的文件"一款中规定的审核期限和业主的要求中规定的提交审批的期限;

(3) 合同中规定的检查、检验的安排;以及

(4) 一份支持报告,包括:各阶段的施工方法,人员和施工设备的数量等。

如果工程师在收到进度计划后21天内,未提出意见,则承包商可据之工作,业主的人员也可据之安排自己的工作;承包商应及时将未来可能影响工作、增加合同价格或延误工期的事件通知工程师。工程师可要求承包商估算事件的影响,按"变更程序"一款提出建议;当工程师指出工程进度不符合要求时,承包商应及时提交一份修正的进度计划。

[8.4] 竣工时间的延长(Extension of Time for Completion)

如果由于下列任一原因延误了工期,承包商可索赔工期:

(1) 发生合同变更;

(2) 本合同条件中允许承包商索赔工期的原因;

(3) 异常不利的气候条件;

(4) 流行病或政府行为造成人员和货物不可预见的短缺;

(5) 业主方或其他承包商的影响在现场造成的延误。

承包商应按索赔条款规定提出索赔。工程师在确定延长时间时,应审查已给出的延期,但只能增加延期,不能减少已批准的延期时间。

[8.5] 当局引起的延误(Delays Caused by Authorities):与"新红皮书"完全相同。

[8.6] 进度(Rate of Progress):与"新红皮书"完全相同。

[8.7] 误期损害赔偿费(Delay Damages):与"新红皮书"完全相同。

[8.8] 暂时停工（Suspension of Work）：与"新红皮书"完全相同。

[8.9] 暂停的后果（Consequences of Suspension）：与"新红皮书"完全相同。

[8.10] 暂停时对生产设备和材料的支付（Payment for Plant and Materials in Event of Suspension）：与"新红皮书"完全相同。

[8.11] 持续的暂停（Prolonged Suspension）：与"新红皮书"完全相同。

[8.12] 复工（Resumption of Works）：与"新红皮书"完全相同。

## 第9条 竣工检验（Tests on Completion）

本条共4款，主要内容包括：
- 承包商在竣工检验中的义务；
- 如果检验被延误，各方应负的责任；
- 竣工检验未能通过时的处理方式。

[9.1] 承包商的义务（Contractor's Obligation）

承包商在按照5.6款"竣工文件"和5.7款"操作和维修手册"的规定提交各种文件后，应按照本条和7.4款"检验"的要求进行竣工检验；承包商应提前21天将可以进行每项竣工检验的日期通知工程师，检验应在此后14天内，由工程师指定的日期进行。

除专用条件中另有说明，竣工检验应按下列顺序进行：

（1）启动前检验：应包括适当的检查和（"干"或"冷"）性能检验，以证明每项生产设备都能安全地承受下一阶段的启动检验；

（2）启动检验：包括规定的运行检验，以证明工程或区段能在所有可应用的操作条件下安全运行；

（3）试运行，证明工程或区段运行可靠，符合合同要求。

试运行过程中，承包商应告知工程师，工程已可进行任何其他竣工检验，以证明是否符合业主的要求中的标准和（性能）保证表的要求。试运行不构成业主的验收，除另有说明外，试运行期间生产的产品属于业主。

如业主提前使用了工程，竣工检验时应考虑到有关影响；如工程或区段通过上面的（1）、（2）、（3）项竣工检验后，承包商应尽快向工程师提交正式的检验报告。

[9.2] 延误的检验（Delayed Tests）：与"新红皮书"完全相同。

[9.3] 重新检验（Retesting）：与"新红皮书"完全相同。

[9.4] 未能通过竣工检验（Failing to Pass Tests on Completion）：与"新红皮书"完全相同。

## 第10条 业主的接收（Employer's Taking Over）

本条共4款，主要内容包括：

- 业主接收工程或区段的前提条件和承包商获得接收证书的程序;
- 业主接收部分工程的限制条件和规定;
- 业主干扰承包商按时进行竣工检验时承包商的权利。

[10.1] 工程和区段的接收(Taking Over of the Works and Sections):与"新红皮书"完全相同。

[10.2] 部分工程的接收(Taking Over of Parts of the Works):与"新红皮书"完全相同。

[10.3] 对竣工检验的干扰(Interference with Tests on Completion):与"新红皮书"完全相同。

[10.4] 地面需要复原(Surfaces Requiring Reinstatement):与"新红皮书"完全相同。

## 第11条 缺陷责任(Defects Liability)

本条共11款,主要内容包括:
- 承包商在缺陷通知期的主要责任;
- 修复缺陷费用的承担;
- 延长缺陷通知期的条件;
- 签发履约证书的条件;
- 签发履约证书后承包商的工作。

[11.1] 完成扫尾工作和修复缺陷(Completion of Outstanding Work and Remedying Defects):与"新红皮书"完全相同。

[11.2] 修补缺陷的费用(Cost of Remedying Defects)

以下原因造成的缺陷,应由承包商承担风险和费用:

(1) 工程的设计,由业主负责的部分设计除外;

(2) 生产设备、材料和工艺不符合合同要求;或

(3) 涉及培训、竣工文件以及操作和维修手册等由承包商负责的事项产生的不当操作或维修;或

(4) 承包商未能遵守任何其他义务。

上述原因之外的原因造成的缺陷,业主应立即通知承包商修复并按变更处理。

[11.3] 缺陷通知期的延长(Extension of Defects Notification Period):与"新红皮书"完全相同。

[11.4] 未修复缺陷(Failing to Remedy Defects):与"新红皮书"完全相同。

[11.5] 移走有缺陷的工作(Removal of Defective Work):与"新红皮书"完全相同。

[11.6] 进一步的检验(Further Tests):与"新红皮书"完全相同。

[11.7] 进入权（Right of Access）：与"新红皮书"完全相同。

[11.8] 承包商的调查（Contractor to Search）：与"新红皮书"完全相同。

[11.9] 履约证书（Performance Certification）：与"新红皮书"完全相同。

[11.10] 未履行的义务（Unfulfilled Obligations）：与"新红皮书"完全相同。

[11.11] 现场清理（Clearance of Site）：与"新红皮书"完全相同。

## 第12条 竣工后检验（Tests After Completion）

本条共4款，主要内容包括：

- 竣工后检验的程序；
- 如竣工后检验被延续，相关方的义务和权利；
- 如工程未能通过竣工后检验时的处理方法。

[12.1] 竣工后检验的程序（Procedure for Tests After Completion）

如合同中规定了竣工后检验，则业主应：

（1）为竣工后检验提供必要的全部电力、设备、燃料、仪器、劳力、材料和有资质、有经验的人员，以及

（2）按照承包商提供的操作和维修手册进行竣工后检验，可要求承包商参加并给予指导。

此类检验应在工程或区段被业主接收后的合理的可行的时间内尽快进行，业主应提前21天将开始进行竣工后检验的日期通知承包商，除非另有商定，这些检验应在该日期后14天内业主决定的日期进行。如承包商未来参加，业主可自行进行该检验，承包商应承认该检验结果。竣工后检验应由双方共同整理和评价该检验结果，评价时应考虑业主提前使用该工程的影响。

[12.2] 延误的检验（Delayed Tests）

如因业主的原因拖延了竣工后检验从而导致承包商产生了额外费用，承包商可向工程师提出索赔费用和利润。工程师应按照合同相关条款作出决定。

如由于非承包商的原因，竣工后检验未能在缺陷通知期或双方商定的期限内完成，则应视为工程或区段的竣工后检验已完成。

[12.3] 重复检验（Retesting）

如果工程或某区段未能通过竣工后检验，则承包商应按11.1款要求完成缺陷修复，之后，任一方均可要求按原来的条件再重复进行竣工后检验。

如果未通过检验和重新检验是由于承包商的设计、工艺、材料、生产设备引起的，并导致了业主的额外费用，业主可提出索赔。

[12.4] 未能通过竣工后检验（Failure to Pass Tests After Completion）

如果工程或某区段未能通过竣工后检验，则：

（a）若在合同中规定了相应情况的损害赔偿费，当承包商在缺陷通知期内向业主

支付了此笔费用，则可认为已通过了竣工后检验。

（b）如承包商提议对工程或区段进行调整或修正，他需要报告业主，在业主同意的时间才能进入并进行调整或修正，如在缺陷通知期内业主未给予答复，则可认为已通过了竣工后检验。

如果承包商申请进入工程或生产设备去调查未通过竣工后检验的原因或进行调整或修正，业主无故延误给予许可，导致了承包商的额外费用，承包商有权通知工程师索赔相应费用和利润，工程师应就此作出决定。

## 第13条 变更和调整（Variations and Adjustments）

本条共8款，主要内容包括：
- 工程师有变更工程的权力；
- 承包商可运用价值工程提出建议书；
- 暂定金额的概念和支付；
- 立法变动和物价波动导致的工期和费用的调整。

[13.1] 有权变更（Right to Vary）

在颁发接收证书前，工程师有权变更，并可要求承包商就变更提出建议书；但变更不应包括准备交给他人实施的任何工作的删减。

承包商应执行变更指令，但：

（ⅰ）如不能得到相应货物；

（ⅱ）变更将降低工程的安全性或适用性；或

（ⅲ）对保证表的完成产生不利影响时；

承包商可暂不执行，并应迅速通知工程师，工程师收到通知后应取消、或确认、或改变原来的指示。

[13.2] 价值工程（Value Engineering）

承包商可随时向工程师提交建议书，只要他认为此建议可缩短工期，降低造价，提高工程运行效率和/或价值，或对业主产生其他效益；承包商应自费编制此建议书，并应包括13.3款中所列的内容。

[13.3] 变更程序（Variation Procedure）

若工程师在发布变更指令前要求承包商提交建议书，他应尽快提交，否则，应说明原因。建议书应包括：变更工作的实施方法和计划；对工程总进度计划的调整以及变更费用的估算。工程师收到建议书后应尽快表态，此时承包商应照常工作。对每次变更，工程师应按第3.5款［确定］的要求商定或确定调整合同价格（包括利润）和付款计划表，并应考虑承包商根据第13.2款［价值工程］提交的建议。

[13.4] 以适用货币支付（Payment in Applicable Currencies）：与"新红皮书"完全相同。

[13.5] 暂定金额（Provisional Sums）：与"新红皮书"大部分相同，只是将"由指定分包商或其他单位采购"删去，改由承包商自己采购。

[13.6] 计日工（Daywork）：与"新红皮书"完全相同。

[13.7] 因立法变动而调整（Adjustments for Changes in Legislation）：与"新红皮书"完全相同。

[13.8] 因费用波动而调整（Adjustment for Changes in Cost）：与"新红皮书"完全相同。

## 第 14 条　合同价格与支付（The Contract Price and Payment）

本条共 15 款，主要内容包括：
- 合同价格的性质；
- 预付款的支付与扣还；
- 期中支付证书和最终支付证书的申请和签发；
- 材料和生产设备款的支付办法；
- 应支付的时间和延误支付的处理方法；
- 保留金的扣留与退还；
- 各类支付货币间的兑换率的规定。

[14.1] 合同价格（The Contract Price）

除非专用条件中另有规定：

(a) 合同价格应以中标合同金额为总价包干，但可按合同规定调整；

(b) 承包商应支付合同要求其支付的一切税费，但立法变更时允许调整；

(c) 资料表中可能给出的任何工程量是估计值，不能作为要求承包商实施工程的实际工程量；

(d) 资料表中可能给出的任何工程量或价格值仅应用于资料表说明的用途，不一定适用于其他目的。

如工程的任何部分是按实际工程量进行支付，应遵循专用条件中有关规定，并相应调整和决定合同价格。

[14.2] 预付款（Advance Payment）：与"新红皮书"完全相同。

[14.3] 申请期中支付证书（Application for Interim Payment Certificate）

承包商应按合同规定的支付期限最后一天（如无规定，则在每个月末）之后，按工程师同意的格式向他提交一式六份月报表，列出认为自己有权获得的款额，同时附上进度报告等证明文件。

月报表的内容和顺序如下（以应支付的货币表示）：

(a) 截至月末已实施的工程和承包商的文件的估算合同价值（包括变更）；

(b) 立法变动和费用波动导致的增减款额；

（c）保留金的扣除：按投标书附录规定的百分率乘上述两项款额之和，一直扣到保留金限额为止；

（d）预付款的支付与扣还；

（e）为生产设备和材料的预支款和扣还款；

（f）其他应追加或减扣的款项，如索赔款等；

（g）扣除所有以前的支付证书中已经确认的款额。

[14.4] 支付计划表（Schedule of Payment）：与"新红皮书"完全相同。

[14.5] 拟用于工程的生产设备和材料（Plant and Materials Intended for the Works）：与"新红皮书"完全相同。

[14.6] 期中支付证书的颁发（Issue of Interim Payment Certificates）：与"新红皮书"完全相同。

[14.7] 支付（Payment）：与"新红皮书"完全相同。

[14.8] 延误的付款（Delayed Payment）：与"新红皮书"完全相同。

[14.9] 保留金的支付（Payment of Retention Money）：

主要规定均与"新红皮书"相同，只是退还的比例不同，本书规定为50%。此外还要求在"投标书附录"中规定区段的价值百分比，否则，不能按50%返还保留金。

[14.10] 竣工报表（Statement at Completion）：与"新红皮书"完全相同。

[14.11] 申请最终支付证书（Application for Final Payment Certificates）：与"新红皮书"完全相同。

[14.12] 结清证明（Discharge）：与"新红皮书"完全相同。

[14.13] 最终支付证书的颁发（Issue of Final Payment Certificate）：与"新红皮书"完全相同。

关于缺陷通知期开始后有关各类报表及证书的提交及付款的顺序见图7-1。

[14.14] 业主责任的停止（Cessation of Employer's Liability）：与"新红皮书"完全相同。

[14.15] 支付的货币（Currencies of Payment）：与"新红皮书"完全相同。

## 第15条 业主提出终止（Termination by Employer）

本条共5款，主要内容包括：

- 承包商的哪些违约行为可导致业主有权终止合同；
- 业主终止合同的程序；
- 业主终止合同后对承包商已完成工作的估价和支付；
- 业主出于自身的原因终止合同的权利。

[15.1] 通知改正（Notice to Correct）：与"新红皮书"完全相同。

[15.2] 由业主提出终止（Termination by Employer）：与"新红皮书"完全相同。

[15.3] 终止日的估价（Valuation at Date of Termination）：与"新红皮书"完全相同。

[15.4] 终止后的支付（Payment after Termination）：与"新红皮书"完全相同。

[15.5] 业主终止合同的权利（Employer's Entitlement to Termination）：与"新红皮书"完全相同。

## 第16条 承包商提出暂停和终止（Suspension and Termination by Contractor）

本条共4款，主要内容包括：
- 承包商暂停工作或放慢进度意味着什么；
- 业主的哪些行为将导致承包商有权终止合同；
- 终止合同后承包商的义务；
- 终止合同后如何对承包商进行补偿。

[16.1] 承包商暂停工作的权利（Contractor's Entitlement to Suspend Work）：与"新红皮书"完全相同。

[16.2] 承包商提出终止（Termination by Contractor）：与"新红皮书"完全相同。

[16.3] 停止工作和承包商设备的撤离（Cessation of Work and Removal of Contractor's Equipment）：与"新红皮书"完全相同。

[16.4] 终止时的支付（Payment on Termination）：与"新红皮书"完全相同。

## 第17条 风险与责任（Risk and Responsibility）

本条共6款，主要内容包括：
- 业主和承包商互为保障的内容；
- 工程照管的责任；
- 业主的风险及其后果的处理；
- 工程知识产权与工业产权的保护；
- 合同双方的赔偿责任限度。

[17.1] 保障（Indemnities）：与"新红皮书"完全相同。

[17.2] 承包商对工程的照管（Contractor's Care for the Works）：与"新红皮书"完全相同。

[17.3] 业主的风险（Employer's Risks）：与"新红皮书"完全相同。

[17.4] 业主风险的后果（Consequences of Employer's Risks）：与"新红皮书"完全相同。

[17.5] 知识产权和工业产权（Intellectual and Industrial Property Right）：大部分与"新红皮书"相同。

承包商对业主的侵权保障内容变化如下：

承包商对业主的侵权保障包括以下任一方面：（ⅰ）承包商的工程设计、制造、建造或实施；（ⅱ）承包商设备的使用；或（ⅲ）工程的合理使用。

[17.6] 责任限度（Limitation of Liability）：与"新红皮书"完全相同。

[17.7] 业主提供的生活设施（Use of Employer's Accommodation/ Facilities）：与"新红皮书"完全相同。

## 第18条 保险（Insurance）

本条共4款，主要内容包括：

- 不论哪一方去投保，投保方的投保程序和要求；
- 工程、生产设备和承包商设备的保险要求；
- 对第三方人员和财产的保险要求；
- 对承包商的人员的保险要求。

[18.1] 保险的总体要求（General Requirement for Insurances）：与"新红皮书"完全相同。

[18.2] 工程和承包商设备的保险（Insurance for Works and Contractor's Equipment）：与"新红皮书"完全相同。

[18.3] 人员伤害及财产损失保险（Insurance against Injury to Persons and Damage to Property）：与"新红皮书"完全相同。

[18.4] 承包商人员的保险（Insurance for Contractor's Personnel）：与"新红皮书"完全相同。

## 第19条 不可抗力（Force Majeure）

本条共7款，主要内容包括：

- 在本合同条件中对不可抗力的定义；
- 发生不可抗力后双方各自的责任；
- 双方对不可抗力造成的后果各自承担的责任和义务；
- 不可抗力导致终止合同时的处理方法；
- 由于法律的规定导致解除履约时的处理方法。

[19.1] 不可抗力的定义（Definition of Force Majeure）：与"新红皮书"完全相同。

[19.2] 不可抗力的通知（Notice of Force Majeure）：与"新红皮书"完全相同。

[19.3] 将延误减到最小的义务（Duty to Minimize Delay）：与"新红皮书"完全相同。

[19.4] 不可抗力的后果（Consequences of Force Majeure）：与"新红皮书"完全相同。

[19.5] 不可抗力影响分包商（Force Majeure Affecting Subcontractor）：与"新红皮书"完全相同。

[19.6] 可选择的终止、支付以及解除履约（Optional Termination, Payment and Release）：与"新红皮书"完全相同。

[19.7] 根据法律解除履约（Release from Performance under the Law）：与"新红皮书"完全相同。

## 第20条 索赔、争议和仲裁（Claim, Disputes and Arbitration）

本条共8款，主要内容包括：
- 承包商索赔的程序；
- 争议评判委员会（DAB）的组成和运作机制；
- 仲裁的前提、规则和程序；
- 通过DAB、友好解决和仲裁解决争议的途径。

[20.1] 承包商的索赔（Contractor's Claims）：与"新红皮书"完全相同。

[20.2] 争议评判委员会的任命（Appointment of the Dispute Adjudication Board）

"新黄皮书"和"银皮书"的争议评判委员会（DAB）是"临时DAB"（ad-hoc DAB），即只有在发生争议时才任命。

届时一方向另一方提交争议意向通知书，之后的28天内，双方联合任命DAB成员，当他们对提交的争议作出决定时，"临时DAB"成员的任期即期满，如此时又有争议提交时，可继续工作，但任期期满的规定同上。

[20.3] 对DAB未能达成一致（Failure to Agree Dispute Adjudication Board）：与"新红皮书"完全相同。

[20.4] 获得DAB的决定（Obtaining Dispute Adjudication Board's Decision）

"临时DAB"根据[20.2]款的规定任命。DAB应在收到委托，或附录1"争议评判协议书"一般条件第6条中提到的预付款（以二者较晚日期）之后的84天内，（或DAB建议并经双方认可的期限内），作出DAB的决定。

其余规定同"新红皮书"。

[20.5] 友好解决（Amicable Settlement）：与"新红皮书"完全相同。

[20.6] 仲裁（Arbitration）：与"新红皮书"完全相同。

[20.7] 未能遵守 DAB 的决定（Failure to Comply with DAB's Decision）：与"新红皮书"完全相同。

[20.8] DAB 的任期届满（Expiry of DAB's Appointment）：与"新红皮书"完全相同。

通过 DAB 方式解决争议或走向仲裁的程序见图 7-2。

# 第 4 节 FIDIC
## 《设计采购施工（EPC）/交钥匙项目合同条件》
（1999 年第 1 版）

FIDIC《设计采购施工（EPC）/交钥匙项目合同条件》（1999 年第 1 版）（以下简称"银皮书"）是在 1995 年 FIDIC《设计——建造与交钥匙工程合同条件》（桔皮书）基础上重新编写的。"银皮书"适用于以交钥匙方式为业主承建工厂、电力、石油开发以及基础设施的"设计—采购—施工"（engineer-proeare-construct）的总承包项目。这种模式适用于业主方希望事先能确定工程项目的总价以及工期，为此宁愿承包商报较高的价格，但也要承担较大的风险。不少私人融资项目以及一些国家的公共部门都趋向采用此类模式。在这种模式的实施过程中，业主不作过多地干预，但要在竣工检验和验收时按照"业主的要求"严格验收。

"银皮书"不适用于以下情况：

- 如果投标人没有足够的时间或资料仔细研究和核查业主的要求或进行风险评估和估价；
- 如果工程项目涉及相当数量的地下工程或投标人未能调查的区域内的工程；
- 如果业主要严密监督或控制承包商的工作，或要审核大部分施工图纸；
- 如果每次期中付款都要请一位行政官员或其他中间人（Intermediary）确定。

"银皮书"通用条件共包括 20 条 166 款。20 条包括：一般规定，业主，业主的管理，承包商，一般设计义务，职员和劳工，生产设备、材料和工艺，开工、延误和暂停，竣工检验，业主的接收，缺陷责任，竣工后检验，变更和调整，合同价格和支付，业主提出终止，承包商提出暂停和终止，风险和责任，保险，不可抗力，索赔、争议和仲裁。后附争议评判协议书一般条件。

专用条件的内容主要是专用条件的编写指南，包括部分范例条款，后附 7 个体现"国际商会"规则的保函格式。上述两部分后还附有投标函、合同协议书及争议评判委员会协议书的格式。

下文中的各款标题前面方括号内的数字为 FIDIC"银皮书"（1999 年第一版）原版相应的款号。

## 第1条  一般规定

本条共 14 款，主要内容包括：
- 本合同条件中的关键术语的含义；
- 本合同文件的组成及优先顺序；
- 文件的提供、照管及版权；
- 合同双方的信息沟通、保密规定和权益转让；
- 合同语言、法律和联合承包的规定。

［1.1］定义（Definitions）

"银皮书"共 48 个定义，分为六大类：(1) 合同；(2) 合同双方和人员；(3) 日期、检验、期间和竣工；(4) 款项与支付；(5) 工程与货物；(6) 其他定义。

48 个定义中有 12 个定义与"新红皮书"不同，有 9 个定义与"新黄皮书"不同，现介绍如下：

［1.1.1］合同（Contract）

［1.1.1.1］合同（Contract）

指包括合同协议书、本合同条件、业主的要求、投标书和合同协议书列出的附加文件。

［1.1.1.2］合同协议书（Contract Agreement）指 1.6 款［合同协议书］中所述的合同协议书及所附各项备忘录。

［1.1.1.3］业主的要求（Employer's Requirements）与"新黄皮书"完全相同。

［1.1.1.4］投标书（Tender）指包含在合同中的由承包商签署提交的工程报价以及随同提交的所有其他文件（不包括本合同条件和业主的要求）。

［1.1.1.5］性能保证（Performance Guarantees）和付款计划表（Schedule of Payments）：

指合同中包括的具有上述名称的文件（如果有），此处的性能保证系指承包商对自己设计建造的工程，特别是提供的生产设备的性能保证。

［1.1.2］合同各方与人员（Parties and Persons）

［1.1.2.1］一方（Party）：与"新红皮书"、"新黄皮书"完全相同。

［1.1.2.2］业主（Employer）：与"新红皮书"、"新黄皮书"完全相同。

［1.1.2.3］承包商（Contractor）：与"新红皮书"、"新黄皮书"完全相同。

［1.1.2.4］业主的代表（Employer's Representative）

指业主在合同中指名或按照第 3.1 款的规定任命的人员，他代表业主管理工程的实施。

［1.1.2.5］承包商的代表（Contractor's Representitive）与"新红皮书"、"新黄皮书"完全相同。

[1.1.2.6] 业主的人员（Employer's Personnel）

指业主的代表，其助手及业主和业主的代表的所有其他雇员，以及业主和业主的代表通知承包商作为业主的人员的任何其他人员。

[1.1.2.7] 承包商的人员（Contractor's Personnel）与"新红皮书"、"新黄皮书"完全相同。

[1.1.2.8] 分包商（Subcontractor）：与"新红皮书"、"新黄皮书"完全相同。

[1.1.2.9] 争议评判委员会（DAB）：与"新红皮书"、"新黄皮书"完全相同。

[1.1.2.10] "菲迪克"（FIDIC）：与"新红皮书"、"新黄皮书"完全相同。

[1.1.3] 日期、检验、期限和竣工（Dates, Tests, Periods and Completion）

[1.1.3.1] 基准日期（Base Date）：与"新红皮书"、"新黄皮书"完全相同。

[1.1.3.2] 开工日期（Commencement Date）：与"新红皮书"、"新黄皮书"完全相同。

[1.1.3.3] 竣工时间（Time for Completion）：与"新红皮书""新黄皮书"完全相同。

[1.1.3.4] 竣工检验（Test on Completion）：与"新红皮书"、"新黄皮书"完全相同。

[1.1.3.5] 接收证书（Taking-Over Certificate）：与"新红皮书"、"新黄皮书"完全相同。

[1.1.3.6] 竣工后的检验（Test after Completion）：与"新红皮书"、"新黄皮书"完全相同。

[1.1.3.7] 缺陷通知期（Defects Notification Period）

根据专用条件中的规定，从接收证书中注明的工程或区段的竣工日期算起，至根据合同可通知修复工程或该区段中缺陷的期限（包括依据有关合同条款决定的所有延期）。如果专用条件中没有规定这一期限，该期限为一年。

[1.1.3.8] 履约证书（Performance Certificate）：与"新红皮书"、"新黄皮书"完全相同。

[1.1.3.9] 日（day），年（year）：与"新红皮书"、"新黄皮书"完全相同。

[1.1.4] 款项与支付（Money and Payments）

[1.1.4.1] 合同价格（Contract Price）指在合同协议书中写明的，经商定的工程设计、施工、竣工和修补缺陷的款额，包括按照合同做出的调价（如果有）。

[1.1.4.2] 成本（Cost）：与"新红皮书"、"新黄皮书"完全相同。

[1.1.4.3] 最终报表（Final Statement）：与"新红皮书"、"新黄皮书"完全相同。

[1.1.4.4] 外币（Foreign Currency）：与"新红皮书"、"新黄皮书"完全相同。

[1.1.4.5] 当地货币（Local Currency）：与"新红皮书"、"新黄皮书"完全

相同。

[1.1.4.6] 暂定金额（Provisional Sum）：与"新红皮书"、"新黄皮书"完全相同。

[1.1.4.7] 保留金（Retention Money）：与"新红皮书"、"新黄皮书"完全相同。

[1.1.4.8] 报表（Statement）：与"新红皮书"、"新黄皮书"完全相同。

[1.1.5] 工程和货物（Works and Goods）

[1.1.5.1] 承包商的设备（Contractor's Equipment）：与"新红皮书"、"新黄皮书"完全相同。

[1.1.5.2] 货物（Goods）：与"新红皮书"、"新黄皮书"完全相同。

[1.1.5.3] 材料（Materials）：与"新红皮书"、"新黄皮书"完全相同。

[1.1.5.4] 永久工程（Permanent Works）

指将由承包商按照合同设计和实施的永久工程（即工程竣工后留作业主财产的那部分工程）。

[1.1.5.5] 生产设备（Plant）：与"新红皮书"、"新黄皮书"完全相同。

[1.1.5.6] 区段（Sections）：与"新红皮书"、"新黄皮书"完全相同。

[1.1.5.7] 临时工程（Temporary Works）：与"新红皮书"、"新黄皮书"完全相同。

[1.1.5.8] 工程（Works）：与"新红皮书"、"新黄皮书"完全相同。

[1.1.6] 其他定义

[1.1.6.1] 承包商的文件（Contractor's Documents）：与"新黄皮书"完全相同。

[1.1.6.2] 工程所在国（Country）：与"新红皮书"、"新黄皮书"完全相同。

[1.1.6.3] 业主的设备（Employer's Equipment）：与"新红皮书"、"新黄皮书"完全相同。

[1.1.6.4] 不可抗力（Force Majeure）：与"新红皮书"、"新黄皮书"完全相同。

[1.1.6.5] 法律（Laws）：与"新红皮书"、"新黄皮书"完全相同。

[1.1.6.6] 履约保证[Performance Security]：与"新红皮书"、"新黄皮书"完全相同。

[1.1.6.7] 现场（Site）：与"新红皮书"、"新黄皮书"完全相同。

[1.1.6.8] 变更（Variation）：与"新黄皮书"完全相同。

[1.2] 解释（Interpretation）：与"新红皮书"、"新黄皮书"完全相同。

[1.3] 通讯联络（Communication）：与"新红皮书"、"新黄皮书"完全相同。

[1.4] 法律和语言（Law and Language）：与"新红皮书"、"新黄皮书"完全

相同。

[1.5] 文件的优先顺序（Priority of Documents）：

合同文件的优先顺序如下：

（a）合同协议书；

（b）专用合同条件；

（c）通用合同条件；

（d）业主的要求；

（e）投标书和组成合同的任何其他文件。

各合同文件之间应可相互解释。

[1.6] 合同协议书（Contract Agreement）：

自合同协议书规定的日期起，合同全面实施和生效。为签订合同协议书的印花税等费用由业主承担。

[1.7] 转让（Assignment）：与"新红皮书"、"新黄皮书"完全相同。

[1.8] 文件的照管和提供（Care and Supply of Documents）

规范和图纸由业主保管，应向承包商提供两套。承包商的文件由自己保管，应向业主提供六套。如一方发现对方文件有技术性的错误或缺陷时，应及时告知对方。承包商应在工地保存一套合同文件及其他文件供业主方人员查阅。

[1.9] 保密性（Confidentiality）

除履行合同义务和遵守法律需要外，双方应将合同的详情视为私人的和秘密的。没有业主的事先同意，承包商不得对外发表或透露工程的任何细节。

[1.10] 业主使用承包商的文件（Employer's Use of Contractor's Documents）：与"新红皮书"、"新黄皮书"完全相同。

[1.11] 承包商使用业主的文件（Contractor's Use of Employer's Documents）：与"新红皮书"、"新黄皮书"完全相同。

[1.12] 保密事项（Confidential Details）：

业主不得要求承包商向他透露在投标书中注明是秘密的任何信息。但为证实承包商遵守合同的情况，业主可要求承包商向他透露合理需要的其他信息。

[1.13] 遵守法律（Compliance with Laws）：与"新红皮书"、"新黄皮书"完全相同。

[1.14] 共同的及各自的责任（Joint and Several Liability）：与"新红皮书"、"新黄皮书"完全相同。

## 第2条　业主（The Employer）

本条共5款，主要内容包括：

- 业主向承包商提供施工现场的义务；

- 业主应向承包商提供协助和配合;
- 承包商对业主的项目资金安排的知情权;
- 业主的索赔权以及应遵循的程序。

[2.1] 进入现场的权利(Right of Access to the Site)

在承包商提交履约保函后,业主应按专用条件中的规定,给予承包商使用和占有现场的权利。如业主未能按规定提供,承包商有权索赔工期、费用及利润。

[2.2] 许可、执照或批准(Permits, Licenses or Approvals):与"新红皮书"、"新黄皮书"完全相同。

[2.3] 业主的人员(Employer's Personnel):与"新红皮书"、"新黄皮书"完全相同。

[2.4] 业主的资金安排(Employer's Financial Arrangements):与"新红皮书"、"新黄皮书"完全相同。

[2.5] 业主的索赔(Employer's Claims)

业主有权依据合同规定向承包商索赔工期、费用和利润。业主得知索赔事件发生时应尽快发出通知并提出依据,业主应按第3.5款[确定]的要求商定或确定索赔的款额或工期(工期索赔应在缺陷通知期期满前发出)。

业主仅有权根据本款或第14.6款(1)和(2)的规定在付款证书中直接扣减其索赔款额,或另外向承包商提出索赔。

## 第3条 业主的管理(The employer's Administration)

本条共5款,主要内容包括:
- 业主的代表和其他业主的人员的职权和权限;
- 业主如何将其权力委托给其助理;
- 业主及其被授权的人员向承包商发布指示的有关规定;
- 业主做决定时有关的程序和要求。

[3.1] 业主的代表(The Employer's Representative)

业主任命一位业主的代表,代表他依据合同进行工作。业主的代表被认为可以履行合同中规定的业主的全部权力,但终止合同除外。若业主计划更换业主的代表,应在14天之前将替换人的姓名、地址、职责和权力以及任命日期通知承包商。

[3.2] 其他业主的人员(Other Employer's Personnel)

业主或业主的代表可随时将其权力委托给其助理(包括一名驻地工程师和/或生产设备、材料的独立检查员等),也可随时撤销委托。助理应具有适当的资质,能履行委派的任务、行使相应的权力,并能流利地使用交流语言。

[3.3] 被授权的人员(Delegated Persons)

所有被授权的人员(包括业主的代表和助理)只应在授权范围内向承包商发布指

示，包括任何批准、检核、证明、同意、检察、检验、通知、建议、要求、试验等，均与业主的各类指示同样有效。但

（a）除另有说明外，上述各类指示均不解除承包商的任何职责；

（b）如未对任何工作、生产设备或材料提出否定意见不等于批准，也不影响业主拒绝接受的权力；

（c）承包商可以向业主对被授权人员的决定提出质疑，业主应迅速对提出的质疑进行确认，取消或更改。

[3.4] 指示（Instructions）

业主或被授权的人员可向承包商发布书面指示，说明其有关义务及与之相关的条款，承包商应接受此类指示。如此指示构成变更，则按第13条［变更与调整］办理。

[3.5] 决定（Determinations）

当业主需对任何事项表示同意或作出决定时，应与各方协商，力争达成协议。否则，业主应按照合同，作出公平的决定，通知承包商并附详细依据。如承包商对该决定不满，应在收到通知后14天内通知业主，这时，任一方均可将争议提交DAB。

## 第4条 承包商（The Contractor）

本条共24款，主要内容包括：
- 承包商在合同中的基本义务；
- 履约保证的相关规定；
- 对承包商代表的要求以及对分包、转让、合作以及现场放线的规定；
- 关于现场作业、安全、质量保证及环保的规定；
- 关于现场数据、现场条件、道路通行权、运输、化石等方面承包商所承担的责任和享有的权利；
- 关于进度报告的内容以及提交程序的规定。

[4.1] 承包商的一般义务（Contractor's General Obligations）：与"新黄皮书"相同，在本款中将"工程师"的角色改为"业主"。

[4.2] 履约保证（Performance Security）：与"新黄皮书"相同，在本款中将"工程师"的角色改为"业主"。

[4.3] 承包商的代表（Contractor's Representative）

大部分与"新红皮书"、"新黄皮书"相同。只是没有强调承包商的代表应以全部时间指导工作，并在离开时要取得业主同意。

[4.4] 分包商（Subcontractor）

承包商对分包商的一切行为和过失负责，并不得将整个工程分包出去。若专用条件中有规定的，承包商应在28天前通知业主以下事项：拟雇佣的分包商及其经验的详细资料；分包商承担的工作及现场工作的计划开工日期。

## 第7章　FIDIC 的各类合同条件

[4.5] 指定分包商（Nominated Subcontractor）

指定分包商是业主根据第 13 条"变更与调整"的规定，指定承包商雇佣的分包商。如承包商向业主提出反对意见并附有详细依据，可以不雇佣该指定分包商。

[4.6] 合作（Cooperation）：与"新黄皮书"完全相同。

[4.7] 放线（Setting Out）

承包商应根据合同中规定的原始基准点、基准线和基准标高给工程放线，为工程正确定位，并应纠正工程中的位置、标点、尺寸或定线中的任何错误。

[4.8] 安全措施（Safety Procedure）：与"新红皮书"、"新黄皮书"完全相同。

[4.9] 质量保证（Quality Assurance）：与"新红皮书"、"新黄皮书"相同，在本款中将"工程师"的角色改为"业主"。

[4.10] 现场数据（Site Data）

业主应在基准日期之前及以后向承包商提供现场水文、地质、环境等相关数据和资料。承包商应负责核实和解释所有此类资料。除第 5.1 款 [一般设计义务] 中提出的情况外，业主对这些资料的准确性，充分性和完整性不承担责任。

[4.11] 合同价格的充分性（Sufficiency of the Contract Price）

承包商应被认为已确信合同价格是恰当的和充分的。如无其他规定，合同价格包括承包商根据合同应承担的（包括暂定金额的）全部义务，以及为正确设计、实施和完成工程以及维修的全部有关事项的费用。

[4.12] 不可预见的困难（Unforeseeable Difficulties）

除合同另有说明外：

（a）承包商应被认为已取得有关可能影响工程的风险、意外事件和其他事件的全部必要的资料；

（b）签署了合同意味着承包商预见到为顺利完成工程的所有困难和费用，接受了相应的全部职责；并且

（c）合同价格不因任何未预见到的困难和费用而调整。

[4.13] 道路通行权与设施使用权（Rights of Way and Facilities）：与"新红皮书"、"新黄皮书"完全相同。

[4.14] 避免干扰（Avoidance of Interference）：与"新红皮书"、"新黄皮书"完全相同。

[4.15] 进场路线（Access Route）：与"新红皮书"、"新黄皮书"完全相同。

[4.16] 货物运输（Transport of Goods）：与"新黄皮书"相同，在本款中将"工程师"的角色改为"业主"。

[4.17] 承包商的设备（Contractor's Equipment）

承包商应负责所有承包商的设备，这些设备运到现场后应视为工程施工专用。

[4.18] 环境保护（Protection of Environment）：与"新红皮书"、"新黄皮书"

完全相同。

［4.19］电、水和燃气（Electricity, Water and Gas）：与"新红皮书"、"新黄皮书"完全相同。

［4.20］业主的设备和免费供应的材料（Employer's Equipment and Free-Issue Material）：与"新红皮书"、"新黄皮书"完全相同。

［4.21］进度报告（Progress Reports）：与"新黄皮书"相同，在本款中将"工程师"的角色改为"业主"。

［4.22］现场安保（Security of the Site）：与"新红皮书"、"新黄皮书"完全相同。

［4.23］承包商的现场作业（Contractor's Operations on Site）：与"新红皮书"、"新黄皮书"完全相同。

［4.24］化石（Fossils）：与"新黄皮书"相同，在本款中将"工程师"的角色改为"业主"。

## 第5条 设计（Design）

本条共8款，主要内容包括：
- 设计—建造总承包商的一般设计义务；
- 业主对"承包商的文件"编制的要求；
- 承包商在设计过程中应遵守的编制的要求；
- 承包商在工程移交之前必须提交的文件。

［5.1］一般设计义务（General Design Obligations）

承包商应负责工程的设计，并应被认为在基准日期前已仔细检查了业主的要求（包括设计标准和计算书），并对业主的要求的正确性负责，即业主不对业主的要求中的任何错误、遗漏以及数据或资料的准确性和完整性负责。承包商从业主或其他方面收到任何数据或资料并不解除承包商对工程设计和施工的责任。

但在以下情况下，业主应对业主的要求中的数据和资料的正确性负责。

（a）在合同中规定的不能改变的或业主应负责的那些部分的数据或信息；

（b）对工程预期目的的说明；

（c）竣工检验和性能的标准；

（d）承包商不能核实的部分、数据或信息，但合同另有说明除外。

［5.2］承包商的文件（Contractor's Documents）

承包商的文件包括：业主的要求中规定的技术文件、满足法规要求报批的文件、竣工文件以及操作和维修手册。编写时应使用合同规定的语言。还应编制指导承包商的人员所需的文件。

如业主的要求中规定承包商的文件应提交业主审核或批准时，则应按规定提交，业主的审核期一般不应超过 21 天。如审核认为该文件不符合合同要求，承包商应自费修改并再次提交业主审批。

除双方另有协议的范围外，对工程的每一部分都应：

（a）对承包商的所有文件在审核期期满前，不应开工；

（b）该部分的实施必须在审核批准后才能开工；

（c）若承包商希望修改已提交的文件，应立即通知业主，并按上述程序将修改的文件报业主。

任何此类审批不解除承包商的任何义务和责任。

[5.3] 承包商的承诺（Contractor's Undertaking）：与"新黄皮书"相同，在本款中将"工程师"的角色改为"业主"。

[5.4] 技术标准和规章（Techenical Standard and Regulations）：与"新黄皮书"相同，在本款中将"工程师"的角色改为"业主"。

[5.5] 培训（Training）：与"新黄皮书"相同，在本款中将"工程师"的角色改为"业主"。

[5.6] 竣工文件（As-Built Documents）：与"新黄皮书"相同，在本款中将"工程师"的角色改为"业主"。

[5.7] 操作和维修手册（Operation and Maintenance Manuals）：与"新黄皮书"相同，在本款中将"工程师"的角色改为"业主"。

[5.8] 设计错误（Design Error）：与"新黄皮书"相同，在本款中将"工程师"的角色改为"业主"。

# 第 6 条 职员与劳工（Staff and Labor）

本条共 11 款，主要内容包括：

- 承包商雇用职员和劳工应注意的问题，如：工资标准、食宿、交通、安全等；
- 承包商按规范/工程量表的要求为业主方人员提供设施；
- 合同对承包商遵守劳动法以及工作时间的要求；
- 合同对承包商在施工期间日常管理工作的要求；
- 合同对承包商的人员的技术水平与职业道德的要求。

[6.1] 雇用职员和劳工（Engagement of Staff and Labor）：与"新红皮书"相同，但将"新红皮书"中的"规范要求"改为"业主的要求"。

[6.2] 工资标准和劳动条件（Rates of Wages and Conditions of Labor）：与"新红皮书"、"新黄皮书"完全相同。

[6.3] 正在服务于业主的人员（Persons in the Service of Employer）：与"新红皮书"、"新黄皮书"完全相同。

[6.4] 劳工法规（Labor Laws）：与"新红皮书"、"新黄皮书"完全相同。

[6.5] 工作时间（Working Hours）：与"新红皮书"、"新黄皮书"相同，在本款中将"工程师"的角色改为"业主"。

[6.6] 为职工提供设施（Facilities for Staff and Labor）：与"新红皮书"相同，但将"新红皮书"中的"规范要求"改为"业主的要求"。

[6.7] 健康和安全（Health and Safety）：与"新红皮书"、"新黄皮书"完全相同。

[6.8] 承包商的管理工作（Contractor's Superintendence）：与"新红皮书"、"新黄皮书"完全相同。

[6.9] 承包商的人员（Contractor's Personnel）：与"新红皮书"、"新黄皮书"相同，在本款中将"工程师"的角色改为"业主"。

[6.10] 承包商人员和设备的记录（Records of Contractor's Personnel and Equipment）：与"新红皮书"、"新黄皮书"完全相同。

[6.11] 妨碍社会治安行为（Disorderly Conduct）：与"新红皮书"、"新黄皮书"完全相同。

## 第7条 生产设备、材料和工艺（Plant, Materials and Workmanship）

本条共8款，主要内容包括：
- 承包商应如何实施工程；
- 业主方人员的现场检查和检验；
- 工程师在什么情况下可拒收；
- 不合格工程的返工；
- 有关矿区使用费的规定。

[7.1] 实施方法（Manner of Execution）：与"新红皮书"、"新黄皮书"完全相同。

[7.2] 样品（Samples）
承包商在将材料用于工程之前，应自费向业主提交样品。每件样品应列明原产地和在工程中预期的用途。

[7.3] 检查（Inspection）：与"新红皮书"、"新黄皮书"相同，在本款中将"工程师"的角色改为"业主"。

[7.4] 检验（Testing）：与"新红皮书"、"新黄皮书"相同，在本款中将"工程师"的角色改为"业主"。

[7.5] 拒收（Rejection）：与"新红皮书"、"新黄皮书"相同，在本款中将"工程师"的角色改为"业主"。

[7.6] 补救工作（Remedial Work）：与"新黄皮书"相同，在本款中将"工程师"的角色改为"业主"。

[7.7] 生产设备和材料的所有权（Ownership of Plant and Materials）：与"新红皮书"、"新黄皮书"完全相同。

[7.8] 矿区使用费（Royalties）：与"新红皮书"相同，但将"新红皮书"中的"规范要求"改为"业主的要求"。

## 第8条 开工、延误和暂停（Commencement, Delays and Suspension）

本条共12款，主要内容包括：
- 开工日期和竣工时间应如何确定；
- 进度计划应如何编制；
- 承包商的工期索赔和工程拖期时的补偿；
- 暂停与复工。

[8.1] 工程的开工（Commencement of Work）

除非合同协议书另有规定：

（a）业主应至少提前7天向承包商通知开工日期；并且

（b）开工日期应在合同协议书规定的合同全面生效的日期42天内开工；

承包商应在开工日期后，尽早开始实施工程。

[8.2] 竣工时间（Time for Completion）：与"新红皮书"、"新黄皮书"完全相同。

[8.3] 进度计划（Program）

承包商应在收到开工通知后28天内，向业主提交一份详细的进度计划。当进度有变动时，应提交一份修订的进度计划。

进度计划的内容包括：

（a）工程实施顺序；

（b）根据第5.2款［承包商的文件］规定的审核期限；

（c）合同中规定的检查、检验的安排；以及

（d）一份支持报告，包括：各阶段的施工方法，人员和施工设备的数量等。

如果业主在收到进度计划后21天内，未提出意见，则承包商可据之工作，业主的人员也可据之安排自己的工作；承包商应及时将未来可能影响工作、增加合同价格或延误工期的事件通知业主。当业主指出工程进度不符合要求时，承包商应及时提交一份修正的进度计划。

[8.4] 竣工时间的延长（Extension of Time for Completion）

如果由于下列任一原因延误了工期，承包商可索赔工期：

（a）发生合同变更；

（b）本合同条件中允许承包商索赔工期的原因；或

（c）业主方或其他承包商的影响在现场造成的延误。

承包商应按索赔条款规定提出索赔。业主在确定延长时间时，可审查已给出的延期，但只能增加延期，不能减少已批准的延期时间。

[8.5] 当局引起的延误（Delays Caused by Authorities）

如果满足下列全部条件，承包商可提出工期索赔：

（a）承包商已经遵守了工程所在国合法当局制定的程序；

（b）当局延误或干扰了承包商的工作；

（c）这些延误或中断是一个有经验的承包商在递交投标书时无法合理预见的。

[8.6] 进度（Rate of Progress）：与"新红皮书"、"新黄皮书"相同，在本款中将"工程师"的角色改为"业主"。

[8.7] 误期损害赔偿费（Delay Damages）：与"新红皮书"、"新黄皮书"完全相同。

[8.8] 暂时停工（Suspension of Work）：与"新红皮书"、"新黄皮书"相同，在本款中将"工程师"的角色改为"业主"。

[8.9] 暂停的后果（Consequences of Suspension）：与"新红皮书"、"新黄皮书"相同，在本款中将"工程师"的角色改为"业主"。

[8.10] 暂停时对生产设备和材料的支付：与"新红皮书"、"新黄皮书"相同，在本款中将"工程师"的角色改为"业主"。

[8.11] 持续的暂停（Prolonged Suspension）：与"新红皮书"、"新黄皮书"相同，在本款中将"工程师"的角色改为"业主"。

[8.12] 复工（Resumption of Works）：与"新红皮书"、"新黄皮书"相同，在本款中将"工程师"的角色改为"业主"。

## 第9条 竣工检验（Tests on Completion）

本条共4款，主要内容包括：

- 承包商在竣工检验中的义务；
- 如果检验被延误，各方应负的责任；
- 竣工检验未能通过时的处理方式。

[9.1] 承包商的义务（Contractor's Obligation）：与"新黄皮书"相同，在本款中将"工程师"的角色改为"业主"。

[9.2] 延误的检验（Delayed Tests）：与"新红皮书"、"新黄皮书"相同，在本款中将"工程师"的角色改为"业主"。

[9.3] 重新检验（Retesting）：与"新红皮书"、"新黄皮书"相同，在本款中将"工程师"的角色改为"业主"。

[9.4] 未能通过竣工检验（Failing to Pass Tests on Completion）

如对工程或某个区段进行重新检验后仍未通过，则业主有权：

（a）下令按第9.3款［重新检验］要求再次重复竣工检验；

（b）如工程中的问题使该工程和某个区段基本上对业主没有使用价值时，业主可拒收并按11.4款［未能补救缺陷］(c)的规定处理；或

（c）可在对合同价格减扣后，颁发接收证书。

如果在合同中没有规定减扣方法，业主可要求：

（ⅰ）双方商定减扣额，但仅限于弥补业主的损失，并在签发接收证书前支付给业主；或

（ⅱ）按第2.5款［业主的索赔］规定，由双方商定或确定。

### 第10条 业主的接收 (Employer's Taking Over)

本条共3款，主要内容包括：

- 业主接收工程或区段的前提条件和承包商获得接收证书的程序；
- 业主接收部分工程的限制条件和规定；
- 业主干扰承包商按时进行竣工检验时承包商的权利。

[10.1] 工程和区段的接收 (Taking Over of the Works and Sections)：与"新红皮书"、"新黄皮书"相同，在本款中将"工程师"的角色改为"业主"。

[10.2] 部分工程的接收 (Taking Over of Parts of the Works)

除在合同中说明或经双方同意外，任何部分的工程（除"区段"外）业主均不得接收和使用。

[10.3] 对竣工检验的干扰 (Interference with Tests on Completion)

如由于业主方原因使承包商的竣工检验在14天内不能进行，承包商应尽快进行竣工检验。如果由于业主方原因拖延了竣工检验，招致了工期延误或增加了费用，承包商有权索赔工期、费用和利润。

### 第11条 缺陷责任 (Defects Liability)

本条共11款，主要内容包括：

- 承包商在缺陷通知期的主要责任；
- 修复缺陷费用的承担；
- 延长缺陷通知期的条件；
- 签发履约证书的条件；
- 签发履约证书后承包商的工作。

[11.1] 完成扫尾工作和修复缺陷 (Completion of Outstanding Work and Remedying Defects)：与"新红皮书"、"新黄皮书"完全相同。

[11.2] 修补缺陷的费用 (Cost of Remedying Defects)：与"新黄皮书"相同。

[11.3] 缺陷通知期的延长 (Extension of Defects Notification Period)：与"新

红皮书"、"新黄皮书"完全相同。

[11.4] 未修复缺陷（Failing to Remedy Defects）：与"新红皮书"、"新黄皮书"完全相同。

[11.5] 移走有缺陷的工作（Removal of Defective Work）：与"新红皮书"、"新黄皮书"完全相同。

[11.6] 进一步的检验（Further Tests）：与"新红皮书"、"新黄皮书"相同，在本款中将"工程师"的角色改为"业主"。

[11.7] 进入权（Right of Access）：与"新红皮书"、"新黄皮书"完全相同。

[11.8] 承包商的调查（Contractor to Search）：与"新红皮书"、"新黄皮书"相同，在本款中将"工程师"的角色改为"业主"。

[11.9] 履约证书（Performance Certificate）

只有当业主向承包商颁发了履约证书（在其中注明承包商完成合同义务的日期），才能认为承包商的义务已经完成；业主应在最后一个缺陷通知期满日后28天内颁发履约证书；或在承包商提供所有承包商文件、完成了所有工程施工和检验、修复所有缺陷的条件下尽快颁发；只有履约证书才应被视为构成对工程的认可。

如业主未能按上述要求颁发履约证书，则

（a）应认为履约证书已在本款要求的应颁发日期后28天的日期颁发；并且

（b）第11.11款［清理现场］和第14.14款［业主责任的停止］（1）项的规定应不适用。

[11.10] 未履行的义务（Unfulfilled Obligations）：与"新红皮书"、"新黄皮书"完全相同。

[11.11] 清理现场（Clearance of Site）：与"新红皮书"、"新黄皮书"完全相同。

## 第12条 竣工后检验（Tests After Completion）

本条共4款，主要内容包括：
- 竣工后检验的程序；
- 如竣工后检验被延误，相关方的义务和权利；
- 如工程未能通过竣工后检验时的处理方法。

[12.1] 竣工后检验的程序（Procedure for Tests After Completion）

如合同中规定了竣工后检验，则业主应：

（a）为竣工后检验提供必要的全部电力、燃料和材料，并安排动用业主的人员和生产设备。

（b）承包商应提供有效进行竣工后检验所需的所有其他设备、装备以及有资质和经验的人员。而且

(c) 承包商应在任一方可能合理要求的业主和/或承包商人员参加下进行竣工后检验。

此类检验应在业主接收工程或区段后合理的时间内尽快进行，业主应提前 21 天将开始进行竣工后检验的日期通知承包商，除非另有商定，这些检验应在该日期后 14 天内业主决定的日期进行。应由承包商负责整理和评价该竣工后检验结果，评价时应考虑业主提前使用该工程的影响。

[12.2] 延误的检验（Delayed Tests）：与"新黄皮书"相同，在本款中将"工程师"的角色改为"业主"。

[12.3] 重复检验（Retesting）：与"新黄皮书"完全相同。

[12.4] 未能通过竣工后检验（Failure to Pass Tests After Completion）：与"新黄皮书"相同，在本款中将"工程师"的角色改为"业主"。

## 第 13 条 变更与调整（Variation and Adjustment）

本条共 8 款，主要内容包括：

- 业主有变更工程的权力；
- 承包商可运用价值工程提出建议书；
- 暂定金额的概念和支付；
- 立法变动和物价波动导致的工期和费用的调整。

[13.1] 有权变更（Right to Vary）

在颁发接收证书前，业主有权变更，并可要求承包商就变更提出建议书；但变更不应包括准备交给他人实施的任何工作的删减。

承包商应执行变更指令，但：

（i）如不能得到相应货物；

（ii）变更将降低工程的安全性或适用性；或

（iii）对性能保证（Performauce Guarantees）的完成产生不利影响时；

承包商可暂不执行，并应迅速通知业主，业主收到通知后应取消、或确认、或改变原来的指示。

[13.2] 价值工程（Value Engineering）：与"新黄皮书"相同，在本款中将"工程师"的角色改为"业主"。

[13.3] 变更程序（Variation Procedure）：与"新黄皮书"相同，在本款中将"工程师"的角色改为"业主"。

[13.4] 以适用货币支付（Payment in Applicable Currencies）：与"新红皮书"、"新黄皮书"完全相同。

[13.5] 暂定金额（Provisional Sums）

暂定金额（即业主方的备用金）只有业主才能动用，动用的款额构成合同价格的一部分。业主指示承包商所作的涉及使用暂定金额的工作包括：

（a）由承包商实施的变更工作，按变更程序估价；

（b）由承包商从指定分包商或其他渠道采购生产设备、材料或服务，此时承包商应得到他为此实际支付的费用以及相应的管理费和利润（按合同规定的百分比计算）。业主有权要求承包商提交有关报价单、发票、凭证、收据等。

［13.6］计日工（Daywork）：与"新红皮书"、"新黄皮书"相同，在本款中将"工程师"的角色改为"业主"。

［13.7］因立法变动而调整（Adjustments for Changes in Legislation）：与"新红皮书"、"新黄皮书"相同，在本款中将"工程师"的角色改为"业主"。

［13.8］因费用波动而调整（Adjustment for Changes in Cost）

如果合同价格要根据劳力、货物及工程其他投入的成本的变化进行调整时，应按专用条件的规定进行计算。

# 第14条　合同价格与支付（Contract Price and Payment）

本条共15款，主要内容包括：
- 合同价格的性质；
- 预付款的支付与扣还；
- 期中支付证书和最终支付证书的申请和签发；
- 材料和生产设备款的支付办法；
- 应支付的时间和延误支付的处理方法；
- 保留金的退还；
- 各类支付货币间的兑换率的规定。

［14.1］合同价格（The Contract Price）

除非在专用条件中另有规定：

（a）合同款的支付应以总价合同价格为基础，按合同进行调整；

（b）承包商应支付合同中要求支付的各项税费。除第13.7款［因立法变动而调整］外，合同价格不因任何这些费用而调整。

［14.2］预付款（Advance Payment）

当承包商按照本款及专用条件的要求提交保函后，业主应支付一笔用于动员和设计的无息预付款。

（a）如专用条件没有说明预付款的数量，则本款不适用；

（b）如专用条件没有说明分期付款的期数和时间安排，则只应有一次预付款；

（c）如专用条件没有说明预付款的适用货币和比例，则应按合同价格支付时的适用货币和比例支付；

（d）如专用条件没有说明预付款的分期扣还率，则按预付款总额除以合同价格

(减去暂定金额) 得出的比率计算。

业主签发第一笔预付款证书的前提是：

(ⅰ) 收到期中付款申请报表；

(ⅱ) 收到履约保函；

(ⅲ) 收到预付款保函 (保函由业主批准的国家的相应机构、按业主同意的格式开具)。

承包商应保证预付款保函在归还全部预付款之前一直有效，但担保额度可随预付款的归还而减少。如在保函期满前 28 天仍未还清，则应延长保函有效期直到预付款全部还清为止。

预付款应在期中支付中按比例扣还，扣还的比率按专用条件中的规定 (如无，按上述 (d) 的比率) 直到预付款还清。上述比率对其他应付款 (不含预付款的支付与扣还以及保留金的偿还) 也适用。

如果在整个接收证书签发前，或由于业主提出的终止、或由于承包商提出的终止、或由不可抗力导致的终止，在终止之前，预付款尚未还清，则承包商应立即偿还剩余部分。

[14.3] 申请期中支付证书 (Application for Interim Payment Certificate)

承包商应按合同规定的支付期限最后一天 (如无规定则在每个月末) 之后，按业主同意的格式向他提交一式六份月报表，列出认为自己有权获得的款额，同时附上进度报告等证明文件。

月报表的内容和顺序如下 (以应支付的货币表示)：

(a) 截至月末已完成的工程以及承包商的文件的估算合同价值 (包括变更)；

(b) 立法变动和费用波动导致的增减款额；

(c) 保留金的扣除：按专用条件中规定的百分率乘以前两项款额之和，一直扣到保留金限额为止；

(d) 预付款的支付与扣还；

(e) 其他应追加或减扣的款项，如索赔款等；

(f) 扣除以前所有的报表中已经确认的款额。

[14.4] 支付计划表 (Schedule of Payment)

如合同中包括用于分期支付合同价格的支付计划表，则

(a) 该表中所列的分期付款额对应上一款中的 (a) 项；

(b) 第 14.5 款 [拟用于工程的生产设备和材料] 的规定估算的合同价值；

(c) 如工程的实际进度比计划进度慢，则工程师可调整支付计划表。

如合同中没有支付计划表，承包商应提交一份工程季度用款估算书 (但无约束力)，第一份应在开工后 42 天内提交，以后每季度提交一份修正的季度用款估算书。

[14.5] 拟用于工程的生产设备和材料 (Plant and Materials Intended for the Works)

如果根据合同，承包商必须具备下列条件，才有权得到尚未运到现场的生产设备和材料的期中付款：

（a）当该生产设备和材料已在工程所在国，并已按业主的指示标明为业主的财产；或

（b）已向业主提交了保险证据和银行保函，该保函是由业主批准的实体按批准的格式签发的，保函的数额和币种与该项付款相同。在将生产设备和材料在现场妥善储存，并做好防止损害的保护之前，该保函一直有效。

[14.6] 期中付款（Interim Payments）

在业主收到和认可履约保证之前，不办理期中付款。

业主在收到报表和证明文件后28天内，应将不同意支付的任何子项通知承包商，并附细节证明。除下列情况外，业主不应扣发应付的款项：

（a）如承包商提供的货物或工作不合格，在更换和修正前，可扣发相应价值；

（b）如进行的工作和服务达不到合同要求。

业主有权在支付证书中改正以前支付证书中的错误。业主颁发支付证书不表明对工作的批准和接受。

[14.7] 付款时间的安排（Timing of Payments）

除2.5款 [业主的索赔] 另有规定外，业主应按以下时间向承包商支付：

（a）支付第一笔预付款的时间：以业主签发中标函后42天和承包商提交履约保证、预付款申请表和预付款保函之后21天，两个日期中较晚者；

（b）业主应在收到承包商的报表和证明文件后56天内，支付每期报表中的应付款额（最终报表除外）；以及

（c）业主应在收到最终报表和结清证明后56天内，支付应付的最终款额。

各种货币的应付款应汇入合同指定的付款国中承包商指定的银行账户。

[14.8] 延误的付款（Delayed Payment）：与"新红皮书"、"新黄皮书"完全相同。

[14.9] 保留金的支付（Payment of Retention Money）：与"新黄皮书"相同，在本款中将"工程师"的角色改为"业主"。

[14.10] 竣工报表（Statement at Completion）：与"新黄皮书"相同，在本款中将"工程师"的角色改为"业主"。

[14.11] 最终付款的申请（Application for Final Final Payment）：与"新红皮书"、"新黄皮书"相同，在本款中将"工程师"的角色改为"业主"。

[14.12] 结清证明（Discharge）：与"新红皮书"、"新黄皮书"完全相同。

[14.13] 最终付款（Final Payment）

业主应按第14.7款 [付款的时间安排]（c）的规定，向承包商支付最终应付款额（但应减去业主先前已支付的款额），并应考虑到业主的索赔所产生的扣减额。

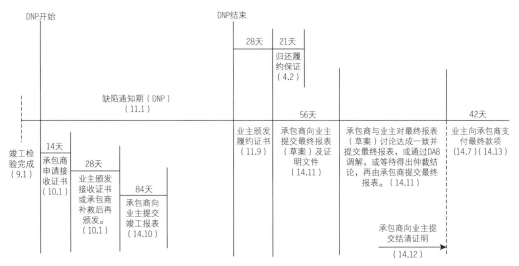

**图7-3　FIDIC"银皮书"中缺陷通知期开始后有关各类报表及证书的提交及付款的顺序图**

[14.14] 业主责任的停止（Cessation of Employer's Liability）：与"新红皮书"、"新黄皮书"完全相同。

[14.15] 支付的货币（Currencies of Payment）：

合同价格应以合同协议书中指定的货币种类支付；以下规定适用于用一种以上货币支付的情况：

（a）如中标合同金额全部以当地币表示：

ⅰ）当地币与外币的支付比例或款额，以及支付时使用的固定汇率均按合同协议书中规定执行，除非双方另有约定；

ⅱ）暂定金额和因立法变动调价时，按适用的货币和比例支付；

ⅲ）支付进度款时，除因立法变动调价者外，第14.3款期中支付证书中前4项内容按本款（a），ⅰ）规定执行；

（b）误期损害赔偿费的支付也按专用条件规定的货币及比例执行；

（c）承包商应支付给业主的其他款项，以业主开支的货币支付，或双方商定；

（d）如承包商应以某种货币支付给业主的金额超过业主应以该种货币支付给承包商的金额，业主可由以其他货币支付给承包商的款额中收回此差额；

（e）如在合同中未规定兑换率，则采用基准日期当天工程所在国中央银行的汇率。

## 第15条　业主提出终止（Termination by Employer）

本条共5款，主要内容包括：
- 承包商的哪些违约行为可导致业主有权终止合同；
- 业主终止合同的程序；
- 业主终止合同后对承包商已完成工作的估价和支付；
- 业主出于自身的原因终止合同的权利。

[15.1] 通知改正（Notice to Correct）：与"新红皮书"、"新黄皮书"相同，在本款中将"工程师"的角色改为"业主"。

[15.2] 由业主提出终止（Termination by Employer）：与"新红皮书"、"新黄皮书"相同，将"工程师"改为"业主"，但在（c）中将"（ii）或收到工程师有关质量问题通知后28天内不进行整改"删去。

[15.3] 终止日的估价（Valuation at Date of Termination）：与"新红皮书"、"新黄皮书"相同，在本款中将"工程师"的角色改为"业主"。

[15.4] 终止后的支付（Payment after Termination）：与"新红皮书"、"新黄皮书"完全相同。

[15.5] 业主终止合同的权利（Employer's Entitlement to Termination）：与"新红皮书"、"新黄皮书"完全相同。

## 第16条 承包商提出暂停和终止（Suspension and Termination by Contractor）

本条共4款，主要内容包括：
- 承包商暂停工作或放慢进度意味着什么；
- 业主的哪些行为将导致承包商有权终止合同；
- 终止合同后承包商的义务；
- 终止合同后如何对承包商进行补偿。

[16.1] 承包商暂停工作的权利（Contractor's Entitlement to Suspend Work）：与"新红皮书"、"新黄皮书"相同，在本款中将"工程师"的角色改为"业主"。

[16.2] 承包商提出终止（Termination by Contractor）

与"新红皮书"、"新黄皮书"相同，仅删去（2）"工程师未能在收到报表和证明文件后56天内签发支付证书"。

[16.3] 停止工作和承包商设备的撤离（Cessation of Work and Removal of Contractor's Equipment）：与"新红皮书"、"新黄皮书"相同，在本款中将"工程师"的角色改为"业主"。

[16.4] 终止时的支付（Payment on Termination）：与"新红皮书"、"新黄皮书"完全相同。

## 第17条 风险与责任（Risks and Responsibility）

本条共6款，主要内容包括：
- 业主和承包商互为保障的内容；
- 工程照管的责任；
- 业主的风险及其后果的处理；

- 工程知识产权与工业产权的保护;
- 合同双方的赔偿责任限度。

[17.1] 保障(Indemnities):承包商应保障业主、业主的人员或代理人在以下情况下免于承担索赔、损失及相关的开支:

(a) 在承包商设计和施工过程中,如出现人身伤亡或疾病时(除非是由于业主及其人员的渎职、恶意行为或违约引起);

(b) 由承包商的设计、施工、竣工、修补缺陷等引起的,以及不是由于业主及其人员,其代理人的渎职、恶意行为或违约引起的,对任何财产的损害或损失;

若由于业主及其人员的过失、故意行为或违约导致人员伤亡、疾病以及第18.3款[人身伤害和财产损失保险]中的例外责任事件,业主应保障承包商及其人员免于承担有关索赔、损失和相关开支。

[17.2] 承包商对工程的照管(Contractor's Care for the Works):与"新红皮书"、"新黄皮书"相同,仅删去对"部分工程"的照管。

[17.3] 业主的风险(Employer's Risks)

业主的风险包括:

(a) 战争、敌对行为、入侵、外敌活动;

(b) 在工程所在国内叛乱、恐怖活动、革命、暴动、军事政变或篡夺政权,或内战;

(c) 承包商的人员和承包商及分包商的其他雇员之外的人员在工程所在国内的暴乱、骚乱或混乱;

(d) 工程所在国内的战争军火、爆炸物资、电离辐射或放射性污染,但承包商使用此类材料除外;

(e) 由音速或超音速的飞机及其他飞行器造成的压力波。

[17.4] 业主风险的后果(Consequences of Employer's Risks)

与"新红皮书"、"新黄皮书"相同,仅删去"对业主的行为风险(除合同规定之外,业主占有或使用部分永久工程,以及业主方负责的工程设计)造成的损失,承包商可索赔利润"的规定。

[17.5] 知识产权和工业产权(Intellectual and Industrial Property Right):与"新黄皮书"完全相同。

[17.6] 责任限度(Limit of Liability)

与"新红皮书"、"新黄皮书"相同,仅将"中标合同金额"改为"合同协议书中规定的合同价格"。

## 第18条 保险(Insurance)

本条共4款,主要内容包括:

- 不论哪一方去投保，投保方的投保程序和要求；
- 工程、生产设备和承包商设备的保险要求；
- 对第三方人员和财产的保险要求；
- 对承包商的人员的保险要求。

［18.1］ 保险的总体要求（General Requirement for Insurances）

与"新红皮书"、"新黄皮书"相同，仅要求"当投保方支付了保险费后，在专用条件规定的期限内应向另一方提供支付证据"，而不是要求"投保方在支付了保险费后，在投标书附录中规定的期限内将支付证据或保单提交对方并通知工程师"。

［18.2］ 工程和承包商设备的保险（Insurance for Works and Contractor's Equipment）

大部分与"新红皮书"、"新黄皮书"相同，只是下面两点不同：

（a） 保险有效期应为保险证据生效至颁发履约证书的日期，保险范围为承包商及分包商在此期间造成的损失和损害。

（b） 在保险有关规定中的第（d）点涉及"业主的风险"，只对其中的第（c）点"承包商的人员和承包商及分包商的其他雇员之外的人员在工程所在国内的暴乱、骚乱或混乱"的风险所导致的损失或损害进行保险，每次的免赔额不应超过专用条件中规定的数额。（若无此规定，则不对此项业主的风险保险）。

［18.3］ 人员伤害及财产损失保险（Insurance against injury to Persons and Damage to Property）：与"新红皮书"、"新黄皮书"完全相同。

［18.4］ 承包商人员的保险（Insurance for Contractor's Personnel）：与"新红皮书"、"新黄皮书"相同，但保险对象中没有工程师。

## 第19条 不可抗力（Force Majeure）

本条共7款，主要内容包括：
- 在本合同条件中对不可抗力的定义；
- 发生不可抗力后双方各自的责任；
- 双方对不可抗力造成的后果各自承担的责任和义务；
- 不可抗力导致终止合同时的处理方法；
- 由于法律的规定导致解除履约时的处理方法。

［19.1］ 不可抗力的定义（Definition of Force Majeure）：与"新红皮书"、"新黄皮书"完全相同。

［19.2］ 不可抗力的通知（Notice of Force Majeure）：与"新红皮书"、"新黄皮书"完全相同。

［19.3］ 将延误减到最小的义务（Duty to Minimize Delay）：与"新红皮书"、"新黄皮书"完全相同。

[19.4] 不可抗力的后果（Consequences of Force Majeure）：与"新红皮书"、"新黄皮书"相同，只是在本款中，此类终止的情况下，不由工程师确定已完成工作的价值，而是业主应向承包商支付本款规定的各类款项。

[19.5] 不可抗力影响分包商（Force Majeure Affecting Subcontractor）：与"新红皮书"、"新黄皮书"完全相同。

[19.6] 可选择的终止、支付以及解除履约（Optional Termination, Payment and Release）：与"新红皮书"、"新黄皮书"相同，在本款中将"工程师"的角色改为"业主"。

[19.7] 根据法律解除履约（Release from Performance under the Law）：与"新红皮书"、"新黄皮书"完全相同。

## 第20条 索赔、争议和仲裁（Claim, Disputes and Arbitration）

本条共8款，主要内容包括：
- 承包商索赔的程序；
- 争议评判委员会（DAB）的组成和运作机制；
- 仲裁的前提、规则和程序；
- 通过DAB、友好解决和仲裁解决争议的途径。

[20.1] 承包商的索赔（Contractor's Claims）：与"新红皮书"、"新黄皮书"相同，在本款中将"工程师"的角色改为"业主"。

[20.2] 争议评判委员会的任命（Appointment of the Dispute Adjudication Board）：与"新黄皮书"完全相同。

[20.3] 对DAB未能达成一致（Failure to Agree Dispute Adjudication Board）：与"新红皮书"、"新黄皮书"完全相同。

[20.4] 获得DAB的决定（Obtaining Dispute Adjudication Board's Decision）：与"新黄皮书"完全相同。

[20.5] 友好解决（Amicable Settlement）：与"新红皮书"、"新黄皮书"完全相同。

[20.6] 仲裁（Arbitration）：与"新红皮书"、"新黄皮书"相同，在本款中将"工程师"的角色改为"业主"。

[20.7] 未能遵守DAB的决定（Failure to Comply with DAB's Decision）：与"新红皮书"、"新黄皮书"完全相同。

[20.8] DAB的任期届满（Expiry of DAB's Appointment）：与"新红皮书"、"新黄皮书"完全相同。

通过DAB方式解决争议或走向仲裁的程序见图7-2，删去"和工程师"四个字。

## 第 5 节　FIDIC《设计，建造及运营项目合同条件》
（2008 年第 1 版）

FIDIC《设计，建造及运营项目合同条件》（2008 年第 1 版）（金皮书）（以下简称"金皮书"）是在 1999 年 FIDIC《生产设备与设计—建造项目合同条件》（新黄皮书）的基础上，加入了有关运营和维护的要求和内容编写而成的。"金皮书"在正式出版前，曾于 2007 年推出了"研讨会版"，编写小组积极听取各方面专家的意见，尤其是那些参与过 DBO 项目的具有实践经验的专家的意见。经过一年多的讨论和修改，该书的第 1 版于 2008 年第四季度正式出版发行。

与"设计—建造"（DB）模式相比，"设计，建造及运营"（DBO）模式的主要特点是将项目的设计、施工以及长期的运营和维护工作，一并交给一个承包商来完成。对业主来说，这一模式易于保证项目在运营期满之前一直处于良好的运营状态，减少由于设计失误或建造质量差等原因导致在缺陷通知期（DBO 用"保留期"）期满后出现的各种问题和造成的损失。在 DBO 模式下，承包商不仅负责项目的设计和建造，而且负责在项目建成后提供持续性的运营服务，这将鼓励承包商在进行设计的同时考虑项目的建造费用和运营费用，采用工程项目全生命周期费用管理的理念，以实现全生命周期的费用控制目标。

与 BOT 模式相比，DBO 模式由业主融资，承包商仅负责按照业主的要求按时保质地完成设计、施工和运营工作。业主负责按时向承包商付款。因此，业主应提供一份详细说明其财务安排的财务备忘录，以保证承包商能按时得到付款。

DBO 模式可分为两种，"绿色场地（Green Field Scenario）"的设计，建造及运营模式和"棕色场地（Brown Field Scenario）"的设计，建造及运营模式，前者主要指在一片未开发的场地上建造项目并进行运营，后者指场地上已有相关建筑，拟建项目在原有建筑物的基础上进行改造，并进行运营。不同 DBO 模式下的合同条件不同，而运营期的长短对于合同条件也有很大的影响。"金皮书"是基于"绿色场地"模式和运营期为 20 年的项目编制而成的合同范本，当采用"棕色场地"模式或运营期显著不同于 20 年的项目，应对条款进行相应的修改。

"金皮书"主要包括各个不同实施阶段的流程图、通用条件、专用条件和各类协议书、信函等范本。后附争议评判协议书的一般条款和争议评判委员会成员的程序性规则。基本遵循了 1999 版 FIDIC 系列合同条件的格式和布局。

通用条件共有 20 条，195 款。20 条包括：一般规定，业主，业主代表，承包商，设计，员工，生产设备、材料和工艺，开工日期、竣工和进度计划，设计—建造，运营服务，试验，缺陷，变更和调整，合同价格和付款，由业主终止，由承包商暂停和终止，风险分担，特殊风险，保险，索赔、争议和仲裁。与"新黄皮书"相比，新增了"运营服务"一条,并对"风险分担","特殊风险","保险"的编排顺序进行了调整,使其更加符合逻辑,其他各条的内容也有一些变化。

专用条件分为 A、B 两部分。A 部分为合同数据,替代了"新黄皮书"中的"投标书附录",B 部分是专用条件的特定条款(Special Provisions),包括招标文件编写说明,特定条款编写说明和示例。这与"新红皮书"(06 多边银行版)的编排格式相同。

下文中的各款标题前面方括号〔 〕内的数字为 FIDIC"金皮书"(2008 年第 1 版)相应的款号。

## 第 1 条 一般规定(General Provisions)

本条共 15 款,主要内容包括:
- 本合同条件中关键术语的定义和解释;
- 本合同文件的组成及优先顺序;
- 合同协议书与运营许可证的具体规定;
- 文件的提供、照管及版权;
- 合同双方的信息沟通、保密规定和权益转让;
- 合同语言、法律以及联合承包的规定。

[1.1] 定义(Definitions)

"金皮书"共 83 个定义,其中含 31 个新增的定义。

与以往 FIDIC"新红皮书"等合同条件不同的是,关键术语定义部分删除了原来的六个分类,完全按照术语首字母的顺序进行排列,十分便于查找。

现将各定义主要含义介绍如下(括号内为对条款内容的解释说明):

[1.1.1] 中标合同金额(Accepted Contract Amount):与"新黄皮书"基本相同,增加了运营服务费用,并包括资产更换资金。

[1.1.2] 资产更换资金(Asset Replacement Fund):指为了工程能够持续有效地运营,按照资产更换计划更换生产设备所需的资金。

[1.1.3] 资产更换计划(Asset Replacement Schedule):指由承包商编制的包含资产更换清单和时间安排的计划。

[1.1.4] 审计机构(Auditing Body):指在运营服务期间审计并监督业主和承包商是否遵守运营管理要求的机构。(审计机构是独立的第三方。与"业主代表"不同,它没有指示和决定的权力,只可以监督或提出建议。详见 10.3 款的规定。)

[1.1.5] 基准日期(Base Date):与"新红皮书"完全相同。

[1.1.6] 开工日期(Commencement Date):与"新红皮书"完全相同。

[1.1.7] 商业风险(Commercial Risk):是导致业主或承包商产生财务损失和(或)时间损失的风险,这些损失一般无法投保。(这一定义将商业风险与损坏风险、

特殊风险明确地区分开。)

[1.1.8] 试运行证书（Commissioning Certificate）：由业主代表向承包商颁发，标志着设计—建造期的结束和运营服务期的开始。

[1.1.9] 试运行期（Commissioning Period）：指试运行试验进行的时期。

[1.1.10] 合同（Contract）：指合同协议书、中标函、投标函、本合同条件、业主要求、资料表、承包商建议书、运营许可证，以及在合同协议书或中标函中列出的其他进一步的文件。

[1.1.11] 合同协议书（Contract Agreement）：与"新红皮书"完全相同。

[1.1.12] 合同完成证书（Contract Completion Certificate）：由业主代表向承包商颁发的证书，标志着承包商承担的设计、建造和运营服务的全部义务的最终完成。

[1.1.13] 合同完成日期（Contract Completion Date）：指运营服务完成的日期，将在合同完成证书中注明。

[1.1.14] 合同数据（Contract Data）：与"新红皮书"（06多边银行版）完全相同。

[1.1.15] 合同期（Contract Period）：指设计—建造期加运营服务期。

[1.1.16] 合同价格（Contract Price）：指在基准日期承包商对设计、建造和运营服务的报价（包括资产更换资金）以及按照合同做出的调整。

[1.1.17] 承包商（Contractor）：与"新红皮书"完全相同。

[1.1.18] 承包商设备（Contractor's Equipment）：与"新红皮书"完全相同。

[1.1.19] 承包商文件（Contractor's Document）：与"新红皮书"完全相同。

[1.1.20] 承包商建议书（Contractor's Proposal）：与"新黄皮书"基本相同，删去了"包括承包商的初步设计文件"的规定。

[1.1.21] 承包商人员（Contractor's Personnel）：与"新红皮书"基本相同，增加了提供运营服务的人员。

[1.1.22] 承包商代表（Contractor's Representative）：与"新红皮书"完全相同。

[1.1.23] 成本（费用）（Cost）：与"新红皮书"完全相同。

[1.1.24] 成本（费用）加利润（Cost Plus Profit）：指成本（费用）加上在合同数据中规定的百分比利润，该百分比利润仅在某款规定承包商有权获得成本（费用）加利润时才添加。

[1.1.25] 工程所在国（Country）：与"新红皮书"完全相同。

[1.1.26] 截止日期（Cut-Off Date）：指设计—建造竣工时间之后的一个日期，通常在合同数据中规定，也包含批准的延期之后的该日期（承包商必须在该日期前完成设计—建造工作并开始运营项目，否则，可视为承包商违约，业主有权终止合同。）

[1.1.27] DAB（争议评判委员会）：与"新红皮书"基本相同，增加了运营服

务期的 DAB。

[1.1.28] 日（天）(day)：与"新红皮书"完全相同。

[1.1.29] 设计—建造（Design-Build）：指承包商根据合同设计、建造、试验并完成工程，以及获得试运行许可证所要求进行的全部工作。

[1.1.30] 设计—建造期（Design-Build Period）：指从开工日期到试运行证书中规定的日期为止的那段时间。

[1.1.31] 争议（Dispute）：当出现以下情形时，构成争议：(a) 一方向另一方提出索赔；(b) 另一方全部或部分拒绝；并且 (c) 索赔方不同意被索赔方的意见。同时规定，如果被索赔方没有全部或部分回应索赔，而 DAB 或仲裁员认为该做法是合理的，未回应索赔的做法也可构成一种拒绝。

[1.1.32] 业主（Employer）：与"新红皮书"基本相同，"投标书附录"改为"合同数据"。

[1.1.33] 业主设备（Employer's Equipment）：与"新红皮书"基本相同，增加了运营服务中使用的仪器、机械和车辆。

[1.1.34] 业主人员（Employer's Personnel）：与"新红皮书"基本相同，"工程师"改为"业主代表"。

[1.1.35] 业主代表（Employer's Representative）：指由业主任命并在合同数据中指明的为合同之目的而担任业主代表的人员，或有时由业主任命并通知承包商的其他人员。

[1.1.36] 业主要求（Employer's Requirement）：与"新黄皮书"基本相同，增加了提供运营服务的相关内容。

[1.1.37] 特殊事件（Exceptional Event）：与"新红皮书"中的"不可抗力"的含义相同。（因"不可抗力"会产生很多不同的司法解释，为避免误解，故作此修改。）

[1.1.38] FIDIC：与"新红皮书"完全相同。

[1.1.39] 设计—建造最终付款证书（Final Payment Certificate Design-Build）：指业主代表签发的，说明承包商将从业主方拿到全部设计—建造款额的一份证书。

[1.1.40] 运营服务最终付款证书（Final Payment Certificate Operation Service）：指业主代表签发的，说明承包商将从业主方拿到的全部运营服务款额及合同规定的其他款额的一份证书。

[1.1.41] 设计—建造最终报表（Final Statement Design-Build）：指承包商向业主代表提交的，说明全部设计—建造工作的价值的一份报表。

[1.1.42] 运营服务最终报表（Final Statement Operation Service）：指承包商向业主代表提交的，说明全部运营服务工作的价值（包括已批准的资产更换资金的支出）的一份报表。

[1.1.43] 财务备忘录（Financial Memorandum）：指详细说明业主财务安排并附在业主要求之后或构成业主要求的一部分的文件。（这为承包商按时得到付款提供了保证，对于一个长达20年的合同，在投标时获得业主详细的财务信息是十分必要的。）

[1.1.44] 外币（Foreign Currency）：与"新红皮书"完全相同。

[1.1.45] 货物（Goods）：与"新红皮书"完全相同。

[1.1.46] 期中付款证书（Interim Payment Certificate）：与"新红皮书"完全相同。

[1.1.47] 法律（Laws）：与"新红皮书"完全相同。

[1.1.48] 中标函（Letter of Acceptance）：与"新红皮书"完全相同。

[1.1.49] 投标函（Letter of Tender）：与"新红皮书"完全相同。

[1.1.50] 当地货币（Local Currency）：与"新红皮书"完全相同。

[1.1.51] 维修保留金和维修保留金保函（Maintenance Retention Fund and Maintenance Retention Guarantee）：维修保留金是在运营服务期从承包商的期中付款中扣除的款额，用于支付按照合同维修工程所需的费用。承包商可以用维修保留金保函替代维修保留金。在合同完成证书颁发后，业主须将剩余的维修保留金和维修保留金保函退还给承包商。

[1.1.52] 材料（Material）：与"新红皮书"完全相同。

[1.1.53] 通知（Notice）：指被认为是通知以及根据1.3款［通知和其他通讯交流］的规定发出的书面通信。

[1.1.54] 运营许可证（Operation Licence）：指业主授予承包商的许可证，凭借该许可证，可免除承包商在运营服务期间为运营和维修工程而产生的矿区使用费。

[1.1.55] 运营管理要求（Operation Management Requirement）：指业主为运营服务的恰当实施而制定的一整套程序和要求，该要求应写入业主要求中。

[1.1.56] 运营和维修计划（Operation and Maintenance Plan）：指由承包商提交的运营和维修设施的计划，该计划经双方同意并包含在合同中。

[1.1.57] 运营服务（Operation Service）：指运营管理要求中规定的对设施的运营和维修。

[1.1.58] 运营服务期（Operation Service Period）：指从试运行证书中规定的开始日期，到合同完成证书规定的日期的期间。

[1.1.59] 当事方（或一方）（Party）：与"新红皮书"完全相同。

[1.1.60] 履约保证（Performance Security）：与"新红皮书"基本相同，"工程师"改为"业主代表"，"投标函附录"改为"合同数据"。

[1.1.61] 永久工程（Permanent Works）：指承包商根据合同要进行设计、实施和运营的永久性工程。

[1.1.62] 生产设备（Plant）：与"新红皮书"完全相同。

[1.1.63] 暂定金额（Provisional Sum）：与"新红皮书"完全相同。

[1.1.64] 费率和价格（Rates and Prices）：指合同中为设计、实施和完成工程并提供运营服务而编制的资料表中规定的费率和价格。

[1.1.65] 保留金（Retention Money）：与"新红皮书"完全相同。

[1.1.66] 保留期（Retention Period）：指试运行证书中规定的扫尾工作完成后的一年。

[1.1.67] 损坏风险（Risk of Damage）：指导致物质损失，或工程损坏，或属于任何一方的其他财产损坏的风险，不包括商业风险。

[1.1.68] 资料表（Schedules）：与"新红皮书"基本相同，包含的文件增加了"资产更换计划"和"保函"。

[1.1.69] 付款计划表（Schedule of Payment）：指合同中规定的说明向承包商付款方式的那些计划表。

[1.1.70] 区段（Section）：与"新红皮书"完全相同。

[1.1.71] 区段试运行证书（Section Commissioning Certificate）：指业主代表根据11.7款［试运行证书］的规定向承包商颁发的证书，标志着该区段设计—建造的结束和运营服务的开始。

[1.1.72] 现场（Site）：与"新红皮书"基本相同，增加了提供运营服务的地点。

[1.1.73] 报表（Statement）：与"新红皮书"完全相同。

[1.1.74] 分包商（Subcontractor）：与"新红皮书"完全相同。

[1.1.75] 投标书（Tender）：与"新红皮书"完全相同。

[1.1.76] 设计—建造竣工试验（Test on Completion of Design-Build）：指在合同中规定或双方商定的，或按指示作为一项变更，在工程或某区段被认为符合业主要求中界定的目的前，根据第11条［试验］的要求进行的试验。

[1.1.77] 合同完成前试验（Test Prior to Contract Completion）：指合同中规定的试验和其他类似试验，这些试验须经业主代表与承包商商定，或被指定为一项变更，并在合同期满前按照第11条［试验］的规定进行。

[1.1.78] 设计—建造竣工时间（Time for Completion of Design-Build）：指合同数据中规定的，自开工日期算起，至工程或某区段完成时（连同批准的延长期）为止的全部时间。

[1.1.79] 临时工程（Temporary Works）：与"新红皮书"基本相同，增加了"为运营永久工程，在现场所需的所有各类临时性工程"的内容。

[1.1.80] 不可预见（Unforeseeable）：与"新红皮书"完全相同。

[1.1.81] 变更（Variation）：指根据第13条［变更和调整］的规定，经指示或批准作为变更的，对业主要求或工程所做的任何更改。

[1.1.82] 工程（Works）：指永久工程和临时工程，或视情况指二者之一，以及承包商在运营服务期间运营的设施。

[1.1.83] 年（year）：系指365天。

[1.2] 解释（Interpretation）

与"新红皮书"基本相同，增加了以下两个用词的解释：

shall（应该）：指有关的一方或个人根据合同规定有履行相关责任的义务；

may（可以）：指有关的一方或个人有权选择做或不做相关事宜。

[1.3] 通知和其他通讯交流（Notice and Other Communications）

与"新红皮书"基本相同，"投标书附录"改为"合同数据"，"工程师"改为"业主代表"，"通知"在此处作为一个已定义的术语使用。

[1.4] 法律和语言（Law and Language）

与"新红皮书"基本相同，"投标书附录"改为"合同数据"。

[1.5] 文件的优先次序（Priority of Documents）

构成本合同的文件被认为是相互说明的。为解释的目的，文件的优先次序如下：

(a) 合同协议书；

(b) 中标函；

(c) 投标函；

(d) 专用条件A部分——合同数据；

(e) 专用条件B部分——专用条款；

(f) 通用条件；

(g) 业主要求；

(h) 资料表，以及

(i) 承包商建议书和构成合同部分的任何其他文件。

如文件中发现有含糊或矛盾之处，业主代表应发出任何必要的澄清或指示。

[1.6] 合同协议书（Contract Agreement）

与"新红皮书"基本相同，协议书所采用的格式应采用招标文件中提供的样本。

[1.7] 运营许可证（Operating Licence）

业主应在颁发中标函的同时，向承包商颁发运营许可证，给予他在运营服务期运营和维修工程的权利。运营许可证在颁发试运行证书时自动生效，并在颁发合同完成证书前持续有效。

运营许可证的范围只包括合同中规定的为完成工程和运营服务的目的所需要占用的那部分现场，不可用于对现场或工程任何部分的租用或运营转让。承包商没有现场的任何不动产权、所有权及受益权。在合同终止时，该许可证将立即终止。

[1.8] 转让（Assignment）

与"新红皮书"完全相同。

[1.9] 文件的照管和提供（Care and Supply of Documents）

与"新黄皮书"基本相同，"工程师"改为"业主代表"。

[1.10] 业主要求中的错误（Errors in the Employer's Requirement）

承包商有义务仔细检查业主要求，如发现其中有错误，他应立即书面通知业主代表错误的类型和详情，并要求其给出修正指示。

在收到通知后，业主代表应立即向承包商确认：业主要求中是否存在错误；该错误是否是一个有经验的承包商在检查业主要求时应当发现的；以及业主代表要求承包商采取的措施。

如因业主要求中的错误而使承包商遭受延误和（或）产生费用，并且该错误是一个有经验的承包商在认真检查业主要求后也无法发现的，承包商应有权获得工期和费用加利润的补偿。

[1.11] 业主使用承包商文件（Employer's Use of Contractor's Documents）

与"新红皮书"基本相同，增加了业主可将承包商文件用于合同终止后，与其他承包商订立合同。

[1.12] 承包商使用业主文件（Contractor's Use of Employer's Documents）

与"新黄皮书"完全相同。

[1.13] 保密事项（Confidential Details）

承包商应当向业主代表透露为证实承包商遵守合同而合理要求的所有保密事项和其他信息。

除根据合同履行义务的需要外，没有业主事先的书面同意，承包商应将合同详情视为隐私和秘密，不得在论文或其他场合发表或透露。

业主应将承包商的所有设计信息视为保密，除在承包商违约终止合同时按规定行使其权利外，不得向第三方透露。

[1.14] 遵守法律（Compliance with Laws）

与"新红皮书"基本相同，"特殊条件"改为"业主要求"，"规范"改为"业主要求"，"工程师"改为"业主代表"。除规定业主须为永久工程取得相关许可，缴纳税费外，还规定业主也应为运营服务取得相关许可并缴纳税费，而承包商应始终遵守有关现场、工程或运营服务的许可，根据这些许可发出通知，支付费用。

[1.15] 共同的和各自的责任（Joint and Several Liability）

与"新红皮书"完全相同。

## 第2条 业主（The Employer）

本条共4款，主要内容包括：
- 业主向承包商提供施工现场的义务；
- 业主应向承包商提供协助和配合；

- 承包商对业主的项目资金安排享有知情权。

[2.1] 进入现场权（Right of Access to the Site）

与"新红皮书"基本相同，"投标书附录"改为"合同数据"，"工程师"改为"业主代表"。

[2.2] 许可、执照或批准（Permits, Licences or Approvals）

与"新红皮书"完全相同。

[2.3] 业主人员（Employer's Personnel）

与"新红皮书"完全相同。

[2.4] 业主的资金安排（Employer's Financial Arrangements）

与"新红皮书"基本相同，增加了"业主应将对工程设计、实施和运营的资金安排，包括资产更换资金，详细地写入财务备忘录中"的规定。

将"新红皮书"中的2.5款［业主的索赔］移至第20.2款。

## 第3条　业主代表（The Employer's Representative）

本条共5款，主要内容包括：
- 业主代表和其他业主人员的职权和权限；
- 业主代表如何授权给助理；
- 业主代表及其被授权人员向承包商发出指示的有关规定；
- 业主代表的更换；
- 业主代表做决定时有关的程序和要求。

[3.1] 业主代表的职责和权力（Employer's Representative's Duties and Authority）

与"新红皮书"基本相同，"工程师"改为"业主代表"，删去了"如果要求工程师在行使规定权力前必须取得业主批准，这些要求应在专用条件中写明"的规定。

[3.2] 由业主代表授权（Delegation by the Employer's Representative）

与"新红皮书"基本相同，"工程师"改为"业主代表"，关于"助理"，增加了"这些助理可包括被任命检验或试验生产设备、材料和工艺，或监督运营服务的独立检验人员（不含审计机构）"的规定。

[3.3] 业主代表的指示（Instructions of the Employer's Representative）

与"新红皮书"基本相同，"工程师"改为"业主代表"，删去了"附加或修正图纸"和"口头指示"的规定。

增加规定："承包商认为业主代表的指示未遵守适用法律或在技术上不可行，他应立即书面通知业主代表。业主代表应随后确认或修正该指示"。

[3.4] 业主代表的更换（Replacement of Employer's Representative）

与"新红皮书"基本相同，"工程师"改为"业主代表"。

[3.5] 确定（Determinations）

与"新红皮书"基本相同,"工程师"改为"业主代表"。

## 第4条 承包商(The Contractor)

本条共25款,主要内容包括:
- 承包商在合同中的基本义务,包括设计、实施和运营服务等;
- 履约保证;
- 对承包商代表的要求以及对分包、指定分包、转让、合作以及现场放线的规定;
- 现场作业、安全、质量保证和环境保护;
- 关于现场数据、现场条件、道路通行权、运输、化石等方面承包商所承担的责任和享有的权利;
- 进度报告的内容以及提交程序;
- 承包商财务状况改变时以及向业主提供审计后的财务报表和财务报告的规定。

[4.1] 承包商的一般义务(Contractor's General Obligations)

与"新黄皮书"基本相同,"工程师"改为"业主代表",增加了"承包商应负责保证工程在运营服务期满足合同的目的";"在设计—建造期和运营服务期对所有现场作业、所有施工方法和全部工程的完备性、稳定性和安全性承担责任";以及"承包商应参加所有由业主或业主代表合理要求其参加的会议"等规定。

[4.2] 履约保证(Performance Security)

与"新红皮书"基本相同,"投标书附录"改为"合同数据","工程师"改为"业主代表",履约保证的格式由使用"专用条件中所附的格式或业主批准的其他格式"改为使用"招标文件中的样例或业主批准的其他格式"。

增加规定:"在保留期结束时,承包商应有权根据合同规定减少履约保证的金额";"承包商应确保履约保证在合同完成证书颁发前持续有效和可执行";"如果在履约保证的条款中规定了其期满日期,而承包商在该期满日期28天前尚无权收到合同完成证书,承包商应将履约保证的有效期延至工程和运营服务完成之日(或承包商有权收到合同完成证书之日,二者择其一)";"如承包商未能维持履约保证的有效性,则应根据15.2款[因承包商违约终止]中的规定实施终止"。

[4.3] 承包商代表(Contractor's Representative)

与"新红皮书"基本相同,"工程师"改为"业主代表"。

[4.4] 分包商(Subcontractors)

与"新红皮书"基本相同,"工程师"改为"业主代表",增加规定:"除非另有协议,承包商不应将提供运营服务的工作分包出去";以及"如果任何分包商有权根据任何与工程相关的合同或协议解除任何附加的或超出合同规定的风险,则此类附加的或超出的事件或情况不应成为承包商不履约或有权解除合同义务的借口"。

[4.5] 指定分包商（Nominated Subcontractors）

与"新黄皮书"基本相同，"工程师"改为"业主代表"，并将"指定分包商"的含义改为：业主要求中指明的分包商或业主代表根据第13条［变更与调整］指定承包商雇用的分包商。

[4.6] 合作（Co-operation）

与"新红皮书"基本相同，"工程师"改为"业主代表"，增加了"承包商应对其在现场运营活动负责"的规定。

[4.7] 放线（Setting Out）

与"新红皮书"基本相同，"工程师"改为"业主代表"。

[4.8] 安全程序（Safety Procedures）

与"新红皮书"基本相同，将"提供工程的围栏、照明、保卫和看守"等有关规定改为"在颁发合同完成证书前"提供。还要求提供因实施工程所需的任何临时工程（包括道路、人行道、护板和围栏），这些临时工程是为公众和邻近土地的所有人、占有人使用的和保护他们的。

[4.9] 质量保证（Quality Assurance）

与"新红皮书"基本相同，"工程师"改为"业主代表"，并指出：在每一设计、实施和运营阶段开始前，承包商均应向业主代表提交所有程序的细节和执行文件，供其参考。

[4.10] 现场数据（Site Data）

与"新红皮书"基本相同，增加规定："业主应向承包商提供现场的气候条件资料"；以及"承包商应被认为已取得了可能对提供运营服务产生影响或作用的有关风险、意外事件及其他情况的全部必要的资料"。

[4.11] 中标合同金额的充分性（Sufficiency of the Accepted Contract Amount）

与"新红皮书"基本相同，增加了"中标合同金额包括提供运营服务所必需的全部有关事项"的规定。

[4.12] 不可预见的外界条件（Unforeseeable Physical Conditions）

与"新红皮书"基本相同，"工程师"改为"业主代表"。

[4.13] 道路通行权和设施（Rights of Way and Facilities）

与"新红皮书"完全相同。

[4.14] 避免干扰（Avoidance of Interference）

与"新红皮书"完全相同。

[4.15] 进场道路（Access Route）

与"新红皮书"完全相同。

[4.16] 货物运输（Transport of Goods）

与"新红皮书"基本相同，"工程师"改为"业主代表"，增加了"承包商应负责提供运营服务所需的所有货物和其他物品的包装、装载、运输、接收、卸货、存储和保护"的规定。

［4.17］承包商设备（Contract's Equipment）

与"新红皮书"基本相同，"工程师"改为"业主代表"，并规定"承包商设备一旦运至现场，都应被视为专门用于工程的实施和运营服务的提供"。

［4.18］环境保护（Protection of the Environment）

与"新红皮书"基本相同，"规范"改为"业主要求"。

［4.19］电、水和燃气（Electricity，Water and Gas）

承包商应负责提供其所需的所有电力、水和其他服务。

但为工程和提供运营服务的目的，承包商也应有权使用现场供应的电、水、燃气和其他服务，其详细规定在业主要求中给出。在这种情况下，承包商应以自身名义接受电、水、燃气和其他服务，并向供应单位支付费用。

［4.20］业主设备和免费供应的材料（Employer's Equipment and Free-Issue Materials）

与"新红皮书"基本相同，"工程师"改为"业主代表"。

［4.21］进度报告（Progress Reports）

设计—建造期对进度报告的要求，与"新红皮书"基本相同，"工程师"改为"业主代表"。但在报告内容中，增加了"更换"、"运营服务的提供"、"变更"等相关内容。设计—建造期和运营服务期进度报告的详细内容应在业主要求中作出规定。定期提交进度报告应持续到承包商收到合同完成证书时为止。

［4.22］现场安保（Security of the Site）

与"新红皮书"基本相同，"工程师"改为"业主代表"，明确规定"承包商应负责现场安保"。

［4.23］承包商的现场作业（Contractor's Operations on Site）

与"新红皮书"基本相同，"工程师"改为"业主代表"。

承包商应始终保持现场整洁和文明施工。在颁发试运行证书后及颁发合同完成证书时，均应及时清理现场，并保持现场和工程的清洁和安全。

［4.24］化石（Fossils）

与"新红皮书"基本相同，"工程师"改为"业主代表"。

［4.25］承包商财务状况的改变（Changes in the Contractor's Financial Situation）

如果承包商开始意识到自身财务状况的任何改变，将对其合同义务产生不利影响，应立即将详情通知业主代表。在收到该通知的28天内，业主应给出要求承包商采取哪些措施的建议。

在任何情况下，承包商都应每年向业主提供审计后的财务报表和财务报告。

### 第5条 设计（Design）

本条共7款，主要内容包括：
- 承包商的一般设计义务；
- 业主对"承包商文件"编制的要求；
- 承包商在设计过程中应遵守的基本原则和规定；
- 竣工文件和操作和维修手册。

[5.1] 设计义务的一般要求（General Design Obligations）

与"新黄皮书"基本相同，"工程师"改为"业主代表"，"投标书附录"改为"合同数据"。增加规定：如果承包商在合同数据规定的期间之后发现了任何业主要求中的错误、失误或其他缺陷，则1.10款【业主要求中的错误】应适用。

[5.2] 承包商文件（Contractor's Documents）

与"新黄皮书"基本相同，"工程师"改为"业主代表"，"投标书附录"改为"合同数据"。增加规定：在审核期内，业主代表可通知承包商，指出承包商文件不符合合同的规定，如果承包商重新提交和审核使业主产生了附加费用，承包商应支付业主的这些费用。

[5.3] 承包商的承诺（Contractor's Undertaking）

与"新黄皮书"基本相同，增加规定：如果业主代表合理地指示需要进一步的承包商文件，则承包商应立即自费编制该文件。

[5.4] 技术标准和规定（Technical Standards and Regulations）

与"新黄皮书"基本相同，"工程师"改为"业主代表"。关于应遵守的法律，改为"应根据颁发试运行证书时通行的法律"。

[5.5] 竣工文件（As-Built Documents）

与"新黄皮书"基本相同，"工程师"改为"业主代表"，"接收证书"改为"试运行证书"，"竣工试验"改为了"设计—建造竣工试验"。

[5.6] 操作和维修手册（Operation and Maintenance Manuals）

在试运行期开始前，承包商应向业主代表提供两份全部操作和维修手册副本，该手册应足够详细，以便业主能操作、维修、拆卸、重新安装、调整和修理生产设备和工程。承包商应在颁发试运行证书前提供所需的操作和维修手册的补充资料。只有在业主代表收到这些文件后，才可认为工程或任何区段已经竣工。

[5.7] 设计错误（Design Error）

与"新黄皮书"完全相同。

### 第6条 员工（Staff and Labour）

本条共11款，主要内容包括：

- 承包商雇用职员和劳工应注意的问题，如：工资标准、食宿、交通、安全等；
- 承包商按业主要求中的规定为业主人员提供的设施；
- 对承包商遵守劳动法以及工作时间的要求；
- 对承包商在工程的设计、施工以及运营服务期间管理工作的要求；
- 对承包商的人员的技术水平与遵守现场秩序的要求。

[6.1] 员工的雇用（Engagement of Staff and Labour）

与"新红皮书"完全相同。

[6.2] 工资标准和劳动条件（Rates of Wages and Conditions of Labour）

与"新红皮书"完全相同。

[6.3] 为业主服务的人员（Persons in the Service of Employer）

与"新红皮书"完全相同。

[6.4] 劳动法（Labour Laws）

与"新红皮书"完全相同。

[6.5] 工作时间（Working Hours）

与"新红皮书"基本相同，"投标书附录"改为"合同数据"，"工程师"改为"业主代表"。

增加规定：对于为满足运营服务期的要求必需的工作，可要求承包商人员在当地公认的休息日，或合同数据中规定的正常工作时间以外的时间，在现场工作。

[6.6] 为员工提供的设施（Facilities for Staff and Labour）

与"新红皮书"基本相同，"规范"改为"业主要求"。

增加规定：除非业主给予承包商书面许可，承包商不应允许承包商人员中的任何人员在工程现场保留任何临时或永久的居住场所。

[6.7] 健康和安全（Health and Safety）

与"新红皮书"基本相同，"工程师"改为"业主代表"。

承包商应在合同期内始终采取一切合理的预防措施，维护其人员的健康和安全，并应指派一位事故预防员负责现场人员安全及预防的工作，在工程实施和运营过程中，承包商应提供该人员履行其职责和权力所需要的任何事项。

[6.8] 承包商的监督（Contractor's Superintendence）

在全部合同期内，承包商应根据合同中规定的他的义务，对工程的设计、施工以及运营服务的计划、安排、指导、管理、检验、试验和监控，提供一切必要的监督。

此类监督人员应具有交流所用语言以及为圆满和安全地实施工程以及提供运营服务所需的足够知识。

[6.9] 承包商人员（Contractor's Personnel）

与"新红皮书"基本相同，"工程师"改为"业主代表"。

[6.10] 承包商人员和设备的记录（Records of Contractor's Personnel and

Equipment)

在设计—建造期间,承包商应向业主代表提交现场各类承包商人员的人数和各类承包商设备数量的详细资料。人员或设备的任何变化应在每个月底通知业主代表。

在运营服务期间,人员或设备的任何变化应在每个月底通知业主代表。

[6.11] 无序行为(Disorderly Conduct)

与"新红皮书"完全相同。

## 第7条 生产设备、材料和工艺(Plant,Materials,and Workmanship)

本条共8款,主要内容包括:
- 承包商应如何实施工程和提供运营服务;
- 业主代表的现场检查和检验;
- 业主代表在什么情况下可拒收以及对修补工作的要求;
- 不合格工程的返工;
- 生产设备和材料成为业主财产的条件;
- 有关矿区使用费的规定。

[7.1] 实施方法(Manner of Execution)

承包商应使用以下方法进行生产设备的制造、更换、修理、材料的生产加工以及工程实施和提供运营服务:

(a) 符合适用法律的合同中规定的方法;

(b) 符合公认的良好惯例,使用恰当、精湛和谨慎的方法;

(c) 除非合同另有规定,使用适当配备的设施和无危险的材料。

[7.2] 样品(Samples)

与"新黄皮书"基本相同,"工程师"改为"业主代表"。

[7.3] 检验(Inspection)

与"新红皮书"基本相同,"工程师"改为"业主代表"。业主人员和业主授权的其他人员有权进行检验。检验的内容增加了"完成其他授权的职责和检验"的规定。

[7.4] 试验(Testing)

与"新红皮书"基本相同,"工程师"改为"业主代表"。本款适用的范围变为"合同中规定的生产设备、材料和工艺的所有试验"。

[7.5] 拒收(Rejection)

与"新红皮书"基本相同,"工程师"改为"业主代表"。

[7.6] 修补工作(Remedial Work)

与"新红皮书"基本相同,"工程师"改为"业主代表"。

业主代表可指示承包商所做的工作增加了"修理生产设备"。并规定:承包商应实施由于事故、不可预见事件或其他原因引起的,并为工程或为运营服务的安全而急需的任何工作，在此情况下，承包商应为此类工作申请付款，否则，承包商应当负担此类修补工作的费用。

[7.7] 生产设备和材料的所有权（Ownership of Plant and Materials）

在符合工程所在国法律规定范围内，从下列时间的较早者起，每项生产设备和材料均应成为业主的财产，不得有任何留置权和其他限制：

（a）当运至现场时；

（b）当根据9.9款【暂停时对生产设备和材料的付款】的规定，承包商得到相当于生产设备和材料价值的付款时；以及

（c）当根据14.6款【拟用于工程生产设备和材料的付款】的规定，承包商得到相当于生产设备和材料价值的付款时。

[7.8] 土地（矿区）使用费（Royalties）

与"新红皮书"基本相同，"规范"改为"业主要求"。

## 第8条 开工日期、竣工和进度计划（Commencement Date, Completion and Programme）

本条共8款，主要内容包括：

- 开工日期和竣工时间应如何确定；
- 进度计划的编制、内容和修订；
- 对预先警告的要求和规定；
- 承包商支付误期损害赔偿费的规定；
- 业主代表签发合同完成证书的规定。

[8.1] 开工日期（Commencement Date）

业主代表至少应在开工日期14天前将开工日期通知给承包商。除非专用条件中另有规定，开工日期应在承包商收到中标函后的42天内。

[8.2] 竣工时间（Time for Completion）

承包商应根据设计—建造的竣工时间的规定，或根据规定的延期，完成全部的设计—建造和每个区段的工作，并应在合同数据中规定的期间内提供运营服务。

[8.3] 进度计划（Programme）

在收到开工通知后28天内，承包商应向业主代表提交一份详细的进度计划。每当原进度计划与实际进度或承包商的义务不符时，承包商应提交一份修订的进度计划。每份进度计划应包括：

（a）承包商计划实施工程的顺序，包括设计、承包商文件、采购、制造、检验、运达现场、施工、安装、试验、调试和试运行的各个阶段的预期时间；

（b）运营服务的期限；

（c）对承包商文件进行审核的期限，以及业主要求中规定的其他提交、批准和同

意的期限；

（d）合同中规定的各项检验和试验的顺序和时间安排；以及

（e）一份支持报告，内容包括：

（i）承包商为设计—建造和运营服务准备采用的方法的总体描述；

（ii）列明承包商对各主要阶段现场所需的各级承包商人员和各类承包商设备数量的合理估算的详细情况；以及

（iii）承包商拟用于运营服务的人员配备计划。

如果业主代表在收到进度计划后 21 天内未提出意见，则承包商应据此工作。业主人员应有权根据进度计划来安排他们的工作。

如果在任何时候业主代表通知承包商，指出进度计划不符合合同规定，或与实际进度和承包商说明的意向不一致，承包商应在 14 天内，向业主代表提交一份修订的进度计划。

[8.4] 预先警告（Advance Warning）

每一方应尽力对另一方事先任何已知或可能发生的，可能对工作有不利影响，增加合同价格，或导致工程实施或运营服务拖延的事件或情况提出建议。业主代表可要求承包商提交一份可能发生事件或情况的预期影响估计，和（或）根据变更程序规定的一份建议书。

[8.5] 误期损害赔偿费（Delay Damages）

如承包商没有按照 9.2 款【设计—建造竣工时间】的要求完成设计—建造，则他应按照 9.6 款【设计—建造的误期损害赔偿费】的详细规定支付误期损害赔偿费。

如果承包商没有或不可能在合同规定的竣工期间提供全部或部分运营服务，并且此类错误是：

（a）由承包商负责的原因引起的；并且

（b）导致业主在运营服务期内正常的预期收益或收入受到损失；或

（c）导致业主遭受若非此类错误则不会受到的任何其他损失，则

承包商应当根据 10.6 款【运营服务期的拖延和干扰】的规定支付对业主的补偿。

[8.6] 合同完成证书（Contract Completion Certificate）

在业主代表签发合同完成证书（内中说明承包商完成其设计—建造和运营服务义务的日期，即合同完成日期），并将其颁发给承包商后，承包商对合同责任的履行才应被视为已经完成。

业主代表应按照 11.8 款【合同完成前的联合检验】，10.8 款【运营服务的完成】，和 4.23 款【承包商的现场作业】的规定，在合同期结束的 21 天内，向承包商颁发合同完成证书，并抄送一份给业主。除双方有书面协议外，运营服务期不得延长。在颁发合同完成证书后，业主应全面负责工程的照管、安全、运营、服务和维修。

[8.7] 交还要求（Handback Requirements）

承包商应确保在颁发合同完成证书前，工程符合业主要求中规定的交还要求。

[8.8] 未履行义务（Unfulfilled Obligations）

在合同完成证书颁发后，每一方应仍有责任履行届时尚未履行的任何合同义务。为了确定未履行义务的性质和范围，该合同应当被视为仍然有效。

### 第9条 设计—建造（Design-Build）

本条共13款，主要内容包括：
- 设计—建造期的开工至竣工时间内应完成的工作；
- 有关设计—建造竣工时间延长的规定；
- 对由于承包商的原因拖延进度时的有关规定；
- 暂时停工和复工时的有关规定；
- 设计—建造完成的标准；
- 如承包商在截止日期前未完成设计—建造工作，业主可采取的措施。

[9.1] 设计—建造开工（Commencement of Design-Build）

承包商应在开工日期后的28天内开始设计和实施工程，并应随即在正当的支出下进行设计—建造，并不得延误。

[9.2] 设计—建造竣工时间（Time for Completion of Design-Build）

承包商应在合同数据中规定的工程或每个区段的设计—建造竣工时间内，完成整个工程或每个区段的设计—建造，包括：

（a）通过竣工试验；

（b）完成合同中11.5款【工程和区段的竣工】中要求的所有工作；并且

（c）编制承包商文件，并向业主代表交付。

[9.3] 设计—建造竣工时间的延长（Extension of Time for Completion of Design-Build）

与"新红皮书"8.4款［竣工时间的延长］中承包商有可能要求延长工期的内容基本相同，所有的"竣工时间"均改为"设计—建造竣工时间"，"工程师"改为"业主代表"。

增加规定：如果某一关于延长时间的争议被提交给DAB，承包商应立即有权获得由DAB做出的涉及延长设计—建造竣工时间的决定。

[9.4] 当局造成的延误（Delays Caused by Authorities）

与"新红皮书"8.5款［当局造成的延误］的内容基本相同，增加了"在设计—建造期"的限制条件。

[9.5] 工程进度（Rate of Progress）

与"新红皮书"8.6款［工程进度］的内容基本相同，"工程师"改为"业主代表"，"竣工时间"、"误期损害赔偿费"均改为"设计—建造竣工时间"、"设计—建造误期损害赔偿费"。

[9.6] 设计—建造的误期损害赔偿费（Delay Damages relating to Design-Build）

与"新红皮书"8.7款［误期损害赔偿费］的内容基本相同，"竣工时间"、"误期损害赔偿费"均改为"设计—建造竣工时间"、"设计—建造误期损害赔偿费"，"投标书附录"改为"合同数据"，"接收证书"改为"试运行证书"。

增加了"误期损害赔偿费不应解除承包商完成运营服务的义务"的规定。

[9.7] 暂时停工（Suspension of Work）

与"新红皮书"8.8款［暂时停工］的内容基本相同，"工程师"改为"业主代表"。

增加了"暂停期间，承包商应维护该部分或全部工程免遭任何损蚀、损失或损害"的规定。

[9.8] 暂停的后果（Consequences of Suspension）

与"新红皮书"8.9款［暂停的后果］的内容基本相同，"工程师"改为"业主代表"，"竣工时间"改为"设计—建造竣工时间"。

增加了"在设计—建造期"的限制条件。

[9.9] 暂停时生产设备和材料的付款（Payment for Plant and Materials in Event of Suspension）

与"新红皮书"8.10款［暂停时生产设备和材料的付款］的内容基本相同，"工程师"改为"业主代表"。

增加规定：如业主代表要求，依据本款制造的生产设备和（或）材料的付款应在承包商提供符合生产要求的证据时支付，该证据所证明的生产设备和（或）材料完全为承包商所有，并且供应商无权进行任何留置。

[9.10] 拖长的暂停（Prolonged Suspension）

与"新红皮书"8.11款［拖长的暂停］的内容基本相同，"工程师"改为"业主代表"。

[9.11] 复工（Resumption of Work）

与"新红皮书"8.12款［复工］的内容基本相同，增加了"业主代表应对所有需要由承包商进行的修复工作进行书面记录"的规定。

[9.12] 设计—建造完成（Completion of Design-Build）

在达到下述要求时，设计—建造期视为完工：

（a）工程已按照业主要求和其他相关合同文件的规定，完成全部的设计和实施；

（b）工程已通过设计—建造竣工试验；

（c）承包商的竣工文件以及操作和维修手册已提交，并被业主代表批准；

（d）已颁发试运行证书，其中标明设计—建造竣工及运营服务开始的日期。

[9.13] 未能完工（Failure to Complete）

如果承包商在截止日期前未完成设计—建造工作，业主可自主选择：

（a）允许承包商在进一步规定的期间内继续完成设计—建造工作，如承包商在此期间内仍未完成，有权重新适用本款规定；或

（b）终止合同，此时业主可自行或雇用他人完成工程及随后的运营服务。

在任一情况下，业主有权从承包商处收回其遭受的任何直接损失，包括工程运营延误导致的任何损失，但以9.6款【设计—建造的误期损害赔偿费】和17.8款【责任限度】中规定的限额为限。

## 第10条 运营服务（Operation Service）

本条共9款，主要内容包括：
- 运营服务的一般要求
- 运营服务开始的日期和如果要修改运营管理要求的规定
- 审计机构的任命及其职责
- 对运营服务期所需的原材料、燃料等的交付要求
- 运营服务期受到延误和干扰以及由主暂停时的规定
- 如承包商未能达到合同要求的生产产量时的规定
- 运营服务的完成或延长的有关规定

[10.1] 一般要求（General Obligations）

承包商应遵守合同中规定的运营管理要求，包括运营维修计划、操作和维修手册的要求，以及在合同期内经双方同意的任何修改。如有任何重大改变应事先得到业主代表的批准。

工程的运营和维修人员，应具备相应的运营服务经验和资质。所有运营和维修人员的详细资料应提交业主批准后，他们才能上岗。

[10.2] 运营服务的开始（Commencement of Operation Service）

运营服务应在工程或任何区段的设计—建造工作根据9.12款［设计—建造的完成］的规定完成之后，从试运行证书中注明的日期起开始。

如果试运行证书或任何附带的通知中，包含超出合同规定的要求或限制，承包商应遵守，但如果因此遭受附加费用损失，承包商可根据第20.1款［承包商的索赔］的规定，提出索赔并应得到业主的补偿，除非此类要求或限制是由于承包商的违约或错误导致的。

随后，承包商应遵守运营管理要求，并根据第5.5款［竣工文件］和第5.6款［操作和维修手册］的规定，提供运营服务。

如果承包商希望修改早先已经提交并由业主批准的文件，甚至对已批准修改的文件再次申请修改，均应立即通知业主代表，并将对此项修改的书面解释提交业主代表

审核。

但任何此类批准、同意或审核,均不应解除承包商的任何义务和责任。

[10.3] 独立合规性审计(Independent Compliance Audit)

业主和承包商应至少在运营服务开始前182天,共同任命在运营服务期间进行独立、公正审计工作的审计机构,以审计、监督业主和承包商双方在运营服务期间遵守运营管理要求的表现。业主要求中应包含任命审计机构的条款,如果双方不能在审计机构的任命上协商一致,则应由双方提交给DAB,由DAB来任命并通知双方。

审计机构应在运营服务开始的同一天开始履行其职责。

对审计机构的付款应来自暂定金额。

双方应配合审计机构的工作,并关注审计机构报告中提出的问题。

[10.4] 原材料的交付(Delivery of Raw Materials)

运营服务所需的原材料、燃料、消耗品及业主要求中规定的其他此类物品由业主免费供应并运送至现场。业主应保证所有此类物品在质量、目的和功能方面符合合同要求。

如果任何此类物品未按照协商的运送计划运送,或质量与规定的有差异,从而导致承包商遭受损失,承包商应有权获得费用加利润的补偿。

本款规定不适用于下列情况:

(a) 由于承包商的责任造成的故障、维修、修复、更换或其他操作错误导致延误时;

(b) 由承包商负责的健康、安全和环境风险导致延误时;或

(c) 承包商不遵守合同的任何行为或疏忽导致延误时。

[10.5] 培训(Training)

承包商应按照业主要求中规定的范围,提供教师和教材,对业主挑选的培训人员进行工程操作和维修培训。业主应负责提供培训设施。

培训的计划和日程应取得业主的同意。

[10.6] 运营服务期的延误和干扰(Delays and Interruptions during the Operation Service)

运营服务期间的延误和干扰将按如下方式商定和确定:

(a) 由承包商导致的延误或干扰

如果运营服务期间由于承包商负有责任的原因导致了任何延误或干扰,承包商应赔偿业主的收入损失、利润损失和管理费损失。应支付的赔偿款额应根据3.5款[确定]的规定商定或确定,业主有权从下一次向承包商的付款中扣减回收应得款额,但支付的总款额不应超过合同数据中规定的额度。任何此类延误或干扰不能得到运营服务期的延长。

(b) 由业主导致的延误或干扰

如果运营服务期间由于业主负有责任的原因导致了任何延误或干扰,业主应赔偿承包商任何费用以及包括收入和利润的损失。应支付的赔偿款额应根据3.5款[确定]的规定商定或确定,业主应在下一次向承包商付款时支付该款额。除非业主根据15.5款[业主需要时终止]的规定,出于自身便利终止合同,业主向承包商支付的赔偿总额不应超过合同数据中规定的额度。任何此类延误或干扰不能得到运营服务期的延长。

(c) 由业主暂停

业主代表可以在运营服务期间的任何时间指示承包商暂停运营服务。在暂停期间,承包商应保护、保管、保障并维修设备,以防止产生任何变质、损失或损害。

如果业主暂停运营服务是由于承包商的错误或承包商负有责任的环境因素造成的,本款中(a)项的规定应适用。否则,本款中(b)项的规定应适用。

如果由于任何既不是承包商的错误也不是合同规定的承包商负有责任的环境因素导致的暂停已持续84天以上,承包商可以要求业主代表允许继续运营。如果在提出这一要求后28天内业主代表没有给予许可,承包商可根据第16.2款[由承包商终止]的规定发出终止合同的通知。

在发出继续运营的许可或指示后,承包商和业主代表应联合对工程进行检查。承包商应对生产设备的任何变质或缺陷进行修复,业主代表应对所有需要由承包商进行的修复工作进行书面记录。如果工程暂停不是由于任何承包商的错误或承包商负有责任的环境因素造成的,承包商应有权在运营服务重新开始之前获得对工程进行修复的费用和利润的付款。

[10.7] 未能达到生产产量(Failure to Reach Production Outputs)

在承包商未能达到合同要求的生产产量的情况下,双方应共同确定其原因:

(a) 如果原因在于业主或他的雇员或代理,则在双方磋商之后,业主应书面指示承包商应采取的措施。

如果承包商因未能达到生产产量或业主指示采取的措施而遭受任何附加费用,根据第3.5款[确定]的规定,业主应向承包商支付费用加利润。

(b) 如果原因在于承包商,则在双方适当磋商后,承包商应采取一切必要的措施使产量恢复至合同要求的水平。

如果因未能达到生产产量或承包商采取的措施而使业主遭受任何损失,根据3.5款[确定]的规定,承包商应按照合同数据的规定向业主支付履约损失赔偿费。

除非合同数据中另有规定,如果承包商未能达到生产产量要求的情况持续84天以上,业主可以:

(i) 根据第3.5款[确定]的规定,确定在降低运营费的水平上继续运营服务,但应相应减少给承包商的运营费用;或

(ii) 如果生产产量不能达到合同数据中要求的最小产量,则应提前56天向承包

商发出书面通知，根据第15.2款［由承包商违约终止］的规定提出终止合同。此时，业主可选择自行继续运营服务或指定他人提供运营服务。

［10.8］运营服务的完成（Completion of Operation Service）

尽管如前所述，承包商在根据第8.6款［合同完成证书］的规定有权获得合同完成证书之前，必须完成应由承包商履行的其他服务。

在合同完成证书颁发前，承包商必须达到的前提条件是：

（a）按照第11.8款［合同完成前的联合检验］规定的检验；

（b）按照第11.9款［合同完成前试验的程序］规定的试验；

（c）按照第5.6款［操作和维修手册］的规定，更新提供性能记录和数据的操作和维修手册；

（d）按照第11.8款［合同完成前的联合检验］的规定，修复在检验时发现的缺陷。

除非双方均同意延长运营服务，承包商在运营服务阶段的义务应在合同规定的运营服务期末终止。

［10.9］产出和收入的所有权（Ownership of Output and Revenue）

在运营服务期间，任何产品的产出和收入应为业主的专有财产。

## 第11条 试验（Testing）

本条共12款，主要内容包括：

- 进行设计—建造竣工试验的顺序和有关规定
- 关于设计—建造竣工试验延误或未能通过的规定
- 工程或区段或部分工程竣工和颁发试运行证书的规定
- 合同完成前的联合检验的规定
- 关于合同完成前试验的有关规定

［11.1］工程试验（Testing of the Works）

承包商在提交竣工文件和操作和维修手册后，应按照本款及第7.4款［试验］的规定，进行设计—建造竣工试验。

承包商应至少提前21天，将他拟进行的每项设计—建造竣工试验的日期通知业主代表。除非另有协议，设计—建造竣工试验应在该日期后的14天内，在业主代表指示的某日或数日内进行。

除非专用条件中另有规定，设计—建造竣工试验应按照以下顺序进行，并在业主要求中有详细描述：

（a）启动前试验（pre-commissioning tests），应包括适当的检验和（"干"或"冷"）性能试验，以证明每项生产设备均能安全地承受（b）阶段的启动试验；

（b）启动试验（commissioning tests），应包括规定的运行试验，以证明工程或

区段可以按规定安全运行；以及

（c）试运行（trial operation），应证明工程或区段性能可靠且符合合同要求。

一旦工程或某一区段通过了上述的每一项试验，承包商应向业主代表提交一份试验结果报告。

业主应该是设计—建造竣工试验所产生的任何收入或利益的唯一受益人。

在试运行过程中，当工程在稳定条件下运行时，承包商应通知业主代表，工程已可以进行任何其他的设计—建造竣工试验，包括各种性能试验，以证明工程是否符合业主要求中规定的标准和保证表。

试运行并不是运营服务的开始。

在考虑设计—建造竣工试验结果时，业主代表应考虑到因业主对工程的使用，而对工程产生的影响。

[11.2] 延误的设计—建造竣工试验（Delayed Tests on Completion of Design-Build）

如果业主不当地延误了设计—建造竣工试验，第7.4款［试验］（第五段）的规定应适用。

如果承包商延误了设计—建造竣工试验，业主代表可通知承包商，要求他在收到该通知后21天内进行此类试验。承包商应在上述期限内进行试验，并将试验的日期通知业主代表。

如果承包商未在21天期限内进行设计—建造竣工试验，业主的人员可自行进行试验，其风险和费用均由承包商承担。承包商应认可试验结果。

[11.3] 工程重新试验（Retesting of the Works）

如果工程或某一区段未能通过设计—建造竣工试验，应适用第7.5款［拒收］的规定，业主代表或承包商均可要求按相同的条件，重新进行设计—建造竣工试验。

[11.4] 未能通过设计—建造竣工试验（Failure to Pass Tests on Completion of Design-Build）

如果工程或某一区段未能通过重新进行的设计—建造竣工试验，业主代表应有权：

（a）下令再重新进行一次设计—建造竣工试验；或

（b）根据第15.1款［通知改正］的规定发出通知。

[11.5] 工程和区段的竣工（Completion of the Works and Sections）

除第11.11款［未能在合同完成前通过竣工试验］所述情况外，工程应被业主视为竣工，当：

（a）除少量扫尾工作外，工程已按照合同规定竣工；以及

（b）已按照本款规定颁发或被视为已经颁发试运行证书。

承包商可在他认为工程或某一区段即将完工并准备好进入运营服务期的14天前，向业主代表发出申请试运行证书的通知。

业主代表在收到承包商的申请后28天内,应:

(i) 向承包商颁发试运行证书,注明工程或区段的竣工日期,并列出不影响工程或区段投入使用的少量扫尾工作和需修补的缺陷;或

(ii) 驳回申请,说明理由,并指出为能颁发试运行证书承包商还需完成的工作。承包商在完成此类工作后,再次申请颁发试运行证书。

如果在28天期限内业主代表既未颁发试运行证书,也未驳回承包商的申请,而工程或区段实质上已符合合同要求时,应认为在上述期限的最后一天已经颁发了试运行证书。

[11.6] 部分工程的试运行(Commissioning of Parts of the Works)

在承包商的要求下,业主代表可对永久工程的任何部分颁发区段试运行证书。

如果已经颁发了工程某一部分的试运行证书,则剩余工程的误期损害赔偿费的日费率应按工程价值相应减少,但该损害赔偿费的最高限额不变。业主代表应商定或确定该比例。

[11.7] 试运行证书(Commissioning Certificate)

试运行证书应由业主代表在承包商申请试运行证书后的28天内签字颁发。该证书构成业主对工程的接受,说明业主认为承包商已完成了包括设计—建造以及照管工程在内的合同规定的所有义务。

[11.8] 合同完成前的联合检验(Joint Inspection Prior to Contract Completion)

在运营服务期期满之前至少2年时,业主代表和承包商应对工程进行一次联合检验,在检验完成后的28天内承包商应提交一份工程状况报告,列出维修工作、更换工作以及为满足合同完成日期后的运营和维修计划的要求所进行的其他工作。且承包商应提交一份在剩余的运营服务期进行此类工作的进度计划。

在收到该报告后,业主代表可在剩余运营服务期内,指示承包商进行其报告中列出的所有或部分工作。根据投标阶段编制的更换进度计划和14.18款[资产更换资金]的规定,资产更换资金中更换生产设备的报价应计入月付款。其他工作应由承包商自费进行。

在本条指出的所有项目圆满完成后,业主应指示承包商根据11.9款的规定开始合同完成前试验。

[11.9] 合同完成前试验的程序(Procedure for Tests Prior to Contract Completion)

合同完成前试验(以下简称"试验")将由承包商进行,他应提供除10.4款[原材料的交付]规定的由业主负责的事项外的一切必要的人员、材料、电力、燃料和水,并在需要时承担修复工作。试验将按照业主要求的规定进行。

试验应在运营服务期即将结束时进行。业主应至少提前21天将计划进行试验的日期通知承包商。试验将在此日期后14天内由业主确定的日期开始。

试验的结果应由业主代表和承包商进行汇编和评价。承包商应在收到结果后的 7 天内，使业主代表能够得到任何试验、检验或监测的结果。在评价时，应考虑由于承包商在运营服务期间对工程的提前使用而对试验结果产生的影响。

一旦承包商完成试验，他应通知业主代表该工程已完成并已准备好进行最终检验。在业主代表对承包商满足设计最终检验的试验要求感到满意时，业主代表应在颁发合同完成证书前通知业主和承包商。

[11.10] 延误的合同完成前试验（Delayed Tests Prior to Contract Completion）

如果由于承包商在进行合同完成前试验（以下简称"试验"）中的任何不合理的延误，致使业主产生费用，业主应有权索赔，并从应支付或到期应支付给承包商的款额中扣除。

如果承包商未能在上一款中确定的日期开始试验，业主代表应通知承包商，在此后的 14 天内开始试验，否则将由代表业主的其他人承担试验，承包商应接受此类试验的准确性和有效性，业主将有权从应支付给承包商的款额中扣减由其他人承担该试验的相关费用。

如果由于非承包商的原因导致工程或区段的合同完成前试验不能在合同期（或双方商定的其他时期）内完成，则工程或区段应视为已经通过了试验。

[11.11] 未能通过合同完成前试验（Failure to Pass Tests Prior to Contract Completion）

如果工程或某区段未能通过合同完成前试验（以下简称"试验"），业主代表应有权：

（a）下令根据下一款的规定再次进行试验；

（b）拒收工程或该区段，此时，业主可采取第 15 条［由业主终止］规定的针对承包商的补救措施；或

（c）如业主要求，可颁发合同完成证书，但在合同价格中应扣除由承包商和业主协商同意的款额，承包商还应继续完成合同规定的其他义务。

在（c）项情况下，如果工程或某区段未能通过试验，而承包商又提议对工程或此区段进行调整或修改，业主（或其代表）可通知承包商在业主方便的时间进行调整或修改以达到试验的要求。如果承包商没有收到通知，则可视为该工程或区段已经通过了试验。

在颁发了合同完成证书之后，如果业主通知承包商去调查未能通过试验的原因，或者进行调整或修改，而由于业主无故延误承包商进入工程或检查生产设备而使承包商产生了附加费用，承包商有权获得附加费用加利润的补偿。

[11.12] 合同完成前的重新试验（Retesting Prior to Contract Completion）

如果工程或某区段未能通过合同完成前试验：

（a）12.1 款［完成扫尾工作和修复缺陷］的（b）项应适用；以及

(b) 业主可以要求按相同的条款和条件，重新进行此项未通过的试验。

如果未通过试验和重新试验的原因是承包商违约，并因此招致了业主的附加费用，业主可向承包商索赔，并可从任何应支付给承包商的款额中扣除。业主代表可以进行他认为必要的额外试验、检验和监测。除非是合同规定的承包商应负责的修复损害、缺陷或未能达到标准的目的而进行的试验，此类试验的费用应由业主承担。

### 第12条 缺陷（Defects）

本条共6款，主要内容包括：
- 设计—建造期和运营服务期完成扫尾工作和修补缺陷的要求
- 修补缺陷费用的分担原则
- 如果承包商未能修补缺陷的各项有关规定
- 关于移出有缺陷的工程、承包商调查的有关规定

[12.1] 完成扫尾工作和修补缺陷（Completion of Outstanding Work and Remedying Defects）

完成扫尾工作和修补缺陷的要求为：

（a）设计—建造期：为使工程、承包商文件以及每一区段达到合同要求的条件，承包商应：

(i) 在试运行证书注明的日期后一年内尽快完成尚未完成的工作；并且

(ii) 根据业主（或其代表）通知的要求，完成修补缺陷或损害所需的工作。

在业主代表认为满足上述要求后，再确认设计—建造期的最终付款。

如果出现缺陷或发生损害，业主（或其代表）应通知承包商。

（b）运营服务期：承包商应负责修理和修复在运营服务期间发生的损害或缺陷，不论此类缺陷是由哪一方发现的。

合同完成证书将在所有缺陷和损害以及扫尾工作（包括合同完成前的联合检验规定的所有此类工作）完成后才能颁发。

[12.2] 修补缺陷的费用（Cost of Remedying Defects）

修补缺陷或损害所需的工作应由承包商自担风险和费用进行，除非：

（a）该工作可归因于业主或业主人员或代理人的行为；或

（b）该工作是由特殊风险导致的。

当承包商需要根据本款的规定修复工程缺陷或损害时，承包商应通知业主代表，并有权要求变更。

[12.3] 未能修补缺陷（Failure to Remedy Defects）

如果承包商未能在合理的时间内修补在设计—建造期或运营服务期内出现的缺陷或损害，业主（或其代表）可确定一个日期，并通知承包商在该日期之前修补好缺陷

或损害。

如果承包商到该日期尚未修补好缺陷或损害，且此项修补工作应由承包商自费进行时，业主可以：

（a）要求业主代表决定和确认合同价格或运营服务期的费率或价格的合理减少额；或

（b）如果该缺陷或损害使承包商不能试运行工程或继续提供运营服务，并使业主实质上丧失了工程或部分工程所带来的全部利益，则业主因此有权根据第15条［由业主终止］的规定终止合同。

在上述（b）项发生的条件下，尽管有15.4款［承包商违约造成终止后的付款］的规定，但：

（i）在设计—建造期间，业主应有权从承包商处收回为工程的该部分的所有付款和融资费用，以及拆除该部分、清理现场和向承包商退还生产设备和材料的费用；或，如果业主选择自己或雇佣他人完成工程，业主应有权在考虑任何应付给承包商的款额后，由承包商处索取任何额外的费用；如果没有此额外费用，业主应向承包商支付任何结余；以及

（ii）在运营服务期间，对于运营和维修费用，完成和修补任何缺陷的费用，以及所有其他由业主支付的已经发生或即将发生的费用，均在费用实际发生后，业主才有责任对承包商作进一步的付款。

[12.4] 进一步的试验（Further Tests）

如果修补任何缺陷或损害的工作可能影响工程的性能时，业主代表可在修补后28天内通知承包商重新进行合同中的试验。

应按适用于先前试验的条款进行此类试验，并由对修补费用负有责任的一方承担试验的风险和费用。

[12.5] 移出有缺陷的工程（Removal of Defective Work）

与"新红皮书"11.5款完全相同。

[12.6] 承包商调查（Contractor to Search）

与"新红皮书"11.8款基本相同，将"工程师"改为"业主代表"。

## 第13条 变更和调整（Variations and Adjustments）

本条共8款，主要内容包括：

- 业主代表有权指示变更；
- 承包商可运用价值工程提出建议书；
- 暂定金额的概念和支付；
- 因立法变动、技术改变和物价波动导致的工期和费用的调整。

[13.1] 变更权（Right to Vary）

在颁发试运行证书前，业主代表有权指示变更，或要求承包商提交变更建议书。变更不应包括准备交给他人实施的任何工作的删减。

承包商应执行每项变更并受其约束；但如无法取得变更所需的货物；或变更将降低合同规定的工程的安全性或适用性；或对保证表的完成产生不利的影响；或对合同规定的提供运营服务产生不利影响时，应立即通知业主代表说明情况，业主代表收到此通知后，应取消、确认或更改变更指示，承包商应执行指示并受此约束。

如果业主或业主代表希望在运营服务期内指示变更，他应给予承包商详细的书面说明。承包商应随即按照13.3款［变更程序］的规定进行，在与业主协商确定相关事项后，承包商就应进行此项变更。

[13.2] 价值工程（Value Engineering）

承包商可以随时向业主代表提交书面建议书，该建议书如被采纳，将：

(a) 加速工程竣工；

(b) 降低业主实施、维护或运营工程的费用；

(c) 提高业主已完工程的效率或价值；

(d) 提高运营服务的效率；或

(e) 为业主带来其他利益。

此类建议书应由承包商自费编制，并应包括13.3款［变更程序］所列的条目。

[13.3] 变更程序（Variation Procedure）

如果业主代表在发布变更指示前，要求承包商提交建议书，承包商应尽快做出书面回应 或提交建议书，或说明他不能遵守该指示的理由。

建议书内容包括：

(a) 建议进行的设计或工作，以及实施进度计划的说明；

(b) 承包商对调整进度计划和竣工时间的建议；以及

(c) 承包商对调整合同价格的建议。

业主代表在收到建议书后，应尽快给予答复。在此期间，承包商不应延误任何工作。业主代表应向承包商发出每一项实施变更的指示和各项费用的要求，承包商应确认收到。

在指示或批准一项变更后，业主代表应与合同双方商定或确定对合同价格和付款计划表的调整。此类调整除包括因法律和因技术原因的调整外，还应包括合理的利润，并应考虑承包商提交的价值工程建议书。

[13.4] 以适用货币支付（Payment in Applicable Currencies）

与"新红皮书"完全相同。

[13.5] 暂定金额（Provisional Sums）

与"新黄皮书"基本相同，将"工程师"改为"业主代表"。

[13.6] 因法律改变的调整（Adjustments for Changes in Legislation）

因法律改变而需要对实施工程或提供运营服务做出的调整应被作为一项变更，并应按照本条的规定进行。任何一方可书面通知另一方，要求根据合同条款做出调整，并使承包商能够遵守法律的改变。

在基准日期后，如工程所在国的法律（包括颁布新法、废止或修改现有法律或对此法律的司法或政府的解释）发生了变化，或技术标准和规定发生了变化，从而影响承包商履行合同义务时，考虑上述变化导致了费用的增减，从而应对合同价格和工程设计、实施和运营的进度计划做出调整。

如果由于上述出现的法律的变化而使承包商遭受延误和（或）发生附加费用时，承包商可向业主代表提出工期和附加费用的索赔要求，并提交证据。

业主代表应在收到通知后对承包商的索赔进行商定或确定。

[13.7] 因技术改变的调整（Adjustments for Changes in Technology）

当业主代表接受了承包商提出的价值工程建议书；或业主代表指示承包商使用新技术、新材料或新产品；或对承包商使用的新技术、新材料或新产品有法定要求时，从而引起费用增减时，则应对合同价格和工程设计、实施和运营的进度计划做出相应的调整，并且承包商应有权索赔工期和费用。

[13.8] 因费用改变的调整（Adjustments for Changes in Costs）

合同总价和单价应根据付款计划表中的费用指数资料表进行调整。如果合同中没有此类费用指数资料表，则本款不适用。

## 第14条　合同价格和付款（Contact Price and Payment）

本条共19款，主要内容包括：
- 合同价格的含义；
- 预付款的申请支付与扣还；
- 期中支付证书和最终支付证书的申请和签发；
- 资产更换资金的支付使用的规定；
- 生产设备和材料款的支付办法；
- 应支付的时间和延误支付的处理方法；
- 保留金的扣留与退还；
- 各类支付货币间的兑换率的规定；
- 运行服务期间维修保留金的规定。

[14.1] 合同价格（The Contact Price）

合同价格应是由承包商为设计—建造和运营服务，在基准日期时提交的报价金额（包括资产更换资金）和按照合同，以及根据变更，或由于索赔产生的任何调整应支付给承包商的全部款额。

承包商应支付根据合同要求应由其支付的所有税费和关税，除因法律改变的调整和所允许的索赔外,合同价格不应因任何此类费用进行调整。

［14.2］预付款（Advance Payment）

与"新红皮书"基本相同,将"工程师"改为"业主代表",将"投标书附录"改为"合同数据",将"不可抗力"改为"特殊风险"。

［14.3］预付款和期中付款证书的申请（Application for Advance and Interim Payment Certificates）

承包商在提交预付款保函时,应同时提交预付款申请。

承包商应在每月月末之后,按业主代表批准的格式向业主代表提交报表（一份正本、五份副本）,详细说明承包商认为自己有权得到的款额,并提交证明文件。

该报表应包括下列项目,并以应支付的各种货币表示:

（a）截至月末已实施的工程和承包商文件的估算合同价值（包括变更,但不包括下面的（b）至（j）项）；

（b）由于法律、费用和技术改变,应增减的任何款额；

（c）保留金的减扣,按合同数据中规定的百分比乘以上述两项款项之和,减扣至合同数据中规定的限额为止；

（d）预付款的支付和偿还；

（e）按照14.6款［拟用于工程的生产设备和材料的付款］的规定,生产设备和材料的预支和扣还款；

（f）暂定金额中,由于承包商购买生产设备、材料或服务,而应付给承包商的任何款额；

（g）运营服务的应付款；

（h）使用资产更换资金支付的款额；

（i）因维修保留金做出的调整；

（j）根据合同或其他规定（包括索赔）,应付的任何其他增减款额；以及

（k）扣除所有以前期中付款证书中已确认的款额。

［14.4］付款计划表（Schedule of Payments）

如本合同包括了一份在设计—建造期和（或）运营服务期分期支付总价和（或）单价的付款计划表,则:

（a）此付款计划表中所列的分期付款额,应是为14.3款［期中付款证书的申请］的目的而估算的价值；

（b）14.6款［拟用于工程的生产设备和材料的付款］将不再适用；以及

（c）如果分期付款额不是参照工程实施所达到的实际进度确定的,且发现实际进度与付款计划表中所依据的进度不一致时,业主代表可商定或确定修改分期付款额。

如果合同中未包括设计—建造期和（或）运营服务期付款计划表,承包商应提交他预计应付的每个季度的付款估算单（不具有约束力）。首份估算单应在开工日期后

42 天内提交，以后应按季度提交，直到颁发试运行证书为止。

[14.5] 资产更换计划（Asset Replacement Schedule）

资产更换资金的支付根据 14.18 款［资产更换资金］的规定进行。

除变更外，在资产更换计划中未注明的资产更换不予支付。

即使资产更换比资产更换计划中规定的日期提前，在规定的日期到达前也不予支付。如果资产在规定的日期到达前或到达时未被更换，需在更换进行后才予以支付。

颁发合同完成证书时资产更换资金中的任何剩余的款额，按照有关规定分配给双方。

[14.6] 拟用于工程的生产设备和材料的付款（Payment for Plant and Materials intended for the Works）

与"新红皮书"14.5 款基本相同，将"工程师"改为"业主代表"，将"投标书附录"改为"合同数据"。

[14.7] 预付款和期中付款证书的颁发（Issue of Advance and Interim Payment Certificates）

关于预付款申请。在业主收到并批准履约保证前，不得开具付款证书或给予支付。业主代表应在收到承包商预付款申请的 14 天内向业主递送涉及此付款的期中付款证书，并抄送承包商。

关于期中付款申请。业主代表应当在收到报表和证明文件后的 28 天内，向业主递送期中付款证书，说明业主代表公平确定了的应付款额，并附详细证明资料，还应包括由 DAB 决定的应付给承包商或由承包商返还的款额。

在颁发试运行证书前，如果承包商的期中付款证书申请的款额（在扣除保留金应扣款额后）少于合同数据中规定的期中付款的最低限额，业主代表可以不颁发期中付款证书，但应通知承包商。

期中付款证书不得因为下列原因以外的其他原因而被扣发：

（a）如果承包商提供的物品或完成的工作不符合合同要求，可以扣发修正或重置的费用，直到改正为止；以及（或）

（b）如果承包商未完成合同规定的工作或义务，可以扣除该工作或义务的价值，直到完成为止。

业主代表可在任何付款证书中，对以前的付款证书做出适当的改正或修正。付款证书不应被视为业主代表对工程的接受、批准、同意或满意。

[14.8] 支付（Payment）

业主应向承包商支付：

（a）预付款。时间是在收到按照 4.2 款［履约保证］和 14.2 款［预付款］规定的文件以及按照 14.7 款［预付款和期中付款证书的颁发］的规定颁发的预付款付款证书后 21 天内；

（b）每一次期中付款证书中确认的款额（包括 DAB 决定的应支付的款额），时间是在业主代表收到相应的报表和证明文件后 56 天内；并且

（c）设计—建造的最终付款证书和运营服务的最终付款证书中确认的款额（包括 DAB 决定的应支付的款额），时间是在业主收到此类最终付款证书后 56 天内。

每种货币的应付款额，应被汇入合同指定的付款国境内承包商指定的银行账户中。

[14.9] 延误的付款（Delayed Payment）

与"新红皮书"14.8 款基本相同，将"专用条款"改为"合同数据"。

[14.10] 保留金的支付（Payment of Retention Money）

颁发了试运行证书时，业主代表应对承包商前一半保留金的支付开具证书并支付。如果对某区段颁发了试运行证书，应就保留金前一半的相应百分比向承包商开具证书并支付。承包商有权将后一半保留金计入设计—建造最终报表中。

[14.11] 设计—建造最终付款证书的申请（Application for Final Payment Certificate Design-Build）

在保留期结束后的 28 天内，承包商应向业主代表提交设计—建造最终报表（一份正本和五份副本），并附证明文件，列出：

（a）设计—建造阶段所有已完工作的价值；

（b）承包商认为根据合同中涉及设计—建造应支付给他的任何其他款额。

承包商在提交设计—建造最终报表时应提交一份书面文件，承诺此报表中包含了根据合同或与合同中设计—建造有关的应解决的全部和最终的工作事项。

如果业主代表不同意或无法核实设计—建造最终报表中的任何部分，他应与承包商努力协商达成协议，承包商据此协议向业主代表提交最终报表。此后业主代表对同意款额颁发设计—建造最终支付证书。如果各方对相关事项无法达成协议，或承包商在上述 28 天内未提交付款申请，则业主代表应对其认为承包商应得的款项颁发期中付款证书。如果承包商对证书中确定的款额不满意，可将此事件提交 DAB，由 DAB 做出决定。

[14.12] 设计—建造最终付款证书的颁发（Issue of Final Payment Certificate Design-Build）

在收到按照上一款的规定承包商提交的设计—建造最终报表或重新提交的最终报表，以及书面承诺后的 28 天内，业主代表应向业主发送设计—建造最终付款证书，并抄送给承包商，说明：

（a）设计—建造最终应付的款额；以及

（b）在对业主以前支付过的所有款额以及业主有权得到的全部款额加以核算后，业主还应支付给承包商或承包商还应支付给业主的有关设计—建造款额的余额。

在收到设计—建造最终付款证书时，业主应按照 14.8 款［支付］的规定支付给承包商应付的款额。

设计—建造期的期中付款和最终付款程序如图 7-4 所示。

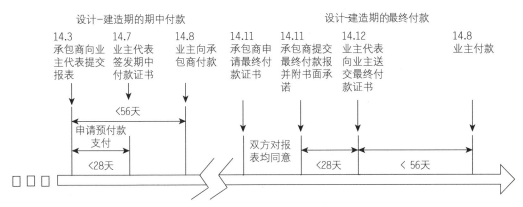

图7-4 设计—建造期的期中付款和最终付款程序图

[14.13] 运营服务最终付款证书的申请（Application for Final Payment Certificate Operation Service）

在收到合同完成证书后的56天内，承包商应向业主代表提交运营服务最终报表（一份正本五份副本），并附证明文件，列出：

（a）运营服务阶段所有已完成的工作的价值，包括有权从资产更换资金得到的款额；

（b）承包商认为根据合同规定应支付给他的任何其他款额，包括维修保留金中任何未使用的部分。

承包商在提交运营服务最终报表时，应根据下一款的规定，提交一份书面结清证明。

[14.14] 结清证明（Discharge）

在提交运营服务最终报表时，承包商应提交一份书面结清证明，结清证明是确认运营服务最终报表和设计—建造最终报表二者的总额，代表了根据合同或与合同有关的事项，应支付给承包商的全部和最终的结算款额。

结清证明可注明，只有在颁发了运营服务最终付款证书和退回了承包商的履约保证后，该结清证明才生效。

[14.15] 运营服务最终付款证书的颁发（Issue of Final Payment Certificate Operation Service）

业主代表在分别收到承包商的运营服务最终报表和上一款中规定的结清证明后28天内，应向业主发送运营服务最终付款证书，并抄送给承包商，说明：

（a）运营服务最终应付的款额；

（b）合同最终应付的款额；以及

（c）确认业主先前已付的所有款额，以及业主有权得到的全部款额后，业主尚需付给承包商或承包商尚需付给业主的余额。

如果业主代表不同意或无法核实运营服务最终报表的任何部分，业主代表应与承包商协商此类事项，并应就商定的款额颁发运营服务最终付款证书。如无法商定，业主代表应就他认为应付给承包商的款额颁发运营服务最终付款证书。如果承包商不同意该款额，他可提交 DAB 决定。

收到运营服务最终付款证书时，业主应按照 14.8 款［付款］的规定，对承包商进行支付。

运营服务期的期中付款和最终付款程序如图 7-5 所示。

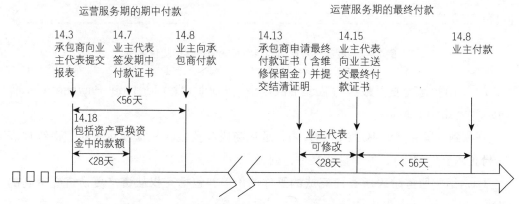

图 7-5　运营服务期的期中付款和最终付款程序图

[14.16]　业主责任的停止（Cessation of Employer's Liability）

除承包商在设计—建造最终报表或运营服务最终报表中明确包括的款项外，业主不应对承包商承担与合同有关或工程实施引起的任何责任。

但本款不限定业主因赔偿义务或其他不当行为应负的责任。

如果承包商在收到业主代表颁发的设计—建造最终付款证书或运营服务最终付款证书中包含的支付款额的通知后 56 天内，没有将任何事项提交给 DAB，则他应被视为已经接受了该证书确认的款额。

仅当业主根据颁发的运营服务最终付款证书已将款项支付给承包商，并已向承包商退还了履约保证时，业主才应被视为对承包商没有进一步的责任。

[14.17]　支付的货币（Currencies of Payment）

与"新红皮书"14.15 款基本相同，将"专用条款"改为"合同数据"。

[14.18]　资产更换资金（Asset Replacement Fund）

资产更换资金是在资产更换计划中列出的为更换生产设备提供的资金，以实现运营服务期间工程的持续有效运营。

在运营服务期，承包商按照规定提交每一份期中付款证书申请时，他有权将按照资产更换表更换项目时应得到的资金列入其中。使用资产更换资金支付的金额不能高于资产更换表中规定的应付款额，不考虑已经进行更换部分的价值和款额。任何未能按照资产更换表上的日期或列出的其他运营里程碑进行更换的项目，在更换完成之前不予支付相应款项。

如果按照更换计划,在合同完成时资产更换资金仍有剩余,各方共同商定不再需要或使用时,剩余款额应由各方平等分享,并且承包商有权在其申请的运营服务最终付款证书中包括此分享款额。

资产更换资金不可用于下列费用:
(a) 与修补缺陷相关的日常维修项;
(b) 寿命少于5年的生产设备和材料的更换;
(c) 在规定日期之间为主要生产设备更换提供备件;或是
(d) 资产更换表中未确定的生产设备和材料的更换。

上述各项费用应由承包商承担,并被视为包含在合同价格中。

当承包商计划更换资产更换表中列出的生产设备的任何更换项时,他至少应提前28天通知业主代表。

业主应按照业主代表在期中付款证书中确认的款额用资产更换资金付款。该资产更换资金中的资金将仅按照资产更换表中确定的更换价值和时间间隔进行支付。

如果生产设备项目需要提前更换,则在表中规定的更换日期到达前,相应的款额不予支付。

如果合同价格因费用改变而进行了调整,资产更换资金部分的应付款额也应同样进行调整。

如果合同依据第15条 [由业主终止] 或第16条 [由承包商暂停或终止] 的规定予以终止,则资产更换资金的剩余部分,包括自然增长的利息,应被视为业主所有,不应支付给承包商。

[14.19] 维修保留金 (Maintenance Retention Fund)

在运行服务期间,应设立维修保留金,业主每次应从给承包商的期中付款的价值中扣减5%,从颁发试运行证书后的第一笔付款开始,持续到最后一个期中付款证书被颁发或直到维修保留金的额度已达到合同数据中规定的价值,以较早者为准。承包商可选用由业主批准的格式和银行或担保公司等实体开出的维修保留金保函代替维修保留金。承包商应确保维修保留金保函在合同完成证书颁发前持续有效并可执行。

如果合同要求的维修未能进行,业主可在通知承包商后,自行进行维修并申请相应的维修保留金。如果此金额不足以补偿业主的维修费,则应从向承包商的付款中抵减,或成为承包商对业主的一笔债务。

在合同完成证书颁发后,维修保留金的全部剩余金额应被包括在运行服务最终付款证书中,并随最终付款支付给承包商。

## 第15条 由业主终止 (Termination by Employer)

- 本条共7款,主要内容包括:

- 承包商的哪些违约行为可导致业主有权终止合同；
- 业主终止合同的程序；
- 业主终止合同后对承包商已完成工作的估价和支付；
- 业主自己需要时终止合同的权利和此时的估价和支付。

［15.1］通知改正（Notice to Correct）

如果承包商未能根据合同履行义务，业主代表可通知承包商，要求他在规定的时间内纠正并补救此类违约行为。

［15.2］因承包商违约终止（Termination for Contractor's Default）

如果承包商有下列任一行为，业主应有权终止合同：

（a）未遵守规定提交履约保证，或收到业主代表通知改正后仍不改正；

（b）放弃工程或明确表示他不愿继续履行合同义务；

（c）无正当理由而：

（i）拖延或拖延开始运营服务；或

（ii）拒绝按照7.5款［拒收］或7.6款［修补工作］的要求，在业主代表发出通知后28天内进行整改；

（d）未经必要的许可，将整个工程分包出去，或将合同转让他人，或将运营服务进行分包，或违反4.4款［分包商］的规定进行分包；

（e）承包商向业主发出财务状况改变的通知，或者，在承包商未能发出此类通知时，业主均有理由断定承包商由于其财务状况将不能按照合同规定完成其义务；

（f）承包商已破产清算，或已无力控制其财产；

（g）承包商人员及其雇员或分包商直接或间接地行贿，但不包括给予其雇员的合法鼓励和报酬；或

（h）未能在合同数据规定的截止日期前，或未能在设计—建造竣工后的182天内，完成设计—建造。

在发生上述任一事件或情况时，业主可提前14天通知承包商终止合同，并要求其离开现场，除非承包商在上述的14天内处理好该事件或使状况好转。但在发生（f）或（g）的情况下，业主可立即通知终止合同。

业主选择终止合同不应影响他根据合同所享有的任何其他权利。

承包商随后应离开现场，并将任何要求的货物、所有承包商文件以及由他编制的其他设计文件交交给业主代表。但承包商应尽其最大努力立即执行通知中的有关转让任何分包合同以及保护生命或财产、或工程的安全的指示。

合同终止后，业主可以继续完成工程，或安排他人完成工程，并可使用任何货物、承包商文件以及由承包商编制的其他设计文件。

业主随后应发出通知，将承包商设备和临时工程退还给承包商。承包商应自担风险和费用撤离。如果此时承包商还欠业主款额，业主可以出售设备等以收回欠款，并

应将余额付给承包商。

[15.3] 承包商违约终止日的估价（Valuation at Date of Termination for Contractor's Default）

在根据上一款的规定发出的终止通知生效后，业主代表应尽快商定或确定工程、货物和承包商文件的价值，以及承包商实施的其他工作应得的款项。

[15.4] 承包商违约终止后的付款（Payment after Termination for Contractor's Default）

业主因承包商违约发出终止通知生效后，可以：

（a）按照20.2款［业主的索赔］的规定执行；

（b）在业主确定了设计、施工、竣工和修补任何缺陷的费用，延误竣工的损害赔偿费以及业主花费的所有其他费用之前，暂不向承包商支付款项；并且（或者）

（c）在考虑了根据上一款的规定应支付承包商的款额后，从承包商处收回业主蒙受的任何损失和损害赔偿费，之后，业主应将余额付给承包商。

[15.5] 业主需要时终止（Termination for Employer's Convenience）

如果在任何时候，业主选择根据除15.2款［因承包商违约终止］的规定外，且符合合同适用法律的其他理由终止合同，他应给予承包商书面通知，并抄送业主代表。此类终止视为由于业主需要时的终止。

在发出终止通知后，业主应立即将履约保证退还承包商。终止应在承包商收到该通知或收到履约保证两者中较晚的日期后第28日生效。该通知发出后，业主使用各项承包商文件的权利即告终止，并应立即向承包商退还所有承包商文件。

业主不应为了欲自行实施或安排其他承包商实施工程（或部分工程）而根据本款终止合同。

[15.6] 业主需要时终止日的估价（Valuation at Date of Termination for Employer's Convenience）

在根据上一款的规定发出的终止通知生效后，业主代表应尽快商定或确定工程、货物和承包商文件的价值，以及承包商按照合同实施工作所应得的任何其他款项。

[15.7] 业主需要时终止后的支付（Payment after Termination for Employer's Convenience）

根据15.5款的规定终止后，承包商应按照16.3款［停止工作和承包商设备的撤离］的规定执行，并应按照16.4款［终止时的付款］的规定获得付款。

# 第16条 承包商提出暂停和终止（Suspension and Termination by Contractor）

本条共4款，主要内容包括：
- 承包商暂停工作或放慢进度的含义；

- 业主的哪些行为将导致承包商有权终止合同；
- 终止合同后承包商的义务；
- 终止合同后如何对承包商进行补偿。

[16.1] 承包商暂停工作的权利（Contractor's Entitlement to Suspend Work）

与"新红皮书"基本相同，将"工程师"改为"业主代表"。

[16.2] 由承包商终止（Termination by Contractor）

与"新红皮书"基本相同。补充规定：承包商在向业主发出通知14天后，可终止合同，但若业主在14天内处理好该事件或使状况好转的情况除外。

[16.3] 停止工作和承包商设备的撤离（Cessation of Work and Removal of Contractor's Equipment）

除非业主在通知日期后的14天内处理好该事件或使状况好转，否则承包商发出的终止通知生效后，应迅速：

（a）停止所有进一步的工作（但业主代表为保护生命或财产，或为工程安全，或环境保护指示进行的工作除外）。对所有此类指示的工作，承包商应有权获得费用加利润的付款；

（b）向业主移交承包商已得到付款的承包商文件、生产设备、材料和其他工作；以及

（c）从现场撤离安全所需之外的其他货物，并离开现场。

[16.4] 终止时的付款（Payment on Termination）

与"新红皮书"完全相同。

## 第17条 风险分担（Risk Allocation）

本条共12款，主要内容包括：

- 设计—建造期业主和承包商的风险
- 运营服务期业主和承包商的风险
- 承包商照管工程的责任
- 业主的风险和承包商的风险的损害后果及责任限度
- 承包商和业主相互之间的保障
- 侵犯知识产权和工业产权的风险

[17.1] 设计—建造期业主的风险（The Employer's Risks during the Design-Build Period）

根据17.8款［责任限度］的规定，设计—建造期业主的风险包括：

（a）业主的商业风险，即：

（i）根据合同规定由业主分担的或负法律责任的财务损失、延误或损害；

（ii）业主在现场表面、上空、地下、内部或贯穿现场，建造工程或工程任何部分

的权利；

（iii）为了工程或工程任何部分，或为设计、施工或完成工程的目的，使用或占有现场，但承包商滥用或错误的使用除外；以及

（iv）除合同规定外，业主使用或占有永久工程的任何部分；

以及

（b）业主的损害风险，即：

（i）按照合同规定进行工程施工所导致的不可避免的、暂时性或永久性的、由于对任何道路、照明、空气、水或其他便利设施（不是由于承包商的施工方法）的使用权的任何干扰（中文不好）而产生的损害；

（ii）任何由于业主负责或业主要求中包含的工程设计因素的失误、错误、缺陷或遗漏，但承包商为履行其合同义务所承担的设计中的此类情况除外；

（iii）一个有经验的承包商不能合理预见并做好充分防范措施的任何自然力的作用（但在合同数据中由承包商分担的那部分除外）；以及

（iv）第18条中规定的特殊风险。

[17.2] 设计—建造期承包商的风险（The Contractor's Risks during the Design-Build Period）

根据17.8款［责任限度］的规定，设计—建造期承包商所分担或应负责的风险为除上一款中所列风险以外的所有风险，包括对工程和货物的照管。

[17.3] 运营服务期业主的风险（The Employer's Risks during the Operation Service Period）

根据17.8款［责任限度］的规定，运营服务期业主所分担或应负责的风险包括：

（a）业主的商业风险，即：

（i）根据合同规定由业主分担的或负法律责任的财务损失、延误或损害；

（ii）除合同规定外，业主使用或占有永久工程的任何部分；以及

（iii）为了工程或工程任何部分，或为了运营和维护永久工程的目的，使用或占有现场。

和

（b）业主的损害风险，即：

（i）按照合同规定进行运营和维修工程所不可避免的、暂时性或永久性的、由于对任何道路、照明、空气、水、或其他便利设施（不是由于承包商的运营和维修方式）的使用权的任何干扰（中文不好）而产生的损害；

（ii）任何由于业主负责或业主要求中包含的工程设计因素的失误、错误、缺陷或遗漏，但承包商为履行其合同义务所承担的设计中的此类情况除外；

（iii）一个有经验的承包商不能合理预见并做好充分防范措施的任何自然力的作用；以及

（ⅳ）第18条中规定的特殊风险。

[17.4] 运营服务期承包商的风险（The Contractor's Risks during the Operation Service Period）

根据17.8款[责任限度]的规定，运营服务期承包商所分担或应负责的风险为：

(a) 所有由工程的设计（不包括由业主分担的任何设计工作）、施工或工程所使用的材料导致或产生的风险；以及

(b) 所有由运营和维修永久工程以及照管工程所导致或引起的风险，不包括上一款所列的业主风险。

[17.5] 照管工程的责任（Responsibility for Care of the Works）

承包商应自开工日期起承担照管工程及构成工程的材料的责任，直到颁发整个工程的试运行证书为止。如果合同依据本条件被终止，承包商应自终止通知到期的日期起停止承担照管工程的责任。

承包商还应负责在运营服务期间，根据运营许可证协议的要求，承担照管永久工程的责任。

承包商还应负责照管已颁发某区段试运行证书的永久工程的任何部分。

承包商还应对他在运营服务期间承诺完成的任何扫尾工作承担全部责任，直到该工作完成为止。

[17.6] 业主风险的损害后果（Consequences of the Employer's Risks of Damage）

如果业主风险发生并导致工程、其他财产、货物或承包商文件的损害，承包商应立即通知业主代表，并应按业主代表的指示，修补此类损失和损害。此指示应视为变更。

如在设计—建造阶段，承包商因修补此类损害遭受延误和或招致费用时，承包商应通知业主代表，并有权索赔工期和费用加利润。

如果该事件在运营服务期间发生，则承包商仅可索赔费用加利润。

[17.7] 承包商风险的损害后果（Consequences of the Contractor's Risks of Damage）

如果承包商风险发生，并导致工程、其他财产或货物的损害，承包商应立即通知业主代表，并按照其指示修补此类损害。所有此类更换、修复或改正工作应由承包商自费完成。

[17.8] 责任限度（Limitation of Liability）

除了在10.6款[运营服务期间的延误和干扰]、16.4款[合同终止时的支付]、17.9款[承包商的保障]、17.10款[业主的保障]和17.12款[侵犯知识产权和工业产权的风险]中的规定外，任何一方不应对另一方在任何工程使用中的任何损失、利润的任何损失、合同的任何损失或对另一方可能遭受的与合同有关的其他任何间接

的损失或损害负责。

承包商对业主的全部责任不应超过在合同数据中规定的总额，或（如没规定总额）中标合同金额。

本款不应限制由于违约方的欺骗、有意违约或轻率的不当行为等任何情况的责任。

[17.9] 承包商的保障（Indemnities by the Contractor）

承包商应保障业主、业主人员以及其代理人免受以下原因导致的所有索赔、损害赔偿费、损失和开支：

（a）由于承包商的设计、施工、竣工以及修补任何缺陷引起的任何人员的人身伤害、生病、或死亡（除非是由于业主及其人员的疏忽、恶意行为或违约造成的）；以及

（b）由于承包商的设计、施工、竣工或运营和维修工程引起，或由于承包商及其雇用的任何人员的疏忽、恶意行为或违反合同造成的任何财产，不动产或动产（工程除外）的损害或损失。

承包商还应保障业主免受承包商的工程设计和其他专业服务中的一切错误带来的伤害，这些专业服务导致了工程不合格，或导致业主任何损失和（或）损害。

[17.10] 业主的保障（Indemnities by the Employer）

业主应保障承包商、承包商人员以及其代理人免受以下原因导致的所有的索赔、损害赔偿费、损失和开支：

（a）由于业主、业主人员或其代理人的疏忽、恶意行为或违反合同造成的人身伤害、生病、或死亡或对除工程之外的任何财产的损失或损害；以及

（b）在设计—建造期和运营服务期中的业主风险。

[17.11] 共同保障（Shared Indemnities）

承包商有保障业主免受伤害的义务，如前所述，应按照业主风险可能导致所述损害、损失或伤害的程度按比例减少。同样地，业主也有保障承包商免受伤害的义务，如前所述，应按照承包商风险可能导致所述损害、损失或伤害的程度按比例减少。

[17.12] 侵犯知识产权和工业产权的风险（Risk of Infringement of Intellectual and Industrial Property Rights）

与"新黄皮书"17.5款完全相同。

## 第18条 特殊风险（Exceptional Risk）

本条共6款，主要内容包括：

- 产生特殊风险的特殊事件；
- 双方对特殊风险造成的后果各自承担的责任和义务；
- 特殊风险导致终止合同时的处理方法；
- 由于法律的规定导致解除履约时的处理方法。

[18.1] 特殊风险（Exceptional Risk）

特殊风险是由特殊事件产生的风险，它包括但不限于：

（a）战争、敌对行动、入侵、外敌行动；

（b）工程所在国内的叛乱、恐怖活动、革命、暴动、军事政变或篡夺政权，或内战；

（c）工程所在国内的，承包商人员和承包商及其分包商的其他雇员之外的人员造成的暴乱、骚乱或混乱；

（d）不是单独由承包商人员和承包商及其分包商的其他雇员参与的罢工或停工；

（e）工程所在国内战争军火、爆炸性物资、离子辐射或放射性污染，但由于承包商使用此类军火、炸药、辐射或放射性引起的情况除外；

（f）不可预见的或一个有经验的承包商也无法合理预见并采取充分防范措施的自然灾害，如地震、飓风、台风或火山活动。

[18.2] 特殊风险的通知（Notice of an Exceptional Event）

与"新红皮书"19.2款基本相同，将"不可抗力"改为"特殊风险"。

[18.3] 将延误减至最小的义务（Duty to Minimise Delay）

与"新红皮书"19.3款基本相同，将"不可抗力"改为"特殊风险"，将"工程师"改为"业主代表"。

[18.4] 特殊事件的后果（Consequences of an Exceptional Event）

与"新红皮书"19.4款基本相同，将"不可抗力"改为"特殊风险"。此外，说明只能在"设计—建造期"内索赔工期，而在运营服务期承包商无权要求延长运营时间。

[18.5] 自主选择终止、付款和解除（Optional Termination Payment and Release）

与"新红皮书"19.6款基本相同，将"不可抗力"改为"特殊风险"，将"工程师"改为"业主代表"。

[18.6] 根据法律解除履约（Release from Performance under the Law）

与"新红皮书"19.7款基本相同，将"不可抗力"改为"特殊风险"，将"工程师"改为"业主代表"。

## 第19条 保险（Insurance）

本条共3款，主要内容包括：

- 承包商或业主去投保的投保程序和一般要求；
- 设计—建造期承包商应提供的保险；
- 运营服务期间承包商应提供的保险。

[19.1] 一般要求（General Requirements）

在合同规定的承包商和业主的义务或职责不限制的条件下，承包商应依据业主批准的保险人和保险条件，办理并维持他所负责的保险。业主不应无故扣押或拖延相关的批准。

此处涉及的保险为业主所要求的最小额，承包商可自费添加其他他认为必要的保险。

当业主要求时，承包商应提交保险单及保险费收据的副本。

如果承包商未办理和维持设计—建造期的保险，或未提供保险单或收据，业主可办理并维持此保险，支付保险费，并可从对承包商的付款中扣回。

如果承包商或业主任一方未遵守合同中的保险条件，则未遵守一方应保障另一方免受由此导致的所有损失和索赔。

承包商还应负责下列事项：

（a）通知保险人工程实施中性质、范围或进度的任何改变；

（b）通知保险人运营服务措施中性质、范围或进度的任何改变；

（c）在合同期内，保证合同规定的保险充分和有效。

任何保险单中的免赔限额不应超过合同数据中规定的数额。

如果不是由于承包商违反本条规定的原因，而未从保险人处收回赔款，此项损失根据第17条［风险分担］或第18条［特殊风险］的规定，应由各方按其责任比例分担。如果由于承包商违反本条规定导致未从保险人处获得赔款，承包商应承担此项遭受的损失。

［19.2］设计—建造期承包商提供的保险（Insurance to be provided by the Contractor during the Design-Build Period）

承包商在设计—建造期应负责提供下述保险：

（a）工程

承包商应以其和业主的名义联名投保，从开工日期之日起至颁发试运行证书之日止，保持下述保险有效：

（i）工程及其材料和生产设备的全部重置价值，不超过合同数据中规定的免赔额。保险范围应涵盖由于有缺陷的设计或使用有缺陷的材料或施工工艺而导致的质量不合格，进而导致工程任何部分的损失或损害；以及

（ii）附加重置价值的15%（或合同数据中规定的数值），应用于修补损失或损害的附加费用，包括专业服务费、拆除和移出垃圾的费用。

保险范围应包括业主和承包商在颁发试运行证书前的所有损失或损害。对于试运行证书日期前的原因导致的，在颁发设计—建造最终支付证书前发生的未完工程的损失或损害，该保险应继续有效，也包括承包商由于遵守第12条［缺陷］中所规定的义务，进行任何运营活动造成的损失或损害。

承包商负责的工程保险范围可以不包括下列内容：

(1) 修复有缺陷（包括有缺陷的材料和工艺）或其他不符合合同规定的工程任何部分的费用，但包括由于此类缺陷或不符合造成工程任何其他部分的损失或损害的修复费用。

(2) 间接的损失或损害，包括由于延误导致的合同价格的减少。

(3) 磨损、短缺和偷窃。

(4) 17.1款［设计—建造期的业主风险］中规定的业主风险，除非在合同数据中对涉及17.1款（b）项（ⅲ）中的风险另有规定。

(5) 18.1款中规定的特殊风险，除非在合同数据中对涉及18.1款（f）中的风险另有规定。

（b）承包商设备

承包商应以承包商与业主的联合名义，对由承包商运至现场的承包商设备和其他在合同数据中规定的物品投保。

（c）因违背职业责任应承担的义务

承包商应为其自身以及由其负责的任何人员在履行其职业责任中因疏忽过失、缺陷、错误和遗漏而导致的法律责任投保，投保额不少于合同数据中规定的额度。

此项保险应包含对承包商的一个扩展保障，即赔偿由于承包商自身的责任，在进行专业工作时造成的任何疏忽过失、缺陷、错误或遗漏，而导致的工程不符合合同中规定的目的以及造成业主的任何损失和（或）损害。

承包商应根据合同数据中规定的期限维持此保险有效。

（d）人员伤害和财产损失

承包商应以承包商与业主的联合名义，为在履行合同中引起的并在设计—建造最终支付证书颁发前发生的，任何人员伤害或财产（工程本身除外）的损失或损害办理保险。但不包括由于设计—建造期的业主风险或特殊风险中包含的任何事项导致的损失或损害。

此保险单应包含交叉责任条款，以便其适用于承包商和业主作为单独的被保险人。

此项保险应在承包商开始现场的任何工作前生效，并应持续至颁发设计—建造最终支付证书时一直有效，而且保险额度不应少于合同数据中规定的数额。

（e）雇员的伤害

承包商应对承包商雇用的任何人员或任何其他承包商人员的伤害、患病、疾病或死亡引起的索赔、损害赔偿费，损失及开支（包括法律费用和开支）办理并维持保险。

该保险可不包括由业主或其人员的行为或疏忽引起的损伤和索赔，但业主和业主代表也应由该保险单得到保障。

在承包商人员参加工程实施的整个期间，此项保险应保持全面有约束力和有效。对分包商的雇员，此保险可由分包商投保，但承包商应对分包商的保险符合本款规定负责。

(f) 法律或当地惯例要求的其他保险

法律或当地惯例要求的其他保险（如果有）应在合同数据中详细注明，承包商应自费依据上述注明的细节办理此类保险。

[19.3] 运营服务期间承包商提供的保险（Insurances to be provided by the Contractor during the Operation Service Period）

承包商在运营服务期应负责提供下述保险：

(a) 工程火险

承包商应以承包商与业主的联合名义，按照合同数据中的规定，在运营服务期为工程投保火险。运营服务期必须在此项火险生效，并且火险的条款和细节已被业主批准后开始。

此项保险单条款应至少在应颁发试运行证书日期的 28 天前提交业主批准，并在试运行证书中注明的日期生效。

(b) 人员伤害和财产损失

承包商应确保 19.2 款（d）项中规定的保险在颁发试运行证书前生效，并维持至颁发合同完成证书时止。此项保险应符合合同数据中规定的数额和条件。

(c) 雇员的伤害

承包商应确保 19.2 款（e）项中规定的保险在颁发试运行证书前生效，并维持至颁发合同完成证书，或承包商或其分包商的雇员最终离开现场，在两者较晚的时间内有效。

(d) 法律或当地惯例要求的其他保险

法律或当地惯例要求的其他保险（如果有）应在合同数据中详细注明，承包商应自费依据上述注明的细节办理此类保险。

(e) 其他可选的运营保险

其他所需的可选的运营保险（如果有）应在合同数据中详细注明，承包商应自费依据上述注明的细节办理此类保险。

## 第 20 条　索赔、争议和仲裁（Claim, Disputes and Arbitration）

本条共 11 款，主要内容包括：

- 承包商索赔的程序；
- 业主索赔的程序；
- 设计—建造期和运营服务期争议评判委员会（DAB）的任命和运作机制；
- 通过 DAB、避免争议、友好解决争议的途径；
- 仲裁的前提和仲裁解决争议的途径和程序。

[20.1] 承包商的索赔（Contractor's Claim）

如果承包商认为，根据本条件任何条款或与合同有关的其他文件规定，他有权得到设计—建造竣工工期的延长和（或）任何附加付款，他必须遵循以下程序：

（a）通知

承包商应在察觉可索赔事件后 28 天内向业主代表发出通知，否则，设计—建造竣工时间不得延长，也无权获得附加付款，并且业主应免除与该索赔相关的全部责任。但如承包商认为事实证明延迟提交是正当的，他可将详细资料提给 DAB 裁定。如果 DAB 认为延迟提交是公平合理的，则 DAB 有权撤销 28 天的限制，并向双方提出建议。

（b）同期记录

在发出通知后，承包商应在现场保留保持用以证明索赔的同期记录。业主代表收到通知后，可检查并指示承包商保留同期记录（不需要承认业主责任）。承包商应允许业主代表检查这些记录，并在被要求时提供复印件。

（c）详细资料

在承包商察觉可索赔事件发生后的 42 天内，或 DAB 允许的期限内，或经业主代表认可的期限内，承包商应向业主代表递交一份详细的索赔报告，包括索赔的工期和款额、索赔依据和详细证明资料，以及业主代表可能要求的附加详细资料。

如果承包商未能在 42 天内或经允许的时间内提供索赔的合同依据或其他依据，则将丧失索赔的权利，但如果承包商认为事实证明延迟提交是正当的，他可将详细资料提给 DAB 裁定。如果 DAB 认为延迟提交是公平合理的，则有权撤销 42 天的限制，做出决定，向双方提出建议。

如果引起索赔的事件或情况具有连续影响，则：

（i）承包商应每隔 28 天递交一份期中索赔报告，说明累计的索赔时间和（或）款额，业主代表可要求进一步的详细资料；

（ii）在索赔的事件产生的影响结束后 28 天内，或在承包商可能建议并经业主代表认可的其他期限内，承包商应递交一份最终索赔报告。

（d）业主代表的回应

业主代表在收到充分详细的索赔报告或要求的进一步的证明资料后 42 天内，或者在业主代表和承包商商定的其他期限内，业主代表应对以下事项商定或确定：（i）应给予竣工时间的延长（如果有），和（或）（ii）承包商根据合同有权得到的附加付款（如果有）。业主代表还可以要求任何必要的附加资料，但仍应在收到承包商充分详细的索赔报告 42 天内，对于该项索赔按照合同或其他事项给予回应。

如果业主代表没有按照前述的程序和时间表给予回应，任一方可认为业主代表拒绝了索赔，并可按照有关条款的规定将此事项提交给 DAB。

每一份付款证书都应将已被证实的应支付的任何索赔金额纳入其中，但承包商仅有权得到他能证明的索赔部分的付款。

任一方如果对业主代表的决定不满意，则可在收到该项决定后 28 天内，向业主代表和另一方发出不满意通知，之后可将争议提交 DAB，如果在 28 天内任一方均未发出不满意通知，业主代表的此项决定应被视为已被双方接受。

本款的要求是针对那些适用于索赔的任何其他条款的附加要求。

[20.2] 业主的索赔（Employer's Claim）

根据本合同条件或与合同有关的其他规定，业主有权向承包商索赔，业主或业主代表应在意识到某事件可能导致索赔时向承包商尽快发出通知并提供详细资料。

详细资料中应说明索赔条款或其他索赔依据，并应包括有权获得的款额证明。业主代表应商定或确定业主有权从承包商处获得支付的款额。

任一方如果对业主代表的决定不满意，则可在收到该决定后 28 天内向业主代表和另一方发出不满意通知，之后将争议提交 DAB。如果 28 天内任一方均未发出不满意通知，业主代表的此项决定应被视为已被双方接受。

由 DAB 确定的款额可在合同价格和支付证书中扣减。

[20.3] 争议评审委员会的任命（Appointment of the Dispute Adjudication Board）

与"新红皮书"20.2 款基本相同，但本款仅指设计—建造期的 DAB 的任命，另外，将"投标书附录"改为"合同数据"。

对 DAB 期满日期的规定为：除非双方另有协议。

DAB 的期满日期修改为：在颁发试运行证书时；或 DAB 正在处理争议，在给出其决定的 28 天后，以较晚者为准。

[20.4] 对争议评审委员会未能达成一致（Failure to Agree Dispute Adjudication Board）

与"新红皮书"20.3 款相同，将"专用条件"改为"合同数据"。

[20.5] 避免争议（Avoidance of Dispute）

在任何时候，双方可商定将某事项书面提交 DAB，要求其提供帮助和（或）非正式讨论，以解决双方之间在合同履行过程中可能产生的不一致。此类非正式帮助可在会议、现场考察或其他情况下提出。双方都应出席此类讨论。双方不一定执行此非正式会议上的任何建议，无论是口头还是书面的，DAB 在将来的争议解决过程中也不受此会议上观点的约束。

如果双方间产生争议，无论是否进行过非正式讨论，任一方均可将此争议书面提交 DAB。

[20.6] 取得争议评审委员会的决定（Obtaining Dispute Adjudication Board's Decision）

合同任一方均可在对业主代表处理争议不满发出通知后 28 天内，将争议提交 DAB 主席，另一方应在 21 天内向 DAB 作出回应，以上提交和回应均应将副本送业主代表和他方。DAB 应在收到另一方回应后 84 天内（如无回应则在收到提交争议后 105 天内，或双方同意的其他期限内）作出决定，并通知双方和业主代表，决定应对双方均具有约束力。

如果任一方对 DAB 的决定不满意，或 DAB 未能在收到一方提交材料后 84 天内作出决定，任一方均可在此后 28 天内向另一方发出不满意通知，否则任一方均无权申请仲裁。

如果 DAB 决定一方向另一方付款，可要求收款方提交一份恰当的保证。

在 DAB 调停争议过程中承包商应继续施工。

[20.7] 友好解决（Amicable Settlement）

如果任一方对 DAB 的决定不满意的通知已发出，双方在仲裁开始之前，应努力友好解决争议；除非双方另有商定，且双方未能友好解决，仲裁可在不满意通知发出后 28 天后开始。

[20.8] 仲裁（Arbitration）

与"新红皮书"20.6 款基本相同，将"工程师"改为"业主代表"。

[20.9] 未能遵守争议评审委员会的决定（Failure to Comply with Dispute Adjudication Board's Decision）

如双方在规定的 28 天时间内，对 DAB 的决定未发出不满意的通知，该决定应对双方具有约束力。如合同任一方随后不执行该决定，另一方可将此事件提交仲裁；此时其他程序（包括友好解决）均不适用，而另一方同时还享有合同规定的其他权利。

[20.10] 运营服务期间出现的争议（Disputes Arising during the Operation Service Period）

双方在运营服务期出现的争议应提交一人 DAB（运营服务 DAB）解决。此人应在颁发试运行证书时由双方共同商定并任命，如双方对此任命未能达成一致，则应根据 20.3 款的规定予以任命。

被任命的人员任期五年。每个五年期末，双方应商定任命新的运营服务 DAB。如果双方和原 DAB 的人员均同意，该 DAB 的人员可被再次任命为第二个（或多个）五年任期。双方与运营服务 DAB 之间的协议书应参照本通用条件后附录中的争议解决协议书编写。

运营服务 DAB 的报酬由双方商定，每方负担一半。

取得运营服务 DAB 决定的程序依据 20.6 款进行，并应在收到另一方回应后的 84 天内，或在未收到回应时，在收到争议双方的此类提交和证明文件后的 105 天内，给出其决定。

如果任一方对于运营服务 DAB 的决定不满意，则应适用 20.6 款、20.7 款、20.8 款及 20.9 款的规定。

[20.11] 任命争议评审委员会到期（Expiry of Dispute Adjudication Board's Appointment）

如 DAB 任期结束或其他情况使争议发生时，DAB 已经不存在（包括运营服务期），双方可直接将争议提交仲裁。

[20.5]—[20.9]款的相应要求及程序见图 7-6。①为 DAB 直接解决，③、⑤为友好解决，②、④、⑥为仲裁解决。

第 7 章 FIDIC 的各类合同条件

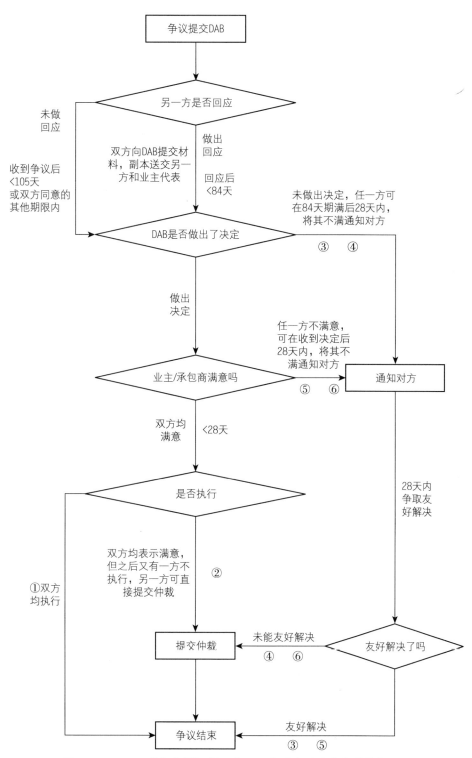

图 7-6 FIDIC "金皮书"中通过 DAB 解决争议和走向仲裁的程序

## 第6节　FIDIC《土木工程施工合同条件》

（1987年第4版，1988年订正，1992年再次修订版）内容简介

FIDIC《土木工程施工合同条件》（红皮书）第4版于1987年出版，1988年出了修订版，进行了17处修订，1992年再次修订版有28处修订。增加了"期中支付证书"和"最终支付证书"两个定义。1996年又出版了增补本，主要增补了争议评判委员会、采用总价支付条款及工程师迟发支付证书时对承包商的保护措施。下列有关条款简介内容均以1992年修订版为准。1996年增补内容在本节末作一简介。

FIDIC"红皮书"适用于单价与子项包干混合式合同，适用于业主任命工程师管理合同的土木工程施工项目。

合同条件中32个定义在本节中不再介绍，请阅读原版或中译文版。

FIDIC"红皮书"第一部分通用条件，包括25节、72条、194款，论述了以下25个方面的问题：定义与解释，工程师及工程师代表，转让与分包，合同文件，一般义务，劳务，材料、生产设备和工艺，暂时停工，开工和延误，缺陷责任，变更、增添与省略，索赔程序，承包商的设备、临时工程和材料，计量，暂定金额，指定分包商，证书和支付，补救措施，特殊风险，解除履约，争议的解决，通知，业主的违约，费用和法规的变更，货币和汇率。

合同条件规定了业主和承包商的职责、义务和权利，以及工程师根据业主和承包商的合同执行业主方在施工阶段对工程的项目管理任务时的职责和权限。通用条件后面附有投标书、投标书附录和协议书的范例格式。第二部分为专用条件，本节中对通用条件中的19个主要问题进行简要地介绍和分析讨论。标题后或文字说明后方括号内的数字为相应的条款号。

### 一、工程师（Engineer）与工程师代表（Engineer's Representative）

#### （一）工程师的职责概述 [2.1]

工程师不属于业主与承包商之间签订的合同中的任一方。工程师是受业主聘用的，工程师的义务和权利在业主和咨询工程师的服务协议书附件A中有原则性的规定，而在合同实施过程中，工程师的具体职责是在业主和承包商签订的合同中规定的，如果业主要对工程师的某些职权作出限制，他应在专用条件中作出明确规定。

工程师的职责也可以概括为业主方进行合同管理，代表业主方负责进行工程的进度控制、质量控制和投资控制以及从事协调工作。

#### （二）"工程师"的三个层次及其职责权限 [2.2、2.3、2.4]

"红皮书"中将工程师人员分为三个层次：即工程师、工程师代表和助理（Assistant)。工程师是由业主聘用的咨询单位委派的。工程师代表是由工程师任命的。助理则是由工程师或工程师代表任命的。所有这些委派或任命均应以书面形式通知业主和承包商。

工程师是受业主任命，履行合同中规定的职责，行使合同中规定或合同隐含的权力，除非业主另外授权，他无权改变合同，也无权解除合同规定的承包商的任何义务。

工程师代表是由工程师任命并对工程师负责的，工程师可以随时授权工程师代表执行工程师授予的那部分职责和权力。在授权范围内，工程师代表的任何书面指示或批示应如同工程师的指示和批示一样，对承包商有约束力。工程师也可随时撤销这种授权。工程师代表的工作中如果有差错，工程师有权纠正。承包商如对工程师代表的决定有不同意见时，可书面提交工程师，工程师应对提出的问题进行确认、否定或更改。工程师或工程师代表可以任命助理以协助工程师或工程师代表履行某些职责。工程师或工程师代表应将助理人员的姓名、职责和权力范围书面通知承包商。助理无权向承包商发出他职责和权力范围以外的任何指示。

总之，工程师将经常在工地处理各类具体问题的职权分别授予各个工程师代表，但有关重大问题必须亲自处理。至于哪些问题在业主授权范围之内，可以自己决定；哪些问题需上报业主批准，则按合同专用条件中的规定办理。

工程师的职责权限在第十章第 2 节中详细讨论。

### （三）工程师要行为公正 [2.6]

工程师虽然是受业主聘用为其监理工程，但工程师是业主和承包商合同之外的独立的法人单位。

工程师必须按照国家有关的法律、法规和业主、承包商之间签订的合同对工程进行监理。他在处理各类合同中的问题，表明自己的意见、决定、批准、确定价值时，或采取影响业主和承包商的权利和义务的任何行动时，均应仔细倾听业主和承包商双方的意见，进行认真的调查研究，然后依据合同和事实作出公正的决定。笔者对工程师应该行为"公正"的理解是，既要维护合同中业主的利益，也应维护合同中规定的承包商的利益。

## 二、合同的转让（Assignment）和分包（Subcontracting）

### （一）合同的转让 [3.1]

如果无业主的事先同意，承包商不得自行将全部或部分合同，包括合同中的任何权益或利益转让给他人。但有两种例外：即按合同规定，已支付或将支付给承包商的银行的款项；以及当保险公司替承包商进行了偿付时，余下的权益转让给保险公司。

### （二）分包 [4.1、4.2]

在合同实施中，承包商将一部分工作分包给某些分包商是很正常的，但是这种分包必须经过同意;如果在订合同时已将某些分包商列入,即意味着业主已同意;如果在工程开工后再进行分包,则必须经工程师事先同意。工程师有权审核分包合同。承包商在订分包合同时,一定要注意将合同条件中对分包合同的特殊要求订进去(如"红皮书"中4.2等款),以保护业主的权益。

分包商对承包商负责,承包商应对分包商及其代理人、雇员、工人的行为、违约和疏忽造成的后果向业主承担责任。

### (三)"指定的分包商"(Nominated Subcontractor)[59条]

是指由业主和工程师挑选或指定的进行与工程实施、货物采购等工作有关的分包商,这种指定可以在招标文件中指定,也可在工程开工后指定,但指定分包商并不直接与业主签订合同,而是仍与承包商签订合同,作为承包商的分包商,由承包商负责对他们的管理和协调有关的工作。"指定的分包商"的支付由暂定金额中开支,但通过承包商支付。

"指定的分包商"对承包商承担他分包的有关项目的全部义务和责任。"指定的分包商"还应保护承包商免受由于他的代理人、雇员、工人的行为、违约或疏忽造成的损失和索赔责任。

"指定的分包商"在得到支付方面比较有保证,即如果承包商无正当理由而扣留或拒绝按分包合同的规定向"指定的分包商"进行支付时(但当承包商向工程师书面陈述扣留支付的理由并经工程师同意,且书面通知该指定分包商时除外),业主有权根据工程师的证明直接向该"指定的分包商"进行支付,并从业主向承包商的支付中扣回这笔支付。

## 三、合同文件(Contract Documents)与图纸(Drawings)

### (一)语言(Language)和法律(Law)[5.1]

应在专用条件中说明适用于该合同以及据之对该合同进行解释的国家或州的法律,同时要说明用以拟定合同的一种或几种语言,如果是几种语言,则应指定一种语言为"主导语言",用以解释和说明合同。

### (二)合同文件的优先顺序(Priority)[5.2]

构成合同的几个文件应该是互为说明的,也不应彼此间有矛盾,为此,应对合同包括的各类文件排一个次序,当出现歧义时,以排在前面的文件的解释为准。

### (三)图纸[6条]

1. 由承包商设计永久工程

凡合同中规定由承包商设计部分永久工程时,承包商应将所设计的图纸,计算书及规范等资料以及使用手册，维修手册和竣工图纸送交工程师批准。承包商应将他进行的上述有关设计资料免费提交一式四份给工程师，如需要更多的复印件时，则应由业主支付费用。

2. 图纸文件的提供和保管

业主方提供的设计图纸由工程师保管并免费向承包商提供两本复印件。未经工程师同意，承包商不得将图纸转送给与执行合同无关的第三方。承包商应在现场保留一份图纸供有关人员使用。工程师有权不断向承包商发出补充图纸和指示，承包商应贯彻执行。

3. 由于图纸原因使工程进展受影响

如果工程师未能及时发出进一步的图纸和指示以致可能造成工程延误或中断时，承包商应向工程师书面提出要求提供图纸的内容和时间。如工程师未能按承包商的书面要求提供图纸或指示而使承包商蒙受误期和招致费用损失时，工程师应就此向承包商作出时间和费用方面的补偿。

## 四、承包商的一般义务（General Obligations）[8.1 款至 33.1 款]

承包商的一般义务在"红皮书"中列举了 26 条 55 款，包括了许多内容，在这里摘要地介绍一部分，有关保险的条款在下面介绍。

（一）承包商应按照合同的各项规定，精心设计（如有此要求时），精心施工，修补缺陷，做好对工程施工的各方面的管理工作。

承包商应将他在审查合同或实施工程时，在设计图纸或规范中发现的任何错误、遗漏、失误或其他缺陷立即通知工程师和业主。

承包商应只从工程师处（或工程师代表处）得到指示。

承包商应对现场作业和施工方法的完备性，工地安全，工程质量以及要求他进行的设计的质量负全部责任，即使设计需由工程师批准，如果出现错误也由承包商负责。

（二）履约保证（Performance Security）[10 条]

承包商应在收到中标函后 28 天内，按规定的格式和投标书附录中规定的金额向业主提交履约保证（可以是履约保函或履约担保），履约保证单位必须经业主同意。

此履约保证的有效期一直到发出缺陷责任证书时为止，业主应在发出此证书后 14 天内将履约保函或担保退还给承包商。

FIDIC 提倡采用有条件履约保函，如果业主单位既采用 FIDIC "红皮书"而又要采用无条件履约保函时，则应在专用条件中注明。

（三）在承包商提交投标书之前，业主应负责向承包商提供该工程有关的水文及地表以下的资料。业主一方应对提供资料的正确性负责，而承包商在应用这些资料时对资料的分析和解释负责。

承包商在提交投标书之前应认真地进行现场视察以使投标书建立在比较可靠的资

料的基础上。

（四）如果在施工过程中，遇到了一个有经验的承包商无法预见的外界障碍和条件，则承包商可要求工程师考虑给予延长工期和增加费用。

（五）应提交进度计划（Programme to be Submitted）［14条］

承包商应按照合同及工程师的要求，在规定的时间内，向工程师提交一份将付诸实施的施工进度计划，并取得工程师的同意，同时提交工程施工方法和安排的总的说明。

如果承包商没有理由要求延长工期，而工程师根据上述提交的施工进度计划认为进度太慢时，可以要求承包商赶工，由此引起的各种开支（包括监理工程师加班的开支）均应由承包商承担。

（六）承包商的监督（Constarctor's superintendence）［15.1］

承包商应任命一位合格的并被授权的代表（即承包商的工地项目经理）全面负责工程的管理，该项目经理须经工程师批准，代表承包商接受工程师的各项指示。如果由于此项目经理不胜任，渎职等原因，工程师有权要求承包商将其撤回，并且以后不能再在此项目工作，而承包商应另外再派一名工地项目经理。

工程师也有权要求承包商由工地撤走那些他认为渎职者，或不能胜任者，或玩忽职守者，并选派其他胜任的人员。不经工程师批准，上述被要求撤走的人员不能再在工地工作。［16.2］

（七）放线（Setting Out）［17.1］

承包商应根据工程师给定的原始基准点、基准线、参考标高等，对工程进行准确的放线并对工程放线的正确性负责。

除非是由于工程师提供了错误的原始数据，承包商应对由于放线错误引起的一切差错自费纠正（即使工程师进行过检查）。

（八）承包商应采取一切必要的措施，保障工地人员的安全及施工安全。［19.1］

（九）承包商应遵守所有有关的法律、法令和规章。［26.1］

（十）如果在施工现场发现化石、文物等，承包商应保护现场并立即通知工程师。按工程师指示进行保护。由此而产生的时间和费用损失由业主给予补偿。上述化石、文物等，均属于业主的绝对财产。［27.1］

（十一）专利权（Patent Rights）［28.1］

承包商应保护业主免受由于承包商在工作中侵犯专利权而引起的各种索赔和诉讼。但由于工程师提供的设计或技术规范引起的此类问题除外。

（十二）运输［30条］

1. 承包商应采用一切合理的措施（如选择运输线路，选用运输工具，限制和分配载重量等）保护运输时使用的道路和桥梁。

2. 在运输承包商的设备和临时工程时，承包商应自费负担所经道路上的桥梁加固、道路改建等。并保障业主免于与之有关的一切索赔。

3. 如果运输中对道路、桥梁造成了损坏，则：

（1）承包商在得知此类损害，或收到有关索赔要求之后，应立即通知工程师和业主。

（2）如果根据当地法律或规章规定，要求由设备、材料的运输公司给予赔偿时，则业主、承包商均不对索赔负责。

（3）在其他情况下，业主和工程师应根据实际情况决定如何赔偿。如果承包商有责任时，业主应与承包商协商解决。

## 五、风险（Risk）与保险（Insurance）

### （一）工程的照管 [20.1、20.2]

1. 对永久工程的整个工程，从工程开工到颁发整个工程的移交证书的日期为止，承包商应对工程以及材料和待安装的设备等的照管负完全责任，颁发移交证书后，照管的责任随之移交给业主。对工程的某一部分或区段，同样由颁发移交证书之日起将保管责任移交给业主。

2. 承包商在缺陷责任期内对任何未完成的工程以及材料和生产设备的照管负有责任。

### （二）业主的风险（Employer's Risks）[20.3、20.4]

1. 业主的风险一般指以下任一种情况：

（1）战争、入侵等外敌行动；

（2）叛乱、革命、暴动、篡权、内战等；

（3）核爆炸、核废物、有毒气体的污染等；

（4）超音速飞机的压力波；

（5）暴乱、骚乱、混乱（但承包商、分包商内部的除外）；

（6）由业主使用或占用合同规定提供给他的以外的任何永久工程的区段或部分造成的损失；

（7）业主提供的设计不当造成的损失；

（8）一个有经验的承包商通常无法预测和防范的任何自然力的作用。

2. 由于业主的风险造成的损失或损害，在工程师要求承包商修复时，应按合同价格向承包商支付，但如其中也有承包商的责任时，则应考虑承包商和业主各自责任所占比例。

### （三）特殊风险（Special Risks）[65 条]

1. 特殊风险定义

指上述业主风险中的（1）、（3）、（4）、（5）段定义的风险以及（2）段中所定义的,在工程施工所在国内的有关风险。不论何时何地发生的因战争中的各种爆破物(如地雷、炸弹等)引起的破坏、损害、人身伤亡,也属于特殊风险。

2. 战争爆发

在合同执行过程中,如果在世界上任何地区爆发战争,承包商仍应尽最大努力实施合同。但在战争爆发后,业主有权通知承包商终止合同,此时,承包商及其分包商应尽速从现场撤离其全部设备。业主应按合同条件规定向承包商支付所有应支付的款项。

3. 承包商的责任和权利

(1)如果由于特殊风险使工程受到破坏或损坏;或使业主或第三方财产受到破坏或损害;或人身伤亡,承包商不承担赔偿或其他责任。如果工程师要求承包商修复任何被破坏或损害的工程以及替换材料或修复承包商的设备,工程师应公平合理地追加合同价格。但在特殊风险发生前,已被工程师宣布为不合格的工程,即使由于特殊风险被损坏,承包商仍应负责自费修复。业主应向承包商支付由于特殊风险引起的一切增加的费用。

(2)由于上述原因,合同被终止后的付款办法:

1)业主应按合同中规定的费率和价格向承包商支付在合同终止日期以前完成的全部工作的费用,但应减去账上已支付给承包商的款项与项目;

2)另外支付下述费用:

a、工程量表中的任何开办项目中已进行或履行了的相应部分工作的费用;

b、为该工程合理订购的材料、生产设备或货物的费用,如已将其交付给承包商或承包商对之依法有责任收货时,则业主一经支付此项费用后即成为业主的财产;

c、承包商为完成整个工程所合理发生的任何其他开支的总计;

d、承包商的撤离费用,在承包商提出要求时,将承包商的设备运回其注册国内承包商的注册基地或其他目的地的合理费用;

e、承包商雇佣的所有从事工程施工及与工程有关的职员和工人在合同终止时的合理遣返费。

但业主除按本款规定应支付任何费用外,也应有权要求承包商偿还任何预付款的未结算余额以及其他任何金额。

(四)工程和承包商设备的保险 [21条]

(1)应该对工程(连同材料和配套设备)以业主和承包商联合的名义进行保险。保险的数额可以用保险项目的重置成本(即在指定地区,用当时通行价格重置一项资产的成本,此处成本一词应包含利润),同时再考虑加上重置成本的15%的附加金额投保。但应针对工程项目的具体情况,投保额要具体分析确定。

投保的期限一般为从现场开始工作到工程的任何区段或全部工程颁发移交证书

为止。

如果由于未投保或未能从保险公司回收有关金额所招致的损失,应由业主和承包商根据具体情况及合同条件有关规定分担。

(2) 对承包商的设备和其他物品由承包商投保,投保金额为重置这些物品的金额。

对缺陷责任期间,由于发生在缺陷责任期开始之前的原因造成的损失和损害,以及由承包商在缺陷调查作业过程中造成的损失和损害均由承包商去投保。

前述保险不包括由于战争、革命、核爆炸、超音速飞机的压力波引起的破坏。

(3) 第三方保险(Third Party Insurance)[23条]

承包商应以业主和承包商的联合名义,对由于工程施工引起的第三方(指承保人和被保险人之外的)的人员伤亡及财产损失进行责任保险。保险金额至少应为投标书附件中所规定的数额。

(4) 承包商应为其在工地工作的人员在雇用期间进行人身保险,同时也应要求分包商进行此类保险。除非是由于业主一方的原因造成承包商雇员的伤亡,业主对承包商人员的伤亡均不负责任。

(5) 承包商应在现场工作开始前向业主提供证据证明,说明保险已生效,并应在开工之日起84天内向业主提供保险单。

如果工程的范围、进度有了变化,承包商应将变化的情况及时通知承保人,必要时补充办理保险,否则,承包商应承担有关责任。

(6) 如果承包商未去办理保险,业主可自己去办理保险,在某些条件下,业主也可规定由他自己办理保险。专用条件中为业主自己办理保险编写了范例条款。

## 六、工程的开工(Commencement)、工期延长(Extention)和暂停(Suspension)

### (一) 工程的开工 [41.1]

在投标书附件中规定了颁发开工通知的时间,即在中标函颁发之后的一段时间内,工程师应向承包商发出开工通知。而承包商收到此开工通知的日期即为开工日期,承包商应尽快开工。竣工期限是由开工日期算起。

如果由于业主方面的原因未能在开工日期或按承包商的施工进度表的要求做好征地、拆迁工作,未能及时提供施工现场及有关通道,导致承包商延误工期或增加开支,则应给予承包商延长工期的权利并补偿由此引起的开支。

### (二) 工期的延长 [44条]

1. 如果由于下列原因,承包商有权得到延长工期:

(1) 额外的或附加的工作,或

(2) 合同条件提到的导致工期延误的原因：如征地拆迁延误；颁发图纸或指令延误；工程师命令暂时停工；特殊风险引起的对工程的损害或延误等，或

(3) 异常恶劣的气候条件，或

(4) 由业主造成的任何延误，或

(5) 不属于承包商的过失或违约引起的延误。

上述延期是否使承包商有权得到额外支付，要视具体情况而定。

2. 承包商必须在导致延期的事件开始发生后 28 天内将要求延期的报告送给工程师（副本送业主），并在上述通知后 28 天内或工程师可能同意的其他合理期限内，向工程师提交要求延期的详细申请以便工程师进行调查，否则工程师可以不受理这一要求。

如果导致延期的事件持续发生，则承包商应每 28 天向工程师送一份期中报告，说明事件的详情，并于该事件引起的影响结束日起 28 天内递交最终报告。工程师在收到期中报告时，应及时作出关于延长工期的期中决定。在收到最终报告之后再审核全部过程的情况，作出有关该事件需要延长的全部工期的决定。但最后决定延长的全部工期不能少于各个阶段期中决定的延长工期的总和。

### （三）工程暂停［40 条］

承包商应根据工程师的指示，在规定时间内对某一部分或全部工程暂时停工，并负责保护这一部分工程。此时工程师应考虑给予承包商延长工期的权利和增加由于停工招致的额外损失。但下述情况下的停工不给予工期和费用补偿：合同中另有规定；由于承包商违约；因施工现场气候原因以及为了合理施工和工程的安全。

如果按工程师指示工程暂停已经延续了 84 天，（不包含上述例外情况），而工程师仍未通知复工，则承包商可向工程师发函，要求在 28 天内准许复工。如果复工要求未能获准，则承包商可以采取下列措施：

(1) 当暂时停工仅影响工程的局部时，通知工程师把这部分暂停工程视作删减的工程。

(2) 当暂时停工影响到整个工程进度时，承包商可视该事件属于业主违约，并要求按业主违约处理。

但承包商也可以不采取上述措施，继续等待工程师的复工指示。

### 七、工程的移交（Taking-Over）［48 条］

（一）当承包商认为他所承包的全部工程实质上已完工（指主体工程可按预定目的交给业主使用），并已合格地通过了合同规定的竣工检验时，他可递交报告向工程师申请颁发移交证书（Taking-Over Certificate），报告中应保证在缺陷责任期内完成各项扫尾工作。

工程师在收到上述报告后 21 天内，如果对验收结果表示满意，则应发给承包商一份移交证书。但也可要求承包商进行某些补充和完善的工作，待承包商完成这些工作并令工程师满意后 21 天内，再发给移交证书。

移交证书中应确认工程竣工日期以及缺陷责任期开始日期，并应注明缺陷责任期内承包商应完成的扫尾工作。

从颁发工程移交证书之日起，全部工程的保管责任即移交给了业主。

（二）区段或部分工程的移交

根据投标书附件中的规定，对有区段完工要求的；或是已局部竣工，工程师认为合格且已为业主占有、使用的永久性工程；或是在竣工之前已由业主占有、使用的永久性工程，均应根据承包商的申请，由工程师颁发区段或部分工程的移交证书。在签发的此类移交证书中也应注明这些区段或部分工程的竣工日期和缺陷责任期的开始日期，移交证书颁发后，工程保管的责任即移交给业主，但承包商应继续负责完成各项扫尾工作。

## 八、缺陷责任期（Defects Liability Period）[49 条、50 条]

缺陷责任期一般也叫维修期（Maintenance Period），指正式签发的移交证书中注明的缺陷责任期开始日期（一般指通过竣工验收的日期次日）后的一段时期（一般为一年或更长），在这段时期内，承包商除应继续完成在移交证书上写明的扫尾工作外，还应对工程由于施工原因所产生的各种缺陷负责维修。这些缺陷的产生如果是由于承包商未按合同要求施工，或由于承包商负责设计的部分永久工程出现缺陷，或由于承包商疏忽等原因未能履行其义务时，则应由承包商自费修复。否则应由工程师考虑向承包商追加支付。如果承包商未能完成他应自费修复的缺陷，则业主可另行雇人修复，费用由保留金中扣除或由承包商支付。

## 九、变更（Alterations）、增加（Additions）与删减（Omissions）

（一）变更 [51.1、51.2]

在工程师认为必要时，可以改变任何部分工程的形式、质量或数量，如：
(1) 增加或减少合同中所包括的任何工作的数量。
(2) 删减任何工作。
(3) 改变任何工作的性质、质量或类型。
(4) 改变工程任何部分的标高、基线、位置和尺寸。
(5) 必要的附加工作。
(6) 改动工程任何部分合同中规定的施工顺序或时间。

但当工程量表中某些项目实际实施的工程量超过或低于工程量表中的估计工程量时，不需要颁发变更指令。

## （二）变更的费用 [52.1、52.2]

1. 工程师指示承包商进行上述变更时，如果导致变更的原因是由承包商引起，则费用应由承包商负责。

2. 变更项目的估价和工程师确定单价的权利。

在变更指示发出 14 天之内以及在变更工作开始之前，或由承包商提出要求额外支付及变更单价和价格的意图，或由工程师将他准备变更单价和价格的意图通知承包商。

对变更项目的估价，一般应参照合同中已有的单价或价格，或以之作为另行估价的基础。但是如果变更项目的性质和数量与原合同差别甚大，则原合同中已有的单价和价格均不能用以参考，此时工程师应在与业主和承包商适当协商之后，最后与承包商商定一个合适的单价或价格。如果达不成一致意见，则由工程师确定他认为合理的单价或价格。在此之前，工程师可以确定一个暂行单价或价格用于每月支付。

如果业主要求工程师在改变合同价格或单价时必须经过他批准，这种要求应在专用条件中明确规定。如果部分支付需用外币，应特别说明。

## （三）变更超过 15% [52.3]

合同在实施过程中，由于多种影响因素，最终结算时，工程量表中的每一个子项以及整个合同价格多半都不与签订合同时的价格一致，在这种情况下，国际上一般有两种调整方式；一种是对工程量表中的各个子项单独考虑，例如当每一个子项变化超过 ±30% 时，合同一方可提出进行单价调整，即当实施的工程量比工程量表中的估算工程量增多超过 30% 时，业主可要求承包商适当降低单价，反之，则承包商可要求业主适当提高单价。但这种对每个子项调整单价的方法非常麻烦，而且不利于双方的合作关系。

针对上述弊端，FIDIC 规定了一个算总账的办法，即当工程量最终结算后考虑到所有变更的项目以及实施的工程量与工程量表中估算工程量的差异这两个原因（不考虑价格调整，暂定金额和计日工的费用），整个工程价格超出或少于签订合同时价格的 15% 时，可对支付款额进行调整，即如结算价格为合同价格的 115% 以上时，业主可要求承包商对超过 115% 的部分适当让利，反之，如结算价格为合同价格的 85% 以下时，承包商可要求业主对低于 85% 的部分适当提高利润。

实施这个规定最好在订合同时即在专用条件中规定好让利或提高利润的百分率，以利于工程竣工后的结算。结算时对外币支付部分应采用合同价格中规定的外币比例支付。

## （四）变更指令（Instruction for variations）[2.5]

变更指令应由工程师用书面发出指示。如果是口头指示，承包商也应遵守执行，但工程师应尽快用书面确认。为了防止工程师忽略书面确认，承包商可在工程师发出口头指示七天内用书面形式要求工程师确认他的口头指示、工程师应尽快批复。如果工程师在七天之内未以书面形式提出异议,则等于确认了他的口头指示。

这条规定同样适用于工程师代表或助理发出的口头指示。

### 十、工程的计量(Measurement)[56、57]

工程量表中的工程量都是根据图纸和规范估算出来的。工程实施时则要通过测量来核实实际完成的工程量并据以支付。工程师测量时应通知承包商一方派人参加,如承包商未能派人参加测量,即应承认工程师的测量数据是正确的。有时也可以在工程师的监督下,由承包商进行测量,工程师审核签字确认。

测量方法应事先在合同中规定。如果合同没有特殊规定,工程量均应测量净值(Net)。

对于工程量表中的包干项目,工程师可要求承包商在收到中标函后28天内提交一份包干项目分解表(Breakdown of Lump Sum Items),即是将该包干项目内容分解为若干子项、标明每个子项的价格,以便在合同执行过程中按照分解表中每个子项的完成情况逐月付款。该分解表应得到工程师的批准。

### 十一、质量检查 [36 条至 39 条]

#### (一)质量检查的要求

所有的材料、永久工程的设备和施工工艺均应符合合同要求及工程师的指示。承包商并应随时按照工程师的要求在工地现场以及为工程加工制造设备的所有场所为其检查提供方便。

在工地现场一般施工工序的常规检查(如混凝土浇筑前检查模板尺寸,钢筋规格、数量,又如土方填筑中每层土碾压之后的土样试验等),由现场值班的工程师代表或助理进行,不需事先约定。但对于某些专项检查,工程师应在24小时以前将参加检查和检验的计划通知承包商,若工程师或其授权代表未能按期前往(除非事先通知承包商外),承包商可以自己进行检查和验收,工程师应确认此检查和验收结果。如果工程师或其授权代表经过检查认为质量不合格时,承包商应及时补救,直到下一次验收合格为止。

对隐蔽工程,基础工程和工程的任何部位,在工程师检查验收前,均不得覆盖。工程师有权指示承包商从现场运走不合格的材料或生产设备,而以合格的产品代替。

#### (二)检查的费用

1. 在下列情况下,检查和检验的费用应由承包商一方支付:

(1)合同中明确规定的;

(2)合同中有详细说明允许承包商可以在投标书中报价的;

(3)由于第一次检验不合格而需要重复检验所导致的业主开支的费用;

(4)工程师要求对工程的任何部位进行剥露或开孔以检查工程质量,如果该部位经检验不合格时所有有关的费用;

（5）承包商在规定时间内不执行工程师的指示或违约情况下，业主雇用其他人员来完成此项任务时的有关费用；

（6）工程师要求检验的项目，在合同中没有规定或合同中虽有规定，但检验地点在现场以外或在材料、设备的制造生产场所以外，如果检验结果不合格时的全部费用。

2. 在下列情况下，检查和检验的费用应由业主一方支付：

（1）工程师要求检验的项目，但合同中没有规定的；

（2）工程师要求进行的检验虽然合同中有说明，但是检验地点在现场以外或在材料、设备的制造生产场所以外。检验结果合格时的费用；

（3）工程师要求对工程的任何部位进行剥露或开孔以检查工程质量，如果该部位经检验合格时，剥露、开孔以及还原的费用。

## 十二、承包商的违约（Default of Contractor）[63、64条]

承包商违约是指承包商在实施合同过程中由于破产等原因而不能执行合同，或是无视工程师的指示，有意的不执行合同或无能力去执行合同。一般发生下述情况即可认为承包商违约：

（一）承包商依法被认为不能到期偿还债务，或宣告破产、或被清偿，或解体（不包含为了合并或重建而进行的自愿清理），或已失去偿付能力等；或

（二）工程师向业主证明，他认为承包商：

1. 已不再承认合同；

2. 无正当理由而不按时开工，或工程进度太慢，收到工程师指令后又不积极赶工者；

3. 当检查验收的材料、设备和工艺不合格时，拒不采取措施纠正缺陷，或拒绝用合格的材料和设备替代原来不合格的材料和设备者；

4. 无视工程师事先的书面警告，公然忽视履行合同中所规定的义务；或

5. 无视合同中有关分包必须经过批准以及承包商要为其分包商承担责任的规定。

在上述任一情况下，业主可以在向承包商发出通知14天后终止对承包商的雇用，进驻现场，并可自行或雇用其他承包商完成此工程。业主有使用承包商的设备、材料和临时工程的权利。

当业主终止对原有承包商的雇用之后，工程师应对承包商已经做完的工作、库存材料、承包商的设备和临时工程的价值进行估价，并清理各种已经支付和未支付的费用。同时，承包商应将为该合同提供材料，货物和服务而签订的有关协议的权益转让给业主。

## 十三、业主的违约（Default of Employer）[69条]

业主的违约主要是业主的支付能力问题，包含以下几种情况：

（一）在合同条件中规定的应付款期限期满后28天内，未按工程师签署的支付证书向承包商支付应支付的款额；

（二）干扰、阻挠或拒绝批准工程师上报的支付证书；

（三）如果业主不是政府或公共当局而是一家公司时，此公司宣告破产或停业清理（不是为了重建或合并）或

（四）由于不可预见的经济原因，业主通知承包商他已不可能继续履行合同。

在上述任一情况下，承包商有权通知业主和工程师；在发出此通知 14 天后，业主根据合同对自己（指承包商）的雇用将自动终止，并且不再受合同的约束，而可以从现场撤出所有自己的设备。此时业主应按合同条件因特殊风险导致合同终止后的各项付款规定向承包商支付，并赔偿由于业主违约造成的承包商的各种损失。

当业主违约时，承包商也可以不立即终止合同而采用其他的办法：即提前 28 天通知业主和工程师、然后暂停全部或部分工作；或减缓工作速度。由此而导致的费用增加以及工期延误均应由业主一方补偿。在某些情况下，承包商也可不采取上述措施，按计划继续施工。

在承包商尚未发出终止合同通知的情况下，如果业主随即支付了应支付的款项（包括利息），则承包商不能再主动终止合同，并应尽快恢复正常施工。

## 十四、索赔程序（Procedure for Claims）[53 条]

索赔是承包工程实施过程中经常发生的问题，过去常常拖到引起索赔的事件发生很久以后，甚至拖到工程结束后才讨论索赔，依据的记录和资料也不完整，因而很容易产生分歧和争论不休，为此 FIDIC 在"红皮书"第四版中新规定了一套对业主和承包商都有利的关于处理索赔问题的程序，现介绍如下：

### （一）索赔通知

如果承包商根据合同或有关规定企图对某一事件要求索赔，他必须在引起索赔的事件第一次发生后的 28 天内，将要求索赔的意向书面通知工程师。

### （二）保持同期记录

工程师在收到上述索赔意向书面通知后，应及时检查有关的同期记录，并指示承包商保持这些同期记录以及作好进一步的同期记录。在工程师需要时，承包商应向工程师提供这些同期记录的副本。

### （三）索赔的证明

在承包商向工程师发出要求索赔的意向性通知 28 天内（或工程师同意的时间段内），应向工程师再递交一份详细报告，说明承包商要求索赔的款额，计算方法和提出索赔的根据。

如果导致索赔的事件有连续影响，上述详细报告则只是一份期中报告，承包商应

按工程师的要求在每一个一定的时间段内陆续递交进一步的期中详细报告，提出索赔的累计额和进一步提出索赔的依据。

在引起索赔的事件结束后 28 天之内，承包商应向工程师递交一份最终详细报告，提出累计的索赔总额和所有可以作为索赔依据的资料。

如果承包商未能遵守上述各项规定和要求，则由工程师或是在争议采用仲裁时，由仲裁庭核实同期记录及有关资料，并裁定应付给承包商的索赔金额。

（四）索赔的支付

在工程师核实了承包商提供的报告、同期记录和其他资料后，所确定的索赔款额应在随后的期中月支付证书中付给承包商。如果承包商提供的细节不足以证实全部索赔而只能证实一部分索赔时，则这一部分被证实的索赔款额应该支付给承包商，不应将索赔款额全部拖到工程结束后再支付。

## 十五、暂定金额（Provisional Sums）[58 条]

（一）定义

暂定金额是在招标文件中规定的用以作为业主的备用金的一笔固定金额。每个投标人必须在自己的投标报价中加上此笔金额，在签订合同后，合同金额包含暂定金额。

（二）暂定金额的使用

暂定金额由工程师决定如何使用。可用于工程量表中列明的服务项目、不可预见事件、计日工、指定分包商的付款。这些服务项目或不可预见的工作可由工程师指示承包商或某一指定分包商来实施。

（三）暂定金额的支付

暂定金额的支付有两种方式：

1. 按原合同工程量表中所列的费率或价格（如计日工）；

2. 由承包商向工程师出示与暂定金额开支有关的所有单据，按实际支出款额再加上在投标书附录或工程量表中事先列明的一个百分数，以这个百分数乘以实际支出款额作为承包商的管理费用和利润。

## 十六、证书与支付（Certificate and Payment）

（一）月报表（Monthly Statements）[60.1、60.2、60.3]

月报表是指对每月完成的工程量的核算，结算和支付的报表。承包商应在每个月底以后，按工程师指定的格式向工程师递交一式六份月报表，每份均由承包商代表签字，说明承包商认为自己到月底应得到的涉及以下几方面的款项。

(1) 已实施的永久工程的价值;
(2) 工程量表中的任何其他项目,如临时工程,计日工等;
(3) 投标书附录中注明的设备和材料发票价值的某一百分比;
(4) 由于费用和法规的变更引起的价格调整;
(5) 按合同或其他的规定承包商有权得到的其他款项,如索赔等。

工程师应在收到上述月报表后28天内向业主递交一份期中支付证书,阐明他认为到期应支付给承包商的付款金额,在月报表中应扣除保留金和应偿还的预付款等,如果工程拖期,还应扣除误期损害赔偿费。在扣除各种应扣款之后,如果余下的净额少于投标书附录中规定的期中支付证书的最小限额时,则这个月不向承包商支付。

业主应在收到工程师审核完并签字的期中支付证书后28天内向承包商支付,否则应该按投标书附录中规定的利率支付利息。

保留金一般每月按投标书附录中规定的百分比扣除(但计算应扣的保留金时以该月不调价款额为基数),一直扣到所规定的保留金限额为止。在颁发部分或整个工程的移交证书时,应将相应的保留金的一半退还给承包商,另一半在整个工程缺陷责任期满后退还承包商。

(二) 竣工报表(Statement at Completion)[60.5]

在颁发整个工程的移交证书之后84天内,承包商应向工程师送交竣工报表(一式六份),该报表应附有按工程师批准的格式所编写的证明文件,并应详细说明以下几点:
(1) 到移交证书注明的日期为止,根据合同所完成的全部工作的最终价值;
(2) 承包商认为应该支付给他的其他款项(如所要求的索赔款等),以及
(3) 承包商认为根据合同应支付给他的估算总额。所谓估算总额,是因为有些工作留在缺陷责任期内实施,有关金额并未经工程师审核同意。

工程师应根据对竣工工程量的核算,对承包商其他支付要求的审核,确定应支付而尚未支付的金额,上报业主批准支付。

(三) 最终报表(Final Statement),结清证明(Discharge)[60.6、60.7]

在颁发缺陷责任证书后56天之内,承包商应向工程师提交最终报表的草案(一式六份),以及按工程师要求的格式,提交有关证明文件,该草案包含:
(1) 根据合同所完成的全部工作的价值;
(2) 承包商根据合同或其他情况认为应支付给他的任何进一步的款项。

如承包商和工程师之间达成一致意见后,则承包商可向工程师提交正式的最终报表,承包商同时向业主提交一份书面结清证明,进一步证实最终报表中按照合同应支付给承包商的总金额。如承包商和工程师未能达成一致,则工程师可对最终报表草案中没有争议的部分向业主签发期中支付证书。争议留待仲裁裁决。

### (四) 最终支付证书 (Final Payment Certificate) [60.8]

在接到正式的最终报表及结清证明之后 28 天内，工程师应向业主递交一份最终支付证书，说明：

(1) 工程师认为按照合同最终应支付给承包商的款额；以及

(2) 业主以前所有应支付和应得到款额的收支差额。

在最终支付证书送交业主 56 天内，业主应向承包商进行支付，否则应按投标书附录中的规定支付利息。如果 56 天期满之后再超过 28 天不支付，就构成业主违约。在递送最终支付证书后，承包商就不能再要求任何索赔了。

### (五) 缺陷责任证书 (Defects Liability Certificate) [62条、61.1]

缺陷责任证书应由工程师在整个工程的最后一个区段缺陷责任期期满之后 28 天内颁发，这说明承包商已尽其义务完成施工和竣工并修补了其中的缺陷，达到了使工程师满意的程度。至此，承包商与合同有关的实际义务业已完成，但如业主或承包商任一方有未履行的合同义务时，合同仍然有效。缺陷责任证书发出后 14 天内业主应将履约保证退还给承包商。

只有缺陷责任证书才能被视为对工程的批准。

关于移交证书、缺陷责任证书、结清证明、最终支付证书、竣工报表和最终报表的提交和颁发时间顺序见图 7-7。

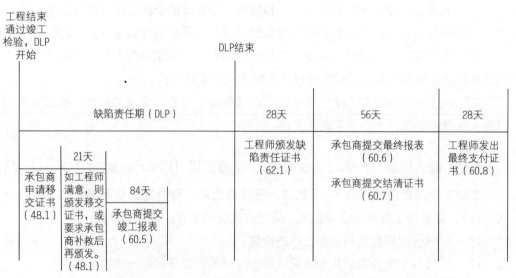

图 7-7 FIDIC "红皮书"中有关财务报表与证书等的提交和颁发时间顺序图

### 十七、争议的解决 (Settlement of Disputes) [67条]

在工程承包中，经常发生各种争议，有一些争议可以按照合同来解决，另一些争议可能在合同中没有详细的规定，或是虽有规定而双方理解不一致，这种争议是不可避免的。

争议的解决有许多方式，如和解、调解、仲裁、诉讼等。在工程承包合同中，应该规定争议的解决办法，一般是先通过工程师调解，不能解决时再诉诸仲裁。

合同中对仲裁地点、机构、程序和仲裁裁决效力等四个方面都应做出具体明确的规定。

下面介绍解决争议的途径和步骤：

1. 争议提交工程师解决

不论在工程实施过程之中还是竣工以后，也不论在合同有效期内或终止前后，业主和承包商之间产生的任何争议，包括对工程师的任何意见、指示、签署的证书或估价等方面的争议，应首先以书面报告形式提交给工程师，同时将一份复印件送交另一方。

（1）工程师应在收到一方的书面报告后84天内对争议做出他的决定，并将此决定通知双方。

1) 如果双方中的一方对工程师的决定不满意，则可以要求仲裁，但在提交仲裁之前，必须先经过56天的友好解决（Amicable Settlement），如不能友好解决，再正式申请仲裁；

2) 如果双方均同意工程师的决定：

a. 之后的70天内均未发出准备将争议提交仲裁的意向通知，则工程师的决定即被视为最终决定，并应对双方均有约束力，则争议得到解决；

b. 如双方均同意工程师的决定之后，有一方不执行，则另一方可要求直接仲裁。

（2）如果工程师在84天内未能就争议做出决定，则业主和承包商任一方均可在此后的70天内要求仲裁，但在提交仲裁之前，必须先经过56天的友好解决期，如不能友好解决，再正式申请仲裁。

一般处理此种争议，最好由一位不参与合同日常管理工作且资历较深的工程师负责，而且应该在听取法律顾问的意见之后再作慎重处理。

在争议双方未转为友好解决或仲裁之前，业主和承包商双方均应执行工程师的每一项决定。只要合同未终止，承包商应尽全力继续工程的施工。

2. 仲裁（Arbitration）

当工程师的决定未能被接受，而又未能友好协商解决争议时，则应按设在巴黎的国际商会（International Chamber of Commerce，ICC）仲裁庭的调解与仲裁章程以及据此章程指定的一名或数名仲裁人予以最终裁决。合同双方也可以在签订合同时选择其他仲裁庭（如联合国国际贸易法委会（UNCITRAL），中国国际经济贸易仲裁委员会（CIETIC））但应考虑当地的中立性，当地法律的适宜性及服务费用等。选择其他仲裁庭和地点必须在专用条件中明确规定。

在裁决过程中，仲裁人有全权来解释，复查和修改工程师对争议所做的任何决定。业主和承包商双方所提交的证据或论证也不限于以前已提交给工程师的。工程师可以作为证人被要求向仲裁人提供任何与争议有关的证据。

在工程完成前后均可诉诸仲裁，但是在工程实施过程中，业主、工程师及承包商各自的义务不因进行仲裁而改变。

上述解决争议的程序可以简明地表示如图7-8。

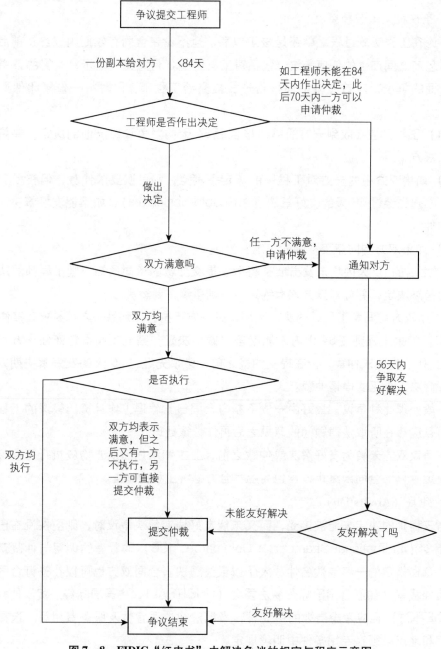

图7-8 FIDIC"红皮书"中解决争议的规定与程序示意图

## 十八、费用和法规的变更

### (一) 费用的增减 [70.1]

凡由于人工费，材料费等影响施工的费用的涨落，均应按合同专用条件中规定的办法或公式进行调价。

### (二) 后继的法规 [70.2]

凡在递交投标书截止日期前的 28 天之后的时间内，如由于项目所在国或州的法规、法令、政令或法律等的改变影响到施工的费用，均应由工程师与业主和承包商协商后决定对合同价格进行增减。

## 十九、货币和汇率

### (一) 货币限制 [71.1]

凡在递交投标书截止日期前的 28 天之后的时间内，如项目所在国政府的授权机构对支付合同价格的外币实行货币限制或汇兑限制，则承包商由此蒙受的损失应由业主一方补偿。

### (二) 汇率 [72.1]

如合同规定付款以一种或几种外币支付给承包商，则此项支付不应受上述外币与当地币汇率的影响。

### (三) 货币比例 [72.2]

如招标以单一货币报价，用一种以上的货币支付，汇率应为在递交投标书截止日期前 28 天施工所在国中央银行的通用汇率。

暂定金额支付的原则同（二）（三）。[72.3]

以上介绍了 FIDIC "红皮书" 1992 年版 19 个方面的基本内容，对这些内容严格的和详尽的含义和规定应该阅读英文原版。其他内容不在此一一介绍，请参阅原版。

FIDIC 在 1996 年又对 1992 年版的"红皮书"作了增补，包括三部分内容：

A、总价支付（Payment on a Lump Sum Basis）：FIDIC "红皮书"（1992 年版）用于单价支付合同的项目。1996 年版对"红皮书"用于总价支付的条款内容作了增补（共修改了 17 款以及投标书及附录，协议书等）。现将总价支付特点简介如下：

(1) 总价合同一般用于比较简单的工程，相对造价不高（100 万美元以下）工期不长（少于 12 月）。如是较大的工程则建议采用 FIDIC 编制的"设计—建造与交钥匙合同条件"（桔皮书）（也是总价合同）。

(2) 总价合同招标时的图纸必须十分完善且不可能出现实质性变更。施工图由承包商设计，工程师批准。

（3）对承包商的支付不再使用工程量表中单价乘工程量的办法，而是利用投标书后附的工程主要组成部分总价分解（Breakdown of the Lump Sum）表，逐月进行支付。

B、拖延支付（Late Certification）；为了防止工程师在收到承包商的月报表后拖延签发支付证书，将60.10款改为"在工程师收到承包商的月报表后56天内，业主应向承包商支付。"

C、引入了"争议评判委员会"（DAB）的概念：详见《新红皮书》中的介绍。

## 第7节　FIDIC《土木工程施工分包合同条件》
### （1994年第1版）简介

这本合同条件是与1992年再次修订重印的1987年第四版FIDIC《土木工程施工合同条件》配套使用的。第一部分为通用条件，包括22节、22条、70款，这22节的内容包括：定义与解释，一般义务，分包合同文件，主合同，临时工程，承包商的设备和（或）其他设备，现场工作和通道，开工和竣工，指示和决定，变更，变更的估价，通知和索赔，保障，未完成的工作和缺陷，保险，支付，主合同的终止，分包商的违约，争议的解决，通知和指示，费用和法规的变更，货币和汇率。

第二部分为专用条件编制指南，之后附有分包商的报价书，报价书附录以及分包合同协议书范例格式。

由于分包合同是在承包商和分包商之间签订的，因而合同条件主要论述承包商和分包商的职责，义务和权利。业主和工程师并不直接参与分包合同实施的管理工作。

本节中将对下述18个问题进行简要介绍和分析讨论。

### 一、定义及解释［1条］

本节特别指出，在分包合同中所有措词和用语，除另有要求者外，均应具有主合同（指业主与承包商之间签订的合同）所分别赋予它们的相同的定义。此外，本节又对21个词下了定义。在此不一一介绍。

对"书面指示"有关规定和程序与"红皮书"相同。

### 二、一般义务

（一）分包商的一般责任［2.1］

分包商应按分包合同的各项规定，精心设计（如分包合同有此要求时），精心施工，修补缺陷及提供所需的各项管理及服务工作。

如分包商发现分包合同和主合同中的任何遗漏、失误或缺陷时，应立即通知承包商。

### (二) 履约保证 [2.2]

如分包合同要求分包商提供履约保证时，分包商应按报价书附录中注明的金额和规定的格式，由承包商批准的保证机构提供此类保证。

履约保证的有效期一直到总包工程的缺陷责任证书颁发之后。此时，承包商即不能对该保证提出索赔，并应在缺陷责任证书颁发后的28天内将履约保证退还分包商。

FIDIC同样在分包合同条件中提倡使用有条件履约保函，即承包商提出索赔前应事先通知分包商并说明违约性质。

### (三) 分包商提交进度计划 [2.3]

关于分包商提交分包工程进度计划及施工安排说明和当实际进度与提交的进度计划不符时修订进度计划的规定与"红皮书"对承包商的要求相同。

### (四) 分包合同的转让 [2.4]

与"红皮书"中对承包商转让合同的规定和限制相同。

### (五) 再次分包 [2.5]

分包商不得将整个分包工程分包出去。不经承包商同意，也不得将分包工程的任一部分再次分包出去。如承包商同意再次分包，则分包商应对他的任何分包商的行为和过失向承包商承担全部责任。但对提供劳务和按合同要求采购材料不需承包商批准。

如分包商的分包商承担了主合同规定的有关主包工程或分包工程的区段或工作，而有关义务延续到缺陷责任期结束以后时，如承包商要求且同意支付费用，则分包商应将在缺陷责任终止之后上述义务涉及的权益转让给承包商。

## 三、分包合同文件

### (一) 语言 [3.1]

分包合同采用的语言应与主合同文件语言相同，"主导语言"也与主合同相同。

### (二) 适用的法律 [3.2]

如分包合同条件第二部分中没有另外的规定，则采用适用于主合同的国家的法律。

### (三) 分包合同协议书 [3.3]

分包商应按要求签订分包合同协议书，协议书格式附在合同条件之后，必要时可修改。

### (四) 分包合同文件优先顺序 [3.4]

在通用条件中规定了分包合同文件的优先顺序。如要补充或修改则写入专用条件。

## 四、主合同 (Main Contract) [4条]

### (一) 分包商对主合同的了解

承包商应向分包商提供一份主合同（承包商的价格细节除外），主合同的投标书附录及专用条件的真实副本以及适用于主合同的任何其他合同条件细节。应认为分包商已全面了解主合同（承包商的价格细节除外）的各项规定。

### (二) 分包商对有关分包工程应负的责任

分包商在对分包工程进行设计（如有时）、实施、修补缺陷等工作时，应承担并履行与分包工程有关的主合同规定的承包商的所有义务和责任。

如分包商有任何违约行为时，他应负责保障承包商免于承担由此违约造成的任何损害赔偿费。必要时，承包商可从本应支付给分包商的款项中扣除这笔费用或采取其他赔偿方法。

## 五、分包商使用临时工程和承包商的设备和其他设施 [5条]

不应要求承包商为分包商提供或保留任何临时工程（分包合同条件另有规定除外）。但承包商应允许分包商和经其同意的其他分包商共同使用承包商的临时工程。

承包商应根据分包合同专用条件中规定，在现场提供指定承包商的设备和其他设施，供分包商或其他分包商一起为分包工程的实施和竣工（但不包括修补其中任何缺陷）使用；或给予本合同的分包商以使用承包商的设备和设施的专用权。

但分包商应保障承包商免于承担由分包商、其代理人、雇员或工人误用承包商提供的临时工程、承包商的设备和其他设施所造成的损害赔偿费。

## 六、现场工作和通道 [6条]

分包商应遵守分包合同专用条件规定的承包商的工作时间，及有关的一切规章制度。

承包商应随时为分包商提供确保分包工程施工所要求的现场和通道。

分包商应允许承包商、工程师及他们所授权的任何人在工作时间内进入正在实施、准备的分包地点，以及进入现场外与分包工程有关的工作地点。

## 七、开工和竣工

### (一) 分包工程的开工和竣工时间 [7.1]

分包商应在接到承包商有关开工的通知后14天内或书面商定的其他期限内开始分

包工程的施工。该通知应在发出中标函日期之后，于分包商报价书附录中规定的期限内发出。

对分包工程以及有关任何区段均应在规定的竣工时间内（或允许的延长时间内）竣工。

### （二）分包商的竣工时间的延长 [7.2、7.3]

如果由于以下任一原因致使分包商延误实施分包工程或其任何区段：

(1) 承包商根据主合同有权从工程师处获得主包工程竣工时间的延长；
(2) 根据承包商的指示可延长竣工时间；
(3) 承包商违反分包合同或由承包商负责的情况。

分包商有权为其分包工程或其任何区段获得公平合理的竣工时间的延长。

分包商必须在该延误开始发生的 14 天内，将有关情况通知承包商，同时提交一份要求延期的详情报告，否则，分包商无权获得延期。但分包商获得的延期均不应超过承包商根据主合同有权获得的延期。

如果某一事件具有持续性的影响，分包商应以不超过 14 天的时间间隔向承包商递交临时详情报告，并在事件影响结束后 14 天内提交最终详情报告，则分包商仍有权获得延期。

承包商应将根据主合同规定所获得的有关分包合同的所有延期立即通知分包商。

### （三）误期损害赔偿费 [专用条件 7.4]

在分包合同条件中将此款列入专用条件并写出了示范条款。

如分包商未能在规定的竣工期限内完成分包工程（或任何区段），则分包商应向承包商支付分包商报价书附录中注明的相应的误期损害赔偿费，但总数不超过规定的限额。

## 八、指示和决定

### （一）根据主合同所做的指示和决定 [8.1]

分包商应在有关分包工程方面遵守工程师的所有指示和决定，此类指示和决定应由承包商作为指示确认并通知分包商。分包商应有权从承包商处得到遵守此类指示和决定的有关支付。如果工程师的指示或决定不恰当或不正确，则分包商应有权要求承包商补偿因遵守此类指示或决定而导致的合理费用，但由于分包商违反分包合同所引起的费用除外。

### （二）根据分包合同所做的指示 [8.2]

分包商仅从承包商处接受指示。承包商有权对分包工程作出指示。在任何情况下，承包商均能行使上述权力,而无论工程师是否按照主合同行使了类似权力。分包商应按分包合同的规定遵守其义务并拥有规定的权利。

## 九、变更

### (一) 分包工程的变更和变更指示 [9.1、9.2]

分包商仅应根据以下指示,以更改、增补或省略的方式对分包工程进行变更:

(1) 工程师根据主合同作出的指示,此类指示与分包工程有关且由承包商作为指示确认并通知给分包商;或

(2) 承包商作出的指示。

如果分包商从业主或工程师处直接收到了有关分包工程变更指示,他应立即通知承包商,承包商应立刻提出处理意见。分包商仅应执行由承包商书面确认的指示。

### (二) 变更的估价

分包工程的所有变更都应按照以下规定的方式估价,并应将变更的价值根据具体情况加到分包合同价格中或从中扣除。[10.1]

1. 变更价值的估算 [10.2]

所有变更的价值应参考分包合同中规定的相同或类似工作的费率和价格来核定,如分包合同中没有此类费率和价格,或不适用,则应公正合理地对变更进行估价。

2. 参照主合同的测量进行估价 [10.3]

如果一项分包工程的变更构成主合同的变更,且由工程师根据主合同进行测量,并且分包合同中的费率和价格适合对此类变更估价,则承包商应允许分包商参加任何以工程师名义进行的测量。并据之对分包合同的变更作相应估价。

3. 估算的工程量与实施的工程量 [10.4]

分包合同工程量表中的工程量是估算工程量,不是实施的工程量。

当工程量表中某些项目实际实施的工程量超过或低于工程量表中的估计工程量时,不需要颁发变更指令。

4. 计日工 [10.5]

如果承包商指示分包商在计日工的基础上实施工作,则承包商应按分包合同中包括的计日工作规定的费率和价格向分包商付款。

## 十、通知和索赔

### (一) 通知 [11.1、11.3]

在承包商准备向业主提出索赔时,根据主合同条件将会要求承包商向工程师或业

主递交任何通知或其他资料并保持同期记录，当分包商被告知此情况时，他应就有关分包工程方面的情况以书面形式向承包商发出类似通知或其他资料以及保持同期记录，以便承包商能遵守该主合同条件。但如果由于分包商未能遵守上述要求从而阻碍了承包商按主合同从业主处获得与主工程有关的任何金额的补偿，承包商可从按照分包合同本应支付给分包商的金额中扣除该笔款项或采取其他补救措施。

倘若分包商不知道或无需知道承包商要求他递交上述通知或资料或保持同期记录的话，则分包商可不必遵守本款的规定。

### （二）索赔 [11.2]

在分包工程实施过程中，如果分包商遇到了任何不利的外界障碍或外部条件或任何其他情况而由此按主合同可能进行索赔时，则在分包商遵守本款规定的情况下，承包商应采取一切合理步骤从业主（工程师）处获得可能的此类合同方面的利益（包括追加付款和/或延长工期）。分包商应向承包商提供所有为使承包商能就此合同方面的利益进行索赔所要求的材料和帮助。当承包商从业主处得到任何这方面的利益时，承包商应在所有情况下公平合理地将那一部分转交给分包商。承包商应定期将有关情况通知分包商。

本款中的任何内容都不应阻止分包商就由于承包商的行为或违约所造成的分包工程施工的延误或其他情况向承包商提出索赔。

## 十一、保障

### （一）分包商的保障义务 [13.1]

分包商应保障承包商免于承受在分包工程的实施和完成以及修补其任何缺陷过程中发生或由其引起的全部下述损失和索赔：

(1) 任何人员的伤亡，或

(2) 任何财产的损失或损害（分包工程除外），

分包商还应保障承包商免于承担为此或与此有关的任何索赔等费用和其他开支，但下面（二）中情况例外。

### （二）承包商的保障义务 [13.2]

承包商应保障分包商免于承担与下述事宜有关的任何索赔等费用和其他开支。保障的程度应与业主按主合同保障承包商的程度相类似（但不超过此程度）：

(1) 分包工程或其任何部分永久使用或占有的土地；

(2) 业主和（或）承包商在任何土地之上、之内或穿过其间实施分包工程的权力；

(3) 实施和完成分包工程以及修补缺陷所导致的对财产的损害，以及

（4）由业主、其代理人、雇员或工人或业主雇用的其他承包商的行为造成的人员伤亡或财产损失以及与此有关的任何索赔等费用和其他开支。

承包商应保障分包商免于承担由承包商、其代理人、雇员或工人或其他分包商的行为或疏忽造成的人员伤亡或财产的损失等方面的任何索赔等费用或其他开支。当分包商、其代理人、雇员或工人对上述人员的伤亡、财产损失负有部分责任时，应公平合理地考虑有关各方应负的相应的责任。

## 十二、未完成的工作和缺陷

### （一）移交前分包商的义务 [14.1]

在有关主包工程或有关分包工程的移交证书颁发之前，分包商应完成该分包工程，并使之始终处于主合同所要求的令承包商满意的状态。在有关主包工程或其有关区段或部分的移交证书颁发之前，分包商应修补由于任何原因所造成的各类缺陷。除非上述缺陷是由于业主或承包商及他们的人员的行为或违约造成的，否则，分包商无权为修补上述缺陷获得追加付款。若保险条款另有规定除外。

### （二）移交后分包商的义务 [14.2]

在有关分包工程移交证书颁发之后，分包商应修补分包工程中主合同规定的承包商应负责修补的缺陷，修补缺陷的期限以及所依据的条件应与主合同规定的承包商应负责修补的期限或条件相一致。

### （三）由承包商的行为或违约造成的缺陷 [14.3]

如果分包商按照（一）、（二）的规定所修补的缺陷是由于承包商及其人员的行为或违约所造成的，分包商应有权为其修补上述缺陷从承包商处得到支付。

## 十三、保险

### （一）分包商办理保险的义务 [15.1]

分包商应按分包合同专用条件中规定的风险、保险的金额和受益人办理保险。一般从分包商开始实施分包工程所要求的那部分现场或通道提供给分包商之时起，至分包商完成分包合同规定的义务为止，分包商应使上述保险始终有效。

分包商应为他在分包工程中所雇用的任何有关人员的责任投保，以便业主和承包商能够依据保险单得到保障。

### （二）承包商办理保险的义务；分包工程由分包商承担风险 [15.2]

在有关主包工程的移交证书颁发之前，或根据主合同主包工程已停止由承包商承担风险之前，承包商应持续保证分包合同专用条件中规定的保险单的有效性。

倘若分包工程以及属于分包商的临时工程、材料或其他物品在上述期间遭到毁坏或损害，且根据上述保险单分包商应得到此笔索赔款额或其损失的款额（二者中取较少者）的支付，他应将此笔款项用于重置或修复被毁坏或损坏的物品。此外，在有关主包工程的移交证书颁发之前，在有关包含在主包工程中最后一个分包工程的区段或部分的移交证书颁发之前，分包工程的风险应由分包商承担。分包商还应对移交证书颁发后他在作业过程中造成的对分包工程的任何损失或损害承担责任。

（三）保险的证据；未办理保险的补救办法［15.3］

如果本款要求承包商或分包商中任一方办理保险，则在另一方要求时，办理保险的一方应提供保险凭证以及本期保险金的支付收据。否则，另一方可办理此类保险以及支付保险费，并可视为到期债款向违约方收回上述费用。

十四、支付

（一）分包商的月报表［16.1］

分包商应在每个月末之后的第7天（"规定日"（Specified Day）），按承包商指定的格式向承包商提交一式7份报表，报表说明分包商认为自己有权到月末应得到的涉及以下方面的款项：

（1）已实施的分包工程的价值；
（2）分包合同工程量表中的任何其他项目，如分包商的设备，临时工程、计日工等；
（3）分包商的报价书附录中注明的全部表列材料，以及运到现场尚未安装的生产设备的发票价值的百分比；
（4）由于费用和法规的变更引起的价格调整；
（5）按分包合同或其他规定，分包商可能有权得到的任何其他金额。

已完成的工作价值应按分包合同规定的费率和价格计算，如果上述费率和价格不适用，则该价值应为公平合理的价值。

（二）承包商的月报表［16.2］

在分包商已向承包商提交了月报表的情况下，在承包商确认分包商月报表中所列款额是正确的之后，应将其包括在主合同规定的承包商的下一份支付报表中。

当承包商为到期应支付的金额而向业主提出诉讼（无论是仲裁或是其他方式）时，他应将与分包工程有关的、已开具支付证书但尚未付款的所有金额包括进去，且不得损害分包商要求仲裁的权利。

（三）到期应支付的款项；扣发或缓发的款项；利息［16.3］

在"规定日"之后的70天内或另行商定的时间内（但以下文规定为条件），报表中所包括的款额应到期支付给分包商，但须扣除以前已支付的款额，并扣除保留金。（直至数额达到保留金限额为止）。

在下列情况下，承包商应有权扣发或缓发应支付给分包商的全部或部分金额：

（1）月报表中包含的分包商可能有权获得的各种金额的总和，在扣除保留金等应扣款后，少于报价书附录中规定的最低支付限额，或

（2）月报表中包含的款额连同承包商按主合同申报的任何其他金额，在扣除保留金与其他应扣款额之后，其总额不足以使工程师按主合同颁发临时支付证书，或

（3）月报表中包含的款额没有被工程师全部证明（限于：分包商报表中未被证明的款项）而这又不是由于承包商的行为或违约导致的，或

（4）承包商已按照主合同将分包商报表中所列的款额包括在承包商的报表中，且工程师已为此开具了证书，但业主尚未向承包商支付上述全部金额，而这不是由承包商的行为或违约引起的，或

（5）分包商与承包商之间和（或）承包商与业主之间，就涉及计量或工程量问题，或对分包商的报表中包含的任何其他事宜已发生了争议。

如果承包商扣发或缓发任何款项，他应尽快地（但不迟于上述款项应支付的日期）将扣发或缓发的理由通知分包商。

本款（1）段和（2）段的规定涉及的支付时间，不适用于承包商按主合同规定向工程师递交的最终报表中包含的任何分包商报表中款项，承包商应在收到含有此类款额的付款14天后支付给分包商。

如果承包商未将到期应支付给分包商的款额支付给分包商，或如果根据本款（4）段扣发或缓发其付款，则承包商在收到分包商索取利息的通知时（该通知应在上述付款即将到期之日的7天内发出），应按业主根据主合同的规定向承包商支付的利率，将此笔到期未付款额的利息支付给分包商。如果承包商在上述款额到期应付之日前的7天内未收到索取利息的通知，则承包商应从收到索取利息通知之日算起，按上述利率将该款额的利息支付给分包商。

在分包商提交履约保证并经承包商批准之前，不应将任何款额支付给分包商。

（四）保留金的支付 [16.4]

在工程师颁发整个工程的移交证书（或颁发含有分包工程的主包工程的某一区段或部分的移交证书）后的35天内，承包商应将分包合同规定的保留金（或相应区段或部分的保留金）的一半支付给分包商。

在承包商收到主合同规定的应发还的另一半保留金的支付后的7天内，应向分包商支付分包合同规定的保留金的另一半或剩余比例。

（五）分包合同价格及其他应付款额的支付 [16.5]

在分包商最终履行了规定的对未完成的工作和修补缺陷有关的义务后的84天内，

或承包商已按主合同获得了有关分包工程的全部付款后的 14 天内（以较早者为准），并且自分包商向承包商提交其最终账目报表起的 35 天期满时，承包商应向分包商支付合同价格，以及分包合同规定的上述款项的任何增减额，或分包合同另外应付的有关款额，但须扣除分包商已收到的部分款额。

### （六）承包商责任的终止 [16.6]

在主包工程的缺陷责任证书颁发之前，如分包商未向承包商发出有关由分包合同及分包工程的实施引起的任何事件的索赔通知，承包商对这些事件不向分包商承担责任。

## 十五、主合同的终止

### （一）对分包商雇用的终止 [17.1]

如果在分包商全面履行了分包合同规定的义务之前，无论由于任何原因，按主合同对承包商的雇用被终止或主合同被终止，则承包商应通知分包商并立即停止对其雇用，分包商在接到通知时应尽快将其职员、工人和分包商的设备撤离现场。

### （二）终止后的付款 [17.2、17.3]

当分包商被终止雇用时，则在扣除已付给的款项后，应向分包商支付以下费用。

(1) 按分包合同规定的费率和价格，在分包合同终止日期前完成的全部工作的费用；

(2) 由分包商留在现场上的所有材料的费用，以及从现场上撤离分包商的设备和将设备运回其注册国分包商的设备基地的费用或其他目的地的费用（但不得多索费用）的合理部分；

(3) 分包商雇用的所有与分包工程有关的职员和工人，在分包合同终止时的合理的遣返费；以及

(4) 为随后安装到分包工程上且在现场外制作的任何物品的费用，但分包商应将此类物品运至现场或承包商合理指定的其他地方。

以上规定不应影响任一方在分包合同终止前由于另一方违反分包合同而享有的权利，也不影响分包商在上述终止前应得到的不涉及分包合同价格的任何付款的权利。

但如果由于分包商违反分包合同而导致业主终止主合同对承包商的雇用或终止主合同，则上述条款关于支付的规定将不适用。

## 十六、分包商的违约

### （一）分包合同的终止 [18.1]

如果发生下述情况，即可认为分包商违约。

（1）分包商被依法判定不能支付其到期债务，或宣告破产、停业清理或解体等。

（2）分包商严重违反分包合同规定的以下行为：否认分包合同有效；或无正当理由不能按分包合同要求开工或实施分包工程；或拒绝执行承包商要求分包商清除有缺陷的材料或修补有缺陷的工作的指示；或无视承包商的事先书面警告，公然地忽视履行分包合同所规定的其任何义务；或违反有关分包合同转让和再次分包的规定；或在工程师根据主合同规定预先通知承包商后，要求承包商将分包商从主包工程上撤出。

当发生上述任一情况时，且在不影响承包商的任何其他权力或采取补救方法的情况下，承包商在通知分包商后，立即终止对分包商的雇用。随后，承包商可占有和使用分包商带至现场的所有材料、分包商的设备及其他任何物品。承包商也可将上述物品出售，并将所得收入用于补偿分包商应支付给承包商的款额。

### （二）承包商的权力 [18.3]

承包商也可不根据本款发出终止通知，而仅从分包商手中接过该项分包工程的一部分，由承包商自己或其他承包商实施并完成修补其中任何缺陷。承包商可从分包商处收回其实施此项工程的费用，或从应支付给分包商的款额中扣除此项费用。

## 十七、争议的解决

### （一）友好解决和仲裁 [19.1]

如果在承包商和分包商之间产生起因于分包合同的任何争议，无论是在分包工程施工期间或竣工之后，也无论是在否认分包合同有效或终止分包合同之前或之后，承包商或分包商可就此类争议向另一方发出通知，双方应设法在仲裁开始之前的56天内友好地解决争议。

如在发出该项通知后56天内未能友好解决争议，则应按照国际商会的调解与仲裁章程，指定一名或几名仲裁员予以最终裁决。但在分包工程实施过程中，承包商和分包商各自的义务不得以正在仲裁为由而改变。

### （二）由主合同引起的涉及或关于分包工程的争议 [19.2]

无论是主包工程施工期间或竣工之后，也无论是在否认主合同有效或终止主合同之前或之后，如果业主和承包商之间产生由于主合同引起的任何争议，并且承包商认为争议涉及或与分包工程有关，且此类争议的仲裁按主合同的规定已经开始，则承包商应通知分包商，要求其提供承包商合理要求的与上述争议有关的信息，并出席有关会议。

## 十八、费用及法规的变更

### （一）费用的增加或减少 [21.1]

因劳务费和材料费或其他事项的费用的涨落，应对分包合同价格进行调整。此类调整款额的幅度应与根据主合同对合同价格进行调整款额的幅度相当，但不能超出。

### （二）后续的法规 [21.2]

如果分包合同签署生效日当天或之后，在分包工程正在施工或准备施工所在国或州的任何法规、法令或法律等发生了变更，使得分包商在履行分包合同中发生了费用的增减，则此类费用的增减应由承包商与分包商商定并加入分包合同价格或从中扣除。此类费用增加或扣除的幅度应与依据主合同对合同价格进行增加或扣除的幅度相当，但不能超出。

## 十九、货币及汇率

### （一）货币限制 [22.1]

如果分包合同签署生效日当天或之后，分包工程正在施工或准备施工所在国政府或其授权机构对支付分包合同价格的货币实行货币限制和（或）货币汇出限制，则承包商应赔偿分包商因此而受到的损失或损害。补偿幅度应与业主按主合同补偿给承包商的相同，但不能超出。此时，分包商所享有的任何其他权利或采用的补救方法不应受到影响。

### （二）汇率 [22.2]

如合同规定付款以一种或几种外币支付给承包商，则此项支付不应受上述外币与当地币汇率的影响。

## 思考题

1. 如何运用 FIDIC 编制的合同条件？
2. FIDIC 1999 年版合同条件编制的原则是什么？
3. 为什么在国际工程合同条件中都要对常用的术语加以定义？这些定义的适用范围是什么？
4. FIDIC 合同条件中一般分包商与指定分包商有什么不同？
5. FIDIC 合同条件在变更中使用价值工程的程序是什么？变更时的费用如何确定？
6. FIDIC "新红皮书"中的哪些条款对业主方的支付义务提出了比"红皮书"更高的要求？
7. 什么叫"暂定金额"？承包商投标报价时如何考虑由"暂定金额"中支付的款项？
8. 遇到业主违约或不可抗力时，承包商可得到的补偿和支付条件与平时有何不同？
9. FIDIC "新红皮书"、"新黄皮书"、"银皮书"和"金皮书"中对争议评判专家的任命方式有什么不同?

10. FIDIC"新红皮书"对解决争议一共有几种途径?有什么特点?

11. FIDIC"新红皮书"、"新黄皮书"和"银皮书"在竣工检验要求与合同价格支付方面有什么不同?

12. FIDIC"新黄皮书"、"银皮书"和"金皮书"在承包商设计工作的管理程序和责任分担上有什么不同?

13. FIDIC"金皮书"在风险分担与特殊风险的论述和规定上与"新黄皮书"有哪些异同点?

14. 试列表比较FIDIC"新黄皮书"和"金皮书"的工作范围、价格方式、管理方式和风险等。

15. FIDIC"金皮书"在运营服务期的价格支付方面有什么特点和规定?

16. FIDIC"金皮书"在试运行期和运营服务期有什么规定和要求?

17. FIDIC"新红皮书"与"红皮书"中工程师的地位有什么变化?工程师的作用有什么异同?

18. FIDIC"新红皮书"与"红皮书"在解决争议的规定方面有什么变化?

19. FIDIC《土木工程施工分包合同条件》的支付与主合同的支付有什么联系和区别?

20. FIDIC《土木工程施工分包合同条件》的索赔与主合同的索赔有什么联系和区别?

# 第 8 章　英国与美国常用的合同范本

> 本章主要介绍英国和美国国内建筑业合同范本的发展和使用情况。研究这两个国家合同范本的使用对于我国建筑合同范本的制定和发展有着借鉴作用。本章还具体介绍了 NEC 和 AIA 最新版的系列合同范本,并较详细地介绍了相关核心文件的主要条款。

## 第 1 节　英国常用的合同范本及制定机构

英国建筑业合同范本的历史悠久,在世界上尤其是在英联邦国家和地区有广泛的影响。近年来为了适应建筑业的需要,各合同范本制定机构勇于创新,采用新的合同理念,制定了很多有开创性的合同范本。英国合同范本种类繁多,大致可分为适用于一般建筑、土木工程、政府项目、以及特殊用途的合同。

### 一、制定合同范本的机构

英国出版合同范本的机构主要有:合同审定联合会（Joint Contracts Tribunal,JCT）、英国土木工程师学会（Institution of Civil Engineers,ICE）、英国政府出版机构（Her Majesty's Stationery Office,HMSO）、以及咨询建筑师协会（Association of Consulting Architects,ACA）。

合同审定联合会（JCT）创建于 1931 年。创始机构有英国皇家建筑师学会（Royal Institute of British Architects,RIBA）和全国建筑职业联合会（National Federation of Building Trades Employers，NFBTE，建筑业联合会的前身）。建立这个机构的主要目的是制定并修订标准化的建筑施工合同。JCT合同的主要版本有1939、1963、1980、1998和2005年版。目前JCT的成员机构包括咨询建筑师协会（Association of Consultant Architects，ACA），英国地产联合会（British Property Federation，BPF），建筑业联合会（Construction Confederation），地方政府协会（Local Government Association），专业承包商协会（National Specialist Contractors Council），英国皇家建筑师学会（RIBA），英国皇家注册测量师学会（Royal Institution of Chartered Surveyors，RICS），以及苏格兰建筑合同委员会（Scottish Building Contract Committee）。JCT成员支持JCT合同的推广使用，但是同时有些成员仍然独立出版合同条件。该机构的网址为：http：//www.jctltd.co.uk/。

英国土木工程师学会（ICE）创建于1818年，在英国是代表土木工程师的专业机构及资质评定组织，在国际上也有广泛影响。ICE的成员包括从专业土木工程师到学生在内的会员近8万名，其中五分之一在英国以外的150多个国家和地区。ICE是根据英国法律具有注册资格的教育、学术研究与资质评定的团体。ICE出版的合同范本目前在国际上亦得到广泛的应用。ICE网址是：http：//www.ice.org.uk。

英国政府也出版发行合同范本，具体的负责部门是英国政府出版机构（HMSO）。该机构是英国政府专门负责出版发行所有政府文件的机构。该机构出版的合同范本主要适用于政府投资的建筑与土木工程项目。为了满足欧盟的规定自2005年开始HMSO已经逐渐并入公共部门资料办公室（Office of Public Sector Information，OPSI）。该机构的网址为http：//www.opsi.gov.uk/。

英国咨询建筑师协会（ACA）创建于1973年，是代表英国独立行业的建筑师的专业组织。ACA是JCT的成员组织，支持JCT合同范本的出版与使用。但是ACA同时也独立制定了一套合同范本。尤其值得注意的是ACA为在工程项目上使用伙伴关系专门制定了一系列合同范本，比较有创新性。该机构的网址为http：//www.acarchitects.co.uk。

## 二、常用合同范本

建筑业自身的需要以及历史发展渊源造成了英国建筑业中各种合同范本同时存在的局面。表8-1列出了在英国比较常见的合同范本以及它们的简称，主要文件类型，以及适用范围。

英国合同范本一览表　　　　　　　　　　　　　　　　表8-1

| 出版机构 | 简称 | 主要文件类型以及使用范围 |
| --- | --- | --- |
| 合同审定联合会（JCT） | JCT2005 | 标准房屋合同（Standard Building Contract，分为有工程量，有估计工程量，和无工程量三种）；设计—建造合同（Design and Build Contract）；大型工程施工合同（Major Project Construction Contract）；中型施工合同（Intermediate Building Contract）等 |

续表

| 出版机构 | 简称 | 主要文件类型以及使用范围 |
|---|---|---|
| 英国土木工程师学会（ICE） | ICE7 | 主要适用于土木工程项目。FIDIC 合同早期版本的制定参照了 ICE 合同 |
| | NEC3 | 为了适应现代工程管理的需要而于九十年代初创立的新型合同范本。最为显著的特点是引入了伙伴关系的概念，详见下文 |
| 英国咨询建筑师协会（ACA） | PPC2000 SPC2000 TPC2005 | 是为建立伙伴关系而专门制定的一系列合同范本 |
| | ACA | 基本合同范本，常为私营开发商采用 |
| 英国政府出版机构（HMSO）/公共部门资料办公室（OPSI） | GC/Wks | 用于所有政府建筑和土木工程项目。包括适用于工程建设各个方面的一系列合同范本，编号从 GC/Wks/1 到 GC/Wks/11。最新版本是 1998 年到 2000 年之间出版的 |

英国各种合同范本使用情况一览表　　　表 8－2

| 合同范本系列 | 使用百分比（按合同数量计算） | 使用百分比（按合同总额计算） |
|---|---|---|
| JCT | 78% | 71% |
| GC/Works/PC/Works | 1% | 6% |
| ICE | 1% | 1% |
| NEC | 7% | 13% |
| ACA PCC2000 | 2% | 6% |
| 其他标准合同范本 | 3% | 1% |
| 其他合同形式 | 8% | 3% |

英国皇家注册测量师学会定期对英国合同范本的使用情况进行问卷调查。最新的调查是于 2004 年进行的，结果见表 8－2。调查结果表明，无论是从使用数量还是合同总额看，JCT 合同都是在英国使用最为广泛的合同范本。调查结果还表明很多旧版本的 JCT 合同如 JCT84 等仍在工业界有广泛的使用。此外新型的合同形式如 NEC，PCC2000 等也开始得到了一定程度的使用。

调查结果同时还表明 JCT 和 ICE 是英国最有影响的合同范本出版机构。下文将以英国土木工程师学会制定的第三版新工程合同（NEC）为例，详细介绍英国合同范本的特点。

## 第 2 节　NEC 系列合同范本及条款分析

多年来，ICE 编制的合同范本在世界各国得到广泛采用和借鉴，其中影响最大的是《ICE 合同条件（土木工程施工）》。早期的 FIDIC 合同条件，如《土木工程施工合同条件》（红皮书）第四版及以前的版本主要是按照 ICE 合同条件的框架制定的。ICE 也专门为分包合同、设计一建造模式制定了合同范本。但是基于传统工程建设管理模式而制定的 ICE 合同条件中存在一些明显的弊端，例如合同当事人出于各自的商业利益，容易在合同实施过程中产生矛盾；咨询工程师在进行合同管理时，特别是在出现争议时的行为公正性日益受到质疑。由于上述原因，传统模式下的各方在合同实施过程中容易产生争议和索赔。

为了解决上述问题，ICE 组织了以马丁·鲍恩斯博士（Dr. Martin Barnes）为首的专家工作组，包括资深工程师、工料测量师、律师、项目经理等专业人士，经过几年努力，于九十年代初研究制订了一套有独创性的合同范本，称为"新工程合同"（New Engineering Contract，以下简称 NEC）。NEC 第一版于 1993 年 3 月，第二版于 1995 年出版，更名为"工程施工合同"。最新版的 NEC 系列合同范本是 2005 年 7 月出版的第三版，简称为 NEC3。

## 一、NEC 系列合同范本简介

最新版的 NEC 系列合同范本（NEC3）在显著位置说明，该文件得到了英国政府商务部（Office of Government Commerce，OGC）的推荐和支持。OGC 推荐在英国所有的公共项目上使用新版 NEC 合同范本。这是对 NEC 合同范本中体现的创新性和各种独到之处的肯定，无疑会扩展 NEC 合同范本的影响，进一步推广 NEC 合同范本在各种项目中的使用。

最新版的 NEC 合同范本还特别指出，成功使用 NEC3 的关键是完成一种"文化转变"（Culture Transition），把传统的工程合同关系从一种被动的管理与决策模式转变为有远见的创造性的合作关系。简而言之，就是从对抗型的项目组织形式转变成为合作型的项目组织形式。

NEC 系列合同范本从第二版的五个主要文件扩展到第三版的六大类共 23 个文件。但是合同的主要内容和服务范围与第二版相比变化不大。每一类合同范本都配有相应的使用指南与流程图等，来帮助用户正确使用这些合同范本。以下是 NEC3 的六大类文件：

- 工程施工合同（Engineering and Construction Contract，ECC[①]，黑皮书）：适用于所有工程领域的工程施工。可选用六种不同支付方式（详见下文）。可以根据主合同的规定把部分工作和责任转移给分包商。
- 专业服务合同（Professional Services Contract，PSC）：用于聘用专业咨询人员、项目经理、设计师、监理者等专业技术人员或机构。
- 工程施工简要合同（Engineering and Construction Short Contract，ECSC）：适用于结构简单，风险较低，对项目管理要求不太苛刻的工程项目。
- 评判人合同（Adjudicators Contract，AjC）：业主聘用"评判人"（详见下文）

---

[①] 国内已出版 ECC 使用指南的中英文对照版，书名为"新工程合同条件（NEC）工程施工合同与使用指南"，方志达译，中国建筑工业出版社，1999 年。

的合同。
- 定期合同（Term Service Contract）：用于采购有固定期限的服务。
- 框架合同（Framework Contract）：这是 NEC3 新增加的合同范本，用于在业主和承包商之间在完全确定项目内容之前建立一种工作关系。

与传统的 ICE 合同相比，NEC 系列合同范本体现了英国合同体系发展的最新成果，在合同理念和设计思想上有很多独到之处。NEC 合同的主要特点如下：

**灵活性**：NEC 合同适用于所有工程领域，诸如土木、电气、机械和房屋建筑工程，并可用于不同的工程建设管理模式和合同采购策略。NEC 合同允许承包商承担工程项目的全部或部分设计责任或者不承担任何设计责任，从而形成各种不同工程建设管理模式，包括设计—建造、CM，以及传统模式等。NEC 合同提供了 6 种主要选项（对应于不同支付方式），9 条通用于 6 种主要选项的核心条款，和 15 项可任选的次要选项。工程分包的比例可以从 0% 一直到 100%。NEC 合同并不是针对任何特定的法律体系而编写的，因而其使用并不仅限于英国。

**简洁性**：NEC 合同的用语尽量采用浅显易懂的语言，避免使用长句子，尽量避免了只有合同专家才能理解的法律术语和措辞。

**体现"伙伴关系"（Partnering）理念的项目管理方法**：NEC 合同的基本工作原则是合同参与各方应相互信任与合作。核心条款第一条第一款明确说明了这一点，以体现"伙伴关系"和"团队精神"。

- 在合同双方之间合理分摊风险，鼓励业主和承包商共同预测、防范和管理风险。
- 通过明确项目决策的客观依据来减少项目决策的主观性。
- 引入"早期警告程序"并规定处理"补偿事件"的方法。
- 设立"评判人"制度，尽量把争议解决在萌芽状态。

**有利于项目的信息化管理**：NEC 合同的主要工作程序是基于工程实践制定的。各个合同范本均附有工作流程图来说明合同中的主要工作程序。可以以这些流程图为基础开发合同管理软件，并可以通过电子网络技术进行信息交流，最终实现"无纸项目管理系统"。

工程施工合同（ECC）代表了 NEC 合同范本的核心思想，是整个 NEC 合同体系的基石。以下详细介绍 ECC 合同的具体内容。

## 二、ECC 合同有关各方

与传统的建筑施工合同相比，ECC 合同不再设立传统意义上的建筑师（工程师）来同时承担设计与项目监理的责任。业主与承包商直接协商进行重要的项目决策。如果合同双方不能通过合同的规定解决争议，则需要通过独立的评判人（Adjudicator）来解决。评判人是 NEC 第三版中引入的一个新角色。业主和承包商联合指定评判人，与业主签订标准的评判人合同（NEC 六类标准合同之一）。评判人根据合同独立工作，调解合同实施过程中的争议。

图 8-1 表示了 NEC 合同涉及的如下各方之间的关系：

- 业主（Employer）
- 项目经理（Project Manager）：代表业主方从事工程项目全过程管理的人员，有权对承包商发变更令。
- 监理者（Supervisor）：由业主方雇用，负责检查工程施工是否符合合同要求。
- 承包商（Contractor）
- 分包商（Subcontractor）
- 供应商（Supplier）
- 设计师（Designer）
- 评判人（Adjudicator）

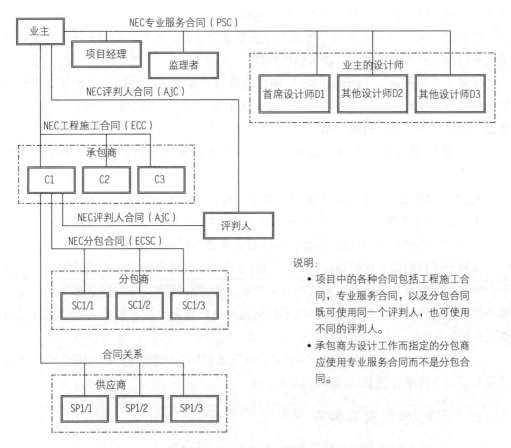

**图 8-1　NEC 合同系列——合同主要参与者和他们间的合同关系**

此处"Supervisor"译为监理者，是因为 Supervisor 同样负有检查工程质量的责任。但是国内的监理工程师在工程项目中所承担的责任要比 NEC 里定义的 Supervisor

要多。

### 三、ECC 合同的核心条款和各种选项

ECC 合同的组织结构与传统类型的合同相比有显著的不同。合同的主要内容称为"核心条款"（Core Clauses），大致相当于传统意义上的通用条件。业主方在招标时可根据支付方式选用六个"主要选项"（Main Option Clauses）中的一个。然后可根据实际需要选定"次要选项"（Secondary Option Clauses）。如不需要次要选项可不选。图 8-2 为 ECC 工程施工合同的选项结构。

一份合同只能选一个主要选项，"主要选项"条款的编号与"核心条款"的编号是对应配套的。主要选项选定之后可并入"核心条款"。例如：如果选用了主要选项 A——带有分项工程量表的标价合同，则需在核心条款中的子款 11.2 "合同用词及其定义"中增加如下定义：20）价格（The Price）、24）已完工工程价格（The Price for Work Done）、28）实际价格（Actual Price）等。

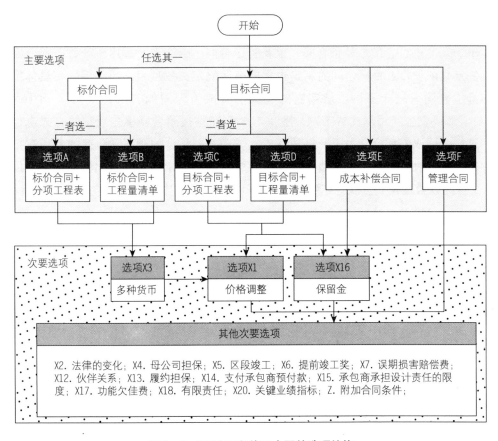

图 8-2　ECC 工程施工合同的选项结构

## (一) 核心条款（共九条）和主要选项条款（共六项）

核心条款的工作程序适用于各种合同策略。核心条款的主要内容包括：总则、承包商的主要责任、工期、付款、测试和缺陷、补偿事件、所有权、风险和保险、争议和合同终止。

根据项目不同的风险分摊方案及工程款支付方式，业主在准备招标文件时，可根据自身的管理能力和项目的具体情况，通过选择主要选项条款来决定合同策略。NEC 第三版中对主要选项的规定与第二版相同：

A. 带分项工程表的标价合同（Priced contract with activity schedule）
B. 带工程量清单的标价合同（Priced contract with bill of quantities）
C. 带分项工程表的目标合同（Target contract with activity schedule）
D. 带工程量清单的目标合同（Target contract with bill of quantities）
E. 成本补偿合同（Cost reimbursable contract）
F. 管理合同（Management contract）

以上六个选项代表了四种合同定价模式：标价合同（Priced Contract），目标合同（Target Contract），成本补偿合同，以及管理合同。标价合同适用于项目范围已经有明确的定义的项目。目标合同的制定也需要有明确定义的项目范围。但是在具体操作上与标价合同有较大不同。承包商的投标价将成为合同的"目标成本"（Target Cost）。如果发生费用超支或节约，业主与承包商将按照合同事先规定的方式进行分摊。这样合同双方都会致力于降低项目成本。成本补偿合同则对承包商的费用实报实销并按比例支付给承包商间接费。管理合同既适用于通常的管理合同模式，也适用于 CM 工程建设管理模式。表 8-3 详细说明了 ECC 合同中的激励机制与风险分担情况。

ECC 工程设计与施工合同主要选项中的激励机制和风险分担　　表 8-3

| 主要选项 | 激励机制 | 财务风险 | 其他风险 |
|---|---|---|---|
| A. 标价合同+分项工程表 | 使用进度付款鼓励承包商加快工程进度 | 由承包商承担：固定合同价 | 承包商对分项工程表的准确性负责 |
| B. 标价合同+工程量清单 | 承包商努力把工程成本控制在合同价以内 | 由承包商承担：固定合同价 | 业主对工程量清单的准确性负责 |
| C. 目标合同+分项工程表 | 利益分享机制促进业主与承包商双方合作以降低成本 | 由双方通过利益分享机制分担 | 承包商对分项工程表的准确性负责 |
| D. 目标合同+工程量清单 | 利益分享机制促进业主与承包商双方合作以降低成本 | 由双方通过利益分享机制分担 | 业主对工程量清单的准确性负责 |
| E. 成本补偿合同 | 无 | 由业主承担 | 项目成本可能超支 |
| F. 管理合同 | 无 | 由业主承担 | 项目成本可能超支 |

## (二) 次要选项条款（共十八项）

业主在准备招标文件时，可根据项目的具体情况及其自身的要求选用次要选项，也可不选。NEC 第三版对次要选项进行了重新标号，调整了顺序和一些内容：

X1. 通货膨胀引起调价（Price Adjustment for Inflation）（适于主要选项 A、B、C 和 D）

X2. 法律的变化（Changes in the law）

X3. 多种货币（Multiple Currencies）

X4. 母公司担保（Parent Company Guarantee）

X5. 区段竣工（Sectional Completion）

X6. 提前竣工奖金（Bonus for Early Completion）

X7. 误期损害赔偿费（Delay Damages）

X12. "伙伴关系"协议（Partnering Agreement）

X13. 履约保证（Performance Bond）

X14. 支付承包商预付款（Advance Payment to the Contractor）

X15. 承包商对其设计所承担的责任只限于运用合理的技术和精心设计（Limitation of the Contractor's Liability for His Design to Reasonable Skill and Care）

X16. 保留金（Retention）（只用于主要选项 A、B、C、D 和 E）

X17. 功能欠佳赔偿费（Low Performance Damages）

X18. 有限责任（Limitation of Liability）

X20. 关键绩效指标（Key Performance Indicators）

Y（UK）2. 1996 年房屋补助金、建设和重建法案（The Housing Grants, Construction and Regeneration Act 1996）

Y（UK）3. 1999 年合同（第三方权力）法案（The Contracts（Rights of Third Parties）Act 1999）

Z. 其他合同条件（Additional Conditions of Contract）

W1，W2 争议的解决

限于篇幅，本书只对次要选项条款 X12，W1，W2 加以介绍。如需了解其他选项的详细情况可查原文或中译文。

（三）第三版对解决争议的规定以及次要选项 W1 和 W2

ECC 第三版中采用评判（Adjudication）作为解决争议的主要方法。次要选项 W1 和 W2 规定了具体的执行程序。次要选项 W2 实际上取自第二版中有关仲裁的条款。增加 W1 选项的目的是为了满足英联邦 1996 年房屋补助金、建设和重建法案（Housing Grants, Construction and Regeneration Act 1996，HGCRA）的要求而制定的。ECC 第二版中的争议解决程序中规定各方在一定时限之后方能提出评判。而 HGCRA 规定各方可随时提出评判要求。这是次要选项 W1 和 W2 的主要区别。

ECC 第三版保留了第二版中关于仲裁的规定。ECC 合同使用如表 8-4 所示的表格来说明如何使用评判人解决合同中的争议。

争议评判表　　　　　　　　　　　　　　　　　表8-4

| 争议起因 | 应由何方提交评判人 | 应在何时提交评判人 |
| --- | --- | --- |
| 项目经理或监理者的作为或不作为 | 承包商 | 承包商向项目经理提出争议后二至四周内，承包商应在察觉项目经理或监理者作为或不作为后四周内将争议提交评判人 |
| 任何其他原因 | 任一当事方 | 向另一当事方和项目经理提出争议后二至四周内 |

评判人应在合同允许时限内，将决定连同理由通知当事人双方和项目经理。在此期间当事人双方和项目经理应继续正常工作。除非经仲裁庭改正，评判人的决定有最终约束力。

要求评判的一方应在提出争议的同时提交有关的证据资料。任一当事方可在此后四周内继续提供资料给评判人。评判人应在资料提供期限截止后四周内作出决定。如经双方当事人同意，评判人也可推迟做出决定。评判人针对争议独立作出决定，有权审查并要求争议涉及的项目经理和监理者改正其行为或不作为。评判人与当事一方的函件需抄送另一当事方。如果评判人认为承包商有权得到额外费用或工期，应使用补偿事件方法加以计算。若评判人辞职或不能履行职责，当事双方应共同选择新评判人。

若评判人未能在规定期限内做出决定或者某一当事方不满意于评判人的决定，该当事方可以向另一当事方要求将争端提交给仲裁庭（Tribunal）。在整个合同工程竣工之前或合同提前终止之前不应开始仲裁程序。仲裁庭有权审查并改变评判人的决定。仲裁程序完全独立于评判人所作出的决定。双方当事人提供给评判人的资料、证据和申辩不对仲裁程序构成限制。

（四）"伙伴关系"与次要选项 X12

次要选项 X12 是 NEC 合同为了引进"伙伴关系"而专门拟定的。该选项明文规定了在项目参与各方之间建立一种多方"伙伴关系"，旨在促进工程项目上的多方合作。达成伙伴关系的各方不仅包括合同的双方而且包括与项目有关的其他各方。然而这并不意味着在伙伴关系参与各方达成了多方合同关系。各方之间仍然需要签订传统意义上的双方合同。该选项要求各方在履行各方之间的基本合同义务的同时还要承担 X12 选项规定的义务。

使用 X12 选项时需要在合同中增加 4 个条款：X12.1，X12.2，X12.3，X12.4。同时在合同资料中说明业主所要达成的目标。该选项要求明确列出所有达成伙伴关系的各方并要求各方努力合作为达成共同的目标而努力。同时该选项明确说明了各方的关键绩效指标（Key Performance Indicator，KPI）以及各方在完成绩效指标以后根据本条款的规定应得的奖金。

为了解决项目上可能出现的争议，达成伙伴关系的各方需要共同确定核心项目组成员（Core Group）。核心项目组的成员负责协调伙伴成员之间的关系。如果经过核心项目组的努力，仍未能妥善解决争议，则争议方应使用在争议方之间存在的双方合同来解决争议。

如果由于伙伴关系中的某一方的过失而对项目造成了损失，各方亦应通过各方之间存在的双方合同来解决。X12 选项并未对这种情况作出规定。对于违反 X12 选项规定一方的最终惩罚是将来不再给违约方达成伙伴关系的机会。

（五）其他独特的规定

（1）合同资料（Contract Data）

合同资料是指工程项目以及合同的基本情况，比如开工日期，场地资料的来源，承包商的情况，以及参加工程的主要人员等。合同资料的第一部分由业主在招标文件中提供，包括适用于所有合同策略的条款以及根据不同合同策略供选择的条款。合同资料的第二部分由承包商填写，随投标书一并递交，包括竣工日期，合同总价，成本组成表等。

（2）成本组成表（Schedule of Cost Components）及成本组成简表（Shorter Schedule of Cost Components）

成本组成表适用于主要选项 C，D，E。成本组成简表适用于主要选项 A，B。NEC 第三版对该文件的基本结构的规定作了一些调整。成本组成表的基本用途有两种：

- 规定了根据补偿事件计算的成本变化的组成项目。
- 规定了承包商可直接得到补偿的成本组成项目。

## 四、工程施工合同（ECC）核心条款简介

"核心条款"是任一种合同模式都必须使用的条款，一共 9 条，分别是：总则；承包商的主要责任；工期；测试和缺陷；付款；补偿事件；所有权；风险和保险；争议和合同终止。ECC 第三版核心条款的主要变化体现在如下条款：间接费率，关键日期以及风险列表的定义（条款 11.2，30.3），关于不可抗力的规定（条款 19，60.1，90.1），缺陷责任证书颁发以后计价付款的规定（50.1），补偿事件的通知与处理程序（条款 60），施工机械所有权的转移（条款 70），以及合同的终止（条款 90）。第二版条款 90 中对争议的解决的规定在第三版中改写成为了选项 W1 和 W2。

下文是对 ECC 核心条款的简要介绍，而不是全文翻译。如需了解全文，请参阅原文或者有关的中文翻译。各款标题前括号内的序号为 ECC 条款或子款号。各条款标题以及重要的用词均附有原文。

1. 总则（General）

（10）工作原则（Actions）

(10.1) 业主、承包商、项目经理（Project Manager）和监理者（Supervisor）应按本合同的规定，在工作中相互信任、相互合作。评判人应按本合同的规定独立工作。

(11) 合同用词及其定义：本款定义了主要合同用词，包括：当事方、其他方、合同生效日、实施合同工程、工程信息、场地资料、工地现场、施工作业区、分包商、设备和材料、施工设备、竣工日、竣工、缺陷、缺陷证书、间接费。NEC 第三版把这些定义重新按字母顺序排列，并引进了两个新的定义，关键日期（Key Dates）和风险列表（Risk Register），详见后文。现介绍部分定义如下：

- 当事方（The Parties）为业主和承包商。
- 其他方（Others）是指除了合同中明确定义的各方以外的人员和机构。合同中有明确定义的各方有：业主、项目经理、监理者、评判人、承包商以及承包商的雇员、分包商或供应商。
- 工程信息（Works Information）为合同中对工程的规定和说明，或对承包商施工方法的要求。
- 场地资料（Site Information）为描述工地现场及其周围环境状况的资料，及合同规定的提供这些情况的文件。
- 间接费（The fee）指分包费率乘以分包实际成本再加上直接费率乘以所有其他实际成本得到的金额。这个定义是经过第三版修改过的。

(12) 解释与法律（Interpretation and the Law）：本合同受合同法管辖。

(13) 函件联系（Communications）

(13.2) 当函件送达收件人提供的有效地址时，函件方能生效。

(13.3) 合同要求项目经理、监理者或承包商对函件的答复应在规定的答复期内做出。

(13.6) 项目经理向业主和承包商签发证明。监理者向项目经理和承包商签发证明。

(14) 项目经理和监理者

(14.1) 项目经理或监理者对承包商提交的函件的认可并不改变承包商对实施工程的责任或对其设计所应承担的合同责任。

(14.2) 本合同把项目经理和监理者的授权代表的行为视为项目经理和监理者的行为。

(14.3) 项目经理可以向承包商发出指令变更工程信息。

(14.4) 业主在通知承包商替换人选后可撤换项目经理或监理者。

(15) 增加施工作业区（Adding to the Working Areas）

(16) 预警（Early Warning）

(16.1) 如果承包商和项目经理任一方发现项目中出现的情况可能会增加合同总

额或者承包商的成本、推迟竣工、或影响工程的使用功能，应立即通知另一方。

（16.2）各方应根据协议派人员出席风险处理会议（Risk Reduction Meeting）。

（16.3）在会议上各方研究讨论避免或减少风险的措施，寻求对各方均有利的解决方案；并决定与会各方或某一方应采取的行动。

（16.4）项目经理应将会议上的建议和决定记录在案，并将记录复印件发给承包商。

（17）歧义与矛盾（Ambiguities and Inconsistencies）

（17.1）如果项目经理和承包商任一方发现在合同组成文件之中或各组成文件之间存在歧义和矛盾，应立即通知另一方。项目经理应随后发出指令加以澄清。

（18）不合法和不可能的要求

（18.1）如果承包商察觉在工程信息中有不合法和不可能的规定时，应立即通知项目经理。若项目经理也同意，应发出指令修改工程信息。

（19）不可抗力（Prevention）

与其他合同范本中关于不可抗力（Force Majeure）的规定类似。

2. 承包商的主要责任（The Contractor's Main Responsibilities）

（20）工程实施（Providing the Works）

（20.1）承包商应按工程信息实施合同工程。

（21）承包商的设计（The Contractor's Design）

（21.1）承包商应完成工程信息中规定由其承担的工程设计。

（21.2）承包商应按工程信息的要求，将设计细节提交项目经理批准。只有当项目经理批准其设计后，承包商方可开始进行相关施工。

（22）使用承包商的设计（Using the Contractor's Design）

（22.1）合同允许业主为合同工程的目的合理使用和复制承包商的设计。

（23）施工设备的设计（Design of Equipment）

（23.1）承包商应按项目经理的要求将施工设备的设计细节提交项目经理批准。

（24）人员（People）

（24.1）承包商只应雇佣合同资料中列出的主要项目人员，或经项目经理批准替换人选。

（24.2）项目经理在说明理由之后，可要求承包商撤换其雇员。

（25）与业主和其他方合作（Work with the Employer and Others）

（26）分包（Subcontracting）

（26.1）若承包商将工程进行分包，应对分包工程承担连带责任。

（26.2）承包商雇用的分包商必须事先经项目经理批准。

（26.3）承包商签订每一分包合同中的合同条件也须事先得到项目经理的批准。

（27）来自其他方的批准（Approval from Others）

(27.1) 若有必要，承包商应从其他方获得对其设计的批准。

(27.2) 承包商应协助配合项目经理、监理者以及项目经理要求的其他人员进入现场。

(27.3) 承包商应服从监理者根据本合同所发出的指令。

(27.4) 承包商的行为应符合工程信息中规定的对健康和安全的要求。

3. 工期（Time）

(30) 开工和竣工（Starting and Completion）

(30.1) 承包商从现场使用日（第二版为现场进驻日）起方可开始施工，并应在竣工日或竣工日之前竣工。

(30.2) 项目经理负责核准竣工日期，并应在工程竣工后一周内签发竣工证书。

(30.3) 承包商应努力满足关键日期规定的进度要求。

(31) 施工进度计划（The programme）

(31.1) 若合同资料不包括施工进度计划，承包商应在合同资料规定的期限内向项目经理提交初步施工进度计划。

(31.2) 承包商应在其所提交的每一版施工进度计划中表明：

- 开工日、现场使用日、竣工日；
- 承包商计划使用的施工设备和施工作业方法、计划的竣工日期；
- 承包商计划进行的各项施工作业，以及在工程信息中规定的业主和其他方的工作和以后需要与他们协调的工作次序和时间安排；
- 时差（Float）、风险机动时间、健康和安全要求以及施工工序的规定；
- 在现场使用日之后开工的部分工地现场的进驻日期；由业主供应的设备和材料以及其他物品的进场日期。

(31.3) 在承包商提交施工进度计划后两周内，项目经理可以认可该施工进度计划，或者将其不认可的理由通知承包商。

(32) 修订施工进度计划（Revising the Programme）

(32.2) 承包商应在项目经理向其发出指令后的答复期内修订施工进度计划，修订的施工进度计划提交项目经理批准。

(33) 进驻施工现场（Possession of Site）

(33.1) 业主应在现场使用日以及施工进度计划中表明的进驻日两者较迟日期之前将工地现场的进驻权完全交给承包商。

(34) 指令停工或不开工（Instructions to stop or not to start Work）

(34.1) 项目经理可以向承包商发出停工或不开工的指令，也可以随后向承包商发出复工或开工的指令。

(35) 工程接收（Take Over）

(35.1) 当业主接收了合同工程的某一部分后，该部分工程所在的工地现场的进驻权即返还业主。项目经理签发合同终止证书后，整个工地现场的进驻权即返还业主。

（35.3）业主可以在竣工证书签发之前使用合同工程中的任一部分，实质上构成了对该部分合同工程的接收。

（35.4）项目经理应在业主接收部分合同工程之日起一周内签发证书，确认该部分合同工程的接收日期和接收范围。

（36）赶工（Acceleration）

（36.1）项目经理可要求承包商在一定期限内提供赶工报价。赶工报价应包括合同价款的变更，新竣工日以及施工进度计划。

4. 测试和缺陷（Testing and Defects）

（40）测试和检查（Tests and Inspections）

（40.2）承包商和业主应为工程信息所规定的测试和检查提供测试材料、设施和试样。

（40.3）承包商和监理者应将其进行的各项测试和检查事前通知对方，并在事后将测试和检查结果通知对方。

（40.4）若测试和检查表明工程存在缺陷，承包商应改正缺陷并重新测试。

（40.5）监理者进行测试和检查不应不必要地影响工程进度和工程款的支付。

（40.6）项目经理应计算审核与缺陷有关的重新测试给业主造成的费用损失，并由承包商承担。

（41）交货前的测试和检查（Testing and Inspection before Delivery）

（41.1）发货前需要进行测试或检查的设备和材料必须通过工程信息所规定的测试和检查。承包商只有在接到监理者完成检测的通知后，才可将这些设备和材料运入施工作业区。

（42）查找和通知缺陷（Searching and Notifying Defects）

（42.1）监理者可在缺陷责任到期之前向承包商要求查找缺陷。

（42.2）在缺陷责任到期之前，监理者应将其发现的每一处缺陷通知承包商，承包商也应将其发现的每一处缺陷通知监理者。

（43）改正缺陷（Correcting Defects）

（43.1，43.2）无论监理者是否就缺陷发过通知，承包商均应负责改正缺陷。

（43.3）监理者在缺陷责任解除日和最后的缺陷改正期期末日两者中较迟日期签发缺陷证书。

（43.4）项目经理应为了改正缺陷安排业主将已接受的部分合同工程的出入权和使用权交还承包商。在项目经理未能为缺陷改正工作提供必要的便利之前，缺陷改正期不开始起算。

（44）认可缺陷（Accepting Defects）

（44.1）承包商和项目经理均可向对方建议通过改变工程信息的方式使有缺陷的

工程满足合同要求。

（44.2）若承包商和项目经理同意进行此类变更，项目经理应相应地发出指令，修改工程信息、合同价款和竣工日。

（45）未改正的缺陷（Uncorrected Defects）

5. 付款（Payment）

（50）计算应付款（Assessing the Amount Due）

（50.1）项目经理应在每一结算日计价审核应付款额。第一个结算日由项目经理决定，应不迟于开工日后的一个结算周期。其他的结算日为：工程竣工之前的每个结算周期期末；整个合同工程竣工时；监理者签发缺陷证书4周后；整个合同工程竣工后需要更正应付款额时和款项迟付时。

（50.2）应付款额为迄今已完工程总价加上应付承包商的其他款额，减去承包商应付业主款额或应从承包商处扣留的款额。

（50.3）若合同资料中不包括施工进度计划，在承包商将初步施工进度计划提交项目经理批准前的应付款额，在计价时应扣留应付款额的四分之一。

（50.4）在应付款计价审核时，项目经理应向承包商提供详细的情况。

（50.5）项目经理应在下次付款证书中改正以往应付款额审核中的任何错误。

（51）付款（Payment）

（51.1）在每一结算日后一周内，项目经理应签发付款证书，以本合同货币进行付款。

（51.2）经过签发核实的款额应在结算日后三周内支付，若拖欠付款，应对所拖欠款额加付利息。若项目经理未按时签发其应签发的付款证书，应按其应签发的款额计付利息。

（51.3）若付款证书中更正了以往付款金额（由项目经理所做的更正或遵循评判人的决定或法庭的决定所作的更正），则均应按更正金额支付利息。

（51.4）利息应按合同利率计算并按年计复利。

（52）确定成本（Defined Cost）

（52.1）承包商的间接费率中应包括所有未包括在实际成本中的承包商费用。

6. 补偿事件（Compensation Events）

（60）补偿事件（Compensation Events）

（60.1）补偿事件包含下列情况：

1）项目经理发出指令改变工程信息，但不包括下列两项：
- 为接受有缺陷的工程而进行的变更；
- 对与承包商提供的设计有关的工程信息的变更，且这些变更是：i）承包商自己提出来的；或 ii）为了遵守业主提供的其他工程信息而进行的。

2）业主未能在规定日前将部分工地现场的使用权交给承包商。

3) 业主未能在经批准的施工进度计划要求的日期内提供所要求的物品和条件。

4) 项目经理发出指令要求某一工程的停工或不开工。

5) 在经批准的施工进度计划所规定的时间内，或在工程信息规定的条件下，业主或其他方未能开始工作，或者在现场进行工程信息规定之外的工作。

6) 项目经理和监理者未在合同要求的期限内答复承包商的函件。

7) 项目经理为了处理在工地现场内发现的有价值的物品、历史文物和其他重要物品而发出的指令。

8) 项目经理和监理者改变先前已通过函件通知承包商的决定。

9) 项目经理以本合同未说明的理由拒绝批准某一事项（不包括对因赶工的报价或同意扣款而不必再改正缺陷的报价的批准）。

10) 监理者指令承包商寻查缺陷，但并未发现缺陷。

11) 监理者进行的测试和检查引起不必要的工期延误。

12) 承包商遇到在工地现场内的，非气象条件引起的，且有经验的承包商可能在合同生效日判断为出现几率极小因而有理由不考虑的外界条件。

13) 整个合同工程竣工日前，在合同资料中指明的地点，在一个月内所记录的气象实测数据与气象资料相比表明，出现频率低于十年一遇的不利天气现象。

14) 出现业主风险事件。

15) 项目经理在竣工日前，且在工程尚未竣工时，签发接收部分合同工程。

16) 业主未提供工程信息规定的测试所用的材料、设施和试样。

17) 项目经理要求改正有可能会导致补偿事件的情况。

18) 不属于本合同内其他补偿事件的业主违约行为。

19) 不可抗力事件。

（60.2） 合同认定承包商在考察现场条件时已考虑到了与场地资料有关的全部资料。

（60.3） 如果有关场地资料中存在不一致的内容，合同允许承包商按照更有利于工程实施的条件考虑。

（61） 通知补偿事件（Notifying Compensation Events）

（61.1） 如果项目经理和监理者在正式发出指令和变更以前作出的决定导致了补偿事件，项目经理应在事件发生后立即将该补偿事件通知承包商，并要求承包商提交报价。

（61.2） 项目经理可要求承包商为即将发出的指令或变更提交报价。

（61.3） 承包商应将已发生或预期要发生的事件作为补偿事件报告给项目经理。如果承包商未能在发现补偿事件以后八周内报告给项目经理，则无权得到任何补偿。

（61.4） 若项目经理认为承包商所报告的补偿事件系因承包商的失误所引起，或并未发生且预期也不会发生，或对实际成本和竣工并无影响，或并非本合同所认可的补偿事件之一，则不得更改合同价款和竣工日。

（61.5）若项目经理认为承包商未能够就补偿事件发出过一个有经验的承包商应发出的早期警告，项目经理在要求承包商提交报价时应将此告知承包商。

（61.6）若项目经理认为某一补偿事件的影响无法合理预测，则可以以假定条件为基础为补偿事件计价。若事后发现有误，项目经理应予以更正。

（62）（承包商）对补偿事件的报价（Quotations for Compensation Events）

（62.1）项目经理可与承包商商议处理补偿事件的各种方案，并要求承包商提交可供选择的报价。

（62.2）对补偿事件的报价应包含承包商对合同价款以及竣工日期的拟作的调整。

（62.3）承包商应在接到项目经理的报价要求后三周内提交报价。项目经理则应在收到该报价后两周内予以答复。

（62.4）项目经理只有在向承包商解释其理由后，方可要求承包商修改提交的报价。承包商应在接到该要求三周内提交修改的报价。

（62.5）若项目经理和承包商未能在提交与答复时限之内达成协议，项目经理可以延长承包商提交报价以及项目经理答复报价的时限。

（63）对补偿事件的估价（Assessing Compensation Events）

（63.1）应根据补偿事件对已实施工程的实际成本、对尚未实施工程的预计实际成本以及由此产生的间接费的影响来计算对合同价款的影响。

（63.2）若补偿事件降低了实际成本总额，除另有说明外，则不予减少合同价款。但是若该补偿事件是变更工程信息或更正项目经理为先前补偿事件的计价所作的假定条件，则合同价款应予减少。

（63.4）若项目经理认为承包商未就补偿事件发出过一个有经验的承包商应发出的早期警告，则按承包商已发出过早期警告的情形对补偿事件进行计价（这样做通常会减少承包商应得的补偿）。

（63.5）计算补偿事件影响时应考虑发生机率极大且按本合同规定属于承包商风险的可能导致的费用和风险机动时间。

（63.6）计价所依据的假定条件为，承包商对补偿事件能做出及时反应、补偿事件引起的额外实际成本和耗用时间较为合理、并且可以更改当前经批准的施工进度计划。

（63.7）为消除歧义和矛盾而变更工程信息所发的指令属补偿事件。若通过变更改变业主提供的工程信息，则该补偿事件应按对承包商最有利的解释进行计价。反之，按对业主最有利的解释进行计价。

（64）项目经理自行计价（The Project Manager's Assessments）

（64.1）如果承包商在规定时间内未提交所要求的报价，或项目经理认为承包商在报价中未对补偿事件做出准确计价，或承包商提交补偿事件的报价时，未按照合同要求提交施工进度计划,或项目经理以本合同承认的理由未批准承包商最新的施工进度计划,则项目经理可自行对补偿事件进行计价。

(64.2) 如果没有已批准的施工进度计划,或承包商按要求提交修正的施工进度计划,项目经理可以根据自行对剩余工程的施工进度计划的估计来计价补偿事件。

(64.3) 项目经理应在允许承包商为同一补偿事件提交报价所需的期限内,将其对补偿事件的计价连同其详细计价资料通知承包商。

(65) 处理补偿事件(Implementing Compensation Events)

(65.1) 项目经理处理补偿事件的时间为项目经理认可报价,或完成自己计价,或补偿事件发生三者中的最迟时间。

(65.2) 即使日后所记录的资料表明补偿事件计价所依据的预测有错误,亦不得修改计价结果。

7. 所有权(Title)

(70) 业主对工程设备和材料拥有所有权(The Employer's Title to Plant and Materials)

(70.1) 无论承包商对在施工作业区以外的工程设备和材料的所有权状况如何,一经监理者将上述各项标记为本合同所用,或上述各项一经运入施工作业区,其所有权即转归业主。经项目经理允许将上述各项撤离施工作业区后,其所有权又转归承包商。

(71) 标记存放在施工作业区以外的施工设备、工程设备和材料(Marking Equipment, Plant and Materials outside the Working Areas)

(71.1) 若本合同确认为之付款,并且承包商已按工程信息要求准备好对上述各项做出标记,监理者应对在施工作业区以外的施工设备、工程设备和材料做出标记。

(72) 施工设备撤场(Removing Equipment)

(72.1) 承包商应将不再需要的施工设备撤离现场,但不包括项目经理同意留下的设备。

(73) 工地现场内的物品和材料(Objects and Materials within the Site)

(73.1) 承包商对工地现场内的有价值的物品、历史文物和其他重要物品没有所有权。承包商发现此类物品时,应通知项目经理。项目经理应指令承包商如何处置。

(73.2) 承包商对开挖和拆除作业中所得材料的所有权仅限于工程信息中所规定的范围之内。

8. 风险和保险(Risks and Insurance)

(80) 业主风险(Employer's Risks)

(80.1) 业主风险为

- 下列事件引起的索赔、诉讼、补偿和应付费用:因合同工程需要使用和进驻工地现场;业主、或其雇员、或有关系人员的疏忽、违约和干预合法权利的行为;或业主的失误或其设计中的失误。

- 业主或代表业主的其他方向承包商提供的设备和材料，在承包商收货认可前发生损失和损坏。
- 下列原因造成的合同工程、工程设备和材料的损失和损坏：战争、内乱、叛乱、革命、暴乱、军事行动或政变夺权；非承包商雇员的罢工、骚动和国内动乱；放射性污染。
- 业主已经接收的合同工程的损失和损坏，但不包括：在缺陷证书签发前由于接收时存在的缺陷、接收前发生的不属于业主风险的事件以及接收后承包商在工地现场内的活动引起的损失和损坏。
- 合同终止后，合同工程以及业主保留在工地现场的设备和材料的损失和损坏，但不包括在合同终止后因承包商在工地现场内的活动引起的损失和损坏。
- 合同资料中规定的业主额外风险。

（81）承包商风险（The Contractor's Risks）

（81.1）自开工日至缺陷证书签发止，凡不属于业主承担的风险均由承包商承担。

（82）修补（Repairs）

（82.1）除非项目经理另有指令，承包商应在缺陷证书签发前及时补齐与修复损坏的合同工程、设备和材料。

（83）保障（Indemnity）

（83.1）任一当事方应保证对方免予承担应属于该当事方风险的事件而引起的索赔、诉讼、补偿和费用。

（84）保险范围（Insurance Cover）

（84.1）承包商应提供保险表中规定的各项保险和合同资料中规定的附加保险，但不包括在合同资料中规定的业主的风险。

（84.2）保险应以当事双方的名义联合投保，保险范围包括自开工日起至缺陷证书或者终止证书签发为止属于承包商风险的事件。

保险一览表

| 保险项目 | 最低保险金额或最低赔付限额 |
| --- | --- |
| 合同工程、设备和材料的损失和损坏 | 重置费用，包括在合同资料中规定的用于更换业主提供的任何设备和材料的金额 |
| 施工设备的损失和损坏 | 重置费用 |
| 除了合同工程、设备和材料以及施工设备以外的财产损失责任以及因本合同引起的人员伤亡责任（不包括承包商的雇员） | 在合同资料中规定的关于有交叉责任的任一事件的金额，因而保险赔付款分别支付当事双方 |
| 与本合同有关的雇佣关系或在雇佣期内发生的承包商雇员的死亡与人身伤害责任。 | 对任一事件，法律要求的金额和合同资料规定的金额二者中较高金额 |

（85）保险单（Insurance Policies）

（85.1）承包商应在开工日前或应项目经理要求，将投保的保险费支付凭证交给项目经理。保险费支付凭证应有保险人或者保险经纪人的签字。

（85.2） 保险单应说明承保人放弃其对每一被保险人的董事和其他雇员的代位求偿权。

（85.3） 当事双方均应遵守保险单的条款和条件。

（85.4） 承保人赔付金额所不能弥补的款项金额，如果属于业主风险事件则由业主承担；如果属于承包商风险事件则由承包商承担。

（86） 若承包商未能投保（If the Contractor does not insure）

（86.1） 若承包商未能按要求提供保险单和保险费支付凭证，业主可按本合同要求为承包商投保的风险投保。业主投保所产生的费用应由承包商偿付。

（87） 业主投保（Insurance by the Employer）

（87.1） 项目经理应在开工日前以及在开工日后应承包商的要求，将业主投保的保险单和保险费支付凭证提交给承包商。

（87.2） 若业主未能按要求提供保险单和保险费支付凭证，承包商可按本合同要求为业主投保的风险投保。承包商投保所产生的费用应由业主偿付。

9. 终止合同（Termination）

（90） 终止合同（Termination）

（90.1） 若某一当事方希望终止合同以解除承包商根据合同承担的责任，应通知项目经理并提出详细理由。若该理由符合本合同的规定，项目经理应立即签发合同终止证书。

（90.2） 承包商只能依据合同终止表内所列理由终止合同。业主可因任何理由终止合同。随后按合同终止表规定的程序并处理合同终止时的应付款额。

（90.3） 在项目经理签发合同终止证书后应立即实施合同终止程序。

（90.4） 合同终止后十三周内，项目经理应签发付款证书说明应付承包商的和承包商应返还的最后款额。

（90.5） 签发合同终止证书后承包商无需再实施为完成合同工程所必要的工作。

（91） 终止合同的理由（Reasons for Termination）

（91.1） 若某一当事方有下列行为或有类似行为，另一当事方可终止合同。

- 若某一当事方为个体，并且已破产；
- 若某一当事方为公司或合伙公司，并且公司已解散或破产。

（91.2） 若项目经理通知承包商有下列过错四周内承包商未能纠正该过错，业主可终止合同。

- 实质上未履行其合同义务；
- 未提供本合同所要求的保函或担保；
- 在项目经理批准前，将实质性工作分包。

（91.3） 若项目经理通知承包商有下列过错四周内承包商未能停止该过错，业主

可终止合同:
- 实质上妨碍了业主或其他方;
- 实质上违反了健康或安全规章制度。

(91.4) 若业主在项目经理签发付款证书之日后十三周内,未支付所核准的款额,承包商可终止合同。

(91.5) 若由于有关法律规定当事人双方已可不必履行合同,任一当事方可终止合同。

(91.6) 若项目经理已要求承包商在全部工程或者任何重要部分停工或不得开工,而且在十三周内未发给复工或开工的指令:
- 若该指令系因任一当事方的违约行为引起,另一当事方可终止合同;
- 若该指令系因任何其他原因引起,任一当事人方均可终止合同。

(92) 终止合同的程序(Procedures on Termination)

(92.1) 合同终止后业主可自行或雇用他人实施合同工程,并可使用所有权属业主的任何工程设备和材料。

(92.2) 合同终止时的程序包括下列一项或几项:
- 业主可要求承包商离开工地现场,从工地现场撤离施工设备、设备和材料,并将与本合同实施有关的任何分包合同和其他合同转让给业主;
- 业主可使用所有权属业主的施工设备。

(93) 合同终止时的付款(Payment on Termination)

(93.1) 合同终止时应付款额包括
- 按正常付款计价的应付款额;
- 下列工程设备和材料的实际成本:在施工作业区内的或业主拥有所有权且承包商承诺交付的货物;
- 为完成整个合同工程预期将合理发生的其他实际成本;
- 业主保留的任何款额;以及
- 未返还的预付款额。

(93.2) 合同终止时应付款额也包括下列一项或几项:
- 撤离施工设备的预期实际成本;
- 业主完成整个合同工程预期增加费用的扣减额;
- 下列各项按间接费费率计算的费用:对选项 A、B、C 和 D,合同生效日的合同价款总额超过迄今已完工程总价的部分,或对选项 E 和 F,合同工程第一次预期实际成本总额超过迄今已完工程总价减去间接费的部分。

## 第3节 美国常用的合同范本及制定机构

美国建筑业中促进制定标准合同的动力主要来自于建筑业自身的发展演化。政府机构在此过程中的影响与协调作用是有限的。这是与美国社会与政治体制中权力分化与自由市场经济的理念相一致的。历年来随着建筑业的发展，标准合同的内容和形式也不断的更新分化，形成一个多样化的局面。在非政府投资项目中常用的标准合同主要是由行业或者专业机构制定的。这些机构的成员大都是建筑业界的骨干力量，有丰富的实践经验。因此制定出的合同条件能够及时全面地反映建筑业的最新发展与需要。各级政府部门往往为其投资的工程项目制定专门的标准合同。

## 一、制定合同范本的机构

美国制定标准合同范本的机构主要是建筑师，工程师，和承包商的专业组织。这些组织在制定标准合同的过程中并非各自为政，而是保持着非常密切的合作关系。这些机构主要有美国建筑师学会（The American Institute of Architects，AIA），工程师联席合同文件委员会（Engineers Joint Contract Documents Committee，EJCDC），以及美国总承包商协会（Associated General Contractors of America，AGC）。此外美国各级政府机构也为政府投资项目发布一些合同范本。

始创于1857年的美国建筑师学会（AIA）是美国主要的建筑师专业社团。该机构致力于提高建筑师的专业水平，促进其事业的成功并通过改善居住环境提高大众的生活标准。该机构通过组织与参与教育、立法、职业教育、科研等活动来服务于其成员以及全社会。AIA的成员主要是来自美国及全世界的注册建筑师，目前总数已超过83000名。AIA的一个重要成就是制定并发布了一系列的标准合同范本，在美国建筑业界及国际工程承包界特别在美洲地区具有较高的权威性。

工程师联席合同文件委员会（EJCDC）是几个在美国建筑业有广泛影响的专业组织为了制定标准文件范本而成立的专门机构，至今已有30余年的历史。EJCDC的成员组织包括美国工程公司委员会（American Council of Engineering Companies，ACEC），美国土木工程师学会（American Society of Civil Engineers），美国总承包商协会（AGC），以及美国全国职业工程师学会（National Society of Professional Engineers，NSPE）等。该机构的成员组织主要来自于工程设计方面，因此制定的合同范本主要用于土木工程类项目。合同范本的修订与审阅工作主要通过专家委员会来进行。

美国总承包商协会（AGC）是美国最大的、历史最为悠久的建筑业行会组织。AGC通过向其成员提供一系列的服务来提高建筑工程质量，保护公众的权益。AGC是1918年应当时的美国总统威尔逊的要求创立的。创立的初衷是建立一个代表整个建筑行业的组织与政府商讨有关建筑行业的事宜。AGC目前代表美国全国32000多个建筑企业，分属于美国各地的分会组织。这些成员包括总承包商，专业承包商，各种分包商和供应商等。AGC成员在美国经济发展过程中起着重要的作用，代表来自建筑行业的声音。AGC作为承包商的行业组织独立制定一套与AIA文件功能用途相近的标准合同文件范本。和 AIA 文件相比，此套文件更加照顾到承包商的利益。

此外美国各级政府还专门为政府投资的项目制定了专门的标准合同范本。制定范本的机构既有联邦政府的各部委也包括一些州政府机关。比较典型的例子是专门用于道路桥梁等基础设施建设项目的合同条件。这些合同范本往往只限于在范本制定机构投资的项目上使用。因此这些合同范本可以考虑政府投资项目中在有关法律规程等方面的具体规定。

## 二、常用合同范本

美国合同范本的历史起源于美国建筑师学会（AIA）于 1888 年制定的早期合同范本。当时发布的仅仅是一份业主和承包商之间的协议书，称为"规范性合同"（Uniform Contract）。1911 年 AIA 首次出版了"建筑施工通用条件"（General Conditions for Construction）。经过多年的发展 AIA 形成了一个包括 90 多个独立文件在内的复杂体系。和英国合同范本相比，AIA 合同范本的主要特点是为各种工程管理模式制定不同的协议书，而同时把通用条件作为单独文件出版。

AIA 随时关注建筑业界的最新趋势，每年都对部分文件进行修订或者重新编写。例如，2004 年共更新了 12 份文件，2005 年共更新了 6 份文件。而每隔 10 年左右会对文件体系及内容进行较大的调整。在 2007 年 AIA 对整个文件的编号系统以及内容都作了较大规模的调整。下一节将把 AIA 合同范本系列作为美国最具代表性的合同范本加以详细介绍。

工程师联席合同文件委员会（EJCDC）主要代表工程设计领域的声音发布了一系列的合同范本。这一系列的合同范本相对历史比较短，而且应用领域比较专一，主要用于大型土木工程项目。除了与工程施工有关的合同范本以外，EJCEC 还出版了一系列与职业工程师日常业务有关的合同范本，例如工程设计合同等。

在 EJCDC 出版的近 70 个合同范本与辅助说明文件中，大部分是适用于传统模式的。整个范本系列中最基本的部分是用于工程施工的合同范本称为 C 系列。与 AIA 系列范本类似，整套施工合同的核心是通用条件（C-700），然后再与相应的业主承包商协议书配合使用。共有两种业主承包商协议书可供选用，分别用于总价和成本补偿合同。C 系列中还包括一整套供业主用于招标投标的文件，包括投标书格式，各种保函格式等。E 系列是用于业主和工程师以及工程师的咨询人员之间的合同范本。此外 EJCDC 还为环境整治工程专门制定了 R 系列，为商品采购制定了 P 系列合同范本。这两个系列的基本文件设置与 C 系列类似。2002 年 EJCDC 为了适应工业界设计一建造模式的广泛应用，制定了 D 系列合同范本。

美国总承包商协会（AGC）多年以来一直参与 AIA 及 EJCDC 制定出版合同范本的工作。AIA 系列合同范本中的一些文件是与 AGC 联合发布的，例如 A121 CMc-2003 和 A131 CMc-2003。这些文件上同时标有 AIA 系列的文件编号以及 AGC 的文件编号。此外 AGC 作为 EJCDC 的成员组织之一参与 EJCDC 系列合同范本的制定与修改工作。

除了进行上述工作之外，作为美国主要的承包商组织，AGC 也独立出版一系列的合同范本。一般认为这些文件同上述两个系列合同范本相比，更能代表承包商的立场。2008 年初以 AGC 为首的 21 个行业组织全面修订了 AGC 现有的合同范本体系。参与这一工作的主要组织基本上是承包商行业协会与代表大型业主的组织，基本上没有建筑师或者工程师方面的参与。各方商定将这套文件命名为"合议范本"（Consensus DOCS），以说明这套范本的制定综合考虑了项目建设各方（主要是一部分业主与承包商两方）的意见，并希望这套范本能够得到工业界的广泛接受。

目前参与制定合议范本的各方正在全力推广使用这一产品。这套合同范本同 AIA 系列相比有很多独到之处，尤其是在涉及风险分配以及设计方责任等方面。通常在工程建设初期业主会根据设计方的建议来选用施工合同范本。而目前 AIA 与以 EJCDC 为代表的工程设计组织都没有对合议范本进行认可。可见合议范本在其推广使用的道路上还任重道远。

合议范本系列一共有 70 多个合同范本，适用于各种不同的工程项目管理模式，包括以下六个系列：

- 200 系列：用于传统模式
- 300 系列：用于项目多方合作（只有两个文件）
- 400 系列：用于设计—建造模式
- 500 系列：用于风险型 CM 经理
- 700 系列：用于分包合同
- 800 系列：用于业主的项目管理以及代理型 CM 经理

从文件类型设置来看，合议范本与 AIA 文件有很强的对应关系。为了方便用户的使用，AGC 专门发表了新版的合议范本与旧版的 AGC 合同范本以及 AIA 系列合同范本之间的对应关系，参见 http：//www. agc. org/cs/comparison_ matrices。

另外值得一提的是合议范本为适应建筑信息模型（Building Information Model, BIM）的使用，专门发布了一个合同范本，列于 300 系列里。BIM 在当前美国建筑业的应用日益广泛。这一文件的发布无疑开创了历史先河。与 AIA 系列合同范本一样，合议范本也可以通过软件方式购买。

总之美国常用的工程施工合同范本分别由代表建筑师、工程师、和承包商的组织来制定，其适用范围略有不同。各合同范本制定机构之间同时存在着合作与竞争的关系。各业主与建设单位可以根据项目的具体情况灵活选用。值得注意的是美国各级政府与法律体系纷繁复杂，对建筑合同往往有千丝万缕的影响。无论业主选用何种合同范本，一般都需要聘请专业法律人员审阅最终的合同。

## 第4节 AIA系列合同范本及条款分析

AIA出版的系列合同范本是在美国应用最为广泛的合同文件之一。很多重要的AIA合同范本是和其他建筑行业组织，如美国总承包商会等组织联合制定的，力求集思广益，努力均衡项目参与各方的利益，合理分担风险，不偏袒包括建筑师在内的任何一方。

AIA文件不断的修订既参考了最新的法律变更又反映了不断变化的科技与建筑工业实践。AIA合同范本形式灵活，通过适当的修改可适应多种类型项目的需要。AIA文件的用词力图通俗易懂，尽量避免使用晦涩的法律语言。

传统上AIA合同范本仅以印刷方式出版。新技术的发展使电子出版成为可能。AIA合同范本目前也以软件的方式发售。使用者可通过AIA提供的软件根据项目的需要生成合同范本。电子格式合同范本更便于使用和管理。项目参与各方之间也可以通过电子方式（电子邮件等）互相传递文件。此外，AIA合同软件还可生成一份报告，详细说明用户的合同与标准合同范本之间的差异。出于种种原因，其合同软件在功能与使用方面还有很多不完善之处。

### 一、AIA系列合同范本

AIA系列合同范本经过多年的发展已经系列化形成了包括90多个独立文件在内的复杂体系。这些文件适用于不同的工程建设管理模式、项目类型以及项目的各个具体方面。2007年AIA对其系列合同范本进行了大规模的修订，很多文件无论从编号到内容都有较大的变化。

2007年修订以后的范本根据文件的不同性质大致分为A、B、C、D、E、G六个系列：

- A系列：业主与总承包商、CM经理、供应商之间，总承包商与分包商之间的合同文件（协议书及合同条件）；施工合同通用条件以及与招标投标有关的文件，如承包商资格申报表，各种保证的标准格式等。
- B系列：业主与建筑师之间的合同文件。
- C系列：建筑师与专业咨询机构之间的合同文件。
- D系列：建筑师行业有关文件。
- E系列：电子文件协议附件。
- G系列：合同和办公管理中使用的文件。

2007年修订过程中对整个合同体系的编号系统进行了统一的调整。调整以后，每一位编号都有了明确的含义，如图8-3所示。经过如此调整以后，根据图示的定义就可以大致了解文件的内容。

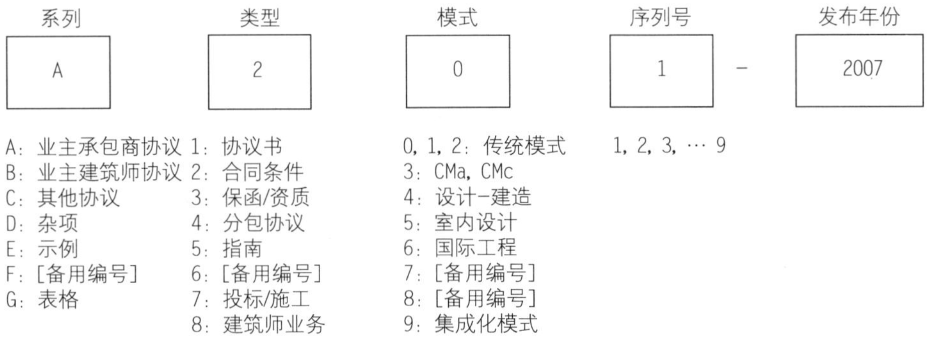

| 系列 | 类型 | 模式 | 序列号 | 发布年份 |
|------|------|------|--------|----------|
| A | 2 | 0 | 1 | — 2007 |

A: 业主承包商协议　　1: 协议书　　　　　　0,1,2: 传统模式　　1,2,3,…9
B: 业主建筑师协议　　2: 合同条件　　　　　3: CMa, CMc
C: 其他协议　　　　　3: 保函/资质　　　　　4: 设计-建造
D: 杂项　　　　　　　4: 分包协议　　　　　5: 室内设计
E: 示例　　　　　　　5: 指南　　　　　　　6: 国际工程
F: [备用编号]　　　　6: [备用编号]　　　　7: [备用编号]
G: 表格　　　　　　　7: 投标/施工　　　　　8: [备用编号]
　　　　　　　　　　 8: 建筑师业务　　　　9: 集成化模式

**图 8-3　2007 年 AIA 文件编号系统（引自 AIA 出版的指南）**

本节将简单介绍与建筑施工合同直接相关的 A，B，C 系列标准文件。表 8-5 列出了这三个系列的全部文件的编号以及名称。本节中不对 D、E、G 系列加以详细介绍。D 系列与 G 系列主要与建筑设计公司与事务所的内部业务管理有关。E 系列仅包含一个与各方之间交换电子文件有关的示例附件。

AIA 合同范本一览表　　　　　　　　　　　　　　　　　　　表 8-5

| 编号 | 名　称 |
|------|--------|
| A101-2007 | 业主与承包商协议书标准格式（固定总价）。其他业主与承包商协议书标准格式有：A101 CMa-1992（CMa 专用），A102-2007（成本补偿，有最大价格保证），A103-2007（成本补偿，无最大价格保证），A105-2007（住宅与小型项目专用，包含通用条件），A107-2007（固定总价，用于有限范围项目）， |
| A121 CMc-2003 | 业主与 CM 经理协议书标准格式，与 AGC 联合发布。类似文件有：A131 CMc-2003（成本补偿，无最大价格保证）。 |
| A141-2004 | 业主与设计—建造承包商协议书标准格式 |
| A142-2004 | 设计—建造承包商与施工承包商协议书标准格式 |
| A151-2007 | 业主与家具、装修及设备供应商协议书标准格式（固定总价） |
| A195-2008 | 业主与承包商使用集成化项目管理的协议书标准格式 |
| A201-2007 | 施工合同通用条件。其他通用条件有：A201 CMa-1992（CMa 专用），A201SC-1999（联邦政府投资项目专用条件）。 |
| A251-2007 | 家具、装修及设备合同通用条件 |
| A295-2008 | 业主与承包商使用集成化项目时的合同通用条件 |
| A401-2007 | 承包商与分包商协议书标准格式 |
| A503-2007 | 补充条件指南。类似文件包括：A511 CMa-1993（CMa 专用） |
| B101-2007 | 业主与建筑师协议书标准格式。其他业主与建筑师协议书标准格式有：B102-2007（用于尚未确定建筑师的服务范围），B103-2007（大型复杂项目专用），B104-2007（限定范围的项目专用），B105-2007（住宅与小型公共项目专用），B141 CMa-1992（CMa 专用），B144ARCH-CM-1993（建筑师提供 CMa 服务），B152-2007（室内设计专用），B153-2007（家具、装修及设备设计专用），B163-1993（用于指定服务类别），B181-1994（公共建设房屋项目专用），B188-1996（公共建设房屋项目专用，用于有限范围项目），B195-2008（集成化项目管理），B727-1988（特殊服务专用） |
| B142-2004 | 业主考虑使用设计—建造模式时与咨询机构协议书标准格式 |

续表

| 编号 | 名称 |
|---|---|
| B143-2004 | 设计—建造承包商与建筑师协议书标准格式 |
| B200-2007系列 | 确定建筑师服务范围的文件。B201-2007（设计与施工阶段管理），B203-2007（选址与规划），B204-2007（价值分析），B205-2007（古迹保护），B206-2007（保安与规划），B209-2007（施工阶段管理），B210-2007（物业管理），B211-2007（开车与试运行），B214-2007（LEED*认证），B252-2007（室内设计），B253-2007（家具、装修及设备设计） |
| B503-2007 | 业主与建筑师协议书内容修订指南 |
| B161-2002 | 业主与咨询机构协议书标准格式（美国境外工程项目专用）<br>类似文件有：B162-2002（简要格式） |
| B801 CMa-1992 | 业主与CM经理协议书标准格式 |
| C101-1993 | 专业服务项目合作协议 |
| C106-2007 | 电子数据授权协议 |
| C195-2007 | 集成化项目管理联合体成立协议书 |
| C401-1997 | 建筑师与专业咨询机构协议书标准格式<br>类似文件有：C727-1992（特殊服务专用） |

\* LEED（Leadership in Energy and Environmental Design）：环保认证体系，参见 http://www.usgbc.org/leed/

## 二、AIA合同范本的组合使用与工程项目管理模式

AIA合同范本的"核心文件"（"Keystone Document"）是施工合同通用条件，有包括A201-2007在内的多个不同版本。该文件是工程合同文件的重要组成部分，详细规定了业主、承包商之间的权利、义务及建筑师的职责和权限等。AIA的合同范本的基本设计理念是把各种版本的通用条件与各种协议书配合使用。这些协议书既包括业主与建筑师、承包商之间应签订的协议书，也包括确立工程项目上其他合同关系所使用的协议书。

工程项目各方可以根据工程建设的实际情况与需要组合使用AIA合同范本。在选择适用的AIA合同范本的时候最重要的两个因素是工程建设管理模式及合同计价方式。AIA为所有常见的工程建设管理模式出版了专用的范本，包括传统模式，风险型CM经理，代理型CM经理，设计—建造，以及最新的集成化项目管理方法。计价方式主要有总价合同，成本补偿（有最高限价），以及成本补偿（无最高限价）。另外，AIA也为不同的项目类型制定了一些专用的合同范本，包括住宅，小型项目，有限范围的项目，大型复杂项目，海外项目，室内设计等。

### （一）传统模式

AIA合同范本中最基本的组合形式是配合使用A201-2007施工合同通用条件与A101-2007业主与承包商协议书标准格式，适用于在传统模式下以固定总价方式支付的情况。如果通过成本补偿方式确定合同价格，仍需使用A201-2007作为通用条

件,但是所使用的业主与承包商协议书则有不同。A102-2007 适用于有最大价格保证的情况。A103-2007 适用于不使用最大价格保证的情况。

由于工程项目的具体情况不同,多数工程项目都需要使用专用条件来补充修改 A201 的标准规定。这项工作通常应由专业法律人员进行。具体细节可参阅 AIA 文件 A503,《专用条件指南》。对标准化合同条款的修改会对工程项目产生深刻影响,因此必须谨慎对待。例如条款的变更会改变项目各方之间风险分配。项目参与各方均应严格审查一切条款变更。专用条件的编写必须清晰明确,与标准条款有明确的区分,以利于各方审阅。

2007 年 AIA 对业主-建筑师协议书标准格式的基本用法作了较大的改动。主要的变化是调整了协议书条款与建筑师服务范围之间的配合关系。2007 年新制定的 B101-2007 取代了 B141 和 B151,成为了业主与建筑师协议书的主要格式。这个文件同过去的 B141 和 B151 一样同时规定了合同条件、支付方式和建筑师的服务范围,大致相当于过去的 B141 第一、二部分。该文件中定义的工程项目的五个阶段反映了建筑师所提供的专业服务的传统类别,包括从项目概念设计开始直至合同管理服务结束。与该文件对应的施工合同通用条件是 A201-2007。

业主与建筑师双方也可以就支付方式和服务范围另外签订协议。2007 年 AIA 为此制定了 B102-2007,来规定合同条件和支付方式,并使用新制定的 B200-2007 系列来确定建筑师服务的具体内容。业主可根据需要通过签订 B102 以及任何 B200-2007 系列中的文件来要求建筑师提供任何下列的服务:设计与施工阶段管理,选址与规划,价值分析,古迹保护,保安与规划,施工阶段管理,物业管理,开车与试运行,LEED 认证,室内设计,家具、装修及设备设计。其中 LEED(Leadership in Energy and Environmental Design) 环保体系认证是为了适应近年来绿色建筑和可持续性发展的日益盛行而新制定的文件。

如果项目规模较大或者比较复杂,业主则应使用 B103-2007 与建筑师签订协议书。这种情况下业主需要另外聘请专业人员制定概预算与项目进度计划,并可以实施快速路径法(Fast Track),分段施工法等来加快工程进度。在这种情况下建筑师提供的服务主要限于设计阶段,只需要让其设计满足业主的预算要求,而不需要进行详细的成本估算。

此外,AIA 还为住宅和小规模项目以及有限范围的项目专门制定了专用版本的协议书标准格式。业主和承包商之间可以使用 A105-2007 或者 A107-2007。这两个协议书标准格式已经包含以 A201 为基础的简要通用条件,可独立使用。在这种情况下,业主与建筑师之间则需签订 B105 或者 B104。

承包商和分包商之间可以使用 A401-2007 确定合同关系。该文件规定了各方的权利和义务,并引用了 A201 里的很多规定。各方可在文件中留出的空白处填入协议的细节。经适当修改之后,A401-2007 也可适用于分包商与下级分包商的合同。

表 8-6 是总结了以上有关传统模式的各种合同范本。

**AIA 合同范本组合关系：传统模式**  表 8-6

| 项目类别 | 业主与承包商协议书 | 业主与建筑师协议书 | 核心文件 | 建筑师与咨询机构协议书 | 承包商与分包商协议书 |
| --- | --- | --- | --- | --- | --- |
| 普通工程–总价合同 | A101 | B101，或者 B102 加 B200 系列，或者 B103 | A201 以及 A503 | C401 | A401 |
| 普通工程–成本补偿合同 | A102，A103 | | | | |
| 住宅与小型项目专用 | A105 | B105 | 包含于业主与承包商协议书中 | | |
| 限定范围工程–总价合同 | A107 | B104 | | | |

## （二）CM 模式

CM（Construction Management）作为一种与传统模式和设计—建造相提并论的项目管理模式在国际上已有多年的历史。如果把 Construction Management 直接译成汉语很容易造成混淆，因此一般直接称为 CM 模式或者 CM 经理。美国的 CM 模式分为代理型（CM as Agent，或者 CM–Advisor）和风险型（CM at Risk）两类。

代理型 CM 经理与业主之间签订的协议书标准格式为 B801 CMa–1992。该文件必须和业主与建筑师的协议书（B141 CMa–1993）配合使用。如果建筑师兼任 CM 经理，则协议书中除了 B141–1992 以外还应该包括一份补充条件 B144 ARCH–CM–1993。CM 经理与业主之间签订的不是施工合同。业主需另外与承包商签订 A101 CMa–1992 业主与承包商的协议书。工程造价则需要通过招标或谈判方式确定。

此时该项目的"核心文件"则必须采用为此情况专门制定的施工合同通用条件版本 A201 CMa–1992（CMa 专用）。这个文件是上述所有协议书签订的基础。该文件与标准版的 A201–2007 的主要区别在于其第二条关于合同管理的规定。该条同时规定了建筑师和 CM 经理在施工阶段拥有的责任和义务。建筑师和 CM 经理作为独立的两方根据 A201 CMa–1992 共同进行合同管理。从这些文件的编号可以看出，以上这些文件已经多年没有出新版本。

风险型 CM 经理在工程项目建设中的角色更接近于传统意义上的承包商。风险型 CM 经理既在项目设计及策划阶段提供专业服务也负责具体的施工。用于这一领域的两个 AIA 合同范本都是与 AGC 联合发布的。

如果业主需要在施工合同中规定最高限定价格，则应与 CM 经理签订 A121 CMc–2003。在项目开始阶段 CM 经理向业主提出包含保证最高价格的建议书。业主可以接受或拒绝该建议书，或以此为依据进行谈判。当业主接受该建议书后，CM 经理开始准备工程实施。该协议书将 CM 经理的服务分为施工前阶段与施工阶段两部分。为了加快工程进度，这两个阶段的服务中的某些部分可同时进行。值得注意的是，该文件只能与 97 版的 A201 及 B151（业主与建筑师协议书简要格式）配合使用，而不应将与 AIA 及 AGC 出版的其他建筑工程管理合同范本配合使用。

业主为了能够直接监控工程成本，也可采用成本补偿而非保证最高价格的方法与 CM 经理协议书 A131 CMc –2003。该文件也必须与旧版的 A201 和 B151 配合使用。

表 8 –7 是总结了以上有关 CM 模式的各种合同范本。

**AIA 合同范本组合关系：CM 模式**　　　　　　　　表 8 –7

| CM 经理类型 | 适用状况 | 业主与承包商协议书 | 业主与建筑师协议书 | 业主与 CM 经理协议书 | 核心文件 |
|---|---|---|---|---|---|
| 代理型 | CM 经理为独立一方 | A101 CMa | B141 CMa | B801 CMa | A201 CMa 以及 A511 CMa |
| | 建筑师兼任 CM 经理 | A101（总价）或 A111（成本补偿） | B141 及 B144 Arch –CM | 建筑师兼任 CM 经理 | |
| 风险型 | 最大价格保证 | A121 CMc | B151（97 版）及 B511（01 版） | CM 经理即承包商 | A201（97 版）|
| | 成本补偿合同无最大价格保证 | A131 CMc | | | |

### （三）设计—建造模式

AIA 近期没有对其设计—建造合同范本进行改版，基本上保留了 2004 年版的全套文件。AIA 设计—建造全套文本的核心部分是业主与设计—建造承包商协议书之间的协议，A141。该文件包括协议书和三个主要组成部分：

A：合同条件，相当于传统模式中的 A201，因此不需与 A201 配合使用。

B：确定工程费用的方法。当双方约定采用固定总价的时候，则不使用该部分。

C：保险和担保，规定了保险和担保所应涵盖的内容。

协议中还要求各方从以下三种定价方式中选定一种：固定总价，成本补偿加设计—建造承包商的佣金，以及成本补偿加设计—建造承包商的佣金并有保证最高价格。

业主在考虑采用设计—建造方式的时候可以与建筑师或者其他专业咨询人员签订 B142 –2004，业主考虑使用设计—建造模式时与咨询机构协议书标准格式。根据这项协议，专业咨询人员可以协助业主进行项目前期规划、概预算、确定项目指标等工作。如果业主最终决定采用设计—建造方式，则应使用 B143 –2004 设计—建造承包商与建筑师协议书标准格式。然后设计—建造承包商可以与施工承包商签订 A142 –2004。

表 8 –8 是总结了以上有关设计—建造模式的各种合同范本。

**AIA 合同范本组合关系：设计—建造模式**　　　　　　表 8 –8

| 业主与设计—建造承包商协议书 | 业主与咨询机构协议书 | 设计—建造承包商与建筑师协议书 | 设计—建造承包商与施工承包商协议书 |
|---|---|---|---|
| A141 | B142 | B143 | A142 |

### （四）集成化项目管理合同范本

集成化项目管理（Integrated Project Delivery，IPD）是 AIA 在 2007 年提出的一

个新概念,要求项目参与各方竭诚合作,努力为业主提供最大价值,减少浪费,在项目建设的全过程中最大限度的提高效率。集成化项目管理的原则适用于各种工程项目管理模式,而不仅限于传统模式里的业主、建筑师和承包商之间的三角关系。这种方法的原则似乎类似于起源于英国的伙伴关系(Partering)。根据 AIA 的规定,实现集成化项目管理的方法有两种,分别使用 2008 年发布的 4 种标准合同范本。

作为一个过渡措施,各方之间可以使用一系列与目前合同体系类似的协议书来确定各方之间的关系。A195 - 2008 是业主与承包商使用集成化项目管理时应签订的协议书标准格式。这一文件只规定业主与承包商之间的业务关系,例如计费方式等,而不包括承包商具体的工作范围。该文件还要求承包商提供保证最高价格。B195 - 2008 是业主与建筑师之间应签订的协议书标准格式。同样这一文件只确立业主与建筑师之间的业务关系,而不规定建筑师具体的工作范围。A295 - 2008 专门用于规定承包商和建筑师在项目建设各个阶段的责任与义务,其功能与 A201 十分类似。该文件还为 A195 - 2008 和 B195 - 2008 提供很多的具体的合同条款规定。这一合同范本还具体规定各方在项目建设的各个阶段如何协调工作。该文件规定各方必须同意使用建筑信息模型(Building Information Model,BIM)。

另外,各方也可以只使用一个合同范本,C195 - 2008,来规定各方之间的合作关系。这样各方从项目建设的一开始就能够为了共同制定的目标和预计的成本而共同努力,共享风险与成果。通过签订这一文件,业主,建筑师,承包商,以及其他重要项目组成员都成为一个有限责任公司的一部分。成立该公司的唯一目的就是使用集成化项目管理的原则进行项目设计与施工。

这个文件目前仅仅是一个框架协议,能够创立一个各方之间合作的环境,使各方能为共同确立的项目目标而努力。所成立的有限责任公司与业主之间还需签订投资合同,与建筑师,CM 经理,和承包商专门就他们提供的服务分别签订合同。公司与除了业主以外的任何其他合作方之间的合同都与具体的业绩挂钩,并奖励各方之间的合作,加快解决任何可能出现的问题。建立这种关系的目的是为业主提供高质量的工程,并为其他各方带来显著的经济效益和其他的奖励。目前 C195 - 2008 是 AIA 发布的唯一范本。AIA 会在近期内发布用于公司以及项目参与各方之间的合同范本。

表 8 - 9 列出的是本段提到的各种合同范本。

AIA 合同范本组合关系:集成化项目管理　　　　　　表 8 - 9

| 阶段 | 业主与承包商协议书 | 业主与建筑师协议书 | 核心文件 |
| --- | --- | --- | --- |
| 过渡阶段 | A195 | B195 | A295 |
| 最终形式 | C195,以及待发布的辅助文件 | | |

## (五)特殊用途的合同范本

除了与项目管理直接挂钩的合同范本以外,AIA 还为一些特殊的项目类型、使用情况以及业务类型制定了一些专用合同范本。

AIA 为了方便美国建筑师在海外市场开展业务，发布了一个专用的业主－建筑师协议书标准格式，称为 B161－2002 业主与咨询机构协议书标准格式。通常由于专业注册与当地法律规定等原因，美国建筑师在海外市场仅可为工程设计提供咨询服务。因此在原文中业主一词使用的是"Client"而不是如同在其他 AIA 文件中使用"Owner"一词，而把建筑师称为"咨询机构（Consultant）"。业主必须直接雇佣当地的建筑师承担设计任务。美国建筑师一般只起辅助作用。该文件可用于规范与澄清项目各方之间的基本关系以及各方的权利与义务。

在美国，室内设计、家具、装修及设备设计也是在建筑师的相关业务范畴之内。因此 AIA 专门为此出版了一套合同范本，见表 8－10。

**AIA 合同范本组合关系－室内设计与装修**　　　表 8－10

| 工程类别 | 核心文件 | 业主与供应商协议书 | 业主与建筑师协议书 |
|---|---|---|---|
| 家具、装修与设备 | A251 | A151 | B152 或者 B153 |
| 室内设计 | A251 | 不适用 | B152 |

除了上述与合同管理直接相关的范本以外，AIA 还出版了其他与工程建设相关的辅助性范本。这些范本涉及工程项目建设的各个方面，例如，招标投标，资质声明，担保与保证等。详见表 8－11。

**AIA 出版的其他范本**　　　表 8－11

| 编号 | 名称 |
|---|---|
| A305－1986 | 承包商资质声明 |
| A310－1970 | 投标担保 |
| A312－1984 | 履约担保与支付担保 |
| A701－1997 | 投标人须知 |
| A751－2007 | 家具、装修与设备报价邀请与须知 |
| B305－1993 | 建筑师资质声明 |
| B352－2000 | 建筑师的项目代表的责任、义务与权限 |

## 三、AIA 文件 A201《施工合同通用条件》2007 年版的主要变化

2007 年版 A201 合同范本集中考虑了过去 10 年里来自建筑工业各个层面的用户的反映，对很多条款都做了不同程度的修改。下面就简要说明一下主要的修改内容。

**初始裁定人、索赔与仲裁**

A201 多年以来一直规定建筑师作为"独立的第三方"负责解决业主和承包商之间的争议。然而对业主方来说很难接受受雇于业主的建筑师会做出不利于己方的决定。

长期以来承包商普遍认为建筑师不可能完全做到公正对待业主和承包商。而建筑师也越来越不愿意卷入到业主与承包商之间的纷争之中。因此新版 A201 引入了一个新的角色称为"初始裁定人"（Initial Decision Maker，IDM），作为真正的独立第三方。IDM 是各方为了解决争议而选定的第三方裁定人。根据合同规定，在提出调解、仲裁、以至诉讼之前，各方必须首先将争端提交给初始裁定人裁定。如果合同中没有明确设定初始裁定人，则由建筑师充任。

鉴于新版 A201 设立了初始裁定人，索赔与仲裁事宜就不一定是建筑师的责任范围了。因此新版 A201 把关于索赔与仲裁的规定从第四条有关建筑师的规定中分离出来，移到了整个文件的最后形成了一个新的条款，第 15 条。

**电子文件的使用**

现在很多建筑师和设计机构使用计算机绘图。整套设计图都以电子文件形式存在。但是在施工阶段转交给承包商的却往往还是图纸。人们发现如果把设计图以电子方式交给承包商更为方便而且比较经济。可是如果要这样做，各方之间必须产权问题达成协议。新版 A201 特别提到了这一点。AIA 还为这一目的制定了一些专用的范本。

**财务状况的披露与支付工程款**

1997 年版 A201 允许承包商要求业主披露其财务状况，并可以在得到业主答复前停工等待。业主方面则认为这一规定不够具体。承包商有可能会借故滥用这一规定。因此新版 A201 规定承包商只有在下列情况下才能要求业主披露其财务状况：(1) 业主未能按规定付款；(2) 发生对工程造价有重大影响的工程变更；(3) 承包商以书面形式提出适当理由怀疑业主的支付能力。新版 A201 关于复工的规定与 1997 年版相同。业主仍必须提供足够的证据证明工程款已备齐以后承包商才能复工。

同时业主根据新版 A201 的规定可以要求承包商提供证据证明已经向分包商支付了工程款。如果有必要，业主可以向承包商和分包商/供应商支付联名支票，以保证分包商/供应商及时得到支付。

**承包商审阅项目文件**

新版 A201 与旧版之间用词的差别不是十分明显，只在语意上稍微加以调整。新版 A201 淡化了承包商在审阅项目文件时可能承担的责任。承包商不可能像专业设计人员一样审阅工程图纸与设计资料，其责任仅限于向业主和建筑师报告所发现的任何问题。

**业主/建筑师的及时回应与批准**

1997 年版 A201 规定建筑师和业主在对承包商做出回应的时候需要遵守具体的时限，一般是 15 天。新版的 A201 不再规定具体的时限，而是规定业主和建筑师应该在"合理的时限"内作出回复。这样如果双方对这个问题没有提前达成共识，很有可能会导致争议。

**业主/建筑师对指定现场管理人员意见**

新版 A201 规定业主和建筑师在开工之前可以依据适当理由反对承包商提出的现场管理人员人选。同时还规定未经业主允许,承包商不得随意撤换现场管理人员。而在 97 年版中只规定承包商需要提供称职的现场管理人员。

**建筑师管理合同的责任**

新版 A201 在文字上进一步淡化建筑师管理合同的责任。整个第四条的标题从"合同管理"改成了"建筑师"。第 4.2 款的标题从"建筑师的合同管理"改成了"合同管理"。建筑师视察现场的主要目的不再包括随时向业主报告工程进展,也不再包括"尽力向业主保证工程没有施工缺陷"。不过建筑师还是要保证业主对工程进展要有适当的了解(Reasonably Informed)。这些变化反映了近年来在美国建筑师在工程管理中的角色正在逐渐削弱。

**承包商责任保险**

97 版 A201 规定业主可以要求承包商通过购买工程管理责任(Project Management Protective Liability Insurance,PMPLI)保险为业主和建筑师可能出现的失误投保。新版 A201 不再要求承包商这样做,而是要求承包商把业主和建筑师作为额外投保人加到承包商根据合同需要购买的一般商业保险之中。

**终止合同**

新版 A201 允许业主在通知承包商 10 天之后直接自行或者雇用他人接管工程施工。而 1997 年版 A201 则要求业主遵守更为繁琐的程序才能终止与承包商的合同关系。业主在 10 天内必须给承包商两次通知,给承包商改正其过失的机会。

**AGC 与 AIA 的关系**

AGC 在历史上首次没有立刻宣布支持 AIA 的新版合同范本。几乎在 AIA 文件发布的同时,AGC 以及其他一些重要的行业组织联合发布了一套新的合同范本,称为"合议范本",见上文。这种情况出现的原因很多,但主要是 AGC 认为 AIA 发布的合同范本对承包商还是不尽公平。不管情况怎样,这一现象的出现无疑会加剧美国工程范本市场的竞争。

## 四、AIA 文件 A201《施工合同通用条件》内容简介

AIA 合同范本作为美国有代表性的合同体系有很多独到之处。以下篇幅将简要介绍 AIA 文件 A201《施工合同通用条件》(2007 年版)的主要内容。本节不是对 A201 的逐字翻译。如需了解 A201 的详细内容,请参阅原文。在每一个标题后的括号内引用了原文的条款编号。

(一)业主(Owner)(2.1, 2.2, 2.3, 2.4)

业主是指协议书中明确规定的个人或实体。"业主"一词是指业主或业主授权的

代表。

1. 业主应提供的资料与服务

承包商在开工之前可以以书面形式要求业主证明业主已具备足够的财务能力来履行业主的责任。根据2007年版A201的新规定，开工之后承包商则只能在业主未能进行支付或者有充足理由怀疑业主的支付能力时才能要求业主证明自己的财务能力。承包商在业主回应之前可以停工。业主未经事先通知承包商不得变更上述财务能力。业主还应提供现场勘察报告。承包商可以依赖于业主所提供资料的准确性，但在施工过程中应采取必要的措施保证安全施工。

除了合同规定应由承包商负责的许可证及费用之外，业主应负责取得所有的审批手续，并应免费向承包商提供工程图纸与项目手册。

2. 业主停工的权利

如果承包商未能更正工程的缺陷或坚持不按合同要求施工，业主可签署书面命令暂停施工直到上述问题得到解决为止。

3. 业主进行工程施工的权利

如果承包商未能按照合同要求施工，并在收到业主通知10天内（如根据1997年版则须在10天内两次通知）未能改正其错误，业主可自行采取措施改正承包商的错误并由承包商承担一切费用。业主的上述措施及向承包商收取的费用均需得到建筑师的批准。

## （二）承包商

承包商是指协议中明确规定的个人或实体。承包商应根据合同所在地的要求获得从业许可，并以书面形式指定授权的代表。"承包商"一词是指承包商或承包商授权的代表。承包商应按照合同文件进行工程施工。建筑师在合同管理过程中对工程的检验和批准不能解除承包商按照合同要求施工的责任。

1. 一般义务

（1）仔细审查合同文件及场地条件（3.2）

承包商应在开工之前仔细审查合同文件及业主提供的资料，进行现场测量与检验。如果承包商在审查过程中发现错误、矛盾和遗漏，应立即告知建筑师。同时合同也承认承包商对合同文件资料的审阅受承包商的能力所限，不必达到专业设计人员的水平。如果承包商认为建筑师的指示与澄清会导致费用的增加或工期延长，可以进行索赔。如果承包商在发现错误后未及时向建筑师报告并继续施工，承包商应承担相应损失。承包商不承担合同文件中的错误导致的损失。

（2）施工监督与施工过程（3.3，3.9）

承包商应雇用称职的现场管理人员驻于现场并尽心尽力监督指导工程施工。根据2007年版A201的规定，承包商在接受合同之后应立即把承包商将要使用的现场管理人员及其资质通知给业主。业主可在 14 天内提出充足理由反对该人选。承包商未经业主允许不得撤换选定的人选。

承包商应对施工方法、技术、工作程序等承担全部责任并有完全的控制权。如果合同文件具体规定了承包商应必须使用的施工方法、技术、工作程序等，承包商应该对这些规定进行仔细审查。如果承包商认为这些规定存在安全问题，应书面通知业主与建筑师。如果业主坚持原有规定，则应对这些规定可能造成的损失负全部责任。

承包商应对其雇员、分包商以及其他雇员的行为和失误向业主负责。承包商还应负责检验已完成的部分工程以保证可在其基础上继续施工。

(3) 人工与材料及产品质量保证 (3.4, 3.5)

承包商应为工程施工与竣工提供人工、材料、工具、设备、施工机械、公用设备、交通及其他设施与服务。除非有特殊要求，承包商提供的材料与设备应质地优良并是全新的。承包商应向业主保证提供的材料与设备的种类与质量满足合同文件的要求。

(4) 税、未知场地情况、许可证费用等 (3.6, 3.7, 3.17)

承包商需要根据中标时或谈判结束时有效的法律规定为工程交纳各种税款。通常由承包商负责取得工程实施与竣工所需的许可证，政府质量检查等费用。

承包商应遵守有关法律、法令、条例、规章及公共当局的行政命令要求。承包商不负责检查与核实合同文件是否符合相关法律规章。

承包商应负责支付版权与专利使用费，并应负责处理与侵犯版权专利权有关的诉讼与索赔，并保证业主和建筑师不受损失。

如果承包商在现场开挖过程中发现地下情况与合同文件所述情况不符，应立即通知业主与建筑师。建筑师应及时对情况进行调查，并确定该情况对费用与工期的影响。根据 2007 年版 A201 的规定，如果承包商在施工过程中发现合同文件中未标明的人类遗骸、墓葬地、古人类遗址、湿地等，承包商应立即停止作业并通知业主与建筑师。业主应负责与政府部门交涉，争取早日复工。

(5) 补贴费 (Allowances) (3.8)

AIA 关于特别补贴费的规定类似于 FIDIC 关于暂定金额 (Provisional Sums) 和指定分包商的规定。承包商应将合同文件规定的补贴费计入合同总价。业主随后决定使用特殊补贴费支付的项目并指定负责的人员或实体（公司）。补贴费应包括材料与设备的现场交货费用及一切应付税款。如果实际费用与补贴费不等，应使用工程变更调整合同总价。工程变更的数额应包括实际费用与特殊补贴费的差额以及承包商由补贴费工作项导致的费用的变化。

(6) 施工进度计划 (Construction Schedule) (3.10)

签订合同后承包商应立即编制施工进度计划并提交给业主和建筑师。施工进度计划应满足合同文件的工期要求，并根据需要定期调整。承包商还应在签署合同之后编制与进度计划相对应的报批一览表 (Submittal Schedule) 供建筑师批准并在施工过程中随时更新。

(7) 承包商的施工图、产品资料与样品 (3.11, 3.12)

承包商应在现场为业主保留一整套图纸、技术规范、补遗等文件，以及经批准的施工详图、产品资料、样本等申报材料。这些材料应供建筑师使用并在竣工时由建筑师转交给业主。

施工详图、产品资料及样品等申报材料并不构成合同文件的一部分。在得到建筑师批准之前，承包商不得进行与这些申报资料有关部分的施工。

如果合同明确要求承包商提供设计与认证服务，业主与建筑师应负责确定设计的原则与性能指标。承包商应负责提供持有相应证书的称职的专业人员来进行设计与认证工作。

(8) 施工现场的使用 (3.13, 3.15, 3.16, 6.3)

承包商应在现场范围以内活动，并保持现场的有序状态。承包商应及时清理现场并在完工以后清理现场垃圾，将承包商的设备、剩余材料等撤离现场。如果承包商未能完成清场工作，业主可代之完成并且费用由承包商承担。承包商还应为业主和建筑师进入现场提供便利。

(9) 开挖与修补 (3.14)

承包商应按照完工要求进行开挖与修补工作。除非经过业主或其他承包商的以书面形式表示同意，承包商不得开挖或改变业主或其他承包商的工程。

2. 施工过程中与业主及其他承包商的协调关系

(1) 业主施工及分别签订合同的权利 (6.1)

业主有权自己进行施工或者将整个项目分成相互独立的部分分别签订合同。如果承包商认为业主的这种做法导致了额外的费用和延误，则可提出索赔。如果整个项目分成了相互独立的合同，合同文件中"承包商"一词是指每一个独立与业主签订协议书的承包商，从而形成 AIA 合同中特有的"独立承包商"（Separate Contractor）的概念。

业主应负责协调各个独立承包商及业主的活动。承包商可以应邀参与审阅独立承包商及业主的施工进度计划。承包商应根据共同审阅并达成一致意见的结果修改施工进度及合同总价。承包商、独立承包商及业主应执行共同协商的施工进度计划。

(2) 共同责任 (6.2)

承包商应为业主及其他独立承包商的工程施工与材料设备运输等提供方便。如果承包商某一部分的工程施工取决于业主或其他独立承包商的工程的正常实施，承包商在开工之前如果发现这些工程存在缺陷，应及时通知建筑师。

延误或不适当的活动安排或工程缺陷而导致的费用应由责任方承担。如承包商不慎损坏了已完成的工程或业主或其他承包商的财产，则应尽快采取补救措施，不得延误。承包商之间的索赔与争议的解决应参照互惠条款（Reciprocal Obligation）的规定。

3. 保护人员与财产（10）

承包商应负责组织、维护并监督一切与合同实施有关的安全措施与规程，并遵守相关法律，指定专门人员负责安全工作，保证有关人身或财产安全。在出现意外情况下，应向业主和建筑师汇报，并采取相关补救措施。

## （三）建筑师（4.1，4.2）

建筑师是指协议明确规定的在工程所在地拥有建筑师专业注册资格的个人或实体。未经业主、承包商与建筑师三方以书面形式表示同意，不得改变合同规定的建筑师的职责与权限。同时也不得无故拒绝对建筑师职责与权限的变更。如果建筑师被解雇，业主应在与承包商协商后重新指定建筑师。新的建筑师在合同文件中的地位不变。

（1）建筑师将根据合同规定提供合同管理服务直到颁发最终支付证书为止，在合同规定范围内行使业主代表的权利。

（2）建筑师在施工期间根据需要定期对工地进行视察，以了解工程进展情况以及工程施工是否是按照合同规定进行的。建筑师应根据现场视察的情况定期向业主汇报工程进展情况，包括进度及质量问题等。但是建筑师不必在现场随时监控工程质量与进度。建筑师不负责施工手段、方法等及安全工作，也不对上述方面承担责任。建筑师不因为承包商未能按合同要求完成工程而承担责任。建筑师不对承包商、分包商及其雇员等人员的失误负责。

（3）业主与承包商之间的有关工程的通讯应尽量通过建筑师进行。业主与建筑师的咨询人员的通讯亦应通过建筑师进行。业主与分包商及材料供应商的通讯应通过承包商进行。承包商与其他独立承包商的通讯应通过业主进行。

（4）建筑师将根据对工程的评估及对承包商支付申请的审阅与核对，向承包商发出支付证书。建筑师有权拒绝接受不符合合同规定的工程。如果建筑师认为有必要，可要求对工程进一步检查与测试。

（5）建筑师应及时审阅批准承包商的上报材料是否符合已有资料及合同的设计概念，但建筑师的审阅不解除承包商根据合同所应承担的责任。建筑师应根据报批一览表审阅批准上报材料。如没有报批一览表，则应在合理范围内及时加以审阅。一般情况下，建筑师的审阅不意味着批准了与施工手段、方法、工艺等有关的安全措施。

（6）建筑师将负责编制施工变更，施工变更指示以及工程的次要变更。建筑师还应根据3.7.4款的规定调查并处理隐藏或未知的场地情况。建筑师将负责确定实质性竣工与最终竣工的日期，接受承包商的书面保证书并提交业主审阅备案，出具实质性竣工证书和最终支付证书。

（7）建筑师将根据与业主的协议提供一名或多名项目代表协助履行建筑师的职责。合同文件中的附件中规定了项目代表的任务、职责与权限。

（8）建筑师应根据业主或承包商的书面要求解释、决定与合同要求及工程实施有关的事宜。这些解释与决定应符合合同文件的规定，且应采用文字或图纸的形式。在作出此类解释与决定时，建筑师应努力做到不偏袒任何一方。建筑师有关美学效果的决定如果不与合同规定抵触，则具有最终效力。

(9) 2007 年 A201 明确提出，建筑师应负责回应承包商发出的要求澄清项目文件的信息征询表（Request for Information, RFI）。建筑师必须在适当的时限内作出回应。如有必要可以发布辅助说明图纸和技术规范。

### （四）分包商（5.1, 5.2, 5.3, 5.4）

"分包商"一词在合同文件中指分包商或分包商授权的代表。下级分包商（Sub-subcontractor）是指与分包商签订合同，完成部分工程的团体或个人。

承包商在接受合同之后应尽快通过建筑师书面告知业主推荐使用的分包商名单。建筑师应立即书面回函说明业主或建筑师是否接受上述分包商。如未及时回复则表明接受承包商推荐的分包商。

如果由于承包商违约等原因终止合同时，承包商可将分包合同转让给业主。只有在合同终止之后业主书面通知分包商及承包商表示接受分包合同协议时，分包合同转让方为有效。

### （五）工程变更（7.1, 7.2, 7.3, 7.4）

在合同签订之后，在不违反合同的前提下可以发出工程变更。

工程变更有三种形式：变更命令（Change Order）、施工变更指示（Construction Change Directive），或次要工程变更命令（Order for a Minor Change in the Work）。变更命令的发出须经业主、承包商及建筑师之间达成协议。施工变更指示的发出则仅需业主与建筑师达成协议而不需要经过承包商同意。次要工程变更可由建筑师单方面发出。

1. 变更命令

变更命令是由建筑师起草的，并由业主、承包商及建筑师共同签署认可的书面文件，用于工程变更或者调整合同总价和合同工期。

2. 施工变更指示

施工变更指示是由建筑师起草并由业主和建筑师签署的书面指示，用于在各方尚未对总价与工期调整达成一致协议的情况下，进行工程变更。施工变更指示仅应在各方未能以变更命令的形式达成一致协议的情况下使用。承包商在收到施工变更指示后，应立即开始相关的工程实施并通知建筑师承包商是否同意调整总价或工期的方法。

如果承包商未能及时做出反应或不同意调整合同总价的方法，则建筑师将根据实际情况确定调整合同总价的方法与数额。此时，承包商应按建筑师要求的方法进行会计成本核算。

应根据建筑师确认的实际净成本来确定由于工程量减少承包商应返还给业主的金额。如果变更中既有工程的增加也有减少，则管理费与利润应以该变更引起的合同总价的净增量为基础进行计算。

在最终确定施工变更指示的费用之前，承包商可以将根据施工变更指示完成的工作列入付款申请。建筑师在审阅进度付款时应根据自己的判断初步确定这部分工作的价值，并根据确定的金额对合同总价进行调整。双方可通过索赔程序来解决与此有关的争议。如果业主与承包商同意建筑师的决定，则该协议立即生效且通过变更命令的方式记录在案。

3. 次要工程变更

建筑师可以发出"次要工程变更命令"，但是不得调整总价或工期并不得与合同内容相抵触。此类变更应采用书面命令的形式进行并对业主及承包商有约束力。承包商应立即执行此类书面命令。

## （六）工期（8.1，8.2，8.3）

合同工期是指合同规定的、考虑到随后授权调整在内的、工程达到实质性竣工所需的时间。承包商未经业主允许不得提前开工。承包商在工程进行过程中应提供足够的资源争取在实质性竣工日之前完工。如果工程进行过程中，由于业主或建筑师或其雇员或独立承包商的过失、工程变更、劳工纠纷、火灾或其他承包商无法控制的原因，或者业主在仲裁之前授权的延期或其他由建筑师的决定可能导致的延误，造成了工程延误，则应通过变更命令延长工期。对工期的索赔应根据合同规定的程序进行。

## （七）支付与竣工

合同总价是指包括授权的调整在内的为承包商根据合同实施工程而支付给承包商的全部款项。如果采用总价合同或者最大价格保证条款，承包商应在递交首次支付申请之前按照建筑师要求的格式向建筑师提交反映工程各部分之间价值分配状况的价值一览表（Schedule of Values）。如果建筑师未表示反对，此一览表将作为审查承包商支付申请的依据。

1. 支付申请（9.3）

承包商应在每个进度支付日 10 天之前，根据价值一览表向建筑师提交支付申请书。如果合同中予以明确规定，此类申请书应予以公证并附有相关的证明资料，而且应根据合同的要求考虑保留金。申请书中可以包括与工程变更有关的款项。支付款项也应包括已交货并储存于现场供工程使用的相关材料与设备。经过业主事先书面批准，支付款项也可以包括已交货并储存于现场之外的材料与设备。承包商还应保证把与支付申请有关的工程、材料与设备的所有权完整的转交给业主。

2. 支付证书（9.4）

建筑师在收到承包商的支付申请 7 天内按照到期应支付额向业主发出支付证书，

并将副本送交承包商,或者全部或部分暂缓发出证书并书面通知双方说明缓发的原因。

3. 暂缓签发支付证书 (9.5)

建筑师可以为了保护业主的利益决定全部或部分地缓发支付证书。建筑师应将缓发的决定通知承包商与业主。如果承包商与建筑师不能就应支付的款额达成一致意见,建筑师将按照建筑师能够向业主发出支付证明的款额发出支付证书。建筑师也有权根据发放证书后出现的证据全部或部分撤销先前颁发的支付证书,以保证业主免受损失。导致证书缓发的原因主要有:工程质量缺陷,第三方索赔,承包商未能向分包商按时支付,未付工程款余额不足以完成整个工程,给业主或其他承包商造成损失,工程无法按时完成而未付工程款不足以拟补工程延误,屡次未能按照合同文件施工。

如果承包商未能向分包商按时支付,业主可以针对相应的工程或材料设备向承包商与分包商签发联名支票。如果这种情况发生,业主需要通知建筑师把所付款项计入下次支付证书。

4. 支付过程 (9.6, 9.7)

建筑师签发支付证书之后,业主应按合同规定的方式与时间期限进行支付并通知建筑师。在得到付款后,承包商应在7天内按适当比例付款给各个分包商。承包商应在与分包商制定的协议中要求各分包商以同样方式对其下级分包商进行支付。建筑师可应分包商的要求向分包商提供资料说明承包商的支付申请中与该分包商的工程有关的款额及建筑师与业主就此采取的行动。

2007年版A201规定,业主有权要求承包商以书面形式提供证据证明承包商在收到业主的支付以后已付款给分包商及材料供应商。如果业主在7天内得不到承包商的回应,业主有权和分包商取得联系核实分包商是否已得到付款。除非法律另有要求,业主或建筑师均无义务负责向分包商及材料供应商付款。支付证书、进度支付、或业主对项目的进驻并不能表明业主接受了不符合合同要求的工程。

承包商应妥善保管代替分包商和材料供应商从业主处收到的付款。但是为了记账的方便,承包商不必把这些款项存入不同的账户保存。

5. 实质性竣工 (9.8, 9.9)

实质性竣工 (Substantial Completion) 是指工程或工程的某一部分已按合同要求圆满完成,并可供业主按照其意图使用或进驻。如果承包商认为工程已实质性竣工,承包商应起草并向建筑师提交一份一览表说明在最终付款之前将完成的工作。承包商对表中未能包括的项目仍然负有责任。

建筑师在收到承包商提供的一览表后,应核实工程进展状况。如果工程进展满足实质性竣工的要求,建筑师应起草一份实质性竣工证书,提交给业主与承包商签署。实质性竣工证书确定了实质性竣工的日期以及各方在实质性竣工之后的责任。承包商所需提供的质量保证期也开始起算。

通过该接受程序以及经过保证人的同意,业主可以将与相关工程有关的保留金归还给承包商。如果仍存在未完成的工程或不符合合同要求的部分,支付金额应予以相应调整。

通过与承包商的协议并经过保证人的同意,业主可以进驻使用工程中已经完成或者部分完成的部分。除非另有约定,对工程的部分进驻或使用并不代表接受了不满足合同要求的工程。

6. 最终竣工与最终支付(9.10)

收到最终支付申请书及书面通知说明工程已经可以接受最终检验与接受之后,建筑师应立即对工程进行检验。如果建筑师确定工程完全满足合同要求,建筑师将立即颁发最终支付证书,说明根据建筑师对工程的现场检验,工程已按照合同规定予以完成,应向承包商支付全部应付余额。建筑师的最终支付证书进一步说明承包商已满足了得到最终支付的条件。

在工程实质性竣工之后,除非是由于承包商的过失或者变更命令推迟了最终竣工,在经过建筑师的确认后业主应将已经竣工并通过验收的工程款支付给承包商,而并不构成对合同的终止。如果未完工工程的款额少于合同规定的保留金,则在进行此类支付之前,承包商应向建筑师提供证据说明担保人对此付款以书面形式表示同意。此类付款应按照最终支付的形式与条件进行,但是并不构成对索赔权的放弃。

最终支付则表明业主放弃索赔权利,但下列情况除外:存在尚未解决的抵押权(Lien)、索赔、抵押收益(Security Interest)或资产留置权(Encumbrance);未能按照合同文件要求施工;合同文件要求有特殊的保证条款。承包商、分包商或材料供应商对最终支付的接收表明了收款人放弃索赔权利,但不包括收款人事前已书面提出而尚未解决的索赔。

## (八)保险与保函

1. 承包商责任保险(11.1)

承包商应购买并持有针对如下内容的保险:有关员工的报酬、伤残赔偿及其他类似权益;有关承包商雇员的身体损伤、职业疾病或死亡;对于除承包商雇员之外其他人员的身体损伤、职业疾病或死亡;一般人身伤害保险;除了工程以外的有形财产损坏;拥有、维护、使用汽车所造成的人员伤亡或财产损失;与完工责任有关的人员伤亡与财产损失;与承包商的责任有关的合同责任保险。

上述各类保险的责任界限不应低于合同与法律要求(两者取最大值)。无论所投保险是以风险发生还是索赔发生为基础的,其有效期均应从工程开工之日起持续到合同要求的在最终支付之日之后的的保险终止日。2007年版A201还进一步规定,对于完工责任保险,则应持续到缺陷责任期结束。

承包商应在工程开工之前将满足业主要求的保险凭证送交业主备案。此类保险凭证与条款应规定必须在该保险取消与到期之前30天书面通知业主。如果上述保险在最终支付之后仍然需要有效，则承包商在提交最终支付申请书时应同时提交凭证以证明该保险仍有效。

2007年版A201特别提出要求承包商在其根据合同要求购买的商务责任保险中把业主和建筑师指定为额外投保人。这一规定是针对业主和建筑师可能会面临的由于承包商在施工或者完工之后的过失所引起的索赔。同时该新版A201删除了原来的关于项目管理责任保险的规定。

2. 业主责任保险（11.2）

业主应负责购买并持有业主的一般责任保险。

3. 财产保险（11.3）

业主应负责按照最初的合同总价以及随后按重置成本计算的对全部现场工程的价值购买并持有无免赔额（Optional Deductibles）的财产保险。业主还应负责购买锅炉和机械损坏保险（Boiler and Machinery Insurance）。除非合同文件另有规定或由所有保险受益者达成书面协议，此类财产保险的有效期应一直持续到最终支付或直到除业主之外没有其他个人或实体在工程上拥有可保险的财产权益为止。该保险应保护业主、承包商、分包商及下级分包商就所建工程的权益。

财产保险应采用综合险（All-Risk Policy）的形式，并应投保火险、扩展保险范围（Extended Coverage）以及包括盗窃、破坏、地震、洪水、暴风等各种原因造成的物质损失，并应包括由这些损失所导致的建筑师和承包商应提供的服务。

如果业主不准备按上述规定购买财产保险，业主应在开工之前书面通知承包商。承包商可自行购买财产保险以保护承包商、分包商及下级分包商的利益并可通过变更命令的方式向业主收取费用。

如果财产保险规定有免赔额，业主而不是承包商应承担因免赔额而不能获得保险赔偿。该保险还应该包括在场外储存以及运输过程中的工程部件和材料。业主根据合同对工程的部分进驻和使用必须得到保险公司的事先同意。

业主可以自行购买针对由于各种原因造成的丧失使用价值（Loss of Use）的保险。业主同意不向承包商提出有关业主财产丧失使用价值的索赔。

在投保风险期间开始之前，业主应向承包商提供所有保险单的副本。每一份保险单均应包括一般适用条件、定义、除外责任及背书，还应注明只有在书面通知承包商30天后才可以予以修改、取消、或者失效。

合同还规定了针对财产保险的各种弃权条款。该条款涉及的范围包括业主与承包商之间或与他们的分包商、下级分包商及代理人与雇员，建筑师、建筑师的咨询人员、独立承包商及其代理人与雇员之间。保险单上应以背书等形式注明此类弃权。

业主应作为受托人代表所有保险受益人接受对财产保险投保的损失的赔偿。承包商应将收到的保险赔偿金中按照公平的份额支付给分包商，并通过书面协议要求分包商以同样方式对下级分包商支付。

如果任何一受益方书面提出要求，作为受托人的业主应在出现投保损失时提供业主履约保函。保函费用应从赔偿金中支取。业主应将收到的赔偿金存入一个独立账户，并根据各方协议或仲裁裁决书的规定进行分配。如果发生损失后未专门达成协议，承包商应根据变更命令负责重建受损工程。

除非某受益方在损失发生后5天内书面反对授权业主为受托人，业主作为受托人有权受理损失赔偿并与保险人结算损失。如果出现任何一方提出反对的情况，应通过合同规定的程序解决争议。业主作为受托人应根据仲裁人的指示与保险人结算。如果要求通过仲裁分配保险赔偿金，仲裁人将负责分配保险赔偿金。

4. 履约担保与支付担保（11.4）

业主有权要求承包商提供履约担保与支付担保，保证承包商根据招标文件要求或合同规定正常履行合同并承担可能由此产生的支付义务。如果支付担保的受益个人或团体提出要求，承包商应及时提供担保的副本。

### （九）剥离检查与缺陷改正

1. 剥离检查（12.1）

如果承包商违背建筑师的要求或合同的明确规定覆盖了工程的某一部分，而且如果建筑师书面提出要求，承包商必须将该部分剥离供建筑师检查后并复原。所有的费用由承包商承担且不得改变合同工期。

如果承包商覆盖了工程的某一部分而建筑师没有明确要求检查，建筑师仍可要求检查，而承包商应将该部分剥离以供检查。如果检查结果表明工程满足合同要求，则所有剥离与复原的费用将以工程变更的形式由业主来负担。如果工程不满足合同要求而且不是由业主以及其他承包商的过失造成的，则费用由承包商来负担。

2. 缺陷改正（12.2）

承包商应及时改正建筑师拒收的或不满足合同要求的工程。承包商应承担改正费用，包括额外的检验与视察费用及建筑师的服务与其他费用。如果从工程或部分工程实质性竣工之日起或合同明确要求的保证期开始之日起一年内，发现工程中有不满足合同要求之处，则在收到业主的书面通知后，承包商应立即对其进行改正。

如果业主在一年缺陷改正期内未能提出改正要求，则放弃了要求承包商改正缺陷的权利。如果承包商在收到业主和建筑师的要求后未能及时改正缺陷，则业主可以自行改正缺陷并且令承包商承担费用。承包商应将不满足合同要求而且既未被承包商改正也未被业主接受的部分工程运离现场。如果承包商在改正不满足合同要求的工程时，损坏了业主或独立承包商的构筑物，则承包商应承担修复的费用。

3. 业主接受不符合要求的工程（12.3）

如果业主愿意接受不满足合同要求的工程，业主可不要求对其进行拆除与返修，同时应适当地减少合同总价。无论最终支付已经发生，均可进行此类调整。

### (十) 其他条款

**1. 法律 (13.1)**

合同应受项目所在地法律的约束。如果合同双方决定采用仲裁作为解决争端的方法，则15.4款应受联邦仲裁法案约束。

**2. 继承人与受让人 (13.2)**

业主与承包商分别保证其自身、其合伙人、继承人、受让人等对另一方及其合伙人、继承人、受让人等接受合同中包含的契约、协议与义务的约束。未经一方以书面形式表示同意，另一方不得整体转让合同。但是业主在未经承包商同意的情况下可以将合同转让给为项目提供工程贷款的机构。在这种情况下，贷款人拥有合同规定的业主的权利与义务。承包商应尽可能取得其他各方的同意以使转让过程能够顺利进行。

**3. 书面通知**

合同文件要求可由专人将书面通知递交给收件机构的成员与个人，或者公司的管理人员。书面通知的递送亦可通过挂号信或者其他有回执的方式投递到收件方的办公地址。

**4. 权利与补偿 (13.4)**

本合同的规定及由此产生的权利和补偿是在遵守有关法律规定的前提下还应履行的责任和义务。业主、建筑师和承包商的任何作为或不作为均不能构成对合同规定的权利或义务的放弃，也不能构成对违反合同行为的批准或默许。

**5. 测试与检验 (13.5)**

对工程或其某一部分的测试，检验与批准，应根据合同文件或公共当局制定的法律规章及行政命令进行。承包商应负责安排此类测试与检验并承担费用。此类测试与检验通常由业主认可的独立实验室或公共当局负责进行。承包商应及时将此类测试与检验的时间地点通知建筑师以使建筑师能够到场检查。业主应承担在授标或谈判结束之前进行的测试与检验的费用。另外地方法律规章有可能要求业主必须承担测试与检验的费用。

如果建筑师、业主或公共当局认为工程某一部分需要进行除本条款规定之外的其他的测试与检验，建筑师应在得到业主书面授权之后，指示承包商安排此类测试与检验。承包商应及时将此类测试与检验的时间地点通知建筑师以便其能够到场检查。业主应负责检验费用。

如果上述各类测试与检验表明工程不满足合同要求，承包商应承担由此导致的一切费用，包括进行重复检查的费用及对建筑师的服务与费用的补偿。

承包商应负责取得测试、检验、与批准的证书并送交建筑师。如果建筑师希望现场监督合同要求的测试与检验，建筑师应及时到达检验地点。应尽快进行合同要求的检验，以免延误工程进行。

## 6. 利息（13.6）

根据合同到期而未支付的款项应从到期之日起计算利息。应遵照各方书面协议确定利率或在无此类协议时，遵照项目所在地现行法定利率确定。

## 7. 法律时效的开始（13.7）

对于业主和承包商：

（1）适用于实质性竣工前的作为或不作为的法律时效，其开始应不晚于实质性竣工日期；

（2）适用于从实质性竣工至最终支付之间的作为或不作为的法律时效，其开始应不晚于最终支付日期；

（3）适用于最终支付之后的作为或不作为的法律时效，其开始应不晚于以下三个日期中的最晚者：承包商根据3.5款（有关材料和设备质量保证）的作为或不作为的日期；承包商根据12.2款（工程的返修）的作为或不作为的日期；业主或承包商的作为或不作为的实际发生日期。

业主和承包商应在适用法律规定的时效以内，向对方提出与工程合同相关的各种索赔。但是这种时效无论如何不应长于从实质性竣工以后十年。

## （十一）合同的终止与暂停（14.1，14.2，14.3）

### 1. 承包商终止合同

在承包商或分包商、下级分包商及前述各方的代理人或雇员没有过失的情况下，如果以下任何原因导致停工连续超过30天，承包商可终止合同：法庭或其他有管辖权的公共当局命令工程停工；政府行为如宣布紧急状态致使工程停工；建筑师未颁发支付证书且未通知承包商拒发原因或者业主未能在规定时间内按照支付证书规定支付；业主未能按照承包商的要求及时向承包商提供证据表明已经筹备了工程款。

在承包商或分包商、下级分包商及前述各方的代理人或雇员没有过失的情况下，如果业主多次暂停、延误或中断全部工程施工累计超过预计工期的100%，或在任何365天内超过120天（以二者中较少的时间为准），承包商可以中止合同。

如果上述任何情况出现，承包商可在向业主与建筑师发出书面通知7天后终止合同，并向业主索取对已实施工程的付款，以及合理的管理费、利润及损失赔偿金。

在承包商或分包商、下级分包商及前述各方的代理人或雇员没有过失的情况下，如果业主一直未能按照合同履行业主义务，致使停工连续超过60天，承包商在向业主与建筑师发出书面通知7天后，可终止合同，并根据本款规定的程序向业主收取相应的费用。

### 2. 业主出于合理原因终止合同

业主可在下列情况下终止合同：承包商屡次拒绝或不能提供合格的人员或材料；承包商未能根据承包商与分包商的协议对分包商提供的材料与人工进行支付；承包商

屡次无视有管辖权的公共当局制定的法律、规章、制度、规定或命令；承包商其他违反合同规定的行为。

如果上述任何情况出现，业主在经过初始裁定人核实充分理由存在，在通知承包商以及其保证人7天以后，可以终止和承包商的合同，并采取如下行动：把承包商清离现场并接管承包商在现场的所有材料、设备、工具、机械等；根据5.4款接手所有分包合同；以业主认为适当的方式完成工程；如果承包商提出要求，业主需要提供在完成工程过程中的所有费用明细。

如果由于上述原因业主终止了与承包商的合同，承包商在整个工程完工之前不会得到任何支付。在工程完工以后，如果业主的所有费用未超过未付工程款的余额，应把差额支付给承包商。相反如果业主的费用高于未付工程款余额，则承包商应把差额补偿给业主。双方之间在工程完工以后的支付应经过初始裁定人的核准。

3. 业主出于其他原因暂停工程或终止合同

业主可以在不说明原因的情况下书面命令承包商全部或部分暂停、推迟或中断工程实施。应根据由此导致的费用增加与工期延误对合同总价和合同工期进行调整。对合同总价的调整应考虑到利润。但在下列情况下不应进行上述调整：由承包商的原因所引起工程的暂停、推迟或中断；根据另一合同条款已经进行了等效的调整或者规定不得进行调整。

业主也可以随时终止合同。在收到业主终止合同的书面通知后，承包商应停止工程实施，采取必要的或者业主要求的措施保护现有工程，终止所有现存的分包与购买合同（用于合同终止日之前的工程的分包与购买合同除外）并且不再签署新的分包与购买合同。承包商应得到对已完工工程的付款，由合同终止所导致的一切费用，以及承包商从合同未执行部分所应得的管理费及利润。

## （十二）索赔与争议的解决

索赔是合同一方基于合同条款提出的要求或主张，寻求得到财务赔偿或其他补偿的权利。"索赔"这一术语还指业主和承包商之间因合同产生或与合同相关的其他争议和事项。提出索赔一方应负责提供索赔的证据。

1. 索赔的提出与内容（15.1）

无论业主还是承包商提出索赔时都必须将索赔意向书面通知给另一方和初始裁定人。如果建筑师不担任初始裁定人，还应抄送建筑师。合同任何一方必须在引起索赔的事件发生后21天内或索赔方首次察觉引起索赔的状况后21天内提起索赔，以较晚者为准。在等待最终解决索赔事件期间，承包商应继续努力履行合同义务，业主应继续依据合同文件支付。建筑师应根据初始裁定人的决定发布变更令并签发支付证书。

承包商可以针对额外费用和工期进行索赔。如果承包商想通过索赔增加合同金额，应在继续施工前发出书面通知。根据10.4款的规定，因危及生命和财产的突发事件导致的相关索赔不需要事先通知。承包商要求延长合同工期的索赔应包括估计的费用和对工程进度可能导致的延迟。如果索赔原因存在持续性影响，只需索赔一次。如果基于不利天气状况提出工期延长索赔，应附以资料说明天气状况实属异常，不能合理预见且对施工产生了不利影响。

承包商和业主双方同意放弃对彼此进行间接损失索赔，包括：业主遭受的租赁费用、使用、收入、利润、融资、业务和声誉的损失，以及管理层或雇员工效降低或其服务的损失；承包商遭受的总部费用（包括总部人员的工资）、融资、业务和声誉的损失，以及除来自此工程的预期利润以外的利润损失。但是这里的规定不影响合同文件规定的违约赔偿金。

2. 通过初始裁定解决争议（15.2）

除了因紧急和危险情况产生的索赔以及保险受损的情况，任何索赔事项应由初始裁定人做出初始裁定。如果协议书中没有明确指定裁定人，建筑师可以充当初始裁定人。在最终支付日期之前产生的索赔在提请调解之前均需首先经过初始裁定人裁定，除非是在提交索赔30天之后初始裁定人仍未能做出决定。通常初始裁定人不能负责裁定承包商与除业主以外的其他人员或机构之间的争议。

初始裁定人在收到索赔通知之后审阅索赔材料，在10天之内采取以下某一项或某几项行动：（1）要求索赔方提交进一步的支持性材料，或要求另一方提供支持性材料；（2）全部或部分的拒绝索赔事项；（3）批准索赔；（4）提出折衷方案；或者（5）如果初始裁定人缺乏足够信息裁定索赔事项，或者初始裁定人个人认为自己不是做出裁定的恰当人选，应通知合同双方初始裁定人不能解决该索赔。

初始裁定人可以在裁定过程中向索赔任一方或具备专业知识或技能的人士咨询或获取信息。初始裁定人可以要求业主同意由业主付费来寻求此类人士的协助。如果初始裁定人要求合同一方回应某索赔或提供其他支持性资料，该方应在收到此类要求后的10天之内采取以下某一行动予以回应（1）提供所要求的支持性资料；（2）通知初始裁定人何时可以做出回应或提供支持性资料；（3）通知初始裁定人不能提供任何支持性资料。

初始裁定人应做出的裁定应以书面形式做出，说明裁定的理由，并把合同金额和/或工期改变通知给合同双方及建筑师（当建筑师不是初始裁定人时）。初始裁定应具有最终效力且对双方具有约束力，但仍可提请调解。如果双方未能通过调解程序解决争议，应寻求"有约束力的争议解决方案"（Binding Dispute Resolution）。有约束力的争议解决方案在此往往是指仲裁，但也可能是诉讼，参见下文。

在初始裁定人做出裁定以后，索赔双方均可随时就索赔事宜提请调解，没有时间限制。但同时合同也规定为了尽快最终了结与索赔有关的事宜，索赔任一方在初始裁定作出后30天内，可以书面通知另一方，如果另一方希望提请调解，必须在初始裁定作出后60天内提出申请。如果另一方在收到通知后未在规定时间内申请调解，则双方同时放弃调解的权利以及寻求"有约束力的争议解决方案"的权利。如果双方在30天内均不表态，则保留无限期申请调解权。

3. 调解与仲裁

除非在紧急或者危险情况下，索赔与争议必须先进行调解才能寻求仲裁。双方应努力通过调解解决争议。调解一般应由美国仲裁协会受理，依据其制定的建筑行业调解程序执行。合同一方应以书面形式把调解请求发送给合同另一方，同时发送给调解人员或机构。可以同时提出仲裁。但在这种情况下，调解程序应领先于仲裁程序。为此仲裁应自申请之日起延缓60天执行作为调解时间。但是双方可以马上开始选择仲裁员，并就后续进程安排达成协议。

调解人酬金和所有申请费用由合同双方平摊。通常调解应在项目所在地执行。调解中达成的协议应与法庭所做出的和解协议具有同等的法律效力。

如果双方在本协议书中选择通过仲裁形成有约束力的争议解决方案，所有接受调解但未能解决的争议应提交仲裁。仲裁通常应由美国仲裁协会受理，依据其制定的建筑行业仲裁规则执行。合同一方应以书面形式把仲裁要求发送给合同另一方，同时发送给仲裁员或机构。发出仲裁要求的一方必须在要求中包括就该方目前所知可以提交仲裁的所有索赔。

仲裁要求的发出不得早于同时提出的调解请求，但不能晚于有关法律规定的、执行基于该索赔的法律程序的时效日期。为遵守法定时效之目的，仲裁员或机构收到书面仲裁要求即应构成基于该索赔的法律或类似程序的开始。由仲裁员做出的裁决应具有最终效力。法庭依据所适用的法律可以根据此决定进行判决。

任一方在满足一定的条件下可以将多个性质类似或者相关的仲裁合并提出并处理。在这种情况下，与这些合并处理的仲裁有关的协议都必须允许合并处理。这些仲裁必须涉及相同的法律和事实，而且可以使用类似的程序和方法选择仲裁人。任一方可以以联合仲裁（Joinder）的方式在仲裁中牵涉到其他与仲裁事件相关的人员或机构，以利于己方的赔偿要求。

# 结束语

我国建筑合同范本从无到有只有十几年的历史。目前随着工程建设发展的需要合同范本的种类也日趋多元化发展。学习和了解国外建筑标准合同范本发展的历史和现状，有助于我国建筑合同范本的制定。近年来，我国的建筑承包企业日益重视进入欧美发达国家市场，了解英美两国常见的合同范本无疑会促进他们的市场开发。

综上所述，英美两国建筑标准合同范本有如下方面值得我们参考与借鉴：

- 多元化与多样化：英美大部分的合同范本都是以完整的体系存在，有为不同的工程项目类型、规模、工程管理模式等而制定的专用版本。相比之下我国建筑合同范本还比较单一。
- 修订与更新：大多数合同范本都需要定期或者不定期的修订与更新，以便反映建筑业自身的发展变化以及建筑合同理论研究的最新成果。很多英美制订合同范本的组织都以不同的方式听取工业界在使用合同范本过程中的体会和建议。这些来自实践的反馈无疑会有益于合同范本的更新与完善。
- 合同范本体系之间的竞争与协作：无论是在英国和美国都存在各种范本制定组织与范本并存的局面。用户在使用合同范本的时候往往有多个合同范本体系可供选择。这种情况的存在是有其合理性的。工程技术标准为了避免混淆与差错往往要求严格统一。但是合同范本除了技术问题以外还存在很多管理、商务、文化等方面的因素，因此似乎很难制定一个完全合理的统一标准。各个范本制定组织之间也不完全是竞争关系。它们之间在制定合同范本过程中存在着很多合作关系，尤其是在一些尚未完全发展成熟的领域，如设计—建造，对电子文件知识产权的处理等。
- 政府职能：英国与美国标准合同范本的制定主要依靠建筑业行业与专业组织。政府部门的职能在这一过程中是有限的。建筑业自身的行业与专业组织通过长年实践积累了丰富的经验，对于合同范本的应用状况有最直接的了解，因此制定出的合同范本有较高的权威性。由于基本体制的不同我们不可能照搬照抄国外的机制，但是仍然可以借鉴他们来自于实践服务于实践的基本方针。
- 与法律体系之间的关系：合同范本与基本法律体系有着千丝万缕的联系，例如在保险、保函、争议的解决等方面。大多数合同范本的很多条款与规定都与所在国的一些法律相关联。因此在学习、制定与修改合同范本的时候，还要了解基本的法律知识和有关的法律条文。

英国和美国现有的合同范本是经过几十甚至上百年几代人的努力才形成的，不是一朝一夕的事情。相比之下我国合同范本的制定、推广与使用面临着诸多挑战。我们不但需要在短时间以内建立自己的适应现代化需要的体系，还需要解决新旧体制转换、法律体系不健全等一系列的问题。长远来看使用建筑合同范本是建筑业发展的必然趋势，但是形成一整套完善合理的合同范本体系还任重道远。

## 思考题

1. 与其他合同范本以及早期 NEC 合同范本相比，NEC3 的主要特点是什么？
2. 简述 ECC 合同中核心条款与各种选项条款之间的关系。
3. ECC 合同中伙伴关系机制是如何实现的？
4. 试分析 AIA 系列合同文件的联系。

5. 试分析比较 AIA A201 中建筑师和 FIDIC《新红皮书》中工程师对合同管理的职责有何不同。

6. 试分析 AIA A201 中索赔与争议解决程序的特点并与 FIDIC《新红皮书》对比。

7. AIA A201 的工程变更分为几个层次？各有何特点？

8. AIA A201 关于保险与保函的规定有何特点？

# 第9章　国际工程相关的部分合同

> 本章主要介绍与国际工程承包密切相关的联营体协议书、国际租赁合同、国际劳务合同、国际技术转让合同以及代理协议，并对这些合同的主要类型和主要条款进行分析。

## 第1节　联营体协议书

### 一、概述

#### （一）联营体的优缺点

联营体（Joint Venture，JV）可以由中国国内各工程公司组成或由中外公司组成。由中外公司组成联营体并在中国境内注册时，联营体的组成必须遵守《中华人民共和国合同法》及相关法律。如果在对方所在国境内注册，则应遵守对方所在国的相关法律。联营体在实施任何项目时，均应遵守项目所在国的有关法律法规。

各工程公司组成联营体，或是为了增强自己的竞争实力；或是项目所在国实行地方保护政策，要求外国投标者必须与本国承包商组成 JV 共同投标；或是项目所在国给予本国承包商许多优惠；世界银行贷款项目也对外国企业与本地承包商组成的 JV 在评标时给予优惠；外国承包商也愿意与本地承包商组成 JV，使投标更具竞争力，同时还可以利用当地承包商的社会关系，为夺标和实现项目目标创造更为便利的条件。总之，组成 JV 是为了得到承包合同，并在实施项目时盈利，这是组成 JV 各方的共同目标。JV 有很多优点，主要是：

（1）可增大融资能力；

（2）在专业特长方面互补，增强专业技术水平，降低报价；

（3）分担施工风险；

（4）工程项目所在国承包商参加 JV 有利于外国承包商了解该国业务，并往往可享受优惠待遇，便于利用当地的廉价劳动力以降低工程造价；

（5）有助于提高发展中国家工程公司的管理水平和技术水平。

由于联营体是由多方参与的协作型组织，它又存在一些缺点。在组成联营体时，应给予高度重视。主要缺点是：

（1）管理层次增多，不易迅速决策；

（2）内部职责划分不清时，易产生内部矛盾；

（3）出于各自的利益考虑，投标价格可能会偏高。

### （二）联营体的类型和特点

联营体一般可分为两大类：法人型 JV 和合同型 JV。

1. 法人型联营体（Corporate Joint Venture）

法人型联营体实际上是一种合资公司，是具有独立法人资格的各方同意联合组成新的经济实体，共同承担民事责任，并注册登记的新的法人。其合作方式为各当事人认缴一定的注册资本额，并按照其认缴的资本额在联营体总注册资本中所占的直接比例，分享联营体的利润，分担风险和损失。联营各方关心的是整个项目的利润和损失，因此他们必须一同制定项目的目标，共同决策。即使有具体事项的分歧，但最终目的、权益是一致的。

2. 合同型联营体（Contractual Joint Venture）

合同型联营体也称为合作型联营体（Cooperative JV）或分担型联营体（Seperative JV），但性质是一样的，即具有独立法人资格的各方按照合同的约定进行经营，其权利和义务由合同约定。他们具有共同的经济目的，为了获取投标的项目，在项目实施和经营等方面进行协作，而就相互间的职责、权利和义务关系达成协议。所订立的联营体协议书是制约各方的主要手段。

工程项目实施时的联营体多半是合同型联营体，在法律词典中，JV 也可译为"临时合伙"。

在具体协作时，各方可根据自己的特长，在实施项目时分担自己的责任，分担的方法可以按设计、施工、货物采购等，也可以把土建工程分为若干部分（如基础工程、上部结构等），由各方分担。

协议书的订立只是针对某一具体的工程项目，在完成项目，清理了该项工程的一切财务账目（即清理了 JV 的财务和权益）后，即宣告联营终止。

合同型联营体又可分为两种：

(1) 投资入股型（Equity JV）：投资入股型类似于法人型联营体，但不注册为新的法人，不产生新的经济实体，只是一个关系较为紧密的联营体。联营各方约定共同出资，共同经营，共负经营风险。各方按照出资的比例或者协议的约定分享利润，承担民事责任和连带责任。

(2) 协作型（Cooperative JV，Consortium）：协作型联营体也不产生新的经济实体，且是一个较为松散的联合体，其组织性较弱，在承包经营中独立核算，不必设立出资条款和盈亏分派条款。通常规定建立一个共同管理联营体的机构，或由一个联营体成员对联营的项目进行组织和协调，负责对外进行业务联系，对内组织、协调生产，使各联营体成员相互提供便利和优惠。各联营体成员出一部分资金作为协调组织机构的办公费用，但此部分费用不具有出资的性质。联营体成员间的业务往来，仍然要通过订立各种合同来进行，如购销合同、技术转让合同等。

协作型联营体的松散程度还与联营体成员是否向项目业主承担连带责任有关，即如果某一成员造成业主损失而又无法向业主做出全额赔偿时，其他成员因连带责任须共同向业主承担赔偿责任。如果联营体成员各自承担自己的责任，不负连带责任，则联营更加松散。但就目前建筑市场的现状而言，项目业主普遍要求联营体中的任一成员对其他成员的行为对业主负连带责任。

联营体的类型可用图 9-1 简单示出：

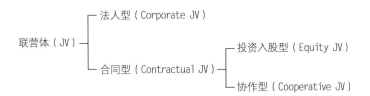

**图 9-1　联营体类型**

各种类型联营体的主要区别如下表所示：

**各类 JV 的主要区别**　　　　　　　　　　　表 9-1

| 类型<br>主要区别事项 | 法人型联营体 | 合同型联营体 ||
|---|---|---|---|
| | | 投资入股型 | 协作型 |
| 1. 是否注册为新法人 | √ | | |
| 2. 是否设立出资条款 | √ | √ | |
| 3. 风险分担方式 | | | |
| 按出资比例 | √ | √ | |
| 按任务分担方式 | | | √ |

续表

| 类型<br>主要区别事项 | 法人型联营体 | 合同型联营体 | |
|---|---|---|---|
| | | 投资入股型 | 协作型 |
| 4. 利润分享方式 | | | |
| 按出资比例 | √ | √ | |
| 按任务分担方式 | | | √ |
| 5. 是否为各自独立核算 | | | √ |

下面详细介绍法人型联营体协议书，再介绍工程项目中常用的投资入股型和协作型联营体的协议书。

## 二、法人型联营体协议书

在这一部分中，对协议书主要条款内容按下述方式介绍，即每一条款标题下分为"内容"和"说明"。"内容"是指根据具体情况写入协议书的条款内容，"说明"是对编写条款内容时的要求和注意事项逐一进行说明。

### （一）联营体名称和地址

内容：成立联营体所依据的法律，联营体的名称和名称的使用原则，股东的责任形式为有限责任公司。

说明：对中外 JV，联营体的名称一般应包括中、英文两种。但如与项目所在国公司联营，JV 名称则须用英文和当地文字。JV 名称中应标明联营体所在地和联营字样。如果联营体在其他地区设有分公司，还应记载分公司的地址。

如果联营体在中国注册，联营体所依据的中国法律为《中华人民共和国合同法》、《中华人民共和国公司法》等相关法律。

### （二）联营体各成员的名称，办公地址及其经济性质

内容：联营体各成员在其所属国注册的全称名称，注册的法定办公地址及其经济性质，联系电话和传真机号，法定代表人及其职务和国籍。

说明：企业的经济性质应标明企业是依照其管辖地的法律成立和存在，各当事人均有权从事本协议书规定的活动。必要时协议书中可增加如下内容：要求各当事人提供在形式和内容上均能令其他方满意的证明上述情况的文件。联营体的经济性质应为合资经营企业。

### （三）联营体的经营宗旨、范围和规模

内容：组成联营体的目的和经营宗旨，经营范围和规模，联营体的年生产能力应达到或超过的营业额，联营体如何设立独立的账户。

说明：经营宗旨是指充分利用各方当事人的特长，加强各方间的经济合作，增加产品的销售，促使联营体为各方取得利润。经营的范围是指为国际上某些地区（地区范围可在协议书中做出具体规定）的工程项目提供的咨询、规划、设计、估价、施工、管理、监督和其他服务；协议书中也可写入今后如何扩大联营体的生产能力的内容。

中国境内的联营体应设立独立的外汇和人民币账户，并可在中国政府指定的机构进行调剂人民币和外汇等辅助活动。

（四）投资总额和注册资本

内容：联营体的投资总额（Total Amount of Investment）及来源组成；联营体的注册资本额（Registered Capital）；联营体各方认缴注册资本的百分比及具体金额，认缴的方式和时间安排；联营体各方注册资本缴纳的验资和核实。投资总额以及注册资本额的任何变化须经董事会和有关部门同意。

说明：认缴注册资本可一次性或分期在规定的时间内缴纳（例如：可在联营体营业执照生效日起三个月内缴纳不少于其认缴资本额的15%，其余部分应在执照生效日后的六个月内缴齐）。各方投资应以现金缴纳（必要时，也可以实物代替出资）。

对中外联营体可明确规定中方公司以人民币或实物参与出资，人民币或其他外币均应存入联营体所开设的相应的账户。如外方缴纳外币，在需要转换为人民币时，可依照进入联营体账户当日中国银行规定的买进该种外币的官方牌价兑换为人民币。

资本缴纳的验资和核实应由一定级别的注册会计师进行审核并发布证明当事人当时缴纳资本出资额的报告，全部验资费用由JV支付。JV应根据此验资报告向当事人颁发联营体内资本缴纳的证明，并说明此证明是各当事人资本缴纳和在联营体中所拥有权益的决定性的依据。任何当事人未能在规定的期限内将其认缴的注册资本存入联营体的账户，则应依照协议书的有关条款给予罚款。

（五）董事会

内容：董事会（The Board of Directors）的成立，董事会的组成和任期，董事长的职责和权力，董事长、副董事长和董事任命方法，各董事的姓名、职务和地址，董事会的职责，召集董事会议和形成董事会议决议的有关规定。

说明：董事会是联营体的最高权力机构，联营体在取得营业执照时，董事会应成立并开始运作。董事会的董事长（Board Chairman）是联营体的法定代表人，可进行章程中授权的活动，或董事会明确书面授权的其他活动。董事长一般由出资最多的一方委派，副董事长由其他方委派。董事分别由各成员商定委派的名额。

董事会的一般职责如下（可视具体情况进行取舍）：

(1) 制定和修改联营体章程；

(2) 增加或转让联营体注册资本，研究决定联营体与其他经济组织的合并事宜；

（3）聘任或解聘总经理、副总经理、总工程师和总会计师；

（4）筹措流动资金贷款；

（5）接受或拒绝超过一定合同金额的项目；

（6）决定利润分配方案和分配利润；

（7）制定内部条例和规章以及对业主、工程师的总政策（如索赔政策等）；

（8）设立分支机构；

（9）审查和批准总经理提交的重要报告（如年度预算，年度商务报告等）；

（10）决定所有职工包括高级职员的工资标准、雇佣条件和解雇政策；

（11）决定联营体到期和提前终止的清算事宜；

（12）确定有关保险的原则；

（13）制定实施工程所需机械设备的采购和租赁总政策，并批准有关费用。制定工程不再需要的机械设备的处理标准；

（14）对管理机构提交给董事会的事项做出决定；

（15）制定经营程序、指导方针以及财务和会计工作指导方针；

（16）批准董事会认为需批准的其他事项。

董事会对上述第（1）、（2）事项须一致批准通过，其他事项的批准须以多数票通过。如有其他特殊要求应写明。

应说明各董事参加董事会的具体要求，董事会的决议方法和表决权的计算方法及在会议召开日期前多少天以书面形式将会议的日期、时间和地点及有关的议题通知各方。（例如，构成董事会议有效的最少人数及必须参加人，董事参加董事会议的方式可以是本人、其代表人或以电话形式参加。后两种方式董事本人须在董事会后规定的时间内（一般为24小时）以规定的方式进行确认等。）

另应说明紧急情况下，召集董事会议的方法及决议方法。

除召集董事会通过有关决议外，如经各位董事书面签署同一书面决议的各个文本，可以不经过会议而通过该决议。

参加董事会议的人员，由于参加会议而发生的旅费、住宿费和相关的费用一般由联营体进行支付。

（六）经营管理机构

内容：经营管理机构的产生，人员组成和管理机构的职责，决策程序；主要负责人的姓名、任期、职责；现场经理部的组成和人员任命；现场经理部的职责和权限。

说明：经营管理机构是联营体的最高运作机构，应负责联营体的日常管理，除对联营体董事会负责外，应为独立自主的机构。

管理机构一般由总经理、副总经理和若干部门经理组成，由董事会任免管理机构的总经理和副总经理并确定任期以及是否可以连任，董事会有权随时解除总经理或副总经理的职务，不需说明任何理由。总经理和副总经理的提名方式可在协议书中做出具体规定。

管理机构的职责包括：

（1）根据董事会确定的总政策全面监督并控制与联营体履行协议书有关的全部活动；

（2）执行董事会做出的决定；

（3）批准工程施工方法和总进度计划；

（4）选择分包商及批准主要分包合同；

（5）批准由各方和/或第三方实施的技术研究和其他专门服务及预算，审核并批准与此有关的费用；

（6）审查财务计划并递交董事会批准；

（7）监督对业主或第三方的索赔工作；

（8）批准经过审计的联营体的投标费用；

（9）处理不归董事会负责但与工程实施有关的其他任何事项。

董事会决定高级职员的职责范围。

副总经理协助总经理工作，并对总经理负责，总经理可任命若干部门经理。部门经理分别负责各部门工作，并对总经理和副总经理负责。

应说明召开管理机构会议以及形成会议纪要的有关规定，包括：会议通知的发出时间，会议的日期、时间、地点和议题，构成会议有效的必须参加人和最少参加人数，紧急情况下的会议，以及在会议期间不能就所讨论事宜达成一致意见时的处理方法等。

联营体可设监察组织机构，也可不设，视情况而定。该组织成员由各成员公司委派，主要职责是对联营体的事务执行情况进行全面监督。

联营体管理机构应根据项目的具体情况，批准设立现场经理部，现场经理部对管理机构负责，按其指示行事，并应监督该工程项目严格按合同的有关规定实施。

现场经理部一般由现场总经理（General Manager），商务副经理（Deputy Business Manager）和现场副经理（Deputy Manager）组成。商务副经理一般负责与工程有关的财务运作，现场副经理则着重负责现场的施工组织安排和解决施工技术问题。商务副经理和现场副经理的任用由管理机构决定，其他现场组织人员由总经理聘用（一般是从当地招聘）。

现场经理部有权在工程实施现场代表联营体，但经理部就项目合同的实质性修改所进行的谈判须经管理机构批准。财务账目的巨大变动、大型设备采购及类似事务的处理均应及时通知管理机构并获其批准。

项目的财务账目和重要函件应由现场总经理和商务总经理共同签字，如其中一人缺席，财务账目由管理机构进一步确定授权签字人选，重要函件可由有关的现场副经理签字。

### (七) 购买设备、物资和服务

内容：采购设备、物资和服务的原则。

说明：联营体在采购所需要的设备、物资和服务时，如果是中外联营体，且在中国境内注册，中国国内提供的产品与可能进口的产品相比，如规格相同，且具有相同的质量，价格合理，同时在其他方面也具有竞争力，则应优先采用中国国内产品。

### (八) 联营体各成员的职责和义务

内容：分别规定联营体各成员的职责和义务。

说明：应分别列明各成员的职责，一般考虑如下内容：

(1) 办理营业执照和正常进行业务经营所需的各种许可，以及代表联营体处理所有涉及注册地有关当局的事务；

(2) 征募联营体中方和外方高级管理人员，技术人员和技术工人；

(3) 办理联营体办公场所及办公设施的租赁和经营联营体所需的其他项目；

(4) 办理联营体在其注册地的国家和地方的税收优惠；

(5) 办理联营体职员的出入境手续及进行与联营体有关的活动时的交通和住宿；

(6) 开发、获得设计和技术，进行技术转让；

(7) 培训联营体人员；

(8) 开发新项目；

(9) 办理其他事项，如办理联营体所需要的贷款；办理为执行本工程项目的合同，联营体各成员国所需要的任何进出口许可证等。

如果 JV 是由外国公司与当地公司组成，对上述第 (1)、(3)、(4) 项，一般由联营体中的当地公司承担。

JV 各成员的义务：

(1) 缴纳各自认缴的联营体的注册资本；

(2) 联营体的会计账簿应遵守注册地的有关会计制度；

(3) 未经董事会书面批准，任何成员均不得为联营体或其资产设立抵押或提供作为抵押品，许可留置或设置其他债权；

(4) 处理联营体向各成员委托的其他事宜；

(5) 按照诚信原则，联营体各成员应尽自己最大努力确保联营体的经济活力和盈利。

### (九) 盈余及亏损分派的比例或标准

内容：联营体成员应按照其所缴纳的资本在注册资本中所占的直接比例，分享联营体的利润，分担风险和损失。另应说明如何处理联营体任何债务和义务。

说明：盈余和亏损是指缴纳了联营体的所有税费后的盈余和亏损。在分配利润时，应说明支付各成员公司的币种和金额、汇款方式、汇往银行等。

（十）联营体协议书的修改

内容：协议书条款内容的修改程序。

说明：协议书的任何修改须经董事会一致通过并呈报有关部门批准。对中外公司组成的联营体，协议书的任何修改均应符合《中华人民共和国合同法》以及新颁布的有关规定和实施细则。这些新的法律法规，可能给联营体带来优惠，也可能产生负担。对这种情况，尤其是产生不利影响的情况，可在协议书中做出详细说明（如可规定：由于法律法规的变更导致不再保护某成员的权利时，该成员可终止协议书），以保护各成员的利益。此时受到不利影响的成员应迅速通知其他各成员，各成员在收到该通知后，应迅速对涉及本协议书的有关内容进行协商并做出必要修改。

（十一）联营体成员以现金以外的财产出资

内容：联营体成员以现金以外的财产出资的方法和审批程序。

说明：一般允许联营体成员以现金以外的财产（如实物或财产权）出资，但不得以劳务和信用出资。以现金以外的财产出资须经董事会批准。

（十二）工程投标

内容：国际市场的调查，工程项目投标价格的确定，投标的原则。

说明：工程项目的投标价格，应由联营体董事会参考国际市场标准加以确定。

联营体应定期地进行国内外的市场调查，经有关机构批准，联营体可在不同地区设立相应的分支机构。

（十三）劳动管理

内容：联营体的职工、管理人员在雇用、劳动纪律、辞职和报酬等方面的具体规定；董事会确定联营体高级管理人员的工资、劳动保险、福利、住房补贴和差旅标准等；董事会决定联营体的雇用人员总数、工作时间，并可随时对其进行修改；总经理依照联营体内部劳动规则行使劳动管理权力，同时，具有向职工直接发放应得奖金和解聘职工的自主权力；联营体职工有关辞职的规定；职工雇用试用期及解雇职工的有关规定。

说明：职工的劳动管理一般包括职工的招聘，雇用，辞退和辞职，工资，劳动保险，生活福利，奖金，劳动纪律，退休保险，医疗保险等以及其他涉及联营体职工的事项。

在中国境内注册的中外公司组成的联营体，其劳动管理除应遵守联营体成立后董事会制定的联营体内部劳动规则外,还应遵守中国有关的法律法规。

联营体雇员有关辞职的规定,主要考虑近几年内是否参加过联营体主办的培训计划。对参加过培训的职员,要规定一个为联营体提供服务的年限,或规定其他补偿联营体培训费用的办法。例如:职工调往其他单位时,由调入单位补偿联营体的培训费用。职工辞职无权索要其积累未付的工资以外的经济补偿或离职生活津贴。

支付雇员报酬的币种、金额也应做出相应的说明,如在中国国内的消费可考虑支付人民币。

职工试用期及解雇职工的有关规定,主要考虑试用期满后是升职,还是解雇;如解雇职工,需确定支付离职生活津贴的额度(一般为一个月的工资)。

### (十四) 联营体的联营期限及期满后的资产处理

内容:规定联营体的具体联营期限,联营期限的起算日期,延长联营期限,联营期满后的资产处理规定。

说明:联营期限一般从颁发联营体营业执照之日算起。

经联营体董事会一致批准,联营期限可以延长。但应在联营体期满之前一定的时间内(一般为六个月),由某一方或董事会提出延长联营期限的申请。

联营期满或协议书终止后的资产处理应包括下列内容:

(1) 组成清算委员会(Liquidation Committee),说明委员会的人数及人选要求(如各成员公司委派的名额),清算委员会应建立清算联营体资产和清偿债务的程序,包括清册(Schedules)、法律行为(Legal Action)、优先支付(Priority)、JV剩余资产的处理、对外公告及权力的保留等。制定清算程序并应保证联营体的剩余财产是以当时的公平市场价格清算的。

清册是指在查清联营体财产、资产和债务后,编制资产负债表,制订清算方案,呈报董事会批准后执行。

法律行为是指清算委员会可代表JV进行起诉和应诉。

优先支付是指从联营体剩余资产中优先支付清算费用和清算委员会的酬劳后,再进行剩余资产的分配(包括支付币种的优先权)。

清算结束后,注销合资企业,并对外发布公告。

权力的保留是指联营体协议书终止不得损害终止日之前各成员已积累的权利和义务,除非该成员自动放弃。

(2) 购买联营体。应说明如下事项:

1) 协议书终止时,联营体中任一方可从其他方购买联营体中其他方原来拥有的权益。说明购买及付款方式(多于一方购买时,可采用投标方式,以价格较高的一方为中标方)。

2) 非联营体成员愿意购买联营体或其中的资产权益。一般采用拍卖的方式,由清算委员会选择一家国际承认的估价公司进行估价,拍卖的价格不应低于此价格。

(3) 联营体协议书提前终止时,各方应合作并促使联营体迅速向各方按其投资的形式和币种归还其投资或其按比例应得的份额。

## (十五) 保险

内容:联营体投保的范围、险种,保险的金额,保险公司的选择。

说明:为确保工程项目顺利完成,联营体在其经营活动中应对下列险种进行投保:建筑工程一切险、安装工程一切险、社会保险、机动车辆险以及其他必须进行投保的险种。

一般地,联营体应对自己不可接受的风险进行投保,将风险转移给第三方。

中外公司组成的联营体应争取由在中国登记注册的任何保险公司主办的保险。由董事会确定保险范围和保险金额,JV 应认真选择信誉好、保险费用又低的保险公司。

## (十六) 违约责任、争议的解决

内容:协议书终止的有关规定,协议书终止后各方所享有的权利,争议的解决。

说明:如果出现任何下列情况,可终止本协议书:

(1) 联营体严重亏损,在财务上无法恢复时,JV 任何成员均可退出联营体。

(2) JV 任何成员严重违反本协议书(如不履行协议书中规定的责任和义务,并在接到书面通知指出该违约后一定的时间内未能进行补救),守约方可终止本协议书。

(3) 由于"不可抗力",使 JV 任何成员无法履行本协议书规定的义务,且在收到该遭受不可抗力影响的成员的书面通知后,该状态持续一定时间以上(一般为 6 个月),其他 JV 成员可终止本协议书。

(4) 任何成员因任何原因(如破产、清算、解散;或无力清偿到期应付债务;或其债权人接管其经营;或有关金融机构暂停其兑换优惠;或政府剥夺或没收其企业、财产或资产中的任何重要部分;或任何其他原因)无力实现其对联营体的义务,则其他成员可终止本协议书。

(5) 如果因任何原因联营体被撤销或被废止其营业执照或停止存在,任何当事人均可终止本协议书。

(6) 如果任何当事人未能按照协议书规定的形式、条件和时间缴纳其认缴的注册资本,则该当事人应向联营体另付一笔违约赔偿金。如果延期缴纳持续一个月以上,其他方当事人可终止本协议书。因本条款终止联营体协议书时,违约当事人应向守约当事人赔偿因此遭受的损失。

(7) 如未能及时收到建立联营体和履行本协议书所必需的政府部门的批件,则任何当事人均可终止本协议书。

由于一方当事人违约而终止本协议书的,其他方当事人应享有以下积累性的权利

(Cumulative Rights)：

(1) 要求违约当事人向其他方当事人或其指定人出售其在联营体中的全部权益。其价格可以是联营体中该当事人份额的账面价值，或是守约当事人所接受的国际承认的评估员所评估的价格，择其较低者。

(2) 要求违约当事人向他方当事人支付赔偿费，该赔偿费是为了补偿受此影响的当事人的损失（包括联营体的利润损失）。

(3) 如果未要求违约方按上述第（1）条出售其权益，则终止协议书的当事人应提前一定时间通知其他当事人，以便迅速组成资产清算委员会并开始清算程序。

争议的解决步骤如下：

(1) 当争议事件出现后，当事人应迅速通知对方当事人，说明争议事件出现的时间和性质。争议各当事人之间应首先通过友好协商予以解决（应规定一个具体的期限，如 56 天内）。

(2) 如友好协商不成，任何当事人均可将此争议提交协议书中规定的仲裁委员会，仲裁委员会按其仲裁规则做出终局裁决，此裁决对所有当事人均有约束力。败诉方应承担全部仲裁费用。

(3) 特别仲裁庭的组成以及仲裁程序中所使用的语言由协议书规定。

特别仲裁庭一般由 3 人组成，争议双方当事人各指定一名仲裁员，再按仲裁规则的规定指定第三名仲裁员。仲裁员的指定均应符合仲裁庭的仲裁规则。

（十七）权益的转让

内容：联营体任何一方转让其在联营体内权益的规定。

说明：联营体任何一方未经他方当事人的书面同意，不得以任何方式转让其在联营体中的全部或任何部分权益。

有意转让其全部或部分资产权益的当事人，应在转让日前一个合理的时间（如 84 天）向他方当事人提出此种转让意向的书面通知。

当联营体的一方进行权益转让时，非转让的当事人有权按照不低于任何非联营方提出的价格和条件，优先购买所转让的权益。

受让方应签署本协议书并受本协议书的约束后，转让才能生效。同时尽快更换新的资本缴纳证明，以反映联营体内各方新的权益所有权关系。

（十八）其他

内容：不可抗力，协议书适用的法律及采用的语言，联营体各种货币资金的使用平衡，有关税收、财务和审计的规定，相关技术保密的规定，协议书的生效日期，协议书的排他性，发给联营体各成员的通知。

说明：不可抗力一般是指下列任何情况：骚乱、战争、敌对行为、罢工、火山爆发、地震、台风、飓风、或其他巨大自然灾害，以及当事人不能合理预见和不能控制的其他事件，应在合同中具体列明。

如果一方当事人因不可抗力不能履行本协议书规定的义务，他应在规定的时间（一般为14天）内书面通知其他方当事人，并应在可能的情况下，采取措施，减少或消除不可抗力的影响，并在最可能短的时间内设法履行其因不可抗力而受到影响的义务。同时，对由于无法履行或延迟履行义务而使他方蒙受的任何损失，均不承担责任。

适用的法律是指在履行协议书过程中出现任何争议时须采用的法律。在中国境内注册的联营体，其联营体协议书应适用和符合已颁布的中国法律。如果没有可适用的中国法律，可采用国际法中通常可接受的标准和原则或国际惯例。

在中国注册的联营体是中国法律规定的法人，其合法权益、经营自主权和各方当事人在联营体中的权利应受中国有关法律法规的制约和保护。

应写明使用各种货币资金的原则，注意各种货币间的使用平衡，在失衡状态下如何进行调整等。如果是在中国注册的中外联营体，一般需要支出的费用可能包括：培训国外联营体职员的费用，外籍人员的工资和外国技术人员的费用，进口在中国（或工程项目所在国）无法获得相同质量、规格并具有竞争力的仪器设备等的支出，分红，可能有的联营体各种货币贷款的本金和利息，可能有的许可证使用费，以及联营体负担的其他费用支出。

联营体的财务账目应遵守注册地的法律法规。如在中国注册的中外联营体其税收、财务和审计的规定，包括外汇汇出税，所得税，增值税等，另应说明纳税币种及税收优惠（分别列出免征，减征和优惠项目），办理进出口许可证等，上述内容均可以附件形式列入联营体协议书。

联营体的信息保密内容包括：联营体的经营状况，客户名单，销售，价格和财务资料；转让的技术（包括对接触转让技术的人员要求）；协议书终止后，有关的保密条款仍然有效；泄密后的处罚措施（包括赔偿直接或间接的实际损害和商业机会损失价值）。

联营体协议书可采用一种以上的语言编写，但应规定一种主导语言，以便出现相互矛盾时，以主导语言编写的协议书为准。

协议书的排他性是指联营体各成员必须保证联营期间不再与其他的实体公司在联营体的注册地组成合资企业经营与联营体相似的业务。

为便于发送联营体的有关通知和文件，应详细说明各成员，联营体，董事会，管理机构的邮政地址及通知和文件的发送方式。如地址发生变更，应及时通知联营体和各成员。

由于联营体注册为新的法人，需要办理很多事宜；因此在成立初期，可设立筹备处，有关这方面的规定也应列入协议书条款中。

## 三、投资入股型联营体协议书

投资入股型联营体协议书的构成同样分为两个部分（见法人型联营体协议书）。但是由于其未注册为新的法人，在出资方式和资金使用方面与法人型联营体有较大的区别。投资入股型联营体协议书的具体条款如下。

### （一）联营体的名称

内容：联营体的名称、组建联营体的目的。

说明：联营体成立后使用的名称，包括中文和英文名称（如果是中外联营体），同时说明组建联营体的目的是为了承揽什么项目。

### （二）联营体各个成员的情况说明

内容：联营体各个成员的情况说明。

说明：联营体各个成员的情况包括名称、注册地、联系电话和传真号码、法人姓名等；应说明各成员均是在各自国家的法律下经营。

### （三）联营体主办公司

内容：联营体主办公司的名称，对各方的要求。

说明：联营体主办公司，也称联营体牵头方，是指代表联营体与业主进行沟通，接收业主的指令等的联营体的一方。其他各方通过联营协议或签署独立的授权委托书授权联营体主办公司代表联营体各方行事。

联营体各方应利用自身丰富的专业知识及经验，相互合作，为联营体作出贡献，确保协议书的顺利实施。

### （四）联营体内部管理

内容：联营体管理的组织机构设置。

说明：应规定对联营体进行管理的组织机构的设置及其职责和权力。

监管会（Supervisory Board）是联营体的最高权力机构，其责任可参照法人型联营体协议书中董事会的责任条款。主办公司（Sponsor Company）代表联营体进行工作，也可叫牵头方（Leading Parterner），但应受监管会领导。其主要承担组织、协调及协议书管理的责任。

项目部（Project Team）是根据监管会的决定成立的，受监管会和主办公司的领导，项目团队的组织、权力分配等细节应由监管会决定。

### （五）投资入股的比例与损益分担

内容：联营体成员投资入股的比例，损益分担的条件，所得税的缴纳等。

说明：应说明无论协议书工作范围发生多大的变化，联营体成员入股的比例是固定不变的。

在实施工程及完工后，各方的利润分享或损失分担以及营运资本将按照各方投资入股的比例确定。但应首先满足下列条件：

（1）提供并支付由于执行协议书而发生的或与执行协议书有关的所有费用；

（2）根据监管会的决定，对已向联营体提出的索赔，或联营体可预见到的索赔，提供适当的储备金；

（3）为监管会确定认为必要的任何不可预见事件提供储备金；

（4）偿还由银行和各方预支的所有金额。

出资条款应写明各方参与的股份并据此出资，提供或获取担保、保证金或保函以及分摊由于协议书和工程实施而产生的或与之相关的权利、义务、风险、费用、损失和利益。如果协议书的履行结果为亏损，各方有责任按参与股份比例对亏损进行分摊。

原则上，当适用法律允许时，各方自行缴纳各自的所得税。监管会决定不再需要的任何储备金，应按入股比例的规定进行分配。

### （六）授予协议书前后发生的费用

内容：授予协议书前发生的费用的分担以及授予协议书后履行协议书过程中发生的费用分担。

说明：一般地，在授予协议书前，各方就组建联营体事宜进行协商所发生的费用以及参加资格预审、投标至授予协议书，此期间每一方发生的费用均由各方自行承担；但涉及投标保证相关的费用则由各方根据入股比例进行分摊。

如果将工程项目合同授予联营体，那么与投标保证相关的费用以及各方提交投标书前发生的其他约定费用，将在监管会审批同意后由联营体承担。

### （七）项目团队中的主要管理人员

内容：项目经理和项目副经理的委派，项目经理的义务。

说明：应规定项目经理和项目副经理将从哪个成员中委派，项目经理将接受联营体监管会的委托，代表联营体对工程项目进行管理。监管会应有权替换项目经理。

在工程项目合同授予后，项目经理的主要职责有：

（1）按 JV 与业主签订的合同组织项目的实施；

（2）签署项目实施过程中的有关文件；

（3）与业主方和/或任何其他项目相关方进行各种谈判；

（4）实施 JV 授予他的其他相应的权力；

（5）未经业主同意，项目经理不应离开项目现场。

### (八) 项目员工

内容：项目员工的雇佣、替换和调离，实施工程的其他人员的雇佣。

说明：如果可能的话，应从联营体成员的雇员中选择实施项目所需的一般员工。为确保联营体有足够称职的人员，可以规定，对项目经理合理要求的、拥有必要才能的雇员，联营体成员应积极提供，在此类雇佣方面，联营体优先于其他方面的人员。如果项目经理认为某个人不能胜任，有权使用有才能者替换任何人员。

对于为联营体工作的人员，在未经项目经理书面同意的情况下，每一方都不得从联营体中抽调出去自己的人员，但项目经理不得无故扣押这类同意。

联营体可直接招募实施工程所需的其他人员，其雇佣、报酬和解雇均应获得项目经理的批准。

### (九) 联营体的融资

内容：资金的筹集方式，联营体获取资金的优先顺序，启动资金。

说明：资金的筹集方式通常需要由监管会决定。

通常联营体获取资金的优先顺序如下：

(1) 业主的付款，包括预付款。

(2) 联营体从银行获取的贷款。在此情况下，如果银行要求各方提供保函，各方应单独地按各自在联营体中参与的股份比例以及在监管会做出提供保函决定之日起的合理时间内提供该保函。

(3) 各方的出资。在监管会做出要求各方出资的规定时，各方应按各自在联营体中参与的股份比例缴纳其资金，并严格遵守所规定的出资方式和时间（应说明，如不按时出资，可按其违约处理）。

为满足联营体启动的要求，可设置一笔启动资金，由各方按照各自参与的股份比例出资。

### (十) 联营体的账户和账目

内容：联营体账户和账目的规定，联营体收入和支出程序，项目预算的编制，对联营体账目的检查和审计等。

说明：在业主接受投标后，应尽快以联营体的名义开立银行账户（以下简称"联营体账户"）。联营体收到的所有与项目相关的款额应立即汇入上述银行账户中，且联营体需要支付的与项目相关的日常款额应从联营体账户中提取或支付。

联营体在现场设立账簿，详细记录收支情况。监管会应决定联营体所采用的会计政策和会计核算方法，并监督账簿记录使其符合联营体协议书要求和记录完整。

联营体应随时准备好上述账簿和所有记录文件，以供各方检查。除非征得所有成员同意，这些账簿和记录不应被带离现场。

项目经理应准备好联营体所有资产和负债记账，同时还应准备好资产负债表和损益表，并将其复印件呈送各相关方。

联营体协议书需对联营体的收入与支出程序做详细规定，例如，可以规定：联营体内所有的取款和支付均要求有两个人的签名，一人来自于主办公司，一人来自于其他成员（这些签字人均须事先获得监管会的批准），并附由联营体内各方现场代表签字的付款申请。

为了管理联营体的预算，各方可共同编制项目预算，并将其作为项目的目标预算。

项目所在地的银行账户应由项目部根据监管会批准的权限管理。联营体各方均有权检查账目，但需提前一定的时间通知主办公司、项目部和其他各方。

工程结束时，所有账目和记录必须妥善保存在监管会决定的地方，由此发生的费用由联营体承担。

联营体应接受监管会指定的会计师事务所或注册会计师进行年度审计，此类审计的费用应包含在联营体的成本费用中。

尽管有上述规定，任何一方应有权在任何合理时间自付费用，由其内部审计员或外部审计员对上述账簿和其他财务文件进行审计。

（十一）担保、保函和其他担保

内容：联营体提供担保和保函的规定。

说明：国际工程承包业主通常要求联营体提交履约担保、预付款担保等等。因此，可对此类担保做出如下规定：与联营体协议书执行有关且必需的银行保函、担保和/或其他保证应以联营体的名义提供。此类担保的准备和提交流程应依照招标文件和工程项目合同的规定，并经各方同意。

各方应根据各自的参与份额，按比例承担由这类银行保函、担保和/或其他保证引起的所有费用和责任。

（十二）生产设备、材料和施工设备

内容：生产设备和材料的采购规定，施工设备的采购和租赁规定。

说明：联营体应就用于永久工程上的生产设备、材料的采购，以及施工设备的采购、租赁等作出规定，以确保工程的有效实施。至少应对如何获得这些资源的决策程序，在联营体协议书中作出规定。

例如，在任何情况下，当项目经理认为在联营体内部不能购买/租用到合适的施工设备时，如果可能的话，可通过其他渠道租用该类设备。

又如，对采购设备的限制：对于购买或出售超过2百万元人民币的设备，应事先获得监管会的书面批准。

### (十三) 退出联营体

内容：联营体协议书下收益或负债的转让。

说明：未事先获得其他成员书面同意的情况下，任何成员不应将其在联营体协议书下的收益或负债转让给任何其他公司或个人，但其他成员的同意不得无故被扣押。其他内容可参见法人型联营体协议书。

### (十四) 联营协议的终止

内容：联营体终止的情况，终止后的清算。

说明：联营体终止的情况包括：

(1) 工程项目合同未授予联营体（包括业主根据招标文件退回投标保证和联营体各方之间的义务解除）；

(2) 业主决定不再进一步实施该项目；

(3) 联营体承担的工程已经完工，联营体及协议各方之间的权利和义务以及担保和负债都将终止。

对于后两种情况，在工程竣工后或不再需要该工程时，除非各方另有协议，否则应尽快将联营体拥有的所有材料和其他不动产或动产，以监管会决定的任何方式卖给各方或其他方，此类销售的收益应存入联营体账户的银行存款中。

### (十五) 争议解决

内容：联营体成员违约的处理，争议解决的方式和程序。

说明：如果任何成员未能履行联营体协议书下其应履行的任何职责，其他成员将有权向违约方发出书面通知，要求其在合理时间内纠正违约行为。否则其他成员可以采取必要的措施，向违约方索赔损失。

因履行联营体协议书引发或与其相关的任何争议应通过相互协商的方式友好解决，如果协议各方未能友好解决此类争议或纠纷，则可申请仲裁。在联营体协议书中应规定具体的仲裁组织、仲裁地、采用的仲裁规则等。

联营体协议书还应对与业主有关的争议是否可单独采取索赔行动作出规定。

### (十六) 其他事项

内容：保密责任，联营体协议书等适用的语言。

说明：联营体各成员不得向联营体成员之外的任何一方（除了向项目的业主或工程师）透露任何投标内容，并且应该对所有从成员内部获得的技术、财务或市场信息严格保密，直到此类信息已经完全公之于众。

对联营体协议书、分包合同、实施工程过程中产生的各类函件、会议纪要、备忘录等应规定适用的语言。

### 四、协作型联营体协议书

此种联营体,协议书当事人在注意自己经济利益的同时,还要注意共同经营的经济效益,服从管理委员会或主办公司的统一管理,以实现协作的目的。在订立协作型联营体协议书时,可参照投资入股型联营体协议书的主要条款,但应注意:

(1) 协作型联营体的名称及合法地址中应说明联营体主办公司的名称及办公地址。

(2) 应说明协作型联营体各方,根据工程项目所在国的有关法规,本着互利互惠、共同发展的原则,通过友好协商,在不改变各自企业性质及隶属关系的前提下,同意组成联营体参加_____工程项目的投标和实施。

(3) 说明协作型联营体各方在整个工程项目中的具体分工。分工内容一定要十分明确,将业主方要求实施的内容,充分考虑到联营体各方的专长,具体分给联营体内各个成员。

(4) 联营各方的权利与义务条款应说明:

联营各方均是独立的经济实体,各自经营,独立核算,自负盈亏。联营体对各方的债务不负连带责任。

联营成员间的业务来往(包括原材料供货,设备租赁,技术服务及技术转让等)须分别订立经济合同,实行内部优惠。

为实施工程项目,联营成员所需的同质同价产品和服务应优先采用联营体内可获取的产品和服务。

联营成员各自的财产所有权、正常经济活动和合法收入受法律保护,联营体和其他联营成员不得干预和处理。

联营成员有独立进行其他经济活动的权利。

联营成员有服从协调组织机构统一管理的义务,不得以任何理由拒绝这种统一管理。

协作义务,即联营成员在享有协作权利的同时,负有对其他联营成员提供协作的义务。为了实现共同的经济目的,要求联营体各方积极履行其工程项目合同义务,同时为联营体其他方履约创造条件。

## 第2节 租赁合同

### 一、综述

(一) 租赁的概念

租赁(Lease),从字义上来解释,"租"是指把物件供给他人使用而收取报酬,

"赁"是指租用他人物件而支付费用。所谓"租赁",是指由物品所有者(出租方,Lessor)按照租赁合同的规定,在一定期限内将物品出租给使用者(承租方,Lessee)使用,承租方按期向出租方交纳一定的租金(Rentals)。在此种交易中,出租方将物品的使用权出租给承租方,物品的所有权仍归出租方。

### (二)租赁的类型

根据租赁贸易的特点,可划分为传统租赁和现代租赁。传统租赁是指出租方将自己已有财产出租给承租方。现代租赁则是以融物为其形式,以融资为其特征。现代租赁的当事人可能涉及出租方、承租方、供货方或设备的生产厂商,甚至涉及金融机构。

现代租赁的方式有融资租赁、经营性租赁、衡平租赁以及其他方式的租赁。

融资租赁(Financing Lease),是由承租方自行向制造厂商或其他供货方选定需要的设备,确定其品种、规格、型号、交货条件等,然后由租赁公司再与承租方签订租赁协议后,向该制造厂商或其他供货方按已商洽好的条件,订购上述设备,购买费用由租赁公司自行融资解决。

经营性租赁(Operating Lease),或称服务性租赁,适用于一些需要专门技术进行保养或技术更新较快的设备。所有维修保养和管理等工作,都由租赁公司负责,承租方可提前一定的时间向出租方发出通知,中途解约。这种租赁方式,出租方不仅要承担设备陈旧过时的风险,而且要承担租约期满,承租方不愿继续租用或承购设备,或中途解约的风险,故其租金要比融资租赁高。

衡平租赁(Leveraged Lease)又称杠杆租赁,是租赁公司在投资购买租赁设备时,可享有衡平权利益。即租赁公司在购买价格昂贵的设备时,只需自筹该项设备所需资金的一部分,通常为20%~40%,其余60%~80%的资金则通过将该设备作为抵押品向金融机构贷款,然后将购进的设备租给承租方,并将收取租金的权利转让给贷款的金融机构,但该设备的所有权仍归租赁公司。这种租赁方式主要适用于价值巨大的租赁物件。

本书主要介绍传统租赁合同和融资租赁合同。

### (三)融资租赁与传统租赁的区别

1. 基本概念

传统财产租赁合同:财产租赁合同(Traditional Lease Contract)是出租方将财产交付承租方使用,承租方给付一定的租金,并于租赁关系终止后将承租的财产返还给出租方的协议。

融资租赁合同(Financing Lease Contact)是指出租方根据承租方对租赁物件的特定要求和选择的供货方及租赁委托,出资向供货方购买租赁物件并租给承租方使用,承租方支付租金,并可在租赁期届满时,在支付租赁物件的名义货价后取得租赁物件所有权,或签订续租,或退租的协议。

2. 融资租赁与传统租赁的区别:

(1) 交易的当事人:传统租赁的当事人只有出租方与承租方,而融资租赁的当事人则涉及出租方、承租方和供货方三方。

(2) 租赁物的选择:传统租赁是出租方向承租方租赁自己已有的租赁物,承租方对租赁物几乎没有选择权,融资租赁则是出租方根据承租方提供的租赁设备清单和选定的供货方购买租赁设备,供货方将设备运到承租方指定的供货地点,并由承租方验收和出具验收合格证书,出租方根据承租方的验收合格证书向供货方支付设备款,因此租赁物的选择权在承租方。

(3) 租赁期满后租赁物的处理:传统租赁在租赁期满后,租赁物一般归还出租方,如需要则可续租;融资租赁在租赁期满后,承租方可选择退还、续租和留购。

(4) 传统租赁只涉及租赁合同,而融资租赁则涉及租赁合同、购买合同等。

## 二、传统租赁合同

传统租赁合同具有如下特征:①在租赁合同存续期间,承租方只取得该租赁财产的使用权,所有权仍归出租方;②财产租赁合同的标的物是在租赁期满后承租方能够返还出租方的特定物,并且返还的是原物;③租赁合同是有偿合同;④出租方发生变更,原租赁合同的权利义务给予租赁财产新的所有人。

以下为传统租赁合同的主要条款,在签订租赁合同时,需根据租赁财产的特点,对条款的内容进行适当取舍和修改。

### (一) 传统租赁合同的主要条款

1. 合同开始部分

内容:双方当事人的名称,合同编号,签订地点,签订时间。

说明:除上述内容外,应说明签订该租赁合同所依据的法律。即加入下述内容,

"根据_____(法律),为明确出租方与承租方的权利义务关系,经双方协商一致签订本合同。"

2. 租赁财产

内容:租赁财产及附件的名称、数量、质量与用途。

说明:当事人在签订财产租赁合同时,应详细、具体地写出租赁财产的名称,必要时注明租赁财产的牌号、商标、品种、型号、等级等,以免因租赁财产的名称规定的不具体而使双方发生误解。

在对租赁合同中租赁财产的数量和质量作出规定时,应注意:

(1) 应精确规定租赁财产的数量和计量单位。

(2) 对租赁财产的质量标准也必须规定清楚,这是确保承租方得以正常使用租赁

物的关键。如果租赁的标的物是机械设备,在以下几种情况下不得出租:

1)起重机械经过鉴定已经报废;
2)机械设备有缺陷;
3)没有生产许可证的设备;
4)已淘汰设备;
5)专用设备无操作人员。

另外,在租赁合同期限较长时,要规定租赁财产因自然原因或正常使用造成的合理磨损和消耗标准,作为区分双方责任的主要依据。

租赁合同中还应写明租赁财产的用途,目的是为了保证承租方能够按照承租财产的性能正确、合理、合法地加以使用,避免由于使用不当使财产受到损失。

3. 租赁期限

内容:租赁期限,租赁期限的起算日期,延长租赁期限。

说明:合同中应规定租赁期限,它标志着出租方和承租方的权利与义务产生、存在和结束的时间,双方必须按这一期限履行合同义务。

有意延长租赁期限的一方,应在租赁期满前合同规定的时间内,向对方发出延长期限的意向通知。在双方达成一致意见后,应重新签订合同。

4. 租金

内容:租金标准,租金的交纳期限,租金支付方式和支付时间。

说明:租金是指承租方使用租赁财产而向出租方交纳的使用费和报酬,是租赁合同的重要条款。在合同中应明确规定租金的数额和支付方法。在订立租金条款时应注意:

(1)租金的标准:双方当事人应本着平等互利、等价有偿的原则,协商确定租金标准。构成租金的费用包括:租赁财产的维修费、折旧费、投资的法定利息、需缴纳的税费、必要的管理费、保险费和合理的利润等。

(2)租金的支付及结算方式:租金通常以货币支付,但双方也可在合同中约定以其他物件进行支付。在以货币支付时,应在合同中对租金的结算方式、结算银行、银行账号等作出规定。

(3)租金的支付时间:应明确规定租金支付的具体时间、支付的期限、每次支付的数额。如需预付租金也应在合同中写明。

5. 各当事人的权利义务

内容:合同规定双方应享受的权利和应履行的合同义务。

说明:出租方的一般权利义务:

(1)有权按合同的有关规定,收取租金;
(2)按时将合格的租赁财产交承租方使用;
(3)维修租赁财产,保证租赁财产在租赁期内能够正常使用;

(4) 租赁期满后,按合同规定时间返还承租方提供的押金或其他担保;

(5) 在承租方未经同意已将租赁财产进行了任何改装时,出租方有权要求恢复原状;不能恢复原状时,有权要求承租方赔偿由此改装造成的损失。

承租方的一般权利义务:

(1) 按合同规定交付租金;

(2) 按合同规定,正当使用租赁财产;

(3) 不得随意将租赁财产转让给任何第三者,确需进行转租时,须征得出租方的同意;

(4) 合同期满或终止时,返还出租方原租赁财产;

(5) 未经出租方同意,承租方不得将租赁财产进行任何改装。

6. 维修保养

内容:租赁期间租赁财产的保管责任,维修保养责任,维修费用等。

说明:租赁期间,承租方应对租赁财产妥善保管,租赁财产退还时,双方要进行检查验收。

除合同另有规定外,租赁财产的必要修理均应由出租方负责,这是因为租赁合同本身要求出租方应承担确保租赁财产符合使用标准的义务,因此在正常使用情况下,发生零件、附件的合理磨损致使租赁财产不能正常使用时,出租方应及时更换和维修。如出租方不及时履行维修义务,承租方可代为修理。代为修理的费用应从租金中扣除,当扣除租金不足以抵消修理费时,出租方应补偿给承租方差额部分。

双方对租赁财产应协商确定《租赁财产缺损赔偿及维修收费办法》,在出现租赁财产发生损坏、缺少、维修保养等问题时,可依据此办法处理。《租赁财产缺损赔偿及维修收费办法》一般应包括如下内容:

(1) 正常使用下,对租赁财产的维修保养责任和费用;

(2) 由于非正常使用造成租赁财产发生损坏、缺少时的维修责任和赔偿计算方法;

(3) 区分正常使用和非正常使用租赁财产的标准;

(4) 返还租赁财产的验收标准等。

7. 押金

内容:押金的具体数额、用途、退还,出租方扣除押金的规定。

说明:押金是为了保证承租方严格履行租赁合同,由出租方向承租方收取的经双方商定的一定数额的保证金。双方也可协商确定其他的担保方式。

租赁期间不得以押金抵作租金。租赁期满,扣除应付租赁财产缺损赔偿金后,押金余额退还承租方。

合同中应写明租赁财产缺损赔偿金的计算方法。

8. 变更

内容:出租方与承租方的变更,租赁合同内容的变更。

说明：在租赁期间，出租方如将租赁财产所有权转移给任何第三方，不必征求承租方的同意，但应正式通知承租方所有权的转移情况。在所有权转移后，租赁物新的所有权方即成为本合同的当然出租方，享有原出租方享有的权利，同时也应承担原出租方的各项义务。

在租赁期间，承租方不得将租赁财产转让、转租给任何第三方使用，也不可变卖或作为抵押品。如果承租方为了工作便利等原因需要将租赁财产转租时，应事先征得出租方的同意，并且不得利用转租进行违法活动。

租赁合同内容的任何变更，必须经过双方协商并达成一致意见后，以签订补充协议的方式进行合同内容的增加、修改或删减。

9. 违约

内容：明确规定双方的违约责任；一方违约时，另一方应享有的权利；违约金的计算方法；违约赔偿的限额。

说明：一般违约责任如下：

（1）出租方违约责任

1）未按时间提供租赁财产；

2）未按质量提供租赁财产；

3）未按数量提供租赁财产；

4）未按合同规定委派合格的技术人员提供技术服务，未能保证租赁财产的正常使用。

在上述任一情况下，则视出租方违约。在承租方违约时，致使承租方不能如期正常使用或在租赁期内不能正常使用租赁财产，出租方应向承租方支付一定数额的违约金。如果合同规定的违约金不足以补偿承租方由此产生的经济损失时，出租方应另外向承租方支付差额部分的赔偿金。

（2）承租方违约责任

1）不按时交纳租金；

2）逾期不归还租赁财产；

3）将租赁财产转让、转租或将租赁财产变卖、抵押；以及

4）其他违反合同的行为。如使用财产不当，或擅自拆改租赁财产等。

在上述情况下，则视承租方违约。在承租方违约时，出租方有权解除合同，限期按质按量收回租赁财产，并且承租方应向出租方支付一定数额的违约赔偿金。

在不按时交纳租金时，出租方有权追索欠款，并获得相应的利息补偿，同时还享有合同规定的其他权利。

10. 争议的解决

内容：争议解决的程序、方式。

说明：在双方利益发生冲突时，必然产生争议。应在合同中明确规定争议的解决

方式，包括争议解决的程序、地点，争议处理过程中采用的语言等。

友好解决是处理争议的最佳方式，但这种方法不是万能的，故应规定友好解决的期限。在规定期限内不能友好解决时，可采用合同规定的解决争议的其他方式。

11. 其他

内容：适用法律、语言以及双方商定的其他约定事项。

说明：适用的法律，编写合同的语言，合同的生效以及合同正、副本份数和备案等。

本合同未尽事宜，应经双方共同协商，做出补充规定。

双方当事人签字、盖章。

### (二) 财产租赁合同的附件

财产租赁合同的附件是指《租赁财产缺损赔偿及维修收费办法》，该办法应由双方协商制定，并作为财产租赁合同的一部分，对双方均具约束力。在出现租赁财产缺损时，该办法的内容应能明确区分责任，顺利解决争议。

## 三、融资租赁合同

融资租赁分为国内融资租赁和国际融资租赁。国内融资租赁是指租赁关系的当事人、标的物和权利义务的发生均在一国境内的租赁。国际融资租赁从广义上说是指租赁关系的当事人、标的物和权利义务的发生这几项因素中至少有一项是分属不同国家的租赁；狭义上，仅指出租方与承租方分属不同的国家的租赁。

融资租赁合同的主要内容：

1. 合同开始部分

内容：合同号码，签订日期、地点。

出租方：名称、国别、办公地点（包括电话、传真号码）。

承租方：名称、国别、办公地点（包括电话、传真号码）。

双方经协商一致，自愿就以下条款签订本融资租赁合同，合同一经签订，在法律上对双方均具有约束力，任何一方无权单方面解约。

2. 租赁物件

内容：租赁物件的名称、规格、型号、技术要求、数量及其使用地点，租赁物件的购买、交货和验收。

说明：租赁物件是指由承租方选定的以租用、留购为目的，出租方融资向承租方选定的供货方购买的技术设备。

承租方必须向出租方提供必要的各种文件和担保函。

出租方和承租方共同参加有关的订货谈判，并与供货方（或生产厂商）共同商定租赁物件的价格、交货期、交货方、交货地点、支付方式等商务条款，承租方与供货方（或生产厂商）商定租赁物件的名称、规格、型号、数量、质量、技术标准、技术服务及设备品质保证等技术条款。出租方主签购买合同，承租方则副签。

如果供货方（或生产厂商）或出租方不能如期交付租赁物件，需规定拖期供货责任，以及何种情况下不承担责任。

出租方融资购买租赁物件，并办理进口许可证及进行有关支付。

应明确规定租赁物件在运抵安装和使用地点后，承租方根据购买合同的规定对租赁物件进行商检的具体开始时间和结束时间，并规定将商检结果在规定的时间内书面通知出租方。如果承租方不能在规定的期限内验收完毕，则将被视为租赁物件已按合同规定完整地由承租方验收完毕。

供货方（或生产厂商）延迟交货，提交的租赁物件与购买合同不符或在合同保证期内发生质量问题，则可在合同中规定：出租方在接到承租方附有公证机构证明的书面通知后，有责任协助承租方按购买合同的规定向供货方进行交涉或提出索赔等事宜。

3. 合同期限

内容：合同期限，合同期限的起算日期，还租期限。

说明：合同期限，指从合同生效之日至出租方收到承租方所有应付的租金和应付的其他一切款项后出具租赁物件所有权转移证明书之日。

合同中应明确规定租赁期限，一般按年计算。租赁期限是对租赁项目进行评价时主要考虑的因素之一。租赁期限一般为租赁物件使用年限的75%，一般不少于5年。

租赁期限一般以租赁物件的收据交付之日为起算日。

还租期限，指从还租期限起算日（货到目的港日或其他商定的日期），至最后一期租金应付日止。双方可以商定还租期限的长短。

在整个合同有效期内，除非另有规定，双方当事人不得单方面无故解约。

4. 租金

内容：租金的构成；租赁费率；租金的数额、支付方式、支付地点；起租日期；支付的货币和租金支付频率；提前或延迟偿还租金以及手续费和保证金等。

说明：（1）租金由以下几部分构成：①出租方为承租方购买租赁物件和向承租方交货所发生的购置成本（包括物件的价格、运费、保险费）；②租前息，指从出租方支付上述费用的支付日至还租期限起算日止所产生的利息；③双方商定的一致同意计入成本的其他费用。

（2）租赁费率：由融资成本利率、融资手续费率、风险费率和出租方应得的收益率组成。国际金融市场的浮动利率决定融资成本利率。

在合同中有两种租赁费率，一是签订合同之日确定的暂定租赁费率；一是开立信用证之日确定的固定租赁费率，其在还租期内固定不变。

《租金预算表》是出租方和承租方为签订本合同，根据预算成本和暂定租赁费率计算的财务预算表，只具有暂时性。承租方在还租期限内实际支付的租金是根据实际成本和还租期限内的固定租赁费率计算,并在《实际应付租金通知书》中作出规定的金额。除计算错误外,不论租赁物件使用与否,承租方均应以该通知书中写明的日期、金额、币种等向出租方支付租金。

(3) 租金的支付方式:主要指还租期限内,租金支付的时间间隔期和具体的租金金额。间隔期可以采用月、季、半年或年;如承租方提前偿还租金,则应至少提前一个月与出租方协商有关提前偿还的事项。如承租方未能按期偿还租金,应缴纳迟付利息,具体办法在租赁合同中应有明确规定。

(4) 手续费和保证金:融资租赁交易,从融通资金、购买租赁物件到租赁期满租赁物件的最终处理的全部过程,出租方会产生一大笔各种手续费,常要求承租方承担一定比例的手续费。手续费的比例通常为购买合同 CIF 价的 1.5%~3%,承租方一定要根据自己资金、外汇等实际情况,在签约前,商定承担的金额和支付的具体时间。

租赁保证金:是为了保证承租方严格履行合同义务,承租方应在签约后按《租金预算表》中规定的金额向出租方交付租赁保证金,一般不超过购买租赁物件成本的 20%。如果承租方违反合同,则将从保证金中抵扣承租方应支付给出租方的款项。租赁保证金不计利息,在租赁期满时归还承租方或抵作最后一期租金的全部或一部分。

5. 租赁物件的所有权和使用权

内容:租赁物件的所有权和使用权;租赁物件所有权的转移。

说明:在本合同期限内,出租方拥有租赁物件的所有权,而承租方享有使用权。承租方除非征得出租方的书面同意,不得有转让、转租、抵押租赁物件或将其投资给第三者及其他任何侵犯租赁物件所有权的行为,也不得将租赁物件迁离合同中规定的使用场所或允许他人使用。

为保障承租方对租赁物件的使用权,在合同期限内,如任何第三者由于出租方的原因对租赁物件提出任何权利主张,概由出租方负责,承租方的使用权不得受到影响。

承租方负责保管、维修和保养租赁物件,并承担全部费用;承租方应为出租方在租赁期间内检查租赁物件的完好程度和使用情况提供方便;如果需要,由承租方与供货方或制造厂家签订租赁物件的维修保养合同。租赁物件本身及其设置、保管、使用、维修等发生的一切费用、税款等均由承租方承担。

在上述过程中,因租赁物件本身及其设置、保管、使用等原因致使第三者遭受损害或在租赁期间,因承租方责任事故导致租赁物件受损时,承租方应负赔偿责任。

租赁期满,在承租方向出租方付清全部租金和其他款项,并向出租方支付租赁物件的名义货价后,由出租方向承租方出具租赁物件所有权转移证明书,租赁物件的所有权即转归承租方所有。

6. 租赁物件的质量

内容:租赁物件的质量品质;技术性能。

说明:出租方在有关租赁物件的质量品质、技术性能、适用与否方面对承租方不承担任何责任。购买合同有专门条款规定供货商就合同货物的技术质量等问题直接对承租方负责;合同货物直接交付承租方,由承租方在目的港接收货物并验收。

如出现质量问题,出租方应根据承租方的书面要求和提交的有关证据、证明材料等,依据购买合同及时向供货方索赔或采取其他补救措施。索赔、仲裁等所产生的一切结果均由承租方承担或享有,所需一切费用也由承租方承担。无论采取何种措施、最终结果如何,均不能因此免除承租方按期缴纳租金的义务。

如因出租方原因未能向供货方索赔或索赔失败,其直接损失由出租方承担,但在此种情况下,不能影响租赁合同的继续履行。

7. 租赁物件的灭失及损毁

内容:租赁物件的灭失及损毁的风险承担,出现租赁物件的灭失及损毁时的处理程序。

说明:在本合同期限内,承租方承担租赁物件灭失或损毁的风险。不管发生任何情况,承租方均需按期交付租金。

如租赁物件灭失或损毁,承租方应立即通知出租方,出租方可选择下列方式之一,由承租方负责处理并承担一切费用:

(1) 将租赁物件复原或修理至可完全正常使用的状态;

(2) 更换与租赁物件同等状态和性能的物件;

(3) 租赁物件灭失或损毁至无法修理的程度时,承租方应向出租方支付合同规定的损失赔偿金额,同时,出租方应将租赁物件(以其现状)的所有权,以及包括对任何第三者的权利转让给承租方。

8. 保险

内容:保险范围;保险期限;保险事故。

说明:合同应明确规定租赁物件必须保险以及应投保的险种。一般地,出租方应对租赁物件投保财产险,并使之在还租期限内持续有效,如需要,可加保安装险、对第三者损害事故责任险等。保险费由承租方负担,计入实际成本。

保险期限应从货到目的港之日起至合同期满日止。

如果发生保险事故,承租方应在事故发生后立即通知出租方和保险公司,并提供一切必要的证据和证明文件,以便出租方向保险公司索要保险金。取得的保险金应用于支付下列事项所需费用:

(1) 将租赁物件复原或修理至可完全正常使用的状态;

(2) 更换与租赁物件同等状态和性能的物件;

(3) 租赁物件灭失或损毁至无法修理的程度时,承租方应向出租方支付合同规定的损失赔偿金额及其他应付给出租方的款项。

如果损失不在保险范围之内或保险金不足以弥补全部损失,承租方承担一切经济后果,这是融资租赁的特点。

9. 违约

内容：双方的违约责任和赔偿方法。

说明：租赁合同一经签订，未经对方书面同意，任何一方不得单方面变更或中途终止合同。

出租方违约：因出租方原因，造成租赁合同不能履行、不能完全履行、迟延履行或履行不符合约定条件，出租方应对此负责并赔偿承租方因此而受到的直接损失。

承租方违约：如承租方不按期支付租金或违反本合同的其他条款，出租方有权终止租赁合同；要求承租方即时付清租金和其他利息；或收回租赁物件自行处置，所得款项抵作承租方应付租金及迟延利息，不足部分由承租方赔偿。尽管出租方采取了上述措施，但并不因此免除本合同下承租方的任何责任和义务。

10. 权利的转让和抵押

内容：出租方进行权利转让时的规定

说明：在本合同期内，出租方有权将本合同赋予其的全部或部分权利转让给第三者，或提供租赁物件作为抵押，承租方不得有任何异议。

但出租方的上述转让不得影响承租方在本合同条件下的任何权利和义务。出租方对其权利的转让和抵押应及时通知承租方。

11. 重大变故的处理

内容：重大变故的定义；发生重大变故后的处理。

说明：承租方如发生关闭、停产、合并、分立、破产等情况，均属重大变故，须立即通知出租方，此种情况下承租方将被视为违约。

承租方和担保人的法定地址、法定代表人等发生变化，不影响本合同的执行，但应立即通知出租方。

12. 担保

内容：提供担保的担保人；担保人的责任。

说明：由承租方委托为本合同承租方的担保人应向出租方出具不可撤销的租金担保函（担保函的格式可以附件形式列在合同中）。承租方负责将本合同的复印件转交担保人。担保人对承租方不能按时交付租金或其他违约行为，应负督促承租方履行合同之责，并代付所欠租金。

13. 争议的解决

内容：争议的解决程序；友好解决方式和仲裁裁决。

说明：租赁合同双方当事人以及合同的担保人应协商争议的解决方式，并在合同中做出明确规定。

合同中一般包括如下内容："有关本合同的一切争议，双方首先应根据本合同规定进行友好协商解决，如协商不能解决时，可采取提交仲裁的方法或向法院提起诉讼"（合同中应写明将要提交仲裁的机构名称，仲裁地点等或提起诉讼的法院的名称和地址等）。

14. 合同的更改

内容：合同变更程序，变更后的法律效力。

说明：对本合同进行的任何修改、补充、或变更，必须以书面形式经双方或双方的授权代理人签字后，作为本合同的组成部分，对双方均具约束力。

15. 其他

内容：合同适用的语言和合同附件；合同的生效；合同末尾由双方签字。

说明：本合同必不可少的附件包括融资租赁委托书，不可撤销的租金担保函，购买合同，《租金预算表》，《实际应付租金通知书》，承租方提供批准文件和证明材料等。

应说明合同适用的语言，如果合同采用两种以上语言编写，应规定一种主导语言，在发生相互矛盾时，以主导语言为准。

一般地，合同在经双方或双方的授权签字代理人签字后生效。合同正式一式两份，出租方和承租方各执一份。

## 四、签订租赁合同时应注意的事项

租赁合同是在双方本着互利互惠原则，并在充分协商合同内容，达成一致意见，履行书面手续后，才能成立。租赁合同的签订必须遵守有关的法律法规。为避免和减少合同纠纷，合同当事人在签约前应注意：

1. 审查对方当事人的主体资格

租赁业务的当事人一般具有法人资格，但有时也可以是自然人。关于出租方和承租方的资格，已公布的法律尚无特别限定，故在签订租赁合同时，双方对此应给予考虑。

2. 审查对方当事人的履约能力和资信情况

承租方应善于利用租赁市场竞争激烈的特点，把握住时机，针对需租用的设备，认真选择经营对口而条件又比较优越的租赁公司。

由于出租方要承担承租方在丧失支付租金的能力时无法收回资金的风险，因而承租方的资信好坏至关重要。如果承租方资信状况良好，有一定的实力，则其对市场的应变能力强，对履行租赁合同就比较有保证。反之则需慎重。

3. 租赁物件的选择

在融资租赁合同中，承租方必须对租赁物件的技术性能和是否符合自己的需求负全部责任。因此，承租方必须对准备租用设备的设计、结构、性能、使用寿命、价格和交货日期等进行详细了解，做出慎重选择。在必要时，可请有关专业咨询机构帮助选择订货。

4. 租赁物件的交货期须与承租方的生产准备工作相衔接

承租方在签订租赁合同时，应妥善安排租赁物件的交货期，使其与企业的其他配套设施和各项准备工作相衔接。

## 第3节 国际劳务合同

### 一、概述

#### (一) 劳务人员的职业分类

市场供需关系,决定了劳务人员的职业分类。为了对劳动力进行科学化、标准化管理,对社会各种职业进行分类是必要的,国际劳工组织(International Labor Organization)编制的《出国劳务人员职业分类》(Occupational Classification of Workers in Migration)共将劳务人员按职业名称(Occupational Titles)分为908种职业,涉及多种行业。而且,对每一种职业名称进行了定义性的解释,说明该职业名称的性质和目的,并指出该职业名称与其他名称相近职业名称的区别。劳务人员的职业分类有助于供需双方在签订劳务合同时避免因在职业名称理解上的偏差而发生麻烦。

就建筑业的情况而言,出国劳务人员主要是专业技术人员(高级和一般技术人员),管理人员和工人(熟练和非熟练工人)。专业技术人员指建筑师,土木工程师,设计工程师等,熟练工人指木工,砌砖工等,非熟练工人指一般未经过技术培训的工人。

#### (二) 劳务合同的类型

劳务合同可以是劳动力本人与雇主直接签订,也可以通过双方劳务代理机构签订。劳务合同的类型按合同当事人所属国籍和其权利与义务关系的发生地,可分为国内劳务合同和国际劳务合同。

(1) 国内劳务合同是指签订合同的当事人(雇主和劳务人员),双方权利与义务关系的发生均在同一国境内的劳务合同。

(2) 国际劳务合同是指签订合同的当事人(雇主和劳务人员)分属不同的国家,或合同当事人具有同一国家的国籍,但其权利与义务关系发生在另一个国家的劳务合同。

我国劳务资源丰富,是世界主要的劳务输出国之一。本节从劳务代理机构的角度讲述劳务合同内容;对不需劳务代理的劳动力,在直接与雇主签订劳务合同时也可参考相关内容。

### 二、劳务合同条件

劳务合同是由劳务输出国的劳务人员和劳务输入国的雇主签订的确定劳动服务关系和明确双方权利和责任的一种具有法律效力的协议。在具体运作时,可由劳务输出国的劳务输出代理机构代表雇主与劳务人员签订劳务合同,但雇主应对代理机构进行相应的授权委托。

劳务合同的订立必须以国际公约和有关法律法规为基础:

（1）国际劳工组织通过的保护临时流动劳务及其家属权益的国际公约和建议书。作为国际劳工组织的成员国，只要是双方国家批准参加的国际公约和建议书，凡是涉及外派劳务人员合法权益的条款，在谈判时均可引用。

（2）我国的劳动法及对外承包工程和劳务的相关管理条例。

（3）劳务输入国的有关法律、法规。

## （一）劳务合同的主要内容如下：

### 1. 合同当事人

内容：劳务人员及其雇主双方的姓名、地址；本合同签订的时间。

说明：如果通过劳务代理机构进行劳务输出或输入，则应同时写明代理机构的名称、地址。

### 2. 合同期限

内容：合同期限、合同生效日期和劳务试用期限，试用期满后的处理规定等。

说明：应明确说明合同的期限（Duration of Contract），一般为两年，或根据项目工期确定合同期限。经双方协商可延长合同期，合同中应规定延长合同期限的程序。

合同的生效日期一般从劳务人员自来源地出发前往就业地点的日期开始计算，即劳务人员出境时合同生效，合同期限起算日即为合同的生效日。

关于劳务的试用期（Probation Period），这也是劳务合同的主要条款。劳务试用期一般为三个月。劳务输出方往往从有利于己方考虑，希望对此不作出明确规定。因为劳务人员经常由于生活和工作条件的变化（如工作要求变更、熟悉新的机械设备等），需要一段较长的时间才能适应，故在较短的试用期内，可能难以满足雇主的要求。如果雇主一定要求规定试用期时，应仔细斟酌在试用期满后，对不符合要求的人员的处理规定，一般可采取调换工种或降级使用等方法，应尽可能避免终止雇用合同。另外在合同中应规定，因试用不合格而终止合同时，哪一方负责劳务人员返回来源地的交通费用。

### 3. 工作内容和工作时间

内容：劳务工作范围，工作地点（Place of Employment），工作日（Working Days）和工作时间（Working Hours）。

说明：应明确规定劳务人员的工作范围，最好能规定工作的具体内容，承担职位等。同时应列明工作地点。

工作日是指每周工作几天。在合同中应写明每周工作的天数（通常每周不超过6天，有的国家的惯例是在公司办公室工作5天，在施工现场工作6天）。工作时间是指每天工作小时数的最高限度（以小时计，一般不超过8小时）和每周工作小时数的最高限度（以小时计，一般不应超过48小时）。例如新加坡法律规定，工人每周工作六天，每周工作总时数不超过44小时。上述时间均指正常工作时间（午饭时间除外）。

雇主应该每周为劳务人员提供至少一天带薪假日。

凡由于非劳务人员责任造成的停工，应计为工作时间，照付给工资。

切记在工作时间上，一定要参照劳务输入国的有关法律法规。由于劳务人员不可能对劳务输入国相关法律有透彻的了解，必要时可就有关内容向律师进行咨询。

4. 假日和休假

内容：当地节假日、每周休息日和年度休假的规定。

说明：应具体说明按照劳务输入国的政府规定，每周的休息日是哪一天。另应说明劳务人员应享受劳务输入国政府颁布的法定节假日。

劳务人员工作期每满一年，应享受为期多少天（一般为20天）的回国年度休假及谁承担往返旅费。劳务人员工作不满一年，其休假天数可按工作月数作适当折减。

到达工作地点和本合同期满离开工作地点回来源地前，应享有的假期。

5. 工作报酬

内容：工资、额外津贴和小费，加班报酬和假日工作报酬。

说明：应明确规定劳务人员的基本工资金额，以及应享受的其他福利，如住房津贴、伙食津贴、交通补贴和其他补贴。劳务人员的工资应为上述各项的总和。

许多国家都规定了劳务人员的最低工资标准，在签订合同时应注意劳务人员的工资不应低于劳务输入国法律规定的最低工资标准。

应规定工资的支付方式，并应说明以何种货币支付工资（最好以美元支付）。如果雇主要求以当地币支付部分工资时，要确定出当地币和美元的比例。确定当地币所占比例时主要考虑在当地的费用支出。

考虑到通货膨胀的影响以及劳务人员工效和技能的提高，应要求雇主进行适当的工资调整，即给予一定的工资年递增。

工资支付的起止日期应从劳务人员从来源地出发之日始或从劳务人员抵达项目所在国之日始至离开项目所在国之日止。起止时间最好不要写成从到达"项目工地"始至离开"项目工地"止，此种写法对劳务人员不利。

应写明每月工资的具体支付时间，支付方式。如果雇主延期支付工资，应按延迟天数向劳务人员支付利息。每延迟一天支付的利息一般不少于工资总额的千分之一。

每月加班工作时间的最高限度：加班时间是指八小时以外以及每周工作时间超过工作时间最高限度的工作小时。主要考虑加班时间过多，将影响工作效率，且由于过度疲劳，易发生安全事故，因此对加班的最高限度作出规定。

加班费用（Overtime Pay）：平日加班应为正常工作每小时工资乘以系数1.5；节假日加班应为正常工作每小时工资乘以系数2.0。

正常工作每小时工资计算方法：

合同工资（年）/（52周×每周工作时间最高限度小时数）。

6. 住宿和膳食

内容：提供的住宿条件和是否免费提供膳食或提供膳食津贴。

说明：雇主应免费提供适宜的住房（对使用面积可做出具体说明）及厨房和厨房用具（可视实际情况决定是否在合同中列明厨房用具的名称），并免费提供水、暖、电、燃料等。

对雇主是否免费提供膳食或提供膳食津贴也应做出说明。在提供膳食津贴时，需考虑项目所在国食品价格以及采购和运输条件。

7. 劳保和福利

内容：职工安全保护（Occupational Safety Provisions），医疗福利，社会保险。

说明：雇主应为劳务人员免费提供一般劳保用品和专用劳保用品，并应免费提供工作所需的各种工具。

雇主应为劳务人员在整个合同期间因病或因工伤提供免费医疗、药品和住院治疗（应说明是否免费提供牙科医疗服务，因为在一些国家，习惯上不为牙病患者提供免费医疗）。

因病或因工伤休假期间的工资如何支付。一般地，劳务人员非因行为不端而患病或发生工伤应享受有薪病假，但应持有医生签发的病假证明。如该人员被确认短期内不能痊愈，建议回来源地治疗，雇主应将其送回来源地并负担由项目所在国至来源地的交通费用。如果因行为不端而患病或非因工作而受伤，则不享受有薪病假。如需返回来源地治疗，雇主将不承担其有关交通费用。

雇主应为所有劳务人员投保人身意外险，费用由雇主承担。

8. 旅费和交通费用

内容：劳务人员前往和离开项目所在国的国际旅费，在项目所在国内平日上下班的交通费。

说明：劳务来源地的劳务输出代理机构应按本国政府的有关规定办理人员出入本国国境的一切必要手续，并承担有关费用。

劳务输入代理机构应按项目所在国的有关规定办理人员出入其国境、居留及工作许可等一切必要的手续，并承担有关费用。

写明办理上述手续需提供的全部必要的证件及其他具体事宜。

雇主应承担人员从劳务来源地至工作地点的往返路费以及免费提供人员从项目所在国的驻地至工作地点间的上、下班交通工具或提供相应的交通费用。

由于劳务人员出国工作时间较长，需携带一些必需的生活用品，其行李重量往往超过航空公司提供的20公斤免费行李，建议雇主和劳务人员双方分担超重部分的费用。

在下列情况下，雇主应提供劳务人员返回来源地的交通费：（1）本合同期满终止；（2）雇主没有正当理由而终止本合同；（3）劳务人员因受伤或疾病不能继续工作；（4）非劳务人员的过失而使本合同终止。

9. 缴税

内容：缴税种类和缴税责任。

说明：应对劳务输出国和输入国对劳务人员征收有关税费的缴税责任做出明确说明。

一般劳务来源地的代理机构应负责缴纳劳务来源地政府的一切税费，雇主应负责缴纳项目所在国政府所征收的一切税费。

10. 预付工资

内容：预付工资额及其扣回。

说明：雇主在劳务人员抵达工地后，应向劳务人员以当地币支付一定金额的预付工资作为劳务人员的生活安置费，该笔费用可分几次从劳务人员的薪金中扣回。合同中对是否给予预付工资，预付工资的金额以及扣回方法应做出具体规定。

有些雇主的习惯作法是劳务合同中对此不作规定，劳务人员抵达工作地点后，可从公司内借少量生活费，随后从支付给劳务人员的工资中分一至两次扣回。

11. 合同延期

内容：合同延期和合同延期后劳务人员的工资调整。

说明：如需延长劳务人员工作期限，则应在本合同期满之前的一定时间（至少提前一个月），经双方协商就有关内容达成一致时（主要指劳务人员延期后的工资和福利待遇），可延长合同期限。

12. 终止合同

内容：期满终止合同和中途终止合同的规定，以及合同终止后的费用结算。

说明：终止合同分为期满自然终止合同和由于某种原因中途终止合同。除非有正当理由，任何一方都不能单方面终止合同。否则，应负赔偿责任。

不可抗力因素：如战争、自然灾害或其他原因等。一方要求终止合同时，应在终止合同的事件发生后立即通知对方，并且双方就劳务人员的补偿问题达成协议时，可终止合同。

上述战争是指国家间或国家内部之间的武装敌对行动。如果发生战争，雇主应将劳务人员转移到安全地方，并尽快运送回国，雇主应承担由此产生的全部费用。

雇主应根据有关的战争保护法令，向劳务人员提供与劳务服务相关的工伤、疾病或死亡的补偿救济金。

关于终止合同的其他说明，见本节第（三）部分示例第六条

13. 职责和义务

内容：劳务人员的职责和义务（视需要也可同时列出雇主的一般义务）。

说明：劳务人员应该遵守项目所在国的有关法律法规，尊重该国的风俗和习惯；

劳务人员应该严格遵守雇主公司的规章制度，严格执行本合同；不准罢工或以其他形式怠工；

保守雇主秘密（商业和产业秘密）；

合同期内，不可在外兼职或另行求职；

合同期满，必须按时返回来源地，不得以任何理由滞留不归。

14. 遗体的处理

内容：遗体的处理和处理费用。

说明：劳务人员在合同期间如因病或因工伤死亡，雇主应负责其遗体的妥善处理并承担死者遗物运回其来源地的费用。

15. 争议的解决

内容：争议解决方式和程序。

说明：凡因执行本合同所发生的或与本合同有关的争议，双方应通过友好协商解决；如果未能友好解决，可提交仲裁。双方签订合同时应协商确定出现争议时的仲裁地点并写入合同。仲裁裁决是终局的，对双方都有约束力。

在我国签订的劳务供应合同中，选择仲裁地点有以下三种方式：

（1）在中国由中国国际经济贸易仲裁委员会仲裁；

（2）由在被诉方所在国境内的仲裁机构进行仲裁；

（3）在双方同意的第三国进行仲裁。在采用该种方式仲裁时，最好选择瑞典斯德哥尔摩国际商会进行仲裁，因我国与该商会有仲裁业务关系，且对其仲裁规则和业务程序比较了解。

在选择仲裁地时应慎重。

关于该条款可采用如下写法：

"凡因执行本合同所发生的或与本合同有关的一切争议，双方应通过友好协商解决；如果未能友好协商解决，应提交设在瑞典斯德哥尔摩的国际商会，根据该商会的仲裁程序和规则进行仲裁。仲裁裁决是终局的，对双方均有约束力。"

16. 其他

内容：编写合同的语言，适用的法律等。

说明：应规定劳务合同编写的语言。采用两种以上语言编写时，应规定以哪种语言为准。合同适用的法律等也应作出规定。

（二）劳务合同保证书示例

---

保证书

本保证书被视为雇主和劳务人员已阅读了上述协议并完全理解了协议各条款，双方同意上述条款与劳务人员的注册申请表组成他们的全部协议。承诺履行本劳务合同中的全部条款和规定。

　　双方自愿地于_____年_____月_____日在_____签署此保证。

　　　　签字雇主_____ 劳务人员_____

## (三) 劳务合同示例

雇用合同

本合同由雇主和雇员双方缔结并实施。雇主是_____，其办公地址为_____。雇员是_____，单身/已婚，是合法年龄的菲律宾人，其住址为_____。双方达成下列雇用条款和条件。

第一条　基本条款

1. 雇员来源地_____
2. 就业地点_____
3. 雇员的职位或级别_____
4. 基本月工资_____

（每月应支付的工资为_____。续签合同时，根据公司的工资等级自动调整工资金额。）

5. 正常工作时间_____小时（午饭时间除外）
6. 加班费
（1）正常加班_____
（2）星期日或指定休息日或官方假日_____
7. 全薪假日
（1）假期_____（或不休假，发给报酬）
（2）病假_____
8. 合同期_____

从雇员自来源地出发去就业地点开始。合同可以按雇主和雇员的选择延长合同期限。

9. 特殊津贴_____

第二条　雇主的义务

雇主应向雇员

1. 提供至就业地点的免费交通。在下列情况下，提供雇员返回来源地的交通费：
（1）本合同期满终止；
（2）雇主没有正当理由而终止合同；
（3）雇员因为受伤或疾病不能继续工作；
（4）非雇员的过失导致本合同终止。
2. 免费提供伙食或发给伙食费_____美元；免费提供合适的住宿；免费提供洗衣设施。
3. 免费提供急诊和牙科医疗服务包括药费。

4. 根据_____法以及战争保护（无论何时适用）的有关法律，向劳务人员提供与服务相关的工伤、疾病或死亡的补偿救济金。战争是指国家间或国家内部之间的武装敌对行动。如果发生战争，雇主应将劳务人员转移到安全地方，并尽快运送回国，雇主承担由此产生的全部费用。

5. 提供公司补助金，补助金额等于公司发给相同工作岗位其他工人的补助金。

第三条 雇员的死亡

如果雇员死亡，雇主应承担费用将雇员的遗体及其个人财物运回菲律宾交给死者亲属。如果具体条件不可能将遗体运回菲律宾，在事先与死者的直系亲属协商后，或同最近的菲律宾劳务专员、使领馆或菲律宾海外就业署协商后妥善处理。

第四条 遵守法律

雇员应遵守_____国的有关法律，尊重该国的风俗和习惯。雇员应该遵守雇主公司的规章制度。

第五条 义务汇款

雇员应将每月工资的_____%通过菲律宾的银行系统汇寄给他在菲律宾的受益人（姓名）_____，（关系）_____，地址是_____。雇主应对雇员汇出所挣的外汇给予帮助和监督。

第六条 合同终止

除非有正当理由，任何一方都不能单方面终止合同。

雇主有权以下列理由终止劳务合同：雇员的行为不端、智力或体力衰弱、不服从管理、嗜洒、煽动判乱或颠覆活动、闹事或煽动闹事以及违反_____国的法律等。

雇员有权以下列理由终止劳务合同：雇主对雇员严重的污辱，残酷的不能容忍的折磨以及违反合同条款和条件。

雇主也可以其他理由终止合同，但需提前30天以书面或其他形式通知雇员，并向雇员支付终止雇用补助金相当于30天的工资。如果不是由于雇员的原因终止劳务合同，雇主还应向雇员另外支付离职补助金（相当于1个月的基本工资），服务满6个月按一年计算。

第七条 纠纷的解决

雇员有关劳务合同的索赔和申诉将依照公司的有关政策、规则和规定进行处理。如果雇员对雇主的决定有异议，应在菲律宾海外就业署的代表或离就业地点最近的菲律宾驻外使、领馆代表参与下，友好协商解决。如果未能友好协商解决，应该提交由控告方选择的在_____（地区）的或在菲律宾的相应的政府机构裁决。

第八条 适用法律

本合同未尽事宜，按照_____国的有关法律办理。

> 本合同于_____年_____月_____日在菲律宾马尼拉签字。
> 雇主（签字）_____ 雇员（签字）_____

### 三、订合同应注意的问题

（1）有选择地使用合同条款，对于不同的项目所在国的具体情况，可对前述的合同条款内容进行增加、修改和删除。

（2）劳务市场千变万化，因此订立合同要考虑当时的市场行情，同时要考虑到既要使合同于己有利，又要具备一定的竞争性。因此，合同谈判要具有一定的灵活性，最好在不损害己方根本利益的前提下促成与对方的合作。这就需要准备让步性的备选方案。

如：国外雇用工人往往有试用期（无试用期对我方有利），由于语言和自然环境变化，试用期内我国工人可能不易达到对方的要求，如需规定试用期，可考虑期满后如不满意可调换工种或工程，如必须解雇，应说明返程路费由谁负担。

（3）有关合同条款的补充和修改，必须经过双方的协商，形成书面文件由双方的授权代表签字生效，并成为劳务合同的组成部分。

## 第4节 国际工程技术转让合同

### 一、概述

技术合同是法人之间、法人与非法人组织之间、法人与公民之间以及公民之间，就技术开发、技术转让、技术咨询和技术服务所订立的确定双方权利与义务关系的协议。从上述技术合同的概念可以得知：技术合同包括技术开发合同、技术转让合同、技术咨询合同和技术服务合同。本部分主要介绍国际技术转让合同。

国际技术转让（Technology Transfer）可以定义为一个国家或一个企业对技术知识的购买、融合和使用，但不是开发新技术。其目的是促进本国某一产业的技术进步。技术转让是国际间技术转移的一种方式，所转让的技术知识一定是某一项新的或较新的技术成果，而不是利用公知的技术知识为对方提供咨询服务。

#### （一）国际技术转让合同的概念和种类

技术转让合同是指当事人双方就专利申请权的转让、专利权的转让、专利实施许可和非专利技术转让的目的，明确相互权利义务关系的协议。因此，技术转让合同可分为专利申请权转让合同、专利权转让合同、专利实施许可合同和非专利技术转让合同。

(1) 专利权转让合同是指专利权所有人将其依法享有的专利技术转让给另一方当事人并收取一定报酬的合同。

(2) 专利申请权转让合同是指发明人或设计人在就其发明创造成果申请专利之前，将其申请专利的权利转让给受让方并收取一定报酬的合同。

(3) 专利实施许可合同按专利实施范围的不同分为独占实施许可合同、排他实施许可合同和普通实施许可合同。在签订合同时，必须在合同条款中明确列出专利技术实施的地域范围和时间期限，专利实施许可合同只有在专利权的存续期间内有效。

(4) 非专利技术转让合同是指转让方（Assigner）将拥有的非专利技术成果提供给受让方（Assignee），明确相互之间非专利技术成果的使用权、转让权，受让方支付约定使用费所订立的合同。

## （二）国际技术转让的五个基本过程

### 1. 技术转让的可行性评价

首先对将要转让的技术进行可行性评价，这也是对技术进行选择的第一步。作为技术的受让方（或称业主）要根据本国、本地区、本公司的发展需要以及能力和资金等因素对转让的技术做出选择。

### 2. 选择技术的转让形式

技术转让形式可分为所有权转让和使用权转让。对同一技术转让所有权的价格要高于转让使用权的价格。

### 3. 改进转让技术，以满足其可转让性

技术的受让方要高度重视技术在转让过程中的改进，努力使技术适应环境。如果没有这种改进，一旦技术援助终止，则原制定的转让计划将难以实现。不但影响实现项目的预期成果，而且对国际技术转让者的声誉会产生不利影响。

### 4. 将转让技术并入公司的全盘业务

在技术转让过程中，技术的消化吸收是转让工作中的重要组成部分。只有当转让技术与技术受让方公司的技术和管理达到有机结合，成为该公司正常作业系统和作业过程必不可少的一部分，并能为其发展战略提供支持时，才算是被完全消化吸收了。

### 5. 实施转让技术并进行转让技术管理

为了保证转让技术在实施过程中获得成功，不仅要学会运用和掌握该种技术，而且要学会创新和推广，赋予其更强的生命力。因此，作为技术的受让方要同时对管理技术进行开发和引进，向其工作人员提供适当的制度、工具和技术，确保对新技术的吸收、应用和发展。

## 二、技术转让合同的主要条款

技术转让合同可能是专利申请权转让合同、专利权转让合同、专利实施许可合同

和非专利技术转让合同的一种或几种的结合。转让的内容不同，使得它们各有自己的特点，因此，在签订技术转让合同时，应根据合同的不同类型和内容，对下述技术转让合同的内容进行修改、增加或删减。

### (一) 技术转让合同的开始部分

内容：应写明技术转让合同的签订日期、签订地点、合同当事人名称和办公地点、签订合同所依据的法律和技术转让项目的名称

说明：上述内容示例如下：

"本合同由以下各方于_____年_____月_____日，在_____（签订地名称）制定并签订：

（合作各方的国籍、名称、联系地址）

双方根据_____（国家）的法律，就_____（项目名称）转让，经协商一致达成如下协议：

（下接合同条款）"。

### (二) 技术转让合同的主要内容

1. 项目名称

内容：技术转让项目的名称

说明：项目名称中应说明是技术转让项目。

2. 名词和术语，合同语言

内容：专用技术名词和术语的定义和解释；编写合同的语言

说明：技术转让合同的内容具有很强的专业性，为防止双方在理解上的不同而发生争议，应在合同中对一些专业性名词术语和简化符号做出确切的解释。

应规定编写合同的语言，当多于一种语言编写合同时应规定一种主导语言。在两种语言编写的合同出现歧义时，应以主导语言编写的合同为准。

3. 关于转让技术

内容：转让技术的名称及基本内容、要求和工业化程度，转让的有效期

说明：转让技术的基本内容包括：提供与实施转让技术有关的技术资料、技术指导或技术服务。应规定提供技术资料和进行技术指导或技术服务的具体的时间、地点。

如果转让的是一种专利技术，则转让的有效期不能超出专利技术的有效期。对于与他人共有专利权的专利技术，在转让时必须获得其他共有人的同意，否则，只能转让其在专利技术中所占有的份额。

如果专利技术转让是转让专利技术的所有权，则在合同生效后，受让方成为该项专利技术的新的所有者，而转让方则不再享有所有权；如果在转让前转让方已实施了专利技术或与第三方签订了专利实施许可协议，对此种情况如何处理应在转让合同中

做出明确说明。

合同中应规定使用转让技术的范围。

4. 进度计划及履行方式

内容：实施技术转让的进度安排

说明：履行技术转让合同的具体时间安排，包括提供技术资料、技术指导和技术服务的时间、地点安排及其他的具体要求，如人员培训计划，试运行计划和正式投产计划等。

5. 合同期限

内容：合同生效日期和合同期限

说明：应根据项目的具体情况规定合同的生效条件，生效日期。

合同的生效日期一般从合同签订日开始。合同期限从合同生效日开始计算。

6. 义务和责任

内容：双方在技术转让过程中应履行的义务和应承担的责任

说明：(1) 技术转让方的义务和责任：

1）应按照合同规定的内容、方式、时间和地点，提供技术资料并进行技术指导；

2）转让方应保证所转让技术的可靠性和实用性，能够在合同规定的生产领域内应用和取得预期的效果；

3）承担合同规定的保密义务。转让方对于受让方的技术背景情况以及所转让的技术应予以保密。

如果技术转让方未能履行上述义务，则视为违约，应负违约责任，受让方有权解除合同，违约方应向受让方支付违约赔偿金。

(2) 技术受让方的义务和责任：

1）在合同规定的范围内使用该项技术，不得私自扩大使用范围；

2）按照合同的有关规定支付使用费；

3）承担合同约定的对受让技术的严格保密义务。

如果技术受让方未能履行上述义务，则视为违约，应负违约责任，技术转让方有权解除合同，并要求受让方返还技术资料以及支付违约赔偿金。

7. 保密

内容：技术资料的保密范围，保密责任，保密期限，泄密后的赔偿

说明：这是技术转让合同不可缺少的重要条款，技术转让中涉及开发研究过程中积累起来的各种数据、资料，转让方提供的原始数据和资料，现有的技术状况等。因此应通过双方协商，在合同中对技术的保密范围、保密事项、保密起止时间以及违反保密规定的责任等做出明确规定。

8. 技术指导

内容：技术指导或技术服务的具体内容

说明：根据所转让的技术确定相应的技术指导和技术服务的内容，包含技术指导和技术服务的时间、地点、方式和费用。

9. 风险

内容：风险；风险分担

说明：风险是指在具体实施转让技术时未能达到合同中规定的目标。此时，需要分析造成目标失控的原因，分清主观（如组织、协调不力等）和客观（如现有物质设备不合格等）原因，也可请本技术领域的专家进行评定。合同中应列明风险责任如何承担等内容。

10. 技术转让的法定手续

内容：办理技术转让的法定手续，双方办理有关手续的分工

说明：合同中应写明需办理哪些法定手续和由谁办理。

在外国办理技术转让手续时，应遵守项目所在国和技术转让方所在国的有关技术转让的法律和规定。

根据我国的专利法，只有在办理了下列手续后，双方签订的技术转让合同才构成有效合同：

(1) 全民所有制单位，在转让其专利技术时，必须取得上级主管机关的书面批准。

(2) 中国的单位和个人向外国人转让其专利技术时，必须取得国务院有关主管部门的书面批准。

(3) 当事人订立的书面合同还须经专利局登记并公告。

11. 验收标准和方法

内容：验收依据的标准和验收方法，验收的时间，参加验收的专家资格

说明：合同中应规定验收的标准，验收采用的方法，由谁出具技术项目验收证明。

根据转让方提供的技术规范，双方商定验收标准和方法并将其列入合同中。具体的验收方法可采用组织有关部门进行鉴定或专家评定。但在合同中最好规定参加验收的部门或专家的资质。

12. 合同价格和支付

内容：技术转让的合同价格以及支付方式、支付时间

说明：合同价款的确定应考虑技术成果应用后的经济效益和社会效益（包括持续年限），开发成本，技术成果的工业化程度，转让方享有的技术权益，承担责任的大小等因素。

支付方式可采取一次总付，一次总算分期支付，按利润百分比提成支付，按销售额百分比提成支付等方式。一次总付和一次总算分期支付应规定具体的支付时间，其他支付方式应规定支付的期限。

在按利润百分比或销售额百分比提成支付时，合同中应明确规定利润或销售额的

计算方法。

另应说明支付的币种及金额。

13. 技术改进

内容：技术转让成果的后续改进和分享办法

说明：后续改进是指在本合同有效期内，任何一方或双方就合同所转让的技术成果所做的革新和改进。双方应在合同中约定，转让技术成果的后续改进由哪一方承担完成，以及后续改进成果属于哪一方。同时，可写明改进成果的分享办法。

14. 合同的变更和终止

内容：合同变更程序，合同终止，合同终止后的清算

说明：合同签订后，除非经双方协商同意，任何一方不得擅自变更或终止合同。除非由于下列情况，使得合同履行已成为不可能或不必要时，当事人一方有权通知另一方终止合同：

（1）另一方违反合同；或

（2）发生不可抗力；或

（3）所转让的技术已被他人公开。

因上述原因终止合同时，当事人一方应向对方发出书面通知，同时说明终止合同的具体原因，并出具令对方满意的有关的证明资料和证据。

在合同中应规定上述三种情况中任一情况下解除合同后的责任分担和赔偿方法。

15. 违约

内容：违约及违约赔偿金的计算办法

说明：转让方违约：①不按照合同约定转让技术；②转让方超越合同约定范围，擅自向第三方转让该种技术；③违反合同的保密规定，造成泄密，使受让方产生损失。

受让方违约：①未按照合同约定及时支付使用费；②受让方超越合同约定范围，擅自允许第三方使用该种技术；③违反合同的保密规定，造成泄密，使技术转让方产生损失。

在发生上述违约情况时，违约方应向对方支付违约赔偿金。

双方可协商确定违约赔偿金额，该金额一般不超过合同价款。违约方在支付违约赔偿金后，一般不再对其他损失进行赔偿。

特殊情况下，合同中也可增加如下条款："违约方给对方造成的损失金额超过违约赔偿金额时，应补偿对方超过违约赔偿金额的那部分款额。"

双方也可在合同中做出如下规定："违约赔偿金额可按违约方给对方造成的实际损失计算，即该赔偿额应相当于受损失方的收益减少额或支出增加额。"

16. 争议的解决

内容：争议的解决程序和采用解决争议的方式

说明：解决程序中应包括：①在争议事件出现后合同规定的时间内，当事人一方

可向对方当事人发出通知，并说明事件发生的原因、可能造成的后果以及对方当事人应负的责任。②对方当事人应在合同规定的时间内做出回答等。

在诸多解决争议的方式中，应首先采用双方友好协商解决和请中间人进行调解方式解决争议。在上述友好解决未果的情况下，可提交仲裁。在合同中应规定双方选定的仲裁地点和仲裁规则。仲裁裁决是终局的，对双方均具有约束力。

17. 合同附件

内容：合同附件，合同附件的法律效力

说明：当事人双方可经过协商确定下列与履行合同有关的资料，并以附件形式列入合同，构成合同的一部分，其与合同的其他条款具有同等法律效力。合同附件包括：技术背景资料、技术转让可行性论证、技术评价报告、技术标准、技术规范、项目任务书和计划书、图纸、有关的表格、数据照片以及其他与履行合同有关的资料。

18. 其他

内容：适用的法律；以及其他双方商定的事宜（如中介方、定金、财产抵押、担保等）

说明：合同如果是通过中介机构介绍签订的，则中介合同应以附件形式成为本合同的一部分。合同中应写明中介方的权利、义务、服务费以及服务费的支付方式。

委托代理人签订本合同时，应出具委托证书。

### 三、订合同的注意事项

（1）国际间技术转让应注意遵循有关的国家法律和法规，切记在进行技术转让时，必须办理有关的法律手续，否则，签订的技术转让合同将是一个无效合同。

（2）技术转让是为了促进本地区或本公司的技术进步，因此，在签订技术转让合同前，必须对转让技术做出可行性评价以确保转让技术具有长期的生命活力，使技术的受让方能从中获利。

## 第5节 代理协议

### 一、综述

（一）代理人的作用

（1）代理人（Agent）是国际承包商在新环境下获得工程项目的主要信息来源。

代理人可以及时获得当地大型项目的招标信息，并且可以跟踪一些潜在招标项目的进展状况，可以随时向业主宣传公司的经营能力和业绩，甚至可直接引见公司代表与业主洽谈。

（2）代理人可提供与实施工程项目有关的法律、经济和政治情况。

代理人可向国际承包商提供与实施工程项目有关的各种法律规定、经济和政治情况。如提供与实施工程有关的当地材料和设备的价格、劳务水平和价格、国家的各种税收及税收优惠、货物进出口的规定等。这些资料将有助于承包商进行合理的投标报价。

（3）代理人提供其他服务。

如代理人可通过对当地目前局势和今后一定时期的发展前景做出分析后，对公司在当地的业务提出合理化建议，供公司领导层决策时参考；还可以为公司介绍一些当地的技术人员或信誉较高的咨询公司参与本公司的业务；以及可以代表承包商在承包商的授权范围内，办理日常事宜等。

由代理人提供的各种服务均应在协议中写明服务的范围。

（二）代理协议的概念

代理协议（Agency Agreement）实际上是一种委托合同，是指当事人双方约定一方为另一方处理事务的协议。本文称其为委托人（Principal）和代理人（Agent）。依据代理协议，代理人应以委托人的名义办理所委托的事宜，而委托人则应对代理主所进行的合法委托事务的法律后果承担责任。

二、代理协议的主要内容

1. 代理协议开始部分

内容：双方当事人的名称、国籍、注册地址以及代表人的姓名、职称和联系地址；代理协议的签订日期和地点等

说明：一般地，代理人和委托人均应为法人，因此协议中应写明双方公司的全称以及合法的注册地址。

应写明代理协议的目的、性质、实施的范围和双方的愿望。

示例：

"本协议由以下各方于_____年_____月_____日，在_____（签订协议地名）制定并签订：

（1）（委托人名称、国籍、办公地址）为委托人

（2）（代理人名称、国籍、办公地址）为代理人

委托人具有从事本领域各项工作的合法权力。希望在_____（地区名称）委任一名唯一代理，代表其处理在与其所从事的工作领域相关的地区的全部事宜。

代理人愿意接受委托人的委托，作为委托人在该地区从事本领域工作的唯一代理，

并且愿意在本地区内向委托人提供本协议条款和条件下委托人所要求的帮助。

为此，现在各方就如下事项达成协议："

2. 委托和授权

内容：委托事项；授权范围

说明：应写明委托人委托的每一事项。

委托代理应具有排他性，即应在协议中写明代理人是该地区的唯一代理（Exclusive Agency）。

应规定代理人的权限范围并出具权力委托书。

示例：

"委托人在本协议期间，对以下事项在此委任代理人为该地区的唯一代理和负责人，而代理人在此根据本协议条款和条件接受委托人的委任：

（1）为委托人在本领域的工作提交投标书；

（2）保证投标书的安全；以及

（3）双方商定的其他委托事务。

没有委托人的事先书面同意，代理人无权以委托人的名义签订任何合同或承担任何义务或工作。"

3. 服务

内容：代理人可提供的服务内容

说明：服务的内容多少涉及代理费用，因此，双方应在协商并达成一致意见后，将代理人应提供的服务内容详细列出。这有助于避免协议执行过程中发生争议。

另外，对代理人提供协议中未列入的服务内容也应做出相应说明。

示例：

"本协议期间，代理人代表委托人在本地区为其活动提供下列服务（仅就委托人所要求的服务而言），并且提供双方达成协议的此类其他服务：

（1）向委托人提供潜在的雇主、咨询人、其他承包商以及政府当局的信息；

（2）向委托人提供市场和其他信息，包括有关的法律法规和为通过资格预审的正确方法以及其他编制合同文件和实施合同所必需的规则；

（3）在本地区帮助委托人办理其获得和实施合同所必需的政府当局的任何执照、证书或许可；

（4）对所有与将货物、设备和材料进口到本地区相关的事宜提供帮助和提出建议；在与此相关的海关手续方面，安排从当地目的港到交货地的运输方面以及在设备和材料再出口（如有的话）方面提供帮助；在准备工作上提供帮助并递交和办理全部或部分免除海关关税或其他评估的所有申请（如有的话）。"

4. 代理费用

内容：代理费用；代理费用的支付方式

说明：一般地，代理费用不应超过当地法律有关代理费的规定或当地的惯例。代理费的比例一般为合同额的0.5%~5%。在政府对代理未作出规定的国家，应根据提供的服务和当地的惯例确定代理费用。

实际上，对代理费用有规定的国家，代理人所要求的代理费用经常比政府规定高得多。这时委托人应与代理人充分协商取得一致。不得已时，在协议中可规定补偿全部或部分办理委托事务所发生的费用，即可在协议中，加入如下内容：

"在进行采购、履行协议、或提供上述协议规定的其他服务方面，使代理人发生了费用，只要事先已征得委托人的书面同意，可按支出凭据向委托人报销。可按月或按季进行报销。"

关于代理费用的支付方式应在合同中事先约定。在协议中最好加入"只有在委托人获得工程合同并收到工程业主的付款之后，才按比例支付代理费用"等内容。代理费用应分几次支付。

示例：

"考虑到代理人在本地区提供的此类服务，委托人同意向代理人支付代理费用，代理费用额按委托人与第三方在本协议期间协商确定将由委托人在本地区实施的一个或多个合同额的百分比计算。当委托人收到实施这些合同的每一笔款项时，应按相同的币种和上述的百分比，并以代理协议所规定的支付方式向代理人支付代理费用。

委托人应在收到每一笔合同支付款额的30天内（或在双方商定的其他时间内）向代理人支付代理费用。代理费由委托人直接付给代理人指定的银行账号或按照代理人随时书面要求的其他方式支付。"

5. 协议期限

内容：协议期限；协议的生效日期；协议期限的延长

说明：要注意协议期限与工程项目合同期限间的协调。

协议期限的起算日期和协议的生效日期可能不同，应分别写明。

协议的生效日期一般为协议的签订日期，即从协议签订日开始生效，并且应在协议终止之前持续有效。

示例：

"本协议期限为_____（月）。从本协议生效日开始计算。

无论本协议期满与否，本协议应在委托人与任何第三方签订的合同实施期间持续有效，直到完成该合同的全部工作。

协议期满时，任何一方可在协议终止日前60天向对方发出要求延期的书面通知，经双方商定可延长协议期限。"

6. 保密

内容：保密资料的范围、种类；保密期限

说明：由一方提供给另一方的无论何种性质的所有信息和资料，双方均应严格保密。没有获得提供信息和资料方的明确同意，不应该向任何第三方透露。

必要时可对泄密后果做出相应规定。

7. 义务和责任

内容：双方的义务和责任

说明：应详细列出在协议期间双方应履行的义务和应尽的职责。双方的一般义务和责任如下所述：

代理人的义务和责任：

（1）依据协议规定，亲自办理事务。要求代理人在其授权范围内，亲自办理事务，没有委托人的事先同意，代理人不得将被委托的事务进行再次委托；

（2）按约定时间和方式报告有关委托事务的进展情况，并提交必要的证明文件；

（3）办理委托事务中所得收益应及时转移给委托人；

（4）应代表和维护委托人的利益，努力获得工程合同。

委托人的义务和责任：

（1）承担代理人在其授权范围内办理委托事务的法律责任；

（2）预支和返还给代理人办理委托事务所需的日常费用开支；

（3）按协议规定及时支付代理费用。

同时，为了避免为代理人的不正当行为或违法行为承担责任，在协议中最好写明"除非有委托人的书面指示，委托人对代理人所进行的各种活动不承担任何道义和法律上的责任；代理人不得以委托人的名义从事非法活动或对外承担任何义务。"

8. 代理协议终止

内容：协议终止的条件；协议终止后的善后事宜。

说明：如发生下列情况之一，可终止协议：

（1）任何一方当事人终止协议，提出终止协议方应赔偿对方的损失；

（2）任何一方当事人丧失履约能力，如其法人资格被撤销、破产等。

发生上述事件后，提出终止协议方，应立即通知对方，并应采取必要的措施减少由此造成的损失。

协议中应明确规定赔偿金额。

9. 其他

内容：协议使用的语言；适用的法律；争议的解决；以及双方商定的其他事宜

说明：应规定协议使用的语言。如采用多于一种语言编写本协议时，应规定一种主导语言，在出现相互矛盾时，以主导语言编写的协议文本为准。同时，应说明相互间发送的通知和来往信函均应使用与本协议相同的语言。

应规定适用的法律。

争议解决：在出现争议时，双方应友好协商解决。友好解决不成，可向双方商定的仲裁机构申请仲裁。仲裁机构的名称也可列入协议中。

## 三、其他注意事项

不同的国家对代理行为有不同的规定，同时由于对协议语言理解上的偏差，经常会产生争议。因此，在签订代理协议和履行协议过程中，双方应注意：

（1）代理协议中对代理人的授权范围必须明确，否则代理人在办理所委托事务时，可能会产生偏差，给他人造成损失。委托人对该损失负有不可推卸的责任。

（2）在履行代理协议过程中，委托人如发现代理人的代理行为违法，则应立即向代理人发出表示反对的书面通知，以免为代理人的违法行为承担责任。

（3）在一些国家，代理协议需报政府有关部门登记注册，故协议不宜过于繁琐。但为了避免协议过于简单而在履行过程中产生争议，可再签订一份补充协议。并应说明该补充协议作为原协议的一部分，与原协议同时生效，具有同等法律效力。

## 思考题

1. 承包商为获得工程项目，经常相互联合共同组成联营体进行项目投标。试简述联营体的类型及其主要区别？

2. 在实施项目过程中，各种类型联营体如何进行经营核算？联营体各成员如何分担经营中的风险？

3. 融资租赁是现代租赁的一种主要方式，其在国际工程承包中的作用越来越显著。试述融资租赁合同的基本概念和融资租赁的基本程序。

4. 在劳务合同中如何合理规定劳务人员的工作时间、节假日及报酬？

5. 技术转让合同中的转让方式有哪些？如何对转让技术的实施结果进行评价？

6. 代理协议中代理人的职责有哪些？在寻找代理人时应注意什么？

# 第10章　国际工程项目的合同管理

> 本章首先对"合同管理"的概念进行了讨论，指出合同管理应从合同签订前的准备工作、合同实施阶段的工作以及协作精神三个方面来完整地理解，然后比较详细地从业主方和承包商方的角度对合同管理的各阶段的工作内容（包括风险管理和索赔管理）进行了讨论。对项目实施阶段业主、工程师和承包商的主要职责进行了分析和比较，最后讨论了争议产生的原因及如何正确地对待和处理争议。

## 第1节　合同管理概论

### 一、合同管理的概念

（一）合同

合同是一个契约。合同是平等主体的自然人、法人以及其他组织之间设立、变更、终止民事权利义务关系的协议。国际工程合同是指不同国家的有关法人之间为了实现在某个工程项目中的特定目的而签订的确定相互权利和义务关系的协议。合同文件包括在合同协议书中指明的全部文件；一般包括合同协议书及其附件、合同条件、投标书、中标函、技术规范、图纸、工程量表以及其他列入的文件（如FIDIC"银皮书"中还包括业主的要求，承包商的建议书，附录等）。

AIA. A201合同条件中还规定合同实施后所发出的修改命令（包括由各方签署的对合同的书面补充，变更命令，施工变更指示，由建筑师发布的书面的次要工程变更等）也属于合同文件。

总之，工程合同包括工程项目的合同协议书中列明的全部合同文件以及这些文件包含的内容。

### （二）合同管理

合同管理指参与项目的各方均应在合同实施过程中自觉地、认真严格地遵守所签订合同的各项规定和要求，按照各自的职责，行使各自的权力、履行各自的义务、维护各方的权利，发扬团队精神，处理好"伙伴关系"，做好各项管理工作，使项目目标得到完整的体现。

虽然合同是有关双方的一个协议，包括若干合同文件，但合同管理的深层涵义，应该延伸到合同协议签订之前，从下面三个方面来理解合同管理，才能做好合同管理工作：

1. 做好合同签订前的各项准备工作

虽然合同尚未签订，但合同签订前各方的准备工作（特别是业主一方）对做好合同管理至关重要。这些准备工作包括准备各类合同文件草案、准备各项招标工作，做好评标工作，特别是要做好合同签订前的谈判和合同文稿的最终定稿。

在合同中既要体现出在商务和技术上的要求、严谨明确的项目实施程序，又要明确合同双方的权利和义务。对风险的管理要将合理分担的精神体现到合同条件中去。

业主方的另一个重要准备工作即是选择好业主方的项目管理人员（可以是咨询工程师、业主代表或 CM 经理等，以下用"工程师"代表各类项目管理人员）。工程师可以由进行工程前期可行性研究和设计工作的咨询设计公司选派，也可以由另一家咨询公司选派，最好能提前选定工程师，以使他们能够参与合同的制定（包括招标文件的拟订、招标、谈判，签约等）过程，依据他们的经验，提出合理化建议，使合同的各项规定更为完善。

承包商一方在合同签订前的准备工作主要是制定投标战略，作好市场调研，在买到招标文件之后，要认真细心地分析研究招标文件，能够比较好地理解业主方的招标要求。在此基础上，一方面可以对招标文件中不完善甚至错误之处向业主方提出修改建议；另一方面也必须作好风险分析，对招标文件中某些不合理的规定提出自己的建议和要求，并力争在合同谈判中对这些不合理的规定进行适当的修改。

2. 合同实施阶段

这一阶段是实现合同内容的重要阶段，也是一个相当长的时期。在这个阶段中合同管理的具体内容十分丰富，将在以下两节中比较详细地分析讨论。

3. 提倡协作精神

合同实施过程中应该提倡项目中各方的协作精神，共同实现合同的既定目标。实际上，实现合同标的必然是一个相互协作解决矛盾的过程，在这个过程中工程师起着十分重要的协调作用。一个成功的项目,必定是业主、承包商以及工程师按照双赢(Win-Win)、项目伙伴关系(Partnership)以及团队协作精神(Team Spirit)来共同努力完成,目前一些国家在国际工程合同管理中,非常注意提倡这种精神。

## 二、本章的主要内容

由于合同双方的职责、权利和义务是不同的,本章将分别介绍业主方和承包商方在合同管理各个阶段中的工作内容,包括各方的风险管理和索赔管理。同时也对工程师的职责、权限和工作内容进行分析和介绍。

最后对在项目实施阶段合同有关各方(业主、工程师、承包商)主要职责进行分析和比较,同时讨论争议产生的主要原因以及如何减少争议、如何处理"伙伴关系",以使项目顺利完成。

本章以世界银行国际招标的工程采购项目、单价与子项包干混合式合同、业主聘用工程师进行合同管理、采用 FIDIC "新红皮书"的模式为主线进行论述。

# 第 2 节  业主方的合同管理

本节首先简要地论述业主对一个工程项目的前期管理,讨论选择咨询公司以及咨询人员的原则;之后再较详细地介绍在项目实施期的管理中业主方以及协助业主进行项目管理的咨询(监理)工程师的职责和分工。由于在"国际工程管理教学丛书"中有两本专著对项目实施过程中的风险管理与索赔管理进行了讨论,本节仅从业主的合同管理角度对之进行概括性的讨论。此外,还对业主方在合同管理中的一些具体问题进行了介绍。

## 一、业主方对项目前期的管理

### (一)项目前期管理工作的重要性

一个国际工程在项目前期阶段(有时称投资前阶段)的各项管理工作十分重要。项目前期阶段的工作内容一般包括地区开发、行业发展规划、项目选定阶段的机会研究、预可行性研究以及可行性研究,最后通过项目评估来确定项目。这些工作对于把握投资机会,对项目进行科学地、实事求是地分析和评估,从而正确地立项十分重要。因为如果立项错误则会对项目实施过程中的合同管理,特别是投产运行造成极大的困难和损失。

做好上述工作的关键有两点:一是选择一家高水平的咨询公司来从事投资前的各项工作,以便能得到一份符合客观实际的可行性研究报告;二是业主应该客观地、实事求是地根据评估的结果和自己的融资能力来决定项目是否立项。

## （二）选择高水平的咨询公司

在国外，业主对一个工程项目的研究、决策与管理主要依靠咨询公司。国外的咨询业是一个十分兴旺发达的产业。咨询服务是依靠专家的知识、经验和技能为业主提供的一种高层次、智力密集型服务。由于项目管理的重要性，特别是投资前阶段各项工作的重要性，国外业主在选择咨询公司时首先考虑的是咨询公司的能力、经验和信誉，而不是报价。关于世行和美国以质量为基础的选择（QBS）以及美国选择CM经理的原则和方法在第六章中已有详细介绍。

国外有许多咨询公司专门为业主服务，其服务内容范围广泛，可提供单项咨询服务，也可作为业主代理人为项目开发和实施的全过程进行工作，下面介绍一个美国"业主服务（Owner Services）"公司的服务范围：

1. 前期阶段
- 设计招标文件与合同文件的编制
- 确定项目设计目标、预算与进度要求
- 项目计划的审阅和管理
- 参加地方政府组织的项目有关各方的会议

2. 设计阶段
- 设计管理与协调
- 成本估算与预算
- 更新预算方案
- 进度计划安排
- 运用价值工程提出改进设计的建议
- 设计审查与监督
- 施工可行性审核
- 施工规划：建议承包方式
- 施工招标文件编制

3. 采购阶段
- 监督申报批准手续
- 施工采购：审阅施工招标文件，主持标前会议，评审承包商的投标，协助业主进行合同谈判等

4. 施工阶段
- 施工监理规划
- 现场监理
- 支付申请审查
- 提出替代方案或审查承包商提出的替代方案

- 质量控制
- 施工图设计审查
- 变更与索赔控制

### (三) 选定项目的实施模式

在第一和第三章中对项目的多种实施模式已有介绍，业主在确定项目立项时，也应请咨询公司提出方案，经分析比较后确定项目实施模式。

项目立项后的实施工作可由原来承担前期咨询工作的公司继续承担，这种方式的优点是咨询公司对项目的各项资料比较熟悉，工作思路连贯，可以加快进度，总报价较低。而且如果咨询公司事先知道只由该公司承担立项前的工作，则可能因这阶段工作费用较低而不愿意接受。第二种方式是将立项后的工作交另一家咨询公司承担，这种方式的优点是可由第二家公司对立项前的咨询报告进行客观的评价，提出改进方案，获得集思广益的效果，但缺点是进度可能稍慢，总报价也可能稍高。

在实践中采用哪种方式主要看业主一方对咨询公司的了解和信任程度以及咨询公司的信誉，而费用往往不是决定性因素。

### (四) 办理批准立项手续

在项目通过评估立项，确定项目地点之后，应办与工程建设项目有关的法律、地方法规规定的各项批准和立项手续。

## 二、业主方对项目实施期的管理

### (一) 业主方管理的一般职责

一个工程项目在评估立项之后，即进入实施期，实施期一般指项目的勘测、设计、专题研究、招标投标、施工、设备采购、安装、调试直至竣工验收，在这个阶段业主方对项目管理应负的职责主要包括：

1. 设计阶段

(1) 委托咨询设计公司进行工程设计，包括有关的勘测及专题研究工作。

(2) 对咨询设计公司提出的设计方案进行审查、选择和确定。

(3) 对咨询设计公司编制的招标文件进行审查和批准。

(4) 选择在项目施工期采用的管理方式，选定监理公司、或 CM 经理、或业主代表等。

(5) 采用招标或议标方式，选择承包商。

(6) 进行项目施工前期的各项准备工作，如征地拆迁、进场道路修建、水和电的供应等。

在设计阶段业主一方要特别注意的问题是：

- 地基勘测工作及地基设计方案的正确性。基础是任何建筑物最重要的部位，如果地基勘探资料数据不正确，可导致建筑物基础部位设计的错误，危及整个建筑物的安全。
- 设计方案选定后，应要求咨询设计公司精心设计，尽可能避免和减少在承包商确定且工程已开工的情况下进行设计变更。

地基勘探的失误以及开工后设计图纸的变更将为承包商提供极好的索赔机会，从而影响业主一方的投资控制和进度控制。因此业主一方在进行设计阶段的合同管理时，重点要抓地基勘测和设计的质量。可以组织专家或其他咨询公司认真地进行审查，也可组织专家采用价值工程方法对设计方案进行研讨和改进。

总之，宁可在设计阶段放慢一点进度，工作做细致一些，以免招致开工后的变更和索赔。尽管出现了大的设计问题时可依据咨询合同向咨询公司或保险公司索赔，但也很难弥补对业主造成的损害。

2. 施工阶段

当一个工程开工之后，现场具体的监督和管理工作全部都交给工程师负责了，但是业主也应指定业主代表负责与工程师和承包商的联系，处理执行合同中的有关具体事宜。对一些重要的问题，如工程的变更、支付、工期的延长等，均应由业主负责审批。

下面介绍在施工阶段业主一方的主要职责：

（1）将任命的业主代表和工程师（必要时可撤换）以书面形式通知承包商，如系国际贷款项目还应该通知贷款方。

（2）继续抓紧完成施工开始前未完成的工程用地征用手续以及移民等工作。

（3）同意承包商转让部分工程权益的申请（如有申请时），批准履约保证和承保机构，批准承包商提交的保险单和保险公司。

（4）负责项目的融资以保证工程项目的顺利实施。

（5）在承包商有关手续齐备后，及时向承包商拨付有关款项，如工程预付款、设备和材料预支款、每月的月结算、最终结算等。这是业主最主要的义务。

（6）及时签发工程变更命令（包括批准由工程师与承包商协商的这些变更的单价和总价）。

（7）批准经工程师研究后提出建议并上报的工程延期报告。

（8）负责为承包商开证明信，以便承包商为工程的进口材料、工程设备以及承包商的施工装备等办理海关、税收等有关手续。

（9）协助承包商（特别是外国承包商）解决生活物资供应、材料供应、运输等问题。

（10）对承包商的信函及时给予答复。

（11）负责编制并向上级及外资贷款单位送报财务年度用款计划、财务结算及各种统计报表等。

（12）负责组成验收委员会进行各区段及整个工程的初步验收和最终竣工验收，签发有关证书。

（13）尽可能通过友好协商解决合同中的争议，如需对合同条款进行必要的变动和修改，需与承包商协商。

（14）如果承包商违约，业主有权终止合同并授权其他人去完成合同。

## （二）工程师在合同管理中的地位与职责

此处工程师指 FIDIC "新红皮书"、"新黄皮书"中的工程师。

对工程师职责的正确理解我们应参照 FIDIC《委托人/咨询工程师协议书（白皮书）指南》中的论述。该书中在讨论到"合同方面的任务"时，特别说到：

关于咨询工程师（单位）在管理合同中的任务使用"监理（Supervision）"的措辞可能会产生严重的误解，因此，应避免这种用法。值得注意的是，"红皮书"和"黄皮书"，以及99版的《施工合同条件》和"桔皮书"，都避免使用以前版本中可以看到的"监查和监理工程（Watch Over and Supervise the Works）"，而提出"合同中规定的（或委托他的）任务（Duties specified（or assigned to him）in the Contract）"。如果对此类任务需要简明地描述，可用"管理合同和检查工程（Administer the Contract and Inspect the Works）"。

也就是说，工程师作为业主的人员，按照业主和承包商订立的合同，为业主管理合同和检查工程进度、质量等。

工程师对合同的管理与承包商在实施工程时的管理的理念、方法和要求都是不一样的。

承包商是工程的具体实施者，他需要制定详细的施工进度和施工方法，研究人力、机械的配合和调度，安排各个部位施工的先后次序以及按照合同要求进行进度管理、质量管理、安全管理和环境管理，以保证按合同工期要求高效优质地完成工程。

工程师则是按照业主和承包商的合同中规定的职责和权限来管理和检查工程，他不负责具体地安排施工和研究如何保证质量的具体措施，而是宏观上控制施工进度，按承包商在开工时提交的施工进度计划以及月计划、周计划进行检查和督促，对施工质量则是按照合同中的技术规范，图纸中的要求去进行检查验收。工程师可以向承包商提出建议，但并不对如何保证质量负责，工程师提出的建议是否采纳，由承包商自己决定，因为他要对工程质量和进度负责。对于成本问题，承包商要精心研究如何去降低成本，提高利润率；而工程师主要是按照合同规定，特别是工程量表的规定，严格为业主把住支付这一关，并且防止承包商不合理的索赔要求。工程师的具体职责是在合同条件中规定的，如果业主要对工程师的某些职权作出限制，他应在合同专用条件中作出明确规定。

1. 工程师的职责综述

工程师的职责也可以概括为进行合同管理,负责依据合同进行工程的进度控制、质量控制、投资控制以及做好协调工作。具体的职责如下:

(1) 协助业主评审投标文件,提出决标建议,并协助业主与中标者谈判,商签承包合同。

(2) 在工程合同实施过程中,按照合同要求,全面负责对工程的监督和检查,协调现场各承包商之间的关系,负责对合同文件的解释和说明,处理矛盾,以确保合同的圆满执行。

(3) 审批承包商申请的分包报告,并要求承包商在所订的分包合同中应包括合同条件中规定的保护业主权益的条件。但分包商的工作应由承包商直接进行管理,承包商必须按照与业主签订的合同中的图纸、技术规程及合同条款的要求管理分包商。对分包商工作质量等重要问题验收时,一般是由承包商先验收,但最终必须得到工程师的认可和批准才算正式验收。

(4) 进度控制。监督检查承包商的施工进度,审查承包商的施工组织设计和施工进度实施计划,如发现不符合合同要求之处,可要求承包商修改,监督工程各区段及各分部工程进度计划的实施,督促承包商按期或提前完成工程。按照合同条件主动处理工期延长问题,或接受承包商申请的有关工期延长问题。必要时发出暂停施工令和复工命令并处理由此而引起的工期延长等问题。

(5) 质量控制。包括对设计的管理,施工质量和材料、设备的检查等,但工程质量的第一责任人是承包商。

1) 帮助承包商正确理解设计意图,负责有关工程图纸的解释、变更和说明,发出图纸变更命令,提供新的补充图纸,在现场解决施工期间出现的设计问题。若合同要求承包商进行部分永久工程的设计或要求承包商提交施工详图,工程师应对这些图纸进行审核、批准。同时还要处理因设计图纸供应不及时或修改引起的拖延工期及索赔等问题。

工程师应负责提供原始基准点、基准线和参考标高,审核检查并批准承包商的测量放样结果。

2) 监督承包商认真贯彻执行合同中的技术规范、施工要求、图纸上的规定和所建立的质量保证体系,以确保工程质量满足合同要求。制定各类对承包商进行施工质量检查的补充规定,或审查、修改和批准由承包商提交的质量检查要求和规定。及时检查工程质量,特别是基础工程和隐蔽工程。指定试验单位或批准承包商申报的试验单位,检查批准承包商的各项实验室及现场试验成果。及时签发现场试验或其他有关试验的验收合格证书。

3) 严格检查材料、设备质量;批准、检查承包商的定货(包括厂家、货物样品、规格等);指定或批准材料检验单位;检查或抽查进场材料和设备(包括配件、半成品）的数量和质量。

（6）投资控制

1）负责审核承包商提交的每月完成的工程量及相应的月结算财务报表，处理价格调整中的有关问题并审查签署月支付证书，及时报业主审核、支付。

2）在工程快竣工时，核实竣工工程量，以便进行工程的最终支付。审查并与承包商讨论，确认承包商提交的竣工报表和最终报表，签发最终付款证书。

3）尽量避免变更。当必须变更时，应认真评估变更可能引起的工期索赔与造价索赔。

4）处理好索赔。当承包商违约时，代表业主向承包商索赔，或处理承包商提出的各类索赔。处理索赔问题时均应与业主和承包商协商后，提出处理意见。如果业主或承包商中的任一方对工程师的决定不满意，可以提交 DAB 或提交仲裁。

（7）人员考核。承包商如欲替换派去工地管理工程的施工项目经理，须经工程师同意；工程师有权考查承包商进场人员的素质，包括技术水平、工作能力、工作态度等；工程师有权随时撤换不称职的施工项目经理和不遵守合同规定、坚持有损 HSE 行为以及玩忽职守的工作人员。

（8）审核承包商要求将有关设备、施工机械、材料等物品进、出海关的报告，并及时向业主发出要求办理海关手续的公函，督促业主及时向海关发出有关公函。

（9）工程师应记录自己的现场管理工作日记，保存一份质量检查记录，以作为每月结算及日后查核时用。如工程师与业主方签订的合同有要求时，工程师应根据积累的工程资料，整理工程档案。

（10）参加竣工验收或受业主委托负责组织并参加竣工验收。

（11）及时签发合同条款中规定的各类证书与报表。

（12）定期向业主提供工程情况报告（一般每月一次）并根据实际情况及时向业主呈报工程变更报告，以便业主签发变更命令。

（13）积极协助调解业主和承包商之间的各种矛盾。当承包商或业主违约时，按合同条款的规定，处理各类有关问题。

（14）处理施工中的各种意外事件（如不可抗力、不可预见的自然灾害等）引起的问题。

## 三、各个层次工程师人员的职责

在 FIDIC"红皮书"以及 ICE 编制的合同条件中，都将"工程师"分为三个层次，即工程师、工程师代表及助理。而在"新红皮书"中，则将"工程师"分为工程师及其助手，而助手包括驻地工程师（相当于工程师代表）和对设备和材料进行检验的检查员。下面按工程师、驻地工程师和检查员三个层次，比较详细地讨论在为业主管理合同和检查工程时，这三个层次的人员各自的职权和分工。

(1) 工程师：指由少数级别比较高，经验比较丰富的人员组成的委员会或小组，行使合同中规定的工程师的职权（类似于中国的总监理工程师），工程师这一层的成员大部分不常驻工地，但会不定期地去工地考察处理重大问题；审批驻地工程师呈报的各类报告；同业主研究决定有关重要事宜。下述有关的重要问题必须由工程师亲自处理，（有的需报业主批准）这些问题包含：

- 签发工程开工令。
- 审查合同分包。
- 撤换不称职的承包商的施工项目经理和（或）工作人员。
- 签发接收证书、履约证书、最终报表及最终支付证书等。
- 批准承包商递交的部分永久工程设计图纸和图纸变更。
- 签发各类付款证书，对使用暂定金额、补充工程预算、承包商申请的索赔以及法规变更引起的价格调整等问题提出意见，上报业主批准。
- 就工期延长、工程的局部或全部暂停、变更命令（包括增减项目、工期变更、决定价格等）等问题提出意见，上报业主批准。
- 处理各种意外事件引起的问题。
- 按合同条款规定处理承包商违约或业主违约的有关问题。
- 调解和处理现场的矛盾引起的各类问题。
- 其他。

(2) 驻地工程师（Resident Engineer）：指受工程师指派常驻工地，代表工程师行使所委托的那部分职权的人员，在"红皮书"中一般称为"工程师代表"，通常称为驻地工程师。工程师可以按两种方式指派驻地工程师：一种是按专业分工，如工地现场施工，钻探灌浆，实验室工作等；另一种则按区段，如将一条高速公路的合同分成几个区段，每个区段派一位驻地工程师。为了能及时解决工地发生的各类问题，工程师可以考虑将下列全部或部分职权委托给驻地工程师。

- 澄清各合同文件的不一致之处。
- 处理不利的外界障碍或条件引起的问题。
- 发出补充图纸和有关指示，解释图纸。
- 为承包商提供测量所需的基准点、基准线和参考标高，以便工程放线，检查承包商的测量放样结果。
- 检查施工的材料、工程设备和工艺，并进行现场每一个施工工序的验收。
- 指示承包商处理有关现场的化石、文物等问题。
- 计量完工的工程。
- 检查承包商负责的工地安全，保卫和环保措施。
- 保存实验和计量记录。
- 审查承包商提交的竣工图纸。

- 处理运输和道路有关的问题。
- 处理承包商的劳务出现的各类问题。
- 向工程师呈报每月付款证书，事先校核证书中的工程量及价格（包括价格调整的计算）。
- 要求承包商制订或修改进度计划。检查进度计划，在进度拖延时，向承包商发出赶工令。
- 在需要时，命令承包商按"计日工"进行某些工作。
- 处理夜间和公休日工作问题。
- 出于保护工程或安全的原因，需要马上采取行动时，安排紧急补救工作或暂停工程。
- 缺陷通知期内检查承包商应完成的扫尾工作和缺陷修补工作，处理缺陷调查有关问题。
- 呈报承包商设备申请进出口的报告。
- 就补充工程预算上书工程师。
- 防止和减少承包商的索赔。研究承包商的索赔要求，并向工程师提出建议。
- 主持工地会议，发布会议记录，保存与承包商往来的所有公函。
- 处理"指定分包商"有关问题。
- 与实施合同有关各方打交道，并保存来往公函。
- 协调工地中各承包商之间的关系。
- 其他。

（3）检查员。工程师或驻地工程师可指派检查员协助他进行一部分工作，一般包括：

- 工地施工现场值班，监督承包商现场施工质量。
- 派往工地以外的设备制造厂家监督检查工程设备的用料和加工制造过程。
- 派往工地内或工地之外的预制构件或施工用料（如混凝土）加工厂，监督检查加工质量。
- 其他。

## 四、业主方的风险管理

关于国际工程的风险管理在本书中仅从业主方和承包商方合同管理的角度来阐述。本节首先介绍风险管理的概念和特点，再介绍业主方在项目决策阶段（立项实施前）和项目实施阶段两个阶段的风险管理。

### （一）风险管理概述

风险是所有工程建设项目共有的特征。工程建设项目除了一般项目所具有的项目的一次性、唯一性、项目目标的明确性和实施条件的约束性之外，还具有项目复杂程度高、整体性强、实施时间长、开工后的不可逆转性、产品的固定性、当地气候、地质等自然条件影响、当地经济水平影响、生产者的流动性和当地政府的管理和干预等特点。因为不可预见的因素多，风险出现的可能性大，所以风险管理在整个工程项目建设过程中都十分重要。

1. 风险的定义和风险管理的特点

(1) 风险的定义

风险是一种可以通过分析推算出事件发生的后果及概率（Probability）的不确定性事件（Uncertainty），事件发生的结果可能是损失，也可能是收益。风险可以用函数式表示如下：

风险 = $f$（事件发生的后果，事件发生的概率）

一个工程项目的风险是客观存在的，项目各方都会遇到风险，因而也都应该合理地承担一部分风险，并且按照"伙伴关系"（Partnering）的理念来共同防范风险。

(2) 工程项目风险管理的一般特点

1) 风险管理的对象是指那些可以求出其概率分布的不确定性事件。

2) 风险的普遍性。一个工程项目在实施中的风险往往是客观存在的，项目各方都可能遇到的风险，也都应该合理地承担一部分风险，这种风险分担体现在双方签订的合同中。

3) 风险管理应该贯穿在项目的前期准备工作（如业主方准备招标文件、承包商方准备投标等）和项目实施的各项工作之中，通过风险管理可以减少或避免损失，但在项目实施过程中又可能出现新的风险，因而风险管理应该贯穿在项目准备和实施的全过程。

4) Heilmann 根据风险的危害和机遇的二重性特点，将风险划分为纯风险（Pure Risk）和投机风险（Speculative Risk），纯风险只有产生负偏差的可能性，因此主要是造成损失，如不可抗力；投机风险是指负偏差和正偏差都有发生的可能，产生损失的同时也伴随着获益的可能性。如地质条件、通货膨胀、汇率变化等则属于投机风险。

风险一般会造成损失，但如风险管理成功也可能有所获益。投机风险也叫风险利用，但无论合同哪一方都不愿把自己的效益建立在投机风险上，而只是在管理风险过程中应该研究如何利用风险。下面我们谈到的风险管理主要从降低风险造成的损失这一角度来分析。

2. 风险分担的原则

风险分担的一般原则是：谁能最好地控制风险，且能产生最好的整体效益则将该风险分配给谁。在进行风险分配时，必须注意考虑和研究以下几个问题：

- 确定关键风险因素；
- 考虑到各方承担风险的能力，风险的分配应该公平；

- 风险在谁的控制范围内，应该将风险分配给能够最佳控制风险的一方；
- 业主是否愿意参与风险管理；
- 如果风险是不可控制的，应由哪一方来处理风险对整个项目最经济有效；
- 哪一方可以享有处理风险的最大收益；
- 如果风险发生，损失将由谁承担；
- 如果某种风险转移出去后，是否会造成业主又面临另一种风险。

3. 风险管理的内容简介

风险管理一般包括下列几个步骤：

（1）风险辨识（Risk Identification）。即按照某一种风险分类的方法，将可能发生的风险因素列出并进行初步的归纳分析。

（2）风险评估（Risk Evaluation）。即采用适用的理论和方法，并结合过去类似风险发生的信息来分析发生损失的概率分布。

（3）风险的控制与管理（Risk Control and Management）。包括风险回避、风险减轻、风险转移和风险自留。

本节中主要是对各阶段业主方的风险辨识、评估、风险控制与管理进行较详细的讨论。

（二）业主方的风险管理措施

1. 风险辨识

风险因素是指可能产生风险的各类问题和原因。分析风险因素是风险管理的第一步，一个善于驾驭风险的管理者必须对项目各个阶段所可能遇到的风险因素有一个比较全面、深刻的分析。

风险辨识就是按照项目的实施程序和某一种风险分类方法，列出项目各个阶段可能发生的风险因素，从中找出主要风险因素，分析彼此之间是否相关，研究风险因素产生的原因，并将之进行初步的归纳。

（1）项目决策阶段业主方的风险因素分析

从提高项目的效益、避免和减少失误的角度来看，项目决策阶段的风险管理比实施阶段更为重要。业主方在项目决策阶段一般可能遇到下列一些风险因素：

1）投资坏境风险（指投资所在国或地区），包括：

- 投资所在国政治环境稳定与否。
- 当地政府有关外国投资的法律、法规、各项政策的健全性与稳定性。
- 当地政府的投资导向意图。
- 社会环境格局是否稳定。
- 当地政府是否腐化。
- 投资国基础设施是否落后。

2) 市场风险,包括:
- 项目建成后的效益,影响效益的因素。
- 国际和国内市场发展趋势和产品销售前景。
- 同类产品的竞争。

3) 融资风险,包括:
- 投资估算是否准确。
- 融资方案是否可靠,资金是否落实。
- 融资方案中的外汇风险(包括汇率变化、项目所在国外汇政策变化、国际硬通货的不稳定性、人民币升值等)。
- 物价上涨引起投资膨胀。

4) 技术风险,包括:
- 设计单位的水平能否达到所要求的技术水平。
- 要求采用的新技术、新工艺、新设备是否与项目所在国的生产和管理水平相匹配、是否适合当地国情。
- 当地的原材料供应(包括数量和质量)是否能满足新技术和新工艺的要求。如果必须采用进口原料,相应带来的各种风险。

5) 工程地质风险,包括:
- 地质勘探的面积和取样不足。
- 地质情况复杂地区的各种意外变化。

6) 资源风险,包括:
- 地质资源储量未探明。
- 地质资源的质量达不到设计要求。

7) 施工安全风险,包括:
- 业主方应负责准备的施工条件(如水、电、气、交通运输等)不配套或未按招标文件规定日期完成。
- 雇用的承包商不合格,导致工期、工程质量没保证。

8) 布局安全风险,包括:
- 项目本身防火、防尘、防毒、防辐射、防噪声、防污染、防爆炸等方面的风险。
- 项目周围环境的不安全和干扰因素。

9) 不可抗力风险,包括:
- 战争、入侵、禁运。
- 恐怖活动、革命、暴动、军事政变或内乱。
- 暴乱、骚乱、罢工等。
- 军火、爆炸、放射性污染等。

- 自然灾害，如：地震、飓风、火山爆发等。

10）其他风险。

(2) 项目实施阶段业主方的风险因素分析

1）业主方管理水平低，不能按照合同及时地、恰当地处理工程实施过程中发生的各类问题，如不能及时办理批准手续、不能按时征地拆迁及做好开工前的准备工作等，均将导致承包商索赔。

2）业主方选择工程师失误
- 工程师不胜任项目管理工作，不能按照合同及时地、恰当地处理工程实施中发生的各类问题。
- 工程师渎职、不负责任造成的各种损失。
- 少数工程师以权谋私、行为腐败或被承包商拉拢腐蚀所造成的损失和风险。

3）设计引起的各种风险
- 设计依据的有关基础资料（包括地质、水文、气象等方面）不正确，引起开工后的大量变更，导致承包商的大量索赔。
- 设计图纸（包括图纸变更）供应不及时，使工程实施停工待图，导致承包商的工期及其他索赔，使工程竣工延误。

虽然上述管理、设计方造成重大失误时，业主方可根据协议要求补偿或要求事先进行职业责任保险，但补偿和保险都很难弥补对业主一方所造成的损失。

4）融资风险
- 在项目实施阶段资金不落实、原承诺贷款单位或上级单位由于各种原因不能及时提供资金。
- 在国外投资时，手中外汇贬值。
- 贷款后不能及时归还引起的问题。

5）业主方负责供应的设备和材料的风险
- 设备、材料质量不合格。
- 设备、材料未能按计划运达工地。
- 设备未能及时配套供应。

6）承包商水平低引起的风险
- 不能保证工程质量。
- 工期拖延。

虽然业主可采取没收履约保证、驱逐承包商的工地项目经理、以及按承包商违约驱逐承包商、另找一家承包商施工等措施，但业主方仍将在工期和费用方面蒙受重大损失。

7）承包商及供货商的各种索赔。

8）通货膨胀的风险。

9) 不可抗力风险（内容同前）。

2. 风险分析和评估

即分析风险的性质和对目标的影响程度，风险发生的概率和概率分布情况，特别要关注风险后果影响大并且发生概率高的风险因素。

对风险概率的估计有两种方法：

- 客观概率（Objective Probability）：是一种根据大量数据，用统计方法进行计算的方法，这种方法所得结果是客观存在的，不以人的意志为转移，称为客观概率。
- 主观概率（Subjective Probability）：在实际工作中，往往很难计算出客观概率，而是由有关专家根据各自的经验和分析，对事件发生的概率作一个比较合理的估计，这就是主观概率。对于大型复杂工程项目，由于缺少历史资料的借鉴，因而常常采用主观概率的方法估计风险概率。

（1）业主方项目决策阶段的风险评估

业主方项目决策阶段的风险评估主要是论证项目风险因素对投资效益的影响，这时投资决策者所需考虑的是风险因素的性质，即某个风险因素是可能造成损失、轻微损失还是可能获益。为做好风险分析和评估，一方面要收集足够数量的历史资料，还要依靠相关领域的专家咨询，建立风险评估模型，对风险进行综合评估。

表 10-1 为工程项目风险评估表，表中首先要列出风险因素，而后列出每一项风险因素对目标的影响程度，即风险后果，再分析出该项风险因素发生的概率。在第一次初步评估后，应删去对目标影响程度很小且发生概率低的风险因素，以使进一步评估时，剩下的风险因素保持在 8~15 个。这时一般应对高风险因素的管理提出建议。

**工程项目风险评估表**　　　　　　　　　　　　　　　　表 10-1

项目名称_____

评估人_____日期_____

| 风险因素 | 风险后果<br>（对目标的影响程度） | | | | | 风险概率 | | | | 对管理高风险因素的建议 |
|---|---|---|---|---|---|---|---|---|---|---|
| | 极严重 | 严重 | 中等 | 较轻 | 很小 | 很高 | 高 | 中等 | 低 | 很低 | |
| 1. 风险因素一 | | | | | | | | | | | |
| 2. 风险因素二 | | | | | | | | | | | |
| 3. 风险因素三 | | | | | | | | | | | |

（2）业主方项目实施阶段的风险评估

根据上述项目实施阶段业主方的风险因素分析，在项目实施阶段所研究的风险虽也有投机风险，但大多是纯风险，纯风险发生的后果多半是造成损失，然而做好风险管理则可以削弱这些风险带来的影响，进而使损失降到最低。

3. 风险管理措施

业主方的风险管理应从前期抓起，即从投资机会研究、可行性研究和设计抓起，在项目开始阶段"风险控制/成本"比值最高,即花费较低的成本,能对项目风险进行较好的控制。

业主方的风险管理措施一般可分为风险回避、风险减轻、风险转移和风险自留四方面,如图10-1,现分述如下:

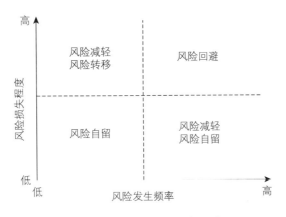

图 10-1 风险管理措施选择示意图

(1) 风险回避(Avoidance)

主要指业主方在工程项目立项决策时,认真分析风险,对于发生频率高、可能造成严重损失的风险因素要逐一深入研究,提出技术上可行、经济上合理的防范措施;或变更工期计划和降低某些目标要求以避开某些风险;对综合风险大的项目则应回避、不予批准或采用其他替代方案。

(2) 风险减轻(Abatement)

主要指采取某些措施将风险事件的不利后果和发生概率降低到一个可接受的程度,如可以通过修改原设计方案,或是增加合作者和入股人来降低和分散风险。

(3) 风险转移(Transfer)

对于不易控制的风险,业主方一般可采用两种转移方法:

1) 保险,即对可能遇到的风险进行投保,将风险的不确定性转化为一个确定的费用,这是转移风险最主要的方式。对于咨询、设计或监理公司,可要求他们去投职业责任保险(Professional Liability Insurance),对承包商,可要求他们去投保工程一切险、第三方责任保险等。

目前在国际上,比较提倡由业主去保险,因为由各个承包商去分别投保有以下缺点:

- 各个承包商投保保单包括的范围不统一,既可能重复,又可能漏保。
- 保险费大幅度增加。当分开保险,且每一个保单涉及的范围较小时,保险人谈判时的地位就比较弱,此时保险费会大幅度增加。
- 分散投保时,各承包商缺乏讨价还价能力,因而就可能接受比较高的免赔额。

- 业主不能控制索赔。在发生索赔事件时，由承包商和保险公司去谈判，业主不能控制。

由业主去统一保险的方法，即保单以业主和所有参与工程项目各承包商的联合名义投保。这样由于保险额大，保险公司就愿意接受低保险费，规定比较优惠的免赔额，既可以减少保险费支出，也可以避免某些项目漏保、重复保险以及索赔时与不同保险公司之间的争执。业主一方保险可使处理索赔问题时只面对一个保险公司。业主一方在工程开工前就可以知道工程的总保险费用和保险条件，对管理有关的风险做到心中有数。业主在进行大型工程保险时，可找一家风险与保险咨询公司做顾问，听取他的关于选择保险项目的建议。

对于一个复杂的、风险大的大型工程项目，往往由若干家保险公司组成联合体来承保，以分散每家保险公司的风险。

2）通过签订合同和选择合同类型将部分风险转移给设计方、技术转让方、承包商，但如果对方很有经验时，可能导致较高的报价。

（4）风险自留（Retention）

在对风险进行了认真的分析与研究之后，对于那些发生概率非常小或即使发生造成的损失也不大的风险，业主方一般可采用在预算中自留风险费的方法，以应付不测事件。

而且，并不是所有的风险都是应该转移的，有些风险转移是很不经济的。对于一些发生后可能造成巨大损失，但发生概率极低的风险一般也都留给自己。如 FIDIC《新红皮书》中第17.3款［业主的风险］就是这个思路。该款中，业主的风险（详见第七章第一节）包括：

（a）战争、敌对行为等活动；

（b）在工程所在国国内叛乱、恐怖活动、革命、暴动等；

（c）承包商及分包商的雇员之外的人员在工程所在国国内的暴乱、骚乱等；

（d）工程所在国国内的军火、爆炸物资、放射性污染等；

（e）由音速或超音速的飞机等造成的压力波；

（f）除合同规定之外，业主使用或占有的任何部分永久工程；

（g）业主方负责的任何部分的工程设计；

（h）一个有经验的承包商无法合理预见并防范的自然力的作用。

前面5点发生的概率极低，而后3点是承包商一方无力控制和防范的，如果把这些风险都归为承包商的风险，则业主将面对的是每一个承包商所提交的报价都包含了高额风险费，在项目实施期间如果这些风险不出现，则风险费都将成为承包商的利润，业主为此将遭受巨大的损失。

总之，业主方在整个项目流程中，都应该采用价值管理、价值工程和风险管理的思路和方法来分析资金的价值，以作好每个关键决策。

## 五、业主方的索赔管理

### (一) 索赔管理概述

1. 索赔的定义和概念

(1) 定义

Longman 辞典对索赔 (Claim) 一词所下的定义为：作为合法的所有者，根据自己的权利提出的有关某一资格、财产、金钱等方面的要求。

美国 AIA 文件 A201 "施工合同通用条件" (2007 年版) 中第 15.1 款 [索赔] 中对索赔的定义是：索赔是合同一方基于合同提出的要求或主张，寻求得到款项支付或其他权利。"索赔"这一术语还指业主和承包商之间由合同引发的或与合同相关的其他争议和事项。提出索赔的一方应承担提供索赔证据的责任。

Claim 一词也可译为权利要求、权利主张、债权、所有权等。在工程项目管理中，索赔的概念不是指一般的权利要求，而是指合同一方由于尽了比合同中规定的义务之外更多的义务，或是自身的权益受到损害时，向合同另一方提出的对自身权利的补偿要求。也就是说，不包括完成原合同规定的义务所得到的权利。

(2) 与索赔有关的概念

对索赔有两种理解：一是广义的，即索赔包括变更、物价调整、法律变更引起的调整等，即凡是原合同之外的新增的工作以及权益受到损害所产生的费用和时间均属于可索赔的内容；二是狭义的，即不包含变更、物价调整、法律变更引起的调整等。本书中述及的索赔是广义的概念。

根据上述定义与概念，当业主和承包商中的任一方多尽了义务或自身的权益受到损害时，均可向对方提出索赔。由此可见，索赔一词不仅适用于承包商对业主，也适用于业主对承包商、承包商对分包商（包括供应商）、分包商（包括供应商）对承包商等。

对于业主向承包商的索赔，在国内外有两类提法：一类是不论承包商对业主或业主对承包商提出自己权利补偿要求时，均称为索赔，FIDIC、AIA、ICE 等国际上权威性组织编写的各类合同条件中均采用此提法，本书中亦采用此提法；另一类把业主对承包商的索赔称作"反索赔（Counter Claim 或 Defence Against Claim）"，这两个英文词组的原意是"逆向索赔"、"防范索赔"，实际含义是指当承包商向业主提出索赔时，业主方对承包商索赔的策略性反措施，或者说防范措施，包括向承包商进行的交叉索赔，反索赔也应包括在承包商未向业主提出索赔的情况下，当业主利益受到损害时可对承包商提出的索赔。在国外权威性的合同范本中，不采用"反索赔"一词。

2. 索赔的特点

(1) 索赔作为具有法律意义的权利主张，在工程承包活动中，其主体是双向的或多向的。业主与订合同的若干承包商之间,承包商与分包商、供应商之间,均存在相互间索赔的可能性。

(2) 索赔必须以法律和合同为依据。工程承包合同和合同所应适用的准据法规定了工程承包合同当事人之间的权利义务关系。只有一方违约或者违法,才可能构成对他方法律权利和经济利益的损害,因而受到损害的一方也才有可能向违约方提出索赔要求。

(3) 索赔必须建立在违约事实和损害后果都已经客观存在的基础上,违约事实可以表现为违约方的作为或不作为,而其后果是给守约方造成了明确的经济利益上的损害或时间上的损失,以虚拟的损害事实提出索赔要求是不能成立的。

(4) 索赔应当采用明示的方式。即索赔应该反映在书面文件上,索赔的内容和要求的范围应该是明确而又肯定的,不能含糊其辞,模棱两可。

(5) 索赔的结果。一般当索赔方证据确凿时应获得款项、工期或者其他形式的赔偿。

### (二) 索赔的依据和程序

1. 索赔的依据

在发生违约事实和损害后果的情况下,受损害的当事人一方应该有充分的根据,才能通过索赔的方式取得赔偿。在实践中,无论是哪一方的索赔都应该是围绕着违约事实是否存在这一前提进行的。索赔的依据包括:

(1) 法律与法规

一般来说,业主往往依循本国法律的规定,要求在工程承包合同中确认本国有关的民商法律和法规作为合同的准据法,并据以对合同进行解释。此外,工程项目所在国的公司法、海关法、税法、劳动法、环境保护法等法律都会直接影响工程承包活动。当任一方违背这些法律或法规时,或在某一规定日期之后发生的法律或法规变更,均可引起索赔。

(2) 合同和合同文件

工程承包合同是工程承包当事人间最基本的约定文件。应当指出,不论国内有关部委的合同示范文本,或是国际上权威性组织的合同文件样本,只有正式编入有关工程项目合同的条款才能作为索赔的依据。

(3) 施工文件和有关资料

施工文件有一部分是属于合同文件的,如图纸、技术规范等。有一些虽然不是正式的合同文件,但它客观地反映了工程施工活动的记录,也是索赔的重要依据。主要包括:

1) 施工前与施工过程中编制的工程进度表;
2) 每周的施工计划和每日的各项施工记录;

3) 会议记录。重要事件应将会议内容写成会议纪要,由双方签字确认;
4) 由承包方提出的各类施工备忘录;
5) 来往信函;
6) 由工程师检查签字批准的各类工程检查记录和竣工验收报告;
7) 工程施工录像和照像资料;
8) 各类财务单据,包括工资单据、发票、收据等;
9) 现场气象记录;
10) 市场信息资料;
11) 其他资料。

从法律上讲,施工文件得到工程师或工程师代表和承包商的确认,才能构成索赔的依据。

(4) 前期索赔文件

前期索赔主要是研究和解决在招标过程中,投标人投标后至签订承包合同前这一期间所发生的索赔问题。一方面,业主在投标人中标后,可能会提出超出原招标文件范围的要求,或者要求增加不合理的合同条款,致使双方无法签订或迟延签订工程承包合同,给中标方造成经济损失。另一方面,投标人在投标有效期内可能要求撤销投标,或提出严重背离招标文件的要求,拒签合同,单方毁标,给招标单位造成损害。这些事实都会构成前期索赔,而与之有关的招标与投标文件(包括投标保证)以及招标所应适用的法律是前期索赔的依据。

2. 索赔的程序

索赔是承包工程实施过程中经常发生的问题,过去常常拖到引起索赔的事件发生后很长时期甚至拖到工程结束后才讨论索赔,依据的记录和资料也不完整,因而很容易产生分歧和争论不休,为此 FIDIC 在"新红皮书"(1999 版及 2006 多边银行协调版)第 2.5 款中规定了业主向承包商的索赔程序,在第 20.1 款中规定了承包商对业主的索赔程序。其中很重要的一个新规定就是如果承包商不按合同条件中规定的期限提交索赔申请或相关资料,则不给予索赔权,而对业主并无此规定,似乎有失公平。这些规定的详细介绍见第七章第二节中,此处不再赘述。

业主方向承包商一方的索赔一般可直接从向承包商的支付中扣除(如误期损害赔偿费),或在扣除前由工程师与承包商协商并在决定后书面通知承包商(如要求承包商赶工时的工程师加班费)。

(三) 业主方的索赔管理措施

业主方的索赔管理应该延伸到项目的勘测设计、招标投标和合同谈判与签订阶段,这一阶段工作中要有防范风险、减少承包商索赔机会的明确思路,做到防患于未然。

1. 增强前期风险防范意识,防止和减少承包商的索赔

"增强前期风险防范意识"应理解为包括做好咨询、设计和招标文件的准备等各

项前期工作，因为合同文件的前期准备工作对管好索赔至关重要。

(1) 把好勘测设计关，尽量减少开工后的设计变更

勘测工作的充分性和正确性对搞好设计和预防开工后的索赔十分重要。在合同条件中一般均明确规定，业主方应对提供的水文地质等原始资料的正确性负责。如果原始资料有错，必然会给施工造成困难和延误，使承包商有机会索赔。在进行设计工作时，首先要认真审查工程项目的设计方案，包括类型和尺寸；其次是工程的质量标准，规定要合理而明确；第三就是工程的数量、施工顺序和时间安排，总之在将设计图纸和规范等编入招标文件之后，就不宜作大的变更，任何设计变更都将为承包商提供极好的索赔机遇。在国外一般招标时仅提供初步设计，而将施工详图设计交由承包商去做，因而在初步设计中就要把好上述三方面的关口。

(2) 编好招标文件

招标文件是签订合同的基础，在进行设计工作的同时，编好招标文件十分重要。这里仅从索赔管理的角度再强调以下几点。

1) 合同中各个文件的内容要一致，尽量避免和减少相互之间的矛盾和歧义，以减少索赔事由。

2) 文件用语要推敲，要严谨，以便在产生争议时易于判断。

3) 要注意资料可靠，能够详细、客观地反映实际情况。

4) 要注意比较公正地处理业主和承包商的利益，风险合理分担。只有在十分必要时才加上限制索赔条款（Disclaimer clauses），如业主对地质资料的准确性不负责任，承包商认为必要时可自行勘察，这样就将风险转移给承包商。但这类条款的增多势必引起承包商在投标时加大风险费，抬高报价。

5) 对于价值高且工程量大的项目，可要求承包商投标时提交"单价分析表"，以备评标和日后处理索赔时用。

(3) 做好评标，签订好合同

1) 评标时要对"特低标"慎重处理，特低标似乎可为业主节省投资，但也往往是引起索赔的一个原因。在评标时可利用"单价分析表"等对报价进行仔细的分析，如若某一投标人大部分子项报价不合理，则不应被选中标。

2) 在合同谈判时防止承包商修改合同条款的要求。承包商在投标时发现的招标文件的某些问题往往在合同谈判时提出要求修改，此时业主方应从索赔管理角度进行仔细的分析，当然对合理的建议也应采纳。

(4) 慎重选择业主自营项目

除非业主自营时可以大量节约投资，保证质量，一般不应确定过多的业主自营项目。对自营项目要加强管理，因为自营项目在供货时间、质量、设备配套等方面任一个环节出问题均会给承包商造成索赔机会。

(5) 保险

应尽可能依靠保险转移风险，如业主方负责保险时，在工程变更时要补办保险，以便在发生投保范围内的风险时可向保险公司索赔。

2. 业主要善于依靠工程师来处理索赔

工程师是受业主之托管理合同的，业主方在索赔管理中也应善于依靠工程师。

(1) 工程师为业主管理索赔，包括处理承包商要求的索赔和代表业主向承包商索赔，在这里我们先讨论如何处理承包商要求的索赔。

工程师在处理索赔时，起到一个咨询顾问作用。一般说来，工程咨询只有建议权而无决策权，但是业主也可以在确定工程师的职责权限时，考虑将某一限定款额或工期以下的索赔授权工程师作出决定，这个权限应在合同条件的专用条件中明确规定，使承包商在投标时即知晓。而对较大的款额或工期索赔，工程师在处理索赔时一方面要及时地调查事实和证据，另一方面要倾听业主和承包商双方的意见，起到一个缓冲和协调的作用，避免和减少业主和承包商之间面对面的冲突。一般工程师在充分调研的基础上，总是先和业主商定可以给予承包商索赔的限额，再去和承包商谈判，如在授权的限额之内，即可作出决定，否则，再在双方之间协调。

(2) 工程师应及时地向业主递交如何处理承包商的索赔建议书。建议书内容一般包括：

1) 承包商申请索赔内容的摘要：包括要求索赔的事由、金额、时间、依据等。

2) 处理该索赔事项有关的合同依据（列出有关条款序号和内容）和法律依据，有关证据和材料。

3) 与承包商的索赔要求相对应的工程师的计算方案、计算方法和数据，并列表对比。

4) 工程师对该项索赔的处理方案的正式建议。

5) 各种附件，主要是承包商的索赔申请报告和依据以及其他证明材料等。

如果业主在合同专用条件中规定了工程师可作决定的索赔数额，在作出处理决定后也应参照上述建议书向业主备案。

(3) 在为业主进行索赔管理时，工程师应做到以下几点：

1) 要有防范风险意识，防患于未然，要分析合同，列出承包商可能要求索赔的各种可能性，在管理中注意防范，如督促设计人员及时提供图纸，尽量减少变更等。

2) 加强责任心，做好现场记录和监理日记，以便在承包商提出索赔时有自己的记录和依据。

3) 要认真学习和研究合同文件，特别是合同条件，在出现索赔事件之后，要及时进行调研，弄清事实，保存证据，才有可能根据合同提出有理有据、公平合理的建议。

总之，处理承包商的索赔是工程师日常的一项重要工作，也是对工程师素质和水平的一个考验。业主一方面要依靠工程师，另一方面也应对工程师提出明确具体的要求。如能采用计算机项目管理软件管理索赔则可大大提高管理水平。

(四) 业主方可向承包商索赔的内容和有关条款

在承包商未按照合同要求实施工程时,除了工程师可向承包商发出批评或警告,要求承包商及时改正外,在许多情况下工程师可代表业主根据合同向承包商提出索赔。

1. 业主方可向承包商索赔的内容

在发生下列承包商未按合同要求实施工程、损害业主权益或违约的情况时,业主可索赔费用和(或)利润。

(1) 工程进度太慢,要求承包商赶工时,索赔工程师的加班费。

(2) 合同工期已到而未完工,索赔误期损害赔偿费。

(3) 质量不满足合同要求时,如:

1) 不按工程师的指示拆除不合格的工程和材料,不进行返工时;

2) 不按工程师的指示在缺陷通知期内修复缺陷时;

此时业主可找另一家公司完成此类工作,而向承包商索赔成本及利润用以支付。

3) 由于工程不合格被拒绝接受,在承包商自费修复后,业主可索赔重新检验费。

(4) 未按合同要求办理保险:如在合同中要求承包商办理保险时,有两种支付办法:一种是在工程量表中列明办理各种保险时的保险费;另一种是不在工程量表中列明,此时不言而喻承包商应将保险费列入间接费。在承包商未按合同要求办理保险,且在工程量表中未列明保险费时,业主可在下面两种情况下索赔:

1) 由业主去办理在合同中要求承包商办理的保险;

2) 由于合同变更或其他原因造成工程施工的性质、范围或进度计划等方面发生变化,承包商未按合同要求去及时办理保险,由此造成的损失或损害。

(5) 未按合同条件要求采取合理措施,造成运输道路、桥梁的破坏。

(6) 未按合同条件要求、无正当理由不向指定分包商支付时。

(7) 由于变更等原因,最终结算价超过合同价的某一百分比(如15%),而又给予了承包商合理的工期补偿时(如合同条款中有此类规定)。

(8) 严重违背合同(如进度一拖再拖,质量经常不合格等),工程师一再警告而没有明显改进时,业主可没收履约保函(但此时业主方一定要有确切的事实依据和证据,否则承包商可起诉)。

(9) 当承包商在签订分包合同时,未按合同条件中的要求写入保护业主权益的条款,致使业主权益受到损害时。

在发生下列情况时,业主可向承包商进行工期索赔(指延长缺陷通知期)。

(1) 如果由于缺陷使工程的某个区段或某个工程设备无法按预定目的使用,业主可要求延长缺陷通知期(但延长时间不得超过两年)。

(2) 如果承包商未按相关法律法规办理涉及设计、施工、竣工、修补缺陷以及纳税等要求的手续，耽误了工期，业主可索赔工期。

（3）如果对任何工程设备、材料或工艺检验不合格时，工程师可拒收并要求承包商修复缺陷以达到合同要求，并可要求重新检验。如果因此延误了工期，业主可要求工期索赔。

（4）如果对工程进行重新检验后仍未通过竣工检验时，工程师可下令再次重新检验，如果因此延误了工期，业主可要求工期索赔。

（5）业主方有正当的理由要求延长履约保证的有效期或暂不退还履约保证时，也有权要求工期索赔。

2. 业主方向承包商索赔的有关条款与方式

索赔有两种理解方式，广义的索赔包括合同条款中明示的或隐含的索赔内容，加上变更和调价可索赔和补偿的内容；狭义的索赔仅指合同条款中明示的或隐含的索赔内容。在下面的表 10-2，表 10-3 中，用 $T$ 代表工期索赔，$C$ 代表费用索赔，$P$ 代表利润索赔，表中所列的条款内容是指广义的索赔。

业主方的索赔可采取由工程师通知承包商或直接扣款的方式。

下面参照 FIDIC "新红皮书"（1999 年第 1 版），将业主可依据向承包商索赔的明示的条款以及有可能索赔的内容列入表 10-2 中。

业主可向承包商索赔的明示的有关条款表　　　　表 10-2

| 序号 | 条款号 | 条款内容 | 有可能索赔的内容 |
| --- | --- | --- | --- |
| 1 | 4.2 | 履约保证 | $T+C+P$ |
| 2 | 4.19 | 电、水和燃气 | $C+P$ |
| 3 | 4.20 | 业主的设备和免费供应的材料 | $C+P$ |
| 4 | 5.4 | 付款证据 | $C+P$ |
| 5 | 7.5 | 拒收 | $T+C$ |
| 6 | 7.6 | 补救工作 | $T+C+P$ |
| 7 | 8.6 | 进度 | $C$ |
| 8 | 8.7 | 误期损害赔偿费 | $C$ |
| 9 | 9.2 | 延误的检验 | $C+P$ |
| 10 | 9.3 | 重新试验 | $T+C$ |
| 11 | 9.4 | 未能通过竣工检验 | $T+C+P$ |
| 12 | 11.3 | 缺陷通知期的延长 | $T$ |
| 13 | 11.4 | 未修复缺陷 | $C+P$ |
| 14 | 11.11 | 现场清理 | $C$ |
| 15 | 13.7 | 因立法变动而调整 | $C$ |
| 16 | 15.4 | 终止后的支付 | $C+P$ |

业主可依据向承包商索赔的隐含的条款以及有可能索赔的内容列入表 10-3 中。

业主可向承包商索赔的隐含的有关条款表　　　　表 10-3

| 序号 | 条款号 | 条款内容 | 有可能索赔的内容 |
|---|---|---|---|
| 1 | 1.7 | 转让 | C+P |
| 2 | 1.13 | 遵守法律 | T+C+P |
| 3 | 4.4 | 分包商 | C+P |
| 4 | 4.5 | 分包合同权益的转让 | C+P |
| 5 | 8.1 | 工程的开工 | T+C |
| 6 | 10.2 | 部分工程的接收 | C |
| 7 | 17.1 | 保障 | C+P |
| 8 | 17.3 | 业主的风险 | T+C+P |
| 9 | 17.5 | 知识产权和工业产权 | C |
| 10 | 18.1 | 保险的总的要求 | C |
| 11 | 18.2 | 工程和承包商设备的保险 | C |
| 12 | 18.3 | 人身伤害及财产损失保险 | C |
| 13 | 18.4 | 承包商人员的保险 | C |
| 14 | 19.3 | 有责任将延误降低到最小限度 | T |
| 15 | 19.7 | 根据法律解除履约 | C+P |

## 第 3 节　承包商的合同管理

在本节中,首先介绍承包商一方在合同签订前的准备工作,然后重点介绍在合同实施阶段承包商的合同管理,之后对风险管理和索赔管理两个问题从承包商合同管理的角度进行了讨论。

### 一、承包商方在合同签订前的准备工作

承包商一方在合同签订前的两项主要任务是:争取中标和通过谈判签订一份比较理想的合同,这两项任务均非易事。下面从投标和合同谈判两个阶段来讨论。

#### (一) 投标阶段

该阶段又可分为两个阶段。

1. 资格预审阶段

资格预审是承包商能否参与投标的第一关,十分重要,资格预审报表中小的失误即有可能导致承包商失去进入投标的机会。承包商申报资格预审时的注意事项如下:

(1) 注意积累资料。资格预审的内容实际上即是公司的现实情况,特别是财务能力和工程经验,因而应在平日即建立一个供资格预审专用的小信息库,将有关资料存

储在内并及时补充完善。到填写某个项目的资格预审文件时,将基本信息调出来,再针对业主的要求加以修改补充即可。

(2) 在投标决策阶段,即在进行市场开发调研阶段,要注意搜索信息,如发现合适的项目,应及早动手作资格预审准备,并应及早针对该类项目的一般资格预审要求,参照一般的资格预审评分办法(如亚洲开发银行的办法)给自己公司评分,这样可以提前发现问题,研究对策。如发现财务能力不足或施工经验不够,可及早动手寻找联营体伙伴;又如施工机械力量不足则可考虑寻找施工机械力量强的分包商或联营体伙伴或采购新机械等。

(3) 做好递交资格预审表后的跟踪工作,可通过代理人或当地联营体伙伴公司跟踪,特大项目还应依靠大使馆的力量跟踪,以便及时发现问题、补充资料。

(4) 资格预审时,对如果投标中标后要采取的措施(如派往工地的管理人员、投入的施工机械等)能达到要求即可,不宜作过高、过多、不切实际的承诺。

2. 投标报价阶段

以下从合同管理角度讨论投标报价时应注意的事项:

(1) 写一份投标备忘录。在投标过程中,投标小组必定要对招标文件进行反复细致而深入的研究,这时应将每位投标人员发现的问题汇总归纳分为三大类:

1) 第一类问题是在投标过程中必须要求业主澄清的。如总价包干合同中工程量表漏项、某些工程量偏少或某些问题含糊不清。这些情况可能导致开工后的风险,对投标人明显不利,必须在投标过程中及时质询,要求书面澄清。

2) 第二类问题是某些合同条件或规范要求过于苛刻或不合理,投标人希望能够修改这些不合理的规定,以便在合同实施阶段使自己处于比较有利的地位。

3) 第三类问题是可以在投标时加以利用的或在合同实施阶段有可能用来索赔的,这类问题一般在投标时是不提的。

投标组组长应将各小组发现的问题归纳后单独写成一份备忘录。第一类问题应及时书面质询;第二类问题留到合同谈判时用;第三类问题留给负责工程实施的工地项目经理在有索赔机会时参考。

(2) 订好 JV 协议。如果和外国公司或国内公司组成 JV 投标时,一定要事先认真订好 JV 协议,包括 JV 各方的权限、权利、职责、义务等。要注意的是我方公司人员一定要担任最高领导层和各执行部门的领导职务(不论正手或副手)并且要有职有权,这对我国公司学习外国公司的管理经验十分重要。千万不能只提供职员和劳务。订好 JV 协议对于谈判签订合同和执行合同十分重要。投标时及中标后(可以有少量补充和修改但要向业主明示)的 JV 协议的副本要交给业主。有关 JV 协议的详细内容参见第 9 章第 1 节。

(3) 要设立专家小组仔细研究招标文件中技术规范及图纸等方面的技术问题,包括业主提供的原始技术资料、数据是否够用,是否正确,技术要求是否合理,本公司的技术水平能否满足要求，有哪些技术方面的风险等。这样才能制定出切实可行的施工规划和施工方法。

还要吸收有设计经验的工程师参加投标，以便准备备选方案，要做到方案有特色，为业主节约投资、能提前投产或改善使用条件，这对中标非常有帮助。但技术诀窍不能泄露，防止他人利用。

（4）投标时要有专人或聘请当地律师研究项目所在国有关法律，如合同法、税法、海关法、劳务法、外汇管理法、仲裁法等。这不但对确定合理的投标报价很重要，也为以后的合同实施（包括索赔）打下基础。

（5）投标时一般不能投"赔本标"，不能随意设想"靠低价中标、靠索赔赚钱"，因为靠索赔赚钱是一件很不容易的事，它必须具备很多条件，如项目所在国法制比较健全，业主资金来源比较可靠，工程师比较公平，而最重要的是承包商有一个很强的项目管理班子（下面还要详述）。所以投标时绝不能轻易地投赔本标，在采用不平衡报价时也不要轻易把某些子项做成低于直接费的项目。

（6）投标时一定要有物资管理专家参加。因为一个工程项目中，物资采购占费用的很大份额，物资管理专家的参加一方面可对物资的供应有一个可靠的策划，另一方面可以保证中标后在物资采购这一重要环节中大量节约成本以提高效益。

（7）如未中标及时索回投标保证。

### （二）合同谈判阶段

这一阶段一般是在投标人收到中标函后，在签订合同前由合同谈判小组就上述投标备忘录中的第二类问题与业主谈判。

谈判时应一个问题一个问题地谈判，要准备好几种谈判方案，要学会控制谈判进程和谈判气氛，还要准备回答业主方提出的问题。谈判时要根据实际情况（如一、二标之间报价的差距、业主的态度等）预先确定出哪些问题是可以让步的，哪些问题是宁可冒丢失投标保证金的风险也要坚持的。总之，制定谈判策略非常重要。如果谈判时业主方提出对招标文件内容进行修改，承包商方可以之作为谈判的筹码。

## 二、承包商方在项目实施阶段的合同管理

在合同实施阶段，承包商的中心任务就是按照合同的要求，认真负责地、保证质量地按规定的工期完成工程并负责维修。具体到承包商一方的施工管理，又大体上分为两个方面，一方面是承包商施工现场机构内部的各项管理；另一方面是按合同要求组织项目实施的各项管理。当然，这两方面不可能截然分开。

承包商施工现场机构内部的各项管理指的是承包商的现场施工项目经理可以自己作出决定并进行管理的事宜，如现场组织机构的设置和管理；人力资源和其他资源的配置和调度；承包商内部的财务管理，包括成本核算管理；工程施工质量保证体系的

确定和管理等。除非涉及执行合同事宜，业主和工程师不应也不宜干预这些内部管理，当然可以对承包商提出建议，但应由承包商作出决策。

另一方面指按合同要求组织项目实施有关的管理，我们在这里叫做承包商的合同管理，本节只从合同管理角度对承包商在项目实施阶段的职责作一概括性的介绍和讨论。

### （一）按时提交各类保证

如履约保证（有时在签订合同前即要求提交）、预付款保函等。

### （二）按时开工

根据工程师的开工命令或合同条件规定的日期按时开工，否则会构成违约。

### （三）提交施工进度实施计划

按合同的工作范围、技术规范、图纸要求，在开工后规定时间内向工程师递交施工进度实施计划，根据此计划负责组织现场施工，每月的施工进度计划亦须事先报工程师。

每周在工程师召开的会议上汇报工程进展情况及存在问题，提出解决办法。

如果工程师根据此施工进度实施计划进行检验后认为承包商的工程进度太慢，不符合施工期限要求时，工程师有权下令承包商赶工，由此引起的各种开支由承包商承担。如果承包商无视工程师的书面警告或不采取相应措施时，业主可认为承包商违约。

### （四）保证工程质量

检验工程质量的标准是合同中的规范和图纸中的规定，承包商应制定各种有效措施保证工程质量，并且在需要时，根据工程师的指示，提出有关质量检查办法的建议，经工程师批准执行。承包商应负责按工程进度及工艺要求进行各项有关现场及实验室的实验，所有试验成果均须报工程师审核批准，但承包商应对试验成果的正确性负责。承包商应负责施工放样及测量，所有测量原始数据、图纸均须经工程师检查并签字批准，但承包商应对测量数据和图纸的正确性负责。

在订购材料之前，如工程师认为需要时，应将材料样品送工程师审核，或将材料送工程师指定的试验室进行检验，检验成果报请工程师审核批准。对进场的材料承包商应按工程师的要求随时抽样检验质量。

承包商应按合同要求，负责工程设备的采购、检验、运输、验收、安装、调试以及试运行。

如果工程师认为材料或工程设备有缺陷或不符合合同规定时，可拒收并要求承包商采取措施纠正；工程师也有权要求将不合格的材料或设备运走并用合格产品替换，或要求将之拆除并适当地重新施工。如果承包商拒不执行这些要求将构成违约。

(五) 设计

承包商应根据合同规定或工程师的要求，进行全部（采用设计/建造或 EPC/交钥匙合同时）或部分永久工程的设计并绘制施工详图，报工程师批准后实施，但承包商应对所设计的永久工程负责。

如果工程按批准的设计图纸施工后暴露出设计中的问题，在工程师要求时，承包商应拆除并重新施工，否则会构成违约。

(六) 协调、分包与联营体

(1) 协调：如果承包商是工地中主要的承包商时，则应按合同规定和工程师的要求为其他承包商及分包商提供方便和服务，但可以收取相应的费用。

(2) 分包：按照合同规定，不得将整个工程分包出去，在开工后进行工程分包之前，一定要取得工程师（或业主代表）的同意，否则将构成违约。

在签订分包合同时，承包商应将合同条件中规定的、要求在签订分包合同时写入的保护业主权益的条款包括在分包合同中，否则所造成的对业主权益的损害应由承包商负责补偿。

(3) 联营体 (JV)：如采用 JV 形式承包工程时，要写明 JV 中的牵头单位、各成员承担各自的责任和共同的责任。如联营体未登记注册为正式法人单位，一定要在 JV 协议或补充条款中由各成员正式授权给牵头单位，用其公章盖章及其代表签字代表联营体。

(七) 保险

承包商应按合同条件中的要求及时办理保险（包括对自己的工作人员和施工机械的保险）。在工程条件发生变化（如延期、增加新项目等）时，也应及时去补办保险以免造成意外的损失。

(八) 安全

承包商应按合同要求和制定的安全计划，全面负责工地的安全工作，包括安装各种安全设施、采取相应的施工安全措施、安全教育等。同时要在接收证书颁发前保护工程、材料和未安装的工程设备。

(九) 其他

1. 报表

(1) 按合同要求，每月按时提交进度报告。

(2) 根据工程师的要求，每月报送进、出场机械设备的数量和型号，报送材料进场量和耗用量以及报送进、出场人员数。

（3）按工程所在国有关主管单位（包括海关、项目所在州、省有关机构），业主或工程师的要求，按时报送各类报表，办理各种手续。

2. 维修：负责施工机械的维护、保养和检修，以保证工程施工正常进行。

### 三、承包商的风险管理

#### （一）概述

国际工程承包是一项充满风险的事业。在国际工程承包市场上，承包商以投标的形式争取中标，拿到项目的过程竞争激烈。一个承包商，如果拿不到项目，就无利润可谈，如果仅仅拿到项目，但投标价过低，或招标文件中有许多对承包商不利的条款，或投标时计算失误，或由于其他原因导致经营管理失败而亏损，久之则会导致承包商破产倒闭。有人称国际工程承包市场为"风险库"并不过分。据统计，国外的承包企业每年约有10%~15%破产倒闭，因而对每一个承包商来说，一个项目投标和经营管理的成败，对企业发展都有一定的影响。

但国际工程市场对各国承包商仍然有着极大的吸引力，因为在国际工程承包中，风险和利润是并存的，没有脱离风险的纯利润，也不可能有无利润的纯风险。关键在于承包商能不能在投标和经营的过程中，善于识别、管理和控制风险。

一般从理论上说，业主方在编制招标文件时应努力做到风险合理分担，但实际上能做到这一点的业主很少。因此，承包商在中标承包后将承担大部分风险，风险管理的任务很重。

关于风险的概念、风险管理的一般特点和内容在第2节"业主方的风险管理"中已有阐述。下面着重分析一下承包商方可能遇到的风险因素、风险分析方法和风险管理措施。

#### （二）风险因素分析

国际工程和国内工程相比，风险要大得多。由于国外承包工程涉及工程所在国的政治和经济形势，有关进口、出口、资金和劳务的政策和法律法规以及外汇管制办法等等，而且还可能遇到不熟悉的地理和气候条件、不同的技术要求和规范以及与当地政府部门的关系等问题，这就使国际承包商常常处于复杂且变化多端的环境中，可能产生风险的因素也极为广泛。

风险因素范围很广，内容很多。本节仅按风险的来源性质划分为政治风险、经济风险、技术风险、商务及公共关系风险和管理风险这五个方面来分析讨论国际工程承包中承包商方可能遇到的各种风险因素。

1. 政治风险

政治风险是指承包市场所处的不稳定的国家和地区的政治背景可能给承包商带来

的严重损失。一般政治动乱都是有先兆的,承包商在投标决策阶段就应加强调查研究。政治风险大致有以下几个方面:

(1) 战争和内乱。工程所在国发生局部短暂的战争或内乱,造成国内动乱、政权更迭、国内政治经济情况恶化、建设项目可能被终止或毁约;建设现场直接、间接遭到战争的破坏或不得不中止施工,施工期限被迫拖延,成本增大;在骚乱期间,承包商为保护其生命财产而撤退回国或转移他处,从而被迫支付许多额外开支等。这些情况常使业主和承包商都遭到极大损失,承包商有时只得到极少的赔偿,有时甚至得不到赔偿。

(2) 国有化、没收与征用。业主国家根据本国政治和经济需要,颁发国有化政策,强行将承包工程收归国有,且不代替原项目业主履行义务,导致承包商无处申诉。有时可能对外国公司强收差别税,禁止汇出利润或采取歧视政策。

(3) 拒付债务。某些国家在财力枯竭情况下,对政府项目简单地废弃合同,拒付债务。有些政府可以使用主权豁免理论,使自己免受任何诉讼。

有些工程所在国政局发生根本性变化,原来执政对立面推翻旧政府,掌握政权,宣布不承认前政府的一切债务,致使承包商无法收取已完工而尚未支付的应付款额。

(4) 制裁与禁运。某些国际组织、西方大国对工程所在国家实行制裁与禁运,可能对工程造成很大影响。

(5) 对外关系。业主国家与邻国关系好坏,其边境安全稳定与否,是否潜藏战争危险;业主国家与我国关系好坏,中国政府与工程所在国是否有某些涉及工程承包的协议,均会影响工程的顺利进行。

(6) 业主国家社会管理、社会风气等方面。业主国家政府办事效率高低,政府官员廉洁与否,当地劳工素质,当地劳工的工会组织对外国公司的态度,是否常用罢工手段向雇主提出各种要求等,都将直接或间接地影响工程能否正常进行。

如某公司在 A 国承包一项工程,使用当地劳务,该国国内实行高福利政策,工人的工资待遇高;工程进行期间,该国物价上涨,工人通过罢工等手段,迫使承包商数次提高工资,而业主又不给予合理补偿;在与 A 国劳工部门交涉过程中,该部门往往偏袒劳工,频繁的罢工和涨工资均会给承包商造成很多困难和损失。

2. 经济风险

经济风险主要指承包市场所处的经济形势和项目所在国的经济实力及解决经济问题的能力,主要表现在付款方面。有些经济风险并不随具体工程项目而产生,而是国家层次或市场层次的风险,但是一般均给承包商带来损失。经济风险主要有以下几个方面:

(1) 通货膨胀。通货膨胀是一个全球性问题,在某些发展中国家更为严重。如果合同中没有调价条款或调价条款不全面,漏掉了某些涨价风险很大的因子,必然会给承包商带来风险和损失。

(2) 外汇风险。外汇风险涉及一个很大的范围，工程承包中常遇到的外汇问题有：工程所在国外汇管制严格，限制承包商汇出外币；外汇浮动，当地币贬值；有的业主对外币延期付款，而利率很低，但承包商向银行贷款利率较高，因而倒贴利率差；有时订合同时所订的外汇比例太低，不够使用；订合同时选定的外汇贬值等。

为了保护自己，承包商通常要求工程付款应以某种较稳定外汇硬通货计价或签合同时即固定汇率。如果难以获得业主同意，应有适当的保值条款。

利用汇率波动也有可能把风险后果转为利润，即风险利用。如 E 公司投标某电站工程，总报价为 1.2 亿第纳尔，外汇支付比例为 40%，以美元支付。美元与第纳尔按固定比值 1 美元 =5 第纳尔，外汇支付额为 960 万美元。在谈判中，业主要求 E 公司降价 5%，即降至 1.14 亿第纳尔。该公司经研究接受了业主的要求，但要求增加 8% 的外汇比例，业主接受了新报价。施工期间，当地第纳尔与美元比值急剧下降，由原来 1：5 贬至 1：25。E 公司便从第二次报价增加的 134.4 万美元中拿出 51 万美元，按 1 美元 =25 第纳尔比率换取 1275 万第纳尔用于工程，最终结算实得收益为 1043.4 万美元，7203 万第纳尔，比第一次报价多得 83.4 万美元和 3 万第纳尔。该公司经过对当地金融市场进行深入研究，判定当地第纳尔将可能大幅度贬值，因此采取降低总价而提高外汇支付比例的方法，取得了成功。

(3) 保护主义。有些国家，特别是发展中国家，制订了保护其本国利益的措施（包括一些法律和规定）。概括起来有以下几个方面：

1) 规定合资公司中对外资股份的限制，以保证大部分利益归本国。

2) 对本国和外国公司招标条件不一视同仁。对外国公司的劳务、材料、设备的进入也附加种种限制。

3) 有些国家对本国和外国公司实行差别税收。

为了得标，外国承包商有时不得不屈从其规定，这就潜伏着经济风险。

(4) 税收歧视。国际承包商到外国承包工程，必然被列为该工程所在国的义务纳税人，因此必须遵守所在国的税收法令、法规。但承包商经常面对的是工程所在国对外国承包商所实行的种种歧视政策，常常被索要税法规定以外的费用或种种摊派。

以上四类风险是与工程所在国及当时国际政治经济环境密切相关的，它们并不针对某一具体项目，而是对所有项目都产生影响，需要承包商对国际市场作全面深入而系统的分析研究。

下列风险是与承包工程项目各方工作有直接关系，但经济损失与收益的机遇并存，包括：

(5) 物价上涨与价格调整风险。物价上涨风险是最常遇到的风险，在一些发展中国家则更为严重。有时虽有价格调整公式，但是包含的因素不全，或有关价格指数不能如实地反映情况等。

(6) 业主支付能力差，拖延付款。业主资金不足，支付能力差，以各种形式拖欠支付，如拖延每月支付而合同中未订有拖延支付如何处理的规定；或虽然有业主拖延支付时应支付利息的规定，但利率很低；或业主找借口拖延签发变更命令而使新增项目得不到支付；或业主在工程末期拖延支付最终结算工程款与发还保留金等。

(7) 工程师的拖延或减扣。由于工程师工作效率低，拖延签署支付；或是工程师过于苛刻，有意拖延支付；或以各种借口减扣应支付的工程款。

(8) 海关清关手续繁杂。有时承包商在合同执行过程中，大量物资需从国外进口，一方面，有的承包商不了解当地法规、政策；另一方面有些国家清关手续繁杂，海关办事效率低，工作人员作风不廉洁，以致造成物资供应不及时，影响工程施工，甚至造成工程拖期。

(9) 分包。分包风险应从两方面分析：即作为承包商选择分包商可能出现的风险与作为分包商被总包商雇用时可能出现的风险。

承包商作为总包商选择分包商时，可能会遇到分包商违约，不能按时完成分包工程而使整个工程进展受到影响的风险，或者对分包商协调、组织工作做得不好而影响全局。特别是我国承包商常把工程某部分分包给国内有关施工单位，合同协议职责不清，风险责任不清，容易相互推诿，有时分包单位派出的人员从领导干部到工人的素质均无法审查，也是造成经营管理不善的重要原因。

如果一个工程的分包商比较多，则容易引起许多干扰和连锁反应。如分包商工序的不合理搭接和配合；个别分包商违约或破产，从而使局部工程影响到整个工程等。相反，如果作为分包商承揽分包合同，常遇到总包商盲目压价，转嫁合同风险或提出各类不合理的苛刻的条件要求分包商接受，则会使分包商处于被动地位。

(10) 没收保函。这方面承包商可能遇到的风险有：

1) 业主无理凭保函取款。这类风险通常发生在履约保函和维修保函上。如由于业主方面原因而造成承包商无法正常履约，而业主却找借口向银行无理提取保函款。又如，一些工程完工后，由于设计或是业主方面的原因，运行结果未能达到标准，业主又借此向银行提取维修保函款。

以在中东某国承包工程为例。中方在该国承揽的分包工程和劳务合同无一例外需要向总包商开具无条件保函。这种无条件保函带来的风险是无底洞，原因有以下几点：①无条件保函的受益人不需要任何理由就可随意没收和部分提取保函金额；②受益人多是当地总包商（由于法律不健全，多偏袒当地承包商），总包商常常单纯从本身经济利益出发而不顾信誉；③受益人部分提取保函款后，15天内投保方必须补齐保函金额，总包商可再次提取，分包商须再次补齐。

现在许多国际工程项目均使用无条件保函，订合同时，可以根据情况，争取加入以下内容"业主在发现承包商有任何违约时，应在根据保函提出索赔之前给他一个补救的机会"，以此来限制业主权利，保护承包商的利益。

2）失效的保函在未归还前，承包商仍面临风险。在一些中东国家，对保函有效期的认识模糊，尽管保函规定期限已到，但业主不及时归还，还可能使承包商遭到损失。因而在保函中一定要写明保函有效日期。

（11）带资承包的风险。有些合同中，业主明确要求承包商带资承包，即采用先垫资，再支付的办法。但到工程开工后，业主拖延或无力支付，致使承包商不能及时收回资金。

在业主要求垫付资金的情况下，承包商一定要做到以下两条：

1）要求业主为承包商的垫付资金开出银行支付担保。这样，如果业主赖帐，承包商可以向担保银行提出索赔。

2）确认业主的项目资金确有保证。在多数国家，这类工程发包时，银行都出具资金保证证明。承包商切记不要轻信业主的口头许诺或解释。

（12）实物支付。有些合同中，业主提出以实物代替现金支付承包商工程款，这种实物通常在双方谈判期间确定价格和数量，这时承包商就要承担实物销售换取现汇抵偿工程成本的风险，特别是盛产石油的国家，以石油替代现汇支付的项目较多；一般承接此类项目就要作充分市场调查，预测石油市场行情，考虑销售手段和途径，寻找可靠销售代理人，并对项目所在国业主、出口及市场等一系列渠道加以调查和研究。如以未开采的矿产品作为实物支付，则要特别注意该矿的品位评估。

3. 技术风险

（1）地质地基条件。一般业主提供一定数量地质和地基条件资料，但不负责解释和分析，因而这方面的风险很大，如在施工过程中发现现场地质条件与设计出入很大，施工中遇到大量岩崩坍方等引起的超挖超填工作量和工期拖延。又如在施工中遇到大量的地下水等。

（2）水文气候条件。这包括两方面，一方面指对工程所在国的自然气候条件估计不足所产生的问题，如严寒、酷暑、多雨等对施工的影响；另一方面是当地出现的异常气候，如特大暴雨、洪水、泥石流、坍方等。虽然按照一般的合同条件，后一类异常气候造成的工期拖延可以得以补偿，但财产损失很难全部得到补偿。

（3）材料供应。一是质量不合格，没有质量检验证明，工程师不验收，因而引起返工或由于更换材料拖延工期。二是材料供应不及时（包含业主提供的材料或承包商自己采购的材料），因而引起停工、窝工，有时甚至引起连锁反应。

（4）设备供应。同样有质量不合格和供应不及时两个问题，还有一个设备不配套的问题，如供货时缺配件，或是未能按照安装顺序按期供货，或是机械设备运行状况不佳等。

（5）技术规范。技术规范要求不合理或过于苛刻，工程量表中说明不明确或投标时未发现。

如某公司在中东某国承包某工程时，技术规范要求混凝土入仓温度为23℃，由于投标时间短促，未发现此问题的不合理性。实际上该国每年5月~10月天气异常炎热，一般室外温度可达45℃以上，承包商经多方努力（如大量采购人造冰、以冰水拌和，晚间预冷骨料等）增加了不少成本，也只能达到28℃，后经过给工程师做工作，取得工程师的谅解，把入仓温度改为不超过30℃。

（6）提供设计图纸不及时。如由于咨询设计工程师工作的问题，提供图纸不及时，导致施工进度延误，以至窝工，而合同条件中对图纸提供的时间又没有明确的规定。

（7）工程变更。包括设计变更和工程量变更两个方面。变更常影响承包商原有的施工计划和安排，带来一系列新的问题。如果处理的好，在执行变更命令过程中，可向业主要求索赔，把风险转化为利润。如果遇到不讲理的业主或工程师，不按实际情况确定变更项目的单价，则会受到损失。

（8）运输问题。对于陆上运输要选择可靠的运输公司，订好运输合同，防止因材料或设备未按时运到工地而影响施工进度。对于海上运输，由于港口压船、卸货、海关验关等很容易引起时间耽误，影响施工。

（9）外文条款翻译引起的问题。由于翻译不懂合同和招标文件，不懂技术所产生的各种翻译错误而又未被发现。

4. 公共关系等方面的风险

（1）与业主的关系。如业主工作效率低下，延误办理承包商的各种材料、设备、人员的进关手续，延误支付，拖延签发各种证书等。

（2）与工程师的关系。如不按进度计划要求发放施工图纸、已完工的工程得不到及时的确认或验收或不及时确认进场材料等。

（3）联营体内各方的关系。联营体内的各家公司是临时性伙伴，彼此不了解，很容易产生公司之间或人员之间的矛盾，影响配合，影响施工。联营体协议订的不好，如职责、权利、义务等不明确，也会影响合作，联营体牵头公司的工作作风和水平也影响工作。

（4）与工程所在国地方部门的关系。这里主要指工程所在地区的有关政府职能部门，如劳动局、税务局、统计局以至警察局等，如果关系处理不好也会招致麻烦和风险。

5. 管理方面的风险

（1）工地领导班子不胜任、不团结，项目经理不称职，不能及时解决所遇到的各类问题，不具备和业主、工程师打交道的能力。

（2）工人效率。特别是到一个生疏的国家和地区，雇用当地工人施工时，对当地工人的技术水平、工效以及当地的劳动法等，都应有仔细的调查了解。

国内派出的工人，由于气候、生活条件等原因，有时工效也会受到很大影响。

（3）开工时的准备工作。由于订购的施工机械或材料未能及时运到工地，工地内通水、通电、交通等准备工作未做好引起的问题。

（4）施工机械维修条件。当地维修条件不能满足要求，或备用件和材料购置困难等。

（5）不了解的国家和地区可能引起的麻烦。在投标时因时间紧迫而未及细致考察工地以外的各种外部条件，如生活物品供应、运输、通讯等条件，而到开工后才发现，往往需要增加许多开支。

上述的种种风险因素很难全面概括国际承包工程中可能遇到的各类风险。值得再一次强调的是国际工程承包的每一位管理人员头脑中一定要有风险意识，要能及时发现风险苗头，力争防患于未然。

### （三）承包商方的风险管理措施

在对风险进行分析和评价之后，对于风险极其严重的项目，多数承包商会主动放弃投标；对于潜伏严重风险的项目，除非能找到有效的回避措施，投标时应采取谨慎的态度；而对于存在一般风险的项目，承包商应从工程实施全过程，全面地、认真地研究风险因素和采用可以减轻、转移风险、控制损失的方法。

1. 风险的分析和防范必须贯穿在项目全过程

（1）投标阶段。这一阶段如果细分还可分为资格预审阶段、研究投标报价阶段和递送投标文件阶段。

资格预审阶段只能根据对该国、该项目的粗略了解，对风险因素进行初步分析。将一些不清楚的风险因素作为投标时要重点调查研究的问题。

在投标报价阶段可以采用一种比较简明适用的方法——专家评分比较法来分析一个项目的风险，该方法主要是找出各种潜在的风险并对风险后果作出定性估计，评价风险的后果及大小。

采用"专家评分比较法"分析风险的具体步骤如下：

第一步，由投标小组成员、有投标和工程施工经验的专家，最好还有去项目所在国工作过的工程师以及负责该项目的成员组成专家小组，共同就某一项目可能遇到的风险因素进行分析、讨论、分类、排序，并分别为各个风险因素确定权数，以表示其对项目风险的影响程度。

第二步，将每个风险因素出现的可能性分为很大、比较大、中等、不大、较小这五个等级，并赋予各等级一个定量的数值（如 1.0、0.8、0.6、0.4 和 0.2），由专家打分。

第三步，将每项风险因素的权数与等级分相乘，求出该项风险因素的得分。若干项风险因素得分之和即为此工程项目风险因素的总分。显然，总分越高说明风险越大。表 10-4 为用专家评分比较法对风险进行分析的示例，表中并未列出全部风险因素。

专家评分比较法分析风险　　　　　　　表10-4

| 可能发生的风险因素 | 权数(W) | 风险发生的可能性C | | | | | WC |
|---|---|---|---|---|---|---|---|
| | | 很大 1.0 | 比较大 0.8 | 中等 0.6 | 不大 0.4 | 较小 0.2 | |
| 1. 物价上涨 | 0.15 | | √ | | | | 0.12 |
| 2. 业主支付能力 M | 0.10 | | | √ | | | 0.06 M |
| 10. 海洋运输问题 | 0.10 | | | √ | | | 0.06 |
| | | | | | | | $\sum WC=0.52$ |

$\sum WC$ 叫风险度,表示一个项目的风险程度。由 $\sum WC=0.52$,可说明该项目的风险属于中等水平,是一个可以投标的项目,风险费可以取中等水平。

根据对风险的分析,确定工程估价中风险费的高低,决定总报价,同时将对风险的分析送交项目投标决策人,以便研究决定是否递送投标文件。

(2) 合同谈判阶段。一般业主方在编制合同条件时,往往将大部分风险推给承包商,所以在合同谈判之前,承包商应参照前文中介绍的项目风险分担应遵循的几条原则,对照投标文件中的合同条件(特别是专用条件)来分析本项目中的风险分担是否合理,并力争在合同谈判阶段修改一些十分不合理的条款,以防止承担过多的风险。

(3) 合同实施阶段。项目经理及主要领导干部要经常对投标时开列的风险因素进行分析,特别是权数大、发生可能性大的因素,以主动防范风险的发生,同时注意研究投标时未估计到的风险,不断提高风险分析和防范的水平。

(4) 合同实施结束时。要专门对风险管理问题进行总结,以便不断提高本公司风险管理的水平。

2. 正确判断和确定风险因素

一个工程在投标时可能会发现许多类似风险的因素和问题,究竟哪一些属于风险因素?哪一些不属于风险因素?这是进行风险分析时必须首先研究解决的问题。

风险因素一般是指那些潜在的危险,可能导致经济损失和时间损失的因素。

能够正确地估计和确认风险因素,首先在于深入细致地调查研究,包括对项目所在国和地区的政治形势、经济形势、业主资信、物资供应、交通运输、自然条件等方面的调查研究。其次是依赖投标人员的实践经验和知识面。因为一个项目投标牵涉到招标承包、工程技术、物资管理、合同、法律、金融、保险、贸易等许多方面的问题,因此,要有各方面的有经验的专家来参加分析研究。国外一些公司,对重要项目的风险评价,都要在由总经理主持的公司专门会议上审议认可后才能实施。

除了重视商务方面的风险因素外,对于技术方面的风险因素也绝不能掉以轻心,例如复杂的地质问题、水文问题,苛刻的设备性能要求和安装调试要求,高标准的环保要求等。对这类问题,不论在投标阶段或是项目实施阶段都应及时组织有经验的工程师和专家来专题研究,制定技术措施,防范这类风险的发生,有时也要制定一些应急措施。

在项目投标阶段会发现许多不确定因素，凡通过调查研究可以排除的或是根据合同条款可以在问题发生后通过索赔解决的，一般都不列为风险因素，例如图纸变更、工作范围变更引起的费用增加，都是可以根据合同条件向业主提出索赔的，都不应列为风险因素。

3. 风险的管理和防范措施

当一个公司在经过细致的调研和慎重的分析研究后，如果认为该国家或该项目存在"致命风险"时，可以不参加投标，或在某些情况下故意投"高标"以体面地退出竞争，避免风险。

下面讨论的均指参加正常投标签订合同情况下的风险管理和防范，主要可以从以下几个方面入手。

(1) 风险的回避

1) 充分研究合同条款。在投标阶段及时发现招标文件中可能招致风险的因素，争取在合同谈判阶段，通过修改、补充合同中有关规定或条款来解决。

注意列入必要的支付条款。如有些招标文件未列入调价公式，则应主动争取列入等。

2) 外汇风险的回避。外汇风险在对外承包企业中主要表现在两方面，一是外汇收支过程中的汇兑损失，二是企业所持有的流动外汇现金的保值。为避免在这两方面遭受损失，应在签订合同前，考虑以下几种方法：

- 增设保值条款。在订合同时，如果合同用当地币计价，支付一定比例的外币，在当地币贬值较快的情况下，最好采用固定汇率以防范外汇风险。
- 选择有利的外币计价结算。包括以下两点：一是要选择国际金融市场上可自由兑换的货币，如美元、英镑、欧元、日元等，这些货币一旦出现汇率风险可以立即兑换成另一种货币。二是要在可自由兑换货币中争取硬通货，即汇价稳定或趋于上浮的货币。
- 使用多种货币计价结算。国际工程承包合同中有时采用几种货币组合支付的形式，这种作法能减轻双方只采用单一货币带来的汇率风险。
- 参加汇率保险。向保险公司投保汇率保险是一种可行方法。虽然这样做要缴纳一笔保险费，但却可以避免因汇率剧降而吃大亏。
- 注意研究人民币与各种硬通货的汇率走向也是防范风险外汇的一项重要内容。

3) 减少承包商资金的垫付。除了业主方在开工时支付一定的预付款外，承包商在开工时往往还要垫付一笔费用购置施工机械及修建临建工程。这笔费用越少越好，一旦遇到风险，可以进退自如。这笔投资如能控制在工程总价的15%以下，正常情况下不会有太大风险。因为工程总价中所含利润、风险费及设备折旧费往往不低于15%；反之，如果超过30%，则风险必将加大。一般情况下，承包商除使用公司原有设备材料外,还可以采用在当地租赁、指令分包商自带设备等措施来减少自身资金的垫付。

(2) 风险的分散和转移

向分包商转移风险,这是国际承包商常用的转移风险方式。在分包合同中,通常要求分包商接受主合同文件中的各项合同条款,使分包商分担一部分风险。有的承包商直接把风险比较大的部分分包出去,将业主规定的误期损害赔偿费如数订入分包合同,将这项风险转移给分包商。一般国际通用的分包合同范本中有明确规定,熟悉国际惯例的分包商,都能接受这类条件。

(3) 风险自留和控制风险损失

在投标报价中要考虑一定比例的风险费,在国内也叫不可预见费。这笔费用是对那些潜在风险的处理预备费,一般在工程总成本的3%~6%之间,对于一个工程而言,是取高限还是取低限,取决于风险分析的结果,以及工程的规模等因素。

善于索赔也是避免风险损失的重要措施之一。

## 四、承包商的索赔管理

承包商的索赔管理是一件十分重要的工作,它关系到承包商的经济效益,进度和质量管理,甚至项目的成败。一个承包商既面对业主方,又面对众多的分包商,供应商,彼此之间都有一个向对方索赔和研究处理对方要求索赔的问题,因而索赔管理从一开始就应列入重要议事日程,使全体管理人员都具有索赔意识。

关于索赔的定义、概念、特点以及索赔的依据和程序,都在上一节中"业主方的索赔管理"一部分进行了讨论。下面着重分析承包商索赔管理中的几个问题。

### (一) 承包商的索赔管理措施

1. 建立精干而稳定的索赔管理小组

对一个工程项目来说,索赔是一件自始至终(往往延续到工程竣工之后)都不可中断的工作,一定要在组织上落实一个索赔管理小组,一般可设在合同管理部门内。

索赔管理小组的人员要精干而稳定,不能经常调动,以便系统地进行该项工作并积累经验,对索赔管理小组人员的素质要求包括:

(1) 知识结构方面:要熟悉合同文件,有一定的法律基础知识和一定的施工经验,懂得工程成本分析计算方法。

(2) 外语水平方面:要能熟练地阅读理解外文合同文件和有关信函,有较高的口语水平,最好具有书写外文索赔函件的能力。

(3) 对一个索赔管理人员的素质要求:此处援引一位英国资深工程师的看法。他认为一个索赔管理人员:

1) 要敏感(Sensitive)。有强烈的索赔意识,犹如踢足球前锋临门一脚那样的意识，一有机遇就要抓住。

2）要深入（Thorough）。唯有掌握事情的始末才能主动出击，对外可据理力争，对内可驾驭监督，如果事实不清楚，只能等待上帝恩赐。

3）要耐心（Patient）。要有韧性，一次不行，改天再谈，坚韧不拔，绝不气馁。

4）要机智（Tactful）。索赔涉及合同双方，需要协商，要懂得适当让步，适可而止，要选择有利时机，懂得国际惯例，本着合作与和解精神，让大家都保持体面地达成协议。

2. 组织全体管理人员学习合同文件，使每一个人都建立索赔意识

（1）一个工程的管理主要是依据合同进行管理，因而工地施工项目经理组织各个部门的管理人员学习合同文件十分重要。学习的目的一方面是促使承包商自己认真执行合同，另一方面则是要培养每一个管理人员的索赔意识，使他们会依据合同抓住每一个索赔的机遇。

合同条件中有一些是明示的可以索赔的条款，如工程师未能按承包商通知书中的要求日期交给承包商有关图纸，从而造成施工延误或费用增加时，应给予承包商以工期、费用和利润补偿。另一些合同条件隐含着可以索赔的机遇，如在一般情况下，承包商应按照合同条件中规定的"合同文件的优先次序"处理合同文件之间有矛盾的问题，但如在某一些部位，工程师的指示违背了合同文件的优先顺序并给承包商造成工期和费用损失时，承包商可提出索赔。

因此，在学习合同文件时，要深入而细致的理解合同条件中隐含的意思，从而可避免风险并抓住许多索赔机遇。

（2）虽然索赔工作应由索赔管理小组统一管理，但每一个管理部门（如进度管理、成本管理、质量管理、物资管理、设计等部门）均应与索赔管理小组密切配合，提供索赔线索，研究索赔策略，进行索赔计算，以使通过索赔避免损失并增加效益成为整个工地各个部门的重要工作。

3. 加强文档管理注意保存索赔资料和证据

索赔工作成败的关键之一是索赔的依据，有关可用于索赔的资料和证据包含的内容在"业主方的索赔管理"一部分内已有详细介绍。在这里要强调的是文档保管的重要性。

项目组的整个文档保管一定要有专人负责，从项目一开工即加强这方面的管理，索赔小组和各个有关部门对索赔有用的原始资料和证据都要专门建档保管，对与业主方和与各个分包商、供应商的有关索赔资料也应分别建档，并采用计算机合同管理信息系统进行管理。

4. 抓住索赔机遇，及时申请索赔

在认真学习合同文件，提高每一个部门每一个人索赔意识的基础上，凡是发现的索赔机遇都应及时报索赔管理小组，经与有关领导研究后，及时提出。最好的索赔机

遇就是业主方要求变更以及按照合同规定进行价格调整，当然还有许多其他的机遇，下面讨论几个认识问题。

（1）注意索赔的时限要求。FIDIC 编制的合同条件都要求在可索赔事件发生后 28 天内及时递交索赔申请意向书，以便工程师及时调查和处理。承包商一方不应顾虑索赔会影响双方友好合作的气氛，只要是索赔确有证据即可。如果不按合同条件要求的日期提交即丧失了索赔权。应该索赔的问题不要求索赔反而会被对方认为是管理水平低下无能的表现。

（2）分散还是集中提交索赔报告。一般分散及时提交为好，以免业主方感到索赔额度过多。最好分散提出并督促业主方及时解决。

（3）大额索赔与小额索赔。大额索赔肯定是要提的，对小额索赔也应按提交索赔报告期限及时提交；索赔谈判时可将小额索赔作为索赔谈判时的筹码，即放弃小的保大的，以使对方得到一些满足。

5. 写好索赔报告，重视索赔额的计算和证据

写好索赔报告的原则是实事求是，以事实和合同规定为依据，抓住主要矛盾，说理性强。

索赔报告中关于费用和时间索赔计算要认真准确，一般采用合同工程量表中的单价，如需采用其他单价或价格，一定要有依据（如当地权威机构发布的或发票上的价格等）。关于工程量或工期计算也应实事求是。

支持索赔报告的各种证据要靠平日积累，发现索赔机遇时，应有意识地进行记录和收集资料。

6. 注意索赔谈判的策略和技巧

组织精干的、包括有关方面专家的谈判小组，谈判前做好谈判思想准备、方案准备和资料准备，掌握好谈判进程，注意原则性和灵活性，善于协调谈判气氛，保持冷静的头脑，心平气和地据理力争，避免不礼貌的提问，将会上谈判与会下公关活动相结合。关于谈判的详细论述参见"国际工程管理系列丛书"中的《国际工程谈判》一书。

（二）承包商方索赔应注意的事项

1. 认真履行合同，按时保质地完成工程

这一点对于在业主和工程师心目中树立承包商的良好形象十分重要，因为每一阶段按时并保证质量地完成工程的最大的受益人是业主。承包商认真履行合同中规定的义务，可以为索赔打下一个良好的基础。即使在索赔谈判中遇到麻烦，只要不构成业主违约，承包商也应坚持正常施工。

2. 索赔工作中要依靠律师

大中型项目应聘请当地律师作为项目律师，定期来工地考察了解情况，协助审定

有关合同、索赔信函等重要文件以保证这些文件符合当地法律。千万不能等问题积累成堆时才找律师。最好本公司或项目组有律师能够长期参加索赔工作。

3. 必要时应聘请高水平的索赔专家

如果索赔数额大，而业主和工程师一方处理问题不通情达理时，则应考虑聘请高水平的索赔专家。在国外有一些公司和专家在这方面很有经验，虽然一般索赔专家聘用费都很高，但是他们往往能依据自己对法律和合同的理解及索赔经验，为承包商索赔的成功做出重要贡献。国外的许多承包商常常聘请索赔专家协助进行索赔。

4. 注意平日和业主、工程师建立友谊

在上述认真履行合同的基础上，平日应注意和业主、监理工程师建立个人间的友谊，这将十分有利于解决索赔和争议，可以把一些"谈判"变成个人之间的意见交换，使彼此的观点接近，再在正式谈判中确认。尽可能与业主及工程师直接谈判解决争议，落实自己的索赔要求。实在解决不了，再将争议提交 DAB。

5. 将争议提交 DAB

在将争议提交 DAB 后，应仔细听取 DAB 专家的意见和尊重 DAB 专家的调解建议，在此基础上解决争议。如果 DAB 的调解方案仍未被任一方接受，则可走向仲裁或诉讼。

6. 有约束力的争议解决方式的选择

对工程争议而言，一般应选择仲裁方式，在合同条款中订入仲裁条款。因为仲裁是由申请人指定仲裁员，专家仲裁，保密性好，一裁终局，特别是可在全球保证裁决书意见的执行。

但在提交仲裁之前，应尽可能倾听工程管理专家的咨询意见，并应仔细审查准备提交的证据，以保证仲裁的成功。

## （三）承包商方向业主索赔的内容和有关条款

1. 承包商方向业主索赔的内容

当发生业主要求增加工作内容、损害承包商权益或业主方违约时，承包商可视不同情况要求工期、费用和利润方面的索赔。这些情况可概括为以下一些方面：

（1）工程变更

变更可引起索赔的内容一般包括工程项目或工程量的增加，工程性质、质量或类型的改变，工程标高、尺寸和位置的变化，各种附加工作以及规定的施工顺序和时间安排的改变。以上一般会引起工程费用增加和/或工期延长，可以据实要求索赔。如变更指令要求删减某些项目或工作量，从而造成承包商人员窝工和设备的积压时，同样也可要求索赔。

（2）国家或州、省的法令、法规、政令或法律在某一规定日期后发生变更，影响到承包商的成本计算或外汇使用、汇出受到限制时，均可索赔。

（3）物价上涨。一般可按照价格调整公式或合同中的有关其他规定在每次支付时索赔。

（4）工期因素的影响

1）非承包商方的原因造成的竣工期限的延长。如额外或附加的工作，或合同条件中提到的误期原因，或异常恶劣的气候条件，或业主造成的任何延误、干扰或阻碍等，不但可导致承包商的工期索赔，而且视具体情况可以索赔费用和利润。

2）工程暂停所造成的承包商的工期、费用和利润损失。

3）业主方要求承包商加速施工（Acceleration）时，承包商应与业主谈判加速施工以及随后的相关措施等的索赔补偿条件，并用书面文字确定下来。

（5）工程师的指示

工程师的指示大多是按照合同规定发布的，也可能有一些是未按照合同规定发布的，不论哪一类指示，均有可能为承包商提供索赔机遇，如：

1）要求补充图纸或补充进行合同中未规定的设计时；

2）提供的测量原始数据有错误或地质水文资料有错误时；

3）要求附加打孔或钻探工作时；

4）要求采取措施保护化石和文物时；

5）当咨询工程师的设计侵犯专利权时；

6）要求剥露或开孔检查质量而检查后工程质量合格时；

7）要求进行合同规定之外的检验时；

8）工程师纠正工程师代表的错误指示时；

9）其他（关于指示违背合同优先顺序和图纸延误前已提及）。

以上指示造成承包商增加工作量，延误工期或导致其他损害后果，承包商均可索赔。

（6）业主方未尽到应尽的义务。如土地规划未获批准，未能提供招标时许诺的开工准备工作，未及时给出施工场地及通道等，导致承包商的损失。

（7）有经验的承包商不可预见的各种问题，现场施工条件的变化。

（8）属于业主风险或特殊风险范围给承包商造成的损失。

（9）业主违约造成的各种不良后果。

（10）其他：如工程保险中未能从保险公司得到的补偿，业主雇用的其他承包商的干扰等。

*2. 承包商可向业主索赔的有关条款*

下面参照FIDIC"新红皮书"（1999年第1版），将承包商可依据向业主索赔的明示的条款以及有可能索赔的内容列入表10-5中；承包商可依据向业主索赔的隐含的条款以及有可能索赔的内容列入表10-6中。

承包商可向业主索赔的明示的有关条款表  表10-5

| 序号 | 条款号 | 条款内容 | 有可能索赔的内容 |
|---|---|---|---|
| 1 | 1.9 | 延误的图纸或指示 | $T+C+P$ |
| 2 | 2.1 | 进入现场的权利 | $T+C+P$ |
| 3 | 3.3 | 工程师的指示 | $T+C+P$ |
| 4 | 4.6 | 合作 | $T+C+P$ |
| 5 | 4.7 | 放线 | $T+C+P$ |
| 6 | 4.12 | 不可预见的外界条件 | $T+C$ |
| 7 | 4.24 | 化石 | $T+C$ |
| 8 | 7.2 | 样本 | $C+P$ |
| 9 | 7.4 | 检验 | $T+C+P$ |
| 10 | 7.6 | 补救工作 | $T+C+P$ |
| 11 | 8.3 | 进度计划 | $T+C+P$ |
| 12 | 8.4 | 竣工时间的延长 | $T$ |
| 13 | 8.5 | 由公共当局引起的延误 | $T$ |
| 14 | 8.8, 8.9, 8.11 | 工程暂停；暂停引起的后果；持续的暂停 | $T+C+P$ |
| 15 | 8.10 | 暂停时对工程设备和材料的支付 | $C+P$ |
| 16 | 8.12 | 复工 | $T+C+P$ |
| 17 | 9.2 | 延误的检验 | $T+C+P$ |
| 18 | 10.2 | 对部分工程的验收 | $C+P$ |
| 19 | 10.3 | 对竣工检验的干扰 | $T+C+P$ |
| 20 | 11.2 | 修补缺陷的费用 | $C+P$ |
| 21 | 11.6 | 进一步的检验 | $C+P$ |
| 22 | 11.8 | 承包商的检查 | $C+P$ |
| 23 | 12.4 | 删减 | $C$ |
| 24 | 13.2 | 价值工程 | $C$ |
| 25 | 13.5 | 暂定金额 | $C+P$ |
| 26 | 13.6 | 计日工 | $C+P$ |
| 27 | 13.7 | 因立法变动而调整 | $T+C$ |
| 28 | 13.8 | 因费用波动而调整 | $C+P$ |
| 29 | 14.8 | 延误的付款 | $C+P$ |
| 30 | 15.5 | 业主终止合同的权利 | $C+P$ |
| 31 | 16.1 | 承包商暂停工作的权利 | $T+C+P$ |
| 32 | 16.4 | 终止时的支付 | $C+P$ |
| 33 | 17.4 | 业主风险的后果 | $T+C+P$ |
| 34 | 18.1 | 保险的总体要求 | $C$ |
| 35 | 19.4 | 不可抗力的后果 | $T+C$ |
| 36 | 19.6 | 可选择的终止、支付和返回 | $C+P$ |
| 37 | 19.7 | 根据法律解除履约 | $C+P$ |

承包商可向业主索赔的隐含的有关条款表　　　　表 10-6

| 序号 | 条款号 | 条款内容 | 有可能索赔的内容 |
|---|---|---|---|
| 1 | 1.3 | 通讯联络 | $T+C+P$ |
| 2 | 1.5 | 文件的优先次序 | $T+C$ |
| 3 | 1.7 | 转让 | $C+P$ |
| 4 | 1.8 | 文件的保管和提供 | $T+C+P$ |
| 5 | 1.13 | 遵守法律 | $T+C+P$ |
| 6 | 2.3 | 业主的人员 | $T+C+P$ |
| 7 | 3.2 | 工程师的授权 | $T+C+P$ |
| 8 | 3.3 | 工程师的指示 | $T+C+P$ |
| 9 | 4.2 | 履约保证 | $C$ |
| 10 | 4.10 | 现场的数据 | $T+C+P$ |
| 11 | 4.20 | 业主的设备和免费供应的材料 | $T+C+P$ |
| 12 | 5.2 | 对指定的反对 | $T+C$ |
| 13 | 6.6 | 为职工提供设施 | $C+P$ |
| 14 | 8.1 | 工程开工 | $T+C+P$ |
| 15 | 12.1 | 工程计量 | $C+P$ |
| 16 | 12.3 | 估价 | $C+P$ |
| 17 | 17.1 | 保障 | $C+P$ |
| 18 | 17.5 | 知识产权和工业产权 | $C$ |
| 19 | 19.3 | 将延误减至最小的责任 | $T$ |

### （四）承包商方可索赔的费用

承包商方可索赔的费用一般应该基于工程投标报价所包括的内容，但也有一些不包含在内的，现将可索赔的费用内容简述如下：

（1）直接费：包括额外发生的（包括加速施工）人工费、材料费、机械折旧费及机械购置费、分包商费等。

（2）间接费：包括工地管理费、保函费、保险费、税金、贷款利息、业务费、临时工地设施费等。

（3）上级单位管理费。

（4）由于业主方原因延长工期的间接费等。

（5）业主拖延付款利息（融资费）。

（6）交涉索赔发生的费用。

（7）利润。

（8）其他。

## 第4节 项目实施阶段合同有关各方的关系

项目实施阶段是一个相当长的时期,期间合同有关各方如何根据合同的要求,尽到自己一方的主要职责和义务,如何正确地处理与其他各方的关系,减少矛盾与冲突,加强相互之间的理解、配合和协作,对于顺利地实施合同管理,高质量地按期完成工程项目并且成功地进行投资控制与成本管理都是十分重要的,是对业主和承包商双方都有利的,这就是本节要讨论的问题。

### 一、业主、工程师和承包商在项目实施阶段合同管理中的主要职责

业主和承包商是合同的双方,而工程师则是受业主雇用来按照业主和承包商的合同进行项目管理的。从合同管理的角度看,各方的职责和义务是不同的,但目标又是一致的,下面对业主、工程师和承包商在合同管理中的主要职责采用列表形式进行对比分析,如表 10-7。

业主、工程师、承包商在合同管理中的主要职责对比表　　　表 10-7

| 序号 | 合同内容 | 业主 | 工程师 | 承包商 |
|---|---|---|---|---|
| 1 | 总的要求 | □项目的立项、选定、融资和施工前期准备。<br>□项目的合同方式与组织(选承包商、监理等)。<br>□决定监理职责和权限 | □受业主聘用,按业主和承包商签订的合同中授予的职责和权限,实施合同管理,进行监督、检查和督促 | □按合同要求,全面负责工程项目的具体实施、竣工和维修 |
| 2 | 进度管理 | □进度管理主要依靠监理,但对开工、暂停、复工特别是延期和工期索赔要及时审批。<br>□可将较短的工期变更和索赔交由工程师监理决定,报业主备案 | □按承包商开工后送交的总进度计划,以及季、月、周进度计划,检查督促。<br>□下开工令,下令暂停、复工、延期,对工期索赔,提出具体建议报业主审批 | □制定具体进度计划,研究各工程部位的施工安排,工种、机械的配合调度以保证施工进度。<br>□根据实际情况提交工期索赔报告 |
| 3 | 质量管理 | □定期了解检查工程质量。<br>□平日主要依靠监理管理和检查工程质量。<br>□对重大质量事故进行研究和决策 | □审查承包商的重大施工方案并可提出建议,但保证质量措施应由承包商决定。<br>□拟定或批准质量检查办法。<br>□严格对每道工序、部位和设备、材料的质量进行检查和检验,不合格的下令返工 | □按规范要求拟定具体施工方案和措施,保证工程质量,对质量问题全面负责 |
| 4 | 造价管理 | □审批监理审核后上报的支付表。<br>□与监理讨论并批复有关索赔问题。<br>□可将较小数额的支付或索赔交由监理决定,报业主备案 | □按照合同规定特别是工程量表的规定严把支付关,审核后报业主审批。<br>□研究索赔内容、有关计算方法和数额,上报业主审批 | □拟定具体措施,从人工、材料采购、机械使用以及内部管理等方面采取措施降低成本,提高利润率。<br>□设立索赔组,及时申报索赔 |

续表

| 序号 | 合同内容 | 业主 | 工程师 | 承包商 |
|---|---|---|---|---|
| 5 | 风险管理 | □注意研究重大风险的防范，特别是合同条件中规定的"业主的风险" | □替业主把好风险关，进行经常性的风险分析，研究提出防范措施 | □首先注意风险管理，尽可能减少风险造成的损失。<br>□做好索赔工作 |
| 6 | 变更 | □加强前期设计管理，尽量减少变更。<br>□慎重确定必要的变更项目以及研究变更对工期和价格的影响 | □提出或审批变更建议，计算出对工期和价格的影响，报业主审批 | □运用价值工程理念，向工程师业主提出变更建议。<br>□执行工程师的变更命令。<br>□及时提交变更时的索赔 |

## 二、工程实施中的矛盾与争议

### （一）矛盾的普遍性

国际工程是一项跨国性的经济活动，有时也受政治因素影响，参与方往往来自不止一个国家，彼此之间的文化背景、社会体制以及民族习惯不同，在项目中所处的地位和经济利益也不同，因而合同中有关各方相互之间的矛盾和争议是时有发生、不可避免的，如何处理好这些矛盾与争议就成为项目能否成功的关键因素，合同有关各方概莫能外。

要正确处理和解决矛盾首先要正确认识矛盾。矛盾是普遍存在的，是绝对的，它存在于事物发展的一切发展过程中，又贯串于一切过程的始终。如果我们认识到矛盾的普遍性，又认识到国际工程合同有关各方有许多不同的背景，则对于从事这样一个风险的事业并敢于迎接挑战，就会有充分的思想准备，就应该潜心研究如何解决遇到的矛盾和争议。

### （二）国际工程争议产生的主要原因

国际工程项目比一般工程项目复杂得多，合同管理要求十分严格；由于是跨国的经济活动，每次接触的都是不同国家的合同方，各国的法律不同，自然条件各异，因而国际工程项目的风险比国内项目大得多；再加上国际工程市场长期为发达国家垄断，进入的难度很大，许多公司往往以低投标价去获得项目，企图通过索赔来赢利，这也是容易导致争议的原因。

国际工程项目实施阶段产生争议的原因可归纳如下。

1. 招标文件和合同签订存在的问题

业主方准备的招标文件实际上是合同的草案，在编制招标文件以及合同谈判签订中存在的各种问题，往往为合同实施过程中产生争议埋下了隐患，如：

- 合同文件风险分担不合理，业主方在招标文件中将过多的风险推给承包商，承包商为了中标项目，不敢在合同谈判中据理力争、要求修改；
- 合同中词语定义不准确；

- 合同中各个文件之间有矛盾，签订合同时未发现；
- 合同条款中对各方职责、权利、义务和违约责任的文字表述不明确、不严格；
- 主合同与分包合同及相关合同之间的矛盾；
- 技术要求不合理，投标时未发现；
- 合同一方不具备足够的财力来完成项目；
- 承包商报价过低。

2. 合同实施过程中存在的问题
- 合同一方或双方管理水平低；
- 缺乏"团队精神"，不理解"伙伴关系"，沟通交流不够；
- 不能用"双赢"理念及时处理产生的矛盾；
- 不重视书面文件的正确书写、签章、文件的合法性和索赔的时效性；
- 不重视书面文件的提交签收手续和保管；
- 工程师不能按照合同规定公平地调解和处理争议；
- 总承包商的管理监督与协调不力分包商企图通过索赔赢利；
- 项目合同管理者回避矛盾，把争议推给上级机构或律师。

由于产生争议的这些原因在国际工程实施中具有普遍性，因而各个国际组织编制的合同文件都在不断地研究和改进解决争议的方法。

## 三、如何正确认识与解决合同管理中的矛盾与争议

### （一）"伙伴关系"的涵义

伙伴关系（Partnership）是指为了合同的标的，即完成工程项目这一共同目标，合同有关各方应该尽可能地密切配合、相互支持、相互谅解，友好地解决矛盾与争议，使工程项目能按时保质地完工。

项目按时保质的完工对业主方来说，可以尽快投产、取得多方面的效益；对承包商来说，一方面可得到一定的经济收益，另一方面也为公司创了声誉、积累了经验、培养了人才，为今后开发市场打下了基础；对工程师同样也是经济收益与信誉双丰收。所以"伙伴关系"正是基于在按时保质完成项目之后，项目有关各方均有较大收益的思想基础上建立的。

### （二）合同有关各方对解决矛盾和争议应有正确的认识

如何解决这些矛盾与争议，笔者认为各方首先应解决以下几个认识和理念问题：

1. 业主方

（1）为了减少和解决好矛盾和争议，业主必须准备一份高水平的招标文件（相当于合同草案），除了要做到系统、完整、准确、明了以及在文件中各方职责分明、程序严谨外，最主要的是要做到风险分担合理，也就是将项目风险分配给最有能力管理或

控制风险的一方。合同条款要避免含混不清，特别是有关职责、义务和风险分担的条款应尽可能明确具体以便实际操作。

合同中还应该有必要的激励措施。

（2）业主应该认识到，承包商虽然是为业主提供多方面的服务，但在合同面前是平等的伙伴，双方都必须按合同规定办事。

（3）业主应该恪守自己的职责，尽到自己的义务，其中最主要的义务就是按合同规定的时间及时地向承包商支付（包括索赔支付）。

（4）业主应该主动协调自己与承包商的关系，在合理范围内，积极支持承包商的工作，应该认识到承包商按时保质地完成项目的最大受益者是业主；如果双方之间矛盾重重致使项目质量不好或竣工时间延误，受损失最大的也将是业主。

2. 承包商

（1）承包商在投标阶段要认真细致地调查市场情况，研究招标文件有关的各种资料以及现场情况，使自己的投标建立在投标价范围内能够完成项目任务的基础上。

（2）承包商在投标时要认真地进行风险分析，要研究业主方的项目资金来源是否可靠，研究合同中的各项支付条款是否合理，合同中有关风险分配是否合理、是否明确，有哪些隐含的风险，以便确定风险度以及考虑风险费和其他风险管理措施。

（3）承包商应该认识到自己的最重要的义务即是按时（或提前）向业主交付一个质量符合合同要求的工程，也就是要想尽一切办法确保工期和质量。这也是取得业主和工程师的信任并和他们建立良好关系的基础。

（4）影响承包商、业主及工程师关系的因素除了承包商是否认真地实施工程之外，就是如何处理索赔。索赔是承包商维护自己权益的一种措施，但小题大做、漫天要价甚至欺骗式的索赔必然会损害自己的形象，影响与业主和工程师的关系，这将导致彼此之间缺乏信任感，也必将影响以后的索赔工作。因此应提倡依照合同，注意证据，实事求是的索赔。

3. 工程师

（1）工程师受聘于业主、但工程师在受业主之托进行项目管理时，主要依据的是法律以及业主和承包商之间的合同。工程师应在合同规定的职责和权限范围之内尽职尽责地做好工作。

（2）工程师应该是独立于业主和承包商之外的法人单位，不能和承包商、分包商、供应商等合同实施单位有任何经济关系。

但工程师在受业主聘用，为业主提供服务期间，就属于"业主的人员"了。合同条件要求工程师在处理各种问题时，应尽可能与双方协商，考虑到各种情况，按照合同作出公平的决定。公平（Fair）指的是在处理问题时，应该认真地按照有关法律以及业主和承包商签订的合同中的各项规定，根据实际情况，充分听取业主和承包商双方的意见之后，作出自己的决定。

工程师必须认识到：业主和承包商签订的合同中的各项规定和要求体现了业主和承包商的权利和义务，因而按合同办事就体现了保护业主的正当利益；同时也保护了承包商的正当利益，因为合同中规定的承包商的利益是业主同意的。

（3）工程师要充分发挥协调作用，在业主和承包商之间起一个润滑剂作用，应努力避免扩大矛盾、尽量把矛盾和争议及时就地解决，这样就能最大限度地保证工程项目的顺利实施。

### （三）国际和国内解决争议的发展趋势

1. 英国制定工程项目合同的理念的发展

在20世纪90年代初起，英国的建筑业掀起了一场行业反思活动，政府、业主、承包商和行业协会都参加到这个活动中来，共同研究和考虑英国建筑业的出路和现代化的过程。两位业界的领袖：迈克尔·莱升（Michael Latham）爵士在1994年7月发表了《团队建设》（Constructing the Team）报告，约翰·依根（John Egan）爵士在1998年7月发表了《建筑业反思》（Rethinking Construction）报告。两个报告都对英国建筑业的现行模式进行了评估，确定了改革的目标，提出了一个清晰可行的改革与发展的战略模型，其中很重要的一个理念就是要改变过去合同双方对抗式的关系，应该转变为伙伴式的合作关系。

英国土木工程师学会（ICE）制定最新版的NEC3合同范本时特别指出，应该从一种被动的管理与决策模式转变为有远见的创造性的合作关系，也就是说，应该从一种对抗型的项目组织形式转变成为合作型的项目组织形式，这是完成一种"文化转变"（Culture Transition）。

NEC3合同范本的核心条款中，"工作原则"第一款的条文是：业主、承包商、项目经理和监理人应按本合同的规定，在工作中相互信任、相互合作。评判人应按本合同的规定独立工作。

在后面的条款中，还规定了要在合同双方之间合理分摊风险，鼓励业主和承包商共同预测、防范和管理风险；引入"早期警告程序"，并规定处理"补偿事件"的方法；设立"评判人"制度，尽量把争议解决在萌芽状态等。许多条款的理念都体现了"伙伴关系"和"团队精神"。

英国咨询建筑师协会（ACA）在2000年出版了PPC2000《项目伙伴关系标准合同格式》，这是国际上第一个以项目伙伴模式命名的标准合同范本，是上述英国政府建设研究机构的报告《建筑业反思》的一个直接成果，这个范本倡导合同各方信任与合作，将伙伴关系的理念进一步付诸实践。

2. 国际上解决争议的发展趋势

前面几章介绍的许多国外范本中都体现了在工程项目合同实施过程中，尽可能调解或友好解决争议的精神。如：

（1）FIDIC"新红皮书"、"新黄皮书"、"银皮书"、"金皮书"中都是将工程师或业主代表解决不了的争议提交给 DAB，由 DAB 去现场调研，听取双方意见，提出解决方案，促进争议的解决，当合同双方不能接受 DAB 的意见时，再经过友好解决或提交仲裁；

（2）FIDIC"白皮书"中提出了要设一位中立的调解人（Neutral Mediator）调解争议，如果调解失败，再走向仲裁；

（3）NEC3 引入评判人（Adjudicator）制度，要求评判人是某一个领域的专家，经验丰富，熟悉工程合同管理和造价管理，作风公正，并完全独立于合同双方之外。在承包商与项目经理或监理人之间发生争议时，将争议提交评判人，提出解决方案，解决争议，当合同双方不能接受评判人的意见时，再提交仲裁；

（4）AIA A201 合同条件中规定，将争议首先提交初始裁定人（Initial Decision Maker），如初始裁定人提出的方案不能解决争议，任一方均可申请仲裁，但在仲裁之前，应由美国仲裁协会受理，依据其制定的建筑行业调解程序指定调解员进行调解，如果调解不成功，再进行仲裁。

由此可见，国际上目前非常强调在工程项目合同实施过程中解决争议，而不是一发生争议就提交仲裁或诉讼。

3. 国内解决争议的发展趋势

（1）2008 年 5 月开始执行的九部委制定的《标准施工招标文件》中规定：双方应首先友好协商解决争议，如解决不成，可提交争议评审组评审，如不愿提请争议评审或不接受争议评审组意见的，可以按专用条款中规定的仲裁或诉讼方式解决争议。

（2）目前，国内的一些仲裁委员会（如中国国际经济贸易仲裁委员会、北京市仲裁委员会）都在制定相关的实施办法，提倡工程项目合同双方产生争议时，首先采用争议评审的方式解决争议，解决不了的，再申请仲裁，并正在建立"争议评审专家库"。

由此可见，我国目前也正在倡导在采用仲裁或诉讼方式解决争议之前，尽可能通过友好解决或者争议评审组解决争议。

## （四）学会正确处理工程项目实施中的矛盾

1. 对解决矛盾和争议的辩证的认识

有了"伙伴关系"这一指导思想，就要求各方采取正确的态度和方法来处理矛盾，各方之间也应该相互信任并建立个人友谊，平日加强交流，以便互相理解，要依靠合同和事实进行说理，讲究公关技巧和方式方法。

在平日，各方应注意尊重对方的职权，不干预不该管的工作，如工程师的任务是质量检查和验收，对承包商的施工管理和技术措施可以提出建议（也可以不提），但不应干预承包商采用什么具体方法和措施去保证质量。

虽然按照伙伴关系和团队精神去解决矛盾和争议的理念是正确的，这也是国际上解决争议的大方向，但是也应该看到，在全世界的许多项目中，特别是业主方，还不能在短时期内完全理解和接受，而这是国际上解决争议的大方向，我们应该认真地学习这个理念，加强这方面的宣传，这也许要持续很长的时间才能为大部分业主方理解，但我们应坚持不懈地这样做。

2. 用恰当的方式和方法来处理和解决矛盾

然而在国际工程项目的实施过程中，矛盾是不可避免的，解决矛盾很多时候是要通过斗争的，特别是对于承包商，要学会一手持"盾"，即要有防范风险的思想，防范业主方一切不合理的、苛刻的要求和作法；一手持"矛"，也就是利用好合同中自己一方可利用的条款和规定。正确的斗争方法就是要学会利用合同来防范风险并保护和争取自己一方的合理权益。

解决矛盾和争议的步骤一般是先私下讨论、协商，尽可能坦诚地交换意见，首先应依靠工程师（或业主代表）的协调来友好解决；实在解决不了时，则可通过 DRB（或 DAB、DB）解决，应尽量避免矛盾激化走向仲裁或诉讼。在国际工程界同行中有这样一句话"不理想的友好解决也胜于诉诸法律"（A poor settlement is better than a good lawsuit.），这并不是否定仲裁或诉讼这些具有强制力的法律手段，而是提倡首先按照"伙伴关系"、"团队精神"和"双赢"的思想去管理项目，尽可能友好地解决矛盾和争议。

运用"伙伴关系"、"团队精神"和"双赢"去解决矛盾和争议的思想，也正符合我国提倡的"和谐社会"、"和谐世界"的理念，也就是说，我们要努力去创造一个和谐的项目管理环境，去推动和谐项目管理的新理念，才能及时解决矛盾和争议，使项目能在和谐的气氛中顺利地实施和完成。

## 全书的结论

在国际工程实践中学好和用好合同是管好工程项目的关键，是项目建设成败的关键，也是合同各方创造多方面效益的关键。学会用"伙伴关系"、"团队精神"和"双赢"思想来解决矛盾对各方来说都是一种素质修养，也是一种高水平的公关技巧和领导艺术。

希望每一位正在从事和即将从事国际工程事业的朋友都下工夫学习和研究国际上通用的各类合同范本和你正在从事的工程项目的合同（特别是合同条件），努力把自己培养成我国十分迫切需要的人才——国际工程合同管理专家。

## 思考题

1. 合同管理的基本概念是什么？
2. 为什么抓好项目实施前的各项工作对管理好合同十分重要？

3. 业主方合同管理的一般职责有哪些？

4. 业主方风险管理应抓住哪些环节？

5. 业主方索赔管理包括什么内容？应注意什么问题？

6. 承包商在签订合同前应做好什么工作？

7. 承包商有哪些风险防范措施？

8. 承包商的索赔管理应抓住哪几个环节？

9. 除书上列举的以外，你还能补充一些国际工程中争议产生的原因吗？

10. 国际和国内解决争议的发展趋势是什么？你能结合前几章的论述，详述一下国际上高水平合同范本中解决争议的理念和做法吗？

11. 如何理解"团队精神"、"伙伴关系"和"双赢"？如何处理国际工程项目实施中大量矛盾？

# 主要参考书目

1. The World Bank, *Standard Bidding Documents*: *Procurement of Works*, 2006
2. The World Bank, *Standard Bidding Documents*: *Procurement of Goods*, 2007
3. FIDIC, *Conditions of Contract for Works of Civil Engineering Construction* (1987 4$^{th}$ Edition, 1992 Revised Edition)
4. FIDIC, *Conditions of Subcontract for Works of Civil Engineering Construction*, 1994
5. FIDIC, *Conditions of Contract for Construction* (1999 1$^{st}$ Edition)
6. FIDIC, *Conditions of Contract for Construction* (MDB Harmonized Edition), 2006
7. FIDIC, *Conditions of Contract for Plant and Design – Build* (1999 1$^{st}$ Edition)
8. FIDIC, *Conditions of Contract for EPC/Turnkey Projects* (1999 1$^{st}$ Edition)
9. FIDIC, *Client/Consultant Model Services Agreement* (2006 4$^{th}$ Edition)
10. FIDIC, *Conditions of Contract for Design, Build and Operate Projects* (2008 1st Edition)
11. ICE, *The Engineering and Construction Contract*, 2005
12. AIA, *General Condition of Contract for Construction*, 2007
13. CIOB, *Code of Practice for Project Management for Construction and Development*. Blackwell Publishing, 2002
14. Nael G. Bunni 著，张水波等译. FIDIC 系列工程合同范本——编制原理与应用指南（第三版）. 北京：中国建筑工业出版社. 2008.
15. ［英］布莱恩 W. 托特蒂尔著. 崔军译. FIDIC 用户指南 1999 年版红皮书和黄皮书实用指南. 北京：机械工业出版社. 2009.
16. ［英］皇家特许建造学会（CIOB）编著，李世蓉，毛超，虞向科编译. 业主开发与建设项目管理实用指南（第三版）. 北京：中国建筑工业出版社. 2009.
17. ［英］罗吉·弗兰根，乔治·诺曼著，李世蓉，徐波译. 工程建设风险管理. 北京：中国建筑工业出版社. 2000.
18. ［英］William Godwin 著，刘梦娇等译. 工程建设合同. 北京：中国建筑工业出版社. 2008.
19. ［英］土木工程师协会编，方志达等译. 新工程合同条件（NEC）：工程施工合同与使用指南. 北京：中国建筑工业出版社. 1999.
20. 何伯森主编. 工程项目管理的国际惯例. 北京：中国建筑工业出版社. 2007.
21. 何伯森主编. 国际工程合同与合同管理（第一版）. 北京：中国建筑工业出版社. 1999.

22. 张水波，何伯森编著. FIDIC 新版合同条件导读与解析. 北京：中国建筑工业出版社. 2002.

23. 蒋兆祖，刘国冬主编. 国际工程咨询. 北京：中国建筑工业出版社. 1996.

24. 邱闯著. 国际工程合同原理与实务. 北京：中国建筑工业出版社 2002.

25. 廖美薇编著. 工料测量学实务. 北京：中国建筑工业出版社. 2001.

26. Cheng, C. Y. & Ive, G. (2002) 'Rethinking the multi-attribute utility approach based procurement route selection technique', Construction Management and Economics, 20, 275 – 284

27. Love, P. E. D. ,Skitmore, M. Earl, G. (1998) 'Selecting a suitable procurement method for a building project', Construction Management and Economics, 16, 221 – 233

28. American Institute of Architects (2008), Documents Synopses, http://www.aia.org/docs_ synopses, last accessed: August 18, 2009

29. American Institute of Architects (2007), AIA Document Commentary: A201 – 2007 General Condtions of the Contract for Construction, http://www.aia.org/SiteObjects/files/Condocs_ A201Comm. pdf, last accessed: August 18, 2009

30. American Institute of Architects (2007), AIA Document Comparative: A201 – 2007 Compared to A201 – 1997,

31. http://www.aia.org/SiteObjects/files/Condocs _ A201Compare. pdf, last accessed: August 18, 2009

32. American Institute of Architects (2007), Integrated Project Delivery: A Guide, http://www.aia.org/contractdocs/AIAS077630, last accessed: August 18, 2009

33. ConsensusDOCS (2008), ConsensusDOCS Guidebook, http://www.consensusdocs.org/, last accessed: August 18, 2009

34. Joint Contracts Tribunal (2008), Practice Note – Deciding on the appropriate JCT contract, http://www.jctltd.co.uk/stylesheet.asp?file=02082006173525, last accessed: August 18, 2009

35. McInnis, J. A. (2001), New Engineering Contract: A Legal Commentary, American Society of Civil Engineers (Thomas Telford, Ltd. ), Washington DC.

36. Office of Public Sector Information (1996), Housing Grants, Construction and Regeneration Act 1996, http://www.opsi.gov.uk/acts/acts1996/ukpga_ 19960053_ en_ 1, last accessed: August 18, 2009.

37. RICS Construction Faculty (2006), "Contracts in use: a survey of building contracts in use during 2004", The Royal Institution of Chartered Surveyors, London.

38. Rowlinson, M. (2006), NEC3 – What's New in Core Clauses 1 and 2 – Key Dates and other things, Civil Engineering Surveyor, the Institution of Civil Engineering Surveyors, March 2006.

39. UK Office of Government Commerce (1999), PACE Information Note 26/99: GC/Wks Made Easy, http://www.ogc.gov.uk/documents/InformationNote2699.pdf, last accessed: August 18, 2009.